D1683372

BEN EHRENREICH

DER WEG ZUR QUELLE

Leben und Tod in Palästina

Aus dem Englischen
von Britt Somann-Jung

Hanser Berlin

Die amerikanische Originalausgabe erschien 2016
unter dem Titel *The Way to the Spring. Life and Death in Palestine*
bei Penguin Press, New York

1 2 3 4 5   21 20 19 18 17

ISBN 978-3-446-25473-2
© 2016 Ben Ehrenreich
Alle Rechte der deutschen Ausgabe
© Hanser Berlin im Carl Hanser Verlag München 2017
Karten: Jeffrey L. Ward
Satz: Greiner & Reichel, Köln
Druck und Bindung: CPI books GmbH, Leck
Printed in Germany

Für meine Mutter

Es wird Morgen. Es wird unentwegt Morgen.
In allen Geschichten dieses Buches wird es Morgen.

Viktor Šklovskij

INHALT

Dramatis Personae	11
Glossar arabischer Begriffe	17
Kartenverzeichnis	19
Einleitung	23

TEIL EINS: NABI SALEH

	Prolog	31
1	Das Leben ist schön	47
	ZWISCHENSPIEL: Der Staat von Hani Amer	81
2	Der Frieden der Tapferen	89
	ZWISCHENSPIEL: Jeder Anfang ist anders	109
3	Über dem Johannisbrotbaum	119
	ZWISCHENSPIEL: Bühnenkunst	139
4	Die Ameise und die Süßigkeit	145

TEIL ZWEI: HEBRON

	Prolog	167
5	Eine Frage der Hoffnung	176
6	Von einem Land ganz zu schweigen	222

TEIL DREI: TIEFE WOLKEN

7	Schnee	265
	ZWISCHENSPIEL: Die Erniedrigungsmaschine	289
8	Poker	297
	ZWISCHENSPIEL: Was man sieht	315
9	So leicht, so schwer	329

TEIL VIER: EIN TIEFES, DUNKLES BLAU

	Prolog: Wenn nur	357
10	Meines Bruders Hüter	370
11	Der Teufel hat nie geträumt	386
	Epilog	403
	Danksagung	415
	Anmerkungen	417

DRAMATIS PERSONAE

Nabi Saleh

Bassem Tamimi: Anführer der dörflichen Protestbewegung; seit jungen Jahren Fatah-Aktivist; nach seiner Verhaftung im März 2011 von Amnesty International als »politischer Gefangener« eingestuft; mit Nariman verheiratet.

Nariman Tamimi: Aktivistin des Volkswiderstands und Anführerin der dörflichen Protestbewegung; mit Bassem verheiratet; Schwester von Ruschdi Tamimi, der am 17. November 2012 von einem israelischen Soldaten angeschossen wurde und zwei Tage darauf im Krankenhaus starb.

Waed Tamimi: ältester Sohn von Bassem und Nariman.

Ahed Tamimi: Tochter von Bassem und Nariman.

Mohammad »Abu Yazan« Tamimi: mittlerer Sohn von Bassem und Nariman.

Salam Tamimi: jüngster Sohn von Bassem und Nariman.

Bilal Tamimi: Videograf; ehemaliger Gefangener und Fatah-Aktivist während der Ersten Intifada; als Grafikdesigner beim Gesundheitsministerium der Palästinensischen Autonomiebehörde angestellt; mit Manal verheiratet.

Manal Tamimi: Aktivistin der Volkswiderstandsbewegung und eine Anführerin der dörflichen Protestbewegung; mit Bilal verheiratet.

Osama Tamimi: ältester Sohn von Bilal und Manal.

Mohammad »Hamada« Tamimi: mittlerer Sohn von Bilal und Manal.

Rand Tamimi: Tochter von Bilal und Manal.

Samer Tamimi: jüngster Sohn von Bilal und Manal.

Nadschi Tamimi: ein Anführer der dörflichen Protestbewegung; ehemaliger Gefangener und Fatah-Aktivist; angestellt bei der der Palästinensischen Autonomiebehörde unterstellten Beobachtungsstelle für die israelische Sperranlage und die Siedlungspolitik; Cousin von Bassem; mit Buschra verheiratet.

Buschra Tamimi: Aktivistin des Volkswiderstands; mit Nadschi verheiratet.

Marah Tamimi: Tochter von Nadschi und Buschra; Cousine und engste Freundin von Ahed.

Mohammad »Hamudi« Tamimi: jüngster Sohn von Nadschi und Buschra.

Abd al-Razzaq Tamimi: Taxifahrer; Vater von Mustafa Tamimi, der mit 28 Jahren starb, nachdem ihm am 9. Dezember 2011 eine Tränengaskartusche ins Gesicht geschossen wurde.

Ekhlas Tamimi: Mutter von Mustafa Tamimi.

Odai Tamimi: jüngerer Bruder von Mustafa Tamimi, Zwillingsbruder von Loai.

Loai Tamimi: jüngerer Bruder von Mustafa Tamimi, Zwillingsbruder von Odai.

Bahaa Tamimi: Mustafa Tamimis bester Freund; Verfasser von Theaterstücken und Liedern; Leiter von Nabi Salehs Dabke-Truppe.

Mohammad Ataallah Tamimi: Gründer von Tamimi Press, Nabi Salehs Medien-Team.

Baschir Tamimi: Eigentümer des Landes um die Ain-al-Qoos-Quelle; aktiv bei den dörflichen Demonstrationen; Vorsteher des Dorfrates von Nabi Saleh.

Said Tamimi: Gefangener; Freund von Bassem und Bilal; 1993 für den Mord an Chaim Mizrahi verhaftet.

Abir Kopty: Aktivistin, Organisatorin und Sprecherin der Volkswiderstandsbewegung; geboren in Nazareth; lebte in Ramallah.

Mariam Barghouti: Aktivistin; Bloggerin; Studentin an der Universität Birzeit; lebt in Ramallah.

»Shireen«: Aktivistin; Freundin von Bassem und Nariman sowie von Bahaa und der Dorfjugend; lebt in Ramallah.

Irene Nasser: Journalistin, Dokumentarfilmerin und Fernsehproduzentin; lebt in Jerusalem.

Jonathan Pollak: israelischer Aktivist, Mitgründer der Anarchists Against the Wall.

Renen Raz: israelischer Aktivist.

Hebron

Issa Amro: Aktivist der Volkswiderstandsbewegung; unterrichtet Elektrotechnik an einer örtlichen technischen Hochschule; Mitgründer und Anführer der Youth Against Settlements (YAS).

Ahmad Amro: Issas Bruder; ausgebildeter Tierarzt; Aktivist und Freiwilliger der YAS.

Mufid Scharabati: ehemaliger Kaufmann; ehemaliger Gefangener; Freiwilliger der YAS; Bruder von Zidan.

Zidan Scharabati: mein Gastgeber in Hebron; arbeitsloser Arbeiter; Freiwilliger der YAS; Mufids Bruder.

Dschawad Abu Aischa: Aktivist der Volkswiderstandsbewegung; Freiwilliger der YAS; städtischer Angestellter; Neffe der Bewohner des »Käfighauses« in Tel Rumeida; Enkel des Geschäftspartners von Jacob Ezra, dem letzten jüdischen Einwohner Hebrons vor der Besatzung 1967.

Ahmad Azza: Student; Freiwilliger der YAS; lebt in Tel Rumeida.

Imad al-Atrasch: Metallarbeiter; Aktivist; Cousin von Anas al-Atrasch, der am 7. November 2013 von einem israelischen Soldaten am Container-Kontrollpunkt getötet wurde.

Tamer al-Atrasch: Aktivist des Volkswiderstands; Cousin von Anas al-Atrasch.

Fouad al-Atrasch: Schuhmacher; Vater von Anas al-Atrasch; lebt im Hebroner Viertel Abu Sneineh.

Nadscha al-Atrasch: Mutter von Anas al-Atrasch.

Ismail al-Atrasch: Bruder von Anas al-Atrasch.

David Wilder: in New Jersey geborener Sprecher der jüdischen Siedler Hebrons; lebt im Beit Hadassah.

Tzipi Schlissel: Siedlerin in Tel Rumeida; Enkelin von Rabbi Abraham Isaak Kook, dem ersten aschkenasischen Großrabbiner Israels; Tochter des ermordeten Rabbis Schlomo Ra'anan.

Baruch Marzel: in Boston geborener Anführer der Siedler von Tel Rumeida; Schüler des ultranationalistischen Rabbis Meir Kahane; Gründer der rechtsextremen Partei Jüdische Nationale Front; beharrlicher Knesset-Kandidat.

Anat Cohen: Siedlerin; Tochter von Mosche Zar, einem Mitglied des Jüdischen Untergrunds, und Schwester von Gilad Zar, der von palästinensischen Kämpfern 2001 getötet wurde; berüchtigt für ihre Attacken auf ortsansässige Palästinenser und ausländische Aktivisten.

Eran Efrati: israelischer Aktivist und ehemaliger Soldat.

Haim Hanegbi: Mitgründer der sozialistischen, antizionistischen israelischen Partei Matzpen; Sohn von Haim Bajayo, dem Führer der jüdischen Gemeinde Hebrons vor dem Massaker von 1929.

Umm al-Khair

Aid Suleiman al-Hathalin: Bildhauer; Vegetarier; Fahnder nach nicht explodierter Munition.

Tariq Salim al-Hathalin: Student; Aids Cousin.

Khaire Suleiman al-Hathalin: Hirte und Saisonarbeiter in Israel; Aids Halbbruder.

Moatassim Suleiman al-Hathalin: Aids jüngerer Bruder; ebenfalls Hirte und gelegentlicher Gastarbeiter in Israel.

Bilal Salim al-Hathalin: Tariqs älterer Bruder; Aids Cousin; ebenfalls Hirte und Gastarbeiter.

Mohammad Salim al-Hathalin: Tariqs älterer Bruder, Aids Cousin; erlitt 2004 einen schweren Hirnschaden, als ihn ein Bewohner der angrenzenden Siedlung Karmel verprügelte.

Suleiman al-Hathalin: Aids Vater; Hirte; der gegenwärtige Patriarch von Umm al-Khair.

Hassan al-Hathalin: jugendlicher Hirte; Aids Cousin.

Ezra Nawi: israelischer Aktivist; als Kind irakisch-jüdischer Eltern in Jerusalem geboren; ehemaliger Klempner.

GLOSSAR ARABISCHER BEGRIFFE

argile: eine Wasserpfeife oder Schischa, durch die Tabak geraucht wird.

Dabke: ein traditioneller Tanz der Levante.

diwan: ein Raum oder freistehender Bau, der für Treffen, Versammlungen und den Empfang von Gästen genutzt wird.

dschaisch: Armee

Dschallabija: ein langes, locker sitzendes Gewand, das traditionell von arabischen Männern getragen wird.

Hadith: eine Geschichte oder ein Spruch, der dem Propheten Mohammed zugeschrieben wird, aber nicht im Koran enthalten ist.

Intifada: wörtlich »abschütteln«, ein Volksaufstand; die Erste Intifada dauerte von 1987 bis 1993, die Zweite Intifada von 2000 bis 2005.

muchabarat: Geheimpolizei oder Geheimdienstoffiziere

Mukataa: im Allgemeinen ein Verwaltungszentrum oder Regierungssitz; der Begriff wird häufig speziell für den Sitz des Präsidenten in Ramallah verwendet und metonymisch für die Regierung von Präsident Mahmud Abbas.

nakba: wörtlich »Katastrophe«; der Begriff bezieht sich auf die Vertreibung von über 700 000 Palästinensern während der Staatsgründung Israels im Mai 1948.

Knafeh: ein beliebter Nachtisch während des Ramadans, der aus einem kleinen Pfannkuchen besteht, der mit Käse oder Nüssen gefüllt und in süßen Sirup getaucht wird.

shebab: wörtlich »Jugendliche«; der Begriff beschreibt kollektiv die unverheirateten jungen Männer und heranwachsenden Jungen eines bestimmten Ortes; im Text habe ich annäherungsweise den Begriff *Jungs* verwendet.

taudschihi: die Abschlussprüfungen, die alle palästinensischen Schüler im letzten Jahr der weiterführenden Schule ablegen.

za'atar: ein scharf schmeckender wilder Thymian; mit Brot und Olivenöl verzehrt ein Grundnahrungsmittel der palästinensischen Küche.

KARTENVERZEICHNIS

Israel/Palästina	20
Westjordanland	21
Nabi Saleh	30
Zonen A, B und C	88
Sperranlagen	110
Siedlungen im Westjordanland	111
Hebron	175
Ramallah	264

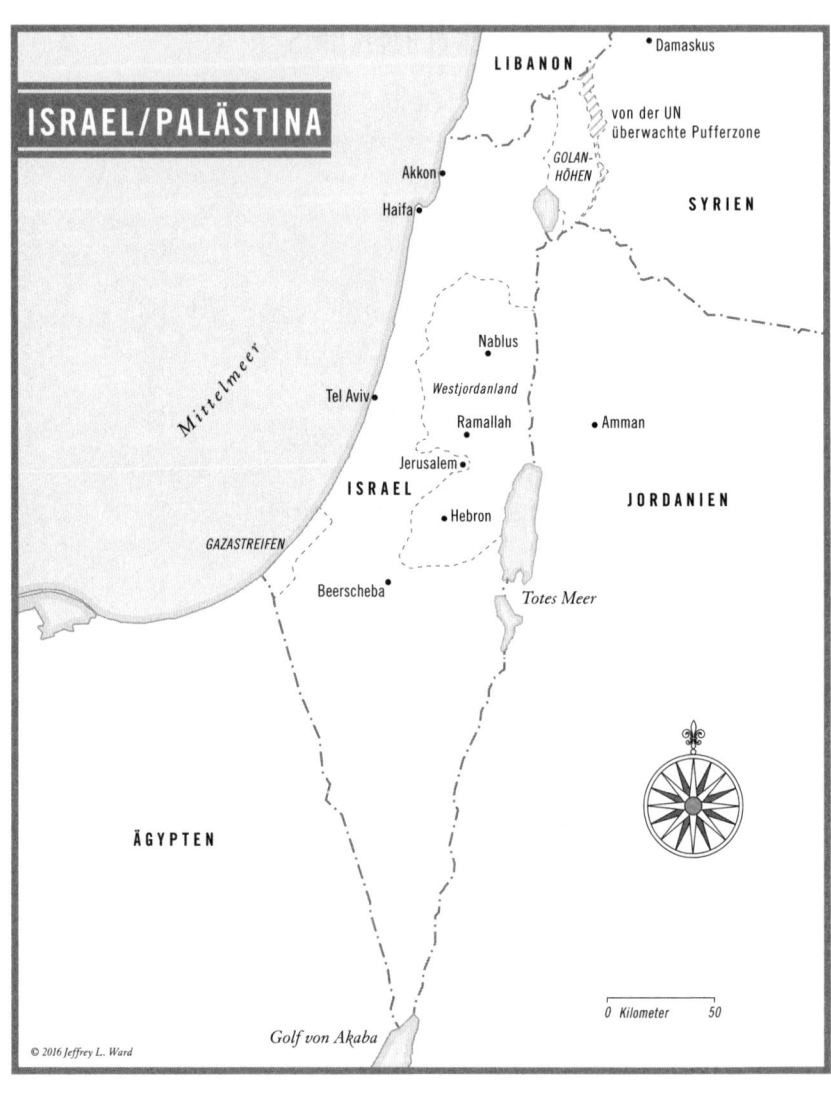

EINLEITUNG

Ich habe Angst vor einer Historie, die nur eine Erzählweise kennt.
Geschichte hat unzählige Erzählweisen. Wird sie jedoch auf eine einzige
reduziert, dann führt sie unweigerlich in den Tod.

Elias Khoury

Ich betrat den Weg, der zu diesem Buch führen würde, 2011, als ich für einen Auftrag der Zeitschrift *Harper's* ins Westjordanland reiste und einen Freitag im Dorf Nabi Saleh verbrachte. Ich hatte damals nicht vor, zurückzukehren, aber ein Jahr später war ich zurück, diesmal für das *New York Times Magazine*. Palästina hat etwas an sich, was die Leute verzaubert. Ich habe es seither bei vielen anderen erlebt. Vielleicht liegt es an der berauschenden Nähe von Schmerz und Freude, von Liebe und Wut, dem Ausmaß und der schrecklichen Klarheit der Ungerechtigkeit und an der Widerstandskraft der Menschen, die mit ihr konfrontiert sind. Ich kann mich noch an den Moment erinnern, in dem ich wusste, dass es mich erwischt hatte. Ich hatte gerade Hebron verlassen und wollte mich nordwärts nach Jerusalem begeben. Es war spät am Tag, und das Licht war weich, die Rauheit der Landschaft für einen Augenblick verwandelt. Das Auto musste an einer Ampel halten, die von Feldern und Plantagen umgeben war. Ein Teenager stand allein an der Kreuzung, wartete vermutlich auf jemanden, der ihn mitnahm, und vertrieb sich die Zeit damit, einen alten libanesischen Popsong zu singen. Er sang nur für sich und schenkte uns, die wir im Wagen neben ihm warteten, keine Beachtung. Der Text war auf Englisch: »Do you love me? Do you? Do you?« Irgendwo jenseits der Felder hallte ein Schuss wider. Nicht weit entfernt, aber der Junge unterbrach seinen Gesang nicht: »Do you love me? Do you? Do you?« Die Ampel sprang um. Wir bogen ab. Vier Monate später zog ich nach Ramallah.

Es ist vielleicht unvermeidlich und sicherlich unglücklich, dass jedes Buch über die Region zwischen dem Jordan und dem Mittelmeer nach einer Einleitung verlangt – und nach einer gewissen Verteidigungshaltung auf Seiten des Autors. So verhält es sich mit der gegenwärtigen Atmosphäre und dem Stand der Debatte, wenn dieser Begriff nicht zu freundlich ist. Mit diesem Buch hoffe ich, ein Ungleichgewicht zu korrigieren oder anzufangen, es zu korrigieren, das schon lange besteht, eines, das schon vielen Menschen zu viel abverlangt hat. Die Welt – jedenfalls der menschliche Teil der Welt – besteht nicht nur aus Erde und Fleisch und Feuer, sondern aus den Geschichten, die wir erzählen. Durch Erzählungen, Geschichten, die mit anderen Geschichten verwoben sind, beschwören wir das Universum herauf und bestimmen gemeinsam seine gegenwärtigen Konturen, die Form der Vergangenheit und unserer Zukunft. Der Ausschluss von unbehaglichen und ungelegenen Erzählungen, die fast exklusive Bevorzugung gewisser privilegierter Perspektiven und der Geschichten, die sie bestätigen – das ist es, was die Welt aus dem Gleichgewicht bringt. Es macht sie falsch. Es ist die Aufgabe eines Autors und meine Aufgabe hier, gegen die Unwahrheit zu kämpfen und gegen die Verzerrungen, die sie in unserem Leben hervorruft. In unser aller Leben, auf allen verfügbaren Seiten.

Die Geschichten zu erzählen, die ich erzähle, bestimmte Geschichten auszuwählen und andere nicht, bedeutet, sich auf eine Seite zu stellen. Das ist unvermeidlich und eine Sünde nur für die, die auf der anderen Seite stehen. »Keine Zuschauer am Tor zum Abgrund«, schrieb der große palästinensische Dichter Mahmud Darwisch, »und niemand ist hier neutral.« Nirgends, aber erst recht nicht in Palästina. Ich strebe auf diesen Seiten keine Objektivität an. Ich halte sie nicht für eine Tugend oder gar für eine Möglichkeit. Wir sind alle Subjekte, sind Körpern, Orten, Geschichten, Standpunkten fest verhaftet. Das Bestehen auf Objektivität ist, wie Frantz Fanon vor einem halben Jahrhundert bemerkte, immer gegen jemanden gerichtet. (Für Fanon waren das die Kolonisierten, die Marginalisierten und Unterdrückten.) Diese Wahrheit wird jedem Journalisten – oder jedem moralisch empfindsamen Individuum – schnell klar, der sich dafür entscheidet, im Westjordanland zu arbeiten und zu leben. Schon es bei diesem Namen zu nennen und nicht »Judäa und Samaria«, von Palästina zu sprechen statt von Eretz Israel, bedeutet, involviert zu sein. Und sich dort niederzulassen statt in Tel Aviv oder West-Jerusalem,

Washington oder New York bedeutet, in den Konflikt einzutreten, ob es einem gefällt oder nicht. Falls das Wesen dieser Entscheidung nicht sofort offensichtlich ist, kann man sich darauf verlassen, dass die Soldaten an den Kontrollpunkten schnell dafür sorgen.

Was ich hier anstrebe, ist etwas Bescheideneres als Objektivität, nämlich Wahrheit. Sie ist eine schlüpfrige Kreatur, schwer zu fassen, eine, die die meiste Zeit über im Widerspruch lebt. Sie zu verfolgen erfordert nicht nur den Einsatz rigorosen Zweifelns und gründlicher Recherche, sondern auch die Fähigkeit zu Empathie und Urteilsvermögen, Eigenschaften, die nur Individuen zur Verfügung stehen, die in Körper, Orte, Geschichten und Standpunkte eingebettet sind. Es ist Blut in uns, um Aid Suleiman al-Hathalins Worte wiederzugeben, den Sie noch kennenlernen werden, und Geist und Herz. Das ist kein Handicap, sondern eine Stärke und der Quell unserer Erlösung. Ich habe viel mitgebracht, als ich mich daranmachte, dieses Buch zu schreiben. Sie bringen nicht weniger mit, wenn Sie sich daranmachen, es zu lesen. Wenn unsere Begegnung fruchtbar ist, und ich bete darum, dass sie es ist, wird es so sein aufgrund all dessen, was wir beide mitgebracht haben, nicht trotz dessen.

Sicherlich enthalten diese Seiten Argumente, aber es ist nicht meine primäre und auch nicht meine sekundäre Intention, mit diesem Buch eine Polemik zu verfassen. Die Argumente, die es vorbringt, bringt es nebenbei vor. Es ist zuallererst eine Sammlung von Geschichten über Widerstand und über Menschen, die Widerstand leisten. Mich beschäftigt, was Menschen weitermachen lässt, wenn alles verloren zu sein scheint. Diese Seiten zeugen von dem Versuch, verstehen zu wollen, was es bedeutet, an etwas festzuhalten, sich zu weigern, der eigenen Auslöschung zuzustimmen, aktiv oder in Form von täuschend schlichten Akten der Verweigerung gegen Mächte anzukämpfen, die viel stärker sind als man selbst. Es legt auch Rechenschaft über die Konsequenzen eines solchen Engagements ab, die Verluste, die es zeitigt, die Wunden, die es zufügt.

Dies ist somit kein Versuch, die Palästinenser einem westlichen Publikum zu erklären. Sie sind bestens in der Lage, sich selbst zu erklären. Man muss sich nur die Mühe machen, zuzuhören. Es ist auch kein Versuch, sie »menschlicher zu machen«, ein Gefallen, den sie gar nicht nötig haben. Es ist ganz sicher kein Versuch, für sie zu sprechen. Oder für irgendjemand anderen. Ich bemühe mich hier nicht um ein umfassendes Bild. Obwohl ich Zeit in Jerusalem, in Israel und kurze Zeit im Gazastreifen verbracht habe, beschloss ich, mich auf das Westjordanland zu konzentrieren, und sei es nur, weil ich wusste, dass ich meine Recherchen irgendwie eingrenzen musste. Selbst innerhalb des Westjordanlandes stattete ich den Flüchtlingslagern, die eine Welt für sich sind, nur kurze Besuche ab. Aus Gründen des Zugangs und der Affinität verbrachte ich wenig Zeit unter Anhängern des politischen Islams. Wie sehr und mit welcher Traurigkeit auch immer ich zu einem Verständnis der israelischen Sichtweisen gekommen bin – ich unternehme hier keinen Versuch, die Ereignisse mit den Augen von Israelis zu sehen. Außer in Situationen, in denen ihre Anwesenheit ein wesentlicher und unmittelbarer Teil der Welt war, die ich beschrieb, wie in Hebron, werden Sie israelische Stimmen hier nicht finden.

Diese Herangehensweise mag all jene besonders irritieren, die es gewohnt sind, die Region durch die Linse des »Terrorismus« zu betrachten. Das ist allerdings kein Begriff, den ich häufig verwende. Falls er jemals hilfreiche Differenzierungen ermöglicht hat, so funktioniert er nun eher ideologisch denn beschreibend und verzerrt und verbirgt mehr, als er offenlegt. Macht das Niedermetzeln von Zivilisten einen Gewaltakt zu einem terroristischen Akt? In dieser Hinsicht agiert Israel sehr viel effizienter als die Palästinenser, doch nur Letzteren wird regelmäßig dieses Etikett verliehen. Oder ist es die Urheberschaft, die ein Massaker zu einem terroristischen macht und ein anderes zu einem legitimen Akt staatlicher Gewalt? Welche Worte auch immer wir verwenden, es bleibt real, dass auch Israelis getötet oder verletzt wurden und Menschen verloren haben, die ihnen lieb waren. Es ist nicht meine Absicht, diese Verluste kleinzureden, und ganz sicher nicht, sie zu rechtfertigen. Doch dies ist ein Buch über Palästinenser, die unter militärischer Besatzung leben. Auf seinen Seiten erwähne ich Angriffe auf Israelis so, wie sie im Westjordanland erlebt werden: nebenbei, als Randerscheinungen, die im Kontext einer Umgebung der Gewalt zu verorten sind, mit der die Besatzung fast alle Aspekte palästinensischen Lebens umhüllt hat. Was in der Welterfahrung des einen zentral sein mag, bleibt in der eines anderen marginal. Diese verstörende Wahrheit anzuerkennen steht am Anfang allen ethischen Engagements.

Als ich anfing, nach Palästina zu reisen, war ich der starken Überzeugung, dass etwas passieren musste, dass ein solcher Zustand nicht ewig andauern konnte. Ich bin mir nicht sicher, ob ich recht hatte, aber etwas passierte tatsächlich. Dieses Buch ist auch eine Chronologie der Ereignisse, die zu diesem schrecklichen Etwas hinführten: Israels vernichtender Angriff auf die Menschen im Gazastreifen im Sommer 2014. Es ist insofern keine glückliche Geschichte. Dennoch enthält sie jede Menge Freude und Lachen und Liebe. Ich bin überzeugt davon, dass dies ein Werk des Optimismus und der Hoffnung ist. Nicht weil ich irgendeine unmittelbar bevorstehende »Lösung« des palästinensischen »Problems« sehe oder das mühelose Eintreten von etwas namens »Frieden«. Im Gegenteil, ich bin optimistisch, weil Menschen selbst in verzweifelter Lage, ohne Anlass zur Hoffnung, fortfahren, Widerstand zu leisten. Mir fallen nicht viele andere Gründe ein, warum man stolz sein könnte, ein Mensch zu sein, aber dieser eine Grund ist genug.

TEIL EINS

NABI SALEH

PROLOG

Ramallah, Tel Aviv, Nabi Saleh

Und die Straßen der Nationen
zu denselben alten Quellen sind endlos!
Mahmud Darwisch

Im Rückblick sieht alles ganz anders aus. Es fällt schwer, sich daran zu erinnern, schwer, das sich dazwischendrängende Grauen und die Bilder, die sich im Kopf eingenistet haben, wegzuschieben, aber damals war die Unsicherheit noch berauschend. Niemand wusste, dass nicht wirklich Frühling war. Niemand begriff, dass Herbst war. Die Luft war frisch und kühl und wunderbar klar, die Bäume ein ausgelassenes Fest der Farben, die so strahlten, dass wir gegenüber allen Zeichen des nahenden Winters blind waren. Die Vergangenheit war vor allem verkommen, aber sie schien vorbei zu sein. Die Gegenwart war reiner überschwänglicher Zusammenbruch. Und die Zukunft? Sie war noch nicht eingetreten. Anfang 2011 fühlte sich die Hoffnung ein paar Wochen lang in ihrer Süße fast stofflich an, als könnte man sich eine Scheibe aus der Luft herausschneiden und davon kosten.

In Tunis beschloss ein Obsthändler namens Mohammed Bouazizi, der einmal zu oft von der Polizei gedemütigt worden war, wenigstens in Würde zu sterben. Er begoss seine Kleider, seine Haut und sein Haar mit Farbverdünner und steckte sich auf den Stufen des Rathauses selbst in Brand. Es dauerte über eine Stunde, bis ein Krankenwagen kam. Binnen einer Woche brannten die Straßen. Binnen eines Monats war Präsident Zine al-Abidine Ben Ali, der Tunesien zweiundzwanzig Jahre regiert hatte, aus dem Land geflohen. Binnen zwei Monaten waren die Flammen auf Ägypten übergesprungen und Husni Mubarak war nach dreißig Jahren ununterbrochener Herrschaft zurückgetreten. Das Feuer griff auf Marokko, Algerien, Jordanien, Jemen, Bahrain, Oman und sogar Saudi-Arabien über. Libyen erhob sich in einem offenen, bewaffneten Aufstand. Mitte März war es nur in Syrien noch ruhig. Und in Palästina.

Am 15. März 2011 kam ich zum ersten Mal nach Ramallah. Nirgendwo sonst im Nahen Osten schienen die Unterdrückung und die Gewalt schon so lange so unveränderlich. Die schlimmsten Tage der Zweiten Intifada waren seit einigen Jahren vorbei, aber nicht das Geringste war gelöst worden. Die Friedensgespräche zwischen Israel und der Palästinensischen Autonomiebehörde waren 2010 in sich zusammengefallen. Niemand außer den Amerikanern schien ihnen nachzutrauern. Für die meisten Palästinenser waren die vorangegangenen zwanzig Jahre der immer wieder aufgenommenen und immer wieder unterbrochenen Verhandlungen eine lange Scharade gewesen, eine glänzende Show für die Kameras, die vor allem dazu diente, die zermürbenden und immer weiter eskalierenden Demütigungen des Lebens unter der Besatzung zu verbergen. Was Israelis als relative Ruhe wahrnahmen, erlebten Palästinenser als langsame und stetige Übung in Sachen Annexion: mehr Siedlungen, mehr Gefangene, mehr Zwangsräumungen und Abrisse von Häusern, mehr Land, das an die Route der Mauer verlorenging. Die Zahl israelischer Siedler im Westjordanland hatte sich seit dem ersten Oslo-Abkommen von 1993 mehr als verdreifacht. Angriffe auf Palästinenser durch Soldaten an den Kontrollpunkten oder durch Siedler überall sonst waren so üblich, dass sie in den Nachrichten kaum noch Erwähnung fanden. Aber die Dinge änderten sich. An anderen Orten gingen ganze Bevölkerungen auf die Straße. Gewaltherrschaften, die dazu bestimmt schienen, ewig zu währen, brachen links und rechts zusammen. Die Luft wirkte frisch und klar. Palästina hatte in den beiden vorangegangenen Jahrzehnten große Aufstände erlebt. Wenn es im vergleichsweise friedlichen politischen Klima des Maghreb und der Golfregion passieren konnte, würde Palästina sicher nicht lange brauchen, um sich zu erheben.

Aber gegen wen sollte es rebellieren? Zumindest vordergründig wurden die Städte und Ortschaften des Westjordanlandes von der Palästinensischen Autonomiebehörde regiert, die von der Fatah kontrolliert wurde, der säkularen nationalistischen Partei, die 1959 von Jassir Arafat gegründet worden war und zurzeit von Mahmud Abbas geführt wird. Der Gazastreifen wurde von der Hamas beherrscht, einem Spross der ägyptischen Muslimbrüderschaft, der während der Ersten Intifada Ende der 1980er Jahre gegründet worden war. Seit 2006 hatte es keine Wahlen gegeben. Die Hamas hatte damals gewonnen, doch die Fatah hatte mit verdeckter Ermutigung und Unterstützung der Bush-Regierung und der Israelis versucht, sie von der Macht zu verdrängen. Hunderte starben bei Kämpfen der beiden Parteien. Das Vorhaben scheiterte. Die Hamas behielt die Macht im Gazastreifen, und Abbas regierte das Westjordanland seit 2008, obwohl seine Amtszeit als Präsident offiziell im Januar 2009 ablief. Die Legislative war seit 2007 nicht zusammengekommen. Jede Gruppe verfolgte und inhaftierte die Anhänger der jeweils anderen in dem Gebiet, das sie unter Kontrolle hatte. Anders gesagt: Es gab keine legitime Regierung. Und dann war da noch Israel, dessen Truppen das Westjordanland besetzt hielten, mehr als 60 Prozent davon direkt regierten und dem Rest mit alles andere als subtilen Maßnahmen ihren Willen aufzwangen. Gaza bombardierten und blockierten sie nur.

Wo also anfangen – mit dem Handschuh oder der Hand darin? Das war die Frage, mit der sich eine kleine Gruppe junger Aktivisten konfrontiert sah – überwiegend Frauen, Angehörige der urbanen, gut ausgebildeten Mittelschicht, des Englischen mächtig und technisch versiert. Sie beschlossen, mit dem Handschuh anzufangen, und zwar sanft, diskret, nicht indem sie ihre Führer kritisierten, sondern indem sie sie drängten, die Teilung zu überwinden, die ein halbes Jahrzehnt die Fatah von der Hamas und das Westjordanland von Gaza getrennt hatte. Die Palästinensische Autonomiebehörde direkt in Frage zu stellen war unmöglich, erklärte mir ein junger Aktivist; sie würden alle im Gefängnis landen. Indem sie sich auf die unbedenkliche patriotische Forderung nach Einigkeit konzentrierten, so hoffte er, könnten die Aktivisten Raum für Widerspruch schaffen, ohne die Führungsriege zu verschrecken. Um die Bewegung in Gang zu setzen, riefen sie für den 15. März 2011 zu gleichzeitigen Demonstrationen im Westjordanland und im Gazastreifen auf.

Die Führungsriege war allerdings gewiefter, als die jungen Aktivisten ihr zugestanden. Beide regierenden Gruppierungen verstanden die Demonstrationen ganz richtig als Infragestellung ihrer Autorität. Die Antwort im Gazastreifen war direkt: Die Hamas unterdrückte den dortigen Protest mit Prügel und Verhaftungen. In Ramallah ging die Autonomiebehörde subtiler vor. Die Obrigkeit versuchte zunächst, die Veranstaltung zu vereinnahmen, indem sie al-Manara, den Kreisverkehr, der als zentraler Platz der Stadt fungierte, mit Fatah-Anhängern und Fatah-Sprechern überschwemmte, Fatah-Lieder übertrug und Fatah-Sprechchöre skandieren ließ. Am späteren Nachmittag zogen sich die Fatah-Anhänger abrupt zurück und ließen etwa hundert Demonstranten und etwa genauso viele Polizisten in Zivil und Geheimdienstagenten oder *muchabarat* zurück. Die Prügel begannen kurz nach Einbruch der Dunkelheit. Nicht alle auf einmal: mal hier, mal da, als wenn spontan Schlägereien ausbrächen. Bevor die Nacht vorüber war, würde ich sieben Aktivisten in Krankenwagen verschwinden sehen.

Ich verbrachte einen Großteil des Abends damit, Gesichter zu scannen, um die *muchabarat* auszumachen. Es war leicht, selbst wenn sie nicht in ihre Mantelkrägen murmelten. Sie waren die Wachsamen, jene, die aussahen, als wollten sie nicht da sein. Aber da war ein schmächtiger Mann in Lederjacke, den ich nicht einordnen konnte. Er stand am Rande, ein Ruhepunkt im Aufruhr der Menge. Er wirkte misstrauisch, distanziert, angespannt, aber ohne die Schwere und die unterdrückte Gewalttätigkeit, die, egal wie sehr sie sich um Coolness bemühen, die Haltung von Polizisten immer auszeichnet.

Der Name des Mannes war Bassem Tamimi. Er war laut dem Freund, der uns vorstellte, ein Führer der Protestbewegung von Nabi Saleh, einem winzigen Dorf etwa fünfundzwanzig Minuten nordwestlich von Ramallah. Seit etwas mehr als einem Jahr hielten die Bewohner von Nabi Saleh jeden Freitag nach dem Mittagsgebet einen Protestmarsch ab. Und jeden Freitag schlugen israelische Soldaten sie mit Tränengas, Blendgranaten und Gummigeschossen zurück. Im Chaos auf dem Platz an diesem Abend bewahrte sich Bassem eine seltsame steife Ruhe, als wenn sein langes Gesicht und seine blauen Augen auf eine andere Welt als die turbulente um uns herum gerichtet wären. Im Rückblick kann ich mir einige Gründe vorstellen, aus denen er sich fehl am Platz gefühlt haben könnte, aber vielleicht war es auch nur Erschöpfung. Er war seit Tagen nicht zu Hause gewesen. »Ich werde gesucht«, erklärte er und lächelte traurig.

Wir trafen uns ein paar Tage später in einem kleinen rauchgeschwängerten Café wieder. Bilder von der ummauerten und schneebedeckten Altstadt Jerusalems hingen über uns, und das Foto eines Märtyrers – ein junger Mann, der vermutlich in der Zweiten Intifada gefallen war und der stolz mit seiner Kalaschnikow posierte – wurde an einer entfernten Wand präsentiert. Bassem saß aufrecht da und paffte an einer *argile*. Zwölf Tage zuvor, ein oder zwei Stunden nach Mitternacht, hatte die israelische Armee Nabi Saleh einen Besuch abgestattet. Sie hatten mit dem Haus von Bassems Cousin Nadschi Tamimi angefangen. (Alle der über sechshundert Einwohner von Nabi Saleh gehören zur selben Großfamilie, und fast alle tragen den Nachnamen Tamimi.) Die Soldaten weckten Nadschi in seinem Bett, verbanden ihm die Augen, legten ihm Handschellen an und nahmen ihn mit. Als Nächstes gingen sie zu Bassems Haus. Seine Frau Nariman öffnete die Tür. Sie sagte ihnen, dass Bassem nicht zu Hause sei. Da er Ärger erwartet hatte, hatte er außerhalb des Dorfes geschlafen. Die Soldaten kamen trotzdem ins Haus und verbrachten eine Stunde damit, es zu durchsuchen, wobei sie seine vier Kinder und seine betagte Mutter weckten und alles auf den Kopf stellten. Seitdem war er nicht mehr zu Hause gewesen.

»Ich werde Ihnen die ganze Geschichte erzählen«, fing er an. »Sie können schreiben, was Sie wollen.«

»Ich wurde 1967 geboren«, sagte Bassem, das Jahr, in dem Israel das Westjordanland, Ostjerusalem, den Gazastreifen, die Sinai-Halbinsel[*] und die Golanhöhen besetzte. »Für mich war ein Israeli nur ein Soldat an einem Kontrollpunkt, jemand, der Häuser durchsuchte, schoss, tötete, Menschen verletzte, der Gefängniswärter im Gefängnis, die Übersetzerin am Gericht.«

Seine Schwester, sagte er, starb 1993, als eine Übersetzerin am israelischen Militärgericht in Ramallah sie eine Treppe hinunterstieß. (Übersetzer im militärischen Justizsystem sind uniformierte Soldaten, genau wie die Richter und Staatsanwälte.) Der Sturz brach ihr das Genick. Sie war dort gewesen, um ihren Sohn Mahmud zu besuchen, der damals zwölf oder dreizehn war und gerade verhaftet worden war. Bassem war

---

[*] Israel zog sich 1982 von der Sinai-Halbinsel zurück.

ebenfalls im Gefängnis und wurde zusammen mit drei anderen aus Nabi Saleh beschuldigt, einen Israeli namens Chaim Mizrahi in der Nähe der Siedlung Beit El außerhalb von Ramallah ermordet zu haben.* Während Bassem befragt wurde, schüttelte ein Vernehmer vom israelischen Inlandsgeheimdienst, auch bekannt als Schin Bet oder Schabak, seinen Kopf so stark und so lange vor und zurück, dass Bassem das Bewusstsein verlor. »Ich fühlte mich, als würde mein Gehirn lose in meinem Kopf herumrollen«, berichtete er damals Rechercheuren von Human Rights Watch. »Ich dachte, mir platzt der Kopf, so stark waren die Schmerzen.« Als er aufwachte, konnte er sich nicht bewegen; er war mit 63 Stichen am Kopf genäht worden, das Bett umstellt von Soldaten. »Sie gaben mir eine Zeitung«, erinnerte er sich, »eine hebräische Zeitung. Da waren ein Foto von mir und ein Foto meines Cousins. Sie sagten, ich sei ein Mörder, dass wir einen Siedler ermordet hätten.« Er bemerkte das Datum der Zeitung. Tage waren vergangen, an die er keinerlei Erinnerung hatte: Er hatte im Koma gelegen und war operiert worden, zur Druckentlastung nach einer Hirnblutung. Er wurde am Tag der Beerdigung seiner Schwester entlassen, ohne dass Anklage erhoben worden war. Wochen vergingen, bis er seine Gliedmaßen wieder voll einsetzen konnte. Bassem zeigte auf eine Delle von der Größe einer 5-Cent-Münze an seiner Schläfe und zerteilte sein kurzes, ergrauendes Haar, um die Narben auf seinem Schädel freizulegen.** Seine Hände, blass und feingliedrig, schienen einem anderen Mann zu gehören.

»Im Laufe meines Lebens bin ich zehnmal verhaftet worden«, fuhr Bassem fort. Bei den meisten dieser Verhaftungen war er nicht angeklagt oder vor Gericht gestellt worden, sondern war unter der nichtssagenden Bezeichnung »Verwaltungshaft« festgehalten worden, ein rechtliches

---

* Mizrahi wurde entführt, als er auf dem Weg zu einem palästinensischen Bauern war, um Eier zu kaufen. Er wurde erstochen und sein Auto mit dem Leichnam darin verbrannt. Er war dreißig Jahre alt und hinterließ eine schwangere Ehefrau. In Reaktion auf seine Ermordung blockierten Mobs aus Tausenden Siedlern die Straßen rund um Ramallah und brannten mindestens fünfzig palästinensische Häuser nieder.

** Im Juni 1994, acht Monate nach Bassems Verhaftung, kam eine Untersuchung von Human Rights Watch zu dem Schluss, dass »das Abpressen von Geständnissen unter Zwang und die Zulassung solcher Geständnisse als Beweismittel vor den Militärgerichten das Rückgrat von Israels militärischem Justizsystem bilden«.

Überbleibsel der britischen Kolonialherrschaft, das es den israelischen Behörden erlaubt, eine Person, die als Gefahr für Israels Sicherheit gilt, ohne Anklage und ohne Vorlage von Beweisen einzusperren.* Insgesamt hatte Bassem drei Jahre seines Lebens in israelischen Gefängnissen verbracht, ohne jemals eines Verbrechens für schuldig befunden worden zu sein. »Meine Frau«, fügte er hinzu, »wurde 2010 bei der zweiten und der dritten Demonstration verhaftet. Mein Sohn, dreizehn Jahre alt, wurde verwundet, meine Frau wurde von Gummigeschossen verwundet, und mein kleines Kind, sieben Jahre alt, wurde von Gummigeschossen und Tränengas verwundet.«

Nabi Salehs Schwierigkeiten begannen 1976, als Israelis, die der messianischen nationalistischen Gruppe Gusch Emunim (»Block der Getreuen«) angehörten, sich auf einer Hügelkuppe gegenüber dem Dorf in einer alten steinernen Festung niederließen, die die Briten als Polizeistation errichtet hatten. Die Siedler, so Bassem, fingen bald an, Bäume zu fällen und Häuser zu bauen. Bewohner von Nabi Saleh und dem Nachbardorf Deir Nidham zogen gegen die Siedler vor Gericht und beschuldigten sie, ihnen ihr Land zu stehlen. Das Gericht entschied zugunsten der Dorfbewohner – das Land, das die Polizeistation direkt umgab, gehörte dem Staat, aber die Felder darum herum waren Privatbesitz. Die Siedler zogen ab, doch im Mai 1977 gewann der konservative Likud-Block die Parlamentswahlen und beendete drei Jahrzehnte der Mitte-Links-Herrschaft durch die Vorgänger der heutigen Arbeitspartei. Menachem Begin ersetzte Jitzchak Rabin als Premierminister. Die Siedler kehrten zurück. Im Jahr darauf nahm der Staat gut 60 Hektar des dorfeigenen Landes für »militärischen Bedarf« in Besitz und vergab es an die Siedler, deren Gemeinde schließlich den Namen Halamisch tragen sollte. Heute leben dort etwa 1200 Menschen, fast zweimal so viele wie in Nabi Saleh.

Bassem zufolge wurde das Problem während der Zweiten Intifada

---

* In der kurzen Periode vor der Gründung des Staates Israel, als die British Defense Regulations von 1945 auch auf Juden angewendet wurden, beschwerte sich ein zukünftiger Richter des israelischen Obersten Gerichts, dass »die Gesetze den fundamentalsten Prinzipien von Recht, Gerechtigkeit und Rechtswissenschaft widersprechen«. Dov Yosef, der zweimal als israelischer Justizminister amtierte, nannte die Gesetze »offiziell bewilligten Terrorismus«.

noch größer, in den schlimmen, harten Jahren Anfang des neuen Jahrtausends. Die israelische Armee erklärte das Land direkt unterhalb der Siedlung zu militärischem Sperrgebiet. Soldaten, sagte Bassem, »griffen jeden an, den sie auf dem Land entdeckten«. Palästinensische Bauern konnten ihre Felder nicht mehr bestellen. Siedler fingen an, sie zu bewirtschaften. Noch mehr Land ging verloren und danach noch mehr.* Vierzig Prozent des dorfeigenen Landes, so Bassem, »sind unter der Kontrolle der Siedler. Wir können es nicht nutzen. Wir können es nicht bewirtschaften. Sie halten es frei, damit die Siedlung sich ausbreiten kann.«

Südlich des Dorfes und unterhalb des Hügels der Siedlung entspringt eine Quelle aus einer niedrigen Felsklippe. Die Menschen aus Nabi Saleh nennen sie »Ain al Qoos« oder die Bogen-Quelle. Die Bauern, die die Felder in der Nähe bewirtschafteten, bedienten sich von jeher ihres Wassers. Im Sommer 2008 gruben die jungen Leute aus Halamisch ein Loch und kleideten es mit Zement aus, um ein Becken zu schaffen, in dem sich das Wasser der Quelle sammelte. Die Siedler setzten Fische hinein und bauten eine Bank, eine Schaukel, weitere Becken, eine Laube für Schatten.** Sie gaben der Quelle einen hebräischen Namen – Ma'ayan Meier oder Meiers Quelle, nach einem der Gründer der Siedlung. Als Palästinenser kamen, um ihre Pflanzen auf den Feldern neben der Quelle zu pflegen, jagten die Siedler sie Bassem zufolge fort – »sie schlugen und prügelten sie, bedrohten sie, machten ihnen Angst«. Die Armee, die schon längst einen Stützpunkt in der alten britischen Polizeistation eingerichtet hatte, folgte ihnen stets in ein paar Schritten Abstand.

An einem Freitag im Dezember 2009 marschierten die Bewohner von Nabi Saleh zur Quelle, »um der Welt zu sagen«, so Bassem, »dass wir das Recht haben, unser Land zu bewirtschaften«. Eine Gruppe Siedler kam aus Halamisch hinunter. (»Sie sind immer bewaffnet. Sie tun kei-

---

* Im März 2007 berichtete die israelische Nichtregierungsorganisation Peace Now, dass 32 Prozent des Landes, das von Siedlungen im Westjordanland eingetragen worden war, privaten palästinensischen Eigentümern »faktisch gestohlen« worden waren. In Halamisch betrug diese Zahl – die kein Land enthält, das als »Staatsland« eingestuft wurde – 33 Prozent.
** Jahre später bemühten sich die Siedler rückwirkend um eine Baugenehmigung, die ihnen die israelischen Gerichte jedoch mit der Begründung verweigerten, dass »die Bewerber ihren Anspruch auf das betreffende Land nicht nachweisen konnten«.

nen Schritt ohne ihre Waffen.«) Bassem zufolge begannen sie zu schießen und mit Steinen zu werfen. Bald kamen Soldaten hinzu und feuerten Tränengas und Gummigeschosse ab. Die Dörfler – Männer, Frauen und Kinder – kehrten am nächsten Freitag zurück und an jedem Freitag seither, wobei sich ihnen immer mehr ausländische und israelische Aktivisten sowie Journalisten anschlossen. Die Soldaten ließen sie nie wieder in die Nähe der Quelle, aber sie zurückzugewinnen, insistierte Bassem, sei auch nie das Ziel gewesen. Die Idee war, die Besatzung insgesamt in Frage zu stellen, das nahezu unendlich komplexe System der Kontrolle, das Israel auf die Palästinenser überall im Westjordanland anwandte: nicht nur die Siedlungen und die Soldaten in ihren Stützpunkten oben auf den Hügeln, sondern auch die Kontrollpunkte, die Reisebeschränkungen, die Genehmigungen, die Mauern und Zäune, die Gerichte und Gefängnisse, der Würgegriff, in dem sich die Wirtschaft befindet, die Abrisse von Häusern, die Aneignung von Land, die Enteignung natürlicher Ressourcen, der gesamte riesige Apparat der Unsicherheit, Zwangsenteignung und Erniedrigung, der seit vier Jahrzehnten die israelische Herrschaft aufrechterhält, indem er die Möglichkeiten und häufig auch die Dauer palästinensischer Leben beschneidet. »Die Quelle ist das Gesicht der Besatzung«, sagte Bassem. »Die Besatzung ist illegal, und wir haben das Recht, gegen sie zu kämpfen.«

Die Armee hatte in der Zwischenzeit begonnen, den Kampf ins Dorf zu tragen, indem sie Tränengasgranaten in Häuser der Bewohner warf, nachts Hausdurchsuchungen durchführte und Verhaftungen vornahm. Bassem ratterte die Zahlen herunter: In den vierzehn Monaten seit Beginn der Proteste waren 155 Einwohner von Nabi Saleh verletzt worden, darunter vierzig Kinder. Ein dreizehnjähriger Junge aus einem Nachbardorf hatte drei Wochen im Koma gelegen, nachdem ihn ein Gummigeschoss am Kopf getroffen hatte. Fast jedes Haus in Nabi Saleh war beschädigt worden. Gasgranaten hatten Brände in sieben Häusern entfacht, bei denen Vorhänge, Teppiche und Möbel Feuer fingen. Siebzig Dorfbewohner waren verhaftet worden, darunter 29 Kinder. Das jüngste war elf Jahre alt. Weitere vierzig oder mehr ausländische und israelische Aktivisten waren ebenfalls verhaftet worden. Fünfzehn Dorfbewohner saßen immer noch im Gefängnis. Sechs, darunter Bassem, waren untergetaucht.

Ich fragte Bassem, was er von der Demonstration für Einigkeit auf dem al-Manara-Platz hielt. »Das ist gut«, sagte er. »Unser Hauptfeind ist die Besatzung. Wenn wir die Teilung [zwischen Fatah und Hamas] angehen, machen wir einen Schritt, um direkt gegen die Besatzung vorzugehen.« Wie sich herausstellen sollte, war es ein sehr kleiner Schritt. Die Bewegung des 15. März, wie sie später genannt werden sollte, dauerte nicht länger als der 15. März. Die Aktivisten trafen sich weiter und entwickelten weiter Strategien, aber es gelang ihnen nicht, eine bedeutende Anhängerschaft zu binden, und bald ging jeder seiner Wege. In Palästina würde der Frühling noch warten müssen.

Fünf Tage nachdem wir uns in Ramallah unterhalten hatten, riskierte Bassem einen Besuch bei seiner Familie. Seine Mutter war krank, und er glaubte, dass es nicht schwierig sein würde, sich ungesehen ins Dorf zu schleichen und wieder hinaus. »Ich bin nicht Osama bin Laden«, scherzte er dem Cousin gegenüber, bei dem er untergeschlüpft war, als sie ins Auto stiegen. Er war gerade zehn Minuten zu Hause, als Soldaten vor seiner Tür standen.

Am Freitag darauf besuchte ich Nabi Saleh zum ersten Mal. Ich wohnte in Tel Aviv und wurde von einer Gruppe junger israelischer Aktivisten mitgenommen. Sie waren auf theatralische Weise vorsichtig: Mein Kontakt instruierte mich, an einer Straßenecke im Süden der Stadt zu warten. Erst nachdem ich dort ein paar Minuten gestanden hatte, erreichte mich eine SMS mit der Adresse des wirklichen Treffpunkts ein paar Ecken weiter. Die meisten der Aktivisten waren Anfang zwanzig: blasse, gepiercte, Drogen und Alkohol ablehnende Kids in ausgewaschenen schwarzen Jeans, schwarzen Stiefeln, mit schwarzen Rucksäcken. Die meisten waren Anarchisten, aus Prinzip gegen Militarismus und den Staat genauso wie gegen spezifische Aktionen der israelischen Armee in Nabi Saleh und überall sonst. Einige von ihnen hatten an Protesten gegen den Bau der Sperranlagen teilgenommen (Israelis nennen sie »Sicherheitszaun«; Palästinenser ziehen den Begriff »Apartheid-Mauer« vor), die sich seit den frühen Nullerjahren durch Dörfer im Westjordanland ziehen, und gehörten zu den Gründern eines lockeren Bündnisses aus Aktivisten namens Anarchists Against the Wall. Sie waren ein ernster und manchmal mürrischer Haufen, schnell am Belehren, aber nur langsam zum Lachen zu bringen. Ihr Engagement war allerdings beeindruckend: Ihre politische Haltung hatte die meisten von ihnen zu Ausgestoßenen der israelischen Gesellschaft gemacht, einige sogar zu Ausgestoßenen ihrer Familien. Fast alle von ihnen waren verhaftet – einige schon Dutzende Male – und verprügelt worden, waren Tränengas und Schüssen ausgesetzt gewesen, und dennoch kehrten sie Freitag für Freitag zurück. Mit ein paar namhaften Ausnahmen waren – und sind – die Anarchisten die einzigen Israelis, die regelmäßig die Grüne Linie ins Westjordanland überqueren, um solidarisch mit den Palästinensern gegen die Besatzung zu protestieren. Zusammengenommen könnten sie alle in einen Bus passen. Zwei Busse maximal.

Fünf von uns quetschten sich in einen roten Suzuki-Kompaktwagen. Während wir ostwärts aus der Stadt hinausfuhren, bereitete mich ein eifriger Kerl mit einem ungleichmäßigen roten Bart auf Nabi Saleh vor. »Es ist ein sehr starkes Dorf«, begeisterte er sich. »Nichts ist so Asterix wie dieses Dorf – du kennst Asterix, oder?« Das tat ich. Mit den französischen Comics über die unermüdlichen Gallier, die fröhlich gegen ihre römischen Besatzer kämpfen, war ich aufgewachsen. In den Heften braut der gallische Druide Miraculix einen Zaubertrank, der die Dörfler unverwundbar stark macht, so dass sie ganze Legionen römischer Soldaten mit ihren nackten Fäusten vermöbeln können. Nabi Saleh hatte keinen Druiden und keinen Zaubertrank. »Es ist das unverwüstlichste Dorf«, versicherte mir mein neuer Freund. »Im Moment ist es schwach, aber es wird nie aufgeben. Nie.«

Als wir dort eintrafen, blockierten ein Jeep und vier Soldaten die Hauptstraße ins Dorf. Wir parkten neben der Quelle und stiegen einen steilen und felsigen Hügel hinauf. Die Wolken hingen niedrig und waren grau. Es regnete ein bisschen. Die rot gedeckten Häuser von Halamisch kauerten sich auf die Hügelkuppe hinter uns. Die Demonstration begann ein paar Minuten nach Mittag. Wie immer ging es darum, vom Platz in der Dorfmitte zur Quelle zu marschieren. Wir waren vielleicht fünfzig Leute. Etwa die Hälfte kam aus dem Dorf – Männer und Jungen und ein paar Frauen. Der Rest waren solidarische Aktivisten – die Israelis, die ich in Tel Aviv getroffen hatte, plus ein gutes Dutzend Europäer im College-Alter. Wir konnten die Jeeps der Soldaten sehen, die am Fuß des Hügels parkten, als wir uns auf den Weg die Straße entlang und dann quer über ein sehr abschüssiges Feld mit Disteln und Wildblumen machten. Einer der älteren Jungen rief Sprechchöre in ein Megafon. »Wir haben keine Angst«, schrie er auf Arabisch, und alle klatschten, während sie marschierten und seine Worte zurückskandierten. Drei Esel kamen herübergewandert, um uns genauer anzusehen, schienen es sich dann aber anders zu überlegen und trotteten davon.

Wir waren kaum halb den Hügel hinunter, die Quelle war noch mehrere Hundert Meter entfernt, als vier Minuten nach Beginn des Marsches die ersten Tränengasgranaten über uns durch den Himmel rauschten. Die nächsten Salven waren flacher – eine zischte knapp über meinem Kopf vorbei –, und die Soldaten rückten von rechts und links auf den Hügel vor. Die Sprechchöre wurden von Schreien abgelöst, und bald rannten, duckten und verstreuten wir uns alle, während die Granaten vorbeipfiffen und das Gas in langsamen, sauren Wolken um uns herumwaberte. Ich beobachtete drei Soldaten, die am Fuß des Hügels Granate um Granate abfeuerten, nicht im Bogen über uns hinweg, sondern gezielt auf Höhe unserer Köpfe und Oberkörper, und plötzlich waren da noch mehr Soldaten über uns und schossen vom Dorfkern auf uns hinunter.

Ich suchte Zuflucht bei etwa einem Dutzend Aktivisten, die sich ins Wohnzimmer eines Hauses drängten, das ich später als Mustafas Zuhause kennenlernen würde. Es gehörte einem Taxifahrer namens Abd al-Razzaq Tamimi, seiner Frau Ekhlas, ihrer Tochter und ihren vier Söhnen, deren ältester Mustafa hieß. Als der Regen aufgehört hatte und die Soldaten sich zurückgezogen hatten, ging ich wieder nach draußen. Die Nachricht machte die Runde, dass ein Teenager verhaftet worden sei, einer von Ekhlas' Söhnen. Ekhlas rannte heulend vor Verzweiflung zum Dorfkern. Zwei lang gediente israelische Aktivisten – Jonathan Pollak und Kobi Snitz – waren ebenfalls verhaftet worden, genau wie Bilal Tamimi*, Nabi

---

* Die Konsequenzen für Israelis und Palästinenser, die bei Protesten im Westjordanland verhaftet werden, unterscheiden sich gewaltig, selbst wenn sie unter denselben Umständen festgenommen werden. Gegen Israelis wird selten Anklage erhoben, und wenn doch, erfolgt der Prozess vor einem Zivilgericht. Jonathan Pollak hatte den Überblick verloren, wie häufig er verhaftet worden war. »Mehr als fünfzig Mal«, sagte er mir einmal. Aber trotz all seiner Verhaftungen war er nur einmal zu einer Gefäng-

Salehs örtlicher Videograf, der jeden Protest filmte und beinahe jede Interaktion zwischen Dörflern und Armee dokumentierte. An jenem Tag verbanden sie Bilal die Augen und sperrten ihn hinten in einen Jeep, der am Rande des Dorfplatzes geparkt war. Die Israelis und die Internationalen hakten sich unter und setzten sich dem Jeep in den Weg. Die Kids aus dem Dorf fingen an, Kartons zu zerreißen, damit die Aktivisten nicht auf dem kalten, nassen Asphalt sitzen mussten. Bald packte ein israelischer Offizier in der grauen Uniform des Grenzschutzes die sitzenden Protestler jeweils am Kinn, zog es hoch und sprühte ihnen Pfefferspray in die Augen, und ihre Freunde eilten herbei, um ihnen zu helfen. Zwei Aktivisten klammerten sich auf der Motorhaube des Jeeps aneinander, während die Soldaten sie in Pfefferspray tränkten, und sie stolperten mit zusammengekniffenen, geschwollenen Augen spuckend und würgend davon, als die Soldaten den Platz mit Blendgranaten* und noch mehr Tränengas räumten, bis das Chaos schließlich so plötzlich, wie es begonnen hatte, verebbte und eine seltsame, heitere Ruhe einkehrte.

Die Sonne kam heraus. Der Platz war leer bis auf die Soldaten mit ihren Kampfanzügen und Sturmgewehren und ein halbes Dutzend kleiner Jungen, die kichernd im Kreis rannten und abgefeuerte Granaten wie Fußbälle herumkickten. Die Jungen legten einander die Arme um die Schultern und stellten sich in einer Reihe vor den Soldaten auf. Sie tanzten, warfen die Beine hoch in die Luft, johlten vor Freude. Ein rothaariger Junge mit Down-Syndrom blies in eine ramponierte Trompete, der Mundstück und Ventile fehlten. Der Ton war kaum auszuhalten. Er hörte nicht auf zu blasen, bis die anderen Jungen ihm die Trompete aus den Händen rissen und ihn anstifteten, einen Stein zu werfen. Er knallte gegen einen metallenen Zaunpfosten fünf Meter von den Soldaten ent-

---

nisstrafe verurteilt und nach zwei Monaten wieder freigelassen worden. Wenn Palästinenser, die bei Demonstrationen verhaftet wurden, angeklagt und vor Gericht gestellt werden, geschieht dies vor Militärgerichten, und sie können davon ausgehen, ein paar Tage bis viele Monate im Gefängnis zu verbringen.

   * Auch als »Schockgranaten« bekannt, dienen Blendgranaten dem Auseinandertreiben von Menschenmengen durch laute Geräusche; ansonsten sollen sie keinen Schaden anrichten. Wenn sie allerdings zu nah am Kopf explodieren, können sie das Innenohr schädigen. In sehr seltenen Fällen springen Metallsplitter von der Granate ab und verursachen ernstere Verletzungen.

fernt. Drei von ihnen jagten dem Jungen dennoch nach, rasten mit ihren Gewehren hinter ihm her und blafften Drohungen.

Bassem wurde schließlich wegen »Anstiftung«, »der Organisation von und Teilnahme an nicht genehmigten Umzügen«, »der Aufforderung, Steine zu werfen« und »der Störung von gerichtlichen Schritten« angeklagt.* Der letzte Anklagepunkt, erhoben, weil er angeblich die Jugendlichen des Dorfes instruiert hatte, wie sie sich bei einer Vernehmung verhalten sollten, entbehrte nicht einer gewissen Ironie: Der Großteil der Beweise gegen ihn war dem Geständnis zweier Teenager entnommen, die in Nabi Saleh verhaftet und stundenlang unter Zwang befragt worden waren, ohne dass ein Anwalt oder ihre Eltern anwesend gewesen wären, wie es das israelische Gesetz eigentlich verlangt.

Der Prozess begann erst im Juni. Im Gerichtssaal, der zum Komplex des Ofer-Militärgefängnisses vor den Toren Ramallahs gehörte, war Bassem aufsässig. Er las eine vorbereitete Stellungnahme vor: »Das Völkerrecht garantiert Völkern unter Besatzung das Recht, gegen die Besatzung Widerstand zu leisten«, sagte er.** »In Ausübung meines Rechts habe ich zu friedlichen Protesten der Bevölkerung aufgerufen und sie organisiert ... mit dem Ziel, unser Land und unser Volk zu verteidigen. Ich weiß nicht, ob meine Taten die Gesetze Ihrer Besatzung verletzen. Was mich anbelangt, gelten diese Gesetze nicht für mich und sind bedeutungslos.«

* Die israelische Militärverordnung 101, die 1967, zwei Monate nachdem die Besetzung des Westjordanlandes begonnen hatte, erlassen wurde, kriminalisierte alle »Umzüge, Versammlungen oder Kundgebungen, ... die ohne Erlaubnis eines Militärbefehlshabers abgehalten wurden«, und definierte einen »Umzug« oder eine »Kundgebung« als »jede Gruppe, die aus zehn oder mehr Personen besteht« und »mit einem politischen Ziel oder wegen einer Angelegenheit, die als politisch interpretiert werden könnte«, zusammengekommen ist. »Anstiftung« wird von derselben Verordnung verboten und wird definiert als »mündlicher oder anders gearteter Versuch, die öffentliche Meinung in der Region in einer Weise zu beeinflussen, die eine Störung des öffentlichen Friedens oder der öffentlichen Ordnung wahrscheinlich macht«.
** Das Zusatzprotokoll I zu den Genfer Abkommen von 1977 erkennt in Artikel 1 Absatz 4 das Zurückgreifen auf »bewaffnete Konflikte, in denen Völker gegen Kolonialherrschaft und fremde Besetzung sowie gegen rassistische Regimes [...] kämpfen«, als »Ausübung ihres Rechts auf Selbstbestimmung« an.

Er fuhr fort: »Der zivile Charakter unserer Taten ist das Licht, das die Dunkelheit der Besatzung besiegen und eine Morgenröte der Freiheit mit sich bringen wird, welche kalte Handgelenke in Ketten wärmen, Verzweiflung von der Seele fegen und Jahrzehnte der Unterdrückung beenden wird. Diese Taten sind es, die das wahre Gesicht der Besatzung enthüllen werden.«

Der Richter schnitt ihm das Wort ab. Der Prozess sei kein politischer, sagte er, und ein Gerichtssaal kein Ort für solche Reden. Er war kein Ort für irgendwas: 2010, das letzte Jahr, in dem die Statistik offengelegt wurde, wurden 99,74 Prozent der Palästinenser, die vor Militärgerichten angeklagt wurden, verurteilt. Bassem wurde zweier Anklagepunkte für schuldig befunden und zu dreizehn Monaten Gefängnis verurteilt sowie zu siebzehn Monaten, in denen ihm alle »Verstöße gegen die öffentliche Ordnung« verboten waren. Dabei war das natürlich der Punkt – der Verstoß, das Infragestellen und letztlich der Umsturz einer Ordnung, die zu akzeptieren er nicht gewillt war.

1

DAS LEBEN IST SCHÖN

Nabi Saleh, Ramallah

Man erfreut sich so an einer Quelle!
T. E. Lawrence

Ich traf Bassem, mit steifem Rücken wie immer, in demselben Café in Ramallah wieder, mit denselben gerahmten Bildern von Jerusalem im Schnee. Es war 2012; über ein Jahr war vergangen. Bassem war ein paar Wochen zuvor aus dem Gefängnis entlassen worden. Er eilte mir voraus, als wir zum Taxistand gingen. Er war kein gesuchter Mann mehr und wirkte lockerer als bei unserer letzten Begegnung. Aber die Dinge liefen nicht gut. Während ich fort war und er eingesperrt, hatte seine Mutter einen Schlaganfall erlitten, so dass sie überwiegend gelähmt war. Die Lähmung hatte alles erfasst. »Dies ist die schlimmste Zeit für uns«, gestand er. In Nabi Saleh und außerhalb davon verlor der Widerstand der Bevölkerung an Schwung. Das Land schwand ihnen unter den Füßen, aber nur wenige Palästinenser entschlossen sich, dagegen anzukämpfen. Und die Protestbewegung in Nabi Saleh hatte ihren ersten Märtyrer zu beklagen. Am 9. Dezember 2011 wurde Mustafa Tamimi, in dessen Haus ich im Jahr zuvor kurz Zuflucht gesucht hatte, im Gesicht von einer Tränengaskartusche getroffen, die aus kurzer Distanz hinten aus einem Jeep der israelischen Armee abgefeuert worden war. Er wurde achtundzwanzig.

Ich war zurückgekehrt, weil ich eine weniger comichafte Version des heroischen Dorfes kennenlernen wollte, das man mir ein Jahr zuvor beschrieben hatte – jener unerschütterliche, halb magische Ort, der kämpfte und kämpfte und niemals, niemals verzweifelte, egal, wie die Chancen standen, egal, welche Verluste zu beklagen waren. Es gab ihn, diesen Ort. Er existierte. Aber es gab auch ein anderes Dorf, eines, das für mich zunächst schwerer zu erkennen war. Ich wusste damals noch nicht genug, um zu verstehen, dass die feste Überzeugung, dass die Lage schlimmer als schlimm war, mit einem Optimismus zusammenfallen konnte, der weder fragil noch verblendet war. Im Taxi stellte mir Bassem eine seltsame Frage: »Woran glaubst du?« Ich war überrascht von der Intimität der Frage. Ich wusste nicht, wie ich darauf antworten sollte oder wonach genau er fragte. Wollte er wissen, ob ich Jude war oder ob ich überhaupt religiös war oder wo ich politisch stand? Ich sagte ihm, dass ich an den Kampf glaube. Ich weiß nicht, was ich mir noch zurechtstammelte. Ich habe möglicherweise sogar gesagt, dass ich glaube, Gott *sei* Kampf, die Spannung und der Konflikt an der Wurzel von allem, die das Universum vorantreiben, nicht so sehr Bewusstsein oder Wille als eine unendlich widerhallende Forderung. Wahrscheinlich ging ich nicht so weit. Was auch immer ich sagte, Bassem nickte und kam nie wieder darauf zurück.

Das Taxi raste die felsigen Hügel des Westjordanlandes entlang, die an manchen Stellen mit uralten Steinmauern in Terrassen unterteilt und an anderen von horizontalen Felsvenen durchzogen waren, so dass man aus der Ferne häufig nicht sagen konnte, wo die Hügel im Laufe der Jahrhunderte durch die Hände von Männern und Frauen verwandelt worden waren und wo nicht. Es war Sommer, und die Hügel, die bei meinem letzten Besuch infolge des Winterregens grün gewesen waren, waren nun trocken und braun.

Das Zuhause, das Bassem mit seiner Frau Nariman, ihren vier Kindern, seiner Mutter und für eine Weile mit mir teilte, war das letzte Haus am nordwestlichen Rand von Nabi Saleh, kurz unterhalb der Kuppe des Hügels, der zur Quelle hinunterreichte. Was für ein fröhliches Chaos ihr Garten war. Es gab ein paar Olivenbäume, einen jungen Granatapfelbaum, der einige kleine und noch grüne Früchte trug, und einen Maulbeerbaum, der im Sommer die süßesten, dicksten Beeren trug, die ich jemals zu essen hoffen konnte. Nesseln und Unkraut darunter waren mit Abfall übersät, mit Plastiktüten und Plastikflaschen, Zigarettenstummeln und vereinzelten Papierfetzen, den Überresten kaputter Gartenstühle, hier und dort schwarzen Gummifetzen von Tränengasgranaten oder einem verkohlten Kreis, wo eine Granate das Gras in Brand gesetzt hatte. Auf die Hauswand direkt neben der Tür hatte jemand ein goldenes *W* und zwei blaue Herzen gesprüht.

Waed, Bassems ältester Sohn und wahrscheinlich Urheber des *W*, sah gerade Zeichentrickfilme im Fernsehen, als wir eintrafen. Er war fünfzehn, sah aber deutlich jünger aus. Mit Ausnahme seines Gesichts, das irgendwie zugleich jung und alt wirkte, zugleich erschöpft und permanent erstaunt, die Lippen gelangweilt geschürzt, die Augenbrauen immer hochgezogen. Ich setzte mich neben ihn aufs Sofa, während Bassem jemanden anrief. Waed zeigte auf ein sauberes kleines Loch, das in die Haut seiner Wade gestanzt war. Es hatte etwa die Größe einer Halbdollar-Münze. »Von einem Gummigeschoss«, sagte er.

Bassem runzelte die Stirn und unterbrach sein Telefonat, um seinen Sohn zu korrigieren: »Gummiüberzogenes *Stahl*geschoss.«

Waed fuhr mit dem Finger über den glänzenden Rand der Narbe.

In dem Moment, als sein Vater die Worte »gummiüberzogenes Stahlgeschoss« aussprach, huschten die anderen beiden Söhne Bassems, Salam und Abu Yazan, in ein anderes Zimmer und kamen mit einer schweren Metallkugel, die mit einer dünnen Schicht aus schwarzem Plastik überzogen war, zurück. Sie hatte in etwa die Größe einer Murmel. Sie flitzten wieder weg und kamen mit zwei Bronze-Patronenhülsen Kaliber .22 wieder. Salam hielt sie in seiner kleinen Faust umklammert. Er war damals sechs, pausbäckig und engelhaft, sein Haar in einem fast vollkommenen Topfschnitt geschoren. Abu Yazan war acht und bereits ein Hurrikan. Seine Hände und sein Gesicht waren immer mit irgendwas verklebt, die grünen Augen wirkten gleichermaßen verletzt und unendlich trotzig. Fast jedes Mal, wenn es irgendwo im Dorf Ärger gab, dauerte es nicht lang, bis eine wütende Stimme schrie: »Abu Yazan!« Die Jungen zogen mich in ein anderes Zimmer, um mir das Einschussloch in einem der Aluminium-Fensterrahmen zu zeigen, das dazu passende Loch in der palästinensischen Flagge auf dem Tisch daneben und eine Narbe in der steinernen Wand gegenüber dem Fenster.

Nariman, Bassems Frau, kam aus dem hinteren Teil des Hauses, gemeinsam mit ihrer Tochter Ahed, einem zierlichen blonden Mädchen mit den grünen Augen ihrer Mutter. Nariman lächelte zur Begrüßung und setzte sich, um das verklettete Haar ihrer Tochter zu kämmen. Ahed, die damals elf war, zuckte und sträubte sich gegen die Bürste. Sie war zurückhaltend und fast immer still, aber nicht eigentlich schüchtern. Selbst in Ruhe blieb etwas in ihr gespannt, als zöge sich ein Draht ihre Wirbelsäule entlang. Salam und Abu Yazan zerrten mein Gepäck in das Zimmer, in dem ich wohnen würde, und öffneten die Tür eines freistehenden Schranks, neben dem schmalen Bett das einzige Möbelstück im Zimmer. Zusammen fingen sie mit großem Ernst an, meine Kleider auszupacken, und hängten jedes Teil – Hemden, Jeans, Unterwäsche, alles außer Socken – auf einen gesonderten Kleiderbügel, stellten sich auf Zehenspitzen, um den Bügel in den Schrank zu hängen, bis keine Kleiderbügel mehr übrig waren, und zufrieden, dass sie ihre Pflicht erfüllt hatten, ließen sie mich dann allein, damit ich mich ausruhen konnte.

Später am Abend stand ich mit Nariman draußen. Jeden Abend nach dem Essen setzte sie sich, sofern es das Wetter erlaubte, auf die Terrasse und rauchte eine *argile*. Manchmal las sie im grellen Licht der nackten Glühbirne über der Tür. In jenem Sommer las sie Dan Brown auf Arabisch. Gelegentlich saß sie einfach da und rauchte schweigend und driftete weit fort, bis irgendetwas sie aufrüttelte – ein Gedanke, ein Wort von einem ihrer Kinder, ein Nachbar oder ihr Mann – und sie dem Augenblick mit einer Energie und Intelligenz begegnete, die heftig sein konnten, und mit einem scharfen Lachen, das aus ihrem kompakten Körper aufstieg wie der Rauch aus einer Wasserpfeife. An jenem Abend zeigte Nariman in die Dunkelheit am Fuß des Hügels hinunter. Zwei Lichter waren auf dem Wachturm zu sehen, einem etwa sechs Meter hohen Betonbunker direkt neben den Metalltoren, die die israelische Armee während der Zweiten Intifada eingerichtet hatte. Eines der Tore war in all den Jahren seither geschlossen geblieben, was die Autofahrer zwang, den langen Weg außen herum zu nehmen. Das andere war in der Regel geöffnet, aber die lange Reihe roter Bremslichter daneben deutete darauf hin, dass die Soldaten jedes Auto anhielten, das vorbeikam. »So war es jeden Abend diese Woche«, sagte sie.

Der nächste Tag war ein Freitag. Nachdem die morgendliche Ruhe vorüber war und nachdem die ersten Besucher eingetroffen waren, zwei Amnesty-International-Rechercheure, die Bassem schon gut zu kennen schienen, nachdem Nariman Kaffee und Frühstück zubereitet hatte und direkt nachdem das Mittagsgebet von der Moschee in der Ortsmitte erklungen war, tauchte Waed in Shorts und Tanktop aus seinem Zimmer auf, ein Medaillon in der Form von Palästina um seinen Hals. Er zog sich Socken an, schnürte sich die Schuhe zu und wickelte sich ein Palästinensertuch um Kopf und Gesicht. Dann überdachte er sein Outfit noch einmal und ersetzte das Tanktop durch ein schwarzes Real-Madrid-Trikot mit Ronaldos Nummer sieben.

Ich folgte den anderen die Straße hinunter zum Dorfplatz. Die Fenster der meisten Häuser waren mit Rohstahlblenden bedeckt, um Geschosse abzuwehren. Weitere Jungen mit Schals oder T-Shirts über dem Gesicht schlossen sich uns an, während wir gingen. Einige hatten Steinschleudern in den Gesäßtaschen ihrer Jeans. Neben dem Platz hatten sich schon ein paar Dutzend Leute im Schatten eines alten Maulbeerbaums versammelt. Da waren Männer, Frauen und Kinder aus dem Dorf und eine Handvoll Aktivisten aus Ramallah, die meisten von ihnen junge Frauen, einige Gesichter vertraut von den Protesten am 15. März im Jahr zuvor. Eine weitere Handvoll Journalisten, überwiegend Palästinenser, mischte sich unter sie, ebenso etwa ein Dutzend europäischer und amerikanischer Aktivisten in ihren Zwanzigern. Sie waren keine bloßen Zuschauer oder Teilnehmer wie die anderen. Sie mochten vielleicht nur einmal kommen und dann nie wieder, aber es war ihre Anwesenheit, egal wie oberflächlich ihr Verständnis der Lage oder wie flüchtig ihr Engagement war, die diese Demonstrationen in etwas verwandelte, was über dieses winzige Dorf mit nur einer Straße hinausreichte. Beschossen zu werden kann eine tiefgreifende Wirkung auf Menschen haben. Es macht die Dinge plötzlich konkret, dringend, real. Es führt dazu, dass man sich für eine Seite entscheidet, oder besser gesagt, es trifft diese Entscheidung für einen. Die Journalisten würden ihre Geschichten abliefern, und die Aktivisten würden twittern und Blogposts verfassen und nach Hause fliegen, um vor universitären Solidaritätsgruppen zu sprechen. Sie würden Menschen erzählen, was Bassem sagte, was Nariman sagte, wie tapfer die Kinder waren. Sie würden Boykott-Kampagnen organisieren und Briefe an Politiker schreiben. Manche von ihnen würden zurückkehren und jahrelang involviert bleiben. Wenn genug von ihnen kämen und weiterhin kämen und weiterhin berichteten, hätte Nabi Saleh eine Form von Magie heraufbeschworen, die nicht weniger wirksam war als der Zaubertrank eines Druiden. Das zumindest war die Idee.

Jonathan Pollak und ein paar der Anarchisten, die ich im Jahr zuvor kennengelernt hatte, waren auch da. Groß, unwirsch, stets ganz in Schwarz gekleidet und mit einem skeptischen halben Lächeln, war Jonathan fast jeden Freitag in Nabi Saleh. Genau wie ein halbes Dutzend andere. Wie klein ihre Zahl auch sein mochte und wie politisch marginalisiert sie in Israel auch waren, erfüllten auch sie eine entscheidende Funktion. Sie wussten, wie man sich im israelischen System zurechtfand, und konnten Öffentlichkeitsarbeit und rechtlichen Beistand koordinieren, wenn Menschen verletzt oder verhaftet wurden. Und sie waren Zeugen. Selbst wenn die Soldaten sie als Verräter verachteten, bedeutete die Anwesenheit der israelischen Aktivisten, dass jedem Soldaten bewusst war, dass ihm Menschen zusahen, die eines Tages im Bus oder Café oder Park neben ihm sitzen konnten, Menschen, deren Cousins oder Geschwister mit seinen Cousins oder Geschwistern arbeiten oder einander sogar heiraten könnten. Israel ist ein kleines Land. Solange die Aktivisten da waren, wussten die Soldaten, dass das, was die Armee im Westjordanland tat, seinen Weg zurück über die Grüne Linie, zu ihren Familien und ihrem Zuhause finden konnte. Vielleicht gab ihnen das manchmal zu denken.

Schließlich verklang das Mittagsgebet. Noch ein paar mehr Männer schlenderten von der Moschee herüber, und zusammen gingen wir die Straße hinunter, die Dörfler skandierten und klatschten, die Fotografen schnallten sich ihre Helme um und joggten voraus, um bessere Bilder machen zu können. Bassems und Narimans Sohn Abu Yazan leckte an einem Eis am Stiel und marschierte am Ende der Menge.

Das war übrigens nicht sein richtiger Name. Sein richtiger Name war Mohammad, aber in Nabi Saleh gab es etwa drei Dutzend Mohammads, die alle den Nachnamen Tamimi trugen, so dass der Einfachheit halber die meisten einen Spitznamen erhielten. Abu Yazan hatte sich seinen als Kleinkind verdient, als sein watschelnder Gang an jenen eines korpulenten alten Mannes aus einem Nachbardorf erinnerte. Der Name blieb hängen.

Kurz hinter der Tankstelle blieben die Marschierenden stehen. Ein paar fingen an, schwere Steine auf den Asphalt zu rollen, um die Jeeps vom Dorf fernzuhalten oder sie wenigstens etwas aufzuhalten. Aber statt auf der Straße weiterzugehen, wie sie es normalerweise machten, liefen die Demonstranten direkt den Hügel hinunter. Baschir Tamimi, ein dünner Mann von sechzig Jahren mit einem stark zerfurchten Gesicht, führte den Umzug den steinigen Abhang hinunter und schwenkte eine palästinensische Flagge, während er zwischen Felsen und dornigen Sträuchern hindurchkletterte. Baschir gehörte das Land rund um die Quelle. Zu allen Seiten war der Boden mit verbrauchten Tränengaskartuschen und Stellen mit verbranntem Gestrüpp überzogen. In der Talsohle überquerten wir die Straße. Seltsamerweise hielt uns niemand auf.

Zwei Jeeps parkten auf dem staubigen Parkplatz neben der Quelle. Vier Soldaten standen um sie herum und umklammerten ihre Waffen. Sie wirkten fassungslos. Die Marschierenden waren ebenfalls verwirrt, aber auf freudige Weise: Wie waren sie so weit gekommen? Normalerweise begannen die Schüsse, wenn sie noch Hunderte Meter von der Quelle entfernt waren. Die Soldaten hoben die Hände, um sie zu stoppen, aber die Marschierenden gingen an ihnen vorbei den Pfad zur Quelle hinauf, wo sie eine weitere Gruppe Soldaten überraschten, die gerade im Schatten zu Mittag aßen. Drei waren noch nass von einem Sprung in den Pool. Einer trug lediglich einen triefnassen Slip und ein Gewehr quer vor der Brust.

Abu Yazan und drei andere Jungen kamen angerannt, keuchend, die Augen riesengroß. Seine Schwester Ahed flitzte hinter ihnen her. Die Erwachsenen liefen herum, als wären sie bei einem Picknick, sie plauderten im Schatten, während die Kinder von Pool zu Pool planschten. Weitere Soldaten in Körperpanzerung und Schutzhelmen trafen ein, sie strotzten nur so vor Waffen, Antennen und Ausrüstung. Waed kickte mit Abu Yazan einen Fußball über die Pools, bis ein anderer Junge einen leuchtend orangefarbenen Karpfen entdeckte und Abu Yazan und seine Freunde hinüberrannten und versuchten, ihn zu fangen; sie quietschten vor Freude und planschten so sehr, dass das Wasser sich trübte und der Karpfen verschwand.

Vier junge Männer mit dunklen Sonnenbrillen erschienen auf dem Vorsprung über der Quelle. Einer trug ein Gewehr, dasselbe Modell wie die Soldaten. Es waren Siedler. Sie wirkten nicht glücklich. Unter ihnen diskutierte der einzige anwesende israelische Offizier – ein stämmiger, glatzköpfiger Mann ohne Helm – mit Jonathan.

»Ich habe euch kommen lassen«, sagte er. »Jetzt müsst ihr gehen.«

Jonathan war anderer Meinung.

Der Siedler mit der Waffe kletterte vom Felsvorsprung herunter und stellte sich in den Schatten, mitten unter die Protestler, seine Augen hinter der Brille verborgen.

»Das ist palästinensisches Land«, schrie eine der Frauen aus Ramallah. »Keine Waffen erlaubt.«

»Geh nach Syrien«, murmelte der Siedler.*

Eine andere junge Frau schrie: »Woher kommst du?«

»Ich bin hier geboren«, antwortete der Siedler.

»Ich bin auch hier geboren«, sagte sie.

So ging es eine Weile weiter, bis es dem Siedler langweilig wurde und er wieder hinauf zu seinen Freunden kletterte.

Hinter dem letzten der Pools entdeckten die Kinder eine Schaukel. Es war eine von der Art, wie man sie in Vorortgärten finden kann, eine Bank mit hoher Lehne, die an einem Metallrahmen hängt. Acht Kinder hatten sich hineingequetscht und schaukelten wie wild, sangen und lachten, reckten die Beine in den Himmel. Ahed saß in der Mitte. Abu Yazan balancierte stehend oben auf der Rückenlehne hinter ihr, hielt sich an den Ketten fest, ein breites Grinsen im Gesicht. Ein paar Meter entfernt diskutierte der jüngste der Siedler – er war wahrscheinlich Anfang zwanzig – mit dem Offizier.

»Sie haben noch mal zehn Minuten«, sagte der Offizier. »Was machen zehn Minuten schon für einen Unterschied?«

»Jede zehn Sekunden machen einen Unterschied«, sagte der Siedler.

Aber bevor diese zehn Minuten vorbei waren, eine Stunde nachdem sie zum ersten Mal in zweieinhalb Jahren wöchentlicher Märsche zur Quelle gelangt waren, sammelten die Protestler ihre Kinder ein und zogen so, wie sie gekommen waren, wieder ab, klatschend und skandierend.

---

* Das war im Juni 2012. Aus den Protesten gegen die syrische Regierung war längst ein Bürgerkrieg geworden. Jeden Tag gab es ein neues Massaker.

Ihre Stimmen waren heller als zuvor, ihr Ungehorsam hatte nun Auftrieb durch den Sieg. Die Soldaten folgten ihnen dichtauf. Ein Jeep des Grenzschutzes* und zwei gepanzerte Wagen hatten sich dazubegeben. Ahed, das blonde Haar in einem langen Zopf, war mit ihrer Cousine Marah an die Spitze des Zuges geflitzt. Mehrere sehr große Grenzschutzbeamte rannten nach vorn, blafften Befehle, schrien die Marschierenden an, von der Straße herunterzukommen. Ahed ging schneller, umklammerte Marah mit einem Arm, während zwei Frauen, Aktivistinnen, die an jenem Nachmittag aus Ramallah gekommen waren, neben ihnen herjoggten und die Mädchen umarmten, um sie vor den Soldaten zu schützen. Sie hießen Abir Kopty und Mariam Barghouti. Sie waren beide nicht viel größer als Ahed und Marah. Bald fingen die Soldaten an, sie und jeden mit einer Kamera zu schubsen, bis alle, Soldaten und Marschierende und Journalisten, in einen Sprint verfielen, um mit den zwei blonden Mädchen und ihren kaum größeren Begleiterinnen Schritt zu halten, wobei die viel größeren Soldaten beim Rennen zulangten und schrien. Wir waren etwa dreißig Meter von der Auffahrt zur Siedlung entfernt, als einer der Grenzschutzoffiziere den Mädchen eine Blendgranate vor die Füße warf und dann noch eine und noch eine, und dann sprangen und stürzten wir alle über die Leitplanke und kraxelten zwischen den Felsen den Hügel hinauf, während die Tränengasgranaten über unseren Köpfen durch den Himmel sausten.

Fünf Jeeps parkten auf der Straße unter dem Wachturm am Fuß des Dorfes. Ein weißer Tankwagen wartete im Leerlauf hinter ihnen, ein dickes Drahtgitter war vor seine Windschutzscheibe geschweißt und eine Art Kanone auf das Dach montiert. Etwa fünfzehn schlanke Gestalten hatten sich in einer langen Reihe auf dem Hügel über der Straße aufgestellt. Die Jungs.** Sie trugen enge Jeans und Tanktops und hatten ihre

---

* Trotz seines halb zivilen Charakters ist der israelische Grenzschutz eine gänzlich militarisierte Kraft. Ich werde die Offiziere des Grenzschutzes häufig allgemein, so wie es die Palästinenser tun, als »Soldaten« bezeichnen, ohne sie von ihren grün uniformierten Kollegen der Israelischen Verteidigungsstreitkräfte zu unterscheiden.

** Ich verwende den Begriff als Annäherung an das arabische *shebab*, was wörtlich »Jugendliche« bedeutet, aber verwendet wird, um Gruppen von jungen, unverheirateten Männern und älteren Jugendlichen zu bezeichnen.

Gesichter und ihr kurzes Stoppelhaar unter Schals, Masken oder T-Shirts versteckt. Alle paar Sekunden kam einer von ihnen hinter einem niedrigen Felswall hervorgerannt, um Steine auf die Soldaten zu schleudern, bevor er zurückflitzte. Sie warfen die Steine mit den Armen, mit Schleudern aus gegabelten Zweigen und geflochtenen Gummibändern, mit Schleudern aus Schnürsenkeln, die man in quadratische Stofffetzen eingefädelt hatte. Wobei es nicht ganz richtig ist zu sagen, dass sie Steine *auf* die Soldaten schleuderten, obwohl das sicher ihre Absicht war. Sie schleuderten sie ihnen eher entgegen. Die Soldaten standen zu weit weg, um vom Wurf mit einem Arm oder einer Schleuder getroffen zu werden, und die Schleudern, deren Reichweite beeindruckend sein konnte, hatten nur eine sehr begrenzte Treffgenauigkeit. Aber die Jungs machten weiter, warfen Stein um Stein um Stein, und die Soldaten antworteten mit gummiüberzogenen Geschossen und Tränengas in harten Gummigranaten und noch härteren Stahlkartuschen, wobei Erstere von Hand geworfen oder von Gewehraufsätzen abgefeuert wurden und Letztere einzeln von in der Hand zu haltenden Werfern oder in Siebener-Salven von den Dächern der Jeeps.

Dann war da der Tankwagen, der weiße im Leerlauf hinter den Jeeps, aus dessen Kanone auf dem Dach eine klare Flüssigkeit tropfte. Er wurde »Skunk Truck«, Stinktier-Truck, genannt. Die Flüssigkeit, die er so brutal ausstieß, hieß Skunk-Wasser. Der arabische Begriff war weniger höflich und deutlich zutreffender: Scheiße-Wasser. Niemand wusste, welche Chemikalien es enthielt oder welche Wirkung es hatte, ihm ausgesetzt zu sein.* Aber jeder wusste, wie es roch. Es roch nach Füßen, die jahrelang keine Seife gesehen hatten. Es roch nach totem Hund in einem Müllcontainer im August. Vor allem roch es nach Scheiße. Und egal, wie oft man Haare und Kleider schrubbte, der Geruch hielt sich über Tage, sogar Wochen.

Der Tankwagen stieß ab und zu einen fauligen Spritzer aus, aber die Steinewerfer blieben außer Reichweite. Immer mal wieder stürmten

---

* Ein Offizier der Israelischen Verteidigungsstreitkräfte sagte mir, es würde »auf Hefe basieren«. Ein Sprecher der Armee wandte in einer E-Mail ein, dass er »nicht in der Lage [sei], mir weitere Informationen über *das Skunk-System* zu liefern, da dies in die Kategorie operativer Spezifizierungen« falle. Hervorhebung von mir.

die Soldaten den Hügel hinauf. Die Jungs zerstreuten sich oder das Gas drängte sie weg. Aber binnen Sekunden schlossen sie sich wieder zusammen und machten da weiter, wo sie aufgehört hatten. So ging die Sache ihren Gang. Abu Yazan keuchte an mir vorbei, um Nachschub zu liefern, und schleppte einen Eimer voller Steine mit sich.

Der Dorf-Videograf Bilal Tamimi filmte alles oder jedenfalls so viel, wie die Kamera, die sich in seine Hand schmiegte, aufnehmen konnte. Schüsse knallten, und Gasgranaten landeten links und rechts, aber Bilal zuckte nicht einmal. Er hätte genauso gut Vögel beobachten können, und trotz des schützenden Fahrradhelms auf seinem Kopf sah er auch ganz danach aus. Er trug eine Brille mit flaschendicken Gläsern, Khakihosen, eine Warnweste über einem kurzärmligen Karohemd. Er war unrasiert, und sein drahtiges Haar war überwiegend grau. Bilal war ein warmherziger, unerschütterlich gutgelaunter Mann, dessen Ausstrahlung ein wenig an einen zerstreuten Mittelschulmathelehrer erinnerte – die Art, die immer vergaß, die Hausaufgaben zu überprüfen, und die schlechteste Note immer wegließ. Abgesehen von den ersten zwei, drei Demonstrationen, als er noch ohne Kamera war, hatte er bis auf eine alle gefilmt. In den meisten Wochen lud er eine zusammengeschnittene Version seiner Aufnahmen bei YouTube hoch und postete den Link auf Facebook. Wenn die Soldaten in der Nacht kamen, mühte er sich aus dem Bett und joggte zu dem jeweiligen Haus, das gerade durchsucht wurde. »Ich versuche überall zu sein, wo die Soldaten sind«, sagte er und fügte lachend hinzu: »Sie wollen mich nicht dabeihaben. Sie treten mich, sie schießen auf mich.« Sie hatten ihn auch schon oft verhaftet. Als ich im Jahr zuvor zum ersten Mal nach Nabi Saleh gekommen war, hatten wir uns nicht kennengelernt – er hatte den Großteil jenes Freitags in einen Jeep eingesperrt verbracht. Das letzte Mal, als sie ihn verhaftet hatten, vor zwei Monaten, war er nach Ofer, das Militärgefängnis außerhalb von Ramallah, gebracht und vier Tage festgehalten worden, ohne dass ihm ein Verbrechen zur Last gelegt wurde. Bilal erzählte die Geschichte mit einem leichten Lächeln, als wäre es lustig gewesen und jemand anderem passiert.

Ein paar Meter weiter ruhten sich acht Soldaten im Schatten aus. Ein Stein prallte auf und traf mich am Knöchel. Die Jungs hatten sich weiter den Hügel hinaufbewegt – wir standen nicht länger hinter den Soldaten, sondern zwischen ihnen und der Dorfjugend. Die Soldaten erhoben sich und feuerten noch ein paar Runden Gas ab. Ich folgte Bilal und suchte hinter einigen Bäumen Schutz. Ein weiterer Stein prallte von meiner Hand ab. Die Soldaten schienen abziehen zu wollen.

»Ist es vorbei?«, fragte ich Bilal.

»Ich glaube nicht«, antwortete er.

Er hatte recht. Die Jungs strömten von ihren Plätzen oben auf dem Hügel herunter und ließen Steine auf die Soldaten im Rückzug niederregnen. Sie rannten einem Jeep auf der Straße nach und ließen auch auf ihn Steine einprasseln. Die Sonne ging langsam unter, und das trockene Gras und die Disteln wirkten in ihrem Licht fast weich. Die Zusammenstöße verlagerten sich auf die andere Seite des Dorfes. Schüsse hallten durchs Tal, und das Gas schwebte in lockeren, sich auflösenden Wolken umher. Die jüngeren Kids durchkämmten die Hügel nach Tränengaskartuschen, die sich als Altmetall verkaufen ließen. Die Jungen rasselten förmlich, als sie vorbeirannten, die Hosentaschen und Hemden vollgestopft mit scheppernden Hülsen. Die Demonstration hatte über sechs Stunden gedauert. Es war nach sieben Uhr und immer noch heiß. Schließlich verließen die Jungs die Hügel. Sie gingen mit roten Gesichtern vorbei, die Hemden schweißnass. Einer von ihnen lächelte. »Genug«, sagte er.

Zehn Minuten später waren wieder Schüsse zu hören.

Die Strategie von Nabi Saleh war nicht neu. Gewaltloser »Widerstand der Bevölkerung« – im Gegensatz zum militärischen, der die Schlagzeilen über Palästina seit den 1960er Jahren beherrscht hat – ist mindestens seit den Jahren nach dem Ersten Weltkrieg und dem Zusammenbruch des Osmanischen Reiches eine lokale Tradition, als die Kolonialmächte Frankreich und Großbritannien die arabischen Gebiete der Levante unter sich aufteilten. Da die Region damals »von solchen Völkern bewohnt [wurde], die noch nicht imstande [waren], sich unter den besonders schwierigen Bedingungen der heutigen Welt selbst zu leiten«, kamen die Großmächte in ihrer Güte überein, dass die »Vormundschaft über diese Völker an die fortgeschrittenen Nationen« übertragen werden sollte. Die Zitate stammen aus Artikel 22 der Völkerbundsatzung. Damals wie heute waren Nationen nicht für jeden etwas. Manche Völker verdienten es, sich selbst zu regieren. Andere nicht. »Im Falle Palästinas«, schrieb der britische Außenminister Lord Arthur Balfour 1919 an den Premierminister David Lloyd George, »weigern wir uns bewusst und zu Recht, das Prinzip der Selbstbestimmung zu akzeptieren.« Bis seine Einwohner ausreichende Reife beweisen könnten, würden die edelmütigen Briten die Verantwortung für das Wohlergehen Palästinas schultern. Um die Dinge noch zu verkomplizieren, war Balfour während des Krieges eine rivalisierende Verpflichtung gegenüber einem Volk eingegangen, das zum Großteil nicht in der Region angesiedelt war. Balfour hatte versprochen, dass »die Regierung Seiner Majestät mit Wohlwollen die Errichtung einer nationalen Heimstätte für das jüdische Volk in Palästina [betrachtet] und ihr Bestes tun [wird], das Erreichen dieses Zieles zu erleichtern«.* Und so gebar anmaßende imperiale Wohltätigkeit ein Jahrhundert des Konflikts.

Mitte der 1930er Jahre hatte die britische Politik, die die schnell wachsende und überwiegend urbane jüdische Bevölkerung** und die kleine Elite wohlhabender palästinensischer Grundbesitzer bevorzugte, die ländliche Wirtschaft erheblich geschwächt, Tausende heimatlos gemacht und die Städte mit den Enteigneten geflutet. Im April 1936 riefen die Palästinenser einen Generalstreik aus und bildeten in allen größeren Städten Komitees, von Nablus und Tulkarem nördlich des jetzigen Westjordanlandes bis Haifa, Jaffa und Gaza an der Mittelmeerküste. Sie boykottierten britische und jüdische Waren und Institutionen. Sie hielten Märsche und Demonstrationen ab und traten im Mai außerdem in einen Steuerstreik. Frauen führten Proteste in Gaza, Jaffa, Haifa, Dschenin, Jerusalem, Hebron und Beerscheba an. Die Briten reagierten auf diesen frühen Ausbruch von Widerstand der Bevölkerung der Historikerin Gudrun Krämer zufolge mit »Haussuchungen ohne Durchsuchungsbefehl, Beugehaft und Kollektivstrafen, […] Prügel- und Peitschenstrafen, Deportationen, [der] Beschlagnahme und Zerstörung von Häusern wahrer oder vermuteter Rebellen; in einigen Fällen wurden Verdächtige und Gefangene

---

* Zu diesem Zeitpunkt gab es etwa 60 000 Juden in Palästina, bei einer Gesamtbevölkerung von 800 000.
** Zwischen 1922 und 1931 wuchs die jüdische Bevölkerung sprunghaft von 83 790 auf 174 610. Hitlers Aufstieg erhöhte den Zustrom von Einwanderern dramatisch – allein 1935 kamen 62 000.

gefoltert.« Bei Demonstrationen wurde »massiv Gewalt eingesetzt, die zahlreiche Opfer forderte«. Im Juni zerstörte die Royal Air Force durch einen Luftangriff große Teile von Jaffas Altstadt. Im Jahr darauf führten die Briten ein Militärgerichtssystem ein. (Mit Ausnahme von Stockschlägen waren am Ende der Zweiten Intifada alle diese Maßnahmen übliche Praxis in Israels Handhabe der besetzten Gebiete.) Als der Boykott im Oktober beendet wurde, waren mehr als tausend Palästinenser getötet worden. Jeder offene und gewaltlose Protest war effektiv zerschlagen worden. Es blieb nur die geheime und gewalttätige Variante übrig. Aus dem arabischen Aufstand, wie er in den Geschichtsbüchern später heißen würde – für die Palästinenser war er die *thawra* oder Revolution –, wurde ein Guerillakrieg. Die Männer von Nabi Saleh nahmen daran teil. Die Dörfler hatten nur sechs Gewehre, erzählte mir Bassem, aber es gelang ihnen, ein Maschinengewehr von den Briten zu stehlen. Anfang 1939, als der Aufstand endgültig niedergeschlagen war, waren mindestens 5000 Palästinenser gestorben.

Die Briten kamen schnell zu dem Schluss, dass Palästina den Ärger nicht wert war. Während des arabischen Aufstands hatte sich die zionistische Untergrund-Miliz namens Irgun mit einer ausgedehnten Terrorkampagne gegen palästinensische Zivilisten bemerkbar gemacht, sie hatte Bomben auf arabischen Märkten platziert und Sprengsätze auf arabische Busse und Cafés geschleudert. 1944 fing die Irgun an, britische Soldaten, Polizisten und Kolonialbeamte zu töten. Im Februar 1947 verkündete Großbritannien, welches zu diesem Zeitpunkt mehr Truppen in der winzigen Region hatte – »unbedeutendes Palästina« nannte es Winston Churchill – als auf dem ganzen indischen Subkontinent, dass es sein Mandat an die Vereinten Nationen abtreten würde. Der Krieg, der im Jahr darauf begann und von dem man behaupten kann, dass er noch nicht zu Ende ist, führte dazu, dass 750 000 Palästinenser aus dem Gebiet vertrieben wurden, das zum Staat Israel werden sollte. Die Israelis würden ihn als Unabhängigkeitskrieg in Erinnerung behalten, die Palästinenser als die *nakba* oder Katastrophe. Das Westjordanland fiel an Jordanien, der Gazastreifen an Ägypten und die Golanhöhen an Syrien. Die Irgun wurde in die neue israelische Armee integriert. Zwei ihrer Mitglieder, Menachem Begin und Jitzchak Schamir, wurden später Premierminister von Israel.

Fast vier Jahrzehnte würden bis zum nächsten großen Aufstand vergehen. Bis dahin war das British Empire zerfallen, Israel hatte den Gazastreifen und das Westjordanland in sechs Kampftagen im Juni 1967 besetzt, und israelische Truppen waren in den alten Steinfestungen, die die Briten hinterlassen hatten, stationiert. Der Widerstand dauerte an, wurde aber meistens aus dem Ausland organisiert. Der Sechstagekrieg von 1967 hatte die Führung der Palästinensischen Befreiungsorganisation nach Jordanien verdrängt, von wo aus die Fedajin, als die man die palästinensischen Kämpfer kannte, Guerilla-Attacken auf israelische Ziele durchführten, bis sie nach einem brutalen Durchgreifen des jordanischen Königs Hussein wieder gezwungen waren zu fliehen – diesmal nach Beirut. Ein Jahrzehnt später entwurzelte der libanesische Bürgerkrieg sie einmal mehr und vertrieb sie nach Tunesien. Der Aufstand, der am 8. Dezember 1987 ausbrach, als ein israelischer Panzertransporter in eine Autoschlange krachte und vier Palästinenser tötete, die am zentralen Kontrollpunkt zwischen Israel und dem Gazastreifen warteten, begann als rein lokale Angelegenheit. Am Tag darauf eröffneten israelische Soldaten das Feuer auf Demonstranten im Flüchtlingslager von Dschabalija im Gazastreifen, wobei der siebzehnjährige Hatem al-Sisi getötet und zwei weitere Menschen verwundet wurden. Die Lager explodierten, erst im Gazastreifen, dann im Westjordanland. Die Proteste sprangen auf Dörfer, Groß- und Kleinstädte über. Die Erste Intifada – die den Beinamen »Krieg der Steine« erhielt, nach der Hauptwaffe auf palästinensischer Seite – hatte begonnen.

Am Anfang beteiligten sich fast alle. Organisationskomitees schossen wie Pilze aus dem Boden, in Dorf um Dorf, Nachbarschaft um Nachbarschaft. Frauen spielten eine führende Rolle. Viele der Kämpfer, wenn das die richtige Bezeichnung ist, waren Kinder, die »Kinder der Steine«, die in der Lyrik Nizar Qabbanis gefeiert werden und die »Regen nach Jahrhunderten des Durstes ... Sonne nach Jahrhunderten der Dunkelheit ... Hoffnung nach Jahrhunderten der Niederlage« brachten. Nach einem Monat rein lokaler Koordination begann eine anonyme Vereinte Nationale Führung Kommuniqués herauszugeben, die Händler dazu aufriefen, ihre Geschäfte zu schließen, Vermieter dazu, keine Miete mehr einzufordern, Taxi- und Busfahrer dazu, die Straßen zu blockieren, Verbraucher dazu, israelische Waren zu boykottieren, Angestellte der israelischen Verwaltung der besetzten Gebiete dazu, von ihren Posten zurückzutreten, Palästinenser, die in Israel arbeiteten, dazu, zu Hause zu bleiben, und alle dazu, keine Steuern mehr zu zahlen. Lediglich Apotheken, Arztpraxen und Krankenhäuser sollten an den Streiktagen geöffnet bleiben – irgendjemand musste sich um die Verletzten kümmern. Im ersten Jahr der Intifada wurden 390 Palästinenser getötet – fast die Hälfte Kinder und Teenager – und kein einziger israelischer Soldat.

Die Idee war unbewaffneter ziviler Ungehorsam im großen Maßstab. Die Besatzung funktionierte, wie jedes effiziente System der Kontrolle, über Komplizenschaft – Palästinenser arbeiteten in Israel, zahlten Steuern an Israel, verzehrten Lebensmittel und trugen Kleider, die aus Israel importiert waren, zahlten Gerichtsgebühren, Lizenzgebühren und Gebühren für Genehmigungen an israelische Behörden. Die Intifada – wörtlich *abschütteln* – stand für die Weigerung der Palästinenser, die unter der Besatzung lebten, an ihrer eigenen Unterdrückung mitzuwirken.

Für jene, die dabei waren, war es eine Erfahrung radikaler Solidarität. Das Fundament war schon bereitet: Die Fatah und die drei wichtigsten linken palästinensischen Parteien* hatten seit Mitte der siebziger Jahre im Stillen ein Graswurzel-Netzwerk an Jugendorganisationen, Gewerkschaften und Frauenkomitees aufgebaut. Sobald der Aufstand begonnen hatte, fügten sich diese Organisationen zu einem Netz unabhängiger Institutionen, die Dienstleistungen erbrachten, welche die Besatzungsbehörden nicht übernahmen. Bassem, der in seiner Schulzeit eine Jugendgruppe der Fatah geleitet und vor der Intifada ein Jugendkomitee in Nabi Saleh ins Leben gerufen hatte, wurde einer der wesentlichen regionalen Koordinatoren für das Gebiet um Ramallah herum, er zog von Dorf zu Dorf, arbeitete mit den örtlichen Volkskomitees und schlief häufig in den Hügeln, um einer Verhaftung zu entgehen.

Die Motivationen waren so strategisch wie ideologisch – wenn der Boykott den Kauf israelischer Erzeugnisse verbot, konnten landwirtschaftliche Komitees die Versorgungslücke stopfen; wenn das Militär die

---

* Die Kommunistische Partei Palästinas, die Volksfront zur Befreiung Palästinas (PFLP) und die Demokratische Front zur Befreiung Palästinas (DFLP).

Schulen schloss,* waren Dörfer und Flüchtlingslager bereit, ihre Kinder durch Bildungskomitees zu unterrichten; wenn von der Armee verhängte Ausgangs- und Straßensperren die Kranken und Verletzten davon abhielten, ein Krankenhaus zu erreichen, konnten Gesundheitskomitees die Behandlung übernehmen; wenn die Israelis alle zu erkennenden Führer verhafteten, dann würde die Führung eben kollektiv, anonym und dezentralisiert bleiben. Das Ergebnis war revolutionär. Während der ersten beiden Jahre der Intifada regierten sich der Gazastreifen und das Westjordanland selbst, und zwar de facto gemäß anarchistischen Vorstellungen. Die Macht war kommunal, demokratisch, verteilt.** Nicht nur israelische Institutionen, sondern auch die traditionellen Machtverhältnisse der palästinensischen Gesellschaft wurden gekippt. Die Patriarchen aus der Elite der Grundbesitzerfamilien waren nicht mehr von Bedeutung.*** Über Autorität – basierend auf Mut, Befähigung und Engagement – konnten Frauen verfügen, die Jugend, die Armen und jene ohne Grundbesitz.

Aber das Ganze war nicht von Dauer. Nach 1990 verlagerte sich die Macht von der basisdemokratischen Führung, die sich innerhalb Palästinas herausgebildet hatte, zum zentralisierten Kommando der PLO-Exilregierung in Tunesien. In Madrid wurden Friedensgespräche aufgenommen. Die Osloer Verhandlungen fanden statt, die Abkommen unterzeichnet. Die Palästinensische Autonomiebehörde wurde geschaffen. Im Rückblick sieht es weniger nach Frieden und Staatenbildung aus als nach Reaktion und Konterrevolution. Die Führer der Graswurzelbewegung wurden beiseitegeschoben. Ein Muster bildete sich heraus: Das Volk kämpft, seine Führer knicken ein. Die Revolution, noch unvollendet, wurde ihnen entrissen. Sie war allerdings nicht erloschen. Die Explosion ereignete sich Ende September 2000, als Ariel Scharon das Ge-

---

* Im Februar 1988 schloss Israel 900 Schulen und sechs Universitäten. Die Universität Birzeit, an der Bassem Wirtschaft studierte, durfte viereinhalb Jahre lang nicht wieder öffnen.
** Das mag die Affinität zwischen israelischen Anarchisten und dem palästinensischen Volkskampf erklären; die meisten der gegenwärtigen Führer des Volkswiderstands wurden während der Ersten Intifada erwachsen.
*** Aus Qabbanis *Trilogie der Kinder der Steine*: »Das Wichtigste / an ihnen ist, dass sie gegen die Autorität ihrer Väter rebelliert haben, / dass sie aus dem Haus des Gehorsams geflohen sind ...«

lände der Al-Aksa-Moschee betrat, das drittwichtigste Heiligtum des Islam, was Unruhen in Jerusalems Altstadt auslöste. Am Ende des darauffolgenden Tages waren sieben Palästinenser von israelischen Sicherheitskräften getötet worden. Die Zusammenstöße breiteten sich in den Gazastreifen und ins Westjordanland aus. Eine zweite Intifada hatte begonnen. In den ersten paar Wochen schien sie dem Vorbild der ersten zu folgen: Demonstrationen, Steinwürfe, ein Generalstreik. Die Reaktion der Israelis war hart. In den ersten fünf Tagen wurden fast 50 Palästinenser getötet und über 1800 verwundet. Im Monat darauf starben 121 und im folgenden Monat 123. In Nabi Saleh kam es fast täglich zu Zusammenstößen. Die israelische Armee übernahm ein Haus mitten im Dorf. Wenn Lastwagen kamen, um die Soldaten mit Nachschub zu versorgen, bewarfen die Jungs sie mit Steinen, um sie zu verjagen. Kinder warfen Schlangen, Skorpione und »Abwasser«, so nannte Bassem es höflich, durch die Fenster. Nach 29 Tagen zogen sich die Soldaten zurück, aber die Straßen zum Dorf blieben für die Dauer der Intifada gesperrt. Bassem erinnerte sich daran, wie es einmal zwölf Stunden gedauert hatte, um Waed, damals ein Kleinkind, zu einem Arzt in Ramallah zu bringen, eine Fahrt von normalerweise 25 Minuten.

Das erste Selbstmordattentat der Intifada erfolgte im Dezember, nach drei Monaten. Die Hamas bekannte sich dazu. Im Jahr darauf folgten zwei Dutzend weitere. Am Anfang waren es nur die islamistischen Gruppierungen: die Hamas und der Islamische Dschihad, deren Mitglieder zwischen 1994 und 1997 mehrere Dutzend Israelis pro Jahr getötet hatten, indem sie sich in Bussen oder auf belebten Straßen in die Luft sprengten. Bis zum Jahr 2002 hatten die Al-Aksa-Märtyrer-Brigaden der Fatah und die linksgerichtete Volksfront zur Befreiung Palästinas sich die Taktik ebenfalls angeeignet. Mehr als die Hälfte der fast 700 israelischen Zivilisten, die während der Zweiten Intifada getötet wurden, starben bei Selbstmordattentaten. Bei einem frühen Bombenattentat im August 2001 begleitete eine Frau namens Ahlam Tamimi, eine zwanzigjährige Journalismusstudentin aus Nabi Saleh, einen jungen Mann namens Izz al-Din al-Masri in eine gut besuchte Sbarro-Pizzeria in der Innenstadt Jerusalems. Kurz nachdem sie ihn dort zurückließ, zündete er eine Sprengladung, verwundete 130 Menschen und tötete sich und 15 andere. Acht der Toten waren Kinder. Ahlam wurde zu sechzehn Mal lebenslänglich verurteilt und 2011 freigelassen, als Israel 1027 palästinensische Gefangene gegen den israelischen Soldaten Gilad Schalit austauschte, der fünf Jahre zuvor von der Hamas gefangen genommen worden war. Ahlam wurde nach Jordanien ins Exil geschickt, wo sie jetzt als Journalistin eines von der Hamas betriebenen Fernsehsenders arbeitet. Ihre Verwandten in Nabi Saleh sprechen immer noch mit großer Zuneigung von ihr.

Israel antwortete nicht nur mit Ausgangssperren und Verhaftungen, sondern mit Panzern und F-16-Kampfflugzeugen. Die größten Städte des Westjordanlandes wurden aus der Luft von Kampfflugzeugen und -hubschraubern belagert, wieder besetzt, attackiert. Scharon, der bald zum Premierminister gewählt werden würde, erklärte den Führern der Verteidigungsstreitkräfte und des Schin Bet, dass die Palästinenser »einen Preis bezahlen müssen ... Sie sollten jeden Morgen aufwachen und feststellen, dass ihnen zehn oder zwölf Leute getötet wurden.«* Hunderte Straßensperren und Kontrollpunkte wurden um das Westjordanland herum hochgezogen. Eine Barriere aus einer acht Meter hohen Betonmauer und »intelligentem« Maschendrahtzaun mit Kameras und elektronischen Bewegungsmeldern begann sich auf der palästinensischen Seite der Grünen Linie entlangzuschlängeln – der Grenze, die 1967 zwischen Israel und dem Westjordanland gezogen wurde –, wobei die Mauer oft kilometerweit ins Land hineinragte und palästinensische Gemeinden nicht nur von den Israelis, sondern auch von ihrem eigenen Land und voneinander trennte.

2002 erhielten die Bewohner des Dorfes Jayyous, nahe der im Nordwesten des Westjordanlandes gelegenen Stadt Kalkilia, die Nachricht, dass drei Viertel des fruchtbarsten Landes des Dorfes sowie alle seine Brunnen und bewässerten Felder konfisziert würden, um Platz für die Mauer zu schaffen. Die Benachrichtigungen waren an Bäume gesteckt und gaben den Bewohnern eine Woche Zeit, um Einspruch einzulegen. Der Verlauf der Mauer hatte nur wenig mit Sicherheit zu tun und sehr viel mit Landnahme – in diesem Fall damit, Platz zu schaffen für die Aus-

---

* Wenn wir davon ausgehen, dass die Zweite Intifada im Februar 2005 mit dem Gipfel in Scharm el Scheich zu Ende ging, töteten Scharons Streitkräfte etwa zwei Menschen pro Tag.

dehnung der israelischen Siedlung Zufin. Die Barriere, so die israelische Historikerin Idith Zertal und der Journalist Akiva Eldar, wurde »mit keiner anderen Berechnung und keiner anderen Logik errichtet als der, so viele Siedlungen wie möglich auf westlicher, israelischer Seite einzuschließen und palästinensisches Land aufzuteilen und zu beschlagnahmen. Der Plan war, die Idee von Bantustans umzusetzen.« Die Einwohner von Jayyous entschlossen sich zum Widerstand. Sie stellten sich den Bulldozern in den Weg und weigerten sich, ihre Felder und Obstgärten zu verlassen. Soldaten zwangen sie mit vorgehaltener Waffe zum Gehen. Sie kehrten in Begleitung wohlgesinnter Aktivisten aus Israel und dem Ausland zurück. Die Soldaten verjagten sie mit Schüssen und Gas. Die jungen Männer warfen Steine. Sie kamen immer wieder, aber am Ende verloren sie. Die Mauer wurde hochgezogen. Die Strategie aber verfing.

Im Rest des Westjordanlandes kämpften Palästinenser mit Kalaschnikows und Sprengstoff, aber überall entlang der geplanten Mauerstrecke schworen die Dörfler der Waffengewalt ab und kehrten zu den Methoden der Ersten Intifada zurück. Sie marschierten zu ihrem Land und weigerten sich zu gehen. Wenn die Bulldozer anrückten, versuchten sie, sie zu blockieren. Wenn der Zaun errichtet wurde, rissen sie ihn nieder. Sie luden Israelis und Ausländer ein, sich ihnen anzuschließen. Der Preis war hoch. In Biddu, westlich von Ramallah, wurden fünf Palästinenser getötet, drei davon an einem Tag. Die Mauer wurde hochgezogen, und die Proteste hörten auf. In Beit Liqya erschossen Soldaten an einem Tag zwei Cousins, vierzehn und fünfzehn Jahre alt. Ein anderer Fünfzehnjähriger wurde zwei Monate später getötet. Die Mauer wurde hochgezogen. Auch in Beit Ijza verloren sie. Die Mauer wurde hochgezogen. Die Proteste hörten auf. In Budrus allerdings, zwanzig Minuten nordwestlich von Nabi Saleh, siegten die Dorfbewohner. Nach 55 Demonstrationen und vielen Verletzungen und Verhaftungen willigte die Armee ein, den Verlauf der Mauer zurück zur Grünen Linie zu verschieben. Die Strategie breitete sich auf die nahegelegenen Dörfer – nach Bil'in und Ni'lin – und auf andere Dörfer aus, wo nicht die Mauer das Thema war: 2006 nach al-Masara bei Bethlehem und 2009 nach Nabi Saleh.

Es war nicht so, dass sie es ablehnten, zu den Waffen zu greifen, erklärte Bassem. Der Widerstand der Bevölkerung sei, darauf bestand er, »aus dem militärischen Widerstand geboren«. Aber die Palästinenser hatten diesen Weg schon beschritten und waren besiegt worden. Die Zweite Intifada war eine Katastrophe gewesen. Tausende waren getötet worden, und es hatte nichts gebracht, nur die Mauer und das Regime der Kontrollpunkte, weiteren Landverlust, mehr Siedlungen und mehr Gefangene, die vollständige Isolation des Gazastreifens vom Westjordanland. Die Führungsriege war dezimiert worden, die Wirtschaft lag am Boden, die Menschen waren erschöpft. »Politisch war das ein Rückschritt für uns«, sagte Bassem. Die Solidarität, die die Erste Intifada ausgezeichnet hatte, war längst verflogen, stattdessen war es Ende 2006 zum offenen Kampf zwischen Fatah und Hamas gekommen. Die Narben waren noch frisch. Sie waren nicht einmal Narben, die Wunden waren noch gar nicht verheilt. Auch was die internationale Unterstützung anging, war der Aufstand eine krachende Niederlage. Die Erste Intifada hatte das Bild, das sich die Welt vom palästinensischen Kampf machte, verändert; die Entführer der *Achille Lauro* waren durch das Bild unbewaffneter Kinder ersetzt worden, die sich einem der mächtigsten Heere der Welt entgegenstellten. Selbstmordattentate – »der große Fehler«, nannte sie Bassem – hatten all das umgekehrt. Es half auch nicht, dass nach dem ersten Jahr der Zweiten Intifada George W. Bush einen Krieg gegen den sogenannten »Terror« ausgerufen hatte. Was immer das bedeutete – und die Bedeutung verschob sich offenbar je nach Volkszugehörigkeit des Täters –, Selbstmordattentate schienen der Beschreibung zu entsprechen. »Palästinenser« wurde in weiten Teilen der westlichen Medien zu einem geeigneten Synonym für »Terrorist«.

Bassem hoffte, dass sich dies rückgängig machen ließ. Wieder zu den Waffen zu greifen wäre seiner Meinung nach dumm. »Israel hat Atomwaffen. Dagegen können wir nicht das Geringste ausrichten. Aber durch den Widerstand der Bevölkerung können wir seine Macht beiseiteschieben.« Wenn die Kameras liefen – und nur dann –, konnte schon ziviler Ungehorsam in geringem Umfang Israels größte Stärke in eine Bürde verwandeln. 2011 veröffentlichte Wikileaks eine vertrauliche Nachricht, die der US-Botschafter in Tel Aviv ein Jahr zuvor an das Außenministerium in Washington geschickt hatte und in der der Botschafter über eine Unterhaltung berichtete, die er mit dem israelischen Generalmajor Avi Mizrahi über die Proteste im Westjordanland geführt hatte. Der General hatte zwei solcher Demonstrationen »besucht« und schien verwirrt gewesen zu sein. »Er sagte, er wisse nicht, worum es dabei ging: Die Dörfer lagen nicht nahe der Grenze, und die Bewohner hatten keine Probleme, sich zu bewegen, oder mit Siedlern.«[*] Er war offenkundig nicht neugierig genug, um sich danach zu erkundigen, was die Dörfler beklagten: Mizrahi warnte den amerikanischen Botschafter, dass die Armee »entschiedener gegen diese Demonstrationen vorgehen würde, sogar solche, die friedlich wirkten«. Man konnte den Seufzer fast hören: »Demonstrationen, die weniger gewalttätig sind«, schloss der Botschafter, »dürften die israelischen Streitkräfte in die Klemme bringen.« Er zitierte, was der Strategiechef des israelischen Verteidigungsministeriums Amos Gilad gerade US-Regierungsbeamten gestanden hatte: »Gandhi können wir nicht so gut.«

Die Briten »konnten Gandhi« natürlich auch nicht so gut. Darum ging es ja. Selbst an guten Tagen machte sich Bassem keine Illusionen darüber, dass Nabi Saleh allein die Besatzung zu Fall bringen könnte, aber er hoffte, dass es ein Vorbild sein und einen Ausweg aus dem Morast aufzeigen konnte, in dem das Westjordanland versunken war. »Stillhalten bedeutet, die Situation zu akzeptieren, aber wir akzeptieren die Situation nicht«, sagte er. Wenn die Bewegung sich klug und stark genug zeigte, würden andere Dörfer dem Beispiel vielleicht folgen. Der Volkswiderstand würde sich ausbreiten und könnte, wenn die Zeit reif wäre, das Fundament für einen umfassenderen Aufstand legen, einen, der die Welt davon überzeugen könnte, dass er einer gerechten Sache diente. Die Revolution, der Bassem seine Jugend gewidmet hatte, könnte vielleicht endlich Wirklichkeit werden.

Das zumindest war die Idee. Mir war noch nicht klar, dass diese beiden Ziele – den Widerstand innerhalb des Westjordanlandes auszuweiten und die Außenwelt darüber zu informieren – nicht immer kompatibel waren und dass diese Unvereinbarkeit den Niedergang der Bewegung bedeuten könnte. Falls Bassem der Gedanke schon gekommen war, so ließ er es nicht durchblicken. »Wenn es eine dritte Intifada gibt«, erzählte er mir eines Nachmittags, »dann wollen wir diejenigen sein, die sie begon-

---

[*] Mizrahi hatte vermutlich Nabi Saleh und al-Masara bei Bethlehem besucht.

nen haben.« An diesem Tag war er zuversichtlich: »Ich glaube, es dauert nicht mehr lang«, fügte er hinzu.

Abgesehen von den Tagen, die lang und furios waren, passierte in Nabi Saleh nicht viel. Die meisten Männer arbeiteten in Ramallah, und das Dorf leerte sich bis zum Abend. Wenn man den Wachturm oder den Militärstützpunkt direkt neben der Siedlung oder die Siedlung selbst ausblendete, hätte das Leben fast idyllisch wirken können. Jeder kannte jeden, und alle waren durch Blut oder Ehe miteinander verwandt. Die Kinder durften in kreischenden Schwärmen von Haus zu Haus rennen; sie wussten, dass sie, egal in welcher Küche sie landeten, etwas zu essen bekommen würden. Wenn die Kinder nicht da waren und ich Nariman fragte, wo sie steckten – in der Regel war es Abu Yazan, der verschwunden war –, zuckte sie häufig mit den Achseln und antwortete: »Im Dorf.« Vielleicht spielten sie auf dem unebenen Feld hinter der Moschee Fußball oder jagten einander durch die Olivenhaine oder pflückten Feigen oder spielten in irgendeinem Wohnzimmer Videospiele. Nur wenn sie Schüsse hörte, gab es Grund zur Sorge.

Abends besuchten die Nachbarn einander. Es war Sommer, also saßen sie draußen auf weißen Plastikstühlen, genossen die kühle Luft, redeten und rauchten, hielten am Himmel nach Sternschnuppen Ausschau und im Tal nach den Bremslichtern von Autos, die von Soldaten angehalten wurden. Fledermäuse sausten durch die Dunkelheit. Bassem legte Kissen in den Hauseingang und trug seine Mutter aus dem hinteren Bereich des Hauses dorthin, damit sie sich hinsetzen, die frische Brise fühlen und die Kinder und Gäste sehen konnte, auch wenn ihre Stimme zu schwach war, um sich noch an der Unterhaltung zu beteiligen. In seinen Armen wirkte sie wie ein zartes, zerbrechliches Kind; ihre Beine hingen unnütz über seinem Ellbogen. Der eine oder andere von Bassems alten Gefängnisgenossen – er schien die Hälfte aller Männer über vierzig im Westjordanland zu kennen – kam vielleicht vorbei, um ihm Respekt zu zollen. Narimans ältere Brüder – stille, traurig dreinblickende Kettenraucher – kamen auf einen Kaffee vorbei. Der kleine sechsjährige Hamudi, dessen Vater Nadschi noch im Gefängnis saß, war fast immer da. Eines Abends hielt Salam ein Stück Papier an die Kohlen der *argile* seiner Mutter, bis es

Feuer fing. Er fuchtelte mit dem qualmenden Fetzen über seinem Kopf und rief: »Gasbombe!« Aber niemand achtete auf ihn, also kuschelte er sich in Narimans Schoß und döste vor sich hin, während sie die *argile* gluckern ließ. Die Kinder stritten sich oft. Dieselben Jungen und Mädchen, die tagsüber israelische Soldaten so lange anstarren konnten, bis diese wegsahen, brachten abends einander zum Weinen und Heulen und mitten im Geheul zum Lachen, und dann suchten sie Trost in den Armen ihrer Eltern. Meistens war es Waed, der Ahed quälte, oder Abu Yazan, der Salam den Arm umdrehte, oder Abu Yazan, der aus irgendeinem Grund in Tränen ausbrach, bis Bassem schließlich »Schluss jetzt!« blaffte.

Es wurde viel spekuliert. Die Menschen hatten kaum Kontrolle über irgendetwas, also mutmaßten sie, so gut es ging, und suchten nach Zeichen. Eines Nachmittags prophezeite Waed, dass es am Abend eine Razzia geben würde, weil einige der Jungs die Soldaten mit Steinen beworfen hatten, worauf die Soldaten mit Tränengas geantwortet hatten, und dann hatte einer der Soldaten einem anderen mit einer Granate in den Fuß geschossen. Irgendeine Logik musste die Welt doch haben, und die Soldaten würden sicher aus Rache eine Razzia durchführen. (Das taten sie nicht.) An einem anderen Abend saß ich mit Mohammad Ataallah Tamimi vor Bassems Haus. Er war 22, angespannt und immer stilvoll gekleidet. Im ersten Jahr der Demonstrationen hatte Mohammad angefangen, Neuigkeiten auf einer Facebook-Seite namens Tamimi Press zu posten, woraus sich schnell ein Medien-Team entwickelt hatte, das aus Bilal mit seiner Videokamera, Helme und Mahmud*, die fotografierten, und Mohammad bestand, der die Facebook-Seite pflegte (letzter Stand: 16 826 Follower) und jeden Freitag eine Pressemeldung verfasste, die er an gut 500 Reporter mailte. Bilals Frau Manal ergänzte ihre Bemühungen mit einem stetigen Fluss an Tweets. An jenem Abend zeigte Mohammad in die Dunkelheit und sagte eine Razzia voraus, weil die Beleuchtung am Wachturm ausgeschaltet war. Aber auch an diesem Abend kamen die Soldaten nicht,

---

* Mahmud war Bassems Neffe, der Junge, den Bassems Schwester am letzten Tag ihres Lebens im Gefängnis besucht hatte. Ich lernte ihn als kräftigen Mann in den Dreißigern kennen, mit tiefen Augenbrauen und meistens unrasiert. Er war verheiratet und hatte Familie.

stattdessen durchsuchten sie Bassems Haus zwei Tage nach meiner Abreise und in der Woche darauf das ganze Dorf fünf Tage hintereinander.

Ausländische Besucher von Nabi Saleh – und deren gab es viele – neigten dazu, immer wieder mehr oder weniger die gleichen Fragen zu stellen. Sie wollten zum Beispiel wissen, wie die Dorfbewohner es ertragen konnten, ihre Kinder zu gefährden, und ob es nicht unverantwortlich war, sie an den Demonstrationen teilnehmen zu lassen. Die Dorfbewohner hatten darauf eine Standardantwort: Die Erfahrung hatte gezeigt, dass es kein sicheres Versteck für die Kinder gab, und indem sie an den Demos teilnahmen, lernten sie, ihre Angst zu überwinden und sich selbst als etwas anderes wahrzunehmen denn als passive Opfer. Im stillen Kämmerlein, als Eltern, waren sie sich sehr wohl des Preises bewusst: die Albträume und das Bettnässen, die Wut- und Trotzanfälle. Welches Kind, das gelernt hat, sich nicht vor Schüssen zu fürchten, lässt sich schon sagen, wann es ins Bett gehen soll? Vor allem die Jungen hatten Schwierigkeiten, sich in der Schule zu konzentrieren. Welchen Sinn hatte es zu lernen? Sie wussten, welche Zukunft sie erwartete. »Sie interessieren sich nicht für normale Dinge«, beklagte Bassem. Selbst auf Facebook ging es in ihren Posts nicht um Popstars und Sport, sondern um Zusammenstöße, Gefangene, den neuesten Märtyrer. Dennoch war die öffentliche Antwort aufrichtig. Welche Wahl hatten sie denn? Wäre es verantwortungsbewusster, freitags alle Kinder wegzuschicken, ihnen beizubringen, sich zu verstecken, eine Generation heranzuziehen, die zu viel Angst hätte, um sich zu behaupten? An dem Tag, als die Marschierenden es zur Quelle schafften und die Soldaten sie von der Straße verjagten, war Ahed so stoisch wie eh und je. In der Nacht aber hatte sie Albträume – sie redete bis in die Morgenstunden im Schlaf, wachte wieder und wieder panisch und angsterfüllt auf. »Ich weiß nicht, was ich anderes tun soll«, sagte Nariman, »als meine Kinder stark zu machen.«

Und die Besucher fragten nach dem Steinewerfen. Fast immer. Vor allem die Amerikaner.* »War das keine Gewalt?«, fragten sie. Schadete es

---

* Mit Steinen hatten Amerikaner schon immer ihre Schwierigkeiten. Als er 1857 Palästina besuchte, notierte Herman Melville in seinem Tagebuch, die Region sei »eine Ansammlung von Steinen – steinige Berge & steinige Ebenen; steinige Fluss-

der palästinensischen Sache nicht? Täten sie nicht besser daran, Gandhi und Dr. King nachzueifern, marschierend oder sitzend zu protestieren und einzustecken, was immer ihnen an Schlägen zuteilwurde? Bassem konnte seine Frustration kaum verbergen. Im Stillen schüttelte er den Kopf, spottete und schimpfte. Warum fragten sie nicht die Israelis nach Gewalt? Die Israelischen Verteidigungsstreitkräfte vergossen fast jeden Tag palästinensisches Blut, aber niemand forderte Netanjahu auf, seine Einstellung zur Gewalt zu erläutern, oder legte ihm nahe, der Gewalt abzuschwören und die Waffen niederzulegen, wenn er weiterhin auf die Unterstützung der internationalen Gemeinschaft bauen wollte.* Und die weniger sichtbaren, aber genauso tödlichen Formen systemischer Gewalt waren damit noch nicht einmal benannt – der Landraub, das System der Genehmigungen, die Militärgerichte, der wirtschaftliche Würgegriff in all seinen Ausformungen –, in die alle Palästinenser hineingeboren wurden und die sie jeden Tag ihres Lebens erdulden mussten. Und angesichts all dessen, rief Bassem aus, wollten die heute über *Steine* reden, Steine, die auf Soldaten in Helmen und Schutzkleidung geworfen wurden, Soldaten, die regelmäßig weitaus raffiniertere und tödlichere Geschosse abfeuerten?** Gab es überhaupt eine Form palästinensischen Widerstands, die so harmlos war, dass sie nicht verurteilt werden würde?

In der Öffentlichkeit bemühte sich Bassem, höflich zu bleiben, aber er weigerte sich, der Frage nachzugehen, ob Steinewerfen nun als Gewalt zählte oder nicht. Er hielt sich nicht lange mit dem Begriff »gewaltlos«

bette & steinige Straßen; steinige Mauern & steinige Felder; steinige Häuser & steinige Gräber; versteinerte Blicke und versteinerte Herzen. Vor dir & hinter dir Steine. Steine zur Rechten & zur Linken. (…) Hier & dort sieht man Steinhaufen liegen; Steinwälle von ungeheurer Breite wirft man auf, weniger als Grenzmarkierungen, denn vielmehr, um sie aus dem Weg zu räumen. Aber vergeblich: die Entfernung eines Steins bewirkt nur, dass man drei noch größere Steine darunter entdeckt.«

* Ganz im Gegenteil. Die Amerikaner unterstützen Israel mit militärischer Hilfe im Wert von 3 Milliarden Dollar im Jahr, was Israel zum größten Empfänger militärischer Unterstützung der USA macht. Das Tränengas, das in Nabi Saleh zum Einsatz kommt – daran wurde ich wiederholt erinnert –, wird in Pennsylvania hergestellt.

** Bei den vielen Demonstrationen, an denen ich in Nabi Saleh teilnahm – ich habe nicht mitgezählt, aber es waren wahrscheinlich um die zwanzig –, habe ich es nur einmal erlebt, wie ein Soldat von einem Stein getroffen wurde. Die Jungs jubelten. Der Soldat sank auf die Knie, hielt kurz inne und stand wieder auf.

auf. Nabi Salehs Widerstand war *unbewaffnet*. Jungen, die Steine warfen, waren nicht bewaffnet. Soldaten schon. Das war der entscheidende Unterschied. Die bedeutendere Frage war eine taktische, keine moralische. Bassem bestand darauf, dass die Palästinenser das Recht auf bewaffneten Widerstand hatten, so wie jedes andere Volk unter Besatzung, seien es nun die Tschechen unter den Deutschen oder die Algerier unter den Franzosen. Nabi Saleh hatte diesen Weg zurückgewiesen, weil er nicht funktioniert hatte, nicht weil es ihm an Legitimität mangelte. Niemand glaubte, die Israelischen Verteidigungsstreitkräfte allein durch die Macht der Steine besiegen zu können. Trotz der Millionen Steine, die im Laufe der Jahre von Palästinensern auf israelische Truppen geschleudert worden waren, war nicht ein einziger Soldat durch sie ums Leben gekommen.* Wenn sie eine Waffe darstellten, dann eine symbolische. Die Demonstrationen waren Theater, eine ritualisierte Vorstellung, die Woche für Woche wiederholt wurde. »Wir verstehen unsere Steine als Botschaft«, sagte Bassem. Die Botschaft, die sie überbrächten, sei einfach: »Wir akzeptieren euch nicht.«

Ich sprach mit einigen der Jungs darüber. Ich fragte sie, warum sie sich die Mühe machten, ein solch ausgefeiltes und gefährliches Spiel zu spielen, obwohl sie wussten, dass sie nicht mehr erreichen konnten, als die Soldaten zu ärgern. Sie machten sich keine Illusionen. »Ich will meinem Land und meinem Dorf helfen«, sagte einer der Jungs, »aber ich kann es nicht. Ich kann nur Steine werfen.«

Eines Abends nach dem Essen legte Nariman eine DVD mit Szenen aus Bilals Videoaufnahmen ein, eine Art *Das Schlimmste aus Nabi Saleh*-Zusammenschnitt. Wir sahen eine nächtliche Hausdurchsuchung bei Bilal, die Anfang 2011 aufgenommen worden war, als Soldaten in alle Häuser eingedrungen waren, alle männlichen Kinder geweckt und sie fotografiert hatten. »Sie haben das Dorf kartografiert«, erklärte Bassem. Auf dem Fernsehschirm setzte sich Bilals Sohn, der damals fünfzehnjährige Osama, auf und rieb sich die Augen, verblüfft, vier bewaffnete und behelm-

---

* Der Sprecher der Israelischen Verteidigungsstreitkräfte bestätigte mir dies in einer E-Mail. Es hatte schwere Verletzungen gegeben, schrieb der Sprecher, aber »es ist nicht verzeichnet, dass Soldaten durch geworfene Steine getötet wurden«.

te Soldaten am Fußende seines Betts vorzufinden. Wir sahen uns einen anderen Clip an, der in dem Zimmer gefilmt worden war, in dem wir gerade saßen. Nariman hatte ihn nur wenige Monate zuvor aufgenommen, als Bassem im Gefängnis saß. Soldaten durchwühlten das Zimmer der Jungen, während Salam und Abu Yazan sich unter den Decken versteckten. Sie nahmen zwei Computer, verschiedene Bücher und offizielle Dokumente, Waeds Fotoapparat, seine Schulbücher – nicht alle, nur Geografie und palästinensische Geschichte –, sogar seine alten Zeugnisse mit. Während sie die Zimmer der Kinder plünderten, schrie Nariman: »Was für eine Männlichkeit ist das! Welch stolzer Armee gehört ihr an!« Wir sahen Aufnahmen davon, wie sie und Bilals Frau Manal bei einer der ersten Demonstrationen verhaftet wurden. Nariman erklärte, dass Soldaten Tränengas in Manals Haus abgefeuert hatten. Manal rannte hinein, um die Kinder zu holen. Als sie herauskam, befahlen ihr die Soldaten, wieder hineinzugehen. Sie weigerte sich, also nahmen sie sie fest. Nariman versuchte einzuschreiten. Also nahmen sie sie auch fest. Wir sahen uns einen anderen Clip an, bei dem weinende Kinder eines nach dem anderen aus einem Zimmer voller Gas durch ein Fenster im ersten Stock herausgereicht und über eine Leiter aus Menschen auf die Straße gebracht wurden. Wir sahen Aufnahmen eines Soldaten, der einen neunjährigen Jungen die Straße entlangschleift, eines anderen Soldaten, der Manals siebzigjährige Mutter schlägt, vom Skunk Truck, wie er die Wasserspeicher auf Bilals Dach und auf dem Haus auf der anderen Straßenseite einsprüht. Schließlich schüttelte Nariman den Kopf und stellte den DVD-Player aus. Es lief gerade *Glee*, also guckten wir das.

Im Rückblick waren dies hoffnungsvolle Tage, aber die Verwerfungslinien waren schon deutlich, auch wenn ich sie noch nicht sehen konnte. Der Tod Mustafa Tamimis im Dezember zuvor war ein großer Verlust gewesen. Nabi Saleh war klein. Alle hatten Mustafa gekannt, und alle, mit denen ich sprach, schienen ihn tief zu betrauern. Er war von Anfang an Teil der Demonstrationen gewesen. Die meisten der Jungs waren dabei gewesen, als ein Soldat die Hecktür des Jeeps öffnete, in dem Mustafa mitfuhr, und eine stählerne Tränengaskartusche direkt in sein Gesicht abfeuerte. Als ich seine Familie besuchte, sprach sein Vater, Abd al-Razzaq, nur wenig. Er war krank und das schon seit Jahren. Er besaß ein Taxi, einen gelben Minibus, mit dem er eine feste Route von Ramallah durch Nabi Saleh bis ins Nachbardorf Beit Rima und zurück bediente. Einer von Mustafas Brüdern war ebenfalls da. Ich bin mir ziemlich sicher, dass es Odai war, wenn auch nur, weil sein Zwillingsbruder Loai damals gerade im Gefängnis saß. Es war fast unmöglich, sie auseinanderzuhalten, bis auf die Tatsache, dass Odai eine Narbe an der Augenbraue hatte und Loai der Schüchterne war, aber für die Israelischen Verteidigungsstreitkräfte waren das zu viel der Feinheiten. Sie waren gekommen, um nach Odai zu suchen, und hatten versehentlich Loai festgenommen. Wenn Odai sich stellte, gab es keine Garantie, dass sie seinen Bruder freilassen würden, also saß Loai die Strafe von neun Monaten stillschweigend ab, und Odai wusste, dass er nach Loais Freilassung mit ziemlicher Sicherheit bald selbst an die Reihe käme.

Es war vor allem ihre Mutter, Ekhlas, die redete. Sie war etwa 45, hatte ein ovales Gesicht und große braune Augen. Die Wände waren mit gerahmten Fotos ihres ältesten Sohnes bedeckt: eine riesige Nahaufnahme von Mustafa, ein anderes Foto, das ihn im Profil und mit Spiderman-Maske zeigte, während er einen Stein auf Soldaten außerhalb des Bildes schleuderte. Selbst in ihrer Trauer lag eine Art Hoffnung. Der Tod ihres Sohnes hatte nicht nur bestätigt, was für das Dorf auf dem Spiel stand, sondern auch, dass es den richtigen Weg eingeschlagen hatte. Die Israelis waren bereit, sie zu töten, um sie aufzuhalten. Was bedeutete, dass sie Angst hatten. Ekhlas erzählte mir von dem Tag, an dem ihr Sohn gestorben war, davon, wie in den Wochen zuvor zweimal Soldaten gekommen waren, um nach ihm zu suchen, und wie er ihnen zweimal entkommen war, und wie er an jenem Freitagmorgen früher als sonst aufgewacht war und sie gebeten hatte, ihm ein weißes Hemd zu bügeln. »Er putzte sich die Schuhe, als würde er ausgehen«, sagte sie, »und nicht an einer Demonstration teilnehmen.« Als an jenem Nachmittag ihr Telefon klingelte und ein Soldat sie aufforderte, Mustafas Ausweis zum Wachturm zu bringen, glaubte sie, er sei verhaftet worden, »wie all die anderen Male«. Als sie dort ankam, hatte ein Krankenwagen ihn schon fortgebracht. »Alles in Ordnung, nur eine leichte Verletzung«, hatten die Soldaten ihr gesagt, wie sie sich erinnerte. Aber Mustafa war bereits tot.

Sie erzählte mir von einem Traum, den sie gehabt hatte. Mustafa stand auf dem Dach, er trug seine rote Maske. In der Ferne waren Soldaten. Sie rief ihm zu: »Mustafa! Mustafa, komm runter! Alle denken, du bist tot – es ist besser, wenn sie dich nicht sehen.«
Im Traum drehte er sich zu ihr um und sagte: »Nein. Ich stehe hier, damit sie mich sehen.«

Während Ekhlas erzählte, nahm ein außerordentlich großer junger Mann neben mir auf dem Sofa Platz. Er hieß Bahaa Tamimi. Mustafa war sein bester Freund gewesen. Er hatte ein kleines, schmales Gesicht, das über seinen langen Armen, seinem langen Rumpf und den noch längeren Beinen wirkte, als wäre es vom Körper eines kleineren Mannes geborgt. Ich hatte ihn schon mit den Jungs in den Hügeln gesehen, das Gesicht nur selten maskiert – warum auch, wo ihn seine Statur doch sofort verriet? Normalerweise lachte Bahaa, und in der Regel war er es, der die Sprechchöre anführte, wenn die Protestler den Dorfplatz verließen. An diesem Tag scrollte er durch Fotos auf einem Laptop. Die meisten zeigten Mustafa in der einen oder anderen Pose. Bahaa kehrte immer wieder zu denselben zwei Aufnahmen zurück, klickte zwischen ihnen hin und her. Eine zeigte seinen besten Freund in einem frischen weißen Hemd, als er ein, zwei Meter hinter einem Jeep der israelischen Armee zu Boden fiel. Die andere war nur Sekunden danach gemacht worden und zeigte sein zerstörtes, blutüberströmtes Gesicht. Bahaa war hinter ihm gewesen, als sie dem Jeep nachrannten, nur ein paar Schritte hinter dem Fotografen, der die Bilder gemacht hatte, zwischen denen er nun zwanghaft und weinend hin und her klickte, als versuchte er Mustafas und seine eigenen Schritte an jenem Tag noch einmal nachzuvollziehen, um seinen besten Freund ein letztes Mal in seinem letzten Augenblick zu sehen – und dann noch einmal und noch einmal.

Es herrschte nicht nur Traurigkeit. Die Menschen lachten viel. Oder vielleicht sollte ich besser sagen, dass die Traurigkeit viele Gesichter hat und dass Lachen eines davon ist, obwohl auch das es nicht ganz trifft. Es war nur so, dass Trauer nichts Besonderes war. Es gab kleineren und größeren Kummer, aber Kummer war gesetzt. Genau wie der Schmerz der Erniedrigung, der harte Stolz der Verweigerung, eine gewisse erlösende Wut. Sie ergossen sich über alles. Entscheidend war, dass diese Gefühle nicht allein erduldet wurden. Sie wurden geteilt, und durch dieses Teilen war es möglich zu lachen.

Am Abend nach einer Freitagsdemo stieß ich auf Bassem, der mit Mohammad zusammensaß. Sie lachten. »Er sagt schlimme Sachen!«, stieß Mohammad hervor, kaum in der Lage zu sprechen. Am Nachmittag war einer der ehrwürdigeren älteren Herren des Dorfes festgenommen worden. Ich werde ihn Abu Issa nennen, obwohl das nicht sein echter Name war.* Ein Grenzschutzbeamter hatte ihn aufgefordert zu verschwinden. Ich war dabei, als es passierte. Abu Issa antwortete, dass er sich auf seinem Land befinde, in seinem Dorf, und dass er nirgendwohin gehe. Der Beamte fasste ihn am Arm und führte ihn fort zum Wachturm. Die Soldaten ließen ihn eine Stunde später frei, aber das war nicht der Grund, warum Bassem und Mohammad lachten. Bassem atmete tief durch, wischte sich die Augen und erklärte: Er habe mit Mohammad gescherzt, dass die Soldaten den Skunk Truck mit Wasser gefüllt hätten, aber ihnen die Chemikalie ausgegangen sei, die für den Gestank sorgte, »also haben sie Abu Issa verhaftet«. Mohammad konnte gerade noch den Witz beenden – »und *ihn* ins Wasser gesteckt!« –, bevor die beiden wieder von ihrem Lachanfall übermannt wurden.

Bilal hatte eine Nichte namens Janna. Sie war ungefähr sechs Jahre alt und hatte leuchtend grüne Augen und helles braunes Haar, das sie in zwei langen Zöpfen trug, die ihr bis zum Kreuz reichten. Sie war vermutlich das hübscheste Kind in Nabi Saleh, und das will etwas heißen. Ihre Mutter Nawal war Bilals Schwester, und ihr Vater war in die USA ausgewandert. Er lebte in West Palm Beach, wo er einen Lebensmittelladen führte. Kurz nachdem die Demonstrationen begonnen hatten, fing Nawal an, sich um Jannas Sicherheit zu sorgen, und brachte sie nach Florida. Sie blieben lang genug, dass Janna in der Schule angemeldet wurde und an-

---

* In den gut drei Jahren meiner Bekanntschaft mit Bassem bat er mich nur ein einziges Mal darum, etwas zu zensieren: die Identität Abu Issas, der sein Freund war und, das muss man dazusagen, stets makellos gepflegt war und einen schwachen, süßlichen Duft nach Aftershave verströmte.

fing, Englisch zu lernen, aber Nawal sagte, sie habe die Isoliertheit des amerikanischen Lebens nicht ertragen können, also waren sie nach Palästina zurückgekehrt.

Janna war immer schon leicht zu ängstigen gewesen, sagte Nawal. Sie wachte jedes Mal auf, wenn die Soldaten ins Dorf kamen, und versteckte sich unter einem Tisch. Einmal, ganz am Anfang, hatten die Erwachsenen alle Kinder in ein Zimmer im ersten Stock eines Hauses gebracht, in der Annahme, dort seien sie sicher. Soldaten feuerten Gasgranaten in das Haus. Das Zimmer füllte sich mit Tränengas. Ich hatte das Video gesehen: Das war der Tag, an dem sie die Kinder aus dem Fenster zur Straße hinunterreichen mussten. Janna hatte geweint und ihre Mutter angefleht, sie nicht aus dem Fenster zu werfen.

»Sie hat es nicht verstanden«, sagte Nawal. »Das war sehr schwer.« Es war dieser Vorfall, der die Dörfler beschließen ließ, dass es sicherer war, die Kinder mit den Erwachsenen demonstrieren zu lassen.

Zwei Wochen vor meiner Ankunft in Nabi Saleh war etwas Seltsames passiert. Es war Freitag, und die Jeeps der Soldaten parkten direkt vor dem Haus. Statt sich zu verstecken, wie sie es normalerweise tat, rannte Janna nach draußen. Bilal bannte das Ganze auf Film. Nawal zeigte mir den Clip. Janna, in einem schwarzen Kleid und einem Stirnband in den Farben der palästinensischen Flagge, das über ihre Zöpfe gebunden war, lief zu den Soldaten. »Stopp«, rief sie auf Englisch. »Stopp! Warum habt ihr Mustafa totgemacht? Er war mein bester Freund. Ich habe ihn geliebt!«

Fünf Soldaten und ein Kommandant des Grenzschutzes kehrten dem kleinen Mädchen den Rücken zu. Janna schrie weiter. Fotografen versammelten sich. Janna rezitierte ein Gedicht: »All eure Armeen, all eure Kämpfer, all eure Panzer und all eure Soldaten gegen einen Jungen mit einem Stein ... Ich frage mich ... wer ist schwach und wer ist stark?«[*] Die Soldaten drängten sich um die Motorhaube ihres Jeeps. »Warum lacht ihr?«, schrie Janna. »Warum lacht ihr, hä? Geht in euer Haus. Nicht nach Nabi Saleh. Ich liebe Nabi Saleh. Warum habt ihr Mustafa getötet? Er war

---

[*] Niemand in Nabi Saleh, auch Janna nicht, schien zu wissen, woher diese Zeilen stammten. Später erfuhr ich, dass es sich nicht um ein Gedicht handelte, sondern um den Text des Liedes »My Only Wish« des britisch-aserbaidschanischen Sängers Sami Yusuf.

mein bester, bester Freund. Warum kommt ihr nachts? Ich kann nachts nicht schlafen. Aber ihr kommt und kommt und kommt.« Danach schloss sich Janna fast jeden Freitag den Demonstrationen an. Nawal, die immer zu viel Angst gehabt hatte, fing auch an, mitzumarschieren.

Ich verbrachte viel Zeit mit den Kindern im Dorf. Im Allgemeinen mag ich Kinder lieber als Erwachsene. Nicht weil sie niedlich sind, sondern weil sie ehrlich sind. Eines Abends zum Beispiel stapfte Salam vor dem Haus hin und her, ballte die Hände zu Siegerfäusten und riss die Knie fast bis zu den Rippen hoch. »Ich bin Salam«, rief er, »und das Leben ist schön!« Diese Verkündung hatte in den üblichen Erzählungen von Aufopferung und Leid keinen Platz, aber sie war ehrlich, und sie war wahr. Nicht dass ich das Gefühl gehabt hätte, dass irgendwer mich täuschte. Ich verbrachte genug Zeit in Nabi Saleh, um die Wahrheit der meisten Geschichten, die mir erzählt wurden, bestätigen zu können – zumindest die Wahrheit jener Geschichten, die bestätigt werden konnten. Meines Wissens hat mich niemand je über etwas Entscheidendes belogen. (Lügen aus Höflichkeit zähle ich nicht dazu: »Dies ist dein Zuhause«, oder: »Ich werde in fünfzehn Minuten da sein.«) Wie immer wurden Details weggelassen. Manchmal übertrieben Leute oder gaben Gerüchte wieder, die sich als falsch herausstellen sollten – einmal verbrachte ich den Großteil des Tages damit, am Rande von Halamisch herumzufahren und herumzulaufen, auf der Suche nach Anzeichen neuer Bautätigkeit. Ma'an, die offizielle palästinensische Nachrichtenagentur, hatte berichtet, dass Bulldozer zu graben angefangen und Soldaten und Siedler fünfzig neue Wohnwagen herangekarrt hätten. Alle, die ich im Dorf dazu befragte, waren einhellig der Meinung, dass die Geschichte stimmte. Sie hatten die Wohnwagen nicht mit eigenen Augen gesehen, aber sie waren sich sicher, dass sie dort waren, gleich da drüben, auf der anderen Seite dieser Bäume. Ich suchte überall. Sie waren nicht da. Es gab keine Spuren, die darauf hindeuteten, dass Bulldozer dort gewesen waren. Die Menschen, die ich fragte, logen nicht. Alles, was sie mit angesehen hatten, bestätigte eine gewaltige Wahrheit: Es liegt in der Natur von Siedlungen, sich auszubreiten. Wie sonst waren so große Teile Palästinas verlorengegangen? Aber ob da nun fünfzig Wohnwagen waren oder fünf, ob sie bereits dort waren oder erst im Laufe des Jahres kämen: Das waren unbedeutende Details.

In ähnlicher Weise wurden bestimmte Geschichten wieder und wieder erzählt, sie wurden durch das wiederholte Erzählen aufpoliert und Besuchern wie glänzende Münzen nach Hause mitgegeben. Die Geschichten waren nicht falsch – viele waren auf Film dokumentiert, andere konnten durch mehrere Zeugen verifiziert werden –, aber ihr Einsatz fühlte sich dennoch propagandistisch an.»Die Medien sind das Wichtigste am Volkswiderstand«, hatte mir Bilal bei unserem ersten Gespräch gesagt. Ich weiß das, weil ich es mir notierte, um ihn später zitieren zu können. Die Menschen von Nabi Saleh entwarfen eine Erzählung ihres eigenen Kampfes, ihres eigenen Mutes, ihrer Opferbereitschaft, ihrer Standhaftigkeit, ihres Heldentums. Sie war nicht falsch, nicht mehr als jede andere Erzählung. Sie war nur nicht vollständig. Ich meine damit nicht, dass sie neben ihrer eigenen Perspektive keine anderen einschlossen oder dass sie die Gefühle ihrer Feinde nicht mit einbezogen. Ich meine nur, dass sie Dinge ausließen. Einfache Dinge, große und kleine. Das tut jeder. Sie mussten es. Wer kann schon alles wahrnehmen, geschweige denn sich an alles erinnern? »Die Erinnerung«, schrieb der libanesische Romancier Elias Khoury, »ist ein Prozess, das Vergessen zu ordnen.« Wir legen uns auf Geschichten fest wie auf Pfade durch hohes Gras. Sie bringen uns dahin, wo wir hinmüssen. Oder glauben hinzumüssen. Und die Menschen von Nabi Saleh brauchten es wie alle Menschen, auf eine bestimmte Weise gesehen zu werden und sich selbst auf eine bestimmte Weise zu sehen, und sie erzählten sich die Geschichten, die diese bestimmte Sichtweise ermöglichten. Ich hatte andere Bedürfnisse. Ich stellte viele Fragen und bemerkte andere Dinge, also wird uns diese Geschichte, werden uns diese Geschichten, einen anderen Pfad entlangführen.

ZWISCHENSPIEL

KURIOSITÄTENKABINETT DER BESATZUNG

Ausstellungsstück eins:
Der Staat von Hani Amer

Mascha

Die Mauer war aus Beton und acht Meter hoch. Es war Mai und dunstig, der Himmel von fast weißem Blau. Kurz bevor die Mauer Platz machte für einen Maschendrahtzaun, der mit Bewegungsmeldern gespickt und oben mit neun Stacheldrahtbahnen versehen war, hatte jemand eine palästinensische Flagge auf den Beton gemalt und auf Arabisch darauf geschrieben: »WILLKOMMEN IM STAAT VON HANI AMER«. Ein Vorhängeschloss versperrte das hohe und verrostete Metalltor, das Zaun und Mauer verband. Ich stand mit Irene Nasser wartend davor, einer Journalistin und Produzentin, die überall Leute zu kennen schien. Sie war schon einmal hier gewesen und lachte, als ich über die Mauer und das gelb gestrichene Tor staunte und versuchte, mir einen Reim darauf zu machen. Dann telefonierte sie, und eine Minute später kam ein kleiner Junge aus Hani Mohammad Abdullah Amers Haus gerannt. Er kämpfte auf Zehenspitzen darum, das Schloss zu erreichen, und als es ihm endlich gelang, den Schlüssel zu drehen, nahm er das Schloss ab und ließ uns herein.

Amer erwartete uns auf einer langen Metallschaukel unter einem Granatapfelbaum vor seinem Haus, vielleicht zwölf Meter von der Mauer entfernt. Die Granatäpfel fingen gerade an, sich rot zu färben. Die Haut um Amers Augen war von tiefen Falten durchzogen, aber sein Schnurrbart und seine Augenbrauen waren noch buschig und schwarz, das Haar kurz geschnitten und unter einer weißen gewebten Kappe verborgen. Er sei 57, sagte er, »vielleicht ein bisschen älter, vielleicht ein bisschen jünger«. Der Junge kletterte neben ihm auf die Schaukel.

»Ich bin es leid, diese Geschichte zu erzählen«, sagte Amer zu Irene. Ich bat ihn, es dennoch zu tun, weil ich nicht verstehen konnte, was ich sah. Da waren die Mauer und das Tor daneben, und auf der anderen Seite von Amers Haus, vielleicht drei, vier Meter von den rückwärtigen Fenstern entfernt, folgten ein weiterer Zaun, dann ein Band aus Klingendraht und direkt dahinter die rot gedeckten Häuser einer Siedlung. Es war so, als hätte man die Erde gefaltet und die Falten mit Beton und Stacheldraht markiert, und Amer saß im Knick dazwischen in der Falle.

Widerwillig fing Amer ganz von vorne an. Sein Vater war im Dorf Kafr Qassem zur Welt gekommen, das etwas weiter nördlich und westlich im heutigen Israel lag. 1948 töteten israelische Soldaten seinen Großvater, sagte Amer, und vertrieben die Familie aus ihrem Zuhause. Seine Datierung war vermutlich eher symbolisch als präzise: Die Nakba begann 1948, aber das berüchtigte Massaker von Kafr Qassem, bei dem 49 Palästinenser vom israelischen Grenzschutz getötet wurden, ereignete sich erst 1956. Yshishkar Shadmi, der Offizier, der das Massaker anordnete, wurde von der israelischen Justiz bekanntermaßen zu einer Strafe von einem Piaster verurteilt. Die Überlebenden flohen hierher, nach Mascha, sechs oder sieben Kilometer östlich der Grünen Linie, und ließen ihr Land und ihre Häuser zurück. 1977 kamen die Siedler: Gusch Emunim, dieselbe Gruppierung religiöser Nationalisten, die schon Halamisch gebaut hatte. Unter ihnen befand sich ein junger Offizier namens Schaul Mofas, der später Generalstabschef der Israelischen Verteidigungsstreitkräfte und danach Verteidigungsminister werden sollte. Er war der Verbindungsmann in Sicherheitsfragen für die Siedlung, die den Namen Elkana erhalten würde. Die Siedler, sagte Amer, sorgten für endlosen Ärger. »Sie schossen auf uns, warfen Steine, kamen in unsere Häuser.« Einer seiner Söhne wurde von einem Stein dicht über dem Auge getroffen. »Sie haben auf der anderen Seite des Hauses alle Scheiben eingeschmissen«, sagte Amer, während er seinem Enkel auf seinem Knie den Schnürsenkel zuband. Die Schuhe waren mit roter Erde verkrustet. »Unser geringstes Problem«, sagte er, »ist die Mauer, die du da siehst.«

Die Siedler kamen laut Amer irgendwann zwischen 2000 und 2002 – er erinnerte sich nicht mehr genau. Die Polizei und die Armee und die Zivilverwaltung, die israelische Militärbürokratie, die damit beauftragt ist, einen Großteil des Westjordanlandes zu regieren, kamen ebenfalls. »Sie sagten: ›Wir werden eine Mauer bauen, und dein Haus liegt auf der Strecke der Mauer.‹ Sie sagten: ›Du hast zwei Möglichkeiten, entweder reißen wir dein Haus ab und du kannst auf der anderen Seite leben, oder du bleibst in deinem Haus und wir bauen die Mauer um dich herum.‹« Mascha liegt mehrere Kilometer von der Grünen Linie entfernt, aber die Mauer entfernt sich hier weit von Israels international anerkannter Grenze weg und bildet einen Finger, der tief ins Westjordanland vorstößt, um die Siedlerstadt Ariel, die Gewerbegebiete der Stadt und kleinere Siedlungen westlich davon einzuschließen – sowie das gesamte palästinensische Land, das dazwischenliegt.

Zwei weitere kleine Jungen gesellten sich zu Amer auf die Schaukel. Es waren seine Enkel. »Ich mag keine Erwachsenen«, sagte Amer. »Ich mag Kinder.« Er sagte den Israelis, dass es eine dritte Option gebe: Sie könnten ihre Mauer auf der Fläche zwischen seinem Haus und der Siedlung errichten, damit er nicht eingeschlossen und vom Rest des Dorfes abgeschnitten würde. Sie sagten, sie würden es sich überlegen. Ein paar Tage später kamen sie wieder. Eine Stromleitung würde verlegt werden müssen, aber sie hatten mit dem Ingenieur gesprochen und es sei kein Problem. »Wir können den Mast verlegen und die Mauer zwischen dir und der Siedlung errichten«, sagten sie. »Glückwunsch.« Aber als sie etwa einen Monat später zurückkehrten, war der Deal vom Tisch. »Die Bulldozer kamen, und sie machten alles um das Haus herum dem Erdboden gleich, die Gewächshäuser, den Garten, alles.« Amer verlor zwei Drittel des Landes, das sein Haus umgab, und weitere zwanzig Dunam (etwa zwei Hektar), die auf der anderen Seite der Mauer lagen und zu denen er keinen Zugang mehr hatte.

Amers Zuhause war bald umzingelt: die Mauer auf der einen Seite, der Zaun auf der anderen. Sie bauten ein Tor ein und sagten ihm, er solle ihnen eine Zeit nennen, und dann würden sie kommen und es für 15 Minuten alle 24 Stunden öffnen. Er forderte sein eigenes Tor mit seinem eigenen Schlüssel, damit er ein und aus gehen konnte, wie es ihm gefiel, damit sein Zuhause für ihn kein Gefängnis werden würde. Das lehnten sie ab. Er sagte ihnen, er würde ihre Mauer zerstören. Sie antworteten, sie würden ihn erschießen. »Ich sagte: ›Dann erschießt mich doch. Wenn ihr mich zum Tode verurteilen wollt, dann macht es schnell.‹« Er zog Aktivisten, Menschenrechtsgruppen, die Vereinten Nationen, die Presse hinzu. Soldaten durchsuchten nachts das Haus und verhafteten Amer mehrmals. Am Ende gaben sie nach. Sie gewährten ihm sein eigenes Tor, sein eigenes Schloss, seinen eigenen Schlüssel.

Zunächst sagten die Soldaten ihm, dass nur die engsten Angehörigen das Tor passieren dürften. Amer ignorierte sie und lud ein, wen immer er wollte. Sie versperrten das Tor, um ihn zu bestrafen. Die längste Gefangenschaft dauerte zwei Wochen, sagte Amer. »Irgendwann fanden wir heraus, wie wir Kontakt zum Roten Kreuz und zum Roten Halbmond aufnehmen konnten, und sie versperrten es nicht mehr so lange, nur einen Tag. Aber selbst wenn sie uns für sechs Monate wegschlössen, kämen wir klar.« Die Regale in seiner Küche waren von Einmachgläsern voller Gemüse gesäumt. »Wir haben alles«, sagte Amer. »Die Grundlagen: Öl, *za'atar*, Dosentomaten, Mehl, Bulgur, Bohnen.« Wieder gab die Armee nach. Jeder dürfe kommen, sagten sie, nur keine Presse, keine Kameras. Amer lächelte und nickte mir zu, dem Beweis seines Ungehorsams.

Irgendwann sagte er: »Wir haben angefangen, hier Leben zu schaffen.« Er begann, das Haus zu renovieren und direkt daneben einen Garten mit Hochbeeten anzulegen. »Es gibt verschiedene Arten von Siegen«, sagte er. »Es gibt militärische Siege, bei denen Menschen zerstören und erobern, doch es gibt auch den süßeren Sieg, bei dem Menschen versuchen, den Tod zu bringen, und man stattdessen Leben schafft.« Wir gingen durch den Garten. Er zählte die Bäume auf, die er gepflanzt hatte: Olive, Feige, Granatapfel, Clementine, Zitrone, Apfel, Pfirsich, Mandel, Kirsche, Maulbeere, Aprikose, Johannisbrot, Grapefruit, Pflaume. Die meisten Bäume waren noch zu jung, um Früchte zu tragen. Er nannte die Gemüsesorten, die er dazwischengepflanzt hatte, unterbrach seine Schritte immer wieder, um ein totes Blatt abzureißen oder Unkraut zu zupfen, um sich hinzusetzen und sich seinen jüngsten Enkel aufs Knie zu ziehen. Es gab Tomaten. Es gab Mais, Paprika, Zwiebeln, Gurken, Okras, Kräuter, Wassermelonen und Kürbisse.

Direkt gegenüber von Amers Haustür hatte jemand einen riesigen Vogel auf die Betonleinwand der Mauer gemalt. Es war keine Taube. Der Vogel hatte lange Schwanzfedern, ausgebreitete Flügel, ein leuchtend rotes, wildes Gefieder. Ich fragte Amer, was ihm morgens durch den Kopf ging, wenn er aufwachte, aus seinem Haus trat und die Mauer sah. Er kicherte. Vielleicht sah die Mauer für Menschen, die nicht all das erlitten hatten, was er erlitten hatte, nach etwas aus, aber für ihn war sie nichts. Das sagte er zumindest. »Statt die Mauer zu sehen«, sagte er, »versuche ich den Garten zu sehen.«

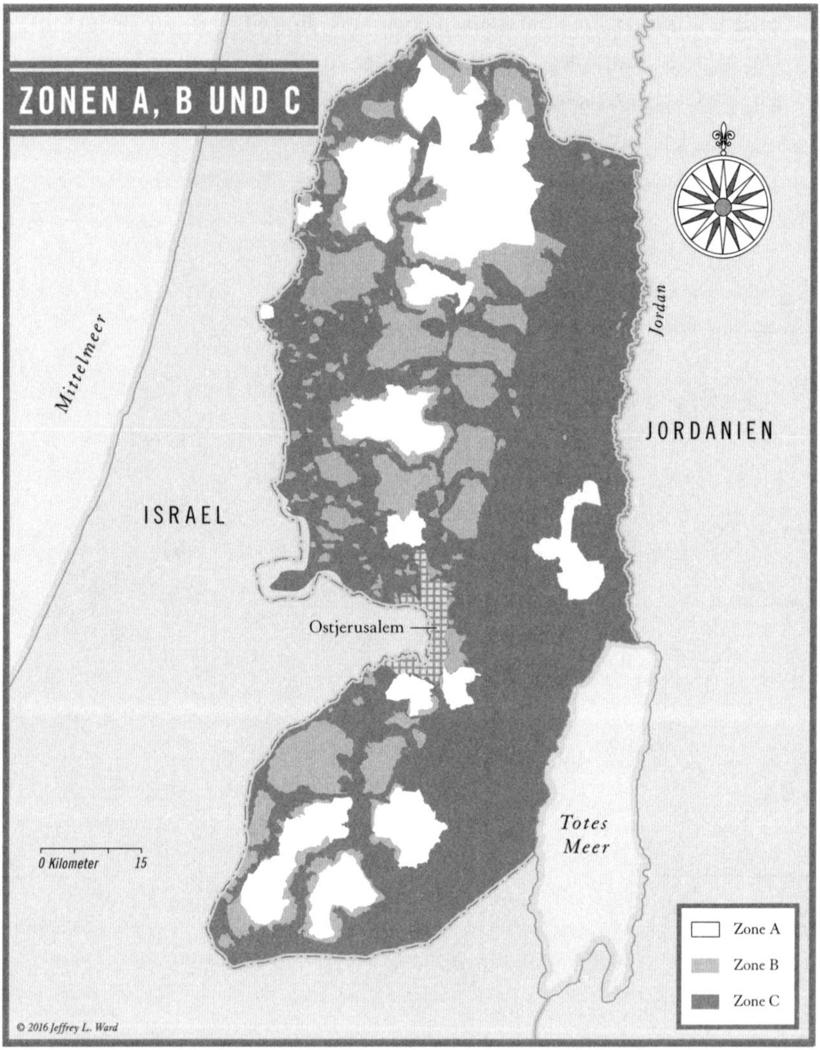
ZONEN A, B UND C
Mittelmeer
Jordan
JORDANIEN
ISRAEL
Ostjerusalem
Totes Meer
0 Kilometer 15
Zone A
Zone B
Zone C
© 2016 Jeffrey L. Ward

2

DER FRIEDEN DER TAPFEREN

Nabi Saleh, Ramallah

Hier haben wir gesehen, wie sich die großen Freuden der Revolution in einer einzigen Träne verflüchtigen!

Mariano Azuela

Es war Freitag, und Bassems und Narimans Tochter Ahed und ihre Cousine Marah liefen wieder ganz vorne, von ihrem Abenteuer in der Woche zuvor nicht abgeschreckt. Die kleine Janna marschierte in einem schwarzen T-Shirt mit der Aufschrift »I ❤ PALESTINE« an ihrer Seite. Sie liefen geradewegs die Straße hinunter, an Bassems Haus vorbei und über den Hügel dahinter in Richtung Quelle. Acht Soldaten standen am Fuß des Hügels, die Visiere ihrer Helme glänzten. Weitere Jeeps und weitere Soldaten trafen ein. Die Marschierenden breiteten sich über den Hügel aus und bahnten sich langsam einen Weg durch die Felsen nach unten. Eine Stimme rief ihnen auf Hebräisch und durch ein Megafon verstärkt zu: »Diese Demonstration ist nicht genehmigt. Dies ist militärisches Sperrgebiet.« Und dann, dreizehn Minuten nachdem der Protestzug den Dorfplatz verlassen hatte und bevor auch nur ein einziger Stein geflogen war, begannen die Soldaten, Gasgranaten abzufeuern, mindestens ein Dutzend in weniger als einer Minute. Wir rannten keuchend wieder den Hügel hinauf. Die Jungs in ihren Masken und Palästinensertüchern tauchten über uns auf und schwangen ihre Steinschleudern in der Luft. Gasgranaten schossen durch den Himmel, das Krachen hallte durchs Tal.

Später errichteten die Jungs eine Straßenblockade aus Felsbrocken, einem umgekippten Müllcontainer, brennenden Autoreifen. Kinder sammelten trockenes Gestrüpp, um die Flammen am Brennen zu halten.

Etwa zwanzig von uns marschierten an der Blockade vorbei. Jemand rief: »Skunk!« Ein weißer Lastwagen raste um die Kurve und sprühte im hohen Bogen einen Strahl nach vorn. Alle rannten los. Hinter mir traf ein Wasserschwall Nariman und eine der Aktivistinnen aus Ramallah, eine Frau, die ich Shireen nennen werde. Es riss sie beide von den Beinen und spülte Shireen von der Straße hinunter. Ich rannte durch eine Tränengaswolke und sprang über brennende Reifen, dann sah ich mich lange genug um, um Nariman zu entdecken, wie sie klitschnass und trotzig dastand, die palästinensische Flagge schwenkte und sich von der Kanone durchtränken ließ. Als ich meine Augen wieder öffnen konnte, war sie immer noch da, schwenkte die Flagge vor der vergitterten Windschutzscheibe des Lkws und vollführte einen komischen kleinen Tanz, als sie hüpfte und sich duckte, um seinem Strahl auszuweichen. Der Lkw wendete. Nariman jagte ihn fort. Dann sprangen drei Soldaten von der Hügelflanke auf die Straße, und sie ergriff endlich die Flucht.

Ungefähr zehn Minuten später traf ich Bassem zufällig an der Kasse des Tankstellenshops. Er bezahlte eine Flasche Head & Shoulders. Etwa eine Stunde später sah ich ihn zu Hause wieder. Ein Dutzend Aktivisten hatte sich im Wohnzimmer versammelt. Nariman, deren Gesicht vom Schrubben gerötet war, machte in der Küche Tee.

Ich weiß nicht mehr, ob es dieser Tag war oder der nächste, an dem Waed ein Lied komponierte. Er trug es uns allen eines Abends vor dem Haus vor. Eine Weile sangen es alle Kinder des Dorfes. In der Übersetzung geht der Rhythmus verloren, aber es fing wie ein Blues-Stück an: »Ich ging die Straße entlang.«

Dann nahm es eine Wendung: »Sie besprühten Shireen und meine Mutter mit Scheiße.«

Nariman grinste. Bassem auch. Waed sang weiter: »Sie ging nach Hause, und mein Vater sagte / Oje, oje, was soll ich nur mit dieser Frau machen?«

Gelächter. Schließlich der Refrain: »Meine Mutter riecht nach Scheiße, meine Mutter riecht nach Scheiße ...«

Alle hatten es schon einmal gehört, aber sie lachten trotzdem. Vor allem Nariman.

Nariman war in Saudi-Arabien zur Welt gekommen und dort und in Jordanien aufgewachsen. Die Kriege von 1948 und 1967 hatten dazu geführt, dass Hunderttausende Palästinenser in alle Winde zerstreut wurden – in Flüchtlingslager in Jordanien, in den Libanon und nach Syrien, zu den Fatah-Stützpunkten am Ostufer des Jordans oder auf Arbeitssuche in die ölreichen Golfstaaten. Die Massaker von König Hussein in den Jahren 1970 und 1971 und Israels Einmarsch in den Libanon 1982 zwangen sie weiter fort, in den Jemen, nach Tunesien, wo auch immer sie Zuflucht fanden. Die Abkommen von Oslo erlaubten es einigen zurückzukehren. Die meisten Palästinenser sind Exilanten, Flüchtlinge, Einwanderer. Einen Großteil von Bassems Jugend verbrachte sein Vater in Brasilien. Bilal verbrachte seine Kindheit in Amman. Der Bruder von Bassems Cousin Nadschi wurde bei israelischen Luftangriffen im Libanon getötet. Manals Vater war ebenfalls dort gestorben. Narimans Vater, der in Nabi Saleh geboren worden war, lebte nicht lang genug, um Palästina noch einmal wiederzusehen. Sie kehrte 1994 ohne ihn zurück. Sie heiratete Bassem. Damals war sie siebzehn. Bassem war neun Monate zuvor aus dem Gefängnis entlassen worden, nachdem er Koma und Notfall-Hirn-OP überstanden hatte. Zwei Jahre später brachte Nariman Waed zur Welt. Ahed vier Jahre danach. Die Zweite Intifada begann. Weniger als zwei Monate nach Abu Yazans Geburt wurde Bassem wieder verhaftet.

Mit einer kleinen Metallzange legte Nariman ein frisches Kohlenstück auf die *argile* und seufzte. Hunde bellten irgendwo in der Dunkelheit. Als die Demonstrationen im Dorf begannen, sei sie dankbar für das Ventil gewesen, sagte Nariman. »Es war das erste Mal, dass ich mich ausdrücken konnte. Der Zorn, den ich so viele Jahre verspürt hatte – endlich konnte ich ihn mitteilen.« In den ersten Monaten der Protestbewegung wurde sie zweimal verhaftet. Das erste Mal bei der zweiten Demo. Die Soldaten traten und schlugen sie, sagte sie. »Da waren keine Medien, keine Zeugen.« Nach sechs Stunden ließ man sie gehen. Die zweite Verhaftung war schlimmer. Noch über zwei Jahre später konnte sie die Geschichte Augenblick für Augenblick, Stunde für Stunde wiedergeben. Ich hatte die Verhaftung auf Video gesehen. Die Soldaten hatten sie, Manal und eine andere Frau mitgenommen. »Im Jeep haben sie uns geschlagen«, sagte Nariman, und auch im Armeestützpunkt neben der Siedlung Halamisch. Von dort brachten sie sie zur Polizeistation im Einkaufszentrum der Siedlung Schaar Binjamin, etwa zwanzig Minuten entfernt. Auch dort schlugen sie sie, berichtete sie. Von Binjamin brachten sie die Frauen zum Militärstützpunkt in Beit El vor den Toren Ramallahs und am nächsten Morgen, mit Fußfesseln hinten im Jeep, zu einem Gefängnis in Israel. Aber die Abteilung für Frauen war voll, also fuhren sie zu einem anderen Gefängnis weiter. »Sie steckten uns in eine Art Käfig voller israelischer Krimineller. Es waren alles Männer. Wir waren durch Gitterstäbe von ihnen getrennt, aber sie schrien uns an.« Auch dort war nicht genug Platz, so dass die Soldaten sie zu einem weiteren Gefängnis karrten, diesmal in HaScharon. Zwei volle Tage waren da schon vergangen. Sie froren, hatten kaum gegessen und überhaupt nicht geschlafen, aber Nariman meinte, sie habe am meisten unter Manals Pullover gelitten. Manal war so sehr mit Tränengas eingeräuchert worden, »dass jedes Mal, wenn sie sie schlugen, das Gas aus ihrem Pulli kam«.

Ahed kam nach draußen und setzte sich neben ihre Mutter. Sie legte den Kopf in ihre Arme und hörte zu. Hinter dem Haus ging der Vollmond auf.

Manal und die andere Frau hörten laut Nariman nicht auf, darüber zu weinen, wie sehr sie ihre Kinder vermissten. »Ich dachte, wenn alle weinen, sterben wir. Ich versuchte an etwas Schönes zu denken, damit ich nicht auch an meine Kinder denken musste. Ich fing an zu tanzen und zu singen, damit sie für eine Weile alles vergessen, damit wir lachen konnten.«

Als Erstes ließen sie Manal frei. Abu Yazan fiel von den Ästen des Baums, auf den er gerade kletterte, als er Manal ohne seine Mutter ins Dorf zurückkehren sah. An jenem Abend holten die Wächter Nariman aus ihrer Zelle. Sie setzten sie in einen Jeep. Sie konnte nicht sehen, wohin sie gebracht wurde. Nach einer Weile hielten sie an, lösten ihre Fesseln und ließen sie am Straßenrand zurück. Sie hatte kein Geld, kein Guthaben auf ihrem Mobiltelefon. Sie fand ein paar Männer, die Arabisch sprachen, lieh sich ein Telefon, um Bassem anzurufen, und fand schließlich nach Hause.

Das Erlebnis hatte Nariman eindeutig traumatisiert, aber es ermutigte sie auch. »Sie haben mich geschlagen, und sie haben mich verhaftet – das heißt, dass sie mich zum Schweigen bringen wollten, was bedeutet, dass ich etwas Wichtiges getan habe.«

Sie wurde zu einem Monat Hausarrest verurteilt. Danach wollten einige Männer aus dem Dorf den Frauen verbieten, an den Demonstrationen teilzunehmen, denn, so Nariman, »sonst würde sich niemand um die Kinder kümmern können«. Aber so kam es nicht. Sie blieb zu Hause, bis ihre Strafe abgegolten war, und ging dann wieder zu den Demonstrationen. Sie belegte einen Erste-Hilfe-Kurs, um verletzten Protestlern helfen zu können. Sie zwang sich, gelassener im Umgang mit der Presse zu werden. Als Bassem und sein Cousin Nadschi verhaftet wurden, übernahmen sie, Manal und Nadschis Frau Buschra die Rollen, die die Männer unbesetzt zurückließen. »All die Beziehungen, die Bassem zu Ausländern und Palästinensern unterhielt, haben wir weiter gepflegt und ausgebaut«, sagte sie. Sie war nicht länger diejenige, die die Aktivisten und Journalisten, die Nabi Saleh besuchten, bloß bekochte und ihnen Kaffee machte. Sie war diejenige, die sie anriefen, diejenige, die sie interviewten.

Nariman grinste. Das einzig Gute am Gefängnis sei der Wasserdruck gewesen. »Man konnte schön duschen.«

Die Oslo-Abkommen hatten Israel die volle Kontrolle über die Wasserversorgung des Westjordanlandes gegeben.* Wie die meisten palästinensischen Dörfer, die an das israelische Wasserversorgungsnetz angeschlossen waren, hatte Nabi Saleh nur ein paar Stunden die Woche fließend Wasser, lang genug, um die Wasserspeicher aus schwarzem Plastik auf den Dächern zu füllen, zumindest teilweise. Am Ende der Woche kam in Nabi Saleh aus den Wasserhähnen kaum mehr ein Tröpfeln. Das Geschirr blieb ungespült stehen, Toiletten konnten nicht abgezogen werden. Duschen stand gar nicht zur Debatte.**

* Den Palästinensern wurden nur 20 Prozent des Wassers aus dem Berg-Aquifer zugeteilt, das sich zum größten Teil aus Grundwasser im Westjordanland speist. Während der Gespräche, die zu dem Abkommen führten, machte es sich der palästinensische Unterhändler Ahmed Kurei zur Gewohnheit, seinen israelischen Gegenspieler Noah Kinarti sanft zu verspotten, indem er jedes Mal um Erlaubnis fragte, wenn er einen Schluck Wasser trinken wollte. »Nur ein paar Tropfen«, soll Kinarti angeblich geantwortet haben.

** In Gebieten, die ans Wasserversorgungsnetz angeschlossen sind, beträgt der durchschnittliche Wasserverbrauch von Palästinensern im Westjordanland etwa

Als er klein war, habe Abu Yazan sie einmal gefragt, was das Meer sei, erzählte mir Nariman. Vor der Zweiten Intifada war das Mittelmeer weniger als eine Autostunde entfernt, aber jetzt, mit den Kontrollpunkten, hätte es sich auch auf einem anderen Planeten befinden können. Nariman beschloss, mit ihm zur Quelle zu laufen, damit sie ihm erklären konnte, dass »die Quelle wie das Meer ist, nur dass das Meer viel größer ist«. Die Soldaten ließen sie nicht passieren, also verlegte sie sich darauf, das Waschbecken mit Wasser zu füllen. »Es ist genauso«, gedachte sie ihm zu sagen, »nur größer.« Sie drehte den Wasserhahn auf. Es kam nichts heraus.

»Das«, sagte sie lachend, »ist das Problem.«

Am Tag, als ich in Nabi Saleh ankam, hatte Bassem angedeutet, dass nicht alles gut sei. Es sei leicht, Dinge anzuschieben, sagte er, aber schwer, sie am Laufen zu halten. Ganz am Anfang hatte fast das gesamte Dorf an den Demonstrationen teilgenommen, aber zu dem Zeitpunkt, als ich ankam, hatten sich die Bewohner in zwei Gruppen aufgespalten. Sie hatten sogar Namen: der Widerstand und die Opposition. Die Familien von Bassem, Bilal, Nadschi, Baschir und ein paar andere Familien bildeten den Widerstand. Alle anderen gehörten zur Opposition, ob aufgrund bewusster Entscheidung oder weil sie irgendwann einfach nicht mehr mitmachten. Ich interviewte einige von ihnen. Es gab keinen offensichtlichen ideologischen oder parteilichen Unterschied zwischen den beiden Seiten. Alle im Dorf unterstützten die Fatah. Alle waren gegen die Besatzung. Die Leute, die an den Protesten nicht länger teilnahmen, lehnten die Führung und die Dominanz derjenigen ab, die noch dabei waren. Sie beschwerten sich über einen Mangel an Transparenz und Demokratie. Einige Mitglieder des Widerstands, so erzählte mir ein Mitglied der Opposition, wollten »Filmstars sein«. Er nannte keine Namen, aber es war klar, dass er von Bassem sprach und dass seine Verärgerung durch die Anwesenheit des Journalisten vor ihm noch verschlimmert wurde.

73 Liter pro Kopf und Tag, was deutlich unter den 100 Litern pro Kopf und Tag liegt, die die Weltgesundheitsorganisation empfiehlt, um grundlegende Hygienestandards einzuhalten. Einige Siedlungen im Westjordanland verbrauchen fast zehnmal so viel wie ihre palästinensischen Nachbarn.

Die Spaltung wurde im Laufe der Monate immer tiefer. Niemand bekämpfte sich offen, aber bestimmte Familien besuchten bestimmte andere Familien nicht mehr. Menschen, die sich einmal nahegestanden hatten, taten es nun nicht mehr. In einem Dorf der Größe von Nabi Saleh ist das keine Kleinigkeit, aber damals tat ich den Bruch mit leichter Hand ab, als besatzungsbedingte Verhärtung der üblichen Kleinstadt-Antipathien. Welche Familie hat nicht ihre Gruppierungen? Das war auch die Erzählung, die Bassem favorisierte. Die Menschen seien von ihren Verlusten erschöpft und hätten Angst, noch mehr zu verlieren, also zögen sie sich von den Protesten zurück und pflegten ihre persönlichen Abneigungen. »Du kannst deinen Kindern nicht erzählen, dass du Angst hast«, sagte er achselzuckend, also suche man sich jemand anderen, dem man die Schuld geben könne. Eine Zeitlang leuchtete mir diese Erklärung ein.

Eines Abends kehrten Bassem und Nariman nach einem Tag in Ramallah nach Hause zurück. Sie wirkten bedrückt. Bassem setzte sich vor den Fernseher und spielte mit seinem Mobiltelefon herum. Nariman verzog sich ins Schlafzimmer. Es liefen die Nachrichten. Der Kandidat der Muslimbruderschaft, Mohammed Mursi, hatte die ägyptische Präsidentschaftswahl gewonnen und war am Tag zuvor vereidigt worden. Bassem, der für islamistische Politik nur wenig übrighatte, war nicht erfreut, aber es war eine lokale Entwicklung, die ihm die Laune verdorben hatte. Ein paar Tage zuvor hatte sich herumgesprochen, dass Schaul Mofas nach Ramallah eingeladen worden war, um den Präsidenten der Palästinensischen Autonomiebehörde, Mahmud Abbas, in dessen Sitz, der Mukataa, zu treffen. Es war derselbe Mofas, der als junger Offizier der israelischen Streitkräfte als Verbindungsmann für Sicherheit der Siedlung Elkana gedient hatte. Er war nun ein prominentes Mitglied der Knesset und Chef der israelischen Kadima-Partei. Im März 2002 hatten Streitkräfte auf seinen Befehl fast alle größeren Städte im Westjordanland belagert. Israelische Panzer waren ins Zentrum von Ramallah gerollt. Sie hatten alle Gebäude bis auf eines in der Mukataa zerstört. Jassir Arafat blieb praktisch bis kurz vor seinem Tod 2004 ein Gefangener in dem, was von seinem Hauptquartier übrig war. Und jetzt lud Abbas, sein nicht gerade beliebter

Nachfolger, Arafats Gefängniswärter auf einen Plausch ein.* Eine kleine Gruppe junger Aktivisten, einige von ihnen Veteranen der Gruppe vom 15. März, marschierte vom al-Manara-Platz Richtung Mukataa, eine Entfernung von wenigen Hundert Metern. Sie schafften es nicht. Polizisten der Palästinensischen Autonomiebehörde und *muchabarat* attackierten sie ein paar Blocks vom Platz entfernt. Am nächsten Tag marschierte eine etwas größere Gruppe. Wieder wurden sie geschlagen, diesmal härter. »Oh, diese Schande!«, hatten die Protestler skandiert. Mehrere von ihnen kamen ins Krankenhaus. Alle, die ich sprach, waren angewidert. Solche Angriffe waren noch nicht Routine geworden. Am Abend fragte ich Bassem, was die internen Kämpfe für den Volkswiderstand bedeuten würden. Er blickte nicht auf. »Sie werden ihn ersticken«, sagte er.

Oslo: Diese beiden Silben gingen den Menschen wie ein Fluch über die Lippen. Nicht das vielköpfige Ungeheuer der Besatzung, sondern eine Plage, die die Palästinenser selbst herbeigeführt hatten. Im September 1993, nach Monaten geheimer Verhandlungen durch ihre Unterhändler in Paris und der norwegischen Hauptstadt, hatten sich Jassir Arafat und Jitzchak Rabin auf dem Rasen des Weißen Hauses die Hände gereicht. Der Frieden war endlich da, oder etwas in der Art. Arafat hatte zugestimmt, den bewaffneten Widerstand aufzugeben und den Staat Israel offiziell anzuerkennen. Rabin hatte im Gegenzug die PLO als »Repräsentant des palästinensischen Volkes« anerkannt, das heißt nicht ganz als Staat. Irgendwie überhaupt nicht als Staat. Aber das würde vielleicht noch kommen. Eines Tages vielleicht. Bill Clinton, der hinter den beiden Führern stand, lächelte mit düsterer Zufriedenheit. »Ein Frieden der Tapferen ist in Reichweite«, sagte er.

Aber wo waren die Tapferen? Wo sind sie jetzt? Nicht im Weißen Haus. Nicht in der Knesset. Nicht in der Mukataa. Der Deal war nur als vorläufig gedacht, eine Übergangsvereinbarung, die zu Verhandlungen über den endgültigen Status führen sollte, welche binnen fünf Jahren abgeschlossen sein und die schwierigsten Fragen lösen sollten: Grenzen,

---

* Später in diesem Jahr musste Mofas übereilt eine Fundraising-Tour in England abbrechen, als er erfuhr, dass die britischen Behörden wegen Kriegsverbrechen gegen ihn ermittelten. Letztendlich wurde aber keine Anklage erhoben.

natürliche Ressourcen, der Status von Jerusalem, das Schicksal der Siedlungen, der palästinensischen Flüchtlinge, der politischen Gefangenen. Das passierte nicht. Über zwanzig Jahre später ist es immer noch nicht passiert, aber weitere Abkommen folgten: die Pariser Protokolle, die 1994 unterzeichnet wurden; das sogenannte Oslo-II-Abkommen, das 1995 im ägyptischen Badeort Taba auf der Sinai-Halbinsel unterzeichnet wurde; ein zusätzliches Abkommen zur Stadt Hebron, das 1997 unterzeichnet wurde. Diese Abkommen und zwei weitere kleinere sollten insgesamt unter dem Begriff Oslo-Abkommen oder metonymisch einfach als »Oslo« bekannt werden. Zusammen bildeten sie das, was Edward Said schon Ende 1993 als »das wahrlich erstaunliche Ausmaß der palästinensischen Kapitulation« erkannte.

Wenn die Erste Intifada die Revolution war, auf die die Palästinenser seit 1967, wenn nicht 1948 gewartet hatten, dann war Oslo der Thermidor. Aus ihm ging die Palästinensische Autonomiebehörde als vorläufiges Organ mit dem Auftrag hervor, das Volk – oder zumindest einen Großteil des Volkes – zu regieren, bis ein endgültiges Abkommen erreicht werden konnte. Von Anfang an war ihre Autorität höchst begrenzt. Oslo zerschnitt das Westjordanland in drei verschiedene geografische Zonen: Zone A, wo die Palästinensische Autonomiebehörde für die Sicherheit und Verwaltung zuständig war und die in ihrer ersten Fassung nur 3 Prozent des Westjordanlandes umfasste, wo etwa 20 Prozent der palästinensischen Bevölkerung lebten; Zone B, wo sich die Israelischen Verteidigungsstreitkräfte und die Palästinensische Autonomiebehörde die Verantwortung für die Sicherheit teilten und die Palästinensische Autonomiebehörde ansonsten regierte und die etwa 24 Prozent des Landes umfasste, auf dem 70 Prozent der Bevölkerung lebten; und Zone C, die fast 70 Prozent des Westjordanlandes umfasste und wo das israelische Militär der alleinige Herrscher über die verbleibenden 10 Prozent der palästinensischen Bevölkerung war.* Die Idee war, Israel die Kontrolle über

---

* Die Grenzen haben sich seitdem verschoben. Einige Teile von Zone C wurden den Zonen A und B zugeschlagen, gemäß dem Wye-Abkommen von 1998 und dem Folgeabkommen von Scharm el Scheich von 1999. Die Zone A umfasst nun fast 18 Prozent des Westjordanlandes, während Zone C 61 Prozent des Landes umfasst und etwa 12 Prozent der palästinensischen Bevölkerung.

so viel Land wie möglich zu geben und gleichzeitig, in den Worten des Wissenschaftlers Adam Hanieh, »der vordersten Verantwortung für die israelische Sicherheit ein palästinensisches Gesicht zu geben, in diesem Fall das der Palästinensischen Autonomiebehörde, während alle strategischen Hebel in israelischer Hand verblieben«. In Zone C konnte nichts ohne israelische Zustimmung passieren. Kein Brunnen konnte gegraben, kein Rohr verlegt, keine Straße asphaltiert, kein Haus oder Plumpsklo gebaut werden ohne Erlaubnis der Zivilverwaltung, Israels Regierungsorgan im Westjordanland, die trotz ihres Namens eine Unterabteilung des Verteidigungsministeriums darstellt und dem Generalstab der Israelischen Verteidigungsstreitkräfte untersteht. Derartige Genehmigungen werden so gut wie nie erteilt, aber Bauten, die ohne sie errichtet worden sind, werden von den israelischen Truppen wieder abgerissen. Zwischen 2000 und 2012 wurden weniger als 6 Prozent aller palästinensischen Anträge für Baugenehmigungen in Zone C von der israelischen Zivilverwaltung bewilligt. Zwischen 2006 und 2013 haben die Israelischen Verteidigungsstreitkräfte über 1600 nicht genehmigte Gebäude in Zone C abgerissen, was beinahe 3000 Palästinenser wohnungslos machte. Das Militär hat subtilere Waffen zur Verfügung als Gewehre und Panzer.

»Fakt ist«, schrieb Said, »dass Israel nichts abgegeben hat.« Nach Oslo kontrollierte Israel noch immer fast das gesamte Land und damit den Zugang zu den riesigen Wasserreservoirs darunter, den Luftraum darüber, die Grenzen, die es umrissen. Arafat gewann keine echte Souveränität, nur die Verantwortung, sich der Bedürfnisse der eigenen Bevölkerung anzunehmen. Anders gesagt: Die Palästinensische Autonomiebehörde übernahm die Verpflichtungen, die das Völkerrecht Besatzungsmächten auferlegt: die Sicherheit, Gesundheit und Hygiene, Bildung und Religionsfreiheit der Menschen unter Besatzung zu gewährleisten. In den Worten des israelischen Politologen Neve Gordon hat Israel »die Besatzung outgesourct« und die unangenehmen – und teuren – Verpflichtungen des Besatzers per Vertrag weitergegeben. Outsourcing, schreibt Gordon, »sollte als eine Technik angesehen werden, die von einer Macht eingesetzt wird, um ihre eigenen Mechanismen zu verschleiern. Es ist nicht durch die Entscheidung jener Macht motiviert, sich zurückzuziehen, sondern im Gegenteil durch das unbeirrte Bemühen, zu überdauern und die Kontrolle zu behalten.« Für Israel bedeutete Oslo weder Kompromiss noch Opfer, sondern lediglich ein neues Gewand.

Arafat würde nach Palästina zurückkehren dürfen, aber im Endeffekt gab er fast das gesamte Westjordanland für einen Phantomstaat auf, die Insignien der Souveränität ohne die Sache selbst. Die Palästinenser unter seiner Verantwortung – jene, die in den Zonen A und B lebten – wären eingesperrt in Gebieten, die von Gelehrten der Besatzung verschiedentlich als Enklaven, Bantustans oder Kantone bezeichnet wurden: schrumpfende Atolle der Selbstbestimmung – oder etwas in der Art – in einem anschwellenden Meer der Siedlungen. »Es ist so, als wenn man einem Hund einen Knochen gibt«, sagte mir Manal einmal. »Das ist der Knochen, den sie uns hingeworfen haben. Sie wollen uns mit dem Knochen beschäftigt wissen, bis sie fertig sind mit ihrem Tun.«

Die Verluste waren nicht nur geografischer Natur. Die Pariser Protokolle erlaubten es Israel, die palästinensische Wirtschaft fast vollkommen zu kontrollieren. Israel behielt sich das Recht vor, Waren, die für den palästinensischen Markt bestimmt waren, mit Einfuhrzöllen zu belegen und diese Mittel jeden Monat an die Palästinensische Autonomiebehörde weiterzuleiten. Die neugeschaffene Palästinensische Autonomiebehörde hing bei etwa zwei Drittel ihrer Einnahmen vom israelischen Wohlwollen ab; Israel konnte diese Einnahmen zurückhalten, um seinen politischen Willen durchzusetzen, und tat dies auch. Die Kontrolle über den Geldumlauf oblag ebenfalls Israel, genau wie die Entscheidungsgewalt darüber, was die Palästinensische Autonomiebehörde importieren durfte (hauptsächlich israelische Waren) und was sie exportieren durfte (nicht allzu viel), wodurch das Westjordanland zu einem gebundenen Markt für die eigenen Güter wurde. Ein Großteil der internationalen Hilfe, die in die Kassen der Palästinensischen Autonomiebehörde floss – und das war eine Menge: ein Drittel des Budgets der Palästinensischen Autonomiebehörde wurde durch ausländische Spender generiert –, floss deshalb gleich wieder zurück über die Grüne Linie auf israelische Bankkonten.

Um sich davor zu schützen, dass sich die Streiks und Boykotte der Ersten Intifada künftig wiederholten, hatte Israel gleichzeitig seine Abhängigkeit von palästinensischen Arbeitern reduziert und verstärkt Fremdarbeiter aus Osteuropa sowie Süd- und Südostasien angeworben.

Vor Beginn der Intifada war über ein Drittel – möglicherweise sogar die Hälfte – der palästinensischen Arbeiterschaft aus dem Gazastreifen und dem Westjordanland in Israel oder in den Siedlungen beschäftigt gewesen. Bis zum Jahr 1996 war diese Zahl auf unter 15 Prozent gefallen. Die Arbeitslosigkeit unter Palästinensern war rasant gestiegen. Etwa 150 000 Palästinenser fanden Arbeit bei den Sicherheitskräften und im frischgebackenen Beamtenapparat der Palästinensischen Autonomiebehörde. Die Gehälter des öffentlichen Dienstes wurden zu einer der wenigen Formen von Sozialhilfe, die sich die Palästinensische Autonomiebehörde in der künstlichen Wirtschaft der Jahre nach den Oslo-Abkommen leisten konnte. Aber selbst hier hielt Israel die Palästinensische Autonomiebehörde an der kurzen Leine. Wenn es die Zollquittungen lange genug zurückhielt, wäre die Palästinensische Autonomiebehörde nicht in der Lage, ihre Angestellten zu bezahlen, und würde den materiellsten Legitimitätsnachweis verlieren, den sie zu bieten hatte: Gehaltschecks.

Damit erschöpften sich die wirtschaftlichen Umwälzungen – und perversen Abhängigkeiten – noch nicht. Eine weitere große Gruppe an Palästinensern fand Arbeit bei einer der geschätzt 2100 Nichtregierungsorganisationen, die in den Jahren nach den Oslo-Abkommen aus dem Boden sprossen. Fast alle dieser Organisationen finanzierten sich durch internationale Spenden, vor allem aus Nordamerika und Europa. (Im Bücherregal des Gemeindezentrums von Nablus stieß ich einmal auf ein Verzeichnis aller Nichtregierungsorganisationen im Westjordanland: Es war so dick wie ein altes Telefonbuch von Manhattan.) Ihre Arbeit spiegelte zwangsläufig eher die Prioritäten der Geberländer als die Bedürfnisse der Palästinenser wider. Die Geber waren trotz gelegentlicher Proteste zu Menschenrechts- und Völkerrechtsfragen schließlich Verbündete der Besatzer. Dazu kam die Geburt einer neuen Wirtschaftselite, die sich Exklusivverträgen und von der Palästinensischen Autonomiebehörde gebilligten Monopolen verdankte, eine Elite, deren Schicksal von der privilegierten Beziehung zu den höheren Rängen in den Ministerien abhing. Im Ergebnis fand eine beträchtliche Zahl von Palästinensern ihr Schicksal entweder mit der Palästinensischen Autonomiebehörde verknüpft – und somit auch mit den verschiedenen Kräften, die Abbas entweder schikanieren oder umgarnen konnten, allen voran die USA und Israel – oder mit der Zufriedenheit der Geberländer, die, egal wie sehr sie sich bisweilen beschwerten, nichtsdestoweniger dazu neigten, Israels Vorgaben aus einer gewissen Distanz Folge zu leisten.

»Es ist gefährlich«, schrieb der Dichter Mahmud Darwisch, »wenn die Heimat zu einem Stück Brot wird.«[*] Niemand gab es gern zu, aber es war offensichtlich genug, dass im Palästina nach Oslo zu florieren – und manchmal einfach nur zu überleben – bedeutete, in den Status quo zu investieren. Was nichts anderes hieß als: in die Besatzung. Widerstand hatte immer noch große rhetorische Bedeutung. Aber er zahlte sich nicht aus.

»Ich weiß nicht, wie sie darauf hereinfallen konnten«, sagte Bassem eines Abends und leerte seine Kaffeetasse. »Wir haben unsere Revolution gestoppt und nichts gewonnen.«

Bassems Entrüstung fühlte sich schmerzlich vertraut an. Es war die fast universelle Klage der Linken des ausgehenden 20. und frühen 21. Jahrhunderts, dieselbe Klage, die Victor Serge 1946 im Exil aus der Sowjetunion anstimmte: »Wie konnten wir – aufständisch, vereint, beschwingt und siegreich – das Gegenteil dessen erreichen, was uns vorschwebte?« Es gibt eine palästinensische Antwort auf Serges russische Frage: Arafat war schwächer als jemals zuvor. Seine Revolution, die nie mit der identisch war, die auf palästinensischem Boden ausgefochten wurde, verkümmerte im Exil und hatte kaum noch Anhänger. Er hatte den Rückhalt der Golfstaaten verloren, als er nach Saddam Husseins Einmarsch in Kuwait dem Irak seine Unterstützung aussprach. Die Netze der Solidarität, die einst antikolonialistische Bewegungen auf dem ganzen Planeten geeint hatten, waren lange vor der Berliner Mauer zerfallen. Während der Intifada war eine einheimische palästinensische Führerschaft herangewachsen, die losgelöst war von der PLO-Hierarchie im Exil, was ein sicheres Zeichen zu sein schien, dass Arafat kurz vor der Bedeutungslosigkeit stand. Oslo war seine einzige Chance. Er ergriff sie. Wenn es ein schlechter Deal war, so war es immerhin ein Anfang. Es war schließlich nur ein »Interims-

---

[*] Aber auf derselben Seite schrieb er auch: »Wenn die Waffen schweigen, habe ich da nicht das Recht, hungrig zu sein?«

abkommen«. Über die eigentlichen Streitfragen würde später verhandelt werden.

Aber das geschah nicht. Die Gespräche fielen Anfang 2001 in sich zusammen. Die Zweite Intifada kam und ging. Wenn dieser Aufstand zum Teil als Revolte gegen die demütigenden Zugeständnisse der Oslo-Abkommen begann, dann endete er in noch tieferer, angespannterer Starre; die palästinensische Gesellschaft war nicht nur an israelischen Waffen zerbrochen, sondern an internen Machtkämpfen, Zersplitterung und Verzweiflung. Als Bassem in der Vergangenheit ins Gefängnis gekommen war, hatte der Kampf nicht an den Gefängnistoren haltgemacht, erzählte er. Die Gefangenen hatten sich organisiert, um von den Wärtern bessere Haftbedingungen zu fordern. Da die Universitäten geschlossen waren, hatte eine ganze Generation von Palästinensern ihre Ausbildung in israelischen Gefängnissen erhalten. Insassen hatten Gedichte und politische Theorien gelesen, hatten Englisch und Hebräisch studiert. Jetzt sahen die Gefangenen vor allem fern. Die Anhänger von Fatah und Hamas wurden in separaten Gebäudeflügeln inhaftiert. Niemand sprach von Solidarität. Beim letzten Mal, sagte Bassem, hatten seine alten Freunde nicht mehr verstehen können, warum er immer noch kämpfte, statt sich zurückzulehnen und abzusahnen, warum er seine Verbindungen nicht nutzte, um sich an den Vergünstigungen der Besatzung zu bereichern, wie es so viele andere getan hatten. »Du bist klug«, sagten sie. »Warum machst du das noch? Lernst du denn nicht dazu?«

Draußen war es nicht besser. Als Mahmud Abbas oder Abu Mazen, wie er inoffiziell genannt wurde, im September 2011 vor den Vereinten Nationen sprach, würdigte er die Bewegung, die in Dörfern wie Nabi Saleh ihren Anfang nahm. »Unser Volk wird seinen friedlichen Widerstand gegen die israelische Besatzung aufrechterhalten«, schwor Abbas. Es war leicht, das zu versprechen. »Vor Ort«, sagte Bassem, »tun sie nichts.« Kurz nachdem die Demonstrationen in Nabi Saleh begonnen hatten, kontaktierten palästinensische Beamte vom Distrikt-Koordinationsbüro oder DCO – der bürokratischen Schnittstelle zwischen dem israelischen Militär und der Palästinensischen Autonomiebehörde – das Dorf. Was ihr macht, geht in Ordnung, sagten sie, solange ihr euch aus Zone A heraushaltet – wo die Palästinensische Autonomiebehörde technisch gesehen die einzige Autorität war.* Anders gesagt: Tut nichts, was uns zwingen würde, Partei zu ergreifen, was uns zwingen würde, die Israelis entweder herauszufordern oder uns an ihre Seite zu stellen – macht dies nicht zu unserem Problem. Die Palästinensische Autonomiebehörde, seufzte Bassem, »ist die Klasse der Besatzung«.

Aber Bassem arbeitete auch für die Palästinensische Autonomiebehörde. »Ich bin Teil dieses Systems«, gab er zu. Er hatte eine Stelle in einer Abteilung des Innenministeriums, deren Aufgabe es war, Einreisevisa von im Ausland lebenden Palästinensern zu bewilligen. In der Praxis, sagte er, »haben sie nichts zu sagen«: Die eigentlichen Entscheidungen würden in Israel gefällt und an seine Abteilung zum Abstempeln weitergereicht. Ich sah Bassem nie zur Arbeit gehen und hörte ihn nie über einen Tag im Büro klagen. Er betrachtete sein Gehalt als sein Recht, so wie ein Veteran seine Pension versteht, und das nicht ohne Bitterkeit: »Wir haben keine Revolution ausgerufen und die Leben unserer Cousins und Brüder und Schwestern und Väter und Söhne und Ehemänner und Ehefrauen hingegeben, um ein Gehalt zu bekommen«, sagte Bassem. »Wir wollen keine breiten Straßen unter der Besatzung oder ein sicheres Leben unter der Besatzung.« Es war einmal das Ziel gewesen, die Besatzung zu *beenden*. »Es spielt keine Rolle, ob es ein Käfig aus Gold oder aus Eisen ist«, sagte Bassem. »Es bleibt ein Käfig.«

Einmal fragte ich Bassem und Bilal, wie viele Menschen in Nabi Saleh von einem Gehalt der Palästinensischen Autonomiebehörde abhingen. Bilal arbeitete ebenfalls für sie, als Grafikdesigner im Gesundheitsministerium – er musste tatsächlich jeden Tag zur Arbeit gehen. Die beiden berieten sich, zählten an den Händen ab. Es dauerte ein paar Minuten, bis sie alle Namen zusammengezählt hatten. »Über achtzig«, schloss Bilal. »Sagen wir, zwei Drittel des Dorfes.«

Deshalb wirkte Bassem nach dem Protest gegen Schaul Mofas in Ramallah so deprimiert. Abbas' Sicherheitskräfte hatten sich gegen die eigenen Leute gewandt, zwei Mal. »Sie haben mehr Macht, uns aufzuhalten, als

---

* General Adnan Damiri, ein Sprecher der Sicherheitskräfte der Palästinensischen Autonomiebehörde, stritt ab, dass es diese Unterhaltung gegeben habe. Bassem und Manal insistierten, dass es so gewesen war.

die Israelis«, sagte Bassem. Und es bräuchte nicht einmal offene Gewalt, um die Dorf-Demonstrationen zu stoppen. Beamte der Palästinensischen Autonomiebehörde könnten allen Angestellten der Regierung verbieten, an den Protesten teilzunehmen. Sie könnten palästinensischen Medien befehlen, sich freitags fernzuhalten. Sie könnten Bassem zwingen, jeden Tag den ganzen Tag an einem Schreibtisch zu sitzen.

Am dritten Tag der Anti-Mofas-Proteste war ich in Ramallah. Dem Vernehmen nach war dieser Protest größer als die ersten beiden. Dennoch war es keine große Sache, ein paar Hundert Leute, die zur Mukataa marschierten und einen Sprechchor skandierten, der auf dem Tahrir-Platz populär geworden war, wobei sie das ägyptische »Nieder mit dem Regime!« durch das weniger direkte »Nieder mit Oslo!« ersetzt hatten. Passanten sahen von den Gehwegen aus zu und Fahrer, die verärgert im Verkehr festsaßen, von ihren Autos aus. Einige der Teilnehmer hatten vom letzten Protest bandagierte Gliedmaßen, aber dieses Mal achteten die Sicherheitskräfte darauf, die Distanz zu wahren. Ich erkannte Bahaa wieder, Mustafa Tamimis großen Freund, und ein paar der anderen Jungs aus Nabi Saleh. An der Spitze des Zuges entdeckte ich zu meiner Überraschung Bassem in einem schwarzen Hemd, der hinter einer riesigen palästinensischen Flagge hermarschierte. Er fasste mich am Arm und grinste. »Wir machen eine Revolution«, witzelte er, »gegen die Autorität unserer Eltern!«

Der Mofas-Besuch wurde letztlich abgesagt.

Der folgende Freitag sollte mein letzter sein. Am Abend darauf ging mein Rückflug von Tel Aviv aus. Die Demonstration würde kurz werden, versprach mir Bassem beim Frühstück. Einer der Jungs von Nabi Saleh würde ein Mädchen aus Deir Nidham heiraten, einem Dorf die Straße hinunter, und die Verlobungsfeier war für diesen Nachmittag angesetzt. Im Wohnzimmer dröhnte der Fernseher mit einem Fantasy-Film. Waed und Ahed saßen gebannt davor, als Dämonenkrieger mit stacheligen schwarzen Außenskeletten ein einfaches Dorf überfielen und riesige rostige Schwerter schwangen. Ray Liotta spielte den Herrscher über die Dämonenarmee, Burt Reynolds den König der Menschen. »Wir sind Männer!«, brüllte er, um seine Truppen anzustacheln. »Sie sind blutleere Bestien!« Der Gebetsruf erklang. Waed gähnte, streckte sich und stand auf.

Der Marsch begann wie immer. Salam war ganz vorn. Die kleine Janna blieb im Schatten eines Baums gegenüber der Tankstelle zurück. »Siehst du?«, sagte Nawal. »Sie hat Angst!«
Vier gepanzerte Fahrzeuge warteten in der Kurve, der Skunk Truck stand mit laufendem Motor dahinter. Manal zeigte auf ein paar Zivilpolizisten, die die Soldaten begleiteten. Es war das erste Mal, dass sie sie im Dorf sah. »Es gibt ein neues Gesetz, das es ihnen erlaubt, Ausländer zu verhaften«, sagte sie erklärend.* Etwa die Hälfte der Protestler machte sich auf den Weg den Hügel hinunter. Unten warteten Soldaten. Sie verhafteten einmal mehr Jonathan Pollak und mit ihm vier Israelis und den alten Baschir, den Besitzer des Landes rund um die Quelle. Mohammad jagte den Hügel hinauf und rannte den Soldaten hinter ihm davon. Alle jubelten. Ich hörte einen Knall irgendwo über dem Hügelkamm und dann noch einen.

Und so lief es ab: Neben der Tankstelle versteckte sich einer der Jungs hinter einem Müllcontainer und tauchte nur alle paar Sekunden auf, um einen Stein loszuschleudern. Gummiüberzogene Geschosse prallten vom Asphalt ab. Die Jungs suchten Schutz in einem Olivenhain. Die Soldaten feuerten so viel Tränengas ab, dass ich die Bäume nicht erkennen konnte. Der Skunk Truck rauschte vorbei, aber alle waren schon geflohen. Trotzdem tränkte er Bilals Haus. Ich konnte Bilal auf dem Dach sehen, mit seiner Kamera in einer Hand, wo er sich zusammenkauerte, um dem Strahl zu entgehen. Als Nächstes spritzte der Truck Mohammads Haus ab, wobei der Strahl die Fensterscheiben im Erdgeschoss zerstörte und Mohammad von den Füßen riss. Er war gerade nach Hause zurückgekehrt, noch siegestrunken, weil er so knapp entkommen war. Zerspringendes Glas schnitt ihm ins Gesicht und in die Brust. Skunk-Wasser tränkte die Teppiche und Sofas.

An der Ecke der Straße, die zu Bassems Haus führte, beobachtete ich, wie Soldaten Granate um Granate über einen Zaun in einen leeren Garten warfen. Drei Jeeps röhrten um die Kurve. Alle verteilten sich. Ich

---

* Es war streng genommen kein Gesetz: Anfang jener Woche hatten die Israelischen Verteidigungsstreitkräfte die Entscheidung des israelischen Obersten Gerichts missachtet und eine Verfügung herausgegeben, die die israelische Einwanderungspolizei autorisierte, Ausländer im Westjordanland festzunehmen.

rannte durch eine Pforte und in das Haus neben dem von Bahaa; nach ein paar Minuten wagte ich mich wieder heraus und spähte zu den Soldaten auf der anderen Seite der Gartenmauer hinüber. Zwei Mädchen gesellten sich zu mir. Plötzlich bemerkte ich, dass sie nicht mehr da waren. In zwanzig Metern Entfernung zielte ein Soldat mit einem Granatwerfer genau auf meinen Kopf. Ich folgte den Mädchen nach drinnen. Als ich wieder herauskam, stand Nariman mit einer schottischen Aktivistin auf der Straße. Ich ging hinüber, um Hallo zu sagen. Vier Soldaten näherten sich. Zwei von ihnen packten die Schottin. Die anderen fassten mich an den Armen, zerrten mich zu einem Jeep und schubsten mich hinein. Ich zeigte dem Fahrer meinen Presseausweis. Er verzog keine Miene. Zwei sehr verängstigte junge Britinnen hatte man schon in den Jeep gesperrt. Eine von ihnen hyperventilierte. Eine Stunde verging. Der Jeep blieb, wo er war. Die Soldaten brachten weitere Gefangene herbei, einen Schweden und einen Italiener, die sich in der Toilette des Tankstellenshops versteckt hatten. Durch die vergitterte Scheibe konnte ich sehen, wie Bilal filmte und ein Soldat das Objektiv mit der Hand bedeckte. Weitere Soldaten stiegen ein. Wieder zeigte ich einem von ihnen meinen Presseausweis und fragte ihn, ob er verstehe, dass ich Journalist sei. Er nickte. Der Fahrer fuhr auf die Straße. Als wir an der Tankstelle vorbeikamen, rannten die Jungs hinter uns her. Steine knallten gegen die Stahlwände des Jeeps.

»Die Jungs eben waren so schön, nicht wahr?«, sagte der Soldat neben mir. »Sie waren so süß.«

Der Jeep fuhr am Wachturm vorbei, den Hügel hinauf und durch das Tor des Militärstützpunktes neben Halamisch. Die Soldaten scheuchten uns in die alte britische Festung. Sie nahmen uns unsere Pässe ab und platzierten uns auf einer Bank im Korridor. Weitere Soldaten schwirrten herum, ignorierten uns, die Gewehre auf dem Rücken. Ich fragte einen, ob seine Offiziere wüssten, dass sie einen Journalisten verhaftet hatten. Er nickte. Mein Mobiltelefon klingelte. Es war Hauptmann Eytan Buchman, der leitende Sprecher der Israelischen Verteidigungsstreitkräfte für nordamerikanische Medien. Wir hatten in jener Woche bereits Kontakt gehabt, um ein paar Interviews zu vereinbaren, aber ich hatte ihm nicht erzählt, dass ich in Nabi Saleh sein würde. Irgendwer hatte das anscheinend getan. (Schon bevor ich aus dem Jeep stieg, zirkulierte die Nachricht meiner Verhaftung auf Twitter, wie ich später erfuhr.) Buchman rief an, um mich davon zu unterrichten, dass keine akkreditierten Journalisten in Nabi Saleh festgenommen worden seien. Ich war anderer Meinung. Eine halbe Stunde später eskortierte mich ein Offizier zum Tor. Er gab mir meinen Pass und meinen Presseausweis zurück. »Gute Reise«, sagte er. Die anderen fünf Ausländer blieben zurück. Sie würden alle in der folgenden Woche ausgeflogen werden.

Die Straße zum Dorf war leer, aber die Luft war noch stechend vom Tränengas, und die Brise stank nach Scheiße und Verwesung. Eine Gaswolke schwebte über den Olivenhainen. Granaten zogen ihre Bahn. Es war fast sechs, aber ich kam gerade noch rechtzeitig, um mich der langsamen, lärmenden Karawane aus Autos und Lieferwagen anzuschließen, die aus dem Dorf herausrollte, die Musik dröhnend laut, die Jungs im Sitzen tanzend. Ein Soldat zeigte uns den Mittelfinger, als wir am Wachturm vorbeifuhren. Die Jungs lachten und tanzten weiter. Sie tanzten auch nach der Zeremonie noch, als sie wieder im Dorf waren. Irgendjemand hatte Boxen und eine Lichtorgel aufgestellt, ein paar Häuser von Bassems Haus entfernt. Die Frauen sahen von Plastikstühlen aus zu. Osama kauerte neben ihnen am Rand, aber Waed tanzte, genau wie Bahaa und Mohammad. Sie tanzten Hand in Hand mit den anderen Jungs, warfen im Takt die Beine in die Luft, schrien und klatschten, lachten immer noch, während das Licht in ihren Augen funkelte.

ZWISCHENSPIEL

SPERRANLAGEN

Mittelmeer

ISRAEL

Jordan

JORDANIEN

Totes Meer

0 Kilometer 15

- - - Grüne Linie
— Bestehende Mauer
- - - Noch zu errichtende Mauer
— Internationale Grenzen

© 2016 Jeffrey L. Ward

SIEDLUNGEN IM WESTJORDANLAND

Map © 2016 Jeffrey L. Ward

KURIOSITÄTENKABINETT DER BESATZUNG

Ausstellungsstück zwei:
Jeder Anfang ist anders

Beit Ijza

Bassem hatte mir von Beit Ijza erzählt. Er habe dort einen Freund, sagte er, der ihm von einem anderen eingeschlossenen Haus erzählt habe. Das war alles, was er sagte, aber selbst wenn er eine detaillierte Beschreibung geliefert hätte, hätte er die Überraschung kaum verderben können. Im August 2013 fuhren er, Irene Nasser und ich durch al-Masyoun, ein wohlhabendes Viertel mit hässlichen neuen Wohntürmen und geleckten Cafés, das seit dem Beginn von Ramallahs Boom in den Jahren nach den Oslo-Abkommen errichtet worden war. Wir kamen an den Hotels Mövenpick und Grand Park vorbei, wo ausländische Honoratioren und vermögende Exil-Palästinenser für Hunderte Dollar die Nacht wohnten, dann wurden die Gebäude flacher und die Landschaft zersiedelter und industrieller, als wir ostwärts durch Beitunia fuhren, bis wir schließlich, natürlich, auf die Mauer trafen.

Die Mauer thronte auf den Hügeln vor uns und zu unserer Linken wie eine Reihe von Wirbeln auf dem Rücken eines Reptils. Dann machte sie etwas Merkwürdiges. Sie verzweigte sich zu einem Ypsilon. Warum die Gabelung? Wenn es bei ihr um Sicherheit ging, darum, Israelis vor Palästinensern zu schützen, was mochten die beiden Zweige dann nur einschließen? Der israelische Architekt und Theoretiker Eyal Weizman hatte 2007 angemerkt, dass die Mauer »inzwischen zu einer diskontinuierlichen und fragmentierten Reihe von in sich selbst geschlossenen Barrieresystemen geworden [ist]. Man kann sie wohl am ehesten als Umsetzung der vorherrschenden Bedingung von Segregation verstehen, nämlich als bewegliche Grenze. Denn sie ist keine durchgezogene Linie, die das Gebiet in zwei Teile aufteilen würde.«Wir waren Jerusalem und seinen unzähligen Vorortsiedlungen so nah, dass die Mauer weder einer Linie noch einem einfachen Zickzackkurs folgte. Die Feinheiten von Trennung und Kontrolle zersplitterten ihren Verlauf in eine gezackte Keilschrift, die in Beton auf die Erde gekritzelt war. Wir fuhren in einem Tunnel darunter hindurch, von Palästina nach Palästina, und fuhren weiter an Supermärkten und Olivenhainen entlang, bis wir wieder auf die Mauer trafen und in einen weiteren Tunnel eintauchten, der fast unmöglich lang wirkte – Irene maß auf dem Kilometerzähler anderthalb Kilometer. Wir fuhren in Al-Dschib in den Tunnel hinein und kamen ein Dorf weiter wieder heraus, in Biddu. Wieder: von Palästina nach Palästina. Wir waren unter keinem Fluss und durch keinen Berg hindurchgefahren, durch überhaupt kein natürliches Hindernis. Die Hindernisse, unter denen wir hindurchgefahren waren, waren ethnischer und politischer Natur: Das Land über dem Tunnel und darum herum hatte man den Nachbardörfern weggenommen, um die Siedlungen Giv'on Hahadasha und Har Smuel zu schaffen und um die glatte Siedler-Schnellstraße – Landstraße 443 – zu bauen, die die Siedlungen des Westjordanlandes miteinander und mit Jerusalem und Tel Aviv verbindet, eine Straße, die der Journalist Gershom Gorenberg als »lange, schmale Siedlung« an sich beschrieben hat.

Irene erinnerte sich daran, dass es hier in den Anfangstagen des Volkswiderstandskampfes gegen die Mauer Demonstrationen gegeben hatte. In Biddu waren fünf Männer getötet worden, drei davon, als die Armee im Februar 2004 das Feuer auf die dritte Demonstration des Dorfes eröffnete. Sie hatten verloren und die Proteste aufgegeben. Biddu und die sieben Dörfer im Umkreis – Beit Ijza war eines davon – wurden in einen Kanton umgewandelt, eine Enklave, die durch die Mauer von der sie umgebenden palästinensischen Bevölkerung sowohl in Jerusalem als auch im Westjordanland abgeschnitten wurde und die von Ramallah aus nur durch diesen Tunnel zu erreichen war, der jederzeit von ein paar wenigen Soldaten in einem einzigen Jeep abgesperrt werden konnte.

Wir bogen von der Hauptstraße ab und gelangten auf eine staubige Nebenstraße voller Schlaglöcher. Sie endete abrupt an einem Zaun, an dessen Rändern sich Klingendraht wand. Wir stellten das Auto ab. Auf der anderen Seite des Zauns konnten wir die rot gedeckten verputzten Häuser von Giv'on Hahadasha sehen, so still und sauber wie irgendeine Trabantenstadt in Florida. Direkt hinter dem scheinbar letzten Haus von Beit Ijza stand ein kurzer Abschnitt der Betonmauer. Sie war an die vier Meter hoch und von weiteren zwei Metern Maschendrahtzaun gesäumt. In der Mauer befand sich ein Tor: eine schwere, gelb gestrichene Metalltür, durch die man auf eine schmale, etwa zwanzig Meter lange Auffahrt gelangte. Niedrige Betonmauern, auf denen vier bis fünf Meter hoher dicker Maschendrahtzaun thronte, ragten auf beiden Seiten der Auffahrt auf. Am Ende dieses Tunnels aus Beton und Stahl stand ein einziges Haus, ein hübsches, einstöckiges Steingebäude mit einer üppig bewachsenen Laube über der vorderen Terrasse und Obstbäumen im Garten. Auch das Haus war von einer hohen Barriere aus dickem Maschendrahtzaun umgeben.

Bassem lachte, als er das Tor öffnete. Vermutlich wegen des Gesichts, das ich machte. Ich weiß nicht, ob ich bei den Einzelheiten meiner Beschreibung klar genug war: Das Haus hatte seine eigene Mauer, nicht eine, die sich zufällig durch seinen Garten schlängelte, wie bei Hani Amers Haus in Mascha, sondern eine Mauer, die sich gezielt und sehr sorgfältig um das Haus wickelte und es gleichermaßen von der Siedlung und von dem Dorf, zu dem es einmal gehört hatte, abriegelte. Das Haus befand sich in einem vollkommenen Käfig.

Wir wurden von einem Mann namens Sa'adat Sabri begrüßt. Er hatte eine sanfte Stimme, ein zartes, fast feminines Gesicht und die rauen, schwieligen Hände eines Bauarbeiters. Das Innere des Hauses war makellos. Das Wohnzimmer war luftig und hell. Seine weißen Bodenfliesen waren auf Hochglanz poliert. Nirgends konnte ich auch nur ein loses Haar oder ein Fitzelchen Staub entdecken. Sabri war 32 und damit zwei Jahre jünger als Giv'on Hahadasha. Die Siedler – auch sie von Gusch Emunim – waren vor seiner Geburt angekommen, aber sein Vater, der 2012 in diesem Haus gestorben war, hatte viele Geschichten über sie erzählt. Zuerst kamen die Siedler wie üblich in Wohnwagen – bessere Frachtcontainer, die über Nacht als vorläufige Bleibe abgestellt werden konnten. Die Vorsitzende des Siedlerrates, eine Frau namens Rachel, wandte sich an Sabris Vater, weil sie sein Land kaufen wollte. Sie brachte einen Koffer voller Geld mit, sagte Sabri. Zuerst fragte sie nach einem Dunam – etwa einem Zehntel Hektar –, aber als er ablehnte und immer wieder ablehnte, sagte sie, sie würde sich auch mit weniger zufriedengeben, »und wenn es nur ein Meter ist«, solange er nur ein Dokument unterschrieb, in dem er sein Recht auf das Land abtrat. Er sagte, seine Antwort würde immer gleich lauten. Sabri lachte. »Danach fingen unsere Probleme an«, sagte er.

Die Siedler, so Sabri, beschlagnahmten 40 Dunam von den 110 Dunam Land der Familie. Tagsüber errichteten sie Zäune und Stromleitungen. Nachts rissen Sabris Vater und seine Brüder sie nieder. Die Soldaten kamen und verhafteten sie. Die Siedler wählten ihre eigene Form der Vergeltung und bewarfen das Haus mit Steinen und Molotowcocktails. Das ging fünfzehn Jahre lang so: »Von 1979 bis 1994 wurde kein einziger Stein auf dieses Land gesetzt. Es gab kein Jahr, in dem nicht einer von uns im Gefängnis saß.« Als die Siedler Arbeiter einsetzten – es ist eine selten erwähnte Tatsache, dass israelische Siedlungen von palästinensischen Arbeitern erbaut werden –, fanden die Sabris immer heraus, woher sie stammten. Dann besuchten sie ihre Familien und brachten sie davon ab, wieder an die Arbeit zu gehen. Sabri führte nicht genauer aus, wie. Sein Vater hatte Urkunden über das Land, die bis ins Osmanische Reich zurückreichten, also versuchte er es vor Gericht. Es half nichts: Manchmal erließ das Oberste Gericht eine Verfügung, die Arbeiten einzustellen, aber die Siedler ignorierten sie und die Soldaten verteidigten sie. Als Arafat 1994 aus dem Exil zurückkehrte, bemühte sich Sabris Vater um eine Audienz bei ihm. »Ich kann nichts tun«, sagte Arafat. »Leistet einfach weiter Widerstand.«

Und das taten sie. Ihre Beharrlichkeit blieb nicht ohne Strafe. Etwa ein Jahr nach den Oslo-Abkommen setzten die Siedler so viele Arbeiter ein, dass die Sabris nicht darauf hoffen konnten, den Arbeitern die Sache auszureden oder sie zu verscheuchen. Die Siedlung wuchs. Die Intifada brach aus. Bis zum Jahr 2005 war die Mauer um das Dorf hochgezogen. Sabri, sein Vater und einer seiner Brüder wurden verhaftet. Als er entlassen wurde, war der Zaun um das Haus herum schon errichtet. Sein Haus war in ein Einfamilien-Gefängnis verwandelt worden. Eines Morgens nicht lange danach fand Sabri das Tor versperrt vor. Kein Soldat war da, bei dem er sich hätte beschweren können – nur die Gegensprechanlage und eine Kamera, die installiert worden waren, um mit einer mehrere Kilometer entfernten Grenzschutzstation zu kommunizieren. Sabri ging morgens um sieben Uhr zum Tor und betätigte die Gegensprechanlage. Er habe dann acht Stunden neben dem Tor gewartet. Schließlich kam ein Offizier. Er hatte Befehle. Niemand dürfe ins Haus kommen, sagte er, abgesehen von den Familienmitgliedern, die schon dort wohnten. Das Tor würde jeden Tag zu bestimmten Zeiten geöffnet werden. Wer hereinkommen wollte, würde seine Dokumente vor die Kamera halten müssen, damit ihre Identität bestätigt werden konnte.

Sabri lächelte. »Ich verstehe das hier nur als Unterhaltung«, sagte er dem Offizier. »Ich nehme, was Sie sagen, nicht ernst.« Nur einmal angenommen, sagte er: Was war mit seinen Schwestern, die geheiratet hatten und ausgezogen waren? Was, wenn sie vorbeikommen wollten, um ihre Eltern zu sehen?

Sie würden eine Woche im Voraus einen Antrag auf eine Genehmigung einreichen müssen.

»Ich sagte ihm: auf gar keinen Fall«, sagte Sabri. »Das lehnen wir rundum ab.«

Das Tor blieb die nächsten drei Monate verschlossen. Die Sabris riefen erneut die israelischen Gerichte an. Wenn sie das Haus verlassen mussten – was oft der Fall war, weil Sabris Vater inzwischen ziemlich krank war –, kontaktierten sie den Roten Halbmond, die Vereinten Nationen und das Distrikt-Koordinationsbüro und warteten darauf, dass andere sich für sie verwendeten. Manchmal dauerte das fünf Minuten und manchmal mehrere Stunden, sagte Sabri. Wie auch immer, jedenfalls musste man draußen stehen bleiben und darauf warten, dass das Tor sich mit einem Klicken öffnete. Wenn man das verpasste, begann der ganze Vorgang von neuem.* Endlich, Ende des Jahres 2006, entschieden die Gerichte zugunsten der Sabris. Das Tor blieb unversperrt.

»Der Mensch ist ein Wesen, das sich an alles gewöhnt«, schrieb Dosto-

---

* »In den besetzten Gebieten«, bemerkte der französische Schriftsteller Christian Salmon, »besetzt Israel die Zeit genau wie den Raum (…)«

jewskij nach vier Jahren in einem sibirischen Gefangenenlager,»und ich glaube, das ist die beste Definition für ihn.«Das Leben ging weiter. Das musste es. Sabris Vater starb. Seine Schlachten überdauerten: Die Familie kämpfte vor Gericht immer noch um die 70 Dunam Land, die ihnen nach wie vor gehörten und die wie alle landwirtschaftlichen Flächen von Beit Ijza durch die Mauer vom Dorf abgetrennt worden waren. Solange das andauerte, wollten sie bleiben. Sabris Großmutter blieb im Haus, zusammen mit zweien seiner Brüder, ihren Familien und seiner eigenen Familie. Seine Frau hatte einen Sohn zur Welt gebracht. Sie war wieder schwanger. Während wir uns unterhielten, tapsten Sabris Sohn und seine Neffen ins Zimmer, kletterten über seinen Schoß, untersuchten sein Feuerzeug, seine Kaffeetasse und die Untertasse, fielen hin, weinten, beruhigten sich und trippelten wieder weiter.

»Jeder Anfang ist anders«, sagte Sabri. Als die Mauer errichtet wurde, »empfanden wir sie als das Ende«. Jetzt war das Haus voller Kinder. Jedes Mal, wenn sie aus einem Fenster blickten oder vor die Tür traten, sahen sie den Zaun und den Stacheldraht. Dasselbe galt für das Tor, meinte Sabri. Zu Beginn schien es unerträglich zu sein, aber jetzt wusste er, dass es ihnen auch dann noch gut gehen würde, wenn das Schlimmste eingetreten und das Tor versperrt geblieben wäre. Irgendwann, sagte er und lächelte über diese seltsame und schmerzliche Erkenntnis, hätten sie sich alle daran gewöhnt.

3

ÜBER DEM JOHANNISBROTBAUM

Burin, Nabi Saleh

> Und wenn die Toten durch Vertreibung und
> die Toten durch Waffen und die Toten durch Sehnsucht und
> die Toten durch den einfachen Tod Märtyrer sind,
> und wenn Gedichte wahr sind und jeder Märtyrer eine Rose ist,
> dann können wir behaupten, aus der Welt einen Garten gemacht zu haben.
>
> *Mourid Barghouti*

Die Hügel waren von einem herrlichen Grün, die Gräser mit Mohnblumen, gelben Butterblumen und zarten lilafarbenen Lilien durchsetzt. Es war Anfang Februar 2013, ein Samstag. Vier Monate Winterregen waren vergangen, seit ich Nabi Saleh verlassen hatte. Seitdem war viel passiert. Alle waren wie im Rausch. An diesem Morgen kletterte ich eine steinige Anhöhe über dem Dorf Burin hinauf, gleich südlich der Stadt Nablus. Etwa eine Stunde zuvor war ein Traktor im Dorfzentrum angekommen, der einen Stapel aus neun vorgefertigten, halbrunden Hütten aus schimmerndem Aluminium über einem Stahlrahmen im Schlepptau hatte. Ein Dutzend Männer trug die erste Hütte den Hügel hinauf. Es war harte Arbeit – ihre Last war schwer und der Hügel mehr als steil –, aber die Männer waren fröhlich, sie skandierten und sangen beim Anstieg. Hinter ihnen folgte eine weitere Gruppe mit einer weiteren Hütte und hinter ihnen noch eine. Sie hatten Grund zur Eile: Sie mussten den Kamm erreichen, bevor die Soldaten eintrafen oder, schlimmer noch: bevor die Siedler kamen.

Monatelang hatten Aktivisten des Volkswiderstands für mehr Schwung gekämpft, dafür, ihre Bewegung aus der stumpfen Routine der Freitagsdemonstrationen wachzurütteln. Wer hätte schon gedacht, dass einmal die Woche besprizt und beschossen zu werden ein so bequemer Trott werden könnte? Mitte Oktober blockierten die Aktivisten eine Siedlerstraße außerhalb von Ramallah. Zwölf Tage später veranstalteten sie einen Protest im Lebensmittelladen einer Siedlung. Sie blockierten weitere Straßen und versuchten mit aller Kraft, den Widerstand aus der kleinen Handvoll Dörfer herauszuholen, in denen er schon so lange stagniert hatte. Im Januar, eine Woche vor meiner Ankunft, errichteten Aktivisten ein »Dorf« auf einem hügeligen Stück Westjordanland außerhalb von Jerusalem, das Netanjahu unlängst für die Expansion von Siedlungen beansprucht hatte. Anderthalb Monate zuvor hatten die Vereinten Nationen dafür gestimmt, Palästina als »beobachtenden Nichtmitgliedstaat« anzuerkennen und dem Nicht-ganz-Staat einen Nicht-ganz-Status zu verleihen. Der israelische Premierminister konterte, indem er den Plan verkündete, 3000 neue Siedlungs-Wohneinheiten zu bauen und mit der Erschließung eines Flurstücks namens E1 zu beginnen, das strategisch günstig zwischen Jerusalem und der Siedlung Ma'ale Adumim lag. Die Aktivisten trafen als Erste dort ein. Sie bauten Zelte auf, zapften die Stromversorgung an, richteten eine Ambulanz und ein Pressezentrum ein und luden die Palästinenser ein, sich ihnen anzuschließen. »Wir, das Volk«, begann die Pressemeldung, »ohne Genehmigungen der Besatzer, ohne Erlaubnis von irgendwem, sitzen heute hier, weil dies unser Land ist und es unser Recht ist, es zu bewohnen.«

Sie nannten das Dorf Bab al-Schams (»Das Tor zur Sonne«), nach dem gleichnamigen Roman von Elias Khoury oder, genauer gesagt, nach der Höhle in Galiläa, die Khoury für den Roman erfand, das Versteck, für das ein exilierter palästinensischer Widerstandskämpfer wieder und wieder sein Leben riskiert, damit er seine Frau, die er zurückgelassen hat, besuchen und lieben kann. Bab al-Schams sollte mehr sein als eine kluge Zurückweisung von Netanjahu. Der Name rief das geliebte Palästina der sentimentalen Vorstellung wach, einen Ort vertrauter als irgendein tatsächliches Territorium, das 1948 verlorenging. In Khourys Worten war es »das einzige Stück befreites Palästina«, der Teil, der unberührt und unverdorben blieb und den die Menschen über Generationen nicht mit Waffen, sondern mit Lachen, Tränen und Liebkosungen verteidigt hatten, mit unendlichen, oft unsichtbaren Strategien des Bewahrens und des Widerstands.

Die Presse kam in Scharen – nicht nur die übliche Handvoll lokaler Crews und freier Journalisten, sondern Reporter der großen internationalen Tageszeitungen und der großen Fernsehgesellschaften. Zum ersten Mal seit langer Zeit schafften die Palästinenser es mit etwas anderem als ihren Verlusten in die Nachrichten. Die Nächte waren eiskalt. Es gab nicht genug Decken, und es gab nicht genug zu essen. Fast alle wurden krank. Aber alle, die dabei gewesen waren und mit denen ich sprach, schienen von der Erfahrung verwandelt worden zu sein. Der Gemeinschaft, die sich kurzzeitig in Bab al-Shams bildete, gelang es, die Zärtlichkeit und Liebe wieder wachzurufen, ohne die nicht ein Zentimeter Erde den Kampf wert ist. Das Ganze dauerte 48 Stunden. Netanjahu gab persönlich den Befehl und verletzte damit eine einstweilige Verfügung des israelischen Obersten Gerichts. Die Soldaten kamen in der Nacht, in schwarzer Montur. Sie verhafteten alle und verprügelten viele, pferchten sie in Busse und warfen sie am Kalandia-Kontrollpunkt, kurz vor den Toren Ramallahs, wieder hinaus.

Bassem war zweieinhalb Monate zuvor verhaftet worden, beim Protest im Siedlungs-Lebensmittelladen. Grenzschutzbeamte hatten versucht, Nariman zu packen, und als Bassem dazwischenging, hatten sie stattdessen ihn mitgenommen. Er saß immer noch im Gefängnis. Er verpasste Bab al-Shams. Später erzählte er mir, dass er die Fernsehberichte in seiner Zelle gesehen habe. Ich fragte ihn, ob er sich wünschte, dabei gewesen zu sein. Er zeigte ein seltenes, wehmütiges Lächeln. »Ohne weiteren Kommentar«, sagte er. »Ja.« Aber Nariman war dort gewesen. Genau wie Manal und die Kinder und ein paar der Jungs aus dem Dorf. Innerhalb weniger Tage, ohne vorherige Abstimmung, sprangen zwei Nachahmer-Protestdörfer aus dem Boden – eines im Norden, bei Dschenin, und ein weiteres in der Nähe von Jerusalem, das den Namen Bab al-Karameh trug, Tor der Würde. Letzteres hielt sich drei Tage, ehe die Armee alles dem Erdboden gleichmachte.

Die Aktion, die ich in Burin mit ansah, war der nächste Schritt. Dieses Mal stand mehr auf dem Spiel. In der unmittelbaren Umgebung von Bab al-Shams hatte es keine Siedlungen gegeben, aber Burin war von einigen der aggressivsten Siedler im Westjordanland umzingelt. Als das Amt für die Koordinierung humanitärer Angelegenheiten der Vereinten Nationen

2011 die Gewalt von Siedlern im Westjordanland untersuchte, stellte sich heraus, dass Jitzhar, der südliche Nachbar von Burin, für mehr Angriffe auf Palästinenser verantwortlich war als irgendeine andere Siedlung. Im Jahr zuvor waren fast 2000 von Burins Oliven- und Mandelbäumen beschädigt worden, und 36 Bewohner waren bei Angriffen verletzt worden. Ein anderes Büro der Vereinten Nationen fand heraus, dass Siedler der Gegend in den ersten zehn Monaten des Jahres 2013 ganze 900 Olivenbäume verbrannten, vergifteten oder entwurzelten und weitere 40 Hektar landwirtschaftlicher Flächen versengten. Dagegen war Halamisch ein verschlafener Pendlervorort. Ein Protestdorf in Burin zu errichten – es würde al-Manatir genannt werden, nach den traditionellen Steinunterständen, von denen Bauern ihre Felder überblickten – bedeutete, das Siedlungsunterfangen in seiner messianischsten und gewalttätigsten Form herauszufordern. Wenn sich das beängstigend anhörte, so war genau das die Idee: die Palästinenser über jede Angst, die sie noch zurückhielt, hinauszupushen. Das Ziel war es, länger auszuharren, als es den Aktivisten in Bab al-Schams gelungen war, und al-Manatir als halb dauerhaften Knotenpunkt des Widerstands einzurichten. Theoretisch brauchte die Armee einen Gerichtsbeschluss, um jegliche Bauten, die dauerhafter waren als Zelte, abzureißen. (Die Siedler hatten diese Formalie jahrelang ausgenutzt, indem sie Wohnwagen herangekarrt hatten, um einen Außenposten nach dem anderen einzurichten, eine unverhohlene Gesetzesübertretung, die in der Regel mit der vollen Kooperation der Behörden stattfand.) Deshalb die Aluminiumhütten. Außerdem befand sich das Stück Land in Zone B, was den Oslo-Abkommen zufolge zumindest in der Theorie bedeutete, dass die Israelischen Verteidigungsstreitkräfte die Protestler nicht legal verjagen konnten, sofern diese die Genehmigung der Palästinensischen Autonomiebehörde hatten, sich dort aufzuhalten – und die hatten sie.

Aber noch bevor die erste Hütte auf dem Hügelkamm angekommen war, fing der Mann neben mir an zu schreien. »Siedler!«, brüllte er und zeigte auf ein Dutzend Gestalten, die vom Außenposten auf der nächsten Hügelspitze zu uns herüberrannten. Sie hatten lange Bärte und Schläfenlocken und große weiße Kippas. Weiße Roben flatterten ihnen beim Laufen hinterher. Manche von ihnen hatten ihre Gesichter mit Sturmhauben und Schals bedeckt. Die Soldaten kamen ebenfalls, aber die Siedler rasten an ihnen vorbei wie verirrte Statisten aus irgendeinem alttestamentarischen Hollywood-Epos, die uns im Laufen Steine entgegenschleuderten. Die Soldaten holten sie ein und drängten sie zurück. Drei Soldaten waren nötig, um einen einzelnen, schwarz gekleideten Siedler zu bändigen. Sein Hund sprang bellend vor ihm her, während sein Herrchen fluchte.

Die zweite Hütte kam an und dann die dritte. Weitere Soldaten sprinteten herüber, um den Aktivisten, die die vierte Hütte hochschafften, den Weg zu versperren. Die Aktivisten drängten sich pfeifend und jubelnd an ihnen vorbei. Eine fünfte und eine sechste Hütte gelangten nach oben. Die Soldaten hatten bald eine Reihe gebildet, Blendgranaten explodierten überall, und der Hügel war mit Tränengas bedeckt. Das Gas waberte umher, und die Aktivisten – vielleicht 150 plus Journalisten – versammelten sich um die Hütten, wo sie husteten und spuckten und einmal mehr jubelten. Die Soldaten wiederholten denselben Vorgang wieder und wieder und drängten die Menge jedes Mal ein paar Meter weiter zurück, besprühten hier und da jemanden mit Pfefferspray oder verhafteten jemanden oder beides. Ich sah, wie ein Soldat auf der Brust eines Mannes namens Wahib Qaddous stand, während weitere Soldaten ihn schlugen und traten und ihm Pfefferspray ins Gesicht sprühten.

Der Tag zog sich hin. Mit Schubsen und Gas drängten die Soldaten alle zurück. Die Siedler kamen hinter ihnen angerannt, warfen die Hütten um und fingen an, sie wegzuziehen. Ich habe nicht gesehen, was sie mit ihnen machten – die Soldaten drängten uns an den Rand eines Steilhangs. Eigentlich einer Klippe. Wir kraxelten hinunter, Explosionen ertönten immer noch über uns, und erst am Fuß des Hangs erfuhren wir, dass die Siedler ins Dorf Burin eingedrungen waren und dem sechzehnjährigen Zakaria Nadschar in den Oberschenkel geschossen hatten. Die Armee traf nach ihnen ein und fing an, Tränengas und gummiüberzogene Geschosse abzufeuern. Natürlich nicht auf die Siedler. Am Abend, als alle Journalisten fort waren, durchsuchten die Soldaten das Dorf erneut.

Am Ende waren vier Protestler verletzt und acht oder neun verhaftet. Drei von ihnen wurden strafrechtlich verfolgt. Ich ging fünf Tage später zu ihren Anhörungen vor dem Militärgericht, das zum Salem-Gefängnis gehörte, nahe der historischen Stadt Megiddo, auch bekannt als Har Megiddo oder Armageddon, wo Satan und die Armeen von Gog und Magog am Ende aller Zeiten den Rechtschaffenen gegenübertreten werden. Zurzeit ist es nur irgendein Gefängnis. Der Staatsanwalt verlangte, dass der Gewahrsam der Aktivisten um fünf Tage verlängert werde, obwohl ihnen noch kein Vergehen zur Last gelegt worden war. Weder die Angeklagten noch ihre Anwälte durften sehen, welche Beweise gegen sie vorlagen. Der Richter bewilligte die Verlängerung des Gewahrsams und tat es fünf Tage später erneut. Siedler waren keine verhaftet worden. Vor Gericht stellte sich heraus, dass trotz der Tatsache, dass Zakaria Nadschar angeschossen worden war und die Siedler vor den Augen Dutzender Soldaten Steine geworfen hatten, kein einziger Siedler zu den Ereignissen des Tages befragt worden war.

Wenn man alles zusammenrechnet, hatte al-Manatir etwa dreieinviertel Stunden überlebt.

Von Burin ließ ich mich direkt nach Nabi Saleh mitnehmen. Die Kinder und die Soldaten hatten eine Auseinandersetzung am Wachturm, als ich eintraf. Die Jungs waren nicht dabei. Es waren nur die kleinen Jungen. Sie warfen Steine, und die Soldaten hinter Betonschutzwällen feuerten gummiüberzogene Geschosse ab. Abu Yazan hockte unter einem großen Fels.[*] Es fing an zu regnen, und die Kinder zogen sich zurück; ich ging mit ihnen zum Dorfkern zurück. Sie waren guter Dinge. Ein junger belgischer Filmemacher hatte einen Dokumentarfilm in Nabi Saleh und Halamisch gedreht. Er hieß *Thank God It's Friday*. Er wollte den Rohschnitt im Dorf zeigen, die Vorführung filmen und die Reaktionen der Dorfbewohner in den finalen Film aufnehmen. Bilal war schon im *diwan*, einem schlichten, rechteckigen Gebäude, das als Versammlungsraum diente. Er stellte ein Stativ mit seiner Kamera auf und bereitete sich darauf vor, die Filmaufnahmen für den Film zu filmen. Und ich war mit meinem Notizheft da, ein weiterer Spiegel im Raum.

Um acht Uhr waren alle Stühle besetzt. Der Raum war kalt und hell erleuchtet. Plakate klebten an den Wänden, Fotos eines schmalgesich-

---

[*] Die Richtlinien der Israelischen Verteidigungsstreitkräfte verboten es den Soldaten, die »weniger tödlichen« Projektile auf Frauen und Kinder abzufeuern. Seit dem Jahr 2000 waren mindestens achtzehn Palästinenser, zwei Drittel davon Kinder, durch gummiüberzogene Geschosse ums Leben gekommen.

tigen Mannes in einem weißen Hemd mit schwarzen Knöpfen. Er sah überrascht aus. »MÄRTYRER UND HELD« stand auf den Postern und sein Name: Ruschdi Mahmud Tamimi. Er war Narimans jüngster Bruder. Sie behauptete, ich hätte ihn einmal im Sommer bei ihnen zu Hause gesehen, aber wenn dem so war, konnte ich mich nicht daran erinnern. Er hatte nachts als Polizist in Birzeit gearbeitet und war nicht oft hier gewesen. Am 19. November 2012 hatte ein Soldat ihn mit scharfer Munition beschossen, unterhalb von Bassems und Narimans Haus. Er starb zwei Tage später im Krankenhaus.

Nariman saß ein paar Reihen hinter der ersten Reihe, mit einem sich windenden Salam auf dem Schoß und dem Bild ihres Bruders überall um sie herum. Später erzählte sie mir, sie habe ihn sie anstarren sehen. Er war nicht der Einzige, der fehlte. Bassem saß immer noch im Gefängnis. Seine Mutter war im Sommer gestorben, ein paar Monate vor seiner Verhaftung. Abd al-Razzaq, Mustafa Tamimis Vater, war im Oktober gestorben. Er war seit Jahren krank gewesen, aber alle waren sich einig, dass die Trauer ihn umgebracht hatte. Seine Witwe Ekhlas saß neben Nadschis Frau Buschra in der ersten Reihe. Nadschi, der den ganzen Sommer und den Großteil des vergangenen Jahres im Gefängnis gesessen hatte, hielt mir einen Platz frei. Waed war zum ersten Mal verhaftet worden, aber jetzt wieder in Freiheit. Der junge Mohammad Ataallah, der das Medien-Team des Dorfes ins Leben gerufen hatte, war nicht da. Er hatte fast den gesamten Herbst im Gefängnis verbracht. Er war im Dezember entlassen worden und war gerade nach Italien geflogen, wo er ein paar Monate arbeiten und, wie er versprochen hatte, die Nachricht von Nabi Salehs Kampf verbreiten würde. »Tamimi Press, Büro Rom«, witzelte er vor seiner Abreise.

Das Licht erlosch. Der Film fing an. Die Menschen fanden viel zum Lachen. Zum Beispiel als einer der Siedler sagte: »So etwas wie Palästinenser gibt es nicht.« Oder als ein anderer behauptete, es habe in der Gegend keine Vögel gegeben, bis die Siedlung gegründet worden sei. Oder als Abu Yazan anfing zu weinen, nachdem der Reifen, den er in Brand gesteckt und den Hügel zur Straße nach Halamisch hinuntergestoßen hatte, ein paar Hundert Meter vor seinem Ziel umgefallen und liegen geblieben war. Der Raum wurde still, als Bilder von Straßen und Gärten der Siedlung auf der Leinwand aufblitzten, den Bäumen und Blumen, den Spielplätzen, dem Swimmingpool. (»Es ist wunderschön«, sagte mir Nariman später.) Es gab eine kurze Aufnahme von Mustafa, wie er, noch am Leben, ruhig dasaß. Alle applaudierten. Ekhlas saß zusammengesunken auf ihrem Stuhl, das Gesicht in den Händen verborgen.

Als der Film zu Ende war, standen alle auf und trugen die Stühle weg. Es war Zeit für die Dabke, einen traditionellen Tanz. Die Mädchen kamen zuerst herein, sechs an der Zahl, und klatschten zweimal links, zweimal rechts, hüpften und stampften mit einem übergeschlagenen Bein. Sechs Jungen – Bahaa, Odai und Loai und drei weitere – tanzten herein und hüpften mit hinter dem Rücken verschränkten Händen an den Mädchen vorbei. Die Truppe hatte sich kurz nach Ruschdis Tod gebildet. Sie hieß Palästinensische Revolution. Dies war ihr erster Auftritt. Die Musik dröhnte – Oud, Synthesizer, Becken, donnernde Trommeln. Bahaa stand vorn, die langen Arme erhoben, und führte die anderen, thronte über ihnen, hüpfte und stampfte wie eine riesige, fast grazile Spinne. Dann tanzten sie paarweise weiter und schließlich in einer Reihe, wobei sie einander an den Händen hielten. Die Mädchen traten vor, kickten und klatschten alle zusammen, dann die Jungen, Mustafas Brüder ganz vorn mit ihren kantigen Kiefern und glänzenden Augen, mit steifem Rücken trotz des Lächelns.

Der Maulbeerbaum vor Bassems und Narimans Haus war kahl. Eine der Fensterscheiben war zerbrochen, und der Garten war ein noch größeres Durcheinander als im Sommer. Das Gras war hoch und grün, und zusätzlich zu dem üblichen Müll gab es zwei verrostete Fahrradrahmen, die ich zuvor nicht gesehen hatte, sowie einen gesprungenen weißen Plastiktisch, der Nariman zufolge gerade einer Runde *dschaisch wa schabab* oder Armee-gegen-Jungs zum Opfer gefallen war, dem örtlichen Pendant zu Räuber und Gendarm. Zu dem alten »Freiheit für Bassem Tamimi«-Poster über dem Fernseher waren Poster zu Ehren von Ruschdi und Mustafa gekommen, und eines für Mustafas Vater Abd al-Razzaq, der, auch wenn er nicht von einer israelischen Kugel getötet worden war, als Märtyrer der Besatzung galt. Das Stickbild der Al-Aksa-Moschee war noch da, aber jetzt klebte ein Schnappschuss von Bassems Mutter am Rahmen.

Nariman wirkte aufgekratzt. Sie lachte mehr, als ich je erlebt hatte, aber es brauchte kaum mehr als ein oder zwei Fragen, um sie zum Weinen zu bringen. Sie humpelte. Sie hatte sich bei einer Demonstration zwei Wochen zuvor den Fuß gebrochen. Sie war vor dem Skunk Truck geflohen und hatte dabei das Poster, das sie mitgebracht hatte, fallen gelassen – ein Foto eines weiteren Märtyrers, des sechzehnjährigen Samir Awad, dem am 15. Januar dieses Jahres im Dorf Budrus ins Bein, in den Rücken und in den Kopf geschossen worden war. Sie trug einen Verband, aber keinen Gips und wollte nichts davon hören, dass sie wieder ins Krankenhaus gehen sollte, um den Knochen richten zu lassen, oder dass sie wenigstens versuchen sollte, den Fuß nicht zu belasten.

Wir fingen bei Bassems Verhaftung an. Die Protestierenden hatten den Lebensmittelladen schon verlassen, erinnerte sich Nariman. Er befand sich im Einkaufszentrum der Siedlung Schaar Binjamin, neben der Polizeistation, wo Nariman drei Jahre zuvor festgehalten und geschlagen worden war. Als sie die Auffahrt zur Straße hinuntermarschierten, hatte ein leitender Polizist Nariman angehalten. Bassem war dazwischengetreten, um die Arme um seine Frau zu legen. Sie schlugen ihn ziemlich heftig, als sie ihn wegzerrten. Ich fragte, ob Bassem sich im Vorfeld keine Sorgen gemacht habe angesichts der Bedingungen seiner letzten Entlassung, als man ihm eine Gefängnisstrafe mehr oder weniger garantiert hatte, sollte man ihn bei einer Demonstration entdecken.

Wenn er Angst gehabt hatte, so Nariman, hatte er nichts davon gesagt. Er hatte sie nur gebeten, nicht an vorderster Front dabei zu sein.

Aber das sei sie nicht gewesen, sagte ich. Ich hatte ein Video des Protestes gesehen.

Sie lächelte. »Ja. So ist es eben.«

Dass Bassem im Gefängnis saß, war fast normal. Nariman hatte das schon oft genug durchgemacht. Aber die Verhaftung ihres ältesten Sohns war ihr zufolge »etwas, was ich nicht verkraften konnte«. Es geschah an einem Freitag. Die Jungs waren auf dem Hang. Waed hatte seinen Kopf durch die Tür eines verlassenen Hauses gesteckt und war von darin wartenden Soldaten überrascht worden. Sie packten ihn, bevor er weglaufen konnte. Nariman musste mit ansehen, wie die Soldaten ihn schlugen, und später, wie er bedeckt von blauen Flecken und verschorften Wunden vor Gericht erschien. »Es fühlte sich an, als würde in mir ein Feuer explodieren«, sagte sie, »als stünde mein Herz in Flammen.« Sie verdrehte einen Papierfetzen mit den Händen, während sie sprach. »Zum ersten Mal habe ich mich gefragt: ›Wohin führe ich meine Kinder?‹« Sie dachte oft an Mustafa, sagte sie, und an den Wunsch seiner Mutter, dass die Proteste trotz ihres Verlustes und des Risikos für ihre überlebenden Söhne weitergingen. Am Ende wurde Waed nach wenigen Tagen entlassen. Der Richter sah seine Prellungen und schmetterte die Klage ab.

Es ist eine seltsame Welt. Waeds Verhaftung machte seine Schwester berühmt. In einem einzigen Augenblick hatte das eigentümliche Theater der Dorf-Demonstrationen eine schmerzende Wunde verursacht und einen Sieg ermöglicht, mit dessen Ausmaß niemand gerechnet hatte. So schien es zu laufen: kein Triumph ohne ausgleichenden Verlust. Eine Kamera hatte eingefangen, wie Ahed ihre Faust vor der Nase eines israelischen Soldaten geschüttelt und die Freilassung ihres Bruders gefordert hatte. Die Bilder verbreiteten sich viral. Plötzlich tauchte Ahed in Facebook-Feeds und in Tweets auf, die um den Planeten gingen. Das ganze Video war unerträglich – Ahed flucht und heult, hilflos, während die Soldaten lachen. Aber die Standbilder machen ein gutes Gefühl: ein winziges blondes Mädchen, das keine Angst hat, seine Faust im Gesicht eines Soldaten, der einen halben Meter größer ist als sie und dessen Gewehr zwischen ihnen hängt. Sie und Nariman wurden nach Istanbul eingeladen. Sie dachten, zu einer Konferenz. Am Flughafen wurden sie laut Nariman von Dutzenden Reportern und 150 Kindern empfangen, die T-Shirts mit Aheds Foto trugen. Sie war ein Star, die Verkörperung palästinensischen Mutes und Ungehorsams. Sie fuhren an Plakatwänden mit Aheds Gesicht vorbei. Menschen versammelten sich, wenn sie durch die Straßen gingen. Der türkische Präsident Recep Erdoğan traf sie in der Stadt Urfa im Osten des Landes, flog mit ihnen in seinem Privatflugzeug zurück nach Istanbul und schenkte Ahed ein iPhone. Sie gab ein Interview nach dem nächsten. Eines war Nariman im Gedächtnis geblieben. Ein Journalist hatte sie gefragt: »Warum lächelt dieses Kind nicht?«

Ahed selbst schien durch ihre Berühmtheit nicht verändert. Sie war so still wie eh und je und hatte dieselbe verblüffende Selbstsicherheit. Sie trug einen Anhänger in der Form Palästinas an einer dünnen Silberkette.

Sie spielte damit herum, zog die Kette über die Nase, wieder runter übers Kinn, nahm sie in den Mund. Ich fragte sie, was ihr in der Türkei am besten gefallen habe. »Das Meer«, sagte sie, obwohl es zu kalt zum Baden gewesen war. Die Aufmerksamkeit war ein bisschen viel gewesen, aber sie war noch nicht bereit gewesen, abzureisen – sie wollte noch etwas länger am Meer bleiben. Im Moment vermisse sie ihren Vater, sagte sie, und sei sauer auf ihre Mutter. Ihr Geburtstag nahte. Sie würde zwölf werden und wollte feiern, aber Nariman, die noch trauerte, erlaubte es nicht.

Ruschdi war Narimans jüngster Bruder gewesen. Bei seinem Tod war er 31, sechs Jahre jünger als sie. Weil er freitags arbeitete, hatte er nie an den Demonstrationen teilgenommen. Am 14. November hatte Israel einen einwöchigen Luftkrieg gegen den Gazastreifen begonnen. Sechs Israelis und 167 Palästinenser, die meisten davon Zivilisten, waren dabei getötet worden. Im Westjordanland weiteten sich Proteste aus. In Nabi Saleh gab es fast täglich Zusammenstöße. »Es fühlte sich an wie die dritte Intifada«, erzählte mir Manal kurz danach aufgeregt am Telefon. Ruschdi war an jenem Samstag zufällig im Dorf. Er und Narimans Mutter besuchten sie zu Hause. Nariman rollte den Papierfetzen in ihren Fingern in einen straffen Zylinder, während sie erzählte. Einer der Jungs war an die Tür gekommen, um zu sagen, dass jemand von einem Gummigeschoss getroffen worden war. Ruschdi war zum Hügel gelaufen, um zu sehen, ob er helfen konnte.

Ein paar Minuten später hörte Nariman Schüsse – nicht das übliche Ploppen von Gasgranaten oder das lautere Knallen von gummiüberzogenen Geschossen, sondern das unverkennbare platzende Krachen von scharfer Munition. Sie rannte nach draußen. Alle anderen rannten in die entgegengesetzte Richtung. Menschen riefen nach einem Krankenwagen. Waed schlang die Arme um sie. »Geh nicht«, flehte er. »Sie schießen.« Nariman rannte weiter. Die Jungs verteilten sich und krochen schutzsuchend über den Boden. Sie schnappte sich eine Videokamera aus Helmes Handen. »Ich hatte das Gefühl, die Kamera könnte mich schützen«, sagte sie. Sie drückte den Aufnahmeknopf. Nadschi war da. Die Soldaten schrien sie an zu verschwinden. »Von da an kann ich mich nicht genau daran erinnern, was passiert ist«, sagte Nariman. Sie war immer noch nicht in der Lage gewesen, sich die Aufnahmen anzusehen. Bevor sie eintraf, waren Waed und Bahaa direkt neben Ruschdi auf dem Hügel gewesen, kurz über dem Johannisbrotbaum. Er wurde zunächst am unteren Rücken getroffen, von einem gummiüberzogenen Geschoss, erzählten sie mir. Er fiel hin und konnte nicht wieder aufstehen. Die Jungs riefen ihm zu, dass er wegrennen solle. Ruschdi versuchte sich aufzurichten, als ein Soldat, der sich von unten näherte, aus einer Distanz von drei oder vier Metern eine Kugel aus seinem M16-Gewehr auf ihn abfeuerte. Sie traf Ruschdi im Gesäß und trat durch seine Eingeweide wieder aus. Als Nariman ihn erreichte, lag er auf dem Boden.

»Ich sagte: ›Was ist los, Bruder?‹ Er sagte: ›Ich kann mich nicht bewegen.‹«

Sie rief dem nächststehenden Soldaten – der, der auf ihn geschossen hatte – zu, dass Ruschdi Hilfe brauchte. »Er kann sterben«, sagte der Soldat.

Irene war bei mir. Nariman humpelte in die Küche, um uns Kaffee einzuschenken. Sie ließ sich von uns nicht davon abhalten. Zwei Wochen zuvor hatte eine Untersuchung der Israelischen Verteidigungsstreitkräfte zu den Schüssen auf ihren Bruder ergeben, dass die Soldaten das Feuer »ohne Berechtigung« eröffnet und achtzig Schüsse abgegeben hatten – Bahaa war sich sicher, dass es mehr gewesen waren – und dass sie überdies verhindert hatten, dass irgendwer Ruschdi zu Hilfe kommen konnte. Dem Führer der Einheit, der sich nicht die Mühe gemacht hatte, seinen Vorgesetzten von den Schüssen zu berichten, war angeblich das Kommando entzogen worden. Das war alles. Niemand würde des Mordes an Ruschdi angeklagt werden.

Nariman setzte sich. Damals hätte sie den Soldaten, der auf Ruschdi geschossen hatte und der sie und Nadschi davon abhielt, ihn wegzutragen und ins Krankenhaus zu bringen, am liebsten attackiert. »Ich wollte ihn umbringen, damit er gleich da mit Ruschdi stirbt«, sagte sie. »Aber ich wusste, dass ich stärker als das sein musste. Ich musste stärker sein als sie. Warum? Warum wird von mir verlangt, dass ich humaner sein muss als sie?«

Schließlich unterhielt ich mich mit Waed. Er war immer noch klein für sein Alter, aber er hatte eine andere Haltung als noch im Sommer, als wenn sich irgendetwas in seiner schmalen Gestalt vom Jungen hin zum

Mann verschoben hätte. Er verbrachte weniger Zeit damit, Ahed und seine Brüder zu triezen, und mehr damit, sie zu umarmen, als würde er verstehen, dass sie noch Kinder waren und er schon etwas anderes. Wir sprachen über seine Verhaftung und seine Befragung später an jenem Abend in der Polizeistation von Binjamin. Er strahlte, als er erzählte, dass der Vernehmer ihm gesagt habe, er sei genau wie sein Vater: Er würde nicht reden. Sie brachten ihn am frühen nächsten Morgen nach Ofer und am nächsten Nachmittag vor das Militärgericht im Gefängniskomplex. Er wurde gegen eine Kaution von 2000 Schekel freigelassen, aber es war schon zu spät am Tag, um sie zu bezahlen. Er musste noch eine Nacht bleiben. Die Wärter begleiteten ihn zurück in den Wartebereich für Gefangene. Dort stieß er auf seinen Vater, der auf ihn wartete. Bassems Anwalt hatte einen Gerichtstermin für ihn arrangiert, damit er die Chance hatte, seinen Sohn zu sehen.

»Als er mich sah, hatte er Tränen in den Augen«, sagte Waed. Sie trugen beide Handschellen und Fußfesseln. »Er wollte wissen, wie es mir ging, ob ich etwas brauchte.« Ein Bus traf ein, der sie in ihre jeweiligen Gebäudeflügel zurückbringen sollte. »Irgendwann musste er nach links«, erzählte Waed, »und ich nach rechts. Wir verabschiedeten uns.« Aber am nächsten Tag hatten sie Glück. »Alle zwei Monate erlauben sie Gefangenen, die enge Verwandte sind, einander zu sehen«, erklärte Waed. Es war dieser Tag. Sie konnten zwei Stunden miteinander verbringen. Waed berichtete seinem Vater alle Neuigkeiten, alles, was seit dem Tag von Bassems Verhaftung im Dorf passiert war. Bassem stiegen wieder die Tränen in die Augen, als sie sich verabschiedeten. Waed nicht. »Ich war stärker als er!«, meinte er zu mir.

Ruschdis Tod ereignete sich kaum zwei Wochen später. Zu diesem Zeitpunkt saß Mohammad Ataallah mit Bassem im Gefängnis. Ich traf ihn, kurz bevor er nach Rom abreiste. Auch er hatte sich verändert. Im Sommer hatte er selbst dann, wenn er so ernst war, wie er nur sein konnte, so gewirkt, als müsste er gleich anfangen zu lachen. Wenn er jetzt lachte, dann sah er aus, als müsste er gleich weinen. Er war in der Nacht des 10. Oktobers verhaftet worden. Er war zu Hause gewesen, im Bett. Er hatte ein Lied auf Facebook gepostet, sagte er, »ein trauriges Lied«, und war dann eingeschlafen. Zwei Stunden später öffnete seine Mutter seine Zimmertür und sagte ihm, die Soldaten seien gekommen, um ihn zu holen. Er war in Ofer und lag auf seiner Pritsche, als er durch die Fernsehnachrichten von Ruschdi erfuhr. Bassem saß in der Nachbarzelle. Sie sahen sich am Tag darauf, als sie Hofgang hatten. »Er umarmte mich«, sagte Mohammad, »und wir fingen beide an zu weinen.« In Ofer, wo sie von allem abgeschnitten waren, fühlte sich die Nachricht unwirklich an, wie ein schrecklicher Traum.

An Aheds Geburtstag regnete es. Auf dem ganzen Weg von Ramallah herrschte dichter Nebel. Das Haus war kalt, trotz des Feuers im Holzofen, und alle behielten drinnen ihre Mäntel an. Salam mit seinem Wuschelkopf trug einen dicken schwarzen Schal, und der kleine Hamudi, Nadschis jüngster Sohn, hatte Handschuhe an. Nariman hatte nachgegeben. Aheds Kuchen war mit Schokolade beträufelt und mit einer zuckrigen, blonden Cinderella samt Kopfhörern überzogen. Papierteller mit Marshmallows, Chips und Keksen machten die Runde, genau wie Softdrinkflaschen, um alles runterzuspülen. Das Geburtstagskind zeigte ein breites, strahlendes Lächeln. Nariman filmte die Feierlichkeiten mit derselben Kamera, die sie verwendet hatte, um die Erschießung ihres Bruders zu dokumentieren. Irene, die aus Jerusalem gekommen war, blies Seifenblasen auf die Kinder und füllte mit ihrem Lachen jede Ecke des Zimmers. Die Aktivistin Abir Kopty war aus Nazareth gekommen und hatte eine Tüte israelischer Chips mitgebracht. Keines der Kinder rührte sie an, bis Waed anfing, einzelne Chips in die Luft zu werfen und sie wie ein Seehund mit dem Mund zu fangen, woraufhin die jüngeren Kinder sich größte Mühe gaben, ihn nachzuahmen. Salam lachte wie verrückt, und ein Lächeln nach dem anderen schlich sich auf Aheds Gesicht. Salam hielt sich die Augen zu und fing laut an zu zählen, die anderen Kinder verstanden den Hinweis und huschten in Verstecke – zwischen den Sofas, unter dem Sofatisch, unter der Arbeitsfläche der Küche. Irene, die größer war als alle Männer im Raum, schlüpfte hinter die Vorhänge. Abir, die klein ist, versteckte sich so, dass man sie sofort sah. Nariman stand in Slippern auf einer Sofalehne, den Knöchel immer noch bandagiert, und filmte das Chaos, als Salam durch das Zimmer jagte und kreischende Kinder auseinanderstoben.

Der Raum wurde von einer einzelnen glimmenden Glühbirne, die von der Decke hing, erleuchtet. Auf einem niedrigen Sofa sitzend, die Knie fast an den Rippen, rauchte Bahaa eine Zigarette nach der anderen. Er war an jenem Tag auch dabei gewesen, über dem Johannisbrotbaum. Er füllte einige der Lücken in Narimans Erinnerung und bestätigte, was Waed mir erzählt hatte. Nach ein paar Minuten kniff er die Augen zusammen, um die Tränen aufzuhalten. Er sprach langsam, einen zittrigen Satz zur Zeit.

Trauer vermischt sich mit Trauer – sie ist ein Land, das keine Grenzen kennt –, und ehe ich die Verschiebung bemerkte, sprach er nicht mehr über Ruschdi, sondern über Mustafa, darüber, wie sie, nachdem Mustafa zum ersten Mal aus dem Gefängnis entlassen worden war, bis morgens um drei dagesessen und geredet hatten, draußen direkt neben der Tür. »Bis heute«, sagte Bahaa, »kann ich, wenn ich aus dem Haus gehe, nicht zu der Seite blicken.«

»Selbst wenn mein Bruder sterben würde«, sagte er, »würde mir nicht so das Herz brechen wie bei Mustafa.« Seine Stimme versagte. »Wenn ich durchs Dorf gehe, dann steckt in jeder Ecke, jedem Haus, jeder Straße, jeder kleinen Nische eine Geschichte oder ein Witz, die wir miteinander geteilt haben. Wenn ich nach Ramallah fahre, erinnere ich mich an jede Straße, die wir entlanggegangen sind, jeden Laden, den wir besucht haben, jeden Kaffee, den wir getrunken haben.« Er tupfte sich die Augen mit einem Tuch und steckte sich eine weitere Zigarette an. Vor Mustafas Beerdigung, fuhr Bahaa fort, habe ihn ein Aufseher der Moschee hineingelassen, damit er mit Mustafas Leichnam allein sein konnte. Die Tränen rollten ihm jetzt ungebremst über die Wangen. »Nimm mich mit«, habe er zu seinem Freund gesagt. »Warum lässt du mich zurück?«

Als sie mit den Demonstrationen angefangen hätten, sagte Bahaa, »haben wir gewusst, dass wir Verluste erleiden wurden«. Er habe sich nicht vorstellen können, dass es so schmerzen würde. Aber die Freitage waren wichtiger für ihn geworden. »Wenn man mittendrin aufhört«, meinte er, »macht man sich lächerlich. Dann überlässt man ihnen nur ihr Blut.«

Einige der Aktivisten, die die Proteste vom 15. März organisiert hatten, landeten in Nabi Saleh. Sie lebten nicht dort, fuhren aber jeden Freitag aus Ramallah hin und kamen zu Hochzeiten, Beerdigungen und Feiertagen, zeigten sich bei Gericht, wenn Leute aus dem Dorf verhaftet worden waren, und im Krankenhaus, wenn jemand verletzt worden war, und häufig wurden sie selbst verhaftet und verletzt. Nabi Saleh war ihre zweite Heimat geworden und die Tamimis ihre erweiterte Familie. Mehrere von ihnen wurden meine Freunde. Eine von ihnen war eine Frau, von der ich weiß, dass sie ihren richtigen Namen hier nicht sehen möchte, deswegen habe ich sie Shireen genannt. Sie war in die Elite Jerusalems hineingeboren worden, hatte im Ausland studiert und nun eine gute Stelle in Ramallah, die ihr eine gewisse Unabhängigkeit ermöglichte – ein Auto, eine eigene Wohnung –, was unter palästinensischen Frauen immer noch selten war. Ihre Nägel waren immer manikürt. Die Farbe passte meistens zu ihren Kleidern. Im ersten Jahr unserer Bekanntschaft hatte sie sich immer wieder Operationen unterziehen müssen: Sie hatte sich bei einer Demonstration einen Halswirbel gebrochen, bei einer anderen den Fuß. Ihre Ärzte sagten ihr, dass sie, wenn sie sich weiter so gefährdete, fast sicher irgendwann gelähmt wäre. Sie ignorierte sie und kehrte Freitag für Freitag nach Nabi Saleh zurück, oft mit Halsmanschette, und schleuderte den Soldaten Verwünschungen entgegen, hielt sich nie zurück, war immer an vorderster Front dabei. Andere Aktivisten waren umsichtige Taktiker, Intellektuelle, Theoretiker der Revolte. Shireen konnte ausgesprochen eloquent sein, aber sie hatte keine jener Eigenschaften. Was Politik anging, so schien sie nie auch nur einen Moment zu zweifeln. Sie war ungeduldig, wütend, überschwänglich in ihrem Engagement.

Nur einmal bewegte ich Shireen dazu, sich mit mir zu einem offiziellen Interview zusammenzusetzen. Sie sprach über die Notwendigkeit, wieder aufzubauen, was sie die »Kultur des Widerstands« nannte, die sie während der Zweiten Intifada erlebt hatte, aber die sich seitdem in Luft aufgelöst hatte und durch einen dumpfen konsumfreudigen Individualismus ersetzt worden war, durch »diese Illusion, dass, wenn ich nicht mehr über Palästina nachdenke, sondern Karriere mache, einen Kredit aufnehme, ein Auto kaufe, ein Haus baue, *Arab Idol* im Fernsehen gucke, schon alles okay sein wird; dass man selbst okay sein wird, solange sie nur das eigene Haus nicht durchsuchen.« In einer Kultur, die sich um das gemeinsame Ziel der Befreiung rankt, sagte sie, »ist mein Haus auch dein Haus und mein Sohn dein Sohn, und wenn sie mich heute töten, werden sie morgen dich töten«. Das sei es, was sie immer wieder nach Nabi Saleh zurückkehren lasse.

Shireen sagte noch etwas, was mir eine Weile nicht mehr aus dem Kopf ging. »Alle Menschen sind frei geboren, und alle Menschen streben sich windend nach Freiheit.« Ich dachte ein paar Tage später an sie, als ich mit ein paar Freunden in eine Zoohandlung in Ramallah ging. Hunde waren draußen in der Sonne angekettet. Sie lagen mit mattem Fell auf dem Beton, selbst zum Hecheln zu durstig. Drinnen gab es die üblichen traurigen Kaninchen in dreckigen Käfigen. Es gab auch ein paar seltene Tiere. Ich hatte gehört, dass sie einmal ein Baby-Känguru gehabt hatten. An diesem Tag hatten sie etwas, was sich Nasenbär nannte, eine flauschige Kreatur mit Ringelschwanz, die irgendwo zwischen dem Reich der Bären und dem Reich der Waschbären gefangen war. Der Käfig war nur ein paar Zentimeter breiter, als das Tier lang war, gerade groß genug, dass es sich um die eigene Achse drehen konnte, was es auch tat; verzweifelt und unaufhörlich kreiste es auf derselben begrenzten Bahn. Da war es, strebte sich windend nach Freiheit, rang darum, sich auf dem einzig verfügbaren Pfad zu bewegen. Der zufällig, zumindest vorläufig, im Kreis führte.

Am nächsten Freitag war der Wind gegen uns. Ich lachte gerade, beglückwünschte mich selbst, dem Skunk Truck weggelaufen zu sein und seinem Strahl ausgewichen zu sein, als mir eine faulige und feuchte Bö in den Rücken fuhr. Der Gestank würde irgendwann herausgewaschen werden. Das Gas war allerdings ein Problem. Die Soldaten konnten ihre Granaten fast überallhin lupfen, und der Wind erledigte den Rest, drückte das Gas geradewegs zu uns den Hügel hinauf. Ich wich in die Tankstelle aus und fand Abu Yazan zusammengekrümmt und hustend neben der Eiscremetruhe. Draußen lehnte Nariman mit zusammengekniffenen Augen an einer Wand. Ich redete ein paar Minuten mit einem jungen Israeli namens Renen Raz. Er trug ein »ANARCHY IS FOR LOVERS«-T-Shirt, einen schwarzen Kapuzenpulli und ein Palästinensertuch. Er war schon fünfmal in Nabi Saleh verhaftet worden, wie er mir stolz erzählte, und der Schabak hatte ihn gerade zu einem Gespräch gebeten. Später warf ein Soldat eine Blendgranate nach uns, und wir rannten hinter Narimans Haus, um uns zu verstecken. Als wir dort hockten und darauf warteten, dass die Soldaten weiterzogen, erzählte mir Renen von seiner Kindheit in einem Kibbuz, der keine anderthalb Kilometer von der Grenze zum Gazastreifen entfernt lag. Seine Eltern, sagte er, seien »rechte Zionisten, hardcore«. Sie redeten nicht mehr mit ihm.

»Das muss hart sein«, sagte ich.

»Es gibt Dinge, die härter sind«, antwortete er. Als sie noch miteinander sprachen, habe sein Vater einmal zu ihm gesagt, er hoffe, der Grenzschutz werde ihm in den Kopf schießen.

Es war ein kurzer Tag und trotz allem seltsam ruhig. Ich erinnerte mich an etwas, was Mohammad gesagt hatte, bevor er nach Rom flog: »Wir durchleben alle immer noch den Schock von Ruschdis Tod.« Das Zittern in seiner Stimme war nicht der einzige Beweis dafür. Ich saß auf dem Hügel mit Nadschi, seiner Frau Buschra, ein paar anderen. Die Jungs warfen Steine auf die Soldaten etwa hundert Meter unter uns. Jemand hatte ein Feuer gemacht. Nadschi hatte ein Kissen zum Sitzen mitgebracht. Buschra erzählte von Frankreich. Sie, Manal und Nariman waren Anfang des Herbstes zu einer Vortragsreise eingeladen gewesen. Sie hatten fast einen Monat lang jeden Tag eine andere Stadt besucht. Der Terminplan war strapaziös gewesen, aber ihre Blicke wurden alle etwas wehmütig, als sie davon sprachen. Sie fanden das Land wunderschön, die Menschen warm und herzlich, aber vor allem auf das Essen kamen sie immer wieder zurück. Nariman und Manal hatten Fisch und Meeresfrüchte begeistert, Buschra das Fleisch – Lamm und Rind zu fast jeder Mahlzeit. Bilal, der unlängst in Schweden gewesen war, gesellte sich für eine Weile zu uns, setzte sich auf einen Fels, die Kamera auf seinem Oberschenkel abgelegt. Mahmud bahnte sich mit einer Thermoskanne Kaffee und einem Stapel Plastikbecher einen Weg zwischen den Felsen hindurch. Unter uns schossen die Soldaten auf die Jungs. Mohnblumen zitterten im Wind. Die Jungs schleuderten Steine. Wir saßen da und schlürften Kaffee, bis drei Granatensalven ein paar Meter weiter unten auf dem Hügel landeten und das aufsteigende Gas uns Reißaus nehmen ließ.

Es war wieder neblig. Auf der Fahrt von Ramallah konnte ich nicht viel mehr erkennen als den gelegentlichen Umriss eines Baumes vor dem Grau. Fahnen zogen sich die Mauer um Bassems und Narimans Garten entlang: gelbe Fatah-Banner und rot-grün-weiß-schwarze palästinensische Flaggen. Zwölf weitere hingen vom Haus, und sogar den Taubenschlag zierte eine. Die Kinder waren herausgeputzt: Waed in neuen Schuhen, Ahed mit ihrem Haar in einer schwarzen Schleife. Salam hatte einen frischen Topfschnitt. Nadschi und Buschra trafen ein, und bald wirbelte Jonathan Pollak einen kichernden Abu Yazan auf seinen Schultern herum.

Um sechs Uhr abends hatte der Nebel Halamisch verschluckt. Narimans ältere Brüder waren angekommen, genau wie Manals Brüder sowie Janna und Nawal und die beiden jüngeren Söhne von Bilal. Nariman hockte in einem Nebenraum und lachte über die beiden Fotografen – ein Israeli, ein Amerikaner –, die in der Tür um Aufnahmen davon rangen, wie sie Öl, gedünstete Zwiebeln und Sumach auf Fladenbroten verteilte. Weitere Israelis trafen ein und einige der Aktivisten aus Ramallah. Bilal kam mit seiner Tochter Rand und seinem Sohn Osama, und Bahaa tauchte mit Mustafas ältestem Bruder auf. Hamudi flitzte durchs Haus und schnipste den Leuten Gummibänder gegen Hände und Schenkel. Waed biss Ahed ins Ohr. Durch den Nebel konnte ich das grüne Licht auf dem Minarett ausmachen und ein gelbes weiter unterhalb auf dem Wachturm, aber viel mehr war nicht zu erkennen. Jedes Mal, wenn ein Wagen in den Hof fuhr, rannte Salam an die Tür.

Kurz nach sieben zwängten wir uns alle in die Autos – 25 von uns quetschten sich in drei kleine Kompaktwagen – und fuhren zum Dorfkern. Wir warteten im Nebel, liefen hin und her, redeten, rauchten. Das Licht über dem *diwan* wurde vom Nebel zurückgeworfen. Waed tänzelte auf der Stelle herum und machte Schattenboxen mit jedem in seiner Nähe. Schließlich fuhr ein Wagen heran, eine dunkle Ford-Limousine mit nur einem funktionierenden Scheinwerfer. Waed rannte hin, um die Tür zu öffnen. Bassem stieg aus. Alle verstummten. Er umarmte seinen Sohn, küsste ihn auf die Wangen und die Stirn. Ahed kam als Nächstes. Dann Nadschi. Das Schweigen bauschte sich, zu groß für den Platz. Alle warteten, bis sie an der Reihe waren, traten einer nach dem anderen für eine kurze Umarmung und einen Kuss vor, bis Bassem, dessen Augen im gespenstischen Licht glänzten, alle begrüßt hatte. Er ging um den Maulbeerbaum herum zum Friedhof, bis er das eine frische Grab erreichte.

Ruschdis. Bassem wirkte dünner als bei unserer letzten Begegnung. Vielleicht ein bisschen grauer. Er schloss die Augen, hielt die Hände geöffnet an den Seiten und murmelte ein kurzes, stilles Gebet. Er tat dasselbe am Grab seiner Schwester, dann an Mustafas Grab, dann an dem seiner Mutter. Salam stand neben ihm, die Fäuste voller Kartoffelchips.

Wieder zu Hause, wirkte Bassem benommen. Freude, Kummer und Erschöpfung kämpften in seinen Augen miteinander, und wann immer ich zu ihm hinüberblickte, gewann gerade etwas anderes. Er küsste alle Kinder und umarmte diejenigen, die er auf dem Platz noch nicht umarmt hatte. Er hielt Nariman lange in seinen Armen und nahm ihr Gesicht in die Hände. Nur Abu Yazan fehlte. Er war im hinteren Schlafzimmer eingeschlafen. Bassem versuchte ihn zu wecken, aber der Junge wurde nicht wach. Nariman brach in Bassems Armen zusammen und eilte nach draußen, um ihre Tränen zu verbergen. Alle aßen. Waed wirkte so glücklich, dass ich dachte, er könnte davonschweben. Er hielt sich dicht an seinen Vater, den Arm um seine Schulter gelegt, und erinnerte ihn daran, dass es bei ihrer letzten Begegnung Bassem gewesen war, der geweint hatte. »Ich war *stark*«, sagte er und lachte.

Draußen konnten die jungen Männer den feierlichen Ernst nicht lange beibehalten. Sie fingen mit dem kleinen Hamudi an, warfen ihn zwischen sich hin und her und dann hoch in die Luft über dem Garten. Bald verwandelte sich Hamudis Gekicher in Geheul; die Jungs zeigten Mitleid, setzten ihn ab und schnappten sich einen etwas älteren Jungen namens Ahmad und warfen ihn hin und her und in die Luft wie einen strampelnden, sich windenden Ball. Shireen und Irene standen hinter ihnen und lachten, als die Jungs Ahmad absetzten und sich zu einem ausgewachsenen und bärtigen amerikanischen Fotografen vorarbeiteten, den sie hochwarfen und fingen, dann ebenfalls wieder absetzten, um schließlich einander so hoch in den Nachthimmel zu werfen, wie sie nur konnten; sie johlten und schrien in dem kleinen Kreis, den das harsche Neonlicht über der Tür aus dem Nebel herausschnitt.

ZWISCHENSPIEL

KURIOSITÄTENKABINETT DER BESATZUNG

Ausstellungsstück drei:
Bühnenkunst

Die Mukataa

Später in Ramallah ging oder fuhr ich fast jeden Tag an der Mukataa vorbei. Vom Gehweg oder von der Straße aus sah ich von dem Ort so viel, wie es einem normal Sterblichen eben möglich ist. Also nicht viel. Die Mukataa war eine abweisende Präsenz. Ich sah vor allem die hohe Steinmauer, die das Gelände und Abbas' Amtssitz umgab. Darüber konnte ich die oberen Etagen der tristen, modernen Gebäude im Inneren erkennen, die wie die Wachtürme entlang der Mauer und die Mauer selbst mit glattem, weißem Stein verkleidet waren. In der Auffahrt und überall an den Rändern des Geländes standen Angehörige von Abbas' Präsidentengarde in roten Baretten und mit Kalaschnikows über den Schultern Wache. Sie waren größer und fitter und sahen wohlgenährter aus als sämtliche andere Mitglieder der palästinensischen Sicherheitskräfte. Und das sollten sie auch. Sie wurden von den Vereinigten Staaten ausgerüstet und besonders ausgebildet, die seit 2007 durchschnittlich 100 Millionen Dollar im Jahr in die palästinensischen Sicherheitsdienste steckten. Die Hamas hatte 2006 die Wahl des Palästinensischen Legislativrates gewonnen, woraufhin die USA mit Zustimmung des israelischen Inlandsgeheimdienstes anfingen, die Schaffung einer Elite-Polizei zu unterstützen, die allein Abbas unterstand.* »Eine Autorität, eine Waffe«, wie es der US-Generalleutnant Keith Dayton später formulierte.

---

* Die anderen Zweige der Sicherheitskräfte der Palästinensischen Autonomiebehörde unterstehen dem Innenministerium.

Vor gut zehn Jahren lag die Mukataa in Schutt und Asche, von israelischen Panzern während der Zweiten Intifada und der langen Belagerung durch die Israelischen Verteidigungsstreitkräfte verwüstet. Nur ein kleiner Teil des Betongebäudes, in dem Arafat seine letzten Jahre verbrachte, steht noch, verborgen im Inneren des Geländes. Aber egal wie sehr die neuen Gebäude und hohen Mauern daran arbeiten, diese Vergangenheit durch eine glatte und scheinbar unbezwingbare Modernität zu ersetzen, die Mukataa überlebt als eine Art steinernes Palimpsest aus achtzig Jahren Kolonial- und nun Neokolonialherrschaft. Ihr Kern – das Betongebäude, in dem Arafat gefangen war – wurde ursprünglich von den Briten errichtet, genauer gesagt von einem protestantischen irischen Polizeibeamten namens Charles Tegart. Englands Kolonialabenteuer hatte näher an der Heimat begonnen, und zwischen Abstechern nach Kalkutta hatte Tegart während des irischen Unabhängigkeitskrieges als Geheimdienstagent der britischen Krone gearbeitet. Er erwies sich später als so begabt darin, antikoloniale Aufstände in Indien niederzuschlagen, dass er zum Ritter geschlagen wurde. Seine Bemühungen in Indien wurden nicht von allen geschätzt – Tegart überlebte nicht weniger als sechs Mordanschläge und kam in den Ruf rauer Methoden (»Folter« wäre die zeitgenössische Bezeichnung), der ihm nach Palästina folgen sollte, wo er 1937 eintraf, als der arabische Aufstand bereits ein Jahr andauerte. In Palästina skizzierte Tegart einen frühen Entwurf dessen, was die grundlegende Infrastruktur der israelischen Besatzung werden sollte: Er militarisierte die Kolonialpolizei, zog die erste Grenzmauer der Region entlang der heutigen israelisch-libanesischen Grenze hoch, errichtete bunkerartige Wachtürme entlang der Straßen und baute 62 Stahlbetonfestungen, von denen jede so gestaltet war, dass sie einer monatelangen Belagerung widerstand.

Das war die Architektur der Herrschaft: unmissverständlich praktische Bauwerke, die dazu geschaffen waren, eine Besatzungsarmee inmitten einer Bevölkerung, die sie dort nicht haben wollte, zu schützen und zu versorgen. Nach 1948 existierten viele der Tegart'schen Festungen, die Israel zufielen, als Polizeistationen des neuen jüdischen Staates weiter. Manche wurden Museen. Andere wurden aufgegeben. Eine wurde zu einem Geheimgefängnis und Verhörzentrum der Israelischen Verteidigungsstreitkräfte, das als Anlage 1391 bekannt wurde.* Tegart, der die Methode des Waterboarding nach Palästina importierte und zusätzlich zu seinen Festungen eine Reihe von sogenannten Arabischen Untersuchungszentren errichtete, hätte das sicher gutgeheißen. Die Festungen, die sich im Westjordanland befanden, wurden zu Militärstützpunkten und Verwaltungszentren der jordanischen Behörden. Nach dem Sechstagekrieg im Jahr 1967 übernahm Israel sie. Die alte britische Polizeistation, in die die Siedler, die Halamisch gründeten, zunächst einzogen und die jetzt den Kern des Stützpunktes der Israelischen Verteidigungsstreitkräfte vor Nabi Saleh bildete – wo ich kurzzeitig festgehalten wurde –, war ursprünglich eine Tegart-Festung.

Genau wie Ramallahs Mukataa – das Wort bedeutet einfach »Distrikt« oder »Abteilung«, ein Knoten administrativer Macht –, die bald das regionale Hauptquartier der Besatzungsbehörden werden sollte, welche ein Gefängnis und ein Militärgericht hinzufügten. An diesem Ort war Bassems Schwester gestorben, und hier war er während und nach der Ersten Intifada wiederholt inhaftiert gewesen. Der Übergang vollzog sich schockierend reibungslos: Als sich die israelischen Truppen infolge der Oslo-Abkommen aus den palästinensischen Städten zurückzogen, ging die Kontrolle über das Gelände an die Palästinensische Autonomiebehörde über. 1995 wurde die Mukataa kurzzeitig der Öffentlichkeit zugänglich gemacht. »Damals herrschten eine solche Begeisterung und ein solcher Stolz, dass das Gefängnis und die Folterkammern, in denen so viele gelitten hatten, befreit worden waren«, erinnerte sich der Schriftsteller Radscha Schahadeh. »Ich weiß noch, wie ich mich auf den Tag freute, an dem frühere Insassen junge Palästinenser begleiten und ihnen die bittere Geschichte unserer umkämpften Nation erzählen würden.«

Aber dieser Tag kam nie. Bei einem späteren Besuch der Mukataa stellte Schahadeh verstört fest, dass die Palästinensische Autonomiebehörde das Militärgericht und das Gefängnis intakt gelassen und »einen Anbau

---

* Gefangene der Anlage, deren Existenz Israel abstreitet, berichten, mit verbundenen Augen in geschwärzten Zellen gefangen gehalten worden zu sein. Einem ehemaligen Gefangenen wurde erzählt, er befinde sich in einem U-Boot, einem anderen, er sei »auf dem Mond«. Andere führen weniger skurrile Foltervarianten an, einschließlich Vergewaltigung.

für die Aktivitäten des neuen Regimes« hinzugefügt hatte. Keines dieser Bauwerke überlebte die Intifada. Nach Arafats Tod 2004 verkündete die Palästinensische Autonomiebehörde Pläne, aus den Trümmern der Mukataa – in den Worten von Abbas' damaligem Stabschef – »ein neues Hauptquartier für den Präsidenten zu errichten, in dem er die Führer der Welt empfangen und ihnen auf moderne und zivilisierte Art begegnen kann«. Es gäbe keinen Raum für die »bittere Geschichte« oder irgendeine Andeutung, dass vergangene Demütigungen in die Gegenwart eingesickert waren. Die neue Mukataa wäre eine stark befestigte Bühne, auf der die Rituale des Staatsseins überzeugend aufgeführt werden könnten. Wie der Legislativrat, der seit Jahren nicht zusammengekommen war, oder die Ministerien, die für die banalsten Amtshandlungen die Erlaubnis der Israelis benötigten, war die Mukataa Teil der Show. Die Idee, so sagte es ein Beamter, den die Wissenschaftlerin Linda Tabar zitierte, war es, etwas zu bauen, das herrschaftlich genug war, »um den Eindruck zu erwecken, wir hätten einen Staat«. Passenderweise wurde die runderneuerte Mukataa mit Mitteln ausländischer Geber gebaut. »Diese zivilisierten Orte«, schrieb Tabar, »sind das Gegenteil dessen, wofür die palästinensische Befreiungsbewegung gekämpft hat; sie kommen Schauplätzen der Niederlage gleich, wo modern zu sein damit zusammenfällt, genau jene Formen der Herrschaft zu akzeptieren, gegen die die Palästinenser gekämpft haben.«[*]

---

[*] Ich hätte an dieser Stelle auch Elias Khoury zitieren können: »Nichts ist schrecklicher als das Ende einer Revolution. Die Revolution ist wie der Mensch; sie altert, wird senil und inkontinent.«

4

DIE AMEISE UND DIE SÜSSIGKEIT

Ramallah, Nabi Saleh, Haifa, Akkon

»Es gibt einen Punkt,
an dem die Methoden verschwinden.«
Frantz Fanon

An meinem ersten Abend zurück in Ramallah ging ich hinunter zum al-Manara, dem zentralen Platz. Vier Monate waren vergangen. Es war Anfang Juni, die Nächte waren kühl, und eine Spur der Straße nach Jerusalem war für den Verkehr gesperrt worden und mit ordentlichen Reihen weißer Plastikstühle bestückt. *Arab Idol* lief, und die Show wurde auf der riesigen digitalen Reklamewand auf dem Dach eines vierstöckigen Gebäudes gegenüber dem zentralen Gemüsemarkt übertragen. Ein Palästinenser nahm teil, ein gutaussehender junger Mann aus dem Gazastreifen namens Mohammad Assaf. Angeblich hatte Assaf zwei Tage gebraucht, um die Grenze nach Ägypten zu überqueren, und als er in Kairo ankam, waren die Türen des Hotels, wo das Vorsingen stattfand, schon zugesperrt. Nicht unvertraut mit verschlossenen Türen sprang er über eine Mauer, schlich sich hinein und war seitdem stetig Runde für Runde weitergekommen. Es waren nur noch zwei Runden bis zum Finale. Die Plätze füllten sich langsam. Assaf sang, ein Palästinensertuch über dem Blazer drapiert. Die alte Frau zu meiner Linken begann zu weinen. »Niemand hat so viel Geduld aufbringen müssen wie wir«, sagte sie. »Unsere Herzen bluten die ganze Zeit.«

Zwei Wochen später, am Finalabend, war der Platz zum Bersten voll. Die Show wurde auch außerhalb der Mukataa übertragen, und die Irsal-Straße war bis dorthin proppenvoll. Ich versuchte nicht einmal, mich hindurchzuzwängen. Tausende, wenn nicht Zehntausende waren da – als wären alle jungen Männer aus allen Dörfern und Flüchtlingslagern, von denen Ramallah innerhalb von einer Stunde zu erreichen war, für die Show in die Stadt gekommen. Jungs saßen auf den steinernen Löwen, die den Brunnen in der Mitte des al-Manara umgaben, Jungs kletterten auf Fahnenmasten, Laternenmasten und Bäume. Jedes Dach war voll und jede Fensterbank. Die Vordächer der Geschäfte bogen sich unter dem Gewicht der jungen Männer, die unsicher auf ihnen balancierten. Der Moment war gekommen. Der Sieger würde gleich verkündet werden. Die Menge verstummte. Dann fiel Mohammad Assaf mit dem Gesicht nach unten auf die Bühne, und der al-Manara-Platz toste. Allen liefen die Tränen, alle schrien, klatschten, skandierten, umarmten einander. Es war, als wenn die Besatzung zu Ende wäre, als wenn sich die Kontrollpunkte und Gefängnisse plötzlich in Luft aufgelöst hätten, als wenn all die geliebten Toten wiederauferstanden und zurückgekehrt wären. Stundenlang, bis zwei Uhr morgens, erleuchtete Feuerwerk den Himmel, und die Straßen hallten von Gehupe, Pfiffen, Schreien wider. Wenigstens dieses eine Mal hatte ein Palästinenser gewonnen.

Zehn Tage vor Mohammad Assafs Sieg kehrte ich nach Nabi Saleh zurück. An der Tankstelle gab es einen neuen, leuchtend pinkfarbenen Geldautomaten der Bank of Palestine, und irgendjemand hatte mit einer Schablone und in roter Farbe das Wort MUQAWAMEH (»Widerstand«) auf das Schild am Dorfeingang geschrieben. Bassems Haus war wie verwandelt. Die Anfänge einer Veranda waren vor dem Zimmer verlegt worden, in dem ich den Sommer zuvor gewohnt hatte. Vor dem Haus waren noch raffiniertere Vorhaben im Gange: Niedrige Steinmauern vor der Küche waren teilweise fertig, und eine weitere Fläche jenseits davon war für eine Terrasse planiert worden. Der Taubenschlag lag in Trümmern. Bassem schien ein anderer zu sein als bei unserer letzten Begegnung. Wir hatten uns am Tag nach seiner Entlassung aus dem Gefängnis voneinander verabschiedet. In der Folge von Ruschdis Ermordung und Waeds kurzer Inhaftierung hatte er gleichermaßen von Kummer niedergedrückt und erpicht auf einen Neuanfang gewirkt, sein Optimismus gedämpft von einem geschärften Bewusstsein dafür, wie viel es zu verlieren gab. In den Monaten seither war der Schwung, der sich damals aufzubauen schien, in sich zusammengefallen. Bab al-Schams war, wie sich herausstellen sollte, nicht der Anfang eines neuen Stadiums des Widerstands gewesen, sondern der Höhepunkt eines alten. Alles verläuft in Zyklen. Das lernte ich nun: Ereignisse nahmen Fahrt auf, bis es zum Crash kam oder ihnen der Treibstoff ausging und sie stotternd zum Stillstand kamen. Aus der Distanz war es leicht, Tempo mit Hoffnung zu verwechseln. Selbst wenn man mittendrin war, war es so. Aber das Rad drehte sich weiter, und jetzt war ganz Palästina am Tiefpunkt, der Volkswiderstand wieder im alten Trott. Abgesehen von Mohammad Assaf war monatelang nichts Neues passiert.

Bassem allerdings war fröhlich, fast unbeschwert, als wenn eine Last von ihm abgefallen wäre. Er war gerade von einer Vortragstour in Frankreich zurückgekehrt, seine erste Reise außerhalb von Palästina. Es hatte ihn beeindruckt, wie strukturiert das Leben in Europa war. Man konnte etwas eine Woche, sogar einen Monat im Voraus planen. Zu Hause war es schon schwierig, für den nächsten Nachmittag zu planen. Aber Bassem war auch verstört vom Rassismus und von der Ungleichheit, die er erlebt hatte, davon, wie die Menschen dort ihr Leben führten, von ihrer Hektik und Geschäftigkeit, der Unnachgiebigkeit des Lebens in einer allumfassenderen Variante des Kapitalismus. »Es gibt keine Zeit, menschlich zu sein«, sagte er.

Wir gingen mit dem jungen Mohammad Ataallah zu Nadschi hinüber und von dort zu dem Haus, in dem Mohammad mit seinem Vater Abu Hussam lebte. Baschir kam vorbei. Wir saßen draußen, tranken Kaffee und dann Tee. Alle fühlten sich wohl. Mohammad erzählte mir eine Geschichte: Ein Mann legt eine Süßigkeit aus, ein Stück Bonbon. Eine Ameise kommt, um es zu untersuchen. Die Süßigkeit ist zu schwer, um sie allein zu tragen, also krabbelt die Ameise weg und kommt mit weiteren Ameisen zurück. Während sie fort ist, nimmt der Mann die Süßigkeit weg. Die Ameisen sehen sich eine Weile um, und als sie nichts entdecken, marschieren sie in einer Reihe zurück nach Hause. Der Mann legt die Süßigkeit wieder hin, und dieselbe Ameise kommt wieder vorbei. Sie jagt nach Hause, um die anderen Ameisen zu holen, aber wieder versteckt der Mann die Süßigkeit, bevor die Ameisen eintreffen. Ein zweites Mal getäuscht, wenden sich die Ameisen gegen die erste Ameise und bringen sie um.

Mohammad packte mein Handgelenk. »Ist das wahr?«, fragte er. Ich fragte, wer die Ameise sei. Alle lachten.

Bassem klärte mich auf: Mohammad hatte ihm diese Geschichte erzählt, als sie im Gefängnis gewesen waren, und behauptet, tatsächlich gesehen zu haben, wie das Experiment durchgeführt wurde. Später sagte er, er habe es auf YouTube gesehen, aber egal, wie sehr er jetzt danach suche, er könne das Video nicht mehr finden.

Wieder lachten alle: Die Geschichte über die Ameise und die Süßigkeit war selbst die Süßigkeit geworden, und Mohammad war die Ameise geworden. Der Spott hatte ihn noch nicht umgebracht. Aber diese Metaebene, so lustig sie auch war, war nicht das, worauf Mohammad hinauswollte. Das, worauf er hinauswollte, war nicht so lustig.

Die Sonne ging allmählich unter. Bassem begleitete mich zur Tankstelle und wartete dort mit mir auf ein Taxi. »Wir sitzen in der Klemme«, gestand er.

Am nächsten Freitag setzten die Soldaten eine Drohne ein. Ab und an konnte ich einen fernen weißen Punkt am Himmel ausmachen, aber ich hörte vor allem ihr Surren, ein pulsierendes Fiepen, das aus dem Inneren meines eigenen Kopfes zu kommen schien. Von da oben konnte es nicht allzu viel zu sehen geben. Nur fünf oder sechs der Jungs zeigten sich. Die Demo war klein und früh vorbei. Auf dem Hügel erzählte mir Renen, der israelische Aktivist, von seiner Katze. »Sie ist sehr aggressiv«, sagte er grinsend. Er zeigte mir seine Arme, die von Kratzern übersät waren. Ein lauter Knall hallte unter uns wider. Die Soldaten feuerten gummiüberzogene Geschosse ab. Renen sagte, er wolle Tiermedizin studieren. Ein Grenzschutzbeamter trat Bilal das Schienbein blutig. Über uns waren ebenfalls Soldaten, die von der Spitze des Hügels Tränengasgranaten abschossen. Wir kraxelten über die Felsen, während Gaskartuschen um uns herum niederregneten. »Wenn es weder Fell noch Haare hat, weiß man, dass es kein Säugetier ist«, erklärte Renen. Er bevorzugte Reptilien. Wir machten eine Pause. Niemand bemühte sich auch nur, die Quelle zu erreichen. Mehr Gasgranaten fielen herab. Wir rannten wieder. Überall um uns herum fingen die trockenen Sträucher Feuer. Eine riesige Eidechse flitzte über einen Fels, was Renen abrupt anhalten ließ. »Hey!«, rief er, aber die Eidechse sauste davon, und das Gas holte uns ein, und kurz darauf krümmten wir uns am Boden, husteten und spuckten, starrten mit trüben Augen auf den Schafsmist und die letzten Frühlingsblumen.

Bassem und ich trafen uns ein paar Tage später im üblichen Café. Er würde nach Amman reisen, sagte er, um Nizar Tamimi zu besuchen, der mit ihm zusammen wegen des Mordes an Chaim Mizrahi verhaftet und beim Gefangenenaustausch für Gilad Schalit freigelassen worden war. Ich fragte ihn nach den nachlassenden Protesten. »Das ist gut«, sagte er. Er schien es ernst zu meinen. Das Risiko sei geringer, sagte er. »Das Dumme ist, dass wir es nicht bewusst so entschieden haben.« Die Jungs kamen einfach nicht mehr, und wenn doch, dann gingen sie früh nach Hause. »Wir hatten kein bestimmtes Ziel«, sagte Bassem – keine Mauer aufzuhalten, keine Straße zu öffnen. Nur eine Botschaft, die verbreitet, Symbole, die gestreut werden sollten. Ich hatte es Bassem wieder und wieder sagen hören: Die Quelle ist das einzige Gesicht der Besatzung. Aber indem sie konkrete Ziele vermieden, gab es auch keine klaren Errungenschaften, nichts, auf das irgendjemand verweisen konnte und das die Sache lohnenswert machte. Zu viele Verluste hatten sich angehäuft – nicht nur Ruschdi und Mustafa, auch Verletzungen, Verhaftungen, Gehaltsschecks, die dem Gefängnis zum Opfer fielen, Kautionen, die zu zahlen waren. Und Gerüchte hatten sich verbreitet, sagte Bassem, über Geld und Frauen, die übliche Art von kleingeistigem Gerede, das Familien und Bewegungen gleichermaßen zerreißt: dass hinter verschlossenen Türen fremde Besucher Geld verteilen würden, dass sich unschickliche Dinge ereigneten, wenn Ausländer bei Leuten übernachteten oder wenn Leute aus dem Dorf auf Auslandsreisen gingen. Er verscheuchte den Gedanken.

»Es ist in Ordnung«, sagte er. »Manchmal kann ich nicht glauben, dass wir überhaupt so weit gekommen sind.« Worauf es ankomme, meinte er, wie um sich selbst zu überzeugen, sei, dass die Botschaft immer noch ausgesandt werde.

Am folgenden Freitag wurde Nariman verhaftet. Es war von Anfang bis Ende ein trauriges Spektakel. Bassem war nach Jordanien abgereist. Die Jungs waren alle zu einem Fußballspiel in einem Nachbardorf gegangen. Als sich alle unter dem Maulbeerbaum versammelten und auf das Ende des Gebets warteten, schlüpfte Nariman auf den Friedhof und kniete vor dem Grab ihres Bruders nieder. Ein paar Minuten später eilten die Marschierenden den Hügel zur Quelle hinunter. Die wenigen ausländischen Solidaritätsaktivisten, die aufgetaucht waren, blieben an der Tankstelle zurück. Nariman brüllte aufgebracht: »Internationale!« Aber niemand folgte ihr. Die Soldaten fingen an, Gasgranaten abzufeuern. Dabei war noch nicht ein Stein geflogen. Ich war ein paar Meter vor Nariman, als sie in eine Gaswolke geriet und nichts mehr sehen konnte, während um sie herum die Kartuschen niedergingen. Nadschi und sein Schwager Iyad dirigierten sie schreiend (»Geradeaus!«, »Rechts!«, »Granaten!«), bis sie mit zugeschwollenen Augen an die frische Luft kam.

Acht Soldaten hatten sich am Fuß des Hügels verteilt. Nariman lief weiter. Nur zwei Aktivisten, beide von außerhalb, schlossen sich ihr an. Die Soldaten hielten sie auf und wiesen sie an zu gehen. Sie weigerte sich. Der Rest von uns wartete in sicherer Entfernung und sah zu. Ich saß mit Mohammad, Nadschi und Jonathan auf einem Felsen. Ein paar Meter über uns zeigten sich weitere Soldaten. Andere kamen auch von unten hoch, rannten auf uns zu. Bald sprinteten wir über die Flanke des Hügels davon. Erst später, als wir unterhalb von Nadschis Haus im Schatten saßen, bekam Jonathan einen Anruf und erfuhr, dass Nariman und zwei andere verhaftet worden waren, anscheinend wegen des bloßen Vergehens, sich geweigert zu haben, wegzulaufen.

Über Stunden saßen wir bei Nadschi und Buschra herum. Alle starrten auf ihre Telefone, unterhielten sich träge über Ägypten – der Jahrestag von Mohammed Mursis Amtseinführung als Präsident war in zwei Tagen, und es war zu Massenprotesten aufgerufen worden, um seinen Rücktritt zu fordern. Auch in Ägypten verliefen die Dinge in Zyklen. Oder vielleicht war es auch eine Spirale. Iyad starrte aus dem Fenster.

»Keine *dschaisch*«, sagte er, das arabische Wort für »Armee« verwendend. »Es ist langweilig.«

Ein französischer Student, der sich in Nabi Saleh aufhielt, fragte ihn, was die Palästinenser tun würden, wenn die Besatzung endete.

»Wir werden gegeneinander kämpfen«, antwortete Iyad. »Jedenfalls für eine Weile. Dann müssen wir etwas Neues finden.«

Ich schlug Fußball vor. Durchs Fenster konnte ich Tränengas in niedrigen Schwaden am Turm vorbeischweben sehen. Die Jungs waren von ihrem Spiel zurückgekehrt. Buschra servierte das Abendessen. Wir konnten einen Lkw-Motor auf der Straße röhren hören. »Skunk«, sagte jemand, aber alle aßen, und niemand stand auf, um nachzusehen.

Am 1. Juli gab Mohammad Assaf ein Gratiskonzert in Ramallah. Als Geste der Dankbarkeit seinen Fans gegenüber hatte er auch angekündigt, in Bethlehem, Nablus und Hebron zu spielen. Die Straßen im Stadtzentrum waren voll mit Menschen, aber ich verpasste die Show. Nach drei Tagen Inhaftierung wurde Nariman aus dem Ofer-Gefängnis in Beitunia, am westlichen Stadtrand, entlassen. Es herrschte viel Verkehr, und als ich ankam, war sie schon draußen, stand von einer kleinen Gruppe von Freunden umringt auf dem staubigen Parkplatz. Es war eine surreale Szene. Der Klingendraht, der sich im Dunkel am Rande des Parkplatzes entlangwand, die langen Schatten, die die grellen Scheinwerfer um das Gefängnis herum verursachten. Nariman war trunken von einer merkwürdigen, manischen Freude.

»Ich bin sehr, sehr stark!«, sagte sie.

Das Konzert war ein Flop. Es gab keine Sitzplätze und keine Ordnung im Menschengewühl, und das Soundsystem konnte die Menge kaum übertönen. Assaf – der Traum Palästinas, wie sie ihn nannten – gab drei Songs zum Besten und verschwand dann nach weniger als einer halben Stunde von der Bühne. Das Gerücht ging um, die Sicherheitskräfte der Palästinensischen Autonomiebehörde hätten die Show abgebrochen, weil sie Unruhen befürchteten. Auch dieser Sieg hatte sich in eine Niederlage verwandelt. Oder war zumindest schal geworden. Die Gratiskonzerte in Nablus und Hebron wurden abgesagt. Eine Woche später trat Assaf noch einmal in Ramallah auf, im Grand Park Hotel. Die Tickets kosteten 450 Schekel, das sind ungefähr 125 Dollar, etwa ein Drittel des durchschnittlichen Monatsgehalts in Palästina.

Mit übereinandergeschlagenen Beinen auf dem Sofa sitzend, die Hände auf den Knien, wirkte der große Bahaa wie eine Königskrabbe oder wie die Comicversion einer Königskrabbe mit blassblauen und sehr menschlichen Augen in einem fast schmerzlich empfindsamen Gesicht.

Er rauchte wieder Kette. Irene und ich waren mitten in einer Krise bei ihm eingetroffen. Bahaas Bruder hatte Anfälle gehabt und gerade das Gefühl in seinem linken Arm und seinem linken Bein verloren. Seine kleine Nichte litt ebenfalls unter Anfällen, aber die Familie hatte kein Geld für einen Arzt. Doch es gab auch gute Neuigkeiten. Bahaa war verlobt oder so gut wie. Es war eine sehr palästinensische Liebesgeschichte.

Er hatte ein Mädchen kennengelernt, als er mit ein paar Freunden in Ramallah war, und hatte angefangen, sie telefonisch zu umwerben. Sie verliebten sich. Ihre Eltern lebten nicht mehr, und zwei ihrer drei Brüder saßen im Gefängnis. Sie waren alle drei gemeinsam verhaftet worden, sagte Bahaa, und jeder der drei hatte den Israelis erzählt, er sei der Schuldige, damit seine Brüder freigelassen wurden. Sie ließen einen Bruder frei, verurteilten einen zu vierzehn Jahren und den anderen zu lebenslanger Haft. Bahaa rief den ersten Bruder an und hielt um die Hand seiner Liebsten an. Der Bruder sagte, er müsse sich mit den anderen Brüdern beraten. Ein paar Tage später klingelte Bahaas Telefon. Es war der zweite Bruder, der zu vierzehn Jahren Haft verurteilt worden war. Er rief aus dem Gefängnis in der Wüste Negev an. Er fragte, was Bahaa mit seiner Schwester wolle. Bahaa sagte, er wolle sie heiraten. Der Bruder sagte: »Du weißt, dass sie ihren Abschluss an der Universität Birzeit macht, und du hast nicht mal einen Schulabschluss.« (Bahaa arbeitete damals in einem Lagerhaus in Ramallah. Er mochte nicht über seinen Job reden.) »Ich sagte: ›Ja, aber es ist Liebe.‹« Schließlich meinte der zweite Bruder, er könne keine Entscheidung fällen, ohne mit dem dritten Bruder gesprochen zu haben, aber der dritte Bruder saß in Einzelhaft, also würde Bahaa warten müssen.

»Ich warte immer noch«, sagte Bahaa lächelnd. »Seit vier oder fünf Monaten.«

Ich fragte ihn, warum ich ihn nicht bei den Demos gesehen hätte. Bahaa stieß einen langen, theatralischen Seufzer aus. Er wollte alles von Anfang an erzählen. Bei einer Aktion, die jetzt als die erste Demonstration galt, beschlossen ein paar der Jungs und einige Freunde von ihnen, Studenten aus Birzeit, zusammen zur Quelle zu gehen. »Es war alles ganz spontan«, sagte er. Die Siedler versperrten ihnen den Weg. Soldaten kamen hinzu. Als der Zusammenstoß vorbei war, beschlossen sie, eine Woche später wiederzukommen und immer wiederzukommen. Was er sagen wollte, war, dass es mit den Jungs angefangen hatte, nicht mit irgendjemandem, der jetzt zu den Anführern gehörte. Dann kamen die Verhaftungen. Erst Mustafa und seine Brüder, dann Bahaa und 2011 dann Nadschi, Bassem und viele andere. Da fingen die Probleme an, sagte er – von all denen, die ins Gefängnis geschickt wurden, wurden nur ein paar in den Medien gefeiert und »Verteidiger der Menschenrechte und alle möglichen lächerlichen Dinge genannt«. Er nannte keine Namen, aber er konnte nur Bassem meinen. Mittel wurden eingetrieben, um die Kautionen mancher Leute auszulegen, während andere alles zusammenkratzen und sich Geld leihen mussten. Daraus entstand Missgunst.

Die Dorfbewohner hätten angefangen, sich zu treffen, Komitees zu bilden, die Rollen aufzuteilen, »aber was passierte, war, dass sie die Kontrolle an sich rissen«. Mit *sie* meinte er die Älteren. Die Jungs gingen das größte Risiko ein, beschwerte sich Bahaa, aber es war die ältere Generation, die vor den Kameras stand und Auszeichnungen von Nichtregierungsorganisationen entgegennahm. »Dann wurden Reisen ein Thema«, fuhr Bahaa fort. Einige Mitglieder einiger weniger Familien wurden auf Vortragstouren in die USA und nach Europa eingeladen. Für Palästinenser, die infolge der Besatzung eingeschlossen waren, waren dies fast unvorstellbare Möglichkeiten. Aber die Älteren wollten sich mit niemandem darüber beraten, wer reisen und wer zu Hause bleiben sollte. Sie machten sich einfach auf. Delegationen begannen einzutreffen – manchmal Studenten, ausländische Aktivisten oder politische Touristen, aber auch Diplomaten und Vertreter der wichtigsten Nichtregierungsorganisationen. »Wir wussten nicht, welche Art von Unterstützung sie erhielten«, sagte Bahaa, »ob es finanzielle Unterstützung war oder etwas weniger Materielles.« Vielleicht war alles ganz harmlos, meinte er. Aber die Sache war, dass niemand es wusste: Es fand alles hinter verschlossenen Türen statt.

Und egal, was sonst noch passierte, die Routine blieb die gleiche, Freitag um Freitag erfolgte der gleiche ritualisierte Marsch zur Quelle. »Routine kann mörderisch sein«, sagte Bahaa. Er hatte eine BBC-Dokumentation gesehen, für die Reporter Zeit mit den Soldaten im Stützpunkt bei Halamisch verbracht hatten. »Ich begriff, dass da Leute an Schreibtischen sitzen und nichts anderes tun, als darüber nachzudenken, wie sie die Demonstrationen abwürgen können.«Die Dorfbewohner mussten genauso schlau sein, aber selbst nach Ruschdis Tod, sagte er,»ist es immer noch die gleiche Geschichte, immer und immer wieder das Gleiche«.

Es wurde kein offizieller Beschluss gefasst. Die Jungs hörten einfach auf zu kommen. Knapp drei Monate zuvor hatte Bahaa beschlossen, sich zurückzuziehen. Die meisten Älteren hatten aufgehört, mit ihm zu reden.»Nur Nariman spricht noch mit mir«, sagte er.»Sie hat ein reines Herz.« Vor kurzem hatten die Jungs angefangen, sich mit den Älteren zu treffen, um herauszufinden, ob sich die Sache ausräumen ließ.»Es ist so, als würde man mit einer Nadel in einen Berg graben«, sagte Bahaa.»Im Moment«, sagte er,»sitze ich lieber einfach zu Hause.«

Das musste, so viel wusste ich, eine schmerzhafte Entscheidung gewesen sein. Ich sagte es ihm. Er zuckte mit den Achseln. Es gebe andere Wege, Widerstand zu leisten, erklärte er. Er habe zwei Songs und ein Stück geschrieben, erzählte er, über Ruschdi und Mustafa. Er war sehr stolz darauf. Die Dorfkinder führten das Stück am vierzigsten Tag nach Ruschdis Tod auf. Er wollte, dass es gefilmt wurde, damit es im Ausland gezeigt werden konnte, wenn Leute aus dem Dorf unterwegs waren,»damit die Welt versteht«, sagte er. Bilal zeichnete es auf, aber an jenem Tag regnete es, und fast niemand kam zur Aufführung.

Bevor wir das Dorf verließen, gingen wir bei Nariman vorbei, die gerade damit kämpfte, die Glühbirne über der Tür auszuwechseln. Ich stellte mich auf den Stuhl und erledigte es für sie. Die Verzückung über ihre Freilassung schien sich gelegt zu haben. Sie hatte den ganzen Tag seit dem frühen Morgen am Gericht des Ofer-Komplexes verbracht und war gerade erst nach Hause gekommen. Bassem war noch in Jordanien. Sie musste am nächsten Tag wieder für einen langen Tag des Wartens nach Ofer. Sie wirkte müde, ausgelaugt. Buschra kam vorbei. Irenes Auto stand nicht in der Auffahrt, deshalb war Buschra überrascht, uns zu sehen, und fragte, ob wir mit dem Auto gekommen seien. Das Auto parke vor Bahaas Haus, sagte Irene.

Buschra wandte sich an mich.»Warum hast du Bahaa interviewt?«, fragte sie und fügte, bevor ich antworten konnte, hinzu:»Er hat sich gegen den Widerstand gestellt.«

Das Rad drehte sich weiter. Bassem kam nach Hause. Es war Ende Juni 2013. Mehr als zehn Millionen Menschen gingen in Kairo auf die Straße, um Mohammed Mursis Rücktritt vom Amt des Präsidenten zu fordern. Die ägyptische Revolution schien wieder erwacht zu sein. Bassem war gebannt vom Ausmaß der Proteste. Wenn es dort möglich war, warum nicht hier? Eine gute Frage. Aber das Ganze war nicht von Dauer. Der Aufstand des Volkes wurde zum Deckmantel für einen altmodischen Coup: Das ägyptische Militär enthob Mursi seines Amtes und setzte die Verfassung aus. Fünf Tage später mähten Soldaten 51 Mitglieder der Muslimbruderschaft nieder, als sie sich zum Gebet hingekniet hatten. Ende des Monats schlachteten sie weitere 120 Mursi-Unterstützer ab und zwei Wochen später über 800 an einem einzigen Tag. Die revolutionäre Energie Ägyptens war erschöpft, und nun hatte das Land ein noch brutaleres Regime am Hals als jenes, gegen das man sich ursprünglich erhoben hatte. In der Zwischenzeit war die Zahl der Toten in Syrien auf über 100 000 angestiegen. Aber der US-Außenminister John Kerry war seit Wochen in einer Schleife zwischen Jerusalem und Ramallah gefangen, wo er versuchte, Netanjahu und Abbas zu einer neuen Runde Gespräche zu überreden. Schon der bloße Versuch war etwas peinlich. Die Redaktionsleitung der *Washington Post* stellte die Frage: »Was ... mag Mr Kerry nur geritten haben, mit solcher Intensität eine solch aussichtslose Initiative zu verfolgen, und das, obwohl die USA sich weigern, in Krisen von vorrangiger Bedeutung für die Region die Führung zu übernehmen?« Netanjahus stellvertretender Verteidigungsminister Danny Danon sagte der *Times of Israel*, dass die Regierungskoalition »standhaft gegen eine Zweistaatenlösung sei und die Schaffung eines palästinensischen Staates blockieren würde, sollte über einen solchen Vorschlag jemals abgestimmt werden«. Netanjahu spielte ihm zufolge nur mit, weil er wusste, dass kein tatsächliches Abkommen in Reichweite war. Kerry, mit einem sturen Optimismus, den man für Arroganz oder Blindheit halten konnte, hörte nicht auf die Warnungen.

Ich fuhr an einem Donnerstag nach Nabi Saleh. Drei Soldaten standen mit einem Maschinengewehr Kaliber .50 auf einem Dreibein vor dem Stützpunkt in Halamisch. Das Dorf war allerdings ruhig. Ich stieg an der Tankstelle aus dem Taxi und stieß auf Salam und Abu Yazan, die unter einem Feigenbaum saßen, ihre Gesichter und Hände klebrig und fast schwarz. Salam rief mich beim Namen und überreichte mir eine dicke, weiche Feige. Abu Yazan hatte ich das letzte Mal im Krankenhaus gesehen. Er war von einem gummiüberzogenen Geschoss am Oberschenkel getroffen worden. Ich fragte ihn, wie es seinem Bein ging. »Gut«, sagte er und lächelte fast.

Der Ramadan war angebrochen. Wir aßen draußen zu Abend, auf der halbfertigen neuen Terrasse, sobald die Sonne untergegangen war und der Ruf von der Moschee ertönte. »Gott ist groß«, sagte Salam kichernd und setzte ein Glas Wasser an die Lippen. Ich fragte Bassem, ob er die Neuigkeiten gehört habe – Abu Mazen, wie Abbas genannt wurde, hatte Kerrys Gesprächsvorschlag zurückgewiesen, weil Netanjahu es kategorisch ablehnte, den Bau von Siedlungen auszusetzen. Die Verhandlungen waren vom Tisch. »Gut«, sagte Bassem. Ich fragte ihn nach dem Rückzug der Jungs von den Demonstrationen. Mal war er abschätzig, mal defensiv, mal reuevoll. Die Jungs wollten eine größere Rolle spielen, erklärte er, aber sie waren nicht gewillt, dafür zu arbeiten. »Sie sind wie Kinder«, meinte er. »Sie denken nicht strategisch.« Sie beschwerten sich, dass Leute ins Ausland reisten, aber die Einladungen galten nun einmal bestimmten Leuten – ihm oder Nariman oder Manal –, und sie konnten nicht einfach irgendwen hinschicken. Trotzdem war er sich bewusst, dass sie Fehler gemacht hatten. »Wir tragen die Verantwortung«, gab er zu. »Wir sind sorglos geworden. Aber wir sind auch nur Menschen, und wir sind müde.«

Die Demonstration am nächsten Tag dauerte nicht einmal eine Stunde. Nur vier der Jungs ließen sich blicken. Sarit Michaeli, eine Rechercheurin der israelischen Menschenrechtsgruppe B'Tselem, die ein paar Monate zuvor einen ausführlichen Bericht über den unangemessenen Einsatz von Munition zur Kontrolle von Menschenmengen durch die Israelischen Verteidigungsstreitkräfte verfasst hatte, wurde von einem gummiüberzogenen Geschoss aus ausreichender Nähe getroffen, dass es sich tief ins Fleisch ihres Oberschenkels bohrte. Ich half, sie nach oben zu Bilal zu tragen, während Blut und rosa Muskelgewebe auf ihrem zerrissenen Hosenbein verklumpten. Sie filmte die ganze Zeit weiter und versicherte, dass es ihr gut gehe. Als sich die Soldaten schließlich zurück-

DIE AMEISE UND DIE SÜSSIGKEIT 157

zogen, gingen zwei der Jungs ihnen auf der Straße hinterher und schwangen ihre Schleudern.

»Genug«, brüllte Bassem.

Sie ignorierten ihn und gingen weiter, aber nur, um die Reste der Barrikaden von der Straße zu räumen.

Ein oder zwei Stunden später checkte ich die Nachrichten auf meinem Telefon. Netanjahu hatte zugestimmt, 104 palästinensische Gefangene freizulassen. Kerry hatte Abbas erfolgreich wieder an den Tisch gelockt. Die Gespräche waren wieder im Gang.

Bahaa hatte eine Sache gesagt, die mir in Erinnerung blieb. Die wichtigste Arbeit, sagte er, musste innerhalb des Dorfes geleistet werden. Sie hatte nichts damit zu tun, Diplomaten oder Offizielle von Nichtregierungsorganisationen zu empfangen oder ins Ausland zu fliegen, um Vorträge zu halten und Interviews zu geben. »Es ist wie mit dir«, erklärte er. »Du kommst her und nimmst an den Demonstrationen teil und machst dir Notizen. Du wirst in einem Artikel oder Buch darüber schreiben, aber das hier ist nicht dein Leben. Eines Tages wirst du abreisen.« Er hatte natürlich recht. Bahaa versuchte nicht, mich herauszufordern. Er meinte nur, dass etwas verlorengegangen war, etwas Wichtiges, und dass die Strategie, so wie Bassem und »die Älteren« sie formuliert hatten, zu einer Falle geworden war.

Es war rätselhaft. Bei mehreren Gelegenheiten hatte ich Bassem und Irene nach dem Abendessen in Nabi Saleh über die jahrelange Organisation reden hören, die der Ersten Intifada vorangegangen war, über die Freiwilligenarbeit und die Komitees, die in der Bevölkerung eine lockere Infrastruktur für den Aufstand geschaffen hatten, was ihm seinen demokratischen Charakter verliehen und die Beteiligung der Massen möglich gemacht hatte. Bassem hatte darüber gesprochen, wie wichtig es war, starke Beziehungen zwischen und in den Dörfern aufzubauen, hatte über die undankbare Aufgabe des Graswurzelorganisierens geredet, das Gemeinschaften langsam und fast unmerklich enger zusammenrücken lässt und ihnen die Stärke und Motivation verleiht, einem Gegner zu widerstehen, der auf jede messbare Weise sehr viel stärker ist. Die Palästinensische Autonomiebehörde erschwerte dies jetzt – sie hatte die alten persönlichen Netzwerke durch bürokratische Hierarchien und durch Gehälter, die es zu schützen galt, ersetzt –, aber Bassem hatte nichts davon vergessen. Nabi Saleh hatte etwas anderes versucht, indem es die glänzenden neuen Werkzeuge benutzte, die das Schicksal bereitgestellt hatte: das Internet, die Medien, die Leichtigkeit der Kommunikation mit der Außenwelt, durch die eine Botschaft sekundenschnell über Kontinente verbreitet werden konnte, die es ansonsten niemals auch nur an den Kontrollpunkten vorbeigeschafft hätte. Nabi Salehs lokale Dramen konnten zu globalen Angelegenheiten werden – und wurden es auch.

Aber Werkzeuge sind niemals unschuldig. Sie haben ihre eigene Agenda. Sie lenken Dinge in die eine oder andere Richtung und bestimmen die Formen, die ihnen zur Verfügung stehen. Dieses Mal, vielleicht ohne dass Bassem es bemerkte, übernahmen sie das Ruder. Die Medien bestehen auf Sichtbarkeit und auf Berühmtheit. Geschichten brauchen Protagonisten. Auch diese. Sofern Menschen sich nicht große Mühe geben, es zu vermeiden, sind Kampagnen, die ausschließlich auf die Medien vertrauen, fast unweigerlich antidemokratisch. Ihre Logik läuft dem langsamen und verborgenen Organisieren zuwider, von dem Bassem behauptete, dass es im Westjordanland nötig wäre. Und natürlich war ich mitschuldig.

Fast jedes Mal, wenn wir uns unterhielten, sagte Bassem dasselbe: Es war in Ordnung, dass die Demonstrationen schrumpften. Worauf es ankam, war die Botschaft. Aber die Botschaft und seine Rolle als Botschafter hatten fast alles andere in den Schatten gestellt. Bassem verbrachte mehr Zeit damit, mit mir zu reden, als mit vielen seiner Nachbarn. Ich weiß nicht, ob es falsch von ihm war. Er musste Entscheidungen treffen. Keine davon war leicht. Ich hatte mitgeholfen, Nabi Saleh und sein Gesicht – und die Gesichter von Nariman und Ahed und Nadschi und Buschra und Bahaa – auf die Titelseite des *New York Times Magazine* zu hieven. Ich sage das nicht, um anzugeben, aber es passierte, und Bassem wusste, dass er, indem er mit mir sprach, möglicherweise, wenn alles gut ging, zu Tausenden von Menschen auf der ganzen Welt sprechen konnte. Das war das Spiel. Es hatte seinen Preis. Ob er nun richtig- oder falschlag, Bassem war Mohammads Ameise geworden, die Süßigkeiten versprach, welche niemand liefern konnte. Nabi Salehs Widerstand war zum Teil immer schon ein Ritual gewesen, das für die Welt da draußen aufgeführt wurde. Das Publikum liebte es, aber das Publikum hatte nur eine kurze Aufmerksamkeitsspanne und andere Verpflichtungen und lebte weit, weit weg. Und Bassems Nachbarn drei Türen weiter empfingen eine andere Botschaft, eine, die er nie hatte aussenden wollen.

Eine Neuigkeit in diesem Sommer machte fast alle in Nabi Saleh froh. Unter den Namen der 104 Gefangenen, die freizulassen man Netanjahu überzeugt hatte, fand sich auch der von Said Tamimi. Said war der Einzige von den drei Männern aus Nabi Saleh, die für den Mord an Chaim Mizrahi verurteilt worden waren, der zwanzig Jahre später immer noch im Gefängnis saß. Seine Freilassung, erzählte mir Bilal an einem milden Dienstagabend, »ist das einzig Gute, das wir von den Gesprächen zu erwarten haben«. Vor Saids Verhaftung hatten sie sich nahegestanden, sagte Bilal. Während der Ersten Intifada hatten sie viele Nächte damit verbracht, Kommuniqués der nationalen Führung zu verteilen, sie durch Fenster zu schieben und vor Haustüren abzulegen. Sie malten Parolen an Mauern, hissten palästinensische Fahnen an Bäumen und Strommasten, alles im Schutz der Dunkelheit. Damals seien »alle vereint« gewesen, und das nicht nur politisch, sagte Bilal. »Wenn man bei der Olivenernte mit den eigenen Hainen fertig war, half man den Nachbarn mit ihren Bäumen. Wenn man sich ein Haus baute, kam das ganze Dorf hinzu und baute mit.« Er vermisste das, sagte er. Sehr.

Aber niemand wusste, wann es Said erlaubt werden würde, ins Dorf zurückzukehren: Die Gefangenen sollten in mehreren Schüben im Verlauf von neun Monaten freigelassen werden, während Israel und die Palästinensische Autonomiebehörde zugestimmt hatten, über einen Weg zum lang erträumten »Abkommen über den finalen Status« zu verhandeln. Am 30. Juli eröffneten Saeb Erekat und Tzipi Livni, die Verhandlungsführer auf palästinensischer und israelischer Seite, die neue Runde der Gespräche bei einem Iftar-Mahl im US-Außenministerium, zusammen mit Kerry und Martin Indyk, dem ehemaligen US-Botschafter in Israel und ehemaligen Funktionär des American Israel Public Affairs Committee, den Kerry zu seinem Sondergesandten im Nahostfriedensprozess ernannt hatte. Gemeinsam brachen sie das Ramadan-Fasten mit

Zackenbarsch, Dinkel-Risotto und einem gestürzten Aprikosenkuchen. In den Worten Kerrys war es ein »sehr, sehr besonderer« Augenblick.*

Die ganze Woche habe Abu Yazan über nichts als die Küstenstadt Akkon und das Meer geredet, sagte Nariman. Er hatte noch nie die See gesehen, war noch nie darin geschwommen, hatte noch nie den Rhythmus der heranrollenden Wellen gehört. In der Schule hatte seine Klasse Akkon durchgenommen, mit seiner Zitadelle und den alten Mauern der Kreuzritterfestung, die sich aus dem blauen Mittelmeer erhoben – und Abu Yazan wollte von ihnen ins Wasser springen. Er hatte Fotos gesehen und das Schwärmen seiner Mutter gehört. »Du hast nicht gelebt«, sagte sie mir einmal, »bis du Akkon gesehen hast.« Es lag nur ein paar Stunden Fahrt entfernt, aber es war fünfzehn Jahre her, dass sie und Bassem in der Lage gewesen waren, nach Israel einzureisen und hinzufahren. Davor waren sie nur einmal dort gewesen, im ersten Jahr ihrer Ehe, zusammen mit Buschra und Nadschi. »Wir haben alle nur geweint«, so Nariman, angesichts der Schönheit der Orte, die für sie verloren waren.

Aber es war Ramadan, und jeden Freitag erlaubte die israelische Obrigkeit es einigen Palästinensern des Westjordanlandes – Frauen und Mädchen, außerdem Männer über vierzig und Jungen unter siebzehn –, den Kalandia-Kontrollpunkt nach Jerusalem zu passieren, um in der Al-Aksa-Moschee zu beten. Ich traf die Tamimis nahe dem Busbahnhof von Ostjerusalem mit drei israelischen Freunden. Die Kinder drehten fast durch vor Aufregung. Sie hatten die Moschee geschwänzt und die wöchentliche Demonstration im Dorf. Wir fuhren an den Strand.

Ahed beschäftigte sich mit ihrem iPhone, sobald wir im Auto saßen, aber die Augen ihres kleinen Bruders sogen jedes Fahrzeug, das wir passierten, und jede Einzelheit der Landschaft auf; er war hier viel friedlicher

---

* Zwei Nächte zuvor hatte die linke Volksfront zur Befreiung Palästinas, die seit ihrer Gründung Ende der 1960er Jahre gegen die Teilung Palästinas in zwei ethnisch definierte Staaten war, einen Marsch zur Mukataa veranstaltet, um gegen die Wiederaufnahme der Verhandlungen zu protestieren. Die Bereitschaftspolizei der Palästinensischen Autonomiebehörde löste den Protest mit Schlagstöcken auf und verhaftete fünf Demonstranten, drei davon im Krankenhaus, das sie aufgesucht hatten, um Verletzungen, die sie auf der Straße erlitten hatten, behandeln zu lassen.

als in den felsigen Hügeln des Westjordanlandes. Ich konnte Abu Yazans Hirn förmlich auf dem Rücksitz brummen hören. Er fragte seine Mutter, ob es stimme, dass Napoleon Akkon nicht einnehmen konnte, weil die Festungsanlagen der Stadt so stark waren. Sie bestätigte es ihm.

»Wie haben die Juden es dann einnehmen können?«

»Das haben sie nicht«, sagte Nariman. »Ich weiß auch nicht, warum wir es einfach weggegeben haben.«*

Die Schnellstraße erweiterte sich auf sechs Spuren. »Hey!«, brüllte Abu Yazan. »Ich kann das Meer sehen!« Das konnte er nicht wirklich. Wir waren noch etliche Kilometer von der Küste entfernt.

Abu Yazan entdeckte ein Schild für die Abzweigung nach Nazareth.

»Gibt es ein Meer in Nazareth?«

Wir passierten die Betonkuppeln eines Kraftwerks, und dann lag Haifa vor uns, noch nicht ganz das Meer, aber die Werften und Rangierbahnhöfe und der rückwärtige Hang des Karmels. Und dann war es da, das Meer, groß und blau zwischen den Hafengebäuden. Alle waren still.

»Wie schön unser Land ist«, sagte Nariman.

»Das ist nicht unser Land«, sagte Abu Yazan.

»Wem gehört es dann?«

»Es ist das Land der Armee.«

Aber die Kinder mussten noch warten. Als Erstes besuchten wir die Hängenden Gärten der Bahai mit ihren Palmen und gestutzten Hecken und Blumen, die sich in terrassierten Kaskaden den Westhang des Karmels hinunter ergießen. Waed fotografierte die Blumen. Abu Yazan kletterte auf alles, auf das man klettern konnte. Unter uns schimmerte in der Ferne das Meer. Wir gingen zu den Autos zurück. Bassem wollte bei einem Freund vorbeischauen. Das war zu viel für Abu Yazan. Er konnte keine Sekunde länger warten. Er heulte und rannte weg, in den Verkehr. Ich stürzte hinterher und trug ihn zappelnd zurück zum Wagen.

---

* 1946 waren nur 50 der 13 560 Einwohner Akkons Juden. Im Mai 1948, nach dem Ausbruch von Typhus, nach Tagen der Bombardierung und Belagerung und der vollständigen Zerstörung mehrerer nahegelegener Dörfer durch die Hagana (die vorstaatliche Miliz, die später das Herz der Israelischen Verteidigungsstreitkräfte bilden sollte), flohen fast 80 Prozent der arabischen Bevölkerung Akkons und gaben die Stadt auf.

Endlich fuhren wir nordwärts nach Akkon. Abu Yazan raste die Steinstufen der Festungsmauer direkt am Wasser hoch, krabbelte über die Steine unter dem Geländer und beugte sich über die Kante, um zu sehen, wie unten die Brandung toste. Ich musste ihn am T-Shirt packen. Wir spazierten unter den historischen Bögen der Altstadt umher und durch ihre engen Gassen. Es war 35 Grad warm und schwül. Die Kinder rannten kreischend durch die Straßen und bespritzten sich mit Wasser aus Plastikflaschen; ihre Schreie hallten von den dicken Steinmauern wider. Wir sahen den Stadtkindern zu, wie sie von der zehn Meter hohen Festungsmauer ins Wasser sprangen. Waed und Abu Yazan zogen sich die T-Shirts aus und forderten einander zum Sprung heraus, aber am Ende sprangen sie doch nicht. Was auch gut war, denn keiner der beiden konnte schwimmen.

Es war fast sechs, als wir es an den Strand schafften. Die Sonne war immer noch heiß. Der Strand machte nicht viel her, war nur ein schmaler Uferstreifen zwischen einer Reihe vierstöckiger Apartmenthäuser im Sowjetstil und dem Meer. Der Sand war mit bunten Fetzen und Plastikstückchen gesprenkelt, von der Brandung gebeutelten Plastiktüten und wahllosem Müll in Blau und Grün und Pink. Noch bevor ich aus dem Auto stieg, waren die Kinder schon ans Wasser gestürzt. Bassem setzte sich ins seichte Wasser und ließ die Wellen seine nackten Füße kitzeln. Nariman lag mit den anderen auf einer Decke. Abu Yazan, der zum entfernten Ende des Strands gewatet war, schrie etwas.

»Ein Fisch!«, brüllte er. »Ein Fisch!«

Ich schwamm hinüber, wobei ich damit rechnete, dass der Fisch bei meiner Ankunft verschwunden wäre. Aber der Fisch war noch da, etwa fünfzehn Zentimeter lang und sehr tot dümpelte er in der Strömung. Abu Yazan streckte die Hand aus, um ihn zu packen, bekam dann aber Angst und zog die Hand weg. Ich sagte ihm, er solle ihn nicht anfassen, doch dann kam Salam herübergewatet, nahm den Kadaver mit dem Fetzen einer Plastiktüte hoch und rannte los, um ihn seiner Mutter zu zeigen, wobei er den Fisch am Schwanz umherschwang.

Die Sonne ging langsam unter, und das Wasser wurde erst weiß, dann golden und schließlich grau und glatt, als die Sonne hinter den Wolken verschwand. Bassem und Nariman gingen allein am Ufer entlang. Ich hatte sie nie zuvor Händchen haltend gesehen. Dann war die Sonne weg. Alle anderen Menschen hatten den Strand verlassen. Die Kinder waren noch im Wasser, kreischten und spritzten und planschten herum. Es war dunkel, als sie sich schließlich in die Autos sinken ließen, mit feuchten Handtüchern auf ihren bleichen, mageren Schultern, ein bisschen zitternd und immer noch lächelnd.

TEIL ZWEI

HEBRON

PROLOG

Ramallah, Wadi Nar, Hebron

Und im Großen und Ganzen war nichts klar.

Viktor Šklovskij

Ende Juli erfuhr ich, dass die Armee ein Gemeindezentrum in Hebron durchsucht hatte, das von einer Gruppe namens Youth Against Settlements betrieben wurde. Ich war damals gerade in Ramallah. Ich eilte zum Busbahnhof, um Abir Kopty zu treffen. Zusammen erwischten wir ein Sammeltaxi, das südwärts nach Hebron fuhr, die größte Stadt des Westjordanlandes und die seltsamste Stadt, die ich je besucht habe.

In Kilometern oder Meilen ist die Entfernung zwischen Ramallah und Hebron ziemlich kurz, aber zwischen den beiden Städten liegt Jerusalem, und die Landschaft Palästinas besteht aus Furchen und Falten, die nicht auf einer Karte zu sehen sind. Fahrzeuge mit grünweißen Westjordanland-Nummernschildern* können zum Beispiel nicht nach Israel fahren – und im Allgemeinen auch die Menschen nicht, die von ihnen transportiert werden –, so dass palästinensische Taxis und alle palästinensischen Fahrzeuge, die von der Mitte des Westjordanlandes in den Süden fahren wollen, eine lange, umständliche und tückische Route durch das Wadi Nar (»Feuertal«) nehmen müssen, um Jerusalem und den riesigen Siedlungsblock von Ma'ale Adumim zu umgehen.

Der Ramadan war noch nicht zu Ende. Es war später Donnerstag, aber

---

* Die Besatzung ist farblich codiert: Israelische Fahrzeuge erhalten, selbst wenn ihre Besitzer im Westjordanland leben, gelbe Kennzeichen. Zur leichteren Unterscheidung müssen auch israelische Ausweise in farbigen Plastikhüllen mitgeführt werden: blaue für Bewohner Jerusalems und israelische Staatsangehörige, grüne für Menschen aus dem Westjordanland, orangefarbene für Menschen aus dem Gazastreifen.

noch zwei oder drei Stunden hin bis zum Fastenbrechen, deshalb waren die Straßen voll und die Fahrer hungrig und schlecht gelaunt.

Wir steckten eine halbe Stunde in der Hitze fest, der Himmel weiß von Staub, während wir uns vor dem Kalandia-Flüchtlingslager zentimeterweise vorwärtsschoben und durch die Fenster auf den von Molotowcocktails und brennenden Reifen geschwärzten Wachturm und auf das ikonische Mauerstück starrten, das zum Kontrollpunkt führte und auf dessen Beton Porträts von Jassir Arafat in jungen Jahren und von Marwan Barghouti gemalt waren, der die Hände in Handschellen reckt. Zwischen den beiden geliebten Fatah-Führern – der eine tot, der andere im Gefängnis – fand sich das Wandbild einer Gestalt, die mit einem Palästinensertuch vermummt war und ein leuchtend rotes Herz in einer Schleuder spannte. »FROM PALESTINE WITH LOVE« lautete der Slogan.

Wir konnten nicht in die glatte und staubfreie Welt auf der anderen Seite des Kontrollpunktes hinüberfahren, deshalb bogen wir ab und fuhren entlang der Sprengschutzmauern weiter, auf die mit Schablonen die Namen und Gesichter von Gefangenen sowie Werbung für Arztpraxen und Computerreparaturen gemalt waren. Der Verkehr lichtete sich, und der Fahrer brauste an der mit einem Tor gesicherten Auffahrt der Siedlung mit dem schlichten Namen »Adam« und den mit Planen bedeckten Verschlägen des Beduinenlagers vorbei, das zwischen dem Siedlungszaun und der Schnellstraße eingeklemmt war. Wir umfuhren die Mauer, die den Ort Hizma von den Siedler-Hochhäusern in Ostjerusalem trennte, und bogen scharf nach links ab, obwohl unser Ziel genau im Süden lag. Ma'ale Adumim und seine Satelliten-Siedlungen waren im Weg, zogen sich über die Hügelkämme, und der weite Bogen, in dem wir sie umkreisten, führte uns fast bis nach Jericho. Die Hügel wurden felsig und karg, es gab keine Olivenbäume mehr, nur staubiges Gestrüpp. Wir passierten ein weiteres Beduinendorf in der Sohle eines trockenen Tals – ein paar Verschläge aus zusammengeflickter Aluminiumverkleidung, Ziegenpferche, die mit Holzpaletten umzäunt waren. Ein Lastwagen war umgekippt, die Räder ragten in die Luft. Der Fahrer stand neben seinem Fahrzeug, ängstlich, aber unversehrt. Zwei israelische Polizisten standen argwöhnisch mit ihren M16-Gewehren daneben.

Das Taxi sauste durch Abu Dis, ein Wirrwarr aus Freiluft-Autowerkstätten, Lampenläden und Möbelgeschäften. Dahinter lag der Kontrollpunkt, der Container hieß, an dem ein paar Monate später ein junger Mann namens Anas al-Atrasch getötet werden würde. Zwei Soldaten mit grünen Baretten und Maschinengewehren standen neben den einsamen Gebäuden, die wie eine Mautstelle wirkten, und winkten manche Autos durch und hielten andere an. Als wir uns dem Kontrollpunkt näherten, stieg die Temperatur im Minibus. Sie fiel wieder ab, als die Soldaten uns durchwinkten. Der Fahrer raste hinunter ins Wadi Nar, mit quietschenden Bremsen in steilen Nadelkurven, bei denen sich einem der Magen umdrehte. Wir fuhren durch Dörfer aus würfelförmigen weißen Steingebäuden, wo auf jedem Dach ein schwarzer Wasserspeicher wie die Kappe eines Hotelpagen thronte, fuhren an Steinbrüchen und den Höfen von Steinmetzen, an Weinbergen und Feldern mit grünen Kohlköpfen und weiteren rot gedeckten Siedlungen hinter Stacheldraht vorbei. Wie grün es dort aussah, wie hoch ihre Bäume waren!

Endlich trafen wir wieder auf die Landstraße 60, auf der wir, wäre es uns erlaubt gewesen, direkt durch Jerusalem zu fahren, in 45 Minuten in Hebron gewesen wären. (Wir waren jetzt zweimal so lange unterwegs, seit wir Ramallah verlassen hatten.) Wir passierten den Gusch-Etzion-Kreisverkehr, von dem ein Jahr später drei israelische Teenager entführt werden würden, und das Siedlungs-Autohaus, das Siedlungs-Einkaufszentrum und den Beton-Wachturm davor. Wir fuhren durch Obstplantagen mit staubigen Pflaumenbäumen, die schwer an lilafarbenen Früchten trugen. Wir passierten das al-Aroub-Lager und die Auffahrt zur landwirtschaftlichen Fakultät auf der anderen Straßenseite, wo sieben Monate zuvor einer 21-Jährigen namens Lubna Hanasch von israelischen Soldaten in den Kopf geschossen worden war, als sie nach dem Unterricht auf ein Taxi wartete. Das Sonnenlicht fiel jetzt schräg ein und war fast golden.

Wir kamen durch Halhul, wo die Leichen der am Kreisverkehr entführten Teenager drei Wochen nach ihrem Verschwinden aufgefunden werden würden. Es folgten weitere Feigenbäume und Weingärten, ein Schrottplatz, ein greller *argile*-Laden, zerbröckelnde Häuser aus uralten Steinen, ein Mann, der im Schatten an einem Tisch voller bunter Stofftiere saß, Vater und Sohn, die Hand in Hand gingen. »O mein Gott«, sagte

Abir, und als ich aufblickte, sah ich neben einem Schlachterladen ein Schaf auf der Seite auf dem Asphalt liegen; der Gummistiefel des Schlachters drückte den Kopf des Tiers nach unten, während das Blut aus seiner Kehle strömte. Wir passierten weitere Läden, die Wassermelonen, Matratzen, Vogelkäfige mit und ohne Inhalt, Stoßstangen, Bodenfliesen, leuchtend gelbe Leitern und blaue Propangasflaschen verkauften. Die Straßen waren vom Donnerstagabendverkehr verstopft. Wir kamen an Kebabläden, Pizzabuden und Imbissen für frittiertes Hühnchen vorbei, an einem Buchladen, Banken und Bäckereien und Juwelieren und endlosen Handyläden, an Möbelgeschäften, die riesige aufgeplusterte weiße und scharlachrote Sofas verkauften, an Brautmodeläden, die riesige aufgeplusterte weiße und fliederfarbene Kleider verkauften. Wir waren am Ziel. Wir waren in Hebron.

Wir bahnten uns unseren Weg nach Bab al-Zawiya, in das Viertel am Rande der Altstadt, und passierten den schäbigen beigefarbenen Container, der am blockierten Ende der Schuhada-Straße als Kontrollpunkt dient, nahmen unsere Gürtel ab, holten Schlüssel und Handys aus unseren Hosentaschen, gingen durch den Metalldetektor und reichten den Soldaten auf der anderen Seite unsere Ausweise. Hebron besteht aus nichts als anderen Seiten, wie eine einzelne Buchseite, die man umblättern und umblättern kann und auf der man nie denselben Text wiederfindet. Wenn ganz Palästina von Furchen und Falten gekennzeichnet ist, von Wirklichkeiten, die sich überschneiden, aber fast nie durchmischen, dann ist Hebron der kartografische Kollaps, der Zusammenbruch des Kartenzeichners. Es ist die einzige Stadt im Westjordanland, in der israelische Siedler sich eine dauerhafte Präsenz erobert haben – deshalb die Kontrollpunkte und die Hunderte von Soldaten, die in der Stadt stationiert sind. Deshalb die fast kaleidoskopartige Fragmentierung, die Städte in der Stadt und die Städte in ihnen und über und unter und zwischen ihnen allen, in den Rissen, die jede Seite von der anderen trennt, den imaginierten Städten der Bewohner Hebrons.

Issa Amro, der Leiter und Mitgründer von Youth Against Settlements, wartete schon im Zentrum der Gruppe auf uns, einem alten zweistöckigen Steinhaus direkt unterhalb der Hügelkuppe von Tel Rumeida, dem ältesten Viertel in einer der ältesten Städte der Welt. Die ersten menschlichen Siedlungen in Tel Rumeida bildeten sich vor über 4000 Jahren, was das Haus der Youth Against Settlements ziemlich neu erscheinen ließ, es war vielleicht ein halbes Jahrhundert alt. Es war verlassen worden, dann von der Armee besetzt und gründlich auseinandergenommen worden, dann wieder verlassen und kurzzeitig von Siedlern beschlagnahmt worden, bis Issa einen Mietvertrag der palästinensischen Eigentümer vorlegen und das Haus renovieren konnte und es in ein Hauptquartier und einen Versammlungsort für örtliche Antibesatzungsaktivisten verwandelte. Seitdem war seine Anwesenheit ein andauerndes Ärgernis für die benachbarten Siedler oben auf dem Hügel. Und die waren kein zaghafter Haufen. Ein israelischer Soldat war durchgehend direkt hinter dem Haus stationiert. Issa, ein ernsthafter und dunkeläugiger Mann Anfang dreißig, war öfter verhaftet worden, als er zählen konnte, zuletzt zweieinhalb Wochen zuvor. Grenzschutzbeamte hatten ihn in die Polizeistation vor der Ibrahim-Moschee gebracht, die auch als Höhle der Patriarchen bekannt ist und in der Abraham, Isaak, Jakob und ihre Frauen Sara, Rebekka und Lea begraben sein sollen. Sie schlugen ihn so heftig auf den Rücken, dass er ins Krankenhaus kam.

Sein Gang war immer noch ein wenig steif, und er konnte nicht lange sitzen, aber Issa war eigentümlich guter Dinge. Er erzählte von den Durchsuchungen der Nacht zuvor mit einer schwirrenden, bitteren Heiterkeit, die ich später als seine Standard-Gemütslage erkennen würde, wenn Wut oder Erschöpfung nicht die Oberhand gewannen. Zum ersten Mal waren sie um Viertel nach neun gekommen, sagte er. Er hatte sich hingelegt, und sein Bruder Ahmad und ein paar der anderen regelmäßigen Teilnehmer hatten auf Plastikstühlen auf der Terrasse gesessen, *argile* geraucht und Tee getrunken. »Plötzlich waren dort fünf Soldaten« – Issa zeigte nach rechts – »und dort fünf Soldaten« – er zeigte nach links – »und fünf Soldaten kamen von da oben und weitere fünf von dort drüben, und sie richteten alle ihre Waffen auf uns. O mein Gott!« Er lachte. Ihm fiel etwas Seltsames auf: In den Gewehren steckten keine Magazine. »Es war nur Training, eine Übung.«

Aber Training wofür? Es konnte nur um Einschüchterung gehen, sagte Issa, darum, »uns Angst zu machen«. Sie haben eine *argile* kaputt gemacht und Chaos hinterlassen.«»Ahmad war sehr wütend«, sagte Issa wieder lachend, »aber nur über die *argile*.« Die Soldaten kehrten zwanzig Minuten später zurück, um die Übung zu wiederholen, und dann noch einmal um Mitternacht herum. »Es ist hart«, sagte Issa, »ein Trainingsobjekt zu sein.« Er biss das Wort »Objekt« ab und spuckte es aus.

Die Sonne war untergegangen. Der Gebetsruf erklang, begann in einer Moschee und dann in der nächsten und dann, um Sekundenbruchteile verzögert, in einer weiteren Moschee und noch einer, so dass die Rufe der Muezzins aus allen Richtungen gleichzeitig zu erschallen und widerzuhallen schienen, ein fast kakofonisches Loblied auf den Schöpfer, das stereofon von einer Seite der Stadt bis zur anderen erklang. Wir aßen auf der Betonterrasse mit Blick über die weißen Steinhäuser der Altstadt und die Ruhestätte der Patriarchen zu Abend. Ich konnte einen Militärstützpunkt auf dem Nachbarhügel in südlicher Richtung erkennen – eine riesige Menora erleuchtete die Sprengschutzmauer und den Wachturm daneben – und zwei weitere Stützpunkte auf Hügeln im Osten und Nordosten.

Das Feuerwerk begann, als wir mit dem Abendessen halb durch waren. Die Ergebnisse der *taudschihi*, der Abschlussprüfungen, die Palästinenser im letzten Schuljahr ablegen, waren gerade bekannt gegeben worden, und die Familien aller Jugendlichen, die bestanden hatten, hatten etwas zu feiern. Lautes Krachen erklang aus allen Richtungen gleichzeitig. Der Himmel leuchtete mit pinkfarbenen und grünen und goldenen Explosionen. Irgendwer witzelte, es klinge wie die Intifada noch mal ganz von vorn.

Wir saßen in einem weiten Kreis auf der Terrasse. Wir waren acht oder zehn – Abir und Irene, die aus Jerusalem gekommen war, ich selbst, Issa, sein Bruder und vier oder fünf andere. Vor allem ein Mann hinterließ bleibenden Eindruck, ein stolzer und gutaussehender Kerl mit einem grauen Schnurrbart. Er trug eine lange und makellos weiße Dschallabija. Sein Haar saß perfekt. Er hatte einen Gehstock, saß mit überkreuzten Beinen da und schien mit jedem Zug von seiner Zigarette Eleganz zu verströmen. Ich saß ein paar Plätze entfernt, unter dem Fenster mit dem Rücken zur Wand. Wir balancierten Plastikteller auf den Knien und aßen Knafeh – eine Ramadan-Süßspeise aus Pfannkuchen, die mit Käse oder Nüssen gefüllt und in Zuckersirup getränkt werden –, als ungefähr einen halben Meter über meinem Kopf etwas kräftig gegen den Metallfensterladen schepperte. Die Jungs stoben auseinander, rannten in die Olivenhaine, die das Zentrum umgeben, weil sie davon ausgingen, dass jemand – ein Siedler – einen Stein geworfen hatte und sie ihn erwischen könnten, wenn sie nur schnell genug wären. Ich folgte Ahmad und einem anderen Typen namens Tamer. Wir rannten in der Dunkelheit zwischen den Bäumen hindurch, entdeckten aber niemanden. Zurück am Zentrum, suchten die Jungs den Boden nach dem Stein ab. Aber da war kein Stein. Nur eine Kugel.

Zwei Soldaten auf Patrouille kamen am Zentrum vorbei. Irene berichtete ihnen, dass wir glaubten, jemand habe gerade auf uns geschossen. Sie hat eine Art, die Soldaten besänftigt. Sie waren schließlich nur zwei neunzehnjährige Jungen, und sie war eine große und unglaublich schöne Frau von 31 Jahren, deren Intelligenz und sturer, trotziger Charme fast jedes Hindernis in Luft auflösten. Einmal wurde ich Zeuge, wie sie sich am Kontrollpunkt von Bab al-Zawiya weigerte, einem mürrischen Soldaten ihren Ausweis zu geben, solange der nicht »bitte« gesagt hatte. Seine Freunde verspotteten ihn, aber er sagte es. Doch diesmal wirkte ihr Zauber nicht. Die Soldaten grunzten, sie hätten nichts gesehen, und gingen weiter. Issa rief die Polizei. Die Jungs untersuchten die Fensterläden auf ein Einschussloch. Sie fanden keines. Sie fanden eine Delle.

Tamer überlegte, dass jemand eine Kugel mit einer Steinschleuder geschossen haben könnte, aber wahrscheinlich war es eher so, dass irgendein gedankenloser Feiernder mit einer Waffe irgendwo auf der anderen Seite der Stadt in die Luft gefeuert hatte, so dass die Kugel viel Zeit hatte, an Schwung zu verlieren, bevor sie gegen den Fensterladen über meinem Kopf prallte. Dennoch war es schwer, in der Dunkelheit keine Gespenster zu sehen.

Die Polizei kam nach fünf Anrufen und über vierzig Minuten, zwei Israelis in blauen Uniformen mit M16-Gewehren, denen neun Soldaten in voller Kampfmontur folgten. Zwei der Soldaten fotografierten uns mit iPhones. Issa beschwerte sich bei einem von ihnen darüber, dass die Soldaten auf Patrouille ihn ignoriert hätten.

»Wir hatten Angst«, sagte Issa. »Wer schützt uns?«

»Wir werden die ganze Nacht hierbleiben«, antwortete der Soldat, was niemanden beruhigte.

Am Ende passierte nichts weiter. Issa ging zur Polizeistation, um eine Aussage zu machen. Die Polizisten versuchten ihn durch die Siedlung hinter dem Haus zu geleiten, aber einer der Führer der Siedler, Baruch Marzel, brüllte, dass er ihn nicht in der Nähe der Siedlerhäuser haben wolle. Die Polizisten gehorchten und nahmen den langen Weg außen herum. Rückblickend bin ich mir fast sicher, dass niemand auf uns geschossen hat, aber die Verwundbarkeit, die wir alle empfanden, das Gefühl vollkommenen Ausgeliefertseins, das Wissen, dass alles plötzlich und ohne Vorankündigung in schlimme Gewalt münden konnte, und überdies die Gewissheit, dass es niemanden gab, an den man sich wenden konnte, all das stellte sich als ausgezeichnete Einführung in die Stadt Hebron heraus.

Ich kehrte ein paar Wochen später zurück und verabredete mit Issa, dass ich wiederkommen und ein paar Wochen bleiben würde.

»Du bist herzlich willkommen«, sagte er und grinste.

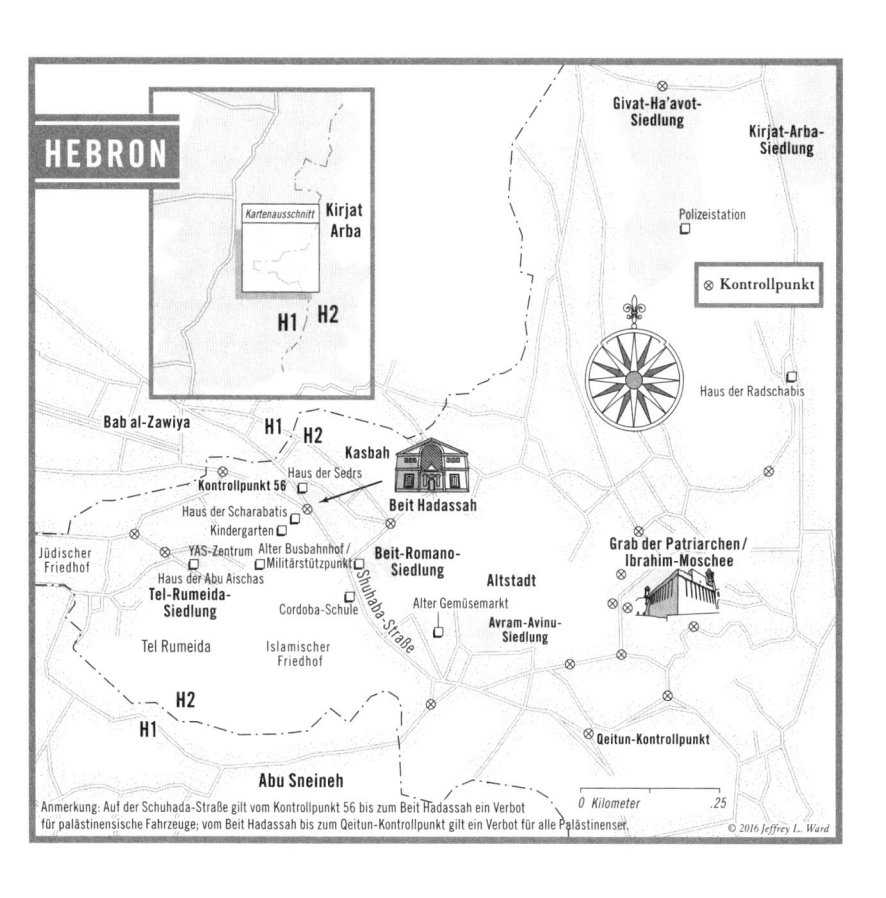

HEBRON

Kartenausschnitt

Kirjat Arba

H1 / H2

Givat-Ha'avot-Siedlung

Kirjat-Arba-Siedlung

Polizeistation

⊗ Kontrollpunkt

Haus der Radschabis

Bab al-Zawiya

H1 H2

Kasbah

Haus der Sedrs

Kontrollpunkt 56

Haus der Scharabatis

Beit Hadassah

Kindergarten

Jüdischer Friedhof

YAS-Zentrum Alter Busbahnhof /
            Militärstützpunkt

Beit-Romano-Siedlung

Grab der Patriarchen / Ibrahim-Moschee

Haus der Abu Aischas

Tel-Rumeida-Siedlung

Cordoba-Schule

Altstadt

Alter Gemüsemarkt

Avram-Avinu-Siedlung

Tel Rumeida

Islamischer Friedhof

Shuhaba-Straße

H2

H1

Abu Sneineh

⊗ Qeitun-Kontrollpunkt

0 Kilometer .25

Anmerkung: Auf der Schuhada-Straße gilt vom Kontrollpunkt 56 bis zum Beit Hadassah ein Verbot für palästinensische Fahrzeuge; vom Beit Hadassah bis zum Qeitun-Kontrollpunkt gilt ein Verbot für alle Palästinenser.

© 2016 Jeffrey L. Ward

5
EINE FRAGE DER HOFFNUNG

Hebron, Beitunia, Ramallah

Normalität ist essentiell. Sie ist unsere Geheimwaffe.

Yigal Kutai, Direktor des Hebron Heritage Center

Der Planet Hebron ist weit, weit weg. Die Tatsache, dass man mit dem Auto oder Bus hinfahren kann, macht die Sache nur verwirrender. Wenn Hebron irgendwo auf einem Berggipfel oder in einem tiefen Meeresgraben versteckt wäre, wenn man, um es zu erreichen, durch dunkle, bröckelnde Schächte zum Mittelpunkt der Erde hinabsteigen oder sich kryogenisch behandeln lassen müsste, um eine Reise von vielen Lichtjahren anzutreten, würde es sich nicht so seltsam anfühlen. Aber es ist gleich da, auf derselben Erdoberfläche wie Tel Aviv oder Amman oder irgendeine andere irdische Metropole. Vielleicht hilft es, interdimensional zu denken und Hebron als eine Delle in der Gussform zu verstehen, als merkwürdige Falte im Gewebe der Dinge, der es durch ihre Verzerrungen und Verformungen und ihre furchtbare Rückkopplung gelingt, uns genau zu sagen, wer wir sind.

Fangen wir mit einer Liste an. Die Menschen in Hebron verwenden das Wort »normal« sehr oft. Im Folgenden ein paar Dinge, von denen Leute mir sagten, sie seien »normal«:

Schreien. »Wenn man jemanden schreien hört, weil Soldaten oder Siedler ihn schlagen, dann ist das normal.« Das sagte Mufid Scharabati. Er wohnte in den Wochen, die ich in Hebron verbrachte, über mir. Wir saßen auf seinem Dach und hörten Schreie von der Schuhada-Straße unter uns. Mufid schien das nicht zu beunruhigen. Er hätte ohnehin nicht aufstehen und nachsehen können – er war von Soldaten so schwer verprügelt worden, dass er sich ohne Hilfe nicht aufrichten konnte.

Beschossen zu werden und Steine und Molotowcocktails gegen das eigene Haus geschleudert zu bekommen. Dschamal Abu Seifan lebte am Stadtrand von Hebron, direkt unterhalb der Siedlung Kirjat Arba. Seine Nachbarn waren nicht immer sehr nachbarschaftlich. An die Molotowcocktails musste er sich erst gewöhnen. »Jetzt ist das normal«, sagte er.

Soldaten, die Tränengas auf Schulkinder abfeuern, um täglich den Beginn und das Ende des Unterrichts zu markieren. Das ist tatsächlich völlig normal. Man konnte die Uhr nach dem Knallen stellen. »So geht es jeden Tag«, sagte ein Ladeninhaber auf der anderen Straßenseite der Jungenschule des Hilfswerks der Vereinten Nationen, gut einen Block vom Kontrollpunkt 29 entfernt. Soldaten hatten sich auf dem Dach des Wohnhauses nebenan positioniert. Die Straße hinunter, noch nahe bei der Schule, feuerten sie Tränengasgranaten auf Kinder ab. In der Regel warfen die Kids Steine, aber wenn sie es an jenem Tag taten, so habe ich nichts davon mitbekommen. Der Ladeninhaber machte sich nicht die Mühe, zuzumachen. Er stand vor seinem Laden und sah zu, wie die Lehrer vor dem Schultor einander unterhakten und eine Kette bildeten, um die kleineren Kinder vom Zusammenstoß wegzuführen.

Verhaftet und stundenlang befragt zu werden und ohne Anklage oder Entschuldigung freigelassen zu werden. »Das ist etwas ganz Normales«, sagte Zleikha Muhtaseb, eine Frau in den Fünfzigern, deren Tür von der Armee zugeschweißt und deren Balkon mit schwerem Stahlgeflecht in einen Käfig verwandelt wurden, um sie vor Gegenständen zu schützen, die ihre Nachbarn warfen. Im Frühjahr zuvor waren Soldaten gekommen, um sie mitzunehmen, nachdem sich Siedler beschwert hatten, dass sie irgendwie aus ihrem Käfig heraus Steine auf sie geworfen habe. Die Verhaftung sei nur eine Warnung gewesen, sagte sie, weil sie mit zu vielen Aktivisten und Ausländern wie mir redete.

An einem Kontrollpunkt von einem Soldaten seinen Ausweis abgenommen zu bekommen, der ihn in seine Hosentasche gleiten lässt und dort behält, bis ihm in den Sinn kommt, dass man lange genug gewartet hat. Das ist mir selbst auch passiert. »Mach keinen Scheiß«, sagte mir der Soldat, als er mir meinen Pass wiedergab. Er hatte vorher ein paar Befehle auf Hebräisch geknurrt, und ich hatte gerade die Überlegung geäußert, dass er vielleicht an dem Tag, an dem der Umgang mit den Medien geübt wurde, verschlafen hatte. Es stellte sich heraus, dass sein Englisch besser war als sein Sinn für Humor. Aber es war Dschawad Abu Aischa, einer der Freiwilligen der Youth Against Settlements, der mir versicherte, dass das normal war. Wir gingen nicht weit von der Ibrahim-Moschee entlang, und ein Grenzschutzbeamter hatte ihm gerade seinen Ausweis abgenommen. Manchmal passiere das zwei- oder dreimal am Tag, sagte mir Dschawad, und manchmal eine ganze Woche lang gar nicht. »Es ist okay«, meinte er. »Das ist unser Leben.«

Die ganze Zeit einen Soldaten mit einem Maschinengewehr direkt hinter oder vor dem Haus stationiert zu haben. Ich denke an das Haus der Youth Against Settlements, aber das ist bei weitem nicht das einzige. Überall, wo ein palästinensisches Haus an ein Grundstück grenzte, das Siedler bewohnten, bewachte ein Soldat die Grenze zwischen ihnen. Grenzen sind alles in Hebron. Würde die Stadt ohne sie zusammenbrechen? Auch vor dem Haus der Scharabatis befand sich immer ein Soldat, so nah, dass ich ihn am Telefon plaudern hören konnte, wenn ich nachts wach lag. Eines Tages waren Imad und Zidan unterschiedlicher Meinung darüber, wie das hebräische Wort für Feuerzeug lautete. Wir saßen auf der Terrasse des Youth-Against-Settlements-Zentrums. Imad zwinkerte mir zu und brüllte hinters Haus, um den dort stationierten Soldaten zu fragen und den Streit zu schlichten. Der Soldat spielte mit und schrie seine Antwort zurück. Zidan runzelte die Stirn. Er war sich sicher, dass es ein anderes Wort war, also fragte Imad mit einem weiteren Zwinkern noch einmal. »Das auch«, brüllte der Soldat.

Alles. »Es ist sehr normal«, sagte David Wilder, der Sprecher der Siedler in Hebron. »Was das Alltagsleben angeht, gibt es hier nichts, was anders wäre als überall sonst.« Er war an einer schweren Gürtelrose erkrankt und saß in seiner kleinen Wohnung im Beit Hadassah fest, auf der anderen Straßenseite vom Haus der Scharabatis. Er stand nur auf, um mir das Einschussloch im Schrank seiner Kinder zu zeigen und das andere in dem dicken Buch über jüdisches Recht, das er vom Regal im Wohnzimmer nahm. Das war auch normal. Alle schienen irgendwo ein paar Einschusslöcher zu haben, und egal, ob es Juden oder Araber waren, die ich besuchte, es kam bei fast jedem Interview der Moment, an dem sie sie vorzeigen wollten. In Hebron war nichts normaler als Löcher.

Insgesamt verbrachte ich etwa einen Monat auf dem Planeten Hebron. Das war eigentlich nicht sehr lang. Aber lang genug. Ich brachte mich auf Stand, welche politischen Entwicklungen die Stadt geformt hatten: ihre religiöse Geschichte, das Massaker an den Juden der Stadt im Jahr 1929, der Aufstieg der messianischen, zionistischen Rechten, das Massaker an Gläubigen in der Ibrahim-Moschee im Jahr 1994, die darauf folgende Sperrung der Schuhada-Straße, 1997 die Aufteilung der Stadt in von Israelis und von Palästinensern kontrollierte Zonen, die Vervielfachung von Kontrollpunkten und die endlosen Sperrungen der Zweiten Intifada. Es leuchtete alles irgendwie ein, ergab aber überhaupt keinen Sinn. Nichts davon konnte die Wirklichkeit des Ortes ausreichend erklären. Und auch zeitgenössische irdische Analogien trafen es nicht. Hebron war nicht Belfast oder Soweto, Sarajewo oder Beirut. Es gab die eine oder andere flüchtige Ähnlichkeit mit diesen Orten und mit den oft stark segregierten amerikanischen Städten, in denen ich in den USA gelebt hatte. Am Ende waren es aber Werke der Science-Fiction, die sich als am hilfreichsten erwiesen. Vor allem zwei: Samuel Delanys *Dhalgren*, ein epischer Roman, der in einer schemenhaften, traumartigen Stadt spielt, die vielleicht wirklich nur ein Traum ist, von der Welt getrennt und vergessen, wo die Zeit Sprünge macht und der Raum sich ohne Vorwarnung neu arrangiert; und China Miévilles *Die Stadt & die Stadt*, ein außerordentliches Werk spekulativer Fiktion über zwei Städte, Besźel und Ul Qoma, die einander durchdringend denselben geografischen Raum einnehmen. Die Bürger der jeweiligen Stadt werden vom Säuglingsalter zum »Nichtsehen« der anderen Stadt und ihrer Bewohner angeleitet, dazu, nicht einmal sich selbst gegenüber die Existenz der Hälfte der Menschen und Gebäude, an denen sie auf der Straße vorbeikommen, anzuerkennen.* Jedes Versagen, dem Folge zu leisten, wie kurz auch immer – ein Blick, der zu lange an der Fassade eines Gebäudes der anderen Stadt hängen bleibt, ein flüchtiges Wahrnehmen der falschen Person –, stellt das gröbste Vergehen dar, das sich ein Bewohner der jeweiligen Stadt zuschulden kommen lassen kann. Genauso war es in Hebron.

Damit will ich den Ort nicht exotisieren. Hebron *ist* anders als alle anderen irdischen Städte, aber die schmerzliche Wahrheit ist auch, dass der Planet Hebron überhaupt nicht weit weg ist. Ich meine nicht nur von Beerscheba oder Nablus aus, sondern auch von Washington, London, Los Angeles oder New York. Es ist unser Planet. Wir haben ihn zu dem gemacht, was er ist. Und mit *uns* meine ich uns alle – die unter uns, die gehandelt haben, und die, die es nicht getan haben. Ein weiterer Sci-Fi-Autor, Philip K. Dick, schrieb einmal: »Ich möchte Sie nicht unglücklich machen, indem ich in die Einzelheiten des Schmerzes gehe, doch es gibt einen großen Unterschied zwischen dem Schmerz und davon zu erzählen. Wenn man durch Wissen mitleidet, dann ist Unwissen erst recht gefährlich.« Hebrons Realitäten sind die gleichen wie im restlichen Palästina, nur wurden sie unter enormem Druck eingekocht, bis sie zu einer dicken und giftigen Paste reduziert wurden. Und die Realitäten Palästinas unterscheiden sich nicht von unseren.** Sie sind nur ungeschönter,

---

* »Natürlich waren wir [als Kinder] immer auf der Hut und darauf bedacht, Ul Qoma zu nichtsehen, wie es uns von Eltern und Lehrern mit der nötigen Strenge beigebracht worden war. [...] bei unseren Spielen belustigten wir uns manchmal damit, Steine über die Enklave zu werfen, dann brav auf dem langen Weg auf die andere Seite zu laufen, sie aufzuheben [...]. Das gleiche Spiel spielten wir mit den bei uns heimischen Eidechsen. Sie waren immer tot, wenn wir sie aufklaubten, und wir schrieben es dem kurzen Flug durch Ul Qoma zu, obwohl, um der Wahrheit die Ehre zu geben, die unsanfte Landung als Todesursache nicht ausgeschlossen werden konnte.«
** Während ich dies schreibe, blockieren Demonstranten gerade Autobahnen, um ihrem Protest Ausdruck zu verleihen, dass Eric Garner und Michael Brown in New York und Ferguson, Missouri, von Polizisten getötet wurden. Polizeihubschrauber fliegen knatternd über mein Büro hinweg.

dichter, schärfer umrissen. Die Menschen, die mir in Hebron begegneten – die Palästinenser, die Siedler, die Soldaten –, unterschieden sich nicht von Menschen anderswo, außer in der Hinsicht, dass der Ort und seine zum Verrücktwerden vertraute Gewalt sie verroht und manchmal gebrochen hatten.

Das stimmt nicht ganz. Ein paar waren vollkommen wahnsinnig.

Issa hatte schlechte Laune. Wir waren ein paar Stunden zuvor in Hebron eingetroffen – ich, der Fotograf Peter van Agtmael und die italienische Fotografin und Videografin Gaia Squarci. Wir folgten Issa die Treppe hinter dem Zentrum hinauf, am dort postierten Soldaten vorbei in das Büro und Klassenzimmer im ersten Stock. Issas Rücken tat weh, sagte er, aber er war auch reizbarer und unbeherrschter als sonst. (Als Antwort auf eine von Gaias Fragen blaffte er: »Wenn ich etwas sage, heißt das, dass ich hundertprozentig recht habe.«) Er warf einen Macintosh im Hinterzimmer an und trommelte auf den Schreibtisch, während der Computer hochfuhr. Er würde uns eine kleine Einführung geben. Issa klickte einen Link für eine Karte von Hebron an. Von den farblichen Markierungen wurde einem fast schwindelig. H1 – der Teil der Stadt, der von der Palästinensischen Autonomiebehörde regiert wird und in dem 80 Prozent der palästinensischen Bevölkerung von Hebron leben – war beigefarben. H2 – die Zone, die sich etwa 850 Siedler und 40 000 Palästinenser teilen*, wenn das das richtige Wort ist, und in dem fast alle Aspekte des Lebens von den israelischen Sicherheitskräften kontrolliert werden – war von einem anderen Beigeton. H2 war weiter unterteilt: Die Gebäude und Viertel, die von Siedlern übernommen worden waren, waren blau schraffiert; eine weite U-förmige Fläche in Violett zeigte die Gebiete an, in denen Palästinenser zu Fuß gehen, aber nicht fahren durften; die Straßen, die Palästinenser nicht einmal zu Fuß überqueren durften, waren in einem dunklen Orangerot gehalten. Das israelische Militär bezeichnet solche Durchgangsstraßen als »steril«, als wenn die Anwesenheit von Palästinensern eine Art Infektion darstellte.

---

* Etwa 500 Juden leben dauerhaft in Hebron – der Rest sind Jeschiwa-Schüler, die kommen und gehen.

Mit der Maus umkreiste Issa Tel Rumeida. »Wir sind hier.« Der Plan der Siedler sei es, alles von dort, wo wir gerade saßen, »bis ganz hier oben« zu übernehmen – der Cursor kreuzte diagonal im Zickzack über ein großes Stück H2 und kam an einem großen blauen Fleck in der nordöstlichen Ecke der Karte zum Stehen. Sie wollten, so Issa, Kirjat Arba, das mit einer Bevölkerung von über 7000 Menschen über die größte Konzentration an Siedlern in der Gegend verfügte, mit ihrem heiligsten Ort, dem Grab der Patriarchen, und überdies noch Tel Rumeida verbinden, das vorerst eine kleine Insel mit ein paar besonders eifrigen Siedlerfamilien und einer schrumpfenden Gemeinde palästinensischer Hebroniten blieb.*

»Wir haben«, fuhr Issa fort, »achtzehn Kontrollpunkte und über hundert Bewegungssperren – Metalltore, Beton- und Stacheldrahtbarrikaden und andere Hindernisse – zwischen Kirjat Arba und hier.«

Er umkreiste den Kontrollpunkt von Bab al-Zawijya, dem Viertel, das eine Art Pforte zwischen H1 und H2 bildete und die älteren Bereiche der Stadt von ihrem neueren Zentrum trennte. Wir hatten ihn einige Stunden zuvor passiert. (Damals war der Kontrollpunkt nur ein Metalldetektor in einem beigefarbenen Container, der mit zwei unglücklichen Soldaten bemannt war. Er hieß Kontrollpunkt 56.) »Direkt davor«, führte Issa aus, »befindet sich das Restaurant und Café Rachel Corrie.« Der Eigentümer sei ein Freund, sagte er. »Ausländern berechnet er fünfundzwanzig Schekel, aber sagt ihm, Issa habe gesagt, fünfzehn.«**

Issa öffnete ein Foto von einem bärtigen Mann mittleren Alters mit einer großen schwarzen Kippa, der mit beiden Händen am Gesicht eines israelischen Solidaritätsaktivisten zieht. »Das ist Baruch Marzel«, sagte er. »Den solltet ihr kennenlernen.« Das taten wir bald. Issa führte eine Google-Bildrecherche durch und fand mehrere Aufnahmen von David Wilder, graubärtig, mit einem warmen, väterlichen Lächeln. »Das ist der

---

* Später fragte ich David Wilder, den Sprecher der Siedler, ob sie tatsächlich diesen Plan hegten. Er zuckte mit den Achseln. »Wir würden ihn nicht missbilligen.«
** Das Restaurant war nach der 23-jährigen amerikanischen Solidaritätsaktivistin benannt worden, die 2003 von einem israelischen Militärbulldozer in der Stadt Rafah im Gazastreifen getötet worden war. Ich habe nur einmal dort gegessen. Der Eigentümer verlangte 40 Schekel, etwa 11 Dollar, für einen kleinen Teller öliger Leber. Ich handelte ihn auf 20 Schekel herunter.

Glatte«, sagte Issa und öffnete Bilder von Noam Federman, der 2002 verhaftet worden war, weil er plante, eine palästinensische Mädchenschule in Jerusalem zu bombardieren; von Menasche Levinger, der mit verhaftet worden war und dessen Vater zu den ersten israelischen Juden gehörte, der 1968 Ansprüche auf Hebron anmeldete; von Menasches Bruder Schlomo, der zwei Tage zuvor in den Kindergarten geplatzt war, den die Youth Against Settlements ein Stück den Hügel hinunter baute. Der Vorfall war gefilmt worden. Ich hatte ihn auf YouTube gesehen. Levinger hatte einen anderen Siedler an seiner Seite gehabt. Issa forderte sie auf zu gehen: »Ihr stört hier unsere Arbeiten.«

»Nichts hier gehört euch«, antwortete Levinger.

Bald kamen drei weitere Siedler, einer davon mit einem Gewehr, dann Soldaten und endlich die Polizei. Zwangsläufig wurde Issa verhaftet, genau wie ein fünfzehnjähriger Freiwilliger der Youth Against Settlements namens Ahmad Azza. Es sollte Issas zehnte Verhaftung im Jahr 2013 sein. »Letztes Jahr waren es zwanzig«, sagte er. »Dieses Jahr bin ich brav.«

Er fuhr fort. »Das ist Anat Cohen.« Das Foto zeigte eine dünne, leicht vogelartige Frau mit strengen, tiefliegenden Augen. »Das ist eine sehr gefährliche Person. Vielleicht die schlimmste von allen.« Auch sie würde ich kennenlernen.

Einer der jüngeren Jungs kam herein und flüsterte Issa etwas ins Ohr. Issa erhob sich, er zuckte beim Aufstehen zusammen. »Ich muss nach draußen«, sagte er. »Da ist ein Siedler.« Tatsächlich waren es sogar zwei. Sie waren jung, Teenager, ein Junge und ein Mädchen. Sie saßen auf einer Schaukel, die ein paar Meter von der hinteren Terrasse des Zentrums entfernt hing. Sie saßen nicht nur da – sie machten miteinander rum. Der Junge löste seine Umarmung, als Issa auftauchte. Issa brüllte dem Soldaten zu, dass sich die jungen Liebenden auf palästinensischem Grund und Boden befänden und nicht dort sein dürften. Der Soldat befahl ihm, nicht mit ihnen zu sprechen.

»Seiner eigenen Religion zufolge darf er das nicht!«, schrie Issa. Aber der Junge hatte das Interesse an seiner Geliebten verloren. Issas Ärger verhieß viel mehr Spaß. Der Junge sagte kein Wort. Er grinste nur weiter, zog seine Freundin näher an sich heran und gab der Schaukel mehr Schwung.

Bevor wir gehen wollten, informierte Issa uns, dass wir diese Nacht im Zentrum verbringen würden. Die Übernachtungsmöglichkeit, die er für uns vorgesehen hatte, stand noch nicht bereit. Es werde uns aber gefallen, versicherte er. »Es ist ein besonderer Ort«, sagte er und lächelte zum ersten Mal an diesem Abend.

Es war später an diesem Abend, als wir von einem Spaziergang durch H1 zurückkamen, den von der Palästinensischen Autonomiebehörde regierten Abschnitt der Stadt, und von Bab al-Zawiya durch den Kontrollpunkt 56 wieder auf die Schuhada-Straße zurückkehrten. Auf der H2-Seite, wo die Israelischen Verteidigungsstreitkräfte herrschten, waren die Straßen so gespenstisch und leer wie immer, aber der Kontrollpunkt war voller Siedler, vielleicht ein Dutzend, alles männliche Teenager. Sie hingen mit den Soldaten ab, die dort an diesem Abend stationiert waren und ein bisschen beklommen wirkten, als die Siedler-Teens halbstark neben ihnen lachten, Brezeln knabberten und Tee tranken. Die Siedler betrachteten uns amüsiert, als wir die Gürtel wieder umbanden und Pässe und Telefone in unseren Taschen verstauten. Ihre Art war nicht gänzlich freundlich, unterschied sich qualitativ aber auch nicht von der leicht aggressiven Heiterkeit, mit der sie alles um sich herum zu betrachten schienen.

Einer von ihnen erklärte, dass sie den Soldaten Snacks und warme Getränke gebracht hätten. »Weil sie uns schützen«, sagte er.

»Vor den arabischen Killern«, ergänzte ein anderer.

»Hier ist es gefährlich«, erklärte ein Dritter.

Da hatte er recht. Oder er lag zumindest nicht falsch. Die meisten Gefahren hatten Palästinenser zu erdulden, aber ein paar Wochen zuvor, am Tag des jüdischen Laubhüttenfestes, war einem zwanzigjährigen israelischen Feldwebel namens Gal Kobi am Kontrollpunkt am anderen Ende der Schuhada-Straße in den Hals geschossen worden, vermutlich von einem Scharfschützen. Kobi starb kurz darauf im Krankenhaus und war damit der erste Israeli, der seit dem Ende der Zweiten Intifada in Hebron umgebracht wurde. Im selben Zeitraum waren in der Stadt sechzehn Palästinenser von israelischen Streitkräften getötet worden.

Peter hob die Kamera. Die Teenager rückten zusammen und legten die Arme umeinander.

»Cheese«, schrie einer von ihnen. Ein anderer brüllte:»*Scharmuta*«, was auf Arabisch »Hure« heißt. Sie lächelten alle.

Früher an diesem Abend hatten wir auf Issas Empfehlung einen Mann besucht, der Mufid Scharabati hieß. Soweit ich wusste, war ich ihm noch nie begegnet. Wir gingen den Weg vom Zentrum hinunter, öffneten eine Pforte und bogen am alten zurückgelassenen Lieferwagen rechts ab, an dessen Tür der Schriftzug »Schweppes« immer noch lesbar war. Der Lkw war einer der unsichtbaren Knotenpunkte, von denen Hebron voll war. Für die Nichteingeweihten war es nur ein alter amerikanischer Lkw aus den 1950er Jahren, eine merkwürdige Anomalie, die mehr Sinn ergäbe, wenn sie am Rand einer kleinen Stadt in der Mojawe-Wüste verrottete statt hier, von jeder befahrbaren Straße weit entfernt, fast am Gipfel von Tel Rumeida. Doch die Palästinenser, die im Viertel lebten, wussten, dass der Lkw eine Grenze markierte. Es gab natürlich kein Schild und keinen Warnhinweis, nur den verrottenden Lkw, aber sie wussten, dass sie nicht an ihm vorbei weiter dem Weg folgen konnten, denn in der Richtung lagen die Häuser der Siedler, wodurch er zum Weg der Siedler wurde, und wenn Palästinenser weiter dem Weg folgten oder wenn sie an der Pforte des Zentrums links abbogen statt rechts, riskierten sie eine Verhaftung oder Schlimmeres, je nachdem, ob die Soldaten oder die Siedler sie zuerst erreichten.

An diesem Abend aber war der Weg leer und dunkel. Die gelben Scheinwerfer, die die Armee auf den Dächern über den Olivenhainen[*] platziert hatte, warfen harsche, sich verschiebende Schatten unter die Bäume. Wir stiegen eine Metalltreppe hinunter, gingen an zwei verlassenen Häusern vorbei und einige geborstene Steinstufen neben einem wei-

---

[*] Die Bäume waren so knorrig und dick, dass die Menschen sie die »römischen Bäume« nannten und darauf bestanden, dass sie Tausende von Jahren alt seien, was unwahrscheinlich war – wobei Hunderte sicher zutraf –, aber es war bestimmt tröstlich, sich vorzustellen, dass ein lebendiges Wesen den Untergang eines Reiches und noch eines Reiches und noch eines Reiches überleben konnte und dass der Schmerz und das Unglück, die seine Glieder krümmten, es im Verlauf der Jahrzehnte edler und schöner und respektabler machten.

teren leeren Haus mit einem gleichfalls verlassenen militärischen Wachposten auf dem Dach hinunter. Wir liefen über den Vorplatz des Hauses, das die Youth Against Settlements gerade in einen Kindergarten für die Kinder aus dem Viertel umgewandelt hatte, und gingen dann von Dach zu Dach, balancierten am Rande einer Mauer, bis wir auf dem Dach von Mufid Scharabatis Haus ankamen.

Er wartete dort unter einer zerrissenen grünen Plane auf uns. Er sah vertraut aus, aber ich konnte mich nicht erinnern, wo oder unter welchen Umständen wir uns vielleicht schon einmal begegnet waren. Er war grauhaarig und unrasiert, mit einem dichten Schnurrbart und einem schwermütigen, adlerartigen Gesicht, das einmal sehr attraktiv gewesen sein musste. In einem alten, hässlichen blauen Jogginganzug saß er da auf vier aufeinandergestapelten Plastikstühlen und rauchte, vorgebeugt und mit hängenden Schultern. Wahrscheinlich machte die größere Höhe des Stuhlstapels es leichter für ihn, aufzustehen. Soldaten hätten ihn unlängst verprügelt und an derselben Stelle getroffen, an der er einige Jahre zuvor schon einmal verletzt worden war, erklärte er. Er hatte den ganzen Tag im Krankenhaus verbracht. Die Ärzte hielten eine Operation für unausweichlich.

Das Haus der Scharabatis war das letzte von Palästinensern bewohnte Haus in diesem Teil der Schuhada-Straße. Das ist eine kompliziertere Aussage, als es den Anschein haben mag. Ein paar Palästinenser lebten noch weiter die Straße hinunter, auf der entfernten Seite mit dem Beit-Hadassah-Gebäude und den Siedler-Wohnungen, aber sie durften die Straße vor ihren Türen nicht betreten, sondern mussten hinten ein und aus gehen oder über die Dächer und durch die Türen ihrer Nachbarn. Das dreistöckige Steinhaus der Scharabatis – das Mufids Familie gemeinsam mit der Familie seines Bruders Zidan und der Familie al-Salayma im Erdgeschoss bewohnte – war das letzte Gebäude an dem kurzen Abschnitt der Schuhada-Straße zwischen dem Kontrollpunkt 56 und Beit Hadassah, der von Palästinensern betreten werden durfte. Die meisten anderen Häuser waren verlassen. Die Läden waren geschlossen und zugeschweißt, die Türen mit Davidsternen, »TOD DEN ARABERN« und ähnlichen hebräischen Botschaften beschmiert. Schilder in verblasstem Arabisch hingen von ein paar der verrosteten grünen Vordächer und bewarben ein Fitnessstudio oder eine Arztpraxis, die seit fast anderthalb Jahrzehnten geschlossen waren. Am Ende des Blocks befand sich das Beit Hadassah, ein großes und beeindruckendes Steingebäude, dessen Fassade ein feines Gitterwerk aus Davidsternen zierte und das 1893 ursprünglich als Krankenhaus für die jüdische Gemeinde Hebrons errichtet worden war. Nun war es wieder jüdisch – Siedler lebten darin –, und ein Soldat war dauerhaft direkt vor dem Gebäude postiert und somit auch direkt vor der Tür der Scharabatis. Die Treppe neben Mufids Haus, die von Siedlern und Palästinensern gleichermaßen genutzt wurde, um in das alte Viertel Tel Rumeida hinaufzusteigen, bildete einen weiteren geheimen Knoten. Wenn sie die Treppe hinunterkamen, konnten Israelis und Ausländer in beide Richtungen abbiegen. Palästinenser konnten nur nach links abbiegen.

Es war nicht immer so gewesen. Mufid war in diesem Haus zur Welt gekommen, sagte er, vor 47 Jahren. Er wirkte locker fünfzehn Jahre älter. In seiner Kindheit war die Schuhada-Straße das geschäftige Rückgrat der Stadt und ihre belebteste Durchgangsstraße gewesen. Das Beit Hadassah hatte damals leer gestanden, so wie jetzt die meisten palästinensischen Häuser leer stehen. Ein Jude namens Jacob Ezra – einer der wenigen, die nach dem Massaker von 1929 in Hebron blieben, bei dem 66 der damals 600 Juden in der Stadt getötet wurden* – nutzte das alte Gebäude als Molkerei, die er mit einem palästinensischen Partner aus der Familie der Abu Aischas führte. Ezra blieb bis 1947, als der UN-Teilungsplan für Palästina angenommen wurde** und er zu dem Schluss kam, dass es Zeit war, nach Jerusalem zu ziehen. Im darauffolgenden Jahr wurde Hebron Teil von Jordanien. Im Mai 1967, ein Jahr vor Mufids Geburt und drei Wochen bevor israelische Truppen das Westjordanland einnahmen, hielt der Rabbi Zwi Jehuda Kook, der zum geistlichen Vater der Gusch-Emu-

---

* Die Unruhen, die die Region in jenem August erschütterten, waren in Hebron besonders schlimm. In ganz Palästina wurden 133 Juden und 116 Araber getötet.
** Der Plan, der von der arabischen Führung zurückgewiesen wurde, hätte einen sehr viel größeren Palästinenserstaat erschaffen, als seither jemals wieder entworfen wurde; er hätte das gesamte Westjordanland, den Gazastreifen, die Stadt Jaffa, Obergaliläa, die Mittelmeerküste nördlich von Akkon sowie einen breiten Landstreifen an der Grenze zu Ägypten umfasst.

min-Bewegung werden würde, eine Predigt, in der er Israels Versagen beklagte, das gesamte biblische Land Israel zu erobern. »Wo ist unser Hebron – haben wir es vergessen?«, fragte er. »Und ganz Transjordanien – es ist alles unser, jeder einzelne Erdklumpen, jedes kleine bisschen, jeder Teil des Landes ist Teil von Gottes Land – steht es in unserer Macht, auch nur einen Millimeter davon aufzugeben?«

Nicht ganz ein Jahr später, nachdem Kooks Gebete erhört worden waren und Hebron sich unter israelischer Besatzung befand, informierte eine Gruppe ehemaliger Studenten Kooks, angeführt von einem jungen Rabbi namens Mosche Levinger, den neuen Militärgouverneur der Stadt, dass sie das Pessachfest am Grab der Patriarchen zu feiern wünschten und dass sie deshalb in der Stadt übernachten müssten. Der Gouverneur willigte ein. Die Bald-schon-Siedler mieteten Zimmer in Hebrons Park Hotel. Das Pessachfest kam und ging. Die Siedler verkündeten, dass sie nicht planten, abzureisen. Die allgemein akzeptierte israelische Version des Vorfalls lautet, dass Levinger und seine Anhänger die Obrigkeit über ihre Absichten täuschten und dass die Besiedlung des Westjordanlandes mit dieser List ihren Anfang nahm, eine Art Erbsünde, deren Begehen den Staat blamierte, aber nicht beschädigte. Die Historikerin Idith Zertal und der Journalist Akiva Eldar haben allerdings ausführlich dokumentiert, dass das Militär und die regierende Arbeitspartei schon vorher Kenntnis von Levingers Plänen hatten und daran beteiligt waren: Wenngleich nicht ohne Spannungen, so war das Siedlungs-Vorhaben von Beginn an ein staatlich unterstütztes Projekt gewesen. Innerhalb weniger Tage nach ihrer Ankunft in Hebron hatte die Armee die Siedler mit Waffen versorgt. Bei einer Anhörung in der Knesset in jenem Sommer bestätigte der Verteidigungsminister Mosche Dajan, dass Levingers Gruppe »im Einklang mit Anweisungen gehandelt hat, die die Militärverwaltung ausgesprochen hat«. Bald darauf konfiszierte die israelische Regierung ein großes Stück Land am östlichen Stadtrand und fing an, eine Siedlung zu bauen, die den Namen Kirjat Arba tragen sollte. Kurz vor den hohen Feiertagen 1971 zogen fünfzig jüdische Familien ein, darunter die Familie Mosche Levingers.*

---

* Levinger blieb ein Störfaktor, aber seine Beziehung zu den Institutionen des

Beinahe zehn Jahre rührten sich die Siedler nicht vom Fleck. Aber eines späten Abends im Frühjahr 1979 brach eine Gruppe von zehn Frauen aus Kirjat Arba, angeführt von Levingers Frau Miriam, ins Beit Hadassah ein. Die Scharabatis bekamen neue Nachbarn. Mufid war noch ein Kind, aber er konnte sich noch an ihre Ankunft erinnern. Die Siedlerinnen brachten ihre Kinder mit und weigerten sich einmal mehr zu verschwinden. Die Regierung – die jetzt der Likud-Block stellte – war nicht einverstanden, verwies sie aber auch nicht des Ortes. Ein paar Monate später, im Januar 1980, nachdem auf einem Markt ein paar Blocks weiter nördlich ein Jeschiwa-Schüler namens Yehoshua Saloma getötet worden war, übernahmen Siedler vier weitere Gebäude, die ein halbes Jahrhundert zuvor Juden aus Hebron gehört hatten. Die israelische Regierung erteilte einer erweiterten jüdischen Präsenz im Herzen Hebrons offiziell ihren Segen. Ein Muster hatte sich herausgebildet, das schließlich zu einem heiligen Prinzip der israelischen Herrschaft im Westjordanland werden würde. Jahre später fasste der Sprecher des Siedlerrates lapidar zusammen: »Für jeden Tropfen unseres Blutes werden sie mit Land bezahlen.«*

Der Kreislauf setzte sich fort: Im Mai 1980 übten bewaffnete Palästinenser Vergeltung für die Übernahmen, indem sie sechs Siedler vor dem Beit Hadassah erschossen. Jitzchak Schamir wohnte der Beerdigung bei, genau wie der Generalstabschef der Israelischen Verteidigungsstreitkräfte und der Leiter des Israelischen Zentralkommandos. Meir Kahane, ein in Brooklyn geborener ultranationalistischer Rabbi, dessen Kach-

israelischen Staates war immer eher innig als belastet. Als Levinger 1988 einen palästinensischen Schuhladenbesitzer namens Khaled Salah erschoss und einen seiner Kunden verwundete, weigerten sich die israelischen Behörden zunächst, die Sache strafrechtlich zu verfolgen. Der Fall wurde erst fast zwei Jahre später vor Gericht gebracht. Levinger sollte letztlich dreizehn Wochen seiner fünfmonatigen Strafe verbüßen.

* Stunden nach der Erschießung von Gal Kobi im September 2012 verkündete Netanjahu, dass Siedler wieder in ein palästinensisches Haus in der Nähe des Grabes der Patriarchen einziehen dürften, das sie hatten räumen müssen. »Jene, die versuchen, uns aus Hebron zu vertreiben, der Stadt unserer Vorväter«, verkündete der Premierminister, »werden nur das Gegenteil erreichen.«

Bewegung die Ausweisung aller Araber aus dem »Land Israel«* forderte, sprach bei der Trauerfeier. »Jeder, der sagt, Vergeltung sei keine israelische Tugend«, so Kahane, »liegt einfach falsch.« Für den Großteil Hebrons wurde eine Ausgangssperre verhängt, und das Viertel wurde für fünfzehn Tage evakuiert. Nur die palästinensischen Bewohner mussten gehen. Als Mufids Familie nach Hause zurückkehrte, mussten sie feststellen, dass die Armee das Haus übernommen hatte. Die Scharabatis durften bleiben, aber nur in einem einzigen Raum, der als Küche, Badezimmer, Schlafzimmer, einfach alles dienen musste. Nach achtzehn Tagen zogen die Soldaten ab. Die Dinge kehrten zur Normalität zurück, oder was sie damals dafür hielten – bis 1994.

Das Jahr hat sich in das Bewusstsein von Hebrons Palästinensern eingebrannt wie das Jahr 1929 in die kollektive Erinnerung der Juden Hebrons. Es war Ramadan und ein Freitag. Die Ibrahim-Moschee war voll. Baruch Goldstein, ein weiterer Ex-Brooklyner und Arzt, der in der Siedlung Kirjat Arba wohnte, legte seine Reservisten-Uniform der Armee an und spazierte mit einer Uzi-Maschinenpistole an den Soldaten vor der Moschee vorbei. Er betrat die Moschee und eröffnete das Feuer auf die Männer und Jungen, die dort beteten. Keiner der draußen postierten Soldaten versuchte, einzuschreiten. Goldstein schoss nach Belieben, leerte vier Magazine, tötete 29 Menschen und verwundete weitere 125, bevor die überlebenden Gläubigen ihn entwaffnen und zu Tode prügeln konnten. Hebrons Siedler sollten Goldstein später als gemarterten Helden verehren. Das Grab des Mörders im Kahane-Park am Rand von Kirjat Arba wurde zum Wallfahrtsort. »Hier ruht der heilige Baruch Goldstein«, steht auf seinem Grabmal, »der sein Leben für das Volk Israels hingab. Seine Hände sind unbefleckt ...«

In den Tagen der Ausschreitungen, die dem Massaker folgten, überlegte Premierminister Jitzchak Rabin, die Siedlung zu beseitigen und

---

* »Israel« und »das Land Israel« nehmen nicht denselben Raum ein, noch nicht einmal dieselbe Art von Raum. Ersteres ist in jedem Atlas zu finden. Letzteres lebt nur im Reich des Mythos: Es umfasst alles Land, das den Juden im Alten Testament versprochen wurde, wozu, je nachdem, wen man fragt, das Territorium des gegenwärtigen Staates Israel sowie der Gazastreifen, das Westjordanland, die Golanhöhen, die Sinai-Halbinsel, der Großteil Jordaniens und Teile Syriens und des Libanons gehören.

Hebrons Juden auszuweisen. Das Experiment war eindeutig gescheitert. Aber Rabin war unentschlossen und unternahm nichts. Ein Jahr später wurde er von einem anderen Anhänger Kahanes ermordet. In der Zwischenzeit verhängte Ehud Barak, damals Generalstabschef der Israelischen Verteidigungsstreitkräfte, eine Ausgangssperre – nicht für die Siedler, sondern für die Palästinenser Hebrons, die wochenlang ans Haus gefesselt waren. Schulen wurden geschlossen. Die Schuhada-Straße wurde für palästinensische Autos gesperrt, und sechzig Geschäfte mussten schließen. »Das Opfer wurde bestraft«, sagte Mufid. Die Siedler durften weiterhin fahren, wohin sie wollten. Die Ausgangssperren und Schließungen betrafen sie nicht.

Als sich die israelischen Truppen 1995 gemäß den Oslo-Abkommen aus den Städten und Gemeinden des Westjordanlandes zurückzogen, die sie seit 1967 besetzt hatten, blieben sie nur in einer Stadt vor Ort: Hebron. Israel war nicht bereit, das Grab der Patriarchen und seine Siedlungen aufzugeben. Zwei Jahre darauf wurde Mufid verhaftet. Ihm wurden, wie er sagte, »wirklich, wirklich große Sachen« vorgeworfen: der Besitz von Schusswaffen, die Herstellung von Sprengkörpern, der Wurf einer Granate auf israelische Soldaten. Man brachte ihn ins Russische Viertel Jerusalems, in die alte russisch-orthodoxe Mission und Herberge, die jetzt ein israelisches Gericht, ein Gefängnis, eine Polizeistation und mehrere Etagen unter der Erde ein berüchtigtes Verhörzentrum, das vom Schabak genutzt wurde,* beherbergte, wo Mufid, wie er sagte, so heftig auf Genitalien und Oberschenkel geschlagen wurde, dass seine Haut von den Knien bis zur Taille schwarz wurde. »Wie deine Jacke«, sagte Mufid. »Sie steckten mich in einen Raum, der nur ›der Schrank‹ genannt wurde.« Es war eine winzige Zelle, in der sich nur ein kleiner Stuhl befand, der nach vorn gekippt war, so dass die Sitzfläche schräg abfiel. Die Arme wurden ihm hinter dem Rücken mit Handschellen gefesselt, die Beine zusammengekettet. Ein schmutziger und übelriechender Sack wurde ihm über den Kopf gezogen. Sie hielten ihn 29 Tage fest. Als sie ihn herausließen,

---

* Berüchtigt zumindest bei Palästinensern. Das Gelände befindet sich mitten in Jerusalems Innenstadt. Abends nutzen Israelis und Touristen, die sich für den Abend herausgeputzt haben, die leeren Straßen des Gefängniskomplexes als Abkürzung zu den Restaurants und Bars in der Jaffa-Straße und der Ben-Jehuda-Straße.

konnte er weder stehen noch überhaupt die Beine bewegen. Sie hielten ihn weitere anderthalb Monate fest, bis er wieder laufen konnte, und ließen ihn dann frei. Er bekam nie einen Richter zu Gesicht, sprach nie mit einem Anwalt. Die Details von Mufids Geschichte lassen sich unmöglich belegen, aber der Einsatz von Folter im Russischen Viertel ist von den 1970er Jahren bis in die Gegenwart von Journalisten sowie israelischen und internationalen Menschenrechtsgruppen ausführlich dokumentiert worden. Andere Gefangene haben über eine ähnliche Behandlung in den kleinen Zellen, die »Schränke« genannt wurden, berichtet. Die Haltung, die Mufid beschrieb, ist bei Verhören eine so gängige Praxis, dass sie einen eigenen Namen hat: die *shabach*-Haltung, vom hebräischen Wort für »lobpreisen«. Alle diese Praktiken sind den israelischen Gesetzen zufolge seit 1987 legal und gelten als Formen »moderaten physischen Drucks«[*].

Nicht lange nachdem sich Mufid operieren ließ, um die Verletzungen an seinem Rücken zu heilen, brach die Zweite Intifada aus. Es begann eine neue Ära der Ausgangssperren und Schließungen. Der Großteil der Schuhada-Straße – bis auf den kurzen Block zwischen Bab al-Zawiya und dem Beit Hadassah – wurde für Fußgänger gesperrt. Das heißt für palästinensische Fußgänger. Die Armee schloss jeden Laden an der Straße und lötete die Türen zu. Über 1800 Geschäfte schlossen. Die meisten Bewohner der ehemals geschäftigsten und belebtesten Straße der Stadt erhielten Räumungsbescheide oder zogen aus. Bis Ende des Jahres 2006 waren über 1000 Häuser verlassen worden. »Wir hätten uns nie vorstellen können, dass so etwas passiert«, sagte Mufid. Er fuhr mit seiner Zigarette durch die Luft. »Wenn sie uns die Luft zum Atmen nehmen könnten, würden sie es tun.«

Seine jüngsten Schwierigkeiten hatten ein paar Monate zuvor begonnen, als er den Plan fasste, sein Zuhause um ein weiteres Geschoss auf

---

[*] Ein Urteil des Obersten Gerichts aus dem Jahr 1999, das solche Praktiken verbot, behielt ihre Rechtmäßigkeit für Fälle von »Notwendigkeit« bei, die zu bestimmen dem Schabak unterlag. »Von den Hunderten Beschwerden, die in den vergangenen zehn Jahren eingelegt wurden«, schrieb die israelische Menschenrechtsanwältin Irit Ballas 2012, »wurde nicht eine eines strafrechtlichen Ermittlungsverfahrens für würdig befunden.«

dem Dach zu erweitern. »Wie du siehst«, sagte er und zeigte auf die Tür hinter sich, »ist meine Wohnung sehr klein.« Sieben Menschen teilten sie sich: Mufid, seine Frau und ihre fünf Kinder. Wir saßen an der Stelle, die die neue Küche werden sollte. Er beantragte die Baugenehmigung sowohl bei der palästinensischen Stadtverwaltung als auch bei der israelischen Zivilverwaltung. Beide bewilligten die Baugenehmigung. Er zeigte mir die hebräischen und arabischen Dokumente. Im September hatte er angefangen, Betonblöcke und Zementsäcke zu kaufen. Eines Morgens machte er sich daran, sie ins Haus zu tragen. Ein Siedler sah ihn bei der Arbeit und rief die Polizei, die Armee und die Zivilverwaltung an. Vertreter aller drei Organe kamen zu ihm nach Hause. »Es waren viele«, sagte Mufid. Palästinenser sollten ihre Häuser eigentlich verlassen, nicht erweitern, aber Mufid hatte die nötigen Bewilligungen. Die Beamten zogen ab. Er ging wieder an die Arbeit und machte bis zum Abend weiter.

Um sechs Uhr abends kehrten die Soldaten zurück. Ihr Anführer sagte ihm, er würde verhaftet werden, wenn er das Baumaterial nicht sofort loswurde. Mufid führte ins Feld: Die Arbeiten seien legal. »Wenn ihr wollt, verhaftet mich«, sagte er den Soldaten. Das taten sie. Sie brachten ihn zum Militärstützpunkt in der Schuhada-Straße, der einmal der zentrale Busbahnhof der Stadt gewesen war. »Sie fingen an, mich zu schlagen«, sagte er. »Ich verlor das Bewusstsein. Ich weiß noch, dass ich in einem sehr dunklen Raum wieder aufwachte, ich wachte auf, übergab mich, wurde wieder ohnmächtig.« Er verbrachte zehn Tage im Krankenhaus. Das war nun zwei Monate her, aber er musste fast jeden Tag für weitere Untersuchungen und Konsultationen zum Arzt gehen. Die Blöcke und Zementsäcke lagen immer noch in Haufen an der Dachkante.

Er drückte eine Zigarette aus und steckte sich eine neue an. »Wir werden hier bleiben«, erklärte er. Es klang nicht heroisch, nur resigniert. »Wir werden hier leben, und wir werden hier sterben, weil das hier unsere Häuser sind und wir kein Geld haben, um irgendwo anders Häuser zu kaufen.«

Einen Moment zuvor, als er davon erzählte, wie die Polizei und die Soldaten zum ersten Mal auf sein Dach gekommen waren, war mir eingefallen, warum Mufid mir vertraut vorkam und warum ich ihn nicht erkannt hatte. Es fühlte sich an wie ein Schlag in die Magengrube: Wir waren uns schon einmal begegnet. Er war im Sommer zuvor im Zentrum gewesen, als die *Taudschihi*-Ergebnisse bekannt gegeben worden waren und eine Kugel in den Metallfensterladen einschlug und uns alle aufscheuchte. Er war der attraktive Mann in der makellos weißen Dschallabija gewesen, der Mann, der Eleganz zu atmen schien. In vier Monaten kann viel passieren.

In dieser Nacht schliefen wir im Zentrum. Ich hatte das Wohnzimmer für mich und konnte zwischen vier lädierten grünen Sofas wählen. Die Wände waren mit einer großen palästinensischen Flagge, einem Touristenstadtplan von Hebron und nicht weniger als sechs selbstgemachten, unterschiedlich illustrierten Rauchen-verboten-Schildern auf Arabisch und Englisch dekoriert. (Fast alle der Freiwilligen der Youth Against Settlements, sogar der fünfzehnjährige Ahmad, rauchten Zigaretten oder *argile* oder beides: Nur Issa hatte etwas dagegen.) An der Tür hing ein Poster, ein schwarzweißes Raster mit den Gesichtern der Männer und Jungen, die Baruch Goldstein getötet hatte. Den Flur entlang befand sich die Küche, deren eine Wand Botschaften der Hoffnung und Solidarität überlassen war, die verschiedene internationale Gäste mit Edding hingekritzelt hatten. (»Freiheit für Palästina«, »Niemals aufgeben«, »Die Liebe siegt«.) Die Fußböden waren aus Stein und kalt, die Fenster wurden von Stangen und dicken Metallgittern geschützt – die Sorte, die Mücken hineinlässt, aber Steine draußen hält.

Das Haus war während der Zweiten Intifada verlassen worden, seine Bewohner waren vor den Schließungen und Ausgangssperren und der ständigen Gewalt geflohen. Soldaten machten es zu einem improvisierten Stützpunkt. Sie blieben bis 2006. Einen Monat später zogen Siedler ein, aber das Haus war heruntergekommen – es gab keinen Strom, die Rohrleitungen funktionierten nicht mehr, und die Zimmer waren voller Müll –, deshalb blieben sie nicht lang. Issa nahm Kontakt zum Eigentümer auf und bot ihm an, das Haus instand zu setzen und die Siedler draußen zu halten. »Er hatte Angst«, sagte Issa – er fürchtete, dass sich die israelische Obrigkeit an ihm für den Verstoß rächen könnte, sein Haus einem anderen Palästinenser zu vermieten. Am Ende konnte Issa ihn überreden. Mit einem Mietvertrag bewaffnet, rückte er mit ein paar Dutzend Freiwilligen an und begann, das Haus auf Vordermann zu bringen. Wie zu erwarten war, tauchten Soldaten auf. Sie erklärten ihm, Haus und Grundstück seien militärisches Sperrgebiet. »Ich sagte: ›Wovon redet ihr?‹«, entsann sich Issa. »Das ist mein Haus.« Sie zeigten ihm die Verfügung. Sie lief nach 24 Stunden aus, also kamen er und die Freiwilligen am nächsten Tag wieder und arbeiteten weiter am Haus, bis die Soldaten mit einer neuen Verfügung zurückkehrten.*

So ging es weiter. Es dauerte fast sechs Monate, bis das Haus wieder bewohnbar war. Zwei Monate lang schlief Issa jede Nacht draußen vor dem Haus. Die Soldaten nahmen ihn viele Male fest, berichtete er. Die Siedler warfen Steine und versuchten einzubrechen. Deshalb die Stangen und Gitter vor den Fenstern und die Metallfensterläden an der Fassade. Aber jetzt war es bequem und fast gemütlich, ordentlich, um nicht zu sagen makellos sauber. Der kleine Ahmad fegte die Terrasse mindestens einmal am Tag und stapelte die weißen Plastikstühle im Flur aufeinander. Vor der Terrasse gab es sogar einen Garten, ein paar ungepflegte Rosenstöcke, eine einzelne Tomatenpflanze und gelbliche Gurkenranken unter den beiden alten Olivenbäumen. Um den Garten zog sich eine niedrige Mauer aus Steinen und Beton, an deren Fuß sich Klingendraht entlangwand. In roter Farbe hatte jemand mit einer Schablone neben die Tür geschrieben: »Das ist Palästina«, als könnte man das vergessen.

Kurz bevor ich in Hebron ankam, Stunden nach der Entlassung des ersten Schwungs von 26 palästinensischen Gefangenen, von der Kerry Netanjahu überzeugt hatte, um Abbas wieder an den Verhandlungstisch zu locken, verkündete die israelische Regierung, dass sie die endgülti-

---

* Die Fähigkeit der lokalen Militärkommandanten, jedes Gebiet ihrer Wahl zum »militärischen Sperrgebiet« zu erklären, das zu betreten Zivilisten grundsätzlich untersagt ist, geht zurück auf die British Defense Regulations von 1945, die nach der Gründung des Staates Israel erhalten blieben. Artikel 125 der Defense Regulations wurde im arabischen Norden Israels bis weit in die 1960er Jahre hinein ausgiebig genutzt, um vertriebene Palästinenser an der Rückkehr in ihre Häuser zu hindern, um Demonstrationen zu unterbinden und um Land für die jüdische Besiedelung zu beschlagnahmen. Es ist vielleicht unnötig, darauf hinzuweisen, dass jüdische Israelis nur selten für die Verletzung der Verfügungen verhaftet wurden, die bis heute und mit den gleichen Zielen im Westjordanland zum Einsatz kommen.

gen Baugenehmigungen für 1500 neue Wohnungen in der Ostjerusalemer Siedlung Ramat Schlomo bewilligt hatte und damit begonnen hatte, Pläne für weitere 3600 Siedler-Wohnungen im Westjordanland voranzutreiben. Schon in der ersten Jahreshälfte, als Kerry wie ein schwacher, aber hektischer Satellit um Jerusalem und Ramallah kreiste, hatte sich der Siedlungsbau im Westjordanland um 70 Prozent beschleunigt. Ein Sprecher des US-Außenministeriums gab eine halbherzige Erklärung der Missbilligung ab, die Vereinten Nationen eine etwas stärkere. Palästinensische Nachrichtenagenturen berichteten, dass die Unterhändler der Palästinensischen Autonomiebehörde, Saeb Erekat und Mohammad Schtayyeh, Abbas aus Protest ihren Rücktritt erklärt hatten. Am nächsten Tag stritt Erekat ab, dergleichen getan zu haben. Anders gesagt: Die Verhandlungen liefen in etwa so gut, wie alle erwartet hatten.

Der »besondere Ort«, den Issa für uns arrangiert hatte, sollte sich als das Haus der Scharabatis entpuppen. Nicht Mufids Wohnung, sondern die seines Bruders Zidan unten. Wir übernachteten im Wohnzimmer mit Gewölbedecke im Erdgeschoss. Ein Zeremonienschwert hing an einer Wand über dem Druck eines Gemäldes, das das Goldstein-Massaker zeigte: der Mörder, der mit seiner Maschinenpistole dasteht, blutüberströmte Tote auf einem Haufen, eine weinende Frau mit einem weißen Kopftuch, die die Hände gen Himmel reckt. Das eine Fenster des Zimmers ging auf die Schuhada-Straße hinaus, zum Beit Hadassah und dem Soldaten auf seinem Posten. Es war natürlich vergittert. Steine waren in Hebron so etwas wie eine Wettererscheinung.

Zidan war ein stiller Mann, spindeldürr, mit einem faltigen und schwermütigen Gesicht und einem blinden Auge. Das war 2006 passiert, als die Fenster noch nicht vergittert waren. Er hatte Geräusche auf der Straße gehört, hinausgesehen und Siedler entdeckt, die Steine auf das Haus warfen. Als er vorstürzte, um seine Mutter in Sicherheit zu bringen, traf ihn ein großer Stein im Gesicht. Die Ärzte konnten sein Auge nicht retten. Ihm waren auch die Zähne ausgeschlagen worden, erzählte er mir einmal und hob sein künstliches Gebiss an, um mir sein Zahnfleisch zu zeigen. Das hatte sich 1994 ereignet. Er hatte Arbeit beim Bau der Siedlung Beitar Illit gefunden, ein paar Kilometer südlich von Jerusalem. Es gefiel ihm nicht, meinte er, aber »man arbeitete da, oder man arbeitete überhaupt nicht«*. Ein Werkzeug ging verloren, eine lange, messerartige Klinge, mit der Betonblöcke zugeschnitten wurden. Der Chef schickte Zidan los, um eine neue zu kaufen. Auf dem Rückweg zur Baustelle hielten ihn Soldaten an. Sie fanden die Klinge, verhafteten ihn wegen Waffenbesitzes und verprügelten ihn heftig. Er verbrachte achtzehn Tage im Gefängnis.

Inzwischen fiel es ihm schwer zu arbeiten. Sonnenlicht bereitete ihm Kopfschmerzen, und die leichteste Brise tat seinem Auge weh. Er hatte auch Probleme mit der Nase. Sie war ihm durch wieder andere Prügel gebrochen worden. Er hatte auf der Straße gearbeitet, sie neu asphaltiert, und hatte versucht einzuschreiten, als er Soldaten einen seiner Brüder schikanieren sah. Ein paar Tage später hielten ihn dieselben Soldaten an und verprügelten ihn mit ihren Gewehren. Er zeigte mir eine Reihe Fotos von sich selbst, glänzende Abzüge eines jüngeren Zidans, das Haar voller und der Schnurrbart schwärzer, das Gesicht genauso traurig. Auf den Fotos stand er vor einem roten Vorhang wie auf einer Bühne, nackt bis auf die Unterhose, und präsentierte die Blutergüsse auf seinen Beinen und seinem Rücken.

Jeden Morgen klopfte Zidan an die Tür, mit vier Kaffee auf einem Tablett, für sich und uns. Er saß schweigend im Schneidersitz da, trank, während wir tranken, rauchte und hing seinen Gedanken nach. Zidan war eigentlich immer still. Nicht nur in unserer Gegenwart, sondern bei allen. Abends saß er mit den anderen Jungs vor dem Zentrum, zusammengekrümmt, während er die einheimischen Zigaretten ohne Namen rauchte, die er in durchsichtigen Zellophanpäckchen auf dem Markt kaufte. Er antwortete, wenn er etwas gefragt wurde, und manchmal lächelte er für einen Augenblick über einen Witz, den jemand gemacht hatte, aber er sagte nur selten etwas von sich aus. Einmal, nachdem ich Hebron schon verlassen hatte, fragte ich Issa, wie es ihm gehe. »Zidan?«,

---

* Die Besatzung hat Hebrons Wirtschaft besonders hart getroffen. Die offizielle Arbeitslosenquote in der Stadt und den sie umgebenden Ortschaften liegt bei 25 Prozent. Den meisten Männern, die ich dort kennenlernte, gelang es nur sporadisch, Arbeit zu finden, und das meistens auf dem Bau, obwohl viele von ihnen höhere Bildungsabschlüsse hatten.

sagte er. »Dem geht's wie immer. Er ist abgespaced. Er ist ganz weit weg.« Aber trotz all seiner offensichtlichen Verzweiflung und der Art seiner Präsenz, die fast nicht von dieser Welt zu sein schien, wirkte Zidan besser geerdet als die meisten Menschen um uns herum. Er bekam keine Wutausbrüche, und er verlor sich nicht in langen, verschlungenen Geschichten darüber, wie die Dinge einmal waren und wie sie sein sollten, aber er war von Anfang an ein fester Bestandteil der Youth Against Settlements gewesen. Auf seine verlorene, lakonische Art hatte er nie aufgehört zu kämpfen. Er trug fast immer eine Videokamera bei sich und dokumentierte mit sturem Einsatz und unter nicht unbeträchtlichem Risiko jeden Akt der Gewalt oder Schikane, der ihm vor die Augen kam. Wie sich herausstellen sollte, würden Zidan und seine Kamera mir noch eine große Menge Ärger ersparen.

Ich fragte ihn einmal, ob er nicht manchmal die Hoffnung verliere. Schon als ich es aussprach, wusste ich, dass es eine dumme Frage war, aber ich musste wissen, wie es ihm gelang, weiterzumachen. Die Finsternis in Hebron war so vollkommen und überwältigend. (»Wie kann man aus dieser täglichen Schizophrenie unbeschädigt hervorgehen?«, fragte der spanische Romancier Juan Goytisolo 1995 nach einem Besuch in Hebron, fünf Jahre bevor die Dinge wirklich schlimm wurden.) Ich wollte Licht, nur ein bisschen. Natürlich habe er die Hoffnung verloren, antwortete Zidan. Er sah verärgert aus.

»Es ist keine Frage der Hoffnung«, fuhr er fort. Es sei nur so, dass er keine Alternativen habe.

Dschawad Abu Aischa bot an, uns durch die Altstadt zu führen. Er war einer der regelmäßigen Besucher des Zentrums, Anfang vierzig, mit einem runden, jungenhaften Gesicht und einem traurigen Glitzern in den Augen. Er ging und sprach langsam, nicht depressiv, sondern entschlossen, als trüge er an einer schweren Last und dächte scharf darüber nach, wo er sie abladen könnte. Es war Dschawads Großvater gewesen, der sich mit Jacob Ezra zusammengetan hatte. Er hatte Schafe gehalten und Ezra die Milch geliefert, die er als Käse vom Beit Hadassah aus verkaufte. Als Ezras Frau gestorben war, hatte Dschawads Großmutter das kleine neugeborene Mädchen der Ezras gestillt. Als Ezra die Stadt schließlich 1947 verließ, so Dschawad, habe er sein Geschäft – und das Gebäude – Dschawads Großvater überlassen, der es ein Jahr später den Vereinten Nationen übergab, damit es als Unterkunft für Flüchtlinge genutzt werden konnte, die aus Dörfern flohen, welche sich über Nacht in dem neu gegründeten Staat Israel wiederfanden. Dschawad erzählte mir, dass er Anfang der 1990er Jahre bei der Hochzeit eines der Enkel Ezras gewesen sei, als er noch frei nach Jerusalem reisen konnte. Er war stolz auf die Verbindung, auf seine Beteiligung an der alternativen Geschichte, auf die sie hindeutete – etwas Größeres als die »tolerante« Koexistenz des liberalen Klischees, eine verschwundene Vergangenheit echter Diversität, in der Juden und Araber, unabhängig von ihren Unterschieden und den gelegentlichen katastrophalen Zusammenbrüchen ihrer Beziehungen, eine Kultur teilten, eine, die nicht jüdisch oder muslimisch oder christlich war, sondern hebronitisch und palästinensisch.

Wir gingen vom Zentrum hinunter und durch den Kontrollpunkt hinaus nach Bab al-Zawiya, einer von vier Kontrollpunkten, den wir auf einem Weg von ungefähr anderthalb Kilometern passieren würden. Dschawad war in Tel Rumeida zur Welt gekommen, nicht weit vom Standort des Zentrums entfernt. Seinem Vater gehörte dort eine Messingfabrik, und er hatte als Manager der Fabrik gearbeitet, bis sie 2001 vom israelischen Militär geschlossen worden war. Dschawad zog um in die relative Ruhe von H1 und fand Arbeit bei der Stadtverwaltung. Die Familie seines Onkels lebte immer noch in Tel Rumeida, in einem Gebäude, das als »Käfighaus« bekannt war. Es steckte zwischen zwei Kontrollpunkten fest, die sich direkt gegenüber von einem Siedler-Apartmentkomplex befanden, und war fast komplett von einem dicken Stahlgeflecht umhüllt, um die Steine draußen zu halten. Die einzigen Palästinenser, die die Kontrollpunkte passieren durften, waren jene, die tatsächlich im Haus wohnten, was bedeutete, dass ich Dschawads Onkel und seine Cousins und Cousinen besuchen durfte, Dschawad aber nicht. »Sogar Gefangene dürfen Besuch bekommen«, beschwerte sich Rima, die Frau seines Cousins.

Wir kamen am Restaurant Rachel Corrie und dem Geflügelmarkt vorbei – der alte, sagte Dschawad, sei viel größer gewesen und habe fast einen ganzen Block eingenommen. In einem der zwei geöffneten Läden schlitzte ein Schlachter mit großem Geschick und unendlicher Langeweile einem stummen Vogel nach dem den anderen die Kehle durch. Die Straße wurde enger. Als Nächstes kam der Kleidermarkt, wobei sich auf den Tischen der Händler, die die Straße verstopften, neben den Kleiderstapeln auch Zahnpasta, Kämme und Haartönungen türmten. Ein schweres Drahtgeflecht war über der Straße montiert, um Händler und Kunden vor Dingen zu schützen, die die Siedler aus dem Beit Hadassah und umliegenden Gebäuden auf sie warfen. Das Geflecht bog sich unter Müll, Flaschen, Ziegelsteinen und Zementblöcken. Manchmal warfen sie auch Säure, erklärte Dschawad, manchmal Urin.

Obwohl man es vom Markt nicht sehen konnte, öffneten sich die oberen Etagen der Gebäude zu unserer Rechten zur Schuhada-Straße oder taten es jedenfalls früher einmal. Jetzt öffnete sich gar nichts mehr, und die Bewohner konnten ihre Häuser nur durch die Hintertüren verlassen, die sie auf die Straße führten, auf der wir gerade entlanggingen. Wir spähten in eine Gasse hinein und durch ein rostiges Stahltor, das oben mit Klingendraht versehen war. Dahinter lag eine zugemüllte Gasse mit geschlossenen Läden, deren grüne Türen genau wie die auf der Schuhada-Straße darüber zugeschweißt waren. Das war einmal der Goldmarkt gewesen, sagte Dschawad. Die vermögendsten Familien Hebrons hatten in der Nähe gewohnt. »Jetzt ist es der Müllmarkt«, scherzte er. Aber er lachte nicht.

Weiter unten wurde die Straße noch enger. Die meisten Geschäfte waren geschlossen. Offizielle Schließungen waren hier nicht nötig gewesen: Die Ausgangssperren hatten das erledigt. In den ersten drei Jahren der Intifada galt für das Zentrum Hebrons an insgesamt 377 Tagen eine Ausgangssperre, darunter eine Verfügung, die 182 Tage am Stück galt, an denen niemand sein Zuhause verlassen, zur Arbeit, zur Schule oder zum Arzt gehen durfte. (»Niemand« galt nur für Palästinenser.) Die Armee hob die Sperre alle paar Tage für einige Stunden auf, damit die Menschen Vorräte einkaufen konnten, die sie durch die nächste Phase dessen brachte, was im Grunde einem Hausarrest für eine ganze Bevölkerung gleichkam. Nur wenige Ladenbesitzer konnten es sich leisten, die Geschäfte weiterzuführen. Die meisten gingen fort.

Wir liefen unter einem steinernen Bogen hindurch in die Gassen der Altstadt. Manche der umliegenden Gebäude waren laut Dschawad über

800 Jahre alt. Die Verödung war hier noch weiter fortgeschritten. Vielleicht einer von acht oder zehn Läden hatte geöffnet. Ihr Angebot war bescheiden: ein paar Milchkisten, die mit schlaffer Petersilie, Minze oder Spinat gefüllt waren; ein trauriges Angebot an Schwämmen und Kehrschaufeln; ein einzelner Behälter mit Rosinen und einer mit getrockneten Feigen. »Früher war es sehr voll«, sagte Dschawad. »Mein Vater musste mich immer an die Hand nehmen.«

Wir kamen zum Eingang der Ibrahim-Moschee: zwei Drehkreuze am Ende eines steinernen Tunnels, ein Soldat, der auf der anderen Seite wartete, um unsere Ausweise zu kontrollieren. Dahinter erhoben sich die antiken Steinwände des Schreins, den die Muslime Haram al Ibrahimi nannten und die Juden Me'arat HaMachpela. Nach dem Goldstein-Massaker war das Gebäude in getrennte Bereiche für Muslime und Juden aufgeteilt worden. Ich war schon einmal da gewesen. Von der Teppichbodenstille der Moschee konnte ich auf der anderen Seite hinter einer dünnen Trennwand Juden beten hören. Auf beiden Seiten gab es Fenster, durch die man in die kleinen, achteckigen Räume sehen konnte, die die grünen, mit Seide bezogenen Kenotaphen der Patriarchen beherbergten. Die Fenster waren selbstverständlich vergittert und in einem Winkel zueinander angeordnet, dass niemand von einer Seite auf die andere schießen konnte.

Direkt außerhalb des Goldmarktes, der nun der Müllmarkt war, hatte uns ein fülliger Mann namens Abd al-Khaleq Sedr zum Tee eingeladen. Er brachte uns als Erstes auf sein Dach. Vom Markt aus war nichts davon zu sehen gewesen, aber vom Dach konnte man erkennen, dass Sedrs Haus direkt neben dem Beit Hadassah lag und gegenüber vom Haus der Scharabatis. Es war ein gefährlicher Standort: Soldaten hatten nicht nur die Haustür der Sedrs zur Schuhada-Straße zugeschweißt, sondern alle Fenster, die nach Süden hinausgingen. Die übrigen Fenster waren vom selben schweren Drahtgeflecht blockiert, das jede empfindliche Öffnung eines jeden bewohnten palästinensischen Hauses in H2 bedeckte. »Sie schmeißen die ganze Zeit Steine«, sagte Sedr über die Siedler. »Wenn ich Guten Morgen sage, sagen sie *scharmuta*.« Er lächelte grimmig und erzählte ein paar Geschichten. Nichts Extremes, nur die Art, die ich in fast jedem Haus, das ich in Hebron besuchte, zu hören bekam. Vor anderthalb Monaten, erzählte Sedr, hätten Soldaten behauptet, ein Kind habe Steine von seinem Dach geworfen. Sie waren hereingekommen, um das Haus zu durchsuchen, hatten die vierjährige Tochter seines Bruders geschubst, und als er wütend wurde, hatten sie ihn verprügelt. Dabei brachen sie ihm schließlich den Arm.

Ein paar Monate später, nachdem ich die Stadt verlassen hatte, stieß ich auf den Link zu einem Video, das Abd al-Khaleqs Bruder Schadi aufgenommen hatte. Der gefilmte Vorfall war nichts Ungewöhnliches – er war, um im örtlichen Jargon zu bleiben, *normal* –, aber dem Video gelang es, sehr vieles in ein paar kurzen Minuten einzufangen, nicht nur über Hebron, sondern über die ganze traurige Komödie, in der alle gefangen waren. Das Video fing damit an, dass ein Siedler an der Kante von Sedrs Dach auftauchte, welches vor seinen Nachbarn mit einem Zaun und einem einzelnen Band aus Klingendraht geschützt war. Eine palästinensische Flagge flatterte an einem niedrigen Mast in der dem Beit Hadassah am nächsten gelegenen Ecke. Der Siedler, ein dünner, bärtiger Mann in einem weißen Hemd und einer breiten, weißen Kippa, war vom Nachbardach heraufgeklettert. Er klammerte sich an den Zaun und schien Schwierigkeiten zu haben.

»Warum kommst du auf mein Dach?«, fragte Schadi.

Der Siedler antwortete in einem gestelzten Hebräisch mit starkem russischem Akzent. »Nur um die Flagge runterzuholen«, sagte er gleichgültig, als wäre er mal eben gekommen, um den Kabelempfang zu reparieren.

Schadi wiederholte die Frage in einem genauso gestelzten Hebräisch mit starkem arabischem Akzent.

»Okay«, sagte der Siedler, der festzusitzen schien. »Ich komme nicht rüber. Ich will nur mit dir reden.«

»Der Eingang ist dort drüben«, sagte Schadi. »Geh dort hinein.«

Der Siedler bat um die Flagge. Er sagte sogar bitte.

Stimmen hallten von unten hoch, die ihn anstachelten: »Hol dir die Flagge!« Die Kamera machte einen Schwenk. Dutzende Siedler hatten sich hinter dem Beit Hadassah versammelt. Einige schrien und machten obszöne Gesten. »Film das, du Hurensohn!«, brüllte einer.

Der Siedler, das wurde nun deutlich, stand oben auf einer Leiter und hatte sich völlig im Klingendraht verheddert, er konnte weder vor noch zurück. Schadi streckte die Hand aus, um ihn zu befreien. »Es ist in Ordnung«, sagte er, »lass mich dir helfen. Keine Ursache.«
Ein anderer Siedler, der am Fuß der Leiter stand, brüllte: »Fass ihn nicht an!«
Schadi zog die Hand zurück. Der Siedler wollte reden. Er war ernst und gefasst, als wenn er und Schadi zufällig ins Gespräch gekommen wären, während sie bei der Post in der Schlange standen, und als wenn sie schnell vom Smalltalk zu den Dingen gekommen wären, die sie wirklich ärgerten. Er beschwerte sich noch einmal über die Flagge. Er hielt sie für jordanisch. Oder, was wahrscheinlicher war, er wusste genau, was für eine Flagge es war, brachte es aber nicht über sich, das Wort »palästinensisch« auszusprechen.
»Du lebst in Israel«, sagte er, »nicht in Jordanien.«
Das war kein Thema, das zu vertiefen Schadi interessierte. »Was, wenn ich auf dein Dach käme«, fragte er, »und deine Flagge herunterholte? Wäre das gut?«
Der Siedler dachte darüber nach. Er zuckte die Achseln. Er sagte sogar: »Tut mir leid.« Dann schien er noch einmal darüber nachzudenken.
»Das Dach gehört mir«, sagte er. »Es gehört alles mir. Das ganze Land gehört mir.«
Er steckte immer noch fest, war immer noch in Klingendraht gefangen. Er konnte nicht weiter hochkommen, aber auch nicht wieder hinuntersteigen. Er konnte sich überhaupt nicht bewegen, ohne sich die eigene Haut aufzureißen, aber er war selbstsicher und sich offensichtlich seiner riskanten Lage nicht bewusst. Ein Soldat war eingetroffen, rief auf Arabisch zu Schadi hinauf und befahl ihm, wieder ins Haus zu gehen. Der Siedler redete weiter.
»Dies ist das Land Israel«, insistierte er. »Dies ist mein Land. Und alles hier gehört mir.«

Israelische Flaggen wehten auf dem Dach des alten Busbahnhofs an der Schuhada-Straße. Vor langer Zeit konnten Hebroniten hier einen Bus direkt nach Jerusalem nehmen – und bis 1967 sogar nach Amman und

noch weiter –, aber all das gehörte jetzt zu einer anderen Welt.* Manches
änderte sich nicht so sehr: Vor 1948 hatte die Haltestelle als britisches
Polizeihauptquartier gedient. 1983 beschlagnahmten die Israelischen
Verteidigungsstreitkräfte das Gelände und führten es wieder seinem ur-
sprünglichen Zweck zu. Der Busbahnhof wurde zum Militärstützpunkt.
Wandbilder auf den Außenmauern zeigten eine Version der Geschichte
Hebrons.

Die Malereien, primitiv, aber farbenfroh, unterteilten die Vergangenheit in vier einzelne Epochen, beginnend mit dem »biblischen Zeitalter«:
ein weiß gewandeter Abraham starrte in eine dunkle Erdöffnung; König
David stand in der Nähe auf den Stufen seines Palastes. Die Legende be-
sagt, dass Abraham hier von den Hethitern eine Höhle als Grabstätte für
seine Frau Sara kaufte und dass David sieben Jahre lang von Hebron aus
regierte, bis er nach Jerusalem marschierte. Lohnt es sich zu erwähnen,
dass es keinen archäologischen Beweis für die historische Existenz Abrahams gibt und unter Gelehrten keine Gewissheit, dass David jemals etwas
Stabileres als einen Schuppen baute? Wahrscheinlich nicht. Das hier war
nicht diese Art von Geschichte. Die Chronologie der Wandbilder über-
sprang einen Zeitraum von etwa 2000 Jahren und ließ die assyrischen
und babylonischen Eroberungen, 1100 Jahre persischer, hellenistischer
und römischer Herrschaft und die ersten Jahrhunderte des islamischen
Zeitalters aus. Das nächste Bild zeigte das lange goldene Zeitalter von
Hebrons »gottesfürchtiger Gemeinde«, die anscheinend in beständiger
Glückseligkeit vom 10. bis ins 19. Jahrhundert fortbestand. Ein einzelner
Mann in arabischem Gewand stand im Mittelpunkt des Bildes. Fast alle
anderen trugen die langen schwarzen Mäntel und breitkrempigen Hüte,
die die Juden Osteuropas bevorzugten.

Die Aufstände von 1929 waren ein eigenes Bild wert. Es hieß »Zerstörung«. »Arabische Plünderer metzeln Juden nieder«, erklärte die Bild-
legende. »Die Gemeinde wird vertrieben und zerstört.« Das Gemälde –

---

* Zumindest für manche. Etwa alle halbe Stunde rasten segregierte »Siedlerbus-
se« die Schuhada-Straße hinunter. Die Verkehrsverbindungen zu den Siedlungen im
Westjordanland werden vom israelischen Staat stark subventioniert: Die Fahrt von
Hebron nach Jerusalem dauert etwa anderthalb Stunden, kostet aber nur ein paar
Pennys mehr als die Fahrt von einem Jerusalemer Viertel zum anderen.

ein leerer Innenhof, zerfallende Häuser – erinnerte sehr an das heutige Stadtzentrum von Hebron. Aber dies war eine glückliche Geschichte: Das letzte Zeitalter hieß »Befreiung, Rückkehr, Wiederaufbau«. Es war ein Porträt aus der Gegenwart nach 1967 und schwer zu erkennen. Eine orthodoxe Frau schob einen Kinderwagen, während fröhliche Siedlerkinder, begleitet von drei strahlenden Soldaten, auf der Straße spielten. Es war kein Araber zu sehen. Aus einer entfernten Ecke kam ein purpurn gewandeter König auf einem weißen Esel herangeritten – der Messias! –, angekündigt von einer bärtigen Gestalt, die ins Horn eines Widders blies.

Ich hörte tatsächlich etwas. Aber es war kein Schofar. Zwei Schüsse hallten entfernt in östlicher Richtung wider. Peter, Gaia und ich eilten auf das Knallen zu, gingen in der Mitte der leeren Straße unter den Balkonkäfigen der verbleibenden palästinensischen Wohnungen vorbei. Fünf Soldaten überholten uns, neckten sich und lachten, während sie sich die Helme umschnallten. Ein weiteres Knallen zerriss die Stille, und dann noch eines. Die Soldaten rannten jetzt. Wir kamen am alten Markt für landwirtschaftliche Erzeugnisse vorbei – verwaist bis auf einen auf dem Dach postierten Soldaten – und an einem weiteren Wandbild, das den wiederaufgebauten und mit göttlichem Licht erfüllten Tempel Salomos zeigte. Dahinter lag ein schon lange verrammelter Lebensmittelladen mit einer verblassten Zigarettenreklame, die über dem Vordach noch lesbar war und empfahl: »Have A Good Time«. Ich konnte das Gas schon riechen. Wir erreichten den Qeitun-Kontrollpunkt, an dem man Gal Kobi zwei Monate zuvor in den Hals geschossen hatte. Drei Jungen saßen da und sahen zu, während sich die Soldaten auf der anderen Seite hinter Betonbarrieren kauerten und nur hervortraten, um ab und an eine Tränengasgranate abzufeuern. Ich fragte die Jungen, was vor sich ging. »Steine«, sagte einer von ihnen und machte einen Soldaten nach, der mit Maschinengewehrschüssen reagierte.

Aber es war tatsächlich normal. Die Schule war gerade zu Ende. Es war Zeit für Zusammenstöße. Ein Mann stand mit seinem Esel vor dem Kontrollpunkt und wartete darauf, dass der Ärger verflog. Ein Taxi fuhr durch die Tränengaswolken auf der anderen Seite, hielt an, um einen kleinen Jungen aussteigen zu lassen, und raste weiter. Der Wind wehte das Gas zurück und die Soldaten verzogen sich würgend und spuckend. Die drei Jungen lachten. Der Mann mit dem Esel nutzte die Pause, um durch den Kontrollpunkt zu eilen.* Wir gingen hinter ihm durch. Ich konnte Kinder sehen, die sich an der nächsten Kreuzung versammelten, eine Zwergenarmee aus Zwölfjährigen mit Steinen in den Händen, die Rucksäcke schwer von Schulbüchern. Zu meiner Linken befand sich auf einem schmalen Grundstück zwischen den Gebäuden ein kleiner Olivenhain. Ein Mann balancierte auf einem Ast des Baums, der der Straße am nächsten war, wie ein seltsamer Vogel; nur sein Kopf und seine Schultern ragten aus dem Laub hervor. Unter ihm standen Frauen und Kinder mit Stöcken und Harken. Sie hatten Planen auf dem Boden ausgebreitet, um die herabfallenden Früchte einzusammeln. Die Kinder an der Ecke ließen einen weiteren Steinschauer regnen. Die Soldaten hatten sich erholt und warfen wieder Blendgranaten. Steine prasselten aufs Pflaster. Der Mann im Baum bemerkte, wie ich ihn anstarrte, zwinkerte mir zu und machte sich wieder daran, den Ast zu schütteln.

Nariman hatte einen Gerichtstermin wegen ihrer Verhaftung vier Monate zuvor, also verließ ich Hebron, traf Irene in Jerusalem und fuhr mit ihr nach Ofer, kurz hinter der Grünen Linie, ein paar Kilometer nördlich der Stadt. Wenn man den Gefängniskomplex von der israelischen Seite aus betrat, war der Vorgang ein Leichtes: ein Tor, ein Metalldetektor, ein Fenster mit verspiegeltem Glas, durch das man seinen Ausweis reichte, ein weiterer Metalldetektor und ein Röntgengerät, ein Drehkreuz und ein langer, vergitterter Korridor zu einem vergitterten Hof. Es gab eine Sitzbank, einen Trinkwasserbrunnen, eine Toilette, Stromkabel, die kreuz und quer an der Decke verliefen. Bassem und Nariman warteten schon, als wir eintrafen. Genau wie ungefähr dreißig andere Leute, alle mit eigenen Anhörungen oder inhaftierten Familienmitgliedern. Bassem wirkte eigentümlich gelassen, sogar glücklich. Nariman auch. So wirkte sonst niemand. Ich fragte nach den Kindern. »Sie kämpfen jetzt gegeneinander«, sagte Bassem und grinste breit. Ahed hatte angerufen, kurz

---

* Auf dem Weg von H2 nach H1 halten sich die Soldaten nicht damit auf, Ausweise zu überprüfen. Es ist so, als wenn man von San Diego nach Tijuana reist: Nur der Fluss von Armut zu Macht verlangt nach Wachsamkeit. Niemanden interessiert es, was in die andere Richtung strömt.

bevor er hier angekommen war. Sie hatte geweint und sich über ihre Brüder beschwert. Bassem lachte: »Da fehlt jetzt die Autorität.«

Auf der anderen Seite eines Maschendrahtzauns ragten die eigentlichen Gerichtssäle auf: eine Reihe umgewandelter Container, die in einem trostlosen, institutionellen Beige gestrichen waren, so wie provisorische Klassenzimmer an einer überfüllten Grundschule. Das Ganze wirkte schnell zusammengeschustert, hatte etwas improvisiert und gleichgültig Informelles. Ich habe viel Zeit in Gerichtssälen der Vereinigten Staaten verbracht, um über den einen oder anderen Fall zu berichten, und ich war immer beeindruckt von dem reinen Theater des Ganzen, vom polierten Holz, den Flaggen und dem vergoldeten Staatssiegel, den Roben der Richter, der ganzen ausgefeilten Kulisse, ein Arrangement und Kostüme, die ersonnen worden waren, um die Legitimität der lauernden Gewalt des Staates zu bekräftigen. Die Israelis machten sich nicht die Mühe. Dies waren Militärgerichte. Ausgestellt wurde rohe Gewalt. Die Richter und Staatsanwälte waren uniformierte Soldaten, die Übersetzer ebenfalls. Nur die Beschuldigten, ihre Anwälte und Angehörigen waren Zivilisten. Die Rolle eines jeden war auch ohne weiteres rituelles Gewese klar genug.

Aber wir verbrachten nur sehr wenig Zeit im Gerichtssaal. Die meiste Zeit warteten wir im Hof, wo wir uns mit Geschichten und Witzen unterhielten. »Zum ersten Mal war ich 1988 in Ofer inhaftiert, im Mai 1988«, entsann sich Bassem. Damals war es noch neu, frisch eingerichtet für den Gefangenenzustrom infolge der Massenverhaftungen der Ersten Intifada. »Da war es nur ein Zelt«, sagte Bassem. Er kam 1990, 2004, 2011 und 2012 wieder. Er zählte die Jahre an seinen Fingern ab und erzählte eine Geschichte über Nizar Tamimi, der 1994 mit ihm zusammen verhaftet und 2011 beim Schalit-Gefangenenaustausch freigelassen worden war. Bevor sie ihn entließen, händigten ihm die Gefängnisbeamten eine versiegelte Plastiktüte mit seiner persönlichen Habe aus, die bei seiner Verhaftung konfisziert worden war. Nizar befühlte die Tüte, bevor er sie öffnete, weil er sich nicht daran erinnern konnte, was sie enthalten könnte. Er machte die Konturen einer Armbanduhr aus und begriff, dass es die digitale Plastikuhr war, die er in einem anderen Leben, siebzehn Jahre zuvor, getragen hatte. Aber in dem Augenblick, als er die versiegelte Tüte öffnete und ihren Inhalt Licht und Luft aussetzte, zerfiel die Uhr mit einem Mal zu Staub. Es war wie im Märchen, die Zeit selbst fiel in sich zusammen. »Das Gleiche passiert mit deinen Gefühlen«, sagte Bassem.

Der Anwalt kam, um Nariman zu holen, und wir eilten durch das Tor in den Gerichtssaal, bestückt mit drei Reihen Plastikstühlen auf einem schmutzigen Fliesenboden sowie zwei Holzschreibtischen in demselben Rotton wie die Wand hinter dem Richter. Das Verfahren ging schnell. Es gab nur einen Anklagepunkt, wonach Nariman einen Befehl in Bezug auf militärisches Sperrgebiet missachtet habe. Niemand bestreite die Tatsachen des Falls, erklärte ihr Anwalt, ein Israeli namens Neri Ramati: »Sie forderten sie auf zu gehen. Sie ging nicht. Sie verhafteten sie.« Er hatte jedoch in einer vorangegangenen Anhörung argumentiert, dass noch kein Palästinenser je für die bloße Weigerung angeklagt worden war, während einer Demonstration militärisches Sperrgebiet zu verlassen – meistens fand die Staatsanwaltschaft noch mehr Vorwürfe, die sie ihnen entgegenschleudern konnte –, und dass das Gesetz willkürlich angewendet wurde, um Nariman für ihre Führungsrolle bei den Protesten zu bestrafen. Also hatte der Richter angeordnet, dass die Staatsanwaltschaft nach Präzedenzfällen suchen solle, was bedeutete, Tausende Fälle per Hand durchzusehen. Der leitende Militärstaatsanwalt für das gesamte Westjordanland war persönlich vor Gericht erschienen, um Protest einzulegen, weil eine solche Suche 307 zwölfstündige Arbeitstage erfordern würde.

»Wir stehen noch nicht einmal am Anfang«, sagte Ramati und lächelte.

Als die Anhörung vorbei war, war nichts entschieden, noch nicht einmal das Datum für die nächste Anhörung, aber Nariman weinte, und Bassem nahm sie in den Arm. Die drei Termine, die der Richter angeboten hatte, lagen alle um den 19. November herum, Ruschdis erster Todestag. »Ich hasse diesen Monat«, sagte Nariman.

Nachtrag zur Fabel vom Siedler auf dem Dach: Später am selben Tag erschienen fünf Soldaten an der Tür der Sedrs. Drei von ihnen stiegen die Treppe zum Dach hoch und lächelten verschämt, als sie nach draußen traten, wie Kinder, deren betrunkener Vater ihnen etwas aufgetragen hat, von dem sie wissen, dass es absurd ist, aber wovor sie sich nicht drücken können. »Du holst entweder die Flagge runter oder wir müssen dich in

Gewahrsam nehmen, und das möchte ich nicht«, sagte der Soldat, der der Anführer zu sein schien, zu Schadi.

Genau genommen gab es zwei Flaggen. Nach dem versuchten Eindringen des russischen Siedlers hatten die Sedrs den Einsatz verdoppelt. Abd al-Khaleq kam nach oben. Beide Brüder diskutierten mit den Soldaten. Dutzende israelische Flaggen wehten von den Fenstern und Dächern ihrer Nachbarn. Die Sedrs würden ihre nicht herunterholen, sagten sie, es sei denn, die Soldaten kämen mit einem Gerichtsbeschluss zurück.

So ging das eine Weile. Der leitende Soldat ging immer wieder weg, um sich per Handy mit seinen Vorgesetzten zu beraten. Das Dach füllte sich allmählich. Ein paar Freunde und Nachbarn kamen nach oben, zwei von ihnen mit Videokameras, genau wie zwei internationale Beobachter. Die Soldaten besprachen sich miteinander. Sollten sie ihn verhaften? Sie konnten sich nicht entscheiden. Ihr Anführer tätigte einen letzten Anruf. Die Entscheidung war gefällt.»Es gibt keinen Grund, ihn mit Gewalt vor laufenden Kameras zu entfernen«, sagte er zu seinen Kameraden. Und damit verschwanden sie.

Issa war in einer Nebenstraße der Schuhada-Straße aufgewachsen, ein paar Blocks östlich vom Beit Hadassah,»zwischen dem Schmiedemarkt, dem Teppichmarkt, dem Joghurtmarkt und dem Großmarkt«. Er versicherte mir, dass es eine hübsche Gegend sei, aber er war seit Jahren nicht mehr dort gewesen. Ich schon. Sie war nicht mehr hübsch. Nur von Geistern heimgesucht: wo der Schuttmarkt und der Rostmarkt auf den Staubmarkt und den Streunende-Hunde-die-nachts-bellen-Markt treffen. Trockene Ranken schlängelten sich die zugeschweißten Türen hoch. Unkraut wurzelte im Mauerwerk der Häuser. Vor einem Haus stand ein gedrungenes Denkmal für Rabbi Schlomo Schapira, der an dieser Stelle erschossen worden war, als er Hebron 2002 zum Laubhüttenfest besuchte. Drei seiner Kinder, die neben ihm standen, wurden verwundet.[*] In den Fenstern im ersten Stock des Gebäudes fehlten die Scheiben. Die Fensterläden

---

[*] Während der Zweiten Intifada wurden siebzehn Soldaten und fünf israelische Zivilisten von Palästinensern in Hebron getötet, mehr als die Hälfte davon in einem einzigen Gefecht im November 2002. Im gleichen Zeitraum wurden mindestens neunzig Palästinenser in der Stadt von Israelis getötet, der Großteil keine Kämpfer.

waren aufgeklappt, als wenn die Gespenster, die drinnen wohnten, sie in ihrer Einsamkeit weit aufgestoßen hätten, um die Brise hereinzulassen.

Issas Vater, ein Lehrer, hatte die engste Familie während der Ersten Intifada, als Issa sieben Jahre alt war, in die jetzige H1-Zone umgesiedelt, aber sein Großvater hatte hier bis ins Jahr 2000 ausgeharrt. Er ging schließlich in dem Glauben, dass er zurückkehren könnte, sobald die Ausgangssperre aufgehoben war. Aber das konnte er nicht. Die Kämpfe endeten, aber das Viertel blieb den Palästinensern verschlossen. In dieser Zeit, den langen Belagerungsjahren der Zweiten Intifada, erhielt Issa seine politische Bildung. Wenn man eine fast gerade Linie von den Kämpfen der Ersten Intifada zu den Demonstrationen des Volkswiderstands in Nabi Saleh ziehen kann, dann war es in Hebron der spätere Aufstand, der die entscheidende Rolle spiele. Die Zweite Intifada und das Goldstein-Massaker waren wie zwei schwere Vorhänge, die man vor die Vergangenheit gezogen hatte und hinter die man nur schlecht blicken konnte.

Issa zufolge war er beim Ausbruch der Intifada ein guter Schüler. Er mied die Politik und versuchte sich von Ärger fernzuhalten. Die meisten seiner Cousins wurden Kämpfer in einer örtlichen Zelle der Al-Aksa-Märtyrer-Brigaden, einer bewaffneten Gruppe, die mit der Fatah-Bewegung verbunden war. Irgendwann Anfang der 2000er Jahre kam einer von ihnen zu ihm. Sie hatten gerade ihren Techniker verloren. Sie brauchten jemanden, der ihn ersetzen konnte, jemanden, der Bomben bauen konnte, und Issa, der Elektrotechnik studierte, war ein naheliegender Kandidat. Er weigerte sich. Sie würden verlieren, sagte er ihnen. »Ich wusste, dass sie nicht genug Waffen hatten. Sie hatten auch keine ausreichende Ausbildung. Sie waren keine gefährlichen Leute.«

So etwas ist relativ, aber Issa meinte es wörtlich. Er erzählte davon, wie er einen seiner Cousins gesehen hatte, der sich hinter einer Mauer versteckte, um seine Kalaschnikow auf einen israelischen Panzer in ein paar Metern Entfernung abzufeuern. »Da kann ich genauso gut Steine auf ihn werfen«, fluchte sein Cousin und warf die Waffe weg. Später sah Issa, wie sein Cousin direkt vor ihm getötet wurde. »Ich war am Fenster und sah zu«, sagte er, als ein israelischer Hubschrauber eine Rakete abschoss und sein Cousin in der Explosion verschwand. Im Chaos danach schob Issa seinen Vater aus dem Weg und rannte nach draußen, um zu sehen, ob sein Cousin gerettet werden konnte. Aber das konnte er nicht. Der Hubschrauber sei wiedergekommen und habe erneut geschossen, sagte Issa. Diesmal auf ihn. Er sprang hinter eine Mauer. Die Rakete schlug genau da ein, wo er Sekunden zuvor gestanden hatte. »Weißt du, was eine Rakete macht? Sie zerstört alles. Ich bin durchgedreht.« Und er habe verstanden, dass »es keine Möglichkeit gibt, sie mit ihren Hubschraubern und Panzern zu bekämpfen«. Jedenfalls nicht mit Kalaschnikows.

Im Januar 2003 schloss die Armee die beiden wichtigsten Universitäten der Stadt. Ihr Campus sei jeweils »eine Brutstätte für Terroristen und Selbstmordattentäter«. Issa ging eines Morgens zum Unterricht und fand zugeschweißte Universitätstore vor. Die Verwaltung war ihm zufolge nicht bereit, den israelischen Behörden entgegenzutreten. Sie setzten die Kurse einfach in öffentlichen Schulen mit inadäquater Ausstattung und winzigen Tischen in Kindergröße neu an. Ein guter Student zu sein erforderte von Issa plötzlich, dass er ein ganz neues Bündel an Kompetenzen erwarb. Er wusste nicht, wo er anfangen sollte, also las er über Mandela, Gandhi, Martin Luther King. Er fing an, mit anderen Studenten zu reden und Dinge zu organisieren. Damals wie heute waren die palästinensischen Behörden das erste Hindernis. Die Studenten demonstrierten vor dem Büro des Bezirksgouverneurs und dem Büro des Bürgermeisters. Sie würden das Rathaus blockieren, drohten sie, »wenn ihr euch uns nicht anschließt und die Israelis unter Druck setzt«.

Issa ging als einer der Anführer aus der Bewegung hervor. Als die Studenten beschlossen, dass sie nicht länger auf Hilfe der örtlichen Behörden warten konnten, war er es, der die Campustore wieder öffnete. »Ich war der mit den Hämmern«, sagte er. Der Dekan und die Verwaltung tauchten auf. Aus Angst, dass die Soldaten den Studenten aufs Gelände folgen und die Universität zerstören könnten, versuchten sie ihn aufzuhalten. »Ich sagte ihnen: ›Heute wird die Universität geöffnet haben.‹« Aber der Campus war ein einziges Chaos, und die Studenten arbeiteten wochenlang, um ihn wieder herzurichten. Die Verwaltung verweigerte immer noch jede Hilfe. »Wir sagten: ›Okay, wenn ihr uns nicht unterrichten wollt, unterrichten wir uns selbst.‹« Die Studenten entwarfen ihren eigenen Lehrplan und arbeiteten mit den wenigen Professoren zusammen, die keine Angst hatten zu lehren.

»Es war eine unglaubliche Erfahrung«, sagte Issa. »Weil wir gewonnen haben.«

Er machte seinen Abschluss. Die Intifada ging zu Ende. Ansonsten änderte sich nicht viel. Die Tore des ganzen Westjordanlandes sind verschlossen, und unter Beihilfe der Palästinensischen Autonomiebehörde sitzen alle Palästinenser darinnen an winzigen Tischen und studieren ihre eigene Erniedrigung. Alles, was Issa erlebt hatte, überzeugte ihn davon, dass unbewaffneter Widerstand, wenn er nur gut genug organisiert, beharrlich und kühn ist, die Ergebnisse erzielen konnte, die mit Waffen und Bomben nicht zu erreichen waren. Versuchsweise machte er sich Gewaltlosigkeit zu eigen – anders als Bassem hatte er keine Scheu, das Wort zu verwenden –, »als Taktik, nicht als Strategie«, wie er meinte: »Lasst sie uns einsetzen und sehen, ob es funktioniert.« Er begann, die Geschichte der Ersten Intifada zu studieren und, was vielleicht noch größeren Einfluss hatte, die Techniken seiner Gegner. Wie er feststellte, arbeiteten die Israelis nicht nur hart daran, jeden Einzelnen, der sich ihrer Herrschaft widersetzte, zu vernichten, sondern auch daran, Keile in die palästinensische Gesellschaft zu treiben und jedes Kollektiv, das sich außerhalb ihrer Kontrolle bildete, zu zerbrechen, »denn Gemeinschaft ist Widerstand«. Er studierte auch die Siedler, »wie sie Gemeinschaft aufbauen, wie sie Fakten am Boden schaffen«.

Das Zentrum zu errichten bediente beide dieser Punkte. Das Haus in Tel Rumeida zementierte die palästinensische Präsenz in einer Gegend, die die Siedler nur zu gern für sich beanspruchen wollten. Es würde als Ort zum Organisieren, als Unterrichtsraum, als Bühne für künftige Anstrengungen und vor allem als Versammlungsort dienen, an dem Menschen in der Gruppe mit anderen Kraft schöpfen konnten. 2008, ein Jahr nachdem das Zentrum wiederhergestellt worden war, gründete Issa zusammen mit einem anderen Aktivisten die Youth Against Settlements. Zunächst folgte die Gruppe dem Modell, das die Dörfer des Volkswiderstands entlang der Mauerroute anwandten. Sie organisierten jeden Freitag einen Protestmarsch in Hebrons Altstadt. In einem zentralen Punkt wichen sie allerdings vom Dorfmodell ab – sie beschlossen gleich zu Beginn, dass Steinwürfe nicht erlaubt würden. Die Jugend in Hebron schleuderte Soldaten seit Jahrzehnten Steine entgegen, und die

Dinge hatten sich nur verschlechtert. Die YAS wollte etwas Neues versuchen. Die Armee reagierte auf die Proteste der YAS dennoch mit den üblichen Methoden – mit Gas und Projektilen, Prügel und Verhaftungen – und begann aus Vergeltung Läden zu schließen. Die Händler waren darüber nicht glücklich. Auch Issa nicht. »Wir wollten Läden eröffnen, nicht sie schließen«, sagte er. Die Proteste wurden auch zu schnell Routine: »Wöchentliche Demonstrationen bedeuteten, dass sie wussten, was wir tun würden.« Sie änderten ihre Taktik und gaben die Demonstrationen auf, bis auf einen Protestmarsch zur Öffnung der Schuhada-Straße jeden Februar am Jahrestag des Goldstein-Massakers. Stattdessen konzentrierte sich die YAS darauf, den Widerstand auf konkrete und sogar banale Aufgaben zu gründen, die von den Siedlern und der Armee dennoch gleichermaßen als Bedrohung wahrgenommen wurden: die Säuberung von Straßen, die Instandsetzung von Häusern, die Verteilung von Lebensmitteln, das Angebot von Hebräisch-Kursen, damit die Bewohner der israelischen Militär-Bürokratie nicht hilflos gegenüberstanden, kurzum, sie taten, was immer sie konnten, um Angst und Verzweiflung zu vertreiben und die Gemeinschaft intakt zu halten.

Im September zuvor hatte die Palästinensische Autonomiebehörde, die den ganzen Sommer über nicht in der Lage gewesen war, ihren Angestellten die Gehälter zu zahlen, den Benzinpreis erhöht. Streiks und Demonstrationen breiteten sich über das Westjordanland aus. Endlich schien Palästina zum Rest der arabischen Welt aufzuschließen. Der größte Zorn richtete sich gegen den damaligen Premierminister und früheren IWF-Ökonom Salam Fajad, dessen wirtschaftliches Reformprogramm, das auf dem »Aufbau von Institutionen« und Maßnahmen für »Transparenz« basierte, von amerikanischen Beamten und Kommentatoren geliebt wurde – als Fajad Anfang 2013 zurücktrat, feierte ihn Thomas Friedman von der *New York Times* mit unbekümmerter Inkohärenz als »arabischen Frühling, bevor es einen arabischen Frühling gab«. Die meisten Palästinenser verstanden allerdings, dass Fajads glatte technokratische Rhetorik nicht viel mehr bedeutete als Kürzungen im öffentlichen Bereich, volle wirtschaftliche Zusammenarbeit mit Israel und das Ersticken jeglichen Widerstands, der die einträglichen Arrangements der aufstrebenden palästinensischen Elite mit ihren Besatzern bedrohen könnte. Am 6. September verbrannten Demonstranten in Hebron eine Fajad-Puppe. Issa half, die dortigen Proteste zu organisieren und die Forderungen zu präzisieren. Der Benzinpreis war noch die geringste: Die Protestler wollten, dass die Palästinensische Autonomiebehörde die gesamten Pariser Protokolle widerrief, die zentrale ökonomische Komponente der Oslo-Abkommen, welche das finanzielle Vasallentum Palästinas gegenüber Israel festschrieb. Die Palästinensische Autonomiebehörde war Issa zufolge zum »zentralen Hindernis für alle Formen des Widerstands geworden«.

Am 10. September 2012 gingen Tausende in Hebron auf die Straße – 20 000 nach Issas vielleicht etwas großzügiger Schätzung. Der Marsch endete damit, dass Protestler Steine auf Büros der Stadtverwaltung und das Polizeihauptquartier warfen. Die Sicherheitskräfte der Palästinensischen Autonomiebehörde antworteten mit Tränengas. Dutzende wurden verletzt. Es war nur ein weiterer Tag in Hebron, allerdings waren es diesmal nicht die Israelis, die Gasgranaten abfeuerten. Die Palästinensische Autonomiebehörde, sagte Issa, habe alles getan, um die Bewegung zu unterdrücken. Die Zusammenstöße, insistierte er, seien von Provokateuren ausgelöst worden, damit die Palästinensische Autonomiebehörde einen Vorwand hatte, um die Proteste zu zerschlagen. Die palästinensische Polizei verhaftete seinen Sprecher und Medienkoordinator und bedrohte ihn wiederholt. Menschen kamen zu ihm und warnten ihn, dass er bald verhaftet oder erschossen werden würde oder dass Gerüchte gestreut werden würden, um seinen Ruf zu ruinieren. »Sie mögen keine Sachen«, sagte Issa, »die sie nicht unter Kontrolle haben.« Aber Fajad verstand die Botschaft. Zumindest zum Teil: Er nahm die Preiserhöhung zurück. Die Proteste lösten sich auf, und der Schwung ging verloren. Das Tauwetter des Frühlings war wieder einmal vertagt worden. Dieser Winter schien kein Ende zu nehmen.

Issas jüngstes Projekt war bescheidener, wenn auch auf seine Weise nicht weniger riskant: ein Kindergarten. Es existierte keine Einrichtung für kleine Kinder in Tel Rumeida. Was gab es für eine bessere Möglichkeit, Menschen zusammenzubringen, als sie mit etwas zu versorgen, das sie benötigten? Wie schon beim Zentrum setzten die Aktivisten ein verlassenes Haus instand, das zu heruntergekommen war, um für die Siedler von Interesse zu sein. Die Arbeiten dauerten Monate. Sie mussten die Materialien hineinschmuggeln, die Kontrollpunkte meiden, nachts arbeiten. Wiederholt versuchten Soldaten und Siedler sie zu stoppen. »Wir haben einfach weitergemacht«, sagte Issa, »bis sie aufgaben.« Der Kindergarten eröffnete, kurz bevor ich in Hebron eintraf. Es war ein kleines, einstöckiges Gebäude, dessen Außenwände mit bunten Bildern von Comicfiguren verziert waren; Popeye und SpongeBob spielten dabei eine große Rolle. Jerry, die Maus, war auch dabei. Tom, der Kater, war auffallend abwesend. Die Erzieher waren Freiwillige, Spielzeug und Vorräte waren gespendet, und der Raum war voller Mädchen und Jungen, die im Schneidersitz auf dem Boden saßen und erwartungsvoll zu Füßen ihrer Erzieher herumzappelten. Die Aktivisten planten, noch einen Spielplatz zu bauen, aber sie hatten nicht das Geld dafür und hatten bislang nur ein einziges Spielgerät aufgestellt – eine rotgelbe Plastikrutsche von etwa einem Meter Höhe. Der Hof bestand vorerst nur aus loser Erde voller Scherben, und die niedrige Mauer darum herum musste dringend neu geweißelt werden. Vandalen hatten sie mit Davidsternen und einem einzelnen hebräischen Satz besprüht: »Tod den Arabern« – gefolgt von drei dicken Ausrufezeichen. Ich ging jeden Tag auf dem Weg zu Zidan oder dem Zentrum daran vorbei. Ich dachte viel darüber nach, über diese Davidsterne, die groben schwarzen Buchstaben, die winzige, aber farbenfrohe Plastikrutsche. Ich dachte Wochen später darüber nach, nachdem ich Hebron verlassen hatte und Issa eines Abends auf einen Kaffee in Ramallah traf. »Ich habe das Gefühl, dass ich gewinne«, sagte er damals zu mir über den Tisch gebeugt und mit der ihm eigenen hohen Dosis an Bestimmtheit und Zuversicht. »Wir gewinnen«, wiederholte er. Ich bin mir fast sicher, dass er daran glaubte.

Wir gingen viel zu Fuß. Eines Abends waren wir draußen am Stadtrand, direkt unterhalb der Siedlung Kirjat Arba. Die Straßen, die hier hügelig waren, waren verwaist. Oder fast verwaist, obwohl Palästinenser in dieser Zone durchaus zu Fuß gehen (aber nicht fahren) durften. Eine Siedlerfamilie – zwei Männer und eine Frau mit einer Kinderschar im Schlepptau – schlenderte auf dem Heimweg vom Gebet am Grab der Patriarchen vorbei. Sie lachten und plauderten und waren nicht in Eile. Sie bewegten sich unbewaffnet oder jedenfalls nicht offen sichtbar bewaffnet inmitten eines palästinensischen Viertels in einer palästinensischen Stadt, in der ihre Anwesenheit als feindlicher Akt angesehen wurde, und doch wirkten sie unbeschwert. Aber sie hatten auch eine Eskorte. Wo Siedler sind, sind Soldaten nie weit: Ein Jeep der Israelischen Verteidigungsstreitkräfte mit gelb blinkenden Lichtern auf dem Dach schob sich ein paar Meter hinter ihnen her; seine Anwesenheit bildete die Grundlage für ihre gute Laune.

Wir nahmen eine Abkürzung durch ein Tal und bahnten uns durch dunkle Olivenhaine einen Weg zu dem Haus, das dem Zaun der Siedlung am nächsten war. Sein Garten war, wie wir von unten sehen konnten, mit bunten Lichtern überzogen. Wir kletterten darauf zu und wieder auf die Straße. Drei Soldaten näherten sich aus der Gegenrichtung. Einer führte einen palästinensischen Jungen am Arm. Bis ich dahinterkam, was vor sich ging, waren sie schon an uns vorbei. Der Junge sah nicht älter aus als zwölf. Er war ganz offensichtlich in Panik. Drei weitere Jungen folgten ihnen in sicherem Abstand. Wir fragten, was passiert sei. Sie sagten, sie hätten gespielt, und schworen, dass sie keine Steine oder derlei geworfen hätten. Die Soldaten dachten wohl, ihr Freund würde sie verfluchen, also schnappten sie ihn sich und nahmen ihn mit. Sie nannten uns seinen Namen: Nader Ghazzala. Wir ließen sie unter einer Straßenlaterne zurück, in deren fahlem gelbem Licht sie verloren und verängstigt aussahen.

Wir gingen weiter. Kurz hinter der Kurve kamen wir an ein Denkmal für die neun israelischen Soldaten und drei Mitglieder der Sicherheitstruppe von Kirjat Arba vorbei, die hier im November 2002 in einem Gefecht gestorben waren, bei dem auch drei bewaffnete Dschihadisten getötet worden waren. Unter den Toten befand sich der Kommandant aller israelischen Truppen in Hebron, der höchstrangige israelische Offizier, der während der Zweiten Intifada ums Leben kam. Direkt nach dem Scharmützel verhängte die Armee für die ganze Zone H2 eine Ausgangssperre, die sechs Monate andauern sollte, und verkündete den Plan, 22 Häuser abzureißen, von denen einige über 500 Jahre alt waren, sowie die Beschlagnahme eines Landstreifens von fast einem Kilometer Län-

ge, um die Straße von Kirjat Arba zum Grab der Patriarchen zu verbreitern.*
Wir stiegen eine lange Auffahrt zum Haus mit den festlichen Lichtern hinauf. Musik spielte. Plastikwimpel hingen von den Bäumen. Der Sohn des Besitzers heiratete. Die eigentliche Hochzeit würde erst in ein paar Tagen stattfinden, aber die Party hatte schon angefangen. Ein Dutzend Männer saß in einem Kreis auf der Terrasse und klatschte im Takt, während ein achtjähriger Junge in einem schwarzgoldenen Trainingsanzug vor ihnen tanzte, die Augen vor Konzentration halb geschlossen. Der Vater des Bräutigams, Qaed Daana, würde mir später die üblichen unerträglichen Geschichten erzählen – über demütigende Durchsuchungen und Angriffe und Siedler, die Steine und sogar Granaten von der anderen Seite des Zauns in Kirjat Arba warfen, der sich nur ein paar Meter den Hügel hinauf befand. Der Junge im Trainingsanzug war sein Neffe. Die übrigen Kinder rangelten und kicherten hinter ihm, aber der Junge tanzte weiter wie in Trance und glitt in einem gekünstelten Beinahe-Moonwalk über die Terrasse.

Wir gingen in das Tal unterhalb der Siedlung hinunter und sprachen mit einem Mann namens Dschamal Abu Seifan über den Tag im Jahr 2008, als die israelische Polizei Siedler aus dem Haus der Radschabis vertrieb, das sie im Jahr zuvor besetzt und in »Haus des Friedens« umbenannt hatten. Die Siedler antworteten auf die Räumung, indem sie die umliegenden palästinensischen Viertel angriffen, Autos abfackelten und Häuser mit ölgetränkten Schwämmen in Brand setzten. »Es war wie in der Hölle«, erzählte Abu Seifan. Auf seinem Handy zeigte er uns ein verschwommenes, verwackeltes Video, das er aufgenommen hatte und auf dem ein Siedler seinen Onkel und seinen Cousin anschoss. Es wurde noch verwackelter, als ein weiterer Siedler, der mit einem M16-Gewehr um sich schoss, anfing, auf seine Füße zu zielen.

Wir gingen am Haus der Radschabis vorbei, das in jenem November

---

* Das israelische Oberste Gericht genehmigte schließlich nur den Abriss von zwei Häusern. Letztlich wurden drei Häuser dem Erdboden gleichgemacht und elf weitere schwer beschädigt. Ihre Ruinen blieben stehen. Die alten Räume mit ihren Gewölbedecken sind zur Straße offen, die Wände und bemalten Decken bröckeln.

noch immer als Militärposten genutzt wurde.* Dahinter stiegen wir den Hügel zur Polizeistation hinauf. Ich drückte den Summer der Gegensprechanlage am Tor. Irgendwann antwortete eine Stimme auf Hebräisch. Ich erklärte, dass ich Journalist sei und wissen wolle, was mit einem Jungen namens Nader Ghazzala geschehen sei, der früher an diesem Tag verhaftet worden war. Ein oder zwei Minuten später erschien ein drusischer Polizist mit Zahnlücke auf der anderen Seite des Zauns, im gelben Licht des Polizeihofs. Den Jungen habe man gehen lassen, sagte er. Er habe ihn freigelassen. Unsere Anwesenheit schien ihn zu amüsieren. Er hieß Sami Hamza. Ich fragte, ob dem Jungen etwas zur Last gelegt worden sei. Das war nicht der Fall. Ich fragte, warum er verhaftet worden sei.

»Er hat den Soldaten angeschrien«, antwortete Sami Hamza. »Er hat üble Sachen auf Arabisch gesagt.«

Ich fragte, ob das gegen das Gesetz verstoße.

Er lächelte freundlich. »Natürlich verstößt das gegen das Gesetz. Aber wegen seines Alters und weil es das erste Mal war, habe ich ihn freigelassen«, sagte er. »Wenn wir helfen können, dann helfen wir.«

Das war's. Alles war gut. Wir sagten Gute Nacht. Sami Hamza ging durch das gelbe Licht des Hofes zurück und wieder in die Station hinein. Eine Sternschnuppe zog einen riesigen, hellen Schweif über den Himmel. Überall in der Stadt bellten die Hunde und besprachen wichtige Hundeangelegenheiten.

Am Morgen des 8. Novembers, einem Freitag, klopfte Zidan an die Tür, wie immer mit Kaffee. »Habt ihr schon gehört?«, fragte er und setzte sich, um sich eine Zigarette anzustecken. »Es gab einen Märtyrer aus Hebron.« Spät am Abend zuvor war ein junger Mann namens Anas Fouad al-Atrasch am Container-Kontrollpunkt über dem Wadi Nar getötet worden. Er war 23 und hatte in Abu Sneineh gelebt, einem Viertel in H1, das Tel Rumeida überblickte. Die offizielle Version lautete, dass er aus seinem Wagen gestiegen war und einen Soldaten mit einem Messer attackiert

---

* Die israelischen Behörden stellten zunächst fest, dass die Dokumente, die die Siedler eingereicht hatten, um den Erwerb des Hauses zu beweisen, gefälscht waren, aber im März 2014 entschied das Oberste Gericht, dass der Kauf legal gewesen sei und dass den Siedlern die Rückkehr erlaubt werden solle.

hatte, woraufhin der Soldat aus Notwehr einen Schuss abgab, der ihn tötete. Es war eine schlimme Nacht gewesen. Früher am selben Abend war ein anderer junger Mann namens Baschir Sami Habanin von Soldaten an einem Kontrollpunkt ein paar Kilometer südlich von Nablus getötet worden.* Er war auf dem Heimweg von Tulkarem gewesen, wo er als Professor am örtlichen technischen College gearbeitet hatte. Die Israelischen Verteidigungsstreitkräfte behaupteten, er habe Feuerwerkskörper auf israelische Zivilisten gerichtet, die auf einen Bus warteten, und Soldaten hätten darauf mit Schüssen reagiert.** Er war 28.

Die freitäglichen Zusammenstöße von Bab al-Zawiya begannen in der Regel erst nach dem Mittagsgebet, aber an diesem Tag fingen sie früh an. Von Zidans Wohnung aus hörten wir die ersten Schüsse um kurz vor elf Uhr. Ein paar Minuten später, als wir das Haus verließen, tätigte der Soldat, der vor dem Beit Hadassah postiert war, einen Anruf. Ich hatte angefangen, so etwas zu bemerken. Wir passierten den Kontrollpunkt nach Bab al-Zawiya. Ein paar Kinder kamen hinter einem Gebäude hervorgerannt, schleuderten Steine auf die Siedler und huschten wieder in ihr Versteck. Wir winkten ein Taxi heran, das uns zur Moschee neben der Polytechnischen Universität bringen sollte, wo die Beerdigung von Anas al-Atrasch stattfinden würde.

Die Straße vor der Moschee mit der blauen Kuppel war bereits voll mit Trauernden. Dutzende Polizisten der Palästinensischen Autonomiebehörde standen in der Nähe, manche in olivgrüner, andere in blauer Tarnkleidung, alle mit AK-47ern und Schutzanzügen. Wen, fragte ich mich,

---

* *Haaretz*, die Zeitung der liberalen israelischen Linken, erwähnte die beiden Tötungen erst nach drei Absätzen in einem Artikel mit der Überschrift »PALÄSTINENSISCHE BRANDBOMBENATTACKE VERWUNDET ISRAELISCHE MUTTER, TOCHTER« – an einem anderen Ort des Westjordanlandes, in der Nähe der Siedlung Tekoa, hatte jemand einen Molotowcocktail auf ein Auto mit gelbem Kennzeichen geworfen und dessen israelische Fahrgäste »leicht verwundet«. Der Artikel nannte weder al-Atrasch noch Habanin namentlich und zitierte keine palästinensischen Zeugen.

** Vertreter der Abteilung des israelischen Militärgeneralanwalts berichteten der Menschenrechtsgruppe B'Tselem, dass Habanin nach den Schüssen in die Beine aufgestanden sei und erneut Feuerwerkskörper auf die Soldaten abgeschossen habe und dass »angesichts der Bedrohung, die er für die anwesenden Truppen und Zivilisten darstellte, [...] die Truppen weitere Schüsse abgaben, die die Ursache für seinen Tod waren«.

wollten sie hier schützen? Ich traf Imad, einen der Jungs der YAS. Ich hatte nicht registriert, dass sein Nachname al-Atrasch war. Anas war sein Cousin gewesen. Imads Onkel, erzählte er, hatte eine Firma, die Schuhe herstellte und verkaufte, und zwei seiner Söhne, Anas und Ismail, führten das Familiengeschäft in Jericho. Unter der Woche übernachteten sie dort und fuhren dann jeden Donnerstag nach Ladenschluss zurück nach Hebron. Sie waren auf dem Heimweg gewesen, als Anas erschossen wurde. Imad war ein tougher Kerl, ein Schweißer mit Händen wie Ofenhandschuhe, der gern mit seiner Missachtung der israelischen Gesetze prahlte, aber an diesem Tag war er den Tränen nahe. Die Geschichte der Israelis ergab keinen Sinn, sagte er. Anas sei nicht politisch aktiv gewesen und habe nichts weiter gewollt, als zu heiraten und sein Leben zu leben. »Er hatte einen Traum, wie alle jungen Menschen auf der Welt«, erklärte Imad und rang um Worte. »Aber jetzt nicht mehr.«

Kurz vor Mittag erklang der Ruf des Muezzins aus den Lautsprechern des Minaretts. Alle verstummten. »Gott ist groß«, sang der Muezzin, und die Trauernden pressten die Stirn auf den Asphalt. Auf der anderen Straßenseite ragte eine USAID-Plakatwand in einem Feld auf, das mit Müll und Baustellenabfall, verrosteten Rohren und gebrochenen Betonteilen übersät war. »Industrial Area Road, Hebron« stand auf Englisch auf dem Schild. »This Project is a gift from the American people to the Palestinian people.« Ich dachte: Genau wie die Waffe, die Anas al-Atrasch getötet hatte, und wahrscheinlich auch die Kugel. Das Gebet ging zu Ende. Mehrere Hundert Männer knieten stumm um mich herum, die Augen geschlossen, die Hände auf den Knien.

Später trugen sie seinen Leichnam heraus. Er war in eine Flagge gehüllt, mit pinkfarbenen Nelken an einer blassen, unrasierten Wange. Seine Füße in schwarzen Strümpfen ragten über die Totenbahre hinaus. Die Trauernden folgten den Trägern und dem Leichnam durch die staubigen Straßen zum Friedhof, an weißen Steinhäusern in unterschiedlichen Stadien des Baus und des Verfalls vorbei. Frauen standen an Fenstern in den ersten und zweiten Etagen und starrten durch verschnörkelte Metallgitter hinaus. Die Flagge, in die der Leichnam gehüllt war, kam ins Rutschen und legte Anas al-Atraschs Hände frei, die gefaltet auf seiner Brust ruhten. Zwei Männer in Sturmhauben standen in einem Olivenhain unterhalb von uns und feuerten einen ohrenbetäubenden Schuss nach dem nächsten in die Luft, wobei sie ihre M16-Gewehre etwas zu niedrig hielten, als dass man sich in ihrer Nähe wohlgefühlt hätte. Es war die Al-Aksa-Brigade, die ihren Tribut zollte, die mit jedem Schuss ihr Überleben verkündete und ein Racheversprechen, dessen Einhaltung niemand von ihnen erwartete. Zwischen dem Platzen der Schüsse konnte ich die Frauen am Grab wehklagen hören, sie empfingen den Leichnam, schrien wieder, dass Gott groß sei. Anas al-Atraschs Brüder lagen sich am Friedhofstor weinend in den Armen.

Als es vorbei war, ließen wir uns ein Stück mitnehmen und dann noch ein Stück, und dann fanden wir ein Taxi, das uns zurück ins Stadtzentrum brachte. Es war Freitag, und die Geschäfte hatten geschlossen, auf den Straßen waren keine Autos unterwegs. Aus ein paar Blocks Entfernung konnten wir schon dichten, schwarzen Rauch sehen, der in den Himmel über Bab al-Zawiya aufstieg.

6
VON EINEM LAND GANZ ZU SCHWEIGEN

Hebron, Jerusalem, Beitunia, Jericho, Ramat Aviv

Trotzdem, das war nur die Stadt, keine Allegorie […]
China Miéville

Soldaten befanden sich auf den Dächern von Bab al-Zawiya, und Soldaten waren auf den Straßen, mit ihren Gewehren im Anschlag. Der Markt war leer, die Stände, an denen sich vorher Bananen und leuchtend orangefarbene Kakifrüchte und Pyramiden aus grünem *za'atar*, bestäubt mit dunkelrotem Sumach, getürmt hatten, waren nun kahl und mit trostlosen weißen Planen verhängt. Dennoch war die Stimmung irgendwie festlich, wenn das der richtige Begriff ist. Die Jungs warfen Steine auf die Soldaten oder zumindest in ihre Richtung. Sie lachten, als sie davonflitzten und sich duckten, und lachten so lange weiter, bis ein gummiüberzogenes Geschoss einen von ihnen umwarf und sie ihn alle umringten, gemeinsam hochhoben und rennend und schreiend wegtrugen, bis sie ihn schließlich protestieren hörten, dass es ihm gut gehe, und sie ihn wieder absetzten und umarmten und knufften, während er davonhumpelte, und dann gingen sie alle wieder daran, Steine zu werfen und zu lachen. Ein Typ – älter, in seinen Dreißigern, vielleicht ein bisschen schräg – duckte sich hinter eine Ecke und sprang dann ein paar Meter von den Soldaten entfernt direkt vor sie. Er richtete den Finger auf sie wie ein kleiner Junge, der Krieg spielt, und rief: »Tock-tock-tock-tock-tock.« Die anderen Jungs jubelten. Zum Glück erschossen die Soldaten ihn nicht.

»Die Jungs spielen«, bemerkte der Bursche neben mir. Er sah gut aus, mit hellen Augen und langen Wimpern. Er lachte, berührte mich an der Schulter und joggte zu seinen Freunden. Jemand brachte eine riesige Kiste mit Steinen herbei, und eine Minute lang, bis die Soldaten wieder anfingen zu schießen, prasselten sie wie Hagel nieder. Ein alter Mann mit dichtem Schnurrbart und blauem Anzug stand im Eingang einer Gasse und beobachtete die Szene mit müder Missbilligung. Das Leben ging weiter: Ein Lkw mit Trinkwasser hielt auf der anderen Straßenseite, und kurz darauf ließ ein Arbeiter einen Schlauch vom Dach hinunter, damit die Speicher vier Stockwerke höher befüllt werden konnten. Der gutaussehende Bursche kam zurück und zeigte auf einen Jungen, der allein an der Ecke stand, Gesicht und Hals entstellt, ein Ohr und fast die ganze Nase wie abrasiert, die Augen wässrig und strahlend.

»Siehst du den Typen da?«, fragte er. Die Rakete eines Apache-Hubschraubers habe ihm das zugefügt, erklärte mein neuer Freund. »Sie töteten gerade einen Hamas-Typen, und er war in der Nähe«, sagte er. Das war 2002. Ich rechnete nach. Er musste ein kleines Kind gewesen sein. »Er war ein wirklich schöner Junge«, sagte mein Freund und zog wieder los.

Ein grauhaariger Mann fuhr mit seinem Fahrrad mitten durchs Gewühl, er lächelte glückselig und ließ sich Zeit. Ein Müllwagen hielt an und ließ zwei Arbeiter absteigen, die den an der Ecke angehäuften Abfall einsammelten, doch dann bekam der Fahrer Panik und stieg aufs Gaspedal, vergaß aber seine Kollegen, die geduckt und fluchend hinter dem rasenden Müllwagen herrannten.

Das war Hebron. In den folgenden beiden Wochen gab es jeden Tag Zusammenstöße, die jüngeren Männer versammelten sich jeden Nachmittag und bis in die Nacht hinein in Bab al-Zawiya, die jüngeren Kids jeden Tag nach Schulschluss an den Kontrollpunkten auf der anderen Seite von H2, ganze Schülerschwärme mit grellbunten Rucksäcken. Sie johlten jedes Mal, wenn die Soldaten sich daranmachten, eine weitere Salve Schüsse abzugeben oder eine Blendgranate zu werfen, sie verhöhnten sie und gaben mit unermüdlicher Schadenfreude ihre Sprechchöre zum Besten.

»Container!«, schrien sie wieder und wieder. »Container! Container! Container!«

Ismail al-Atrasch saß eingeklemmt zwischen seinen Eltern im Wohnzimmer ihres dreistöckigen Hauses in Abu Sneineh. Ismails Haar war ordentlich mit Gel frisiert, aber seine Wangen waren unrasiert und die Lider schwer. Ein Onkel saß breitbeinig auf einem Sofa daneben und ließ hölzerne Gebetsperlen durch seine Finger gleiten, während Ismail von den Ereignissen am Donnerstagabend, dem 7. November, erzählte. An diesem Abend hatten er und sein Bruder Anas das Schuhgeschäft der Familie in Jericho geschlossen und das Auto für die Rückfahrt nach Hebron beladen. Bevor sie losfuhren, riefen sie ihre Mutter an. »Sie bat mich darum, Tomaten, Zitronen, Orangen, Gurken und Kartoffeln zu kaufen«, entsann sich Ismail. »Wir stiegen ins Auto und machten uns auf nach Hebron.« Normalerweise dauerte die Fahrt etwa eine Stunde. Sie fuhren die Strecke jeden Donnerstag. Nach einem erholsamen Wochenende mit der Familie würden sie sich wieder nach Jericho im Norden aufmachen, um den Laden für eine weitere Arbeitswoche zu öffnen. An diesem Abend fuhr Ismail. Anas war erschöpft. »Er legte den Kopf zurück, streckte die Beine aus und schlief ein«, sagte Ismail.

Um 23.05 Uhr hoppelte der blaue Volkswagen der Brüder über die erste Bremsschwelle vor dem Container-Kontrollpunkt. Wenn er nicht mit Wochenendverkehr verstopft ist, ist Container – das englische Wort wird auch im Arabischen verwendet – ein trostloser Ort: ein einsamer Asphaltabschnitt, vier schäbige mautstellenartige Gebäude in Weiß und Grün, ein paar gelangweilte israelische Soldaten mit Maschinengewehren. Es ist kein schöner Ort zum Sterben. An diesem Abend, sagte Ismail, wirkten die Soldaten beunruhigt. Sie hatten das Auto vor ihnen angehalten und unterzogen die Fahrgäste einer gründlichen Durchsuchung. Einer stand mit erhobenen Händen da und wartete darauf, abgetastet zu werden. Ein roter Lichtpunkt hüpfte über die Vordersitze der al-Atraschs, als ein Soldat seinen Gewehrlauf und das Laservisier auf die beiden Brüder richtete. Anas verschlief das alles, sein Gesicht ruhte auf seiner Handfläche. »Er muss verwirrt aufgewacht sein«, sagte Ismail, »ohne zu verstehen, was los war.«

Ismails Vater, genauso unrasiert wie sein Sohn, starrte ausdruckslos auf einen Punkt kurz über dem Couchtisch. Er schloss die Augen.

Wortlos, so Ismail, habe Anas die Tür geöffnet und sei aus dem Wagen gestiegen. Ismail rief seinen Bruder beim Namen. Anas hatte keine Chance, sich vom Wagen wegzubewegen, sagte er: »Als ich ihn das zweite Mal rief, hatten die Soldaten ihn schon erschossen.«

Ich fragte Ismail, ob der Soldat vorher etwas gesagt habe.

»Nein«, sagte er.

Ich fragte, ob Anas etwas in den Händen gehalten habe.

»Nein«, sagte er. »Nichts.«

Ismails Mutter griff mit vor Trauer geschwollenem Gesicht nach einem Taschentuch.

»Ich stieg aus dem Wagen«, fuhr Ismail fort. Drei Soldaten seien auf ihn zugestürmt. »Einer legte den Lauf seiner Waffe hierhin, der andere hierhin, der dritte hierhin.« Er zeigte auf seinen Kopf, seinen Rücken, seine Hüfte. »Sie drückten mich zu Boden«, sagte er, und legten ihm hinter dem Rücken Handschellen an. Er wandte den Kopf, um nach seinem Bruder auf der anderen Seite des Autos zu suchen. »Ich rief die ganze Zeit seinen Namen, ›Anas, Anas‹, und sah, wie sie ihn wegschleiften.« Er habe aufgeschrien, gefragt, ob sein Bruder in Ordnung sei. Niemand antwortete ihm.

Ein Krankenwagen traf ein. »Sie legten ihn hinein. Ich dachte, vielleicht sei er am Bein verletzt. Ich rief immer weiter nach ihm. Ein Soldat kam und drückte mir die Schulter mit seinem Stiefel hinunter und sagte, es sei mir nicht erlaubt, etwas zu sagen.«

Der Vater seufzte. Es wurde still im Zimmer, bis auf die klickenden Gebetsperlen des Onkels. Ein zwölfjähriger Junge öffnete die Tür – der jüngste Bruder von Anas und Ismail, Mohammad. Er setzte sich neben seinen Onkel und schob einen Fuß unter den Oberschenkel. Ismail fuhr fort: Ein Mann in Zivilkleidung, der ein Schabak-Agent zu sein schien, tauchte an seiner Seite auf. »Und der Verletzte?«, fragte der Agent. »Dein Bruder?« Ismail sagte ja. Der Agent verschwand. Ismail versuchte sich auf dem Boden vorzuschieben, um besser sehen zu können, aber die Hecktüren des Krankenwagens waren geschlossen. Er konnte nichts sehen. Der Schabak-Agent kehrte zurück. Er stellte ihm eine seltsame Frage: »Warum ist Anas so aufgebracht?«

»Er ist nicht aufgebracht«, entsann sich Ismail, geantwortet zu haben. »Er hat gute Laune.« Sie hatten den ganzen Abend herumgescherzt, bis Anas eingeschlafen war. Der Schabak-Agent fragte ihn, ob er sich sicher sei, ob Anas nicht vielleicht mit jemandem Streit gehabt habe, vielleicht mit einem Freund oder mit seiner Freundin, ob er vielleicht in jemanden verliebt sei, der seine Liebe nicht erwiderte. Ismail sagte, nein, nichts dergleichen.

Noch eine seltsame Frage: »Er fragte: ›Ist er jemand, der ein Messer bei sich tragen würde?‹ Ich sagte: ›Nein, ist er nicht. Wir haben keine Probleme mit irgendwem.‹«

Eine dritte: Der Agent fragte, ob Anas einer der palästinensischen politischen Gruppierungen angehöre, der Hamas oder der Fatah. Wieder verneinte Ismail. Die Familie mache einen Bogen um Politik, sagte er. Anas war nie verhaftet worden, war nie auch nur zu einer Befragung gerufen worden – eine Seltenheit bei Jugendlichen aus Abu Sneineh. Er studierte Rechnungswesen und hoffte, im Frühjahr zu heiraten. »Wir sind einfach mit unserer Arbeit beschäftigt«, erklärte Ismail dem Mann.

Der Schabak-Agent ließ ihn allein. Zwei Polizisten kamen mit zwei Männern, von denen Ismail glaubte, dass sie hochrangige Schabak-Kommandanten waren. Sie trafen sich hinter dem Krankenwagen mit den anderen. Schließlich kam einer der Kommandanten zu ihm herüber. Er setzte sich neben Ismail auf den Boden. »Was ist passiert?«, fragte er. »Hatte er ein Messer?«

Ismail sagte nein, Anas sei einfach aus dem Wagen gestiegen, und ein Soldat habe plötzlich auf ihn geschossen. Der Kommandant, sagte er, gab ihm Wasser zu trinken und eine Zigarette zu rauchen. »Dann machte er so«, sagte Ismail und haute sich mit dem Handballen gegen die Stirn. Er fragte den Kommandanten, wie es Anas gehe. Der Kommandant stand auf und ging weg.

Als er wiederkam, löste er Ismails Handschellen und legte sie ihm vor dem Körper wieder um. Er setzte sich ihm gegenüber hin. »Bitte«, sagte Ismail, »können Sie mir einfach sagen, wie es ihm geht?«

»Es geht ihm gut, Gott sei Dank«, sagte der Kommandant.

»Gott sei Dank«, sagte Ismail.

»Wenn ich dir erzählte, dass Anas ein Messer hatte«, fragte der Kommandant, »was würdest du dazu sagen?«

»Ich würde sagen, dass Sie lügen«, antwortete Ismail. Da ist kein Messer im Auto, sagte er ihm. »Sie können es durchsuchen – Sie werden Tomaten, Zitronen, Orangen, Gurken und Kartoffeln, ein paar Kleider finden, sonst nichts.«

»Er fragte: ›Bist du dir sicher, dass er kein Messer hatte?‹ Ich sagte: ›Ich bin mir sicher.‹«

Der Kommandant führte ihn zu einer Stelle auf dem Pflaster, ein paar Meter entfernt. Ein Messer lag auf dem Asphalt. »Es war nicht mal an der Stelle, wo Anas erschossen wurde«, sagte Ismail. »Er fragte: ›Dieses Messer, hast du das schon mal gesehen?‹ Ich sagte: ›Nein.‹ Er fragte: ›Bist du dir sicher?‹ Ich sagte: ›Ich bin mir sicher, ich habe es noch nie gesehen.‹«

Neben ihm weinte Ismails Mutter in ihre Hände.

Wieder habe er den Kommandanten gefragt: »Bitte, sagen Sie mir, was los ist.«

»So Gott will, kommt er in Ordnung«, antwortete der Kommandant und ließ Ismail wieder allein. Er reckte den Hals, um einen Blick auf den Krankenwagen zu erhaschen. »Plötzlich sah ich, wie sie ihn herausholten. Sie legten ihn auf den Boden und bedeckten ihn mit einem Tuch. Ich bin durchgedreht und habe geschrien und den Kopf auf den Boden geschlagen. Was dann passiert ist, weiß ich nicht mehr.«

Am nächsten Morgen hatten die israelischen Zeitungen die offizielle Version von Anas al-Atraschs Tod veröffentlicht: Ein 23-jähriger Palästinenser war demnach aus seinem Wagen gestürmt und mit einem Messer auf einen Soldaten des Kontrollpunkts zugestürzt. In Todesangst habe der Soldat einen Schuss abgegeben und ihn getötet. Es war keine große Geschichte, nur ein weiterer anonymer Vorfall, einer in einer Reihe anscheinend unkoordinierter Angriffe auf israelisches Sicherheitspersonal. Ich rief Micky Rosenfeld an, den Sprecher der israelischen Polizei, und bat darum, sämtliche Aufnahmen aus Überwachungskameras des Kontrollpunkts sehen zu dürfen, die Aufschluss über den Vorfall geben könnten. Das Filmmaterial würde auf keinen Fall veröffentlicht werden, beschied er mir. Kurze Zeit später mailte er mir eine Erklärung, in der er deutlich machte: »Es findet keine Untersuchung statt.«

Tzipi Schlissel begrüßte uns herzlich. Sie sei froh, dass wir gekommen waren, sagte sie, denn »niemand auf der Welt hört sich unsere Geschichte an«. Soll heißen: die Geschichte der Siedler. Sie war sich sicher, dass wir »schreckliche Geschichten« darüber gehört hatten, »was die Soldaten den Arabern antäten«, aber wir mussten doch auch mit eigenen Augen gesehen haben, wie die Araber Steine warfen und sie provozierten. Sie hatte gerade den Boden ihrer Wohnung gewischt, als wir ankamen. Die Wohnung war klein und etwas vollgestopft und roch nach Öl und gekochtem Fleisch. Wir hatten noch keine Gelegenheit gehabt, uns hinzusetzen, und Schlissel, die voller nervöser Energie war, hatte zwar den Wischmopp abgestellt, aber nicht aufgehört, sich zu bewegen, und das Lächeln war nicht aus ihrem Gesicht gewichen, doch sie sprach schon über die Organisationen überall auf der Welt, die »Geld geben, um die arabische Version der Geschichte zu verbreiten«, und die Gruppen wie die von Issa Amro unterstützten, die sich ihr zufolge der Aufgabe widmeten, die Jugendlichen zur Provokation von Soldaten anzuleiten, damit sie deren Reaktion filmen und ihre Propaganda um die Welt schicken konnten. Die YAS sei nichts als »eine Fabrik, die Videos gegen Juden produzierte«.

Ihre Lebensverhältnisse waren bescheiden – auf der Arbeitsfläche in der Küche türmte sich dreckiges Geschirr, der Boden im Kinderzimmer war mit Kleidern und verstreutem Spielzeug übersät –, aber näher als Schlissel, mit ihren wachen Augen und scharfen, sonnenverbrannten Zügen, konnte man königlicher Abstammung unter Siedlern nicht kommen. Ihr Großvater war Abraham Isaak Kook, auch bekannt als Raw der Ältere oder einfach als *HaRaw*, »der Rabbi«, als gäbe es keinen anderen. Kook wurde der erste aschkenasische Großrabbiner für Palästina unter den Briten. Ende des 19. und Anfang des 20. Jahrhunderts waren die meisten orthodoxen Juden aus theologischen Gründen gegen den Zionismus gewesen: Das Exil war gottgegeben, und der Messias würde kommen, wenn Gott es so wollte. Bis dahin sollten die Juden sich an die Thora halten und warten. Kook brach mit dieser jahrhundertealten Tradition des politischen Quietismus, vermählte die tiefsten mystischen Traditionen des Judentums mit einem agilen Pragmatismus und gründete den Zionismus und die Hingabe an ansonsten säkulare Institutionen des Staates auf das numinose Absolute.* Kooks Sohn, Schlissels Onkel Zwi Jehuda Kook, führte die Arbeit seines Vaters fort, indem er jeden Akt des israelischen Staates – einschließlich seiner Kriege – als »Verkörperung der Vi-

---

* Schon 1920 stellte er sich Israel als »göttliche Entität [vor], unseren heiligen und erhabenen Staat!«.

sion der Erlösung« weihte und besonderes messianisches Gewicht auf die Verpflichtung legte, das ganze Land Israel zu erobern und zu kontrollieren. Der spiritualisierte Nationalismus von Kook dem Jüngeren sollte das theologische Fundament für die israelische Siedlungsbewegung seit Ende der 1960er Jahre darstellen.

Durch die Fenster konnten wir das Dröhnen der Zusammenstöße in Bab al-Zawiya hören. Schlissels Vater, der Rabbi Schlomo Ra'anan, war 1992 hierher, ins Herz der Tel-Rumeida-Siedlung, gezogen. Er wurde sechs Jahre später getötet, als »ein arabischer Terrorist«, wie Schlissel es ausdrückte, durchs Fenster hineinkletterte und ihn in seinem Bett erstach. Zu Beginn der Zweiten Intifada zogen Schlissel und ihr Mann von einem Siedlungsaußenposten bei Ramallah nach Hebron – nicht nach Tel Rumeida, wo ihre Mutter immer noch lebte, sondern an die damalige Front der Siedlerschlacht um Hebron, in den alten Gemüsemarkt an der Schuhada-Straße, der von der Armee nach dem Goldstein-Massaker geschlossen worden war. 2001 zogen acht Siedlerfamilien dort ein und richteten sich ihre Behausungen inmitten der alten Marktstände her. Als sie 2006 von der israelischen Polizei zur Räumung gezwungen wurden, zogen die meisten Siedler friedlich ab. Schlissel weigerte sich zu gehen. Die Polizei zerrte sie mit dem jüngsten Kind in den Armen heraus. Die Räumung, sagte sie damals der *Haaretz*, sei eine »nationale Demütigung«. Die Schlissels zogen an einen anderen umkämpften Ort, ein Haus ein paar Blocks weiter, von dem Siedler behaupteten, es von seinem palästinensischen Eigentümer gemietet zu haben. Der Staat urteilte, dass die eingereichten Dokumente der Siedler gefälscht seien, und im Mai jenes Jahres wurde Schlissel ein weiteres Mal herausgezerrt, und wieder drückte sie einen Säugling an sich. Für die Siedler Hebrons waren dies Schlachten um die Seele des jüdischen Staates: Jugendliche Siedler warfen während der Räumung Steine und Molotowcocktails und verletzten siebzehn Polizisten. Schließlich zogen die Schlissels in etwas ruhigere Gefilde – nach Tel Rumeida –, wo sie blieben.

Von diesem Teil der Geschichte erfuhr ich erst später. An jenem Tag wollte Schlissel über die fernere Vergangenheit reden. Sie zeigte uns ein altes Sepia-Foto ihrer Großmutter. »Meine Geschichte beginnt mit ihr«, sagte sie. Die Frau auf dem Foto war die Mutter ihrer Mutter, die in Jerusalem aufgewachsen war, aber im August 1929 eine ältere Schwester in Hebron besucht hatte. Als die Familienmitglieder erfuhren, dass die Juden der Stadt in Gefahr waren, verbarrikadierten sie sich im Haus der Schwester und schoben alle Möbel vor die Tür. »Die Araber warfen einen großen, großen Stein durchs Fenster«, sagte Schlissel. Er krachte genau da zu Boden, wo ihre Großmutter, die noch ein Teenager war, einen Augenblick zuvor gestanden hatte. »Das ist das private Wunder unserer Familie«, sagte Schlissel unaufhörlich lächelnd, »und der Grund, warum ich heute mit Ihnen reden kann.«

Es war nicht nur eine Familiengeschichte – das Massaker von 1929, bei dem fast 10 Prozent der Mitglieder der kleinen jüdischen Gemeinde Hebrons niedergemetzelt wurden, bildete eine wesentliche Vorgeschichte für die gesamte Siedlergemeinde Hebrons, »nicht Vergangenheit, sondern omnipräsente Gegenwart, auch wenn es bereits mehr als achtzig Jahre zurückliegt«, wie Idith Zertal und Akiva Eldar schrieben, »ein Motiv, das alles rechtfertigt«. Das Blut, das in jenem lange vergangenen August vergossen worden war, war bedeutender als jede abstrakte Theologie. Für die Siedler wusch dieses Blut alle Neugier hinsichtlich der konkreten historischen Ursachen der Unruhen fort, die ihren Ausgang – das dürfte vertraut klingen – mit einem Disput über den Zugang zur Klagemauer in Jerusalems Altstadt genommen hatten. Das Blutvergießen war dabei kaum ein immerwährender Zustand. Juden und Araber hatten in osmanischer Zeit in relativer Eintracht in Palästina gelebt. Insgesamt genossen die Juden größere Sicherheit und Freiheit in der muslimischen Levante als anderswo unter Christen, vor allem in Osteuropa, aber auch im Westen. In seinem offiziellen Bericht für das britische Parlament über die »Unruhen« von 1929 bestätigte Sir Walter Shaw, dass es in den vergangenen acht Jahrzehnten »keine dokumentierten Angriffe von Arabern auf Juden« gegeben habe und dass »Vertreter aller Parteien« darin übereinstimmen, dass »Juden und Araber vor dem Ersten Weltkrieg wenn nicht in Freundschaft, so doch in Toleranz Seite an Seite gelebt haben«. Der alles verschärfende Faktor war, wie Shaw zugeben musste, die Balfour-Deklaration von 1917, welche britische Unterstützung bei der Schaffung einer jüdischen Heimstätte in Palästina versprach, und zwar derart, dass »die Araber im jüdischen Immigranten nicht mehr nur eine Bedrohung ihrer Lebensgrundlage sehen, sondern einen möglichen künftigen Oberherrn«.

Derlei empirische Feinheiten hatten keinen Platz in der Martyrologie der Siedler, um einen Begriff von Zertal und Eldar aufzugreifen. Für die Siedler war das Massaker kein beliebiges historisches Ereignis, es war die Historie selbst, und diese war zyklisch, wurde wieder und wieder abgespielt. Schlissel erzählte ausführlich von dem Bankiersfreund der Familie, der ihrer Großmutter und ihrer Großtante Schutz angeboten hatte, weil er darauf vertraute, dass seine Familie aufgrund des Ansehens, das er bei den Palästinensern vor Ort genoss, in Sicherheit war. Stattdessen wurden sie in ihrem Zuhause niedergemetzelt.* Als die Juden in der Folge des Massakers aus der Stadt flohen, war dies das erste Mal seit Jahrhunderten, dass in der »geliebten und auch verschmähten, schrecklichen und bedauernswerten Stadt Hebron« keine jüdische Gemeinde lebte, wie es ein Siedler später ausdrückte. Eine Verbindung, die die Siedler als lebenswichtig, ja sogar heilig empfanden, war zerbrochen. Mit ihrer aufopfernden Anwesenheit, mit ihren Körpern und Leben, kämpften Schlissel und ihre Nachbarn dafür, diesen Bruch zu heilen, dafür, einer Geschichte des Verlusts die Erlösung zu entreißen. Aber sie waren in dieser Vergangenheit gefangen, eingeschlossen, dazu verdammt, den immer gleichen blutbefleckten Tanz aufzuführen und dabei neue und unwillige Partner auf die Bühne zu zerren, kreiselnd und benommen, nicht bereit, jemals zu stürzen. Egal, welches Leid ihnen ihrer Meinung nach zugefügt wurde – ob es geringfügig war oder schwerwiegend, real oder imaginiert oder ob sie gerade erst aufgehört hatten, es selbst zu provozieren –, sie erlebten die gleichen nicht enden wollenden Verletzungen und waren blind für das Ausmaß des Schmerzes, den sie anderen zufügten.

Schlissels Verständnis ihrer Stellung in der Stadt war wie eine Zeit-

---

* Schlissel erwähnte es nicht, aber es verdient dokumentiert zu werden, dass die meisten Juden, die das Massaker von 1929 überlebten, von Palästinensern gerettet wurden. Schlissels Nachbar von der anderen Straßenseite, Jawads Onkel Hadsch Mohammad Abu Aischa, zeigte mir ein altes hebräisches Dokument, das seinen Vater für den Mut würdigte, den er 1929 beim Schutz von Hebrons Juden bewiesen hatte. Aber sie spreche nicht mit den Abu Aischas oder irgendwelchen anderen Palästinensern, sagte Schlissel. Seit der Ermordung ihres Vaters ziehe sie es vor, »keinen Kontakt mit ihnen zu haben«.

spiegel-Version des Verständnisses ihrer palästinensischen Nachbarn, nur nicht zum Lachen:»Wenn man jüdisch ist, kann man in Hebron kein Haus mieten«, beschwerte sie sich.»Man kann kein Haus kaufen, man kann kein Haus bauen. Wir leben in einem Ghetto. Der jüdischen Gemeinde ist es nicht erlaubt zu wachsen.« Das Gleiche hörte ich von jedem einzelnen Siedler, mit dem ich in Hebron sprach. Es war nicht so, dass sie Hebrons Innenstadt erfolgreich erobert und die meisten ihrer Bewohner verjagt hatten, es war so, dass über 90 Prozent der Stadt noch nicht ihnen gehörten. Mit vollem Ernst empfanden sie das als zutiefst ungerecht.

Oslo und das Hebron-Protokoll waren kein Sieg, sondern eine schreckliche Niederlage, eine Kapitulation vor Verfolgungen, die Jahrtausende zurückreichten. Als Gaia darauf hinwies, dass Palästinenser in ihren eigenen Vierteln nicht zu Fuß unterwegs sein durften, erklärte Schlissel, dass sie, wenn ihnen die Straßen offenstünden,»wieder angreifen und töten könnten«. Als wir fragten, warum ihre Nachbarn, die Abu Aischas, so leben müssten, wie sie es taten, sagte sie, die Käfige vor ihren Fenstern seien»vor allem für die Medien«, ein Teil der endlosen Bemühungen, die Juden Hebrons zu verunglimpfen.

Sie hatte noch mehr, das sie uns zeigte, Luftaufnahmen von 1945 und Kopien alter osmanischer Dokumente, die ihr zufolge das Anrecht der jüdischen Gemeinde auf ganz Tel Rumeida verbrieften. Eines war ein Mietvertrag aus dem Jahr 1811, ein anderes eine Grundstücksurkunde von 1816. Sie waren nicht auf ihren Namen ausgestellt oder auf den Namen irgendwelcher anderen derzeitigen Siedler oder ihrer Vorfahren, aber es hatten einmal Juden dort gelebt, und die Siedler waren ebenfalls Juden. Das reichte ihrer Meinung nach aus. Wenn auch die Gerichte dem bislang nicht immer zugestimmt hatten, so war sie dennoch zuversichtlich, dass die Siedler siegen würden. Gleich vor ihrer Wohnung befand sich ein eingezäuntes Grundstück mit den alten Steinmauern, die israelische Archäologen bei Ausgrabungen in den 1980er und späten 1990er Jahren freigelegt hatten. Schlissel erinnerte uns daran, dass zu den Fundstücken auch Tonkrüge gehörten, auf deren Henkel auf Hebräisch»Für den König« geprägt war.* Ihre eigene Anwesenheit in der Stadt sei eine Fort-

---

* Die Artefakte sind auf das 8. Jahrhundert v. Chr. datiert worden, als Hebron zum

führung der jüdischen Gemeinde, die vor 2000 Jahren in Hebron gelebt habe. Dutzende anderer Kulturen hatten dieses Land in den Jahrhunderten davor und danach für sich beansprucht, aber keine von ihnen konnte im blendenden, erlösenden Licht der Rückkehr betrachtet werden.»Da die jüdische Nation gerettet wurde und wir ins Land heimgekehrt sind«, sagte Schlissel strahlend, »bin ich mir sicher, dass eines Tages ganz Hebron jüdisch sein wird.«

Was dann mit all den Palästinensern passiere, die jetzt hier lebten, wollte ich wissen.

»Die Leute, die Frieden wollen, werden bleiben«, antwortete sie. »Und die, die Krieg wollen? Die werden dann nicht mehr hier sein.«

Manchmal war Hebron schön. Von der Terrasse vor dem Zentrum konnte man das Gewirr der Altstadt unter sich und die leere Schuhada-Straße sehen, wie ein Band aus blankem Stein, dann die hohen, mit Zinnen versehenen Mauern der Ibrahim-Moschee und die dicht gedrängten Viertel am Hang über der heiligen Stätte. Die Gebäude waren durchweg weiß und rechtwinklig und sahen aus der Ferne wie Bienenwaben aus. Wenn die Sonne unterging, färbte sich die ganze Stadt golden, und die Rufe der Muezzins erhoben sich in lautstarker Begeisterung von Moscheen im Osten, Westen, Norden und Süden, nie ganz synchron und dank dieser chaotischen Unvollkommenheit umso wunderbarer. Mit dem Sonnenuntergang sank auch die Temperatur, und die Jungs im Zentrum zerbrachen, was immer sie an Brettern und Ästen gerade zur Hand hatten, und errichteten ein Feuer in einem alten Ölfass. Der große Ahmad rauchte *argile*, der kleine Ahmad stocherte in den Kohlen, und alle redeten und rauchten bis in die Nacht hinein, während die Flammen Funken sprühend emporzüngelten und die Gesichter mal in Schatten, mal in ein glühendes, orangefarbenes Licht tauchten.

Die Zusammenstöße, die die Erschießung von Anas al-Atrasch ausgelöst hatte, dauerten an. Im Laufe der Zeit wurden die Explosionen in

Königreich Juda gehörte. Der fragliche König dürfte weder David noch Salomo gewesen sein, die etwa 200 Jahre zuvor über ein Gebiet regierten, das dem Archäologen Israel Finkelstein zufolge weniger ein Königreich als ein kleines und relativ armes ländliches Stammesfürstentum war.

Bab al-Zawiya zu einer Art Hintergrundgeräusch, wie das nächtliche Heulen der Hunde auf der Schuhada-Straße. (Die Soldaten fütterten die Streuner, und die Hunde schliefen den ganzen Tag in faulen Rudeln um die Wachtürme herum, ihr Fell von der Farbe der Stadt in der Abenddämmerung.) Jeden Morgen waren die Straßen um Bab al-Zawiya mit Tausenden von Steinen übersät, als wenn sich Gott des Nachts vertan und Steine statt Regen genommen hätte. Eines Tages kamen Peter, Gaia und ich gerade durch den Kontrollpunkt 56, als der Aufräumtrupp die Steinernte des Vortages zusammenharkte. Sechs Arbeiter mit Schaufeln und Besen schoben die Steine ins Maul eines kleinen Bulldozers.* Wir blieben eine Weile stehen, um zuzusehen, aber es war eine gewaltige Aufgabe, und wir waren zu ungeduldig, um bis zum Ende abzuwarten.

Wenn man Zeit hatte und den Marsch nicht scheute, gab es Wege, um die meisten Kontrollpunkte zu umgehen. Wie alle Grenzübergänge sind Kontrollpunkte nicht primär als Barrieren gedacht, sondern als Knoten der Überwachung. Und egal wie sehr man sich bemüht, es gibt keine vollständige Kontrolle. Wenn man den Weg kannte, konnte man von Tel Rumeida nach Abu Sneineh klettern, ohne an einem einzigen Soldaten vorbeizukommen. Wir machten das oft, vor allem, nachdem die Zusammenstöße von Bab al-Zawiya zum Dauerzustand wurden und das Abenteuer, beim Passieren des Kontrollpunkts 56 Steinen und gummiüberzogenen Geschossen auszuweichen, ermüdend geworden war. Man ging einfach vom Zentrum aus zwischen den alten römischen Olivenbäumen oberhalb des Friedhofs hindurch und folgte dem Pfad neben einer Reihe riesiger Gräben zu einem leeren Grundstück, und dahinter lag die Straße, H1, Hebron.

Die Gräben waren der einzige verbliebene Hinweis auf die Ausgrabungen, die der amerikanische Archäologe Philip Hammond 1963 begonnen hatte. Der Sechstagekrieg von 1967 zwang Hammond, das Projekt aufzugeben, aber bis dahin hatte er die Befestigungsanlagen einer Stadt

---

* Eine Anstellung beim Post-Zusammenstoß-Kontrollpunkt-Steinsammel-Trupp steht weit oben auf der Liste von absurden besatzungsbedingten Beschäftigungen, zusammen mit den Jungs, die Passagiere mit Golfcarts durch den kilometerlangen Käfig zwischen den israelischen und palästinensischen Kontrollpunkten am Übergang Erez in den Gazastreifen transportieren.

aus der mittleren Bronzezeit freigelegt (die somit zwischen 3500 und 4000 Jahre alt war), mit bis zu zehn Meter dicken Mauern. Man konnte immer noch die gewaltigen Steine sehen, die von der trockenen Erde des Abhangs begraben gewesen waren, aber jetzt waren die Gruben nur noch mit Unkraut überwucherte Löcher, die sich langsam mit Müll füllten.

Wenn er in Boston geblieben wäre, wo er zur Welt kam, wäre Baruch Marzel vielleicht ein ruhigerer Mann.* Aber wahrscheinlich nicht. Der inoffizielle Führer der Tel-Rumeida-Siedlung schien seine Freude an Beleidigungen zu haben, genau wie am Beleidigtsein. Als ich ihn zum ersten Mal ansprach, ging er einfach an mir vorbei und drehte sich auch nicht um, als ich seinen Namen rief. Wir waren auf dem Weg bei dem alten Schweppes-Laster, und er ging gerade vom Grab der Patriarchen nach Hause, für den Sabbat ganz in Weiß gekleidet. Einer der Männer an seiner Seite blieb stehen. »Erinnerst du dich an *The Big Lebowski*?«, brüllte er. Das tat ich nicht, aber Peter verstand die Anspielung auf die von John Goodman gespielte Figur, die darauf besteht: »Ich bowle nicht am Sabbat.« Peter lachte, und der Siedler ging weg.

Irgendwann klopfte ich einfach an Marzels Tür. Er lebte ein paar Wohnungen unter der von Tzipi Schlissel und war weitaus weniger gastfreundlich. Ein gedrungener und etwas atemloser Mann mit einem wilden Bart, einer schiefen Brille und Händen, die immer in Bewegung zu sein schienen. Marzel verbarg seine Verachtung für Journalisten nicht – die Medien waren seiner Beschreibung nach eine riesige, antisemitische Geheimverbindung – und bezeichnete uns nur wenige Augenblicke nach unserer Ankunft in seinem Zuhause als Antisemiten, um dann in eine Tirade über die Spanier zu verfallen, bei der er irgendwie Isabellas und Ferdinands Vertreibung der Juden im Jahr 1492 mit der Arbeit einer gegenwärtigen spanischen Nichtregierungsorganisation, die gegen die Besatzung war, in Verbindung brachte. Bücher von Meir Kahane – *They Must Go* und *Never Again* lauteten einige Titel – säumten die Bücher-

---

* Ich denke dabei an Aimé Césaires Überlegung darüber, »wie der Kolonialismus darauf hinarbeitet, den Kolonisator zu *entzivilisieren*, ihn im wahrsten Sinne des Wortes zu *verrohen*, ihn zu entwürdigen, verschüttete Instinkte – Begehrlichkeit, Gewalttätigkeit, Rassenhass, moralischen Relativismus – in ihm zu wecken ...«

regale im Wohnzimmer. Marzel, der in Israel recht bekannt war, war ein Schüler von Kahane und hatte die Bewegung, die Kahane gegründet hatte, angeblich noch lange, nachdem sie als terroristische Organisation eingestuft und von der israelischen Regierung verboten worden war, geführt. Marzel war ein Boxer – ungehobelt, aggressiv, erbarmungslos. Er war Dutzende Male verhaftet worden – unter anderem wegen Randalierens, der mutwilligen Beschädigung palästinensischer Autos und verschiedener Angriffe auf einen Palästinenser, einen israelischen Polizisten, den bekannten israelischen Linken Uri Avnery und ein israelisches Kamerateam. Er hatte mehrmals für die Knesset kandidiert – immer erfolglos – und war ein häufiger, lautstarker Gast bei Demonstrationen gegen Einwanderer und Homosexuelle in Israel. Einmal brachte er drei Esel mit zu einer Gay-Pride-Parade in Jerusalem und hüllte sie in Laken mit dem Schriftzug: »Ich bin ein stolzer Esel.«

Die Geschichte, an der Marzel strickte – und die an ihm genauso zu stricken schien –, war eine ungeschöntere und brutalere Version der Geschichte, die Tzipi Schlissel tags zuvor angeboten hatte. »Ich bin ein Jude, der zurückkommt und tut, was Gott von ihm verlangt«, stieß er mit einer Wut hervor, die keinen Zweifel zuließ. Hebron war, wie er uns in Erinnerung rief, der Ort, »an dem Gott den Juden in der Bibel das Land Israel verspricht. Wenn wir nicht das Recht haben, hier zu leben, haben wir kein Recht, überhaupt irgendwo zu leben.« (Ich erwähnte nicht, dass meine Großeltern in Philadelphia gut zurechtkamen.) Seiner Logik entsprechend fuhr er fort: »Wenn ihr denkt, dass Juden nicht in Hebron leben sollten, seid ihr Antisemiten.« Diese Bezeichnung galt seiner Meinung nach für die meisten Menschen.

Ich fragte Marzel, wie er das Verhältnis seiner Gemeinde zu ihren nichtjüdischen Nachbarn beschreiben würde.

»Als Korrektiv«, antwortete er. »Wenn jemand töten will, töten wir ihn zuerst.* Wenn mich jemand mit Steinen bewirft, werfe ich Steine auf ihn. Unsere Religion ist keine, die irgendwem eine zweite Chance gibt.«

---

* Das war eine Art Slogan. 2011 wurde Marzel dabei gesichtet, wie er in der ganzen Stadt Plakate aufhängte, die den ehemaligen Gefangenen Hani Jaber aus Hebron zeigten, der gerade beim Schalit-Gefangenenaustausch freigelassen worden war. »TÖTET IHN ZUERST«, lautete die Bildunterschrift.

Wenn er einmal angefangen hatte, war Marzel nicht zu stoppen. »Warum bewerfen die Araber uns jeden Tag mit Steinen?«, fragte er rhetorisch. (Manchmal, aber nicht immer, schien Marzels »wir« die Soldaten einzuschließen.) »Wir sind keine Hunde. Wir sind keine Tiere. Warum bewerfen sie uns mit Steinen?«

Seine Brille beschlug. »Warum haben hier gestern Araber Juden mit Steinen beworfen? Und vor einer Woche? Warum haben sie vor zwei Wochen Steine geworfen? Und warum vor drei Wochen?« Er machte so weiter, bis er bei sieben Wochen angekommen war. »Und warum haben sie hier unzählige Juden getötet? Warum haben sie sie 1929 massakriert?«

Marzel hatte die Antwort: »Weil sie uns hier nicht haben wollen. Sie wollen uns tot sehen oder fort von hier.«

Dazu würde es nicht kommen. Daran und an allem anderen schien er keinen Zweifel zu haben. Ein Jahrzehnt zuvor war die Bewegung, der er Jahre seines Lebens gewidmet hatte, bis in die Illegalität ausgegrenzt worden. Jetzt hatte sie wieder Aufwind. Ansichten, die einst nur an den äußersten Rändern der israelischen Rechten geäußert worden waren, wurden nun offen und oft in den örtlichen Medien, der Knesset und auf der Straße vertreten. DER KAHANE HATTE RECHT-Aufkleber auf Marzels Handy und das Gefühl, das er zum Ausdruck brachte – dass die Koexistenz mit den Palästinensern unmöglich war und die massenhafte Vertreibung die einzige Lösung –, stellten mittlerweile eine Position des Mainstreams dar. Marzel war zuversichtlich, dass es sich nur noch um eine Frage der Zeit handelte. »Sobald uns erlaubt wird, überall zu bauen«, sagte er, »wird Hebron jüdisch werden.«

Ich fragte ihn, wie er das zu erreichen glaube.

Marzel grinste. »Indem ich mit dir rede.«

Die meisten meiner Begegnungen mit Soldaten in Hebron waren alles andere als freundlich. Sie beschränkten sich auf Knurren und Kommandos, was mich beides nicht dazu veranlasst, mich von meiner besten Seite zu zeigen, aber bei ein paar Gelegenheiten gelang es uns, das gegenseitige Misstrauen zu überwinden, wenn auch nur kurz. Einmal, als ich den Qeitun-Kontrollpunkt passierte, fragte ich einen Soldaten, wie es ihm gehe, und erhielt zu meiner Überraschung eine ehrliche Antwort. »Schrecklich«, sagte er. Seine Kameraden feuerten just in diesem Moment nur ein paar Meter entfernt Tränengas auf Neunjährige. »Dieser Ort ist schrecklich«, sagte er. »Der schlimmste Ort überhaupt.« Er schüttelte den Kopf und ging weg. Weiter kamen wir nicht.

An einem anderen Tag, als ich die Zusammenstöße nach Schulschluss leid war, wanderte ich die Schuhada-Straße hinunter und die Steintreppe zum Grab der Patriarchen hinauf. Ein großer junger Grenzschutzbeamter hielt mich an, das Gewehr ruhte in seinen Armen. Er fragte mich, woher ich komme.

»Aus Amerika«, sagte ich.

»Sind Sie Christ?«, fragte er.

Ich sagte nein und fragte, warum das von Bedeutung sei.

Er antwortete nicht. Stattdessen fragte er mich nach meiner Konfession.

»Ich habe keine«, sagte ich.

»Sie müssen eine haben – christlich, jüdisch, irgendwas?«

Ich wusste, worauf er hinauswollte, aber ich hatte keine Lust, mitzuspielen. »Ich bin nicht religiös«, sagte ich. »Und Sie?«

Er zuckte mit den Achseln und dachte darüber nach. »Ich auch nicht«, gab er zu, »aber meine Mutter ist Jüdin.« Er probierte es noch einmal: »Was ist mit Ihren Eltern? Die müssen eine Konfession haben.«

»Sie sind nicht religiös«, sagte ich. »Meine Großeltern waren es auch nicht.« Das war nicht gelogen. Ich stamme von einer langen Reihe von Leuten ab, die sehr versiert darin waren, sich zu verweigern. Aber an diesem Punkt hatten wir beide Spaß an der Absurdität unseres Austausches. Schließlich gab er nach.

»Muslime dürfen hier nicht hin«, sagte er. »Ich muss das fragen«, fügte er entschuldigend hinzu.

Ich sagte ihm, dass ich auch nicht muslimisch sei. Er winkte mich mit einem leicht schuldbewussten Lächeln durch.

Neun Monate später setzte ich mich in Jerusalem mit dem israelischen Aktivisten und ehemaligen Soldaten Eran Efrati zusammen. Er war den überwiegenden Teil der Jahre 2006 und 2007 in Hebron stationiert gewesen. Bei seiner Ankunft war er neunzehn Jahre alt gewesen und hatte noch wenig Anlass gehabt, die militärische Präsenz Israels in der Stadt zu hinterfragen. Er konnte sich noch daran erinnern, wie bei seiner ersten Einsatzbesprechung ein Offizier die Truppen gefragt habe, was sie tun würden, wenn sie einen Palästinenser mit einem Messer auf einen Siedler zurennen sehen. »Natürlich lautete die Antwort, dass man auf seine Körpermitte zielt und schießt«, sagte Eran. Der Offizier drehte die Frage um: Was, wenn es ein Siedler mit einem Messer wäre? »Und die Antwort war, dass man nichts tun konnte. Das Beste, was man machen konnte, war, die Polizei zu rufen, aber man durfte sie nicht anfassen. Vom ersten Tag an lautete der Befehl: ›Finger weg von den Siedlern.‹« Das erschien ihm sinnvoll, sagte Eran. Die Palästinenser waren der Feind. Die Siedler wirkten ein bisschen verrückt, aber sie waren Juden.

Ein paar Tage danach trafen Tausende Siedler aus dem ganzen Westjordanland ein, um einen religiösen Feiertag zu begehen. Die Armee verhängte eine Ausgangssperre, um die Palästinenser von den Straßen fernzuhalten. Erans erste Aufgabe als Soldat in Hebron war es, Blendgranaten in eine Grundschule zu werfen, um den Beginn der Ausgangssperre anzukündigen. »Ich habe es einfach gemacht, wie alle anderen auch«, sagte er, »und binnen Sekunden rannten Hunderte Kinder nach draußen. Ich stand am Eingang, und viele sahen mir in die Augen – das war das erste Mal, dass ich es begriff. Plötzlich verstand ich, was ich da tat. Ich verstand, wie ich aussah.«

An jenem Wochenende, entsann sich Eran, füllten Siedler das Stadtzentrum. Er war abgestellt, eine Gruppe von ihnen zum Grab der Patriarchen zu geleiten. Sie durften auch auf die palästinensische Seite, in die Moschee. Was er dort sah, schockierte ihn: Kinder pinkelten auf den Fußboden und versengten Teppiche. Ihre Eltern waren dabei – die Moschee war voller Siedler –, aber niemand hielt sie davon ab. Er und ein anderer Soldat packten eines der Kinder und nahmen ihm ein Feuerzeug aus der Hand. »Der Junge fing an, uns anzuschreien«, sagte Eran. »Wir haben ihn ausgelacht.« Fünf Minuten später kam »einer unserer sehr, sehr hochrangigen Offiziere in die Moschee und fragte: ›Habt ihr dem Kind etwas gestohlen?‹« Sie versuchten, die Sache zu erklären, aber der Offizier wiederholte nur seine Frage. »Wir sagten ja.« Der Offizier befahl ihnen, das Feuerzeug zurückzugeben und sich zu entschuldigen. Sie fanden das

Kind, entschuldigten sich und gaben das Feuerzeug zurück. Der Junge rannte sofort in den Nebenraum, sagte Eran, und machte sich wieder daran, Teppiche in Brand zu stecken.

Die Dinge wurden noch seltsamer. Eran wurde die Zuständigkeit für einen Kontrollpunkt übertragen. Er beschrieb die Arbeit als zermürbend und stumpfsinnig, man stand bis zu sechzehn Stunden in der Kälte, meistens hungrig und übermüdet. Erniedrigungen zuzufügen war Teil der Aufgabe. Lehrer kamen in Anzug und Krawatte zum Kontrollpunkt. Die Soldaten zwangen sie, sich vor ihren Schülern zu entkleiden. »Manchmal ließen wir sie stundenlang in Unterwäsche warten«, sagte Eran. Der Vorwand war, sie nach Waffen zu durchsuchen. »Niemand glaubte, in Gefahr zu sein«, sagte er, aber den Truppen wurde von ihren Offizieren wieder und wieder gesagt, dass alle Palästinenser eine potentielle Bedrohung darstellten, dass jeder mit einem Messer auf sie losgehen könnte, wenn sie nur einen Moment nicht aufpassten.* Diese Vorstellung, so Eran, »machte uns sehr, sehr aggressiv. Also schubste man sie an die Wand, entkleidete sie, nahm seine Waffe und schlug sie ein paarmal. Wenn er etwas sagt, schlag ihn. Wenn er sich umdreht, schlag ihn. Stell einfach sicher, dass du völlige Kontrolle hast.«

Er bekam Gewissensbisse. Er fing an, Tüten mit Bamba – ein beliebtes israelisches Knabbergebäck, eine Art Erdnussflips – zum Kontrollpunkt mitzubringen und sie Kindern anzubieten. Nach ein paar Tagen »kam das erste mutige Kind an, schnappte sich eine Bamba-Tüte und rannte weg«. Eran war begeistert. Kurze Zeit später fragte ihn ein etwa achtjähriger palästinensischer Junge nach etwas zu knabbern. Dieser Junge rannte nicht weg. Er machte die Tüte auf und bot Eran etwas davon an. Sie setzten sich hin und aßen die Flips zusammen. Als der Junge wegging, war Eran außer sich vor Freude. Endlich konnte er der Mann sein, der er sein wollte, ein Soldat, der für seine Freundlichkeit geliebt wurde und gleichzeitig, wie er sagte, »sein Land vor einem zweiten Holocaust schützte«.

Als er am Abend in den Stützpunkt zurückkehrte, wurde ihm befoh-

---

* Den Soldaten wurde auch beigebracht, keinen Ausländern zu vertrauen, denen sie in der Stadt begegneten: »Uns wurde gesagt, wir sollten die Internationalen nicht beachten, denn ihre Aufgabe sei es, uns abzulenken, damit uns jemand von hinten erstechen könne … Sie waren der Feind.«

len, schnell zu essen und sich auf eine weitere Schicht vorzubereiten, nicht am Kontrollpunkt, sondern bei einer »Kartografie«-Expedition nach H1.

Sein Bamba-Erfolg hatte ihm ein solches Hochgefühl verschafft, dass ihm die Extraarbeit nichts ausmachte. Die Routine war einfach: »Man geht mitten in der Nacht in ein Haus, schafft alle nach draußen, macht ein Foto von der Familie und fängt an, durchs Haus zu laufen und Dinge kaputt zu machen.« Die Idee war, nach Waffen zu suchen, »aber es ging auch darum, eine Botschaft zu vermitteln«, sagte Eran, es ging darum, sicherzustellen, dass die Bewohner nie »das Gefühl verloren, gejagt zu werden«.* (Auf Englisch oder Deutsch klingt es komisch, aber auf Hebräisch gibt es ein einzelnes Wort dafür. Seine Offiziere verwendeten es sehr oft, sagte Eran.) Seine Aufgabe war es, Grundrisse der Häuser zu skizzieren, die Räume, Türen und Fenster zu verzeichnen. »Falls irgendwann einmal ein terroristischer Angriff von diesem bestimmten Haus ausgehen sollte«, wäre die Armee bereit.

In dieser Nacht durchsuchten, zerstörten und kartografierten sie zwei Häuser in Abu Sneineh. Es schneite und war kalt. Als sie fertig waren, war die Sonne noch nicht aufgegangen, also wählte der Offizier ein weiteres Haus aus, scheinbar ganz zufällig. Sie zwangen die Familie nach draußen in den Schnee, gingen ins Haus und machten sich an die Durchsuchung. Eran öffnete die Tür eines Kinderzimmers – er erinnerte sich an ein Wandbild von Pu dem Bären – und hatte schon angefangen zu zeichnen, als ihm bewusst wurde, dass noch jemand im Bett lag. Ein Junge sprang unter der Decke hervor. Er war nackt. Erschrocken hob Eran seine Waffe und richtete sie auf das Kind. Es war das Kind vom Kontrollpunkt am Nachmittag. »Er fing an, sich einzunässen«, sagte Eran, »und wir zitterten beide nur, standen einfach nur da und zitterten und sagten kein Wort.« Der Vater des Jungen kam mit einem Offizier die Treppen herunter, sah Eran mit dem auf seinen Sohn gerichteten Gewehr und stürmte ins Zimmer. »Aber statt mich wegzustoßen«, sagte Eran, »fing er

---

* Diese Taktik ging wie so viele andere auf das britische Mandat für Palästina zurück. Während des arabischen Aufstands »[gingen] die Soldaten von Haus zu Haus und [suchten] nach Waffen«, heißt es bei Tom Segev. »Türen wurden aufgebrochen, Möbel zerschlagen und Vorratskammern verwüstet. Säcke voll Reis, Mehl und Zucker wurden ebenso wie große Behälter mit Öl auf den Boden ausgekippt [...].«

an, sein Kind auf dem Boden zu schlagen. Er schlägt ihn vor meinen Augen und sieht mich an und sagt: ›Bitte, bitte, nehmt mein Kind nicht mit. Was immer er getan hat, wir werden ihn bestrafen.‹«
Letzten Endes beschloss der Offizier, dass das Verhalten des Mannes verdächtig war, dass er »etwas zu verbergen hatte«. Er befahl Eran, ihn zu verhaften. »Also nahmen wir den Vater, verbanden ihm die Augen, fesselten ihm hinter dem Rücken die Hände und setzten ihn in einen Armeejeep.« So warfen sie ihn am Tor des Stützpunkts hinaus. »Er blieb dort drei Tage, in einem stark zerrissenen Hemd und Boxershorts. Er saß einfach im Schnee da.« Irgendwann nahm Eran allen Mut zusammen und fragte seinen Offizier, was mit dem Vater des Jungen passieren würde. »Er wusste nicht mal, wovon ich redete«, sagte Eran. »Er sagte: ›Welcher Vater?‹« Eran erinnerte ihn daran. »Du kannst ihn freilassen«, sagte der Offizier. »Der hat seine Lektion gelernt.«

Nachdem er dem Mann die Plastikhandfesseln durchtrennt, die Augenbinde abgenommen und zugesehen hatte, wie er barfuß in Unterwäsche durch die Straßen davonlief, fiel Eran auf, dass er seinem Kommandanten noch nicht die Karten gegeben hatte, die er gezeichnet hatte. Er eilte zurück zum Zimmer des Offiziers. »Ich habe wirklich Mist gebaut«, sagte er ihm und entschuldigte sich für seine Nachlässigkeit.

Der Offizier war nicht böse. »Ist schon in Ordnung«, sagte er. »Du kannst sie wegwerfen.«

Eran war verwirrt. Er protestierte: War das Kartografieren nicht eine wichtige Aufgabe, die anderen Soldaten das Leben retten könnte?

Der Offizier wurde ärgerlich. »Er sagt: ›Komm schon, Efrati. Mach keine Zicken. Zieh ab.‹« Aber Eran hielt dagegen. Er verstand es nicht.

Als deutlich wurde, dass er nicht verschwinden würde, sagte der Offizier: »Wir haben seit vierzig Jahren jede Nacht drei bis vier Häuser kartografiert.« Er selbst hatte das fragliche Haus schon zweimal mit anderen Einheiten durchsucht und kartografiert.

Nun war Eran noch verwirrter.

Der Offizier erbarmte sich und erklärte: »Wenn wir immer wieder in ihre Häuser gehen, wenn wir immer wieder Menschen verhaften, wenn sie die ganze Zeit Angst haben, dann werden sie uns nie angreifen. Sie werden nur das Gefühl haben, gejagt zu werden.«

Da, meinte Eran, »wurde mir zum ersten Mal klar, dass alles, was man mir erzählte, völliger Schwachsinn war«. Von da an, sagte er, »hörte ich nicht auf zu tun, was ich tat, ich hörte nur auf zu denken«.

Der erste Zeuge willigte ein, mich an einem der zentralen Kreisverkehre Hebrons zu treffen. Es war Abend. Irene hatte ihn aufgetan und war von Jerusalem hergefahren. Er entdeckte uns, als wir aus einem Restaurant kamen, und ließ seine Scheinwerfer aufleuchten. Wir stiegen in seinen Wagen, und er fuhr ein paar Blocks, bis er eine Stelle fand, die ausreichend verwaist war. Er fuhr rechts ran und rauchte aus dem offenen Fenster hinaus.

An jenem Abend, als er am Container-Kontrollpunkt gehalten hatte, waren drei Männer mit ihm im Wagen gewesen, aber sie hatten alle Familie und wollten nicht reden. Er bat mich darum, weder seinen Namen noch irgendein charakteristisches Merkmal zu enthüllen, anhand dessen man ihn identifizieren könnte. Er war vor nicht allzu langer Zeit aus dem Gefängnis entlassen worden und hatte kein Interesse daran, dorthin zurückzukehren. Aber Hebron fühlte sich mitunter klein an – er war sich sicher, dass man uns schon gesehen hatte und ein Informant dem Schabak darüber berichten würde, dass er mit mir gesprochen hatte, und dass man ihn für eine Befragung einbestellen würde. Das Risiko sei es wert, sagte er. »Dies ist ein barbarisches Land. Sie kennen keine Scham.«

Die Geschichte des Mannes deckte sich weitgehend mit dem Bericht von Ismail al-Atrasch. Er sei aus der anderen Richtung gekommen, sagte er, und wurde etwa zehn Meter vom Auto der al-Atrasch-Brüder entfernt angehalten. »Von hier bis zu diesem Pfahl«, sagte er und zeigte darauf. Er sah, wie die Soldaten das weiße Auto vor den al-Atrasch-Brüdern durchsuchten. Die Soldaten seien sehr aggressiv gewesen, aber das sei normal, sagte er. »Das sind wir gewohnt.« Dann habe Anas al-Atrasch die Tür geöffnet. »Vielleicht hat er geschlafen oder so was, er stieg jedenfalls aus und streckte sich, und sie erschossen ihn einfach. Er hat sich nicht schnell bewegt oder so.« Er habe nichts in den Händen gehalten, kein Messer. »Es ist das alte Lied, das haben wir schon so oft gehört«, meinte er. Der Soldat sei »wenn's hochkommt zwei Meter« von Anas entfernt gewesen. Er glaubt nicht, dass er den Soldaten wiedererkennen würde, sollte er ihn noch einmal sehen, »aber es ist alles direkt vor meinen Augen passiert«, erklärte er. »Sie haben ihn direkt vor meinen Augen erschossen.«

Der zweite Zeuge bat ebenfalls darum, nicht identifiziert werden zu können. Seine Bedenken waren die gleichen. »Die Wahrheit muss ans Licht kommen«, sagte er, aber »ich möchte nicht morgen früh aufwachen und mit dem israelischen Geheimdienst reden müssen«. Wir trafen ihn am Straßenrand in der Nähe von Bethlehem. Er hielt neben uns und setzte sich auf den Rücksitz von Irenes Auto. Er zeigte uns ein Video, das er mit seinem Handy kurz nach der Erschießung aufgenommen hatte, aber es gab nicht viel zu sehen oder zu hören, bloß Schreie und blitzende Lichter in der Dunkelheit. Seine Geschichte deckte sich ebenfalls weitgehend mit Ismails Bericht.* Er war auf dem Weg nach Ramallah gewesen und hatte darauf gewartet, den Kontrollpunkt zu passieren. Er sah, wie Soldaten das weiße Auto vor dem der Brüder durchsuchten. Es sei ein Ford gewesen. Er sah, wie einer der Soldaten das Laservisier seiner Waffe auf den Volkswagen der al-Atrasch-Brüder richtete, »als würde er sich darauf vorbereiten zu schießen«. Und er sah einen Mann, der die Beifahrertür des Volkswagens öffnete und sich hinstellte, während er die Hände in die Luft reckte. Der Mann sei noch »halb im Auto und halb draußen gewesen«, sagte er, »als er erschossen wurde und zu Boden ging«. Er bestätigte, dass Anas al-Atrasch nichts in seinen Händen gehalten hatte.

Nach der Erschießung sah er den Fahrer des Wagens – Ismail – aussteigen. Soldaten kamen herbeigerannt und warfen ihn auf den Asphalt. Sie fesselten ihm die Hände hinter dem Rücken. Bald waren überall Soldaten. Polizisten in blauen Uniformen trafen ein. Der Zeuge versuchte, aus seinem Auto auszusteigen, aber ein Polizeikommandant drückte die Wagentür zu. »Drinnen bleiben«, sagte er. Er fragte den Kommandanten, wann er weiterfahren könne. »Nicht bevor wir Sie nach Jerusalem bringen und ihre Zeugenaussage aufnehmen können«, antwortete der Kommandant.

---

* Sie unterschied sich in zwei Einzelheiten. Er sagte »vier oder fünf« Soldaten seien herangestürmt, um Ismail niederzudrücken, während Ismail sich nur an drei erinnerte, und er war sich nicht sicher, welche Farbe der Volkswagen der al-Atrasch-Brüder hatte. Er dachte, er sei vielleicht braun gewesen, aber Dunkelblau konnte nachts im Licht gelber Natriumdampflampen leicht braun wirken.

»Ich habe nichts gesehen«, sagte er.

Der Offizier korrigierte ihn: »Sie haben gesehen, wie ein Kerl einen Soldaten mit einem Messer angegriffen hat.«

Letzten Endes fuhren sie nicht nach Jerusalem. Die Soldaten hielten alle am Kontrollpunkt fest, bis die Freunde und Verwandten der al-Atrasch-Brüder aus Hebron eintrafen, um den Leichnam für sich zu beanspruchen. Es kamen viele, und sie waren wütend. Bald feuerten die Soldaten Tränengas ab, sagte der Zeuge, »und ich fuhr weg«.

Nariman hatte einen weiteren Gerichtstermin. Ich verließ Hebron und begab mich nach Ofer, diesmal von Ramallah aus. Der Einlass war für Palästinenser deutlich weniger angenehm, als wenn man von israelischer Seite hineinkam. Ich ging mit Nariman und Irene durch das Gefängnistor am Ende der Straße in Beitunia, durch ein Drehkreuz, ein zweites Drehkreuz und einen Metalldetektor, an einem Fenster mit schusssicherem Glas vorbei, an dem ich einem Soldaten meinen Ausweis zeigte, passierte dann ein weiteres Drehkreuz und gelangte wieder ins Freie. Die Sonne stand tief. Wir liefen fast einen halben Kilometer auf einer einzelnen Asphaltspur entlang, die auf einer Seite von Klingendraht nachgezeichnet wurde. Auf dem Weg trafen wir zufällig eine Freundin von Nariman, deren achtzehnjähriger Sohn verhaftet worden war, weil er Steine auf einen Armeejeep geworfen hatte. Er hatte gestanden, sagte sie, aber er weigerte sich, die Namen der anderen Jungen zu verraten. Der Staatsanwalt forderte fünfzehn Jahre Haft.

Der Tag zuvor war Ruschdis erster Todestag gewesen. Nariman trug Schwarz. Wir schoben uns durch ein weiteres Drehkreuz und setzten uns auf ein paar verbeulte Stühle in einem kleinen, schäbigen Wartebereich, bis wir von einem Summer durch eine Tür beordert wurden, einen weiteren Metalldetektor passierten und nacheinander von einem Wärter in einem fensterlosen, schrankgroßen Raum abgetastet wurden, und dann war es uns schließlich gestattet, den vergitterten Korridor zu betreten, der zu den Gerichten führte. Während wir zwischen zwei Drehkreuzen warteten, erzählte Nariman uns, dass die Armee in der vergangenen Nacht Nabi Saleh durchsucht und einen Mann sowie einen Teenager verhaftet hatte. Sie hatte Angst, dass man sie unter Druck setzen würde, damit sie

Bassem denunzierten, und dass er einmal mehr an diesem Ort landen würde, auf der anderen Seite des Zauns.

Wieder passierte nichts. Wir saßen im Hof und sahen zu, wie die Männer auf und ab tigerten und die Frauen mit überkreuzten Armen in der Sonne standen. Es war Nachmittag und kühl, die Schatten waren lang. Die Anhörung fing an. Der Staatsanwalt durchkämmte immer noch alte Akten auf der Suche nach Präzedenzfällen. Der Richter war verärgert. »Was ist denn los?«, fragte er. »Warum dauert das so lange?« Der Staatsanwalt bat um eine Vertagung, um die Angelegenheit weiter erörtern zu können. Der Übersetzer des Gerichts, ein junger drusischer Soldat, saß zusammengesunken auf seinem Stuhl und machte sich nur gelegentlich die Mühe, einen oder zwei Sätze der Verhandlung – die auf Hebräisch abgehalten wurde – für Nariman ins Arabische zu übersetzen. Sie verpasste nicht viel. Ich zählte die Leuchtstoffröhren an der Decke. Narimans Anwalt bat darum, dass sie wenigstens nicht mehr jeden Freitag unter Hausarrest gestellt werde, wie es seit viereinhalb Monaten der Fall war. Es gab 32 Röhren, zwei in jeder von 16 Halterungen. Der Richter verkündete, dass er noch nicht so weit sei, ein Urteil zu fällen. Die Anhörung wurde vertagt.

Ich hatte ein Interview mit Anat Cohen nicht angestrebt, aber am Ende bekam ich eines, irgendwie. Issa hatte uns vor ihr gewarnt. Alle Palästinenser, die ich in und um Tel Rumeida herum sprach, hatten mindestens eine Geschichte über sie parat. Sie gehörten zu den übelsten und beängstigendsten Geschichten, die ich in Hebron und ganz Palästina hörte. Wenn Baruch Marzel ein ungehobelter, stets angriffslustiger Stier war, war Anat Cohen eine wandelnde Glut, eine dunkle Flamme. Das Internet quillt über vor Berichten von internationalen Aktivisten und Beobachtern, die von ihren Begegnungen mit Cohen berichten, davon, wie sie sie getreten oder ihnen ins Gesicht gespuckt, welche schrecklichen Dinge sie gesagt hat. Die Geschichten enden meistens damit, dass Cohen die Ausländer beschuldigt, sie angegriffen zu haben, und dass die Polizei die mittlerweile verängstigten Ausländer verhaftet – höchstwahrscheinlich, um sich weiteres Kopfzerbrechen im Umgang mit der Furie von Beit Hadassah zu ersparen –, während Cohen, die Unberührbare, frei bleibt.

Wenn Tzipi Schlissel zum Siedler-Königtum gehörte, gehörte Anat Cohen zum Hochadel. Ihr Vater, Mosche Zar, war ein alter Freund von Ariel Scharon gewesen.* Er war einer der wohlhabendsten Landspekulanten im Westjordanland** und einer der wichtigsten Geldgeber von Gusch Emunim. Samantha Shapiro nannte ihn im *New York Times Magazine* »einen in Wildwestmanier selbsternannten Bürgermeister für seinen Streifen des Westjordanlandes«, vor allem für die Siedlungen außerhalb von Nablus, die dem Hebroner Gebiet an Fanatismus und Gewalt in nichts nachstehen. Zar war auch Mitglied des Jüdischen Untergrunds, einer rechten Terrorgruppe, die Anfang der 1980er Jahre aktiv war, berüchtigt für ihre Bombenattacken auf palästinensische Bürgermeister, Angriffe auf eine Grundschule und eine islamische Hochschule in Hebron sowie vereitelte Versuche, palästinensische Busse und die Al-Aksa-Moschee in die Luft zu sprengen.*** Er wurde dafür verurteilt, an der Platzierung einer Bombe in einem Auto beteiligt gewesen zu sein, das Bassam Schakaa gehörte, dem damaligen Bürgermeister von Nablus. Schakaa verlor beide Beine. Zar kam lediglich für vier Monate ins Gefängnis.

Mosche Zars Sohn Gilad, Anat Cohens Bruder, gehörte zu den Gründern von Itamar, einer besonders streitsüchtigen Siedlung südlich von Nablus. Im Jahr 2001 arbeitete er als Sicherheitschef für die Siedlungen im nördlichen Westjordanland, als er auf der Straße in einen Hinterhalt geriet und von palästinensischen Angreifern angeschossen wurde. Er überlebte die Attacke und gab vor Reportern ein seltenes Statement ab: »Wir müssen die Araber in die Knie zwingen, sie fünfzehn Jahre in die Vergangenheit zurückschicken und dankbar dafür machen, dass sie für

---

* Zar sagte sich 2005 nach der erzwungenen Evakuierung der Siedlungen im Gazastreifen von Scharon los. Scharon, sagte er der *Haaretz*, »habe sich abgewendet und sei zum Feind geworden«.

** Zar fing 1979 an, Land von Palästinensern zu kaufen, aber die Abschlüsse wurden später von mehreren Palästinensern als gefälscht bezeichnet. Einer jagte ihm eine Axt in den Schädel. Zar überlebte.

*** »Fast alle« der 26 Männer, die für ihre Beteiligung an Attacken des Jüdischen Untergrunds verhaftet wurden, waren einem UN-Bericht von 1984 zufolge »in der Gusch-Emunim-Bewegung gut bekannt und hoch angesehen«. Mehrere stammten aus Kirjat Arba und den Hebroner Siedlungen.

uns arbeiten dürfen.« Zwei Monate darauf geriet Gilad Zars Auto erneut in einen Hinterhalt, und er wurde ermordet. Tzipi Livni, damals Ministerin in Ariel Scharons Kabinett, versuchte bei seinem Begräbnis zu sprechen. Cohen riss ihr das Mikrofon aus der Hand. »Ihr habt Panzer und Flugzeuge«, schrie sie. »Fangt an zu kämpfen und hört auf zu reden.«

Drei Jahre später, als der amerikanische Journalist Jeffrey Goldberg Cohen für den *New Yorker* interviewte, hatte sie ein gerahmtes Bild von Baruch Goldstein (betitelt mit »Der Heilige Dr. Goldstein«) in ihrer Wohnung hängen und bezeichnete sich selbst als »Gotteskriegerin«. Goldberg kaufte ihr das nicht ab. Er konzentrierte sich auf die negativen Auswirkungen, die religiöser Fanatismus aufs Muttersein hat, und war besonders verstört von der Tatsache, dass Cohen ihre Kinder in Gefahr brachte – den meisten Quellen zufolge hat sie mehr als zehn –, indem sie sie in Hebron aufzog.* Er erfand ein Krankheitsbild für Cohen und diagnostizierte einen Komplex, den er Berg-Moriah-Komplex nannte, nach dem Ort, an dem Abraham seinen Sohn Isaak gefesselt und als Opfer für Gott vorbereitet haben soll, um seine Gottesfurcht zu beweisen. Cohen wiederum wies Goldbergs säkulare, rationalistische Anschauung mit Verachtung von sich. »Man lebt nicht einfach, um am Leben zu bleiben«, erklärte sie ihm. »Das ist nicht der Sinn des Lebens.«

Natürlich hatte sie recht. Ich finde es seltsam, dass ich Anat Cohen verteidige, aber sie war eine respekteinflößende Frau, eine erbitterte Kämpferin für ihren Gott, und es ist zu einfach, sie – oder irgendjemand anderen – als Fanatikerin abzutun. Sie war verrückt, aber das waren fast alle in Hebron – auch ich während meiner Zeit dort. Das ist kein Lob, sondern nur die Feststellung: Anat Cohen hatte den Mut, an etwas zu glauben, mit der Gesamtheit ihres Wesens und keinem Kalkül, das sie leitete, außer ihrer unendlichen Wut und ererbten Angst und der Ehrfurcht-durchtränkten Engstirnigkeit ihres Glaubens. Ein paar Wochen später schloss ich mich einer Tour durch Hebron an, die von der aus ehemaligen und aktiven Besatzungssoldaten bestehenden Gruppe Breaking the Silence organisiert war. Eine Weile lief Cohen neben uns her und schleuderte uns mit

---

* Er interviewte auch Mosche Levinger und mehrere andere männliche Siedler, erwähnte ihre elterlichen Fähigkeiten aber nicht.

blitzenden Augen Worte wie Pfeile entgegen, schickte uns abwechselnd nach Auschwitz oder fragte, wohin, wenn nicht nach Hebron, ein Jude denn gehen solle. »Sollen die Juden wieder nach Auschwitz zurückkehren?«, schrie sie, als wäre das die einzige Alternative.

Wir waren uns schon einmal begegnet, an einem Nachmittag in der dritten Novemberwoche. Peter und Gaia waren in die USA zurückgereist, und ich war allein im Wohnzimmer der Scharabatis, als Zidan an die Tür kam. Wir tranken Kaffee, und Zidan rauchte und zeigte mir das Video, das er gerade aufgenommen hatte von einem zwölfjährigen Jungen, der am Kontrollpunkt 56 in Gewahrsam genommen wurde. Sie hielten ihn zwei Stunden lang dort fest. Sein Telefon klingelte. Irgendetwas passierte an der Cordoba-Mädchenschule.* Zidan sprang auf, und ich rannte ihm hinterher, an dem Soldaten auf seinem Posten vorbei, die Treppe neben dem Haus hinauf und den engen Pfad zur Schule entlang. Der Geruch nach Sprühfarbe hing in der Luft. Eine Frau in einem langen Rock huschte den Hügel unter uns hinunter. Sie ging langsam über die Schuhada-Straße und wusch sich die Hände an einem Hahn am Zugang zu dem Apartmenthaus neben Beit Hadassah. Sie bemerkte, dass ich sie beobachtete, und starrte im Eingang stehend zurück.

Das Wandbild neben der Schule war verschandelt worden.** Ein Karte von Palästina, das nicht durch die Grenze von 1967 geteilt war, und das Bild eines riesigen Schlüssels, dem Symbol des Traums der palästinensischen Flüchtlinge, eines Tages zurückzukehren, waren weiß übersprüht worden. Die Farbe war noch nass. Zidan filmte noch einen Augenblick länger. Als wir den Pfad wieder hinuntergingen, sah ich die Silhouette einer Gestalt an einem offenen Fenster im ersten Stock. In dem Moment, als wir durch Zidans Tür traten, rief uns jemand. Der Soldat, der vor dem Haus Wache stand, näherte sich uns. Die Frau, die wir den Pfad hatten hinunterhuschen sehen, stand mit einem anderen Soldaten vor dem Beit Hadassah. Sie beschuldigte mich, sagte der näher stehende Soldat auf

---

* Die Schule ist nach der andalusischen Stadt Córdoba benannt, die für ihr goldenes Zeitalter im 10. Jahrhundert berühmt ist, als jüdische Dichtung, Philosophie und Gelehrsamkeit unter einem islamischen Kalifat florierten.

** Als ich Hebron 2011 zum ersten Mal besuchte, sah ich dort ein Graffito auf Englisch, das ich nie vergessen konnte. Es lautete: »VERGAST DIE ARABER«.

Englisch, sie mit einem Stein beworfen zu haben. Er korrigierte sich: versucht zu haben, sie mit einem Stein zu bewerfen. Sie sagte, ich hätte einen aufgehoben und ihn gerade werfen wollen, aber als sie sich umdrehte und mich sah, hätte ich ihn wieder hingelegt.

Ich sagte dem Soldaten, dass sie lügen würde, dass ich Journalist sei und dass ich nicht mit Steinen werfe.* Bald war ich von sechs Soldaten umringt, ihre jungen Gesichter streng. Ich fragte den Soldaten, der mich als Erster angesprochen hatte, wie die Frau hieß. Zidan hatte mir schon gesagt, dass sie Anat Cohen war, aber ich wollte es auch von einem Soldaten hören. Er rückte nicht damit heraus. Er sagte, er wisse es nicht. »Sie wissen es nicht?«, fragte ich. Wenn sie mich eines Verbrechens beschuldige, sagte ich, hätte ich das Recht zu wissen, wer sie sei.

Ein anderer Soldat bellte ein Nein. Ein dritter forderte meinen Pass. Ich händigte ihn aus. Cohen stand hinter ihnen, mit glimmenden dunklen Augen. Irgendwann kam ein Polizeifahrzeug angefahren und ein Jeep voller Soldaten. Es waren mindestens ein Dutzend, plus die Polizisten. Ich sah nicht, wie Cohen sich davonstahl.

Die Polizisten fragten mich, was passiert sei. Ich erzählte es ihnen. Es schien sie nicht sonderlich zu interessieren. Zidan, der die ganze Zeit gefilmt hatte, zeigte ihnen das Video von Cohen, wie sie den Hügel hinunterhuschte und langsam über die Straße ging. Sie hatte einen weißen Gegenstand von der Größe und der Form einer Sprühdose in der Hand. Der Polizeibeamte sagte Zidan, er könne nichts tun, solange er sie nicht bei der Verunstaltung des Wandbildes filmte. Er könne auch mich nicht verhaften, sagte er. »Es ist kein Verbrechen, einen Stein aufzuheben und wieder hinzulegen.«

Später am Abend rätselte ich über den Vorfall, über die Kleinlichkeit des Ganzen. Log sie, oder war sie derart überzeugt davon, dass ich ihr schaden wollte, dass ihre Augen sich einen Stein eingebildet hatten? Wenn sie log, warum hatte sie den Soldaten gegenüber dann nicht behauptet, dass ich den Stein geworfen hätte? Egal, was ich gesagt hätte, sie hätten mich verhaftet, und für den Moment wäre sie mich los gewesen.

* Ich bin beim Gedanken an die Dummheit dieser Worte seitdem mehr als einmal rot geworden. Fürs Protokoll nehme ich sie hiermit zurück: Gute Journalisten werfen immer mit Steinen. Wenn auch nur metaphorisch.

Welches Kalkül, wenn überhaupt eines, war durch ihre angsterfüllten Gehirnwindungen gerauscht? Aber letzten Endes war es egal. Die Botschaft war eindeutig. Sie hatte mir gezeigt, was Sache war.

Es war schon Nachmittag, als ich von Zidans Haus den Hügel zum Zentrum hinaufstieg, um Irene zu treffen, zum Haus der Familie al-Atrasch zu fahren und von dort nach Jericho, wo eine Gedenkfeier für Anas stattfinden sollte. Als ich am Zentrum ankam, gingen gerade drei Siedlerteenager vorbei. Es war Samstag, und sie waren weiß gekleidet, in den weiten, hippieartigen Gewändern und mit breiten, gestrickten Kippas, die die Siedlerjugend der äußersten Rechten bevorzugte. Einer trug ein Baby in einem purpurfarbenen Tuch vor der Brust. Der Junge mit dem Baby fing an zu schreien. Sein Name war Binjamin, wie mir Issas Bruder Ahmad erzählte. »Er ist immer betrunken«, sagte er.

Er sah nicht betrunken aus – weder schwankte noch lallte er –, aber er war definitiv enthusiastisch. »Dieses Haus, jedes einzelne Haus, sie gehören alle uns«, brüllte er auf Hebräisch zu den fünf oder sechs Aktivisten hinüber, die auf der Terrasse standen. »Wir werden die ganze Stadt erobern.«

Ahmad, mit der ihm eigenen Intensität, blieb ruhig. Er sagte dem Jungen, er solle still sein.

»Ich habe keine Angst vor dir«, schrie der Junge namens Binjamin. »Ich fürchte nur Gott.«

»Verschwinde!«, sagte Ahmad.

»Ich habe keine Angst vor dir, Issa!«, schrie der Junge zurück.

Issa war in Europa. Er und Ahmad waren eindeutig verwandt, aber sie sahen sich kaum ähnlich. Ahmad machte sich nicht die Mühe, den Jungen zu korrigieren. »Komm schon«, sagte er. »Verschwinde.«

Aber der Junge brüllte beim Gehen weiter, ritt zu sehr darauf herum. »Ich habe keine Angst vor dir, Issa!«, schrie er noch einmal. Irgendwie verschlief das Baby vor seiner Brust das alles.

Ahmad grinste. »Komm schon«, sagte er und zog den Jungen auf. »Du hast Angst.«

Der Junge blieb neben dem Soldaten stehen, der hinter dem Haus postiert war. Er legte ihm den Arm um die Schultern. Der Soldat schien nicht froh darüber, blieb aber stumm. »Du bist nichts«, fauchte der Junge Ahmad entgegen. »Null. Nichts, nichts, nichts, du Hurensohn. Ich liebe Gott, und ich werde dich besiegen, Issa. Ich bin ein stolzer Jude. Ich bin ein echter Mann, weil ich Gott ehre.«

Irgendwann hatte er keine Lust mehr. Irene und ich wanderten an den alten archäologischen Ausgrabungen vorbei zu dem leeren Grundstück, auf dem sie ihren Wagen geparkt hatte. Als wir losfuhren, bemerkte ich zwei Siedlerkinder, Jungen im Alter von neun oder zehn Jahren, die neben einem Soldaten auf dem Hügel über uns standen. Sie sahen fast engelhaft aus, ganz in Weiß, von hinten erleuchtet, ihr blondes Haar und die Schläfenlocken von der Sonne vergoldet. Der Rechte der beiden reckte den Mittelfinger, als wir vorbeikamen.

Ein Spruchband mit einem Foto von Anas auf der einen Seite und einem von Jassir Arafat auf der anderen Seite war vor dem Haus der Familie al-Atrasch in Abu Sneineh über die Straße gespannt. Der Prozess, ihn in den nationalen Mythos einzugliedern, hatte begonnen. Anas al-Atrasch war nicht länger nur der aufgeweckte junge Mann, dessen Lachen seine Eltern für den Rest ihres Lebens jeden Tag vermissen würden. Die Fatah hatte ihn für sich beansprucht. Er gehörte jetzt Palästina, *al Schahid wa al batal*, der Märtyrer und Held, kollektives Eigentum einer Nation, die sich über ihre Verluste, ihre Duldsamkeit, ihre Opfer definierte, eine Nation, die bisweilen nur durch das Medium ihres Leids zu existieren schien. Wir saßen bei den Trauernden und tranken bitteren Kaffee aus winzigen Plastikbechern.

Unter den Männern, die ihren Respekt erwiesen, war ein älterer Typ in grauer Dschallabija, der mir als einer der Attentäter vorgestellt wurde, die 1980 sechs Siedler vor dem Beit Hadassah getötet hatten. Seinen Namen erfuhr ich nicht, aber wenn er sprach, hörten alle zu oder gaben es zumindest vor. Er hatte eine lockere, arrogante Haltung und hatte sich durch inbrünstiges Beten eine dunkle Schwiele mitten auf die Stirn gerieben. Nach der Beit-Hadassah-Operation, sagte er, war er gefangen genommen und dann bei einem Gefangenenaustausch freigelassen und ins algerische Exil geschickt worden, von wo er sich nach Jordanien und in den Libanon durchschlug, bis er 1999 nach Hebron zurückkehren durfte. Er erzählte Geschichten von knappem Entrinnen und mutigen Fluchten im Libanonkrieg, unter Beschuss israelischer F-16-Kampfflieger. Seine Stimme war lebhaft, seine Zuhörer waren mürrisch. Von den 200 Kämpfern seiner Einheit hätten nur siebzehn überlebt, prahlte er. Er wandte sich an Anas' Mutter, Nadscha, die ein paar Plätze von ihm entfernt in Schwarz gehüllt dasaß, das Gesicht nach acht Tagen Weinen bleich und aufgequollen. Er sagte ihr, er habe den Tod viele Male gesucht und nie gefunden, dass ihr Sohn Glück gehabt habe, dass jene, die Gott zu sich nehme, begünstigt seien. Sie nickte, die Hände im Schoß umklammert, blickte aber nicht auf.

Die Schatten wurden schon lang, als die Leute sich auf den Weg zu ihren Autos machten. Die Heckscheibe des blauen Volkswagens, in dem Anas seine letzten Augenblicke verbracht hatte, war mit einem farbigen Druck von Anas' Gesicht bedeckt, das über Bilder der Al-Aksa- und der Ibrahim-Moschee gelegt worden war; über seinem Namen standen die Worte »Märtyrer und Held«. Sein kleiner Bruder, der zwölfjährige Mohammad, kämpfte damit, eine palästinensische Flagge ans Beifahrerfenster zu klemmen.

»Die Juden werden dich anhalten«, warnte einer seiner Onkel.

»Ist mir egal«, entgegnete Mohammad.

Ein anderer Onkel kam herüber und sagte dem Jungen, er solle die Flagge abnehmen. »Du glaubst wohl, du befreist das Land«, meinte der Onkel spöttisch.

»Und ob ich das tue«, sagte der Junge und protestierte lautstark, als sein ältester Bruder, Raad, ihm die Flagge wegschnappte und ihn ins Auto bugsierte.

Auf dem Weg nach Jericho führten sie uns in draufgängerischem, halsbrecherischem Tempo auf den verschlungenen, löchrigen Straßen aus Hebron hinaus, hinauf ins Wadi Nar und hindurch bis zum Container-Kontrollpunkt. Die Soldaten hielten uns an, winkten uns dann aber durch, so dass wir nicht lange auf den einsamen Flecken Asphalt starren mussten – kurz hinter der Stelle, wo der Hund schlief, erklärte mir Anas' Cousin vom Rücksitz –, an dem Anas' Körper hingeschlagen war. Der gelbe, riesige Vollmond ging im Osten auf, als wir durch kahle Hügel hinunterfuhren, an dem Schild vorbei, das den Meeresspiegel markierte, hinein in die Wüste und das Jordantal. Die Schnellstraße, die

Israelis und Touristen auf dem Weg zum Toten Meer nutzten, war makellos glatt.

Die Gedenkfeier fand in einer Gasse statt, die von Straßenlaternen erleuchtet wurde und mit sechs langen Reihen aus Plastikstühlen bestückt war. Das örtliche Fatah-Komitee hatte die Veranstaltung gesponsert. Zwischen den Lampen hingen palästinensische Flaggen und Plakate mit Anas' Gesicht neben solchen von Arafat und Abbas. Über eine Lautsprecheranlage wurden nationalistische Hymnen in ohrenbetäubender Lautstärke übertragen. Die Stühle füllten sich langsam, jeder neue Gast schritt an Anas' Vater Fouad, seinen Brüdern und Onkeln vorbei und schüttelte ihnen die Hände. Manche der Männer trugen Polizeiuniformen, andere Anzüge oder schlammbespritzte Arbeitskleidung. Sie saßen schweigend und rauchend da. Ein Mann in einem gelben Hemd nahm das Mikrofon und bat bei nachhallenden Lautsprechern darum, dass wir uns für die Nationalhymne erhoben. Als sie vorüber war, sprach er von der »Blume des Widerstands«, die in jedem alten Mann, in jedem Jungen und jedem Mädchen in Palästina blühe. »Weil unsere Tränen eine Träne sind und unser Blut ein Blut«, sagte er, »ist Anas ein Märtyrer für ganz Palästina.«

Ein Scheich leitete das Gebet, und Anas' Cousin Tamer, der mit uns hergefahren war und den wir im Sommer zuvor kennengelernt hatten – wir waren am Abend der Bekanntgabe der *Taudschihi*-Ergebnisse zusammen in den Olivenhain gerannt –, sprach im Namen der Familie in dem klangvollen Rhythmus des förmlichen Arabisch. Es ging in die gleiche Richtung. »Sie haben ihn getötet, während die Welt zusah«, sagte Tamer, obwohl deren Augen tatsächlich geschlossen waren. »Sie töteten ihn und brachten ihn zum Schweigen«, fuhr er fort. »Sein Blut hat sich mit dem all der vorherigen Märtyrer gemischt. Wie groß diese Nation ist. Wie groß dieses Volk ist.«

Wir gingen, sobald Tamer ans Ende gekommen war, sobald wir konnten, ohne unhöflich zu sein, bevor der Gouverneur die Bühne betreten und zu den Platitüden beitragen konnte. Wir gingen einmal mehr an Anas' Onkeln, Brüdern und Vater vorbei und schüttelten einmal mehr ihre Hände. Sein Vater wirkte erschöpft und desorientiert, als wäre er sich immer noch unsicher, wer wir waren und was passierte und wo er war. Wir machten an der Schnellstraße halt, als sie zurück in die Berge Richtung Jerusalem anstieg, gingen an einer Raststätte zur Toilette und kauften Schokoriegel und Wasser. Der Parkplatz war mit wartenden Reisebussen gefüllt, die Picknicktische vor dem Laden von jungen Israelis und europäischen Touristen besetzt, die an Kaffee und Energydrinks nippten und Sandwiches direkt aus der Frischhaltefolie aßen. Sie wirkten müde, aber glücklich, geschafft von einem Tag der Besichtigungen und des Badens im bitteren, hypersalinen Wasser des Toten Meers. Ihr Lachen war unbeschwert, ihre Gesichter waren unbefangen, weil sie offensichtlich nicht Bescheid wussten und niemand daran gedacht hatte, ihnen von dem jungen Mann zu erzählen, der am Ende einer langen Woche nach einem Nickerchen im Auto neben seinem Bruder aufgewacht und aufgestanden war, die Arme gen Himmel gereckt hatte und ohne Warnung in etwas verwandelt worden war, was er allen Berichten zufolge niemals hatte sein wollen, den Märtyrer und Helden Anas al-Atrasch, dessen Blut sich mit dem Blut früherer Märtyrer mischt und der nicht tot ist, sondern in den Herzen und in den Tränen seines Volkes in Ruhm und Ehre ewig weiterleben wird.

Im Jahr 2006, als die Polizei die Schlissels und sieben andere Siedlerfamilien zwang, Hebrons alten Gemüsemarkt zu räumen, hatte David Wilder in der *Jerusalem Post* protestiert, dass das Grundstück den Juden der Stadt gehöre. Sie hätten einen Kaufbrief, insistierte der Sprecher der Siedler, der auf das Jahr 1807 zurückging, als ein Jude aus Hebron namens Haim Bajayo ein fünf Dunam großes Stück Land direkt neben dem damaligen jüdischen Viertel gekauft hatte. Wilder erwähnte nicht, dass eine der Parteien, die den israelischen Generalstaatsanwalt darum ersucht hatte, die Entfernung der Siedler zu verlangen, Bajayos einziger lebender Erbe gewesen war, Haim Hanegbi. Mit Irenes Hilfe arrangierte ich ein Treffen mit Hanegbi in einem Café in Ramat Aviv, einem schicken Vorort Tel Avivs.*

---

* An jenem Tag kam ich aus Ramallah, nicht aus Hebron, aber Ramat Aviv mit seinen Boutiquen, Schönheitssalons und glitzernden Hochhäusern schien immer noch Galaxien weit entfernt zu liegen. Die Gäste im Café waren teuer gekleidet, trugen italienische Sonnenbrillen und hatten geliftete Gesichter. Die Kellnerinnen waren jung und attraktiv. Irgendwann fragte mich Hanegbis Frau, nachdem sie erfahren hatte,

»Ich bin ein jüdischer Araber«, sagte er und genoss die Pause, als er die Formulierung sacken ließ. Er hatte nicht »arabischer Jude« gesagt, wie die Mizrachi-Juden aus Syrien, dem Irak oder dem Maghreb manchmal genannt werden. »Jüdisch« war hier das Attribut der primären Kennzeichnung »Araber«. Für Hanegbi erschloss die ungewöhnliche Reihenfolge dieser beiden Wörter eine ganze verlorene Geschichte. Er war 1935 in Jerusalem zur Welt gekommen, aber sein Vater und sein Großvater hatten bis 1929 in Hebron gelebt, und die Wurzeln seiner Familie in der Stadt reichten Jahrhunderte zurück. Die Bajayos waren eine der ältesten und angesehensten jüdischen Familien Hebrons gewesen; sie waren im 16. Jahrhundert aus Algier gekommen, nachdem man sie aus Portugal vertrieben hatte. Das Massaker von 1929 hatten sie dank der Intervention von Freunden aus der Abu-Haikal-Familie überlebt,* und obwohl sie die Stadt verließen, betrachteten sie sich weiter als Hebroniten und Jerusalem als Exil. Zu Hause sprach die Familie Hebräisch, aber Hanegbis Vater und Großvater sprachen genauso fließend förmliches und umgangssprachliches Arabisch. Sein Großvater, sagte er, »habe im Leben keine Hosen getragen«, nur die traditionelle arabische Dschallabija.

Hanegbi erinnerte sich daran, wie er als Kind mit seinem Vater Hebron besucht hatte, der jedes Jahr dorthin zurückkehrte, um die Steuern für sein Land und das der ganzen exilierten jüdischen Gemeinde zu zahlen. Er wusste noch, wie sein Vater in den Straßen und auf den Märkten von den Palästinensern herzlich begrüßt wurde, wie ein geschätzter Freund, der fortgezogen war. Wenn Jacob Ezra, der einzige Jude, der nach 1929 in der Stadt geblieben war, an den Wochenenden nach Jerusalem kam, um seine Familie zu besuchen, besuchte er auch Hanegbis Vater und erzählte ihm die Neuigkeiten aus Hebron. Sogar Hanegbis Name deutete auf die Identifikation der Familie mit der Stadt hin. Als städti-

---

dass ich in Ramallah lebte, wie ich dort hinkäme. Mit dem Auto, sagte ich ihr. Sie schien verwirrt, als könne sie nicht verstehen, wie solch riesige, interplanetare Distanzen so einfach überwunden werden konnten. »Aber gibt es denn keine Kontrollpunkte?«, fragte sie. »Werden Sie nicht angehalten?«

* Die Abu Haikals leben immer noch in Tel Rumeida, auf der anderen Straßenseite von Tzipi Schlissel und Baruch Marzel.

scher Angestellter in Jerusalem sei sein Vater nach 1948 gedrängt worden, seinen Namen zu hebräisieren, erklärte Hanegbi, und er gab das sephardische Bajayo zugunsten des hebräischen Hanegbi, »der Negevit«, auf, da Hebron am Nordrand der Wüste Negev liegt.

Die Ironie – dass die jüdischen Wurzeln seiner Familie verwandelt und sogar verleugnet werden mussten, damit sein Vater im neuen jüdischen Staat akzeptiert wurde – entging Hanegbi nicht. »Wo ist das Heimatland«, schrieb er einmal, »und wo das Exil?« Anfang der 1960er Jahre wurde Hanegbi einer der Gründer der sozialistischen und antizionistischen politischen Bewegung Matzpen. Die Gruppe löste sich Anfang der 1970er Jahre in internen Streitigkeiten auf und hatte auch nie mehr als ein paar Dutzend Mitglieder, aber für kurze Zeit spielte sie eine übergroße Rolle in der israelischen Politik und war nach 1967 für eine Weile die einzige israelische Stimme, die nicht nur die Ungerechtigkeiten der Besatzung, sondern auch der jüdischen Privilegien – und der damit einhergehenden Unterdrückung und Enteignung von Palästinensern – in Frage stellte. Hanegbi musste seine Fantasie nicht allzu sehr bemühen, um sich einen einzigen Staat vorzustellen, in dem beide Völker eine einzige Kultur teilten und ihre jeweiligen Unterschiede respektierten. Es gab ihn ja in seiner Erinnerung und in den Erinnerungen, die er von seinem Vater und Großvater übernommen hatte. »Dieser Hass ist kein schicksalhaftes Dekret, das wir nicht loswerden können«, hörte ich ihn später in einer Dokumentation über Matzpen sagen. »Der Hass ist neu.« Matzpens politisches Projekt sei gescheitert, meinte Hanegbi, aber sein Traum, »zu einer Vision von Menschen, die zusammenleben, zurückzufinden«, sei nicht erloschen, darauf bestand er.

Die Übernahme von Hebrons Gemüsemarkt durch die Siedler bot in gewisser Weise eine Gelegenheit. Hanegbi besaß die Urkunde für das Land, auf dem der Markt errichtet worden war, sowie Pachtverträge für zwei weitere Grundstücke in Hebron, eines davon in Tel Rumeida. Die Anwesenheit der Siedler dort hatte die israelische Regierung in eine unangenehme Lage gebracht. Die Siedler hatten vor Gericht argumentiert, dass die Juden mit Gewalt aus Hebron vertrieben worden waren, dass sie zurückkehren dürfen sollten und dass die Grundstücke und Immobilien, die ihnen einmal gehört hatten, an sie zurückgehen müssten. Unabhängig von der Tatsache, dass die Siedler keinen unmittelbaren Anspruch auf das fragliche Grundstück besaßen, hatten die Argumente der Siedler »die Büchse der Pandora geöffnet«, wie mir Hanegbis Anwalt, Michael Sfard, später erklärte. Wenn die Richter den Siedlern zustimmten, dass Menschen, deren Vorfahren aus ihren Häusern vertrieben worden waren, ein Recht auf Rückkehr hatten, dann hätten die Gerichte, zumindest theoretisch, große Schwierigkeiten, die Ansprüche von Palästinensern auf Grundstücke und Immobilien abzuweisen, die konfisziert worden waren – und zwar nicht nur in den 1990er und den 2000er Jahren, sondern zurückreichend bis 1948. Juristisch gesprochen stand die Rechtmäßigkeit israelischer Ansprüche auf riesige Teile des Landes – und tatsächlich auch auf den Staat selbst – auf dem Spiel.

Hanegbi bestand auf Konsistenz: Solange nicht auch all die Erben der über 700 000 Palästinenser, die seit 1948 aus ihrem Zuhause vertrieben worden waren, ihre Grundstücke und Häuser zurückerhielten, wollte er sein Land nicht. Bis es so weit war, war es sein Wille, dass die palästinensischen Händler, die 1994 vom Markt verdrängt worden waren, wieder zurückkehren durften und die Siedler, die das Grundstück unbefugt betreten hatten, entfernt würden. Die Regierung entschied sich, die Angelegenheit nicht vor Gericht kommen zu lassen. Das Büro des Generalstaatsanwalts antwortete auf Sfards Antrag und erklärte, es sei noch nicht zu einer Entscheidung gekommen und werde Hanegbi informieren, wenn es so weit wäre. Im Grunde entschied man sich, sich nicht zu entscheiden. Um die Sache unter der Decke zu halten, mussten die Siedler in der Zwischenzeit den Markt räumen. Wenn Tzipi Schlissel von einer »nationalen Demütigung« sprach, war sie also nicht melodramatisch. Was die Anwälte der Regierung vermutlich als irritierende rechtliche Klemme verstanden, war für die Siedler eine Chance auf Klarheit: Der Staat hatte die Gelegenheit, unmissverständlich zu erklären, dass Juden Rechte hatten, die für Nichtjuden nicht galten, und er war davor zurückgewichen. Für Schlissel und ihre Nachbarn war solcherlei bürokratisches Gesicht-Wahren die verräterische Verleugnung einer heiligen Pflicht.

Ich fragte Hanegbi, ob Siedler aus Hebron ihn jemals kontaktiert hätten oder ob er überhaupt jemals mit ihnen gesprochen habe. Er schnaubte.

»Gott bewahre«, sagte er. »Wir sind in nichts einer Meinung – was ist ein Haus? Was bedeutet eine Straße? Von einem Land ganz zu schweigen.«

Am Morgen nach der Gedenkfeier in Jericho reiste Fouad al-Atrasch, Anas' Vater, von Hebron nach Tel Aviv. Er hatte einen Termin bei einem Anwalt, den er wegen einer Klage konsultieren wollte. Er hoffte nicht auf etwas, was Gerechtigkeit gleichkäme, sondern nur darauf, dass die Regierung gezwungen werden könnte, die Umstände der Ermordung seines Sohnes zu enthüllen, und dass die Wahrheit ans Licht käme. Er hatte die Genehmigung, nach Israel einzureisen, was ihm seit über zwanzig Jahren regelmäßig erlaubt worden war. Etwa 80 bis 90 Prozent des Einkommens der Familie, schätzte er, verdankten sich Geschäften, die er dort machte, indem er die von ihm produzierten und importierten Schuhe an israelische Märkte und Läden lieferte. Als er an diesem Morgen den Kontrollpunkt erreichte, musste er seine Hand auf den biometrischen Scanner legen. Die Soldatin am Kontrollpunkt sah in ihren Computer und verlangte seine Genehmigung. Er zeigte sie ihr. Sie sah noch einmal auf ihren Bildschirm. »Sie dürfen nicht passieren«, sagte sie.

Er fragte sie, warum.

»Sie haben keine Genehmigung«, sagte sie.

Irgendwann wurde ihm erklärt, der Schabak wolle ihn sehen, also fuhr er in das zwischen Hebron und Jerusalem gelegene Gusch Etzion und wartete vier Stunden in einem Flur, bis ihn jemand aufrief. Der Offizier, der die Befragung vornahm, stellte ihm die gleichen Fragen, die man Ismail am Abend, als Anas erschossen wurde, gestellt hatte. »Warum war Anas aufgebracht?«, fragte er.

Er sei nicht aufgebracht gewesen, insistierte Fouad. Er habe leben wollen.

So ging es eine Weile. Sein Vernehmer informierte ihn, dass kein Zweifel daran bestehe, dass sein Sohn ein Messer gehabt habe. Das stehe nicht zur Debatte, aber »wir sind ein demokratischer Staat«, versicherte ihm der Vernehmer, »und wir wollen wirklich herausfinden, was passiert ist«. Am Ende sagte ihm der Offizier, dass bezüglich seiner Genehmigung nichts zu machen sei. »Es ist eine Routinesache«, sagte er. Das machten sie bei allen so. Soll heißen, bei allen, die das Pech hatten, dass ein naher Verwandter von israelischen Truppen getötet wurde.

Ich fasste bei der Zivilverwaltung nach, der die Ausstellung von Arbeitsgenehmigungen obliegt, warum die Genehmigung von al-Atrasch zurückgezogen worden war. Es dauerte zwei Tage, aber schließlich erhielt ich eine Antwort von Guy Inbar, dem Sprecher der Zivilverwaltung. Sie fiel kurz aus, er schrieb: »Die Genehmigung ist aus Sicherheitsgründen zurückgezogen worden.«

Irgendwann in der zweiten Novemberhälfte hörten die Zusammenstöße in Bab al-Zawiya auf. Zwei Transporter mit Polizisten der Palästinensischen Autonomiebehörde in Kampfausrüstung parkten jeden Tag von morgens bis abends direkt vor dem Kontrollpunkt. Anscheinend hatten sich die ansässigen Händler bei der Stadtverwaltung beschwert. Die Zusammenstöße gingen zu sehr auf Kosten des Geschäfts, also schickte die Stadtverwaltung die Polizei, und das Steinewerfen und Verbrennen von Autoreifen, mit dem die Jugend Hebrons dem Gedenken an Anas al-Atrasch Respekt gezollt hatte, fand ein Ende. Zumindest an diesem Kontrollpunkt. An Kontrollpunkten auf der anderen Seite von H2 erfolgten die Zusammenstöße immer noch mit der Präzision eines Uhrwerks. Die Schule endete seit einer Weile früh – die Palästinensische Autonomiebehörde konnte den Lehrern nicht das volle Gehalt zahlen, also wurden die Schultage halbiert. In der Regel hörte ich das erste Knallen morgens um kurz nach elf.

Eines Tages kam ich an der Jungenschule des Hilfswerks der Vereinten Nationen vorbei und beobachtete die Soldaten in ihrem Jeep und auf den Dächern über der Straße, während eine entfernte Jungenschar Steine warf, die zehn, fünfzehn Meter vor ihrem Ziel zu Boden prasselten. Ich plauderte mit einem der Solidaritätsaktivisten, der den Vorgang beobachtete, ein Brite mittleren Alters in einem leuchtenden, neuen Palästinensertuch. Er war gerade erst nach Palästina gekommen und sprühte noch vor Empörung. Sie würde abklingen, wie ich wusste, und es bliebe ein beständiges, verletztes Köcheln. Einer der Soldaten kam herüber und machte mit seinem iPhone Fotos von uns. Der Brite und seine zwei jüngeren Kollegen beeilten sich, ihre Palästinensertücher über ihre Gesichter zu ziehen. Ich nahm mein Telefon heraus, um den Soldaten zu fotografieren, wie er mich fotografierte. Er stieg wieder in seinen Jeep. Die anderen Soldaten kamen von den Dächern herunter. Die Kinder waren nach Hause gegangen. Der Jeep verschwand. Ich auch.

Ich ging auf demselben Weg zurück, durch den Kontrollpunkt 209 und die Schuhada-Straße zum Haus der Scharabatis hinunter. Ein paar Meter hinter dem alten Lebensmittelladen (»Have a GOOD Time«) fuhr ein weißer Land Rover neben mir heran. Es war die Art von Fahrzeug, die das Distrikt-Koordinationsbüro und der Schabak verwendeten. Das Fahrerfenster war geöffnet. Der Fahrer trug keine Kippa. Er war kein Siedler. Er sah nach Militär aus. Er war gepflegt und muskulös, und sein Haar war kurz geschoren, aber er war älter, in seinen Vierzigern, und trug Zivilkleidung. Er ließ den Land Rover langsam voranrollen, mit dem Seitenspiegel vielleicht einen halben Meter von meinem rechten Ellbogen entfernt, hielt mit mir Schritt und starrte mich schweigend an, die Augen hinter einer Sonnenbrille verborgen, das Gesicht vollkommen ausdruckslos. Ich nickte ihm zu. Er nickte nicht zurück und sagte auch nichts, rollte einfach lange genug neben mir her, um mich auszuchecken und seine stumme Botschaft zu übermitteln, wie auch immer sie lauten mochte. Schließlich drehte er das Lenkrad, beschleunigte und parkte neben einem Armeejeep, in dem zwei weitere militärisch aussehende Männer in Zivil saßen. Es war Dienstag, noch nicht einmal Mittag. Ich hatte vor, Hebron am Freitag zu verlassen, mich zu verabschieden und nach Ramallah zurückzukehren. Es war an der Zeit.

Am Freitagmorgen ging ich die Schuhada-Straße hinunter nach Bab al-Zawiya, um mir etwas Obst und Brot zum Frühstück zu kaufen. Ein Pritschenwagen und dahinter ein Armeejeep parkten vor dem Kontrollpunkt. Auf der Ladefläche des Lkw befanden sich riesige Spulen mit Maschendraht. Es war sogar ein Kran da, und ein paar Soldaten standen auf dem Dach des Kontrollpunkts, wo sie einen Metallrahmen zwischen den alten, leeren Gebäuden festschweißten, während ihre Kollegen mit ihren Waffen Wache standen. Die Israelischen Verteidigungsstreitkräfte waren zu einer Lösung für das Problem der steinewerfenden Jugend gekommen. Wann, fragte ich mich, würde das ganze historische Palästina anfangen, unter dem gesammelten Gewicht von Beton und Stahl israelischer Zäune und Mauern in der Erde zu versinken? Als ich ein paar Stunden später meine Taschen gepackt und mich verabschiedet hatte und zum Busbahnhof aufgebrochen war, war der Rahmen fertig, und die Soldaten hatten begonnen, bis zu einer Höhe von etwa sechs Metern Maschendraht über dem Kontrollpunkt zu spannen.

Zweimal im darauffolgenden Jahr, einmal im August und einmal im November, fanden die Jugendlichen Hebrons ihre eigene Lösung für das Problem des nun eingezäunten und verstärkten Kontrollpunkts. Sie warfen Molotowcocktails hinein und brannten ihn nieder.

TEIL DREI

TIEFE WOLKEN

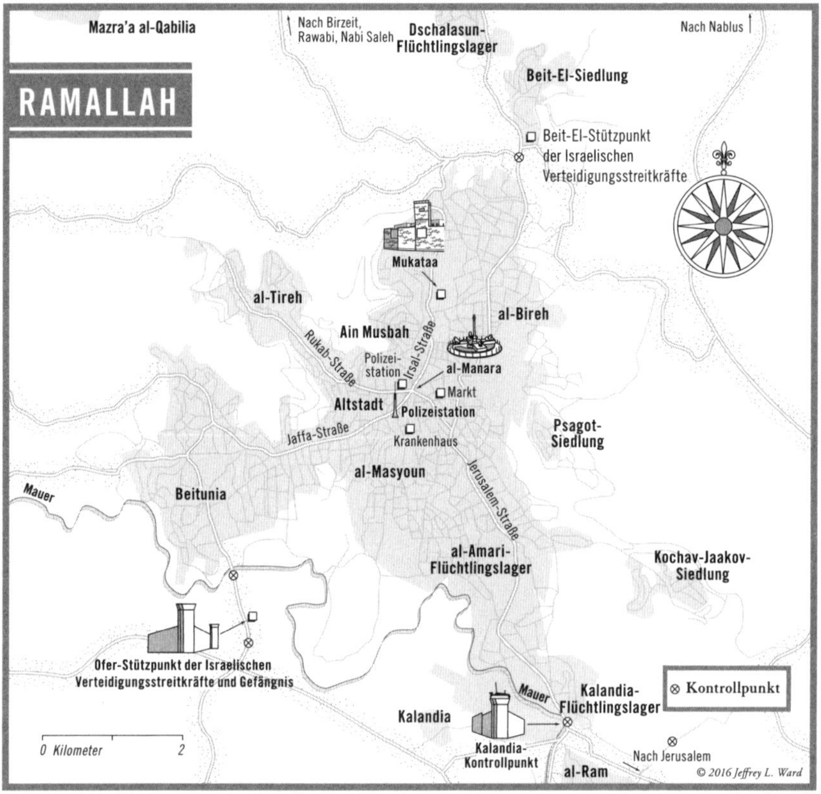
RAMALLAH
Mazra'a al-Qabilia
Nach Birzeit, Rawabi, Nabi Saleh
Dschalasun-Flüchtlingslager
Nach Nablus
Beit-El-Siedlung
Beit-El-Stützpunkt der Israelischen Verteidigungsstreitkräfte
Mukataa
al-Tireh
Ain Musbah
al-Bireh
Rukab-Straße
Irsal-Straße
Polizeistation
al-Manara
Markt
Altstadt
Polizeistation
Jaffa-Straße
Krankenhaus
Psagot-Siedlung
al-Masyoun
Jerusalem-Straße
Mauer
Beitunia
al-Amari-Flüchtlingslager
Kochav-Jaakov-Siedlung
Ofer-Stützpunkt der Israelischen Verteidigungsstreitkräfte und Gefängnis
Mauer
Kalandia-Flüchtlingslager
⊗ Kontrollpunkt
Kalandia
Kalandia-Kontrollpunkt
0 Kilometer 2
Nach Jerusalem
al-Ram
© 2016 Jeffrey L. Ward

7
SCHNEE

Nabi Saleh, Ramallah, Dschalasun, Bethlehem, Za'tara

Doch um mich herum war Freude.
Jean Genet

Die Kinder wurden unruhig. Zwei Tage zuvor war der erste Winterregen gefallen, und die Sonne kam und ging, brach unvermittelt durch die tiefen Wolken und verkroch sich dann wieder. Plastikstühle füllten den Dorfplatz von Nabi Saleh. Die Kinder rutschten schon nach zehn Minuten der ersten Rede von ihren Plätzen, während Bassems Neffe Mahmud sich über Märtyrertum und Widerstand ausließ. Sie warfen allen Anstand über Bord, rannten und kicherten befreit links von der Bühne herum, die man für den Anlass errichtet hatte. Die Jungs lümmelten mit überkreuzten Armen direkt hinter ihnen und schienen ein Ende der Formalitäten herbeizusehen.

Es war ein Samstag, an dem eine besondere Gedenkfeier für Ruschdi und Mustafa abgehalten wurde. Bei der üblichen Freitagsdemo am Tag zuvor hatte es eine kleinere Zeremonie gegeben. Es war kalt und windig gewesen, die Wolken hatten Nebel ausgespuckt, und die Dorfbewohner waren in einem langsamen, traurigen Marsch vom Dorfplatz zu Mustafas Grab, dann zum Haus seiner Mutter und von dort zur Kurve der Straße gelaufen, an dem er zwei Jahre zuvor zu Boden gegangen war. Die Kinder hatten Steine gesammelt – nicht um sie zu werfen, sondern um die Stelle auf dem nassen Asphalt zu markieren, indem sie Mustafas Namen buchstabierten. Sie marschierten, bis die Soldaten die Straße mit Tränengas fluteten. Die Jungs kamen mit ihren Schleudern und Zwillen heraus – nicht alle von ihnen, aber mindestens ein Dutzend, mehr als ich seit vielen

Monaten gesehen hatte. Sie waren mit den Älteren zu einer Art Entspannung gekommen, und die Gedenkfeier war ihnen wichtig, diese ganz besonders.

Gegen Mittag befanden sich mindestens 200 Menschen auf dem Platz – all die üblichen Verdächtigen plus die Aktivisten aus Ramallah, die nicht mehr gekommen waren, als die Jungs aufgehört hatten, weitere Jungs aus den umliegenden Dörfern, ein paar junge europäische Aktivisten, die aus Nablus und Hebron angereist waren, die Führer mehrerer anderer Volkswiderstandsdörfer und eine Busladung israelischer Linker aus Jerusalem. Endlich übernahm Mohammad das Mikrofon und lud alle zu einem Marsch ein. Die Soldaten fingen nahezu augenblicklich an, Tränengas abzufeuern. Das Ganze war mit keiner anderen Demonstration, an der ich in Nabi Saleh teilgenommen hatte, vergleichbar, es war, als wären alle tanzend aufgewacht und die vergangenen Monate der Depression und Verzweiflung wären nur ein langer, erholsamer Schlaf gewesen. Wieder und wieder hoben die Jungs die qualmenden Gasgranaten auf und schleuderten sie zurück auf die Soldaten, was diese auseinandertrieb. Wieder und wieder füllten die Jungs in solch großer Zahl die Hänge, dass sie die Soldaten zum Rückzug zwangen. Steine sausten wie Vogelschwärme durch die Luft. Am Tor gab es einen Patt: Nariman, Shireen und Mariam Barghouti setzten sich in die Mitte der Straße und weigerten sich zu gehen. Der Kommandant der Einheit befahl ihnen in gebrochenem Arabisch, nach Hause zu gehen (»*Il beit*«, brüllte er immer wieder, »das Haus, das Haus!«), und seine Soldaten versuchten sie festzunehmen, aber in dem Chaos von Geschrei und Geschubse, das folgte, hatten sie keinen Erfolg. »Ich bin sehr, sehr glücklich«, sagte mir Nariman später, nach einem weiteren Patt, bei dem sie allein die Stellung hielt und sich nicht vom Gas vertreiben ließ.

Aber es herrschte nicht nur Jubel: Odai Tamimi, der weniger schüchterne von Mustafas jüngeren Zwillingsbrüdern, wurde im Gesicht von einem gummiüberzogenen Geschoss getroffen. Es brach ihm den Kiefer. Auf dem Hügel hinter Bassems und Narimans Haus brachten die Jungs die Soldaten wieder zum Wegrennen, aber sie kehrten zurück und tauchten uns alle in Tränengas, und ich stürzte schließlich blindlings durch die Tür und brach auf dem Sofa zusammen. Als ich meine Augen wieder öffnen konnte, sah ich, wie einer der Sanitäter mit Salam rang, während sich Shireen und Mariam lachend neben ihnen auf dem Boden wälzten. Den ganzen Nachmittag über hatten trotz des Tränengases und der ständigen Gefahr fast alle gelacht und den Gefallenen nicht mit Pomp Respekt gezollt, sondern mit der reinen, überschwänglichen Freude des Widerstands, die so lange unter Trauer begraben lag. Die Sonne ging langsam unter, das Licht wurde golden und rosa, und Nariman verspottete die Soldaten von ihrem Garten aus, als sie sich die Straße hinunter zurückzogen. Die Jungs hielten auf dem Hügel die Stellung; Dutzende von ihnen sahen mit ihren Zwillen in den Händen zu, bis auch der letzte Soldat verschwunden war.

An diesem Abend waren Bassem und Nariman spät dran. Sie hatten den Kindern versprochen, dass sie ihnen nach der Demonstration die seltene Freude bereiten würden, in Ramallah essen zu gehen. Die Kinder, so wie Kinder eben sind, wollten Pizza, also wartete ich mit ein paar Aktivistenfreunden in einem Laden namens Stones. Wir saßen oben an einem Ecktisch an einer großen Fensterfront. Alle hatten Hunger. Bassem rief an – er und Nariman hatten am Krankenhaus gehalten, um Odai zu besuchen. Jemand bestellte Knoblauchbrot. Der Name des Restaurants – englisch geschrieben und ausgesprochen – war zweifelsohne keine patriotische Anspielung auf das Lieblingssymbol des Volkswiderstands. Stones, genau wie vielleicht ein halbes Dutzend anderer Läden dieser Art, war ein Kind der Oslo-Abkommen: gedämpftes Licht, klare Linien, eine gut sortierte Bar, eine Speisekarte, die amerikanisierte Geschmäcker bediente und die sich nicht jedermann leisten konnte. Ein Abendessen für zwei – vielleicht ein thailändischer Geflügelsalat, Chicken Wings, Fettuccine, ein paar Cocktails oder Coke Zeros und ein geteiltes Stück Oreo-Kuchen zum Nachtisch – kostete in etwa so viel wie eine vergleichbare Mahlzeit in einem Applebee's-Restaurant in Dallas oder Duluth, womit die Rechnung über dem Wocheneinkommen fast aller Palästinenser lag. Im Jahr 2006, nachdem Polizisten der Palästinensischen Autonomiebehörde bei einer Razzia in einem von Ramallahs Flüchtlingslagern einen Teenager getötet hatten, starteten die Jungs aus dem Lager eine Reihe von Vergeltungsangriffen. Sie marschierten nicht zur Mukataa oder zur Polizei oder zu irgendeinem der Büros oder Ministerien der Palästinensischen Autonomiebehörde. Stattdessen gingen sie zu Stones. Sie nahmen den Laden auseinander, genau wie eine Handvoll anderer Restaurants, die zum Symbol für das Gefälle zwischen den Klassen und für die Korruption im Ramallah nach den Oslo-Abkommen geworden waren, wo es einer kleinen Elite mit besten Verbindungen gelungen war, aus der Besatzung Profit zu schlagen und, noch empörender, relativ immun gegen die Gewalt zu sein, unter der die breite Mehrheit ihrer Landsleute litt.

Ein Kellner brachte die Getränke und Neuigkeiten. Ein weiterer Märtyrer. Ein fünfzehnjähriger Junge aus dem Flüchtlingslager Dschalasun, das ein paar Kilometer nördlich lag – und mehrere Galaxien entfernt von dieser friedlichen Ecke der Stadt. Die Jungs aus dem Lager, so der Kellner, seien schon in der Innenstadt. Sie marschierten von Laden zu Laden und erklärten den Händlern, sie würden ihnen die Scheiben einwerfen, wenn sie nicht aus Respekt vor dem Toten ihr Geschäft schlossen. Während der Ersten Intifada funktionierte das Schließen von Geschäften nach dem Tod eines Palästinensers durch israelische Sicherheitskräfte wie eine Art Streik, eine bissige Zurückweisung des täglichen Geschäfts der Besatzung – damals lag die Verwaltung der täglichen Angelegenheiten des Westjordanlandes und des Gazastreifens noch direkt bei den Israelischen Verteidigungsstreitkräften. Im Zeitalter nach den Oslo-Abkommen überlebte die Praxis als Geste, eine rituelle Anspielung auf eine Form des kollektiven Kampfes, die ansonsten größtenteils überholt war.

Aboud, der Aktivist neben mir, versprach: »Wenn sie hierher kommen, schmeißen wir die Scheiben gemeinsam mit ihnen ein.«

»Das mache ich auch«, sagte der Kellner.

Am Ende taten sie es beide nicht. Aboud konnte mutig bis zur Leichtsinnigkeit sein, aber er war nicht der Typ, der Fenster einwarf, und der Kellner brauchte seinen Job. Bassem und Nariman trafen ein. Die Kinder kletterten auf die Stühle. Sie bestellten Pommes frites, Chicken-Nuggets, panierte Käsesticks, eine riesige Pizza. Aber die gute Stimmung, die Bassem und Nariman den ganzen Tag getragen hatte, war von ihnen gewichen. Als sie das Krankenhaus verließen, hatten sie Bassem zufolge draußen eine Gruppe von Menschen gesehen. Er hatte einen alten Freund wiedererkannt. Er hieß Waijdi al-Ramahi. Er kam aus Dschalasun. Bassem fragte ihn, was los sei. Sein Sohn sei getötet worden, sagte er, von hinten erschossen von einem israelischen Scharfschützen, der vor der Beit-El-Siedlung postiert war, welche an das Flüchtlingslager grenzte. Als er das hörte, sagte Bassem, habe er nur weinen können.

»Was hätte ich ihm sagen sollen?«, fragte er.

Das Essen kam, und die Gesichter der Kinder glänzten vom Öl und vom Käse. Wir anderen hatten den Appetit verloren. Die Kellner ließen die Jalousien herunter, um Passanten nicht durch zu offensichtlich zur Schau gestellte Gleichgültigkeit aufzubringen. Ein paar Minuten später wurde auch das Licht gelöscht. Wir hörten Menschen auf der Straße schreien. Die Jungs aus Dschalasun waren da. Wir drängten uns nach unten. Es waren dreißig oder vierzig, sie hatten Stöcke dabei und brüllten, während das Personal des Restaurants versuchte, sie zu beruhigen. Irgendwie überzeugten die Kellner die Jungs davon, dass der Laden geöffnet bleiben durfte, und die Jungs verschwanden hinter der nächsten Ecke. Direkt hinter ihnen rollten mehrere Pick-ups der Bereitschaftspolizei der Palästinensischen Autonomiebehörde heran und sperrten die Straße ab.

Wir fuhren zum Krankenhaus, wo Odai ausgestreckt auf dem Bett lag und trotz der Verbände, mit denen sein Kiefer umwickelt war, schlitzohrig grinste. Sie hatten ihn verbunden und geröntgt, aber der Arzt würde erst am nächsten Morgen um zehn wieder da sein, und bis dahin musste Odai ohne Schmerzmittel ausharren. Seine Mutter kam, und wir verabschiedeten uns und gingen durch das Flüchtlingslager Kadura zum Uhrenplatz und zum al-Manara-Platz. Alle Geschäfte waren geschlossen – die Lebensmittelläden, die Saftbars, die Boutiquen und Schuhläden, die Falafel- und Schawarma-Stände, die Eisdiele an der Rukab-Straße. Nur die Apotheken hatten weiterhin geöffnet und die Straßenverkäufer mit ihren Karren für gekochte Maiskolben. Zurück fuhren wir an Stones und einem noch schickeren Restaurant namens Fuego vorbei, das Leuten, denen es nichts ausmachte, fürs Gesehenwerden zu bezahlen, mexikanisches Essen zu amerikanischen Preisen servierte. Zuerst dachte ich, auch sie hätten geschlossen, aber dem war nicht so. Sie hatten nur das Licht gelöscht. Durch die Fenster konnte man die von flackernden Kerzen erhellten Gesichter der Kunden sehen, die sich bei einem unerwartet romantischen Essen wiederfanden.

Ich traf in Dschalasun ein, kurz bevor die Bahre mit Wadschdi al-Ramahis Leichnam in die Moschee gelangte. Es regnete wieder. Die Umstände der Erschießung blieben in mancherlei Hinsicht unklar. Die Freunde des Jungen sagten, sie hätten auf dem Hof der Schule außerhalb des Lagers Fußball gespielt und seien dort weggegangen, um in einem nahe gelegenen Laden etwas zu trinken zu kaufen, als ein Scharfschütze das Feuer eröffnet und Wadschdi im Rücken getroffen habe. Der Soldat habe ihn niedergeschossen, »als wäre er ein Vogel«, sagte sein Vater. Ein anderer Zeuge behauptete, zwei Kindergruppen beim Steinewerfen beobachtet zu haben, als das Feuer eröffnet wurde. Die Armee räumte der *Haaretz* gegenüber ein, dass ein Zug »einen Hinterhalt eingerichtet hatte, um Steinewerfer zu erwischen«, bestand aber darauf, dass die Soldaten »nur in die Luft geschossen« hätten. Niemand behauptete, dass al-Ramahi irgendetwas auf irgendjemanden geworfen habe, dass irgendjemand außer den Soldaten bewaffnet gewesen sei, dass die Kinder nah genug gewesen seien, um eine Gefahr darzustellen, oder dass sie irgendetwas anderes als Kinder gewesen seien.

Was auch immer vorgefallen war, Wadschdi war winzig. Sein Gesicht war kahl, die Wangen glatt. Er sah eher aus wie zwölf als wie fünfzehn. Eine Flagge bedeckte seinen Leichnam von den schmalen Schultern bis zu den Füßen, und ein Kranz aus gelben und orangefarbenen Gerbera zitterte auf seinem Bauch, als die Trauernden die Bahre eilig in die Moschee brachten. Überall waren Fahnen: gelbe für die Fatah und rote für die Volksfront. Der Großteil der Menge – es waren Hunderte da, vielleicht tausend – drängte sich auf dem kleinen zentralen Platz des Lagers, auf dem neben einem steinernen Denkmal für Jassir Arafat eine maskierte Gruppe von Männern Gewehrläufe in die Luft richtete. Um sie herum reckten Leute die Arme über die Köpfe von anderen, um mit ihren Handys Fotos von den Bewaffneten zu machen. Als ich woanders hinblickte, klebte gerade jemand ein Plakat mit dem Gesicht des jungen al-Ramahi – der Blick ängstlich, die Haare stachelig hochgegelt – über Arafats Bild auf dem Denkmal. Nur die Hand des Führers war noch sichtbar, ragte aus der Schulter des gefallenen Kindes und winkte stur seinem Volk. Die Totenträger trugen den Leichnam des Jungen aus der Moschee, und die Trauernden folgten ihm in einer langen, ernsten Kette durch die engen Straßen des Lagers und den Hügel hinauf zum Friedhof. Von der Spitze der Prozession klang herüber, wie Menschen Sprechchöre riefen und wie die Bewaffneten ihre M16-Gewehre und Uzis abfeuerten, aber die Männer und Jungen um mich herum gingen schweigend. Frauen sahen aus Fenstern, Türen und von Dächern zu. Der Regen wurde stärker. Auf dem Friedhof oben auf dem Hügel liefen Männer aus allen Richtungen über Steine und Schlamm zwischen den flachen Gräbern hindurch und kamen in einer entlegenen Ecke um al-Ramahis Grab wieder zusammen. Es goss in Strömen.

Die Schneefälle fingen am Mittwoch an, pausierten dann und kehrten am darauffolgenden Abend mit Macht zurück; die ganze Nacht hindurch schneite es weiche, schwere Flocken. Am Freitag fiel der Strom in meiner Wohnung aus, was nicht nur kein Licht bedeutete, sondern auch keine Heizung, also stapften meine Mitbewohner und ich zur Wohnung eines Freundes. Normalerweise war dies ein Fußmarsch von zehn Minuten, aber an diesem Abend brauchten wir eine Stunde: Es blies ein starker Wind, der Schnee fiel fast horizontal und nahm uns die Sicht. An den Straßenecken standen Männer über Feuer gebeugt oder im dürftigen Schutz unfertiger Wohnhäuser, denen Fenster und Türen fehlten. Die Umrisse von Autos, die mitten auf der Straße von ihren Besitzern zurückgelassen worden waren, wurden stetig weicher und verschwanden allmählich in den Schneeverwehungen. Wir kamen just in dem Moment am Gebäude meines Freundes an, als ein Kurzschluss in einem Transformator die Nacht schlagartig mit einem blauen Blitz erhellte. Dann war auch sein Block dunkel.

Bis zum späten Vormittag hatten Bulldozer den größten Teil des Schnees von den Hauptstraßen geräumt. Nur wenige normale Autos kamen durch, aber für SUV-Fahrer waren die Straßen passierbar. Die Seitenstraßen blieben – jedenfalls weitgehend – unter Schnee begraben. Das eine Ende der Straße, in der mein Freund wohnte – allerdings nicht das Ende, an dem sein Apartmenthaus stand –, war freigepflügt. Der Bulldozer hatte direkt nach dem Haus eines hochrangigen Funktionärs der Palästinensischen Autonomiebehörde angehalten und den Rest der Straße mit einem Wall aus Schnee blockiert. Als wir vorbeigingen, sahen wir den Beamten in einem schwarzen SUV mit den roten Kennzeichen der

Autonomiebehörde aus seiner Einfahrt biegen. Vor dem Hintergrund des weißen Schnees traten die Klassenunterschiede Ramallahs krasser hervor, als ich es je gesehen hatte. Die Wohlhabenden und die Mächtigen kreuzten in den beheizten Kabinen ihrer Land Cruiser und Range Rover durch die Stadt, so unberührt von den Unbilden der Umwelt wie von der beiläufigen Gewalt der Besatzung. Gruppen von jungen Männern standen an den Straßenecken, bewarfen sich mit Schneebällen, genossen die plötzliche strahlende, saubere Stille der Stadt, wärmten sich an der Sonne oder an Feuern, wenn sie untergegangen war. Ohne Strom waren ihre Wohnungen vermutlich so kalt wie die Luft draußen. Alle paar Minuten packten sie alle mit an, stellten die Stärke ihrer Schultern und Rücken zur Verfügung, um bei der Befreiung eines Luxusautos zu helfen, dem es an einem Allradantrieb mangelte.

Am Sonntag kehrte ich in meine Wohnung zurück. Tariq, der Vermieter, kam auf einen Kaffee vorbei. Er wohnte mit Frau und Kindern über mir. Wir setzten uns in Mäntel und Schals gewickelt ins Wohnzimmer. Tariq hatte ein paar Obstbäume im Garten verloren. Er hatte vorsichtig den Schnee von den Ästen geschlagen, aber durch die Kälte waren sie dennoch erfroren. Sechs der Hühner im Stall vor meinem Schlafzimmerfenster waren ebenfalls gestorben. Genau wie alle Fische in seinem Aquarium, sagte er. Tariq war ein ernster, liebenswürdiger Mann mit feinen Gesichtszügen und feinen Händen. Er war während der Ersten Intifada aktiv gewesen und hatte den Großteil der 1990er Jahre im Gefängnis verbracht, wo er sich mit Bassem und ein paar anderen Männern aus Nabi Saleh und aus Budrus angefreundet hatte. Als die Demonstrationen in diesen Dörfern ihren Anfang nahmen, hatten seine Freunde ihn gebeten, mitzumachen. Er hatte abgelehnt. Er habe genug, sagte er.

Tariq trug seine Desillusionierung wie andere Männer Hüte. Die Welt, in die er nach seiner Haft zurückgekehrt war, war nicht die, die er verlassen hatte. Er stellte zum Beispiel fest, dass einer der größten Kollaborateure in Ramallah, jemand, von dem alle wussten, dass er mit den Israelis zusammenarbeitete, gleich um die Ecke in einem riesigen Haus wohnte, das von Polizisten der Palästinensischen Autonomiebehörde bewacht wurde. »Ich konnte es nicht fassen«, sagte er. »Jetzt wachsen Kinder ohne irgendein Verständnis der Vergangenheit auf.« Sie wussten nicht, wer ein

Verräter und wer ein Held war, sagte er, wer alles geopfert hatte und wer erst gekommen war, als die Gefahr vorüber war, um die Beute zu durchstöbern. Nach seiner Freilassung hatte Tariq ein Geschäft gegründet. Er hing von israelischen Lieferanten ab, meinte er, und konnte es sich nicht leisten, seinen Passierschein mit politischem Engagement zu gefährden. Er war keineswegs reich, aber er war ein gemachter Mann. Er besaß zwei Autos und ein komfortables Haus, und seine Kinder lernten Französisch und Deutsch an einer exklusiven Privatschule. Mit anderen Worten, er war Teil der Klasse, der es gelungen war, Profit aus dem unerträglichen Status quo zu schlagen, egal, wie sehr er es verabscheute. Tariq trank seinen Kaffee aus und lachte über den Gedanken, darüber, wie sich alles entwickelt hatte.

»Es wird keine Revolution geben«, sagte er und lächelte nicht ohne Traurigkeit. Unterdessen war der Schnee immer noch tief und sein Garten verwüstet. Er hatte mehr als genug Arbeit, die ihn auf Trab halten würde.

Kerry kam, und Kerry ging, und Kerry kam wieder. Wenn man nicht den Weg seiner Fahrzeugkolonne kreuzte, war es ein Leichtes, nichts davon mitzubekommen. In Ramallah wurde nicht viel über die Friedensgespräche geredet, nicht mehr jedenfalls als über das Wetter oder den Verkehr am Kalandia-Kontrollpunkt. In Washington hatte der US-Außenminister davon geschwärmt, dass Israelis und Palästinenser einer Einigung so nah seien wie seit Jahren nicht. Er mochte vielleicht recht haben, aber das hatte nicht viel zu bedeuten. Kerry hielt eine Rede vor dem Saban-Forum – einer jährlichen Tagung, die von dem milliardenschweren Geldgeber der US-Demokraten und eisernen Israel-Unterstützer Haim Saban gesponsert wurde –, in der der einst neutrale Vermittler mit seinem eigenen »hundertprozentigen Wahlverhalten für Israel« prahlte und, bevor er seine Friedensvision verließe, mehrere Minuten über die unverbrüchliche Treue der Obama-Regierung zum amerikanischen Lieblingscousin sprach. Die USA, sagte er, seien immer »in besonderem Maße bereit, als Erste und Schnellste in egal welcher Krise an Israels Seite zu stehen«. Sein Publikum in Washington musste in dieser Hinsicht vielleicht beruhigt werden, aber nur wenige Palästinenser waren sich dessen nicht bewusst.

Bei derselben Konferenz sprach Avigdor Lieberman, Israels streitbarer Außenminister, mit der ihm eigenen Deutlichkeit und warnte davor, allzu große Hoffnungen zu hegen. Aber selbst wenn das Scheitern des Dialogs vorherbestimmt war, wie Lieberman glaubte, sei es wichtig, die Verhandlungen am Laufen zu halten, um, wie er es ausdrückte, »diesen Konflikt zu managen«. Dieses Eingeständnis – dass das Ziel der israelischen Beteiligung an den Friedensgesprächen eigentlich nicht Frieden war – bestätigte, was schon lange eine gängige Annahme unter Palästinensern war, so weithin akzeptiert wie die Korruption der Behörden und die Weißheit des Schnees: dass »Frieden« nur ein Code für eine hinterhältige Art von Kriegsführung war und dass Jahrzehnte von US-geführten Verhandlungen wenig mehr als ein nützliches Spektakel dargestellt hatten, das es Israel ermöglichte, Abbas an der kurzen Leine zu halten und potentielle ausländische Kritiker abzulenken, während die Bulldozer und die Armee ihren täglichen Aufgaben nachgingen.

Er würde es noch ein paar Wochen lang nicht zugeben, aber Kerry hatte sein ursprüngliches Ziel, eine umfassende Einigung vor dem geplanten Abschluss der Gespräche Ende April zu erreichen, schon aufgegeben. Sein neuer Plan war bescheidener: beide Seiten zu überzeugen, einem »Rahmenwerk für Verhandlungen« zuzustimmen – einer unverbindlichen Übereinkunft darüber, wie sie sich vielleicht, eines Tages, einigen könnten. Das Ganze roch nach Niederlage, es war eine hastig improvisierte Ein-Schritt-nach-dem-anderen-Strategie, bei der die Gespräche und die Show weitergingen. Aber selbst ein für beide Seiten akzeptables »Rahmenwerk« zu erreichen, war unwahrscheinlich. Im Verlauf der folgenden Wochen machte Netanjahu deutlich, dass er nicht die Absicht hegte, das Jordantal aufzugeben oder Hebron und Beit El zu evakuieren, geschweige denn die großen Siedlungsblöcke. Er wollte nicht einmal über Jerusalem reden. Da blieb nicht mehr viel zu diskutieren. Kerry hatte General John Allen verpflichtet, der gerade als Kommandeur der amerikanischen Besatzungsstreitkräfte in Afghanistan zurückgetreten war, ein Sicherheitskonzept für Netanjahu auszuarbeiten. Anfang Dezember sickerte es an die Presse durch. Abbas kochte angeblich vor Wut: Der Plan enthielt nichts, was nur annähernd palästinensischer Souveränität gleichgekommen wäre oder wenigstens einem Ende der Besatzung. Die israelischen Truppen würden noch bis zu zehn Jahre im Jordantal bleiben, Israel würde die partielle Kontrolle über Grenzübergänge nach Jordanien behalten, und die Demilitarisierung der palästinensischen Sicherheitskräfte würde von amerikanischen Drohnen überwacht werden. Die lang erträumte Zweistaatenlösung schien nur mehr die ewige Wiederkehr des Gleichen zu verheißen.

Von konkreten Vorschlägen einmal abgesehen hatte sich Kerrys Rhetorik leicht verschoben. Wie die Journalistin Allison Deger bemerkte, sprach der Minister nicht mehr von einem eigenen palästinensischen Staat, sondern davon, »effektive staatliche Institutionen« für eine anscheinend unendliche Versuchsperiode aufzubauen. »Israel und Jordanien müssen wissen, dass sich zwischen ihnen ein verlässlicher und verantwortlicher Nachbar befindet – kein gescheiterter Staat«, hatte Kerry gesagt. »Es wird Zeit brauchen, um die palästinensischen Institutionen auszubilden, aufzubauen, auszustatten und zu erproben.« Präsident Obama nahm Kerrys Verschiebung auf, schrieb Deger: »Die Palästinenser müssen begreifen«, sagte der Präsident in seiner Ansprache vor dem Saban-Forum, »dass es eine Übergangszeit geben wird, in der das israelische Volk keiner Kopie von Gaza im Westjordanland entgegensehen kann.« Anders gesagt: Eine volle und demokratische Autonomie würde noch warten müssen, bis sich Israel sicher sein konnte, dass die Palästinenser in einer Art abstimmen würden, die ihre Besatzer nicht beunruhigen würde.

Man kann es nicht allen recht machen. Selbst angesichts von Zugeständnissen, die weitaus größer waren als alles, was vorherige US-Regierungen für akzeptabel hielten, beschwerte sich der Verteidigungsminister Mosche Jaalon ein paar Wochen später gegenüber der israelischen Tageszeitung *Yedioth Ahronoth*, dass Kerry von einem naiven und aufdringlichen »messianischen Eifer« besessen sei.

»Das Einzige, was uns retten kann«, fuhr Jaalon fort, »ist, dass John Kerry den Friedensnobelpreis gewinnt und uns in Ruhe lässt.«

Ein paar Tage später, nachdem es aufgehört hatte zu schneien, drang eine Eliteeinheit israelischer Fallschirmjäger in die nördliche Stadt Kalkilia ein und erschoss den 28-jährigen Saleh Yassin, einen Offizier des Geheimdienstes der Palästinensischen Autonomiebehörde, als er gerade von der Arbeit nach Hause ging. Die Israelischen Verteidigungsstreitkräfte behaupteten, dass ihr Opfer, das sie auf der Straße verbluten ließen, zuerst geschossen habe. Palästinensische Zeugen beharrten darauf, dass er überhaupt nicht geschossen habe. Am Nachmittag desselben Tages drangen israelische Streitkräfte in das Flüchtlingslager Dschenin ein und durchsuchten das Haus eines inhaftierten lokalen Hamas-Führers. Es kam zu Zusammenstößen, und die Soldaten eröffneten das Feuer, wobei zwei Männer lebensgefährlich verletzt wurden und der 23-jährige Nafaa al-Saedi, das vermeintliche Ziel der Razzia, ums Leben kam.

Ein Muster zeichnete sich ab. Zwei Monate zuvor hatte die Armee einen 28-jährigen Kämpfer der Bewegung des Islamischen Dschihads namens Mohammad Assi getötet. Den offiziellen Berichten zufolge starb Assi – der Verdächtiger in einem Bombenattentat 2012 auf einen Bus in Tel Aviv war, bei dem 28 Israelis verletzt wurden, der erste Angriff dieser Art in der Stadt seit 2006 – nach einem langen Feuergefecht, das damit endete, dass die Soldaten zwei Panzerabwehrraketen in die Höhle außerhalb des Dorfes Bil'in schossen, in der er sich versteckte. Im Monat darauf töteten israelische Eliteeinheiten Mousa Mohammad Makhamra, Mohammad Fouad Nairoukh und Mahmud Khaled al-Nadschar außerhalb von Yatta, in der Nähe von Hebron. Die drei Männer waren der offiziellen Version zufolge Mitglieder einer »salafistischen Dschihad-Gruppe«, die der Schabak verdächtigte, die Entführung eines israelischen Soldaten geplant zu haben. Angeblich schossen sie auf die Soldaten, die sie verfolgten, und provozierten diese so, das Feuer zu erwidern. Palästinensischen Zeugen zufolge hatten die Soldaten ohne Provokation geschossen. Nairoukh und Makhamra wurden beide viermal getroffen, und beiden wurde durch den Kopf geschossen. In allen sechs Todesfällen behaupteten die Israelischen Verteidigungsstreitkräfte, dass die Truppen versucht hätten, Terrorverdächtige zu verhaften, und dass die Soldaten gezwungen wurden, sie aus Notwehr zu töten. In allen sechs Fällen insistierten Zeugen vor Ort, dass den Erschießungen keine Provokation vorausging, dass sie keinen versuchten Verhaftungen ähnelten, sondern vielmehr gezielten Tötungen, »extralegalen Hinrichtungen«, wie es das Palästinensische Zentrum für Menschenrechte in einem Bericht über die Todesfälle in Yatta ausdrückte.

Gezielte Tötungen – durch Raketen, die von Apache-Hubschraubern, F-16-Kampfflugzeugen oder Drohnen abgefeuert wurden – waren seit Jahren gängige israelische Praxis, allerdings nur im Gazastreifen und gelegentlich in Beirut oder Damaskus. Während der Zweiten Intifada hatten israelische Eliteeinheiten und Flugzeuge auch Tötungen im Westjordanland vorgenommen. Der Hummus-Laden, der der Wohnung, die ich für meine letzten Monate in Palästina mietete, am nächsten lag, war der Schauplatz einer besonders berüchtigten Hinrichtung am helllichten Tag gewesen. Aber seit dem Ende dieses Aufstands schien Israel seine Tötungsstrategie im Westjordanland ausgesetzt zu haben. Wenngleich sie ihre eigenen Gründe dafür haben mochte, konnte man sich darauf verlassen, dass die Palästinensische Autonomiebehörde die Hamas und andere potentielle Rivalen unterdrückte, ob nun bewaffnet oder unbewaffnet, von der islamistischen Rechten, der nationalistischen Linken oder von Abweichlergruppen innerhalb der Fatah. »Sicherheitskoordination« – vielleicht das meistgeschmähte Wort im palästinensischen Wörterbuch der Gegenwart – bedeutete, dass die Kräfte der Palästinensischen Autonomiebehörde in der Regel Israels Geheiß folgten und alle vermeintlichen Bedrohungen auf dem Gebiet, das Abbas' äußerst eingeschränkter Kontrolle unterstand, beseitigten. Egal wie viel Verbitterung und Scham dies in der palästinensischen Bevölkerung auslöste, dieses Arrangement hatte für beide Regierungen fast ein Jahrzehnt lang gut funktioniert.

Aber etwas schien sich zu verändern. Die Palästinensische Autonomiebehörde war so unterwürfig wie eh und je, doch die Verhandlungen hatten Spannungen innerhalb Israels an die Oberfläche befördert. Als Ausgleich dafür, dass er dem amerikanischen Druck nachgegeben und eingewilligt hatte, überhaupt irgendwelche Zugeständnisse in Erwägung zu ziehen, wurde Netanjahu von seinen rechten Rivalen zu immer rücksichtsloseren und kriegerischeren Taten gedrängt. Die Tatsache, dass sich die israelischen Sicherheitskräfte nicht im Geringsten scheuten, im Westjordanland und in Gebieten, die die Oslo-Abkommen unter direkte Kontrolle der Palästinensischen Autonomiebehörde gestellt hatten, offensichtliche Tötungsoperationen durchzuführen, zeigte nicht nur an, wie tief Abbas sich unterworfen hatte, sondern deutete auch auf eine tiefergehende Verschiebung – was die Sorglosigkeit anging, wenn nicht sogar die wesentliche Strategie –, eine Verschiebung, die sich im Verlauf des Jahres mit immer katastrophaleren Konsequenzen bemerkbar machen würde.

Anfang Januar enthüllte Netanjahu, dass es »offiziellen Angaben zufolge« im Jahr 2013 weniger Terrorangriffe gegeben habe als in irgendeinem anderen Jahr im Jahrzehnt davor. Nicht überraschend würdigte er mit keinem Wort die Bemühungen der Palästinensischen Autonomiebehörde zugunsten Israels oder jener palästinensischen Gruppierungen, die aus eigenem Antrieb den bewaffneten Widerstand aufgegeben hatten. Auch erkannte er die Langeweile, die Lähmung und Verzweiflung nicht an, die die zermürbenden Realitäten der Besatzung – und die Komplizenschaft der palästinensischen Elite – in großen Teilen der Bevölkerung ausgelöst hatten. Der Rückgang sei, räsonierte Netanjahu, »das Ergebnis einer sehr klaren Strategie [...] kontinuierlicher präventiver Maßnahmen gegenüber jenen, die uns Schaden zufügen wollen«. Der Premierminister führte den Gedanken nicht weiter aus. Übergangslos beeilte er sich, mangels tatsächlicher Attacken den nächsten Anlass zur Sorge zu diskutieren: die Bilanz der Palästinensischen Autonomiebehörde bei der »Aufwiegelung« gegen Israel.

Für dieses Thema trommelte er schon seit Monaten, und er würde es in dem blutigen Jahr, das folgen sollte, weiterhin tun. Für die Palästinenser und alle, die genau hinsahen, war die List offensichtlich, der Vorwurf absurd: Es hatte oft den Anschein, als wäre es Abbas' einziger Auftrag, jeden Versuch seines Volkes, der Besatzung zu trotzen, zu unterdrücken und zu kontrollieren, und dass die Palästinensische Autonomiebehörde, nicht Israel, die entscheidende Kraft war, die verhinderte, dass sich organisierter Widerstand formierte. Aber auf der anderen Seite des Atlantiks, wo diese Verhältnisse unsichtbar blieben und wo die Adressaten von Netanjahus rhetorischem Schachzug saßen, stieß die Kampagne auf offene Ohren. Auch in den USA war »Sicherheit« eine Religion mit einer ganz eigenen Logik. Als Netanjahus Büro mit Powerpoint einen illustrierten »Aufwiegelungsindex« erstellte, veröffentlichte die *New York Times* das Dokument online, und der ihm zur Seite gestellte Artikel wiederholte Netanjahus Behauptungen mit einem Mangel an Skepsis, der eigentlich hätte verwundern müssen. Angesichts der Tatsache, dass die Zahl der palästinensischen

Gewalttaten gegen Israel auf ein Rekordtief gefallen war, blieb unklar, wen oder was Abbas in Netanjahus Augen aufwiegeln könnte. Aber es musste auch gar nicht klar sein. Es war in der Folgerung schon impliziert, die vollkommen zirkulär war und derzufolge jeder tatsächliche Akt israelischer Gewalt einen mutmaßlichen Gewaltakt von Palästinensern verhinderte, und all diese imaginierten Terrorakte, wie hypothetisch auch immer sie blieben, rechtfertigten den nächsten israelischen Angriff und den nächsten und den danach, und die schließlich erfolgende, unvermeidliche Antwort der Palästinenser – und sie kam, bevor das Jahr zu Ende ging – würde alle Tötungen der Vergangenheit genau wie die zukünftigen Gemetzel, deren Ausmaß und Schrecken weit größer wären, rechtfertigen.

Es wurde Weihnachten. Ich fuhr nach Bethlehem und passierte mit dem Auto aus Jerusalem kommend den Kontrollpunkt 300, einen klaffenden, rechtwinkligen Schlund in der acht Meter hohen Mauer.* »Das israelische Ministerium für Tourismus heißt Sie willkommen«, stand auf einem Schild vor dem Kontrollpunkt. »Fröhliche Weihnachten.« Die Betonfläche der Mauer war mit riesigen Plakaten verziert, die die jahrhundertealten Steinmauern um Jerusalems Altstadt zeigten, als wäre diese neuere Mauer irgendeine enge Verwandte der älteren und das Bauen von Mauern eine besondere einheimische Tradition, die in ihrer zeitgenössischen Ausprägung zwar unansehnlich war, aber über eine große und legendenumwobene Geschichte verfügte.

Ich wartete mit den Gläubigen – Scharen von Pilgern aus Kenia, von den Philippinen, aus Polen –, um die enge Treppe hinunterzusteigen, die von der 1500 Jahre alten Basilika der Geburtskirche in die Höhle darunter führt, in der der Überlieferung zufolge Jesus in einer Futterkrippe für Vieh geboren wurde. Seine Eltern sollten sich bald auf der Flucht vor der Staatsgewalt befinden. Die Höhle wurde von Kerzen erleuchtet. Die Pilger sangen dort unten und beteten und spielten Gitarre. Manche

* »In seinem schattigen Keilstück wird der lange, dumme Zickzackkurs des Kontrollpunkts zwischen Bethlehem und Jerusalem auf der Seite von Bethlehem mit einem Schild angezeigt. Eingang, steht da«, schrieb China Miéville, nachdem er den Kontrollpunkt 300 passiert hatte. »Eingang, Eingang ... in Israels ewige und ungeteilte Hauptstadt, CheckPointVille, auf die alle Kompassnadeln zeigen ...«

von ihnen waren zu Tränen gerührt. Ich bezweifle, dass irgendwer von ihnen davon gehört hatte, aber an jenem Tag hatten israelische Kampfflugzeuge eine Reihe von Luftschlägen im Gazastreifen durchgeführt, bei denen neun Menschen verletzt wurden und ein dreijähriges Mädchen starb.* Außerdem waren Bulldozer der Israelischen Verteidigungsstreitkräfte begleitet von Dutzenden Soldaten in den Beduinengemeinden Ain Ayoub und Fasayil al-Wusta eingetroffen. Sie machten über ein Dutzend Häuser dem Erdboden gleich, wodurch 68 Menschen obdachlos wurden, knapp die Hälfte von ihnen Kinder. Der Schnee war fast überall geschmolzen, aber in dieser Nacht wurde es kalt, und in der nächsten auch.

Ich war bei Tariq ausgezogen und passte für ein paar Freunde auf ihr Zuhause auf, dieselbe Wohnung auf dem Dach, die ich im Sommer zuvor gemietet hatte. Dort gab es auch keine Heizung. Ich blieb warm eingepackt zu Hause und zog den Radiator mit mir von Zimmer zu Zimmer wie einen stummen, glühenden Hund. Aber ich hatte ein Dach über dem Kopf und ein Bett und wenig Grund zur Klage, und an diesem Freitag verpasste ich die Demonstration in Nabi Saleh, weil ich in Ramat Aviv war und die Wärme der Küste genoss, während Irene und ich Haim Hanegbi interviewten. Als wir auf der Rückfahrt in die Hügel unterhalb von Jerusalem kamen, rief Abir an. Shireen und Nariman waren im Krankenhaus. Sie waren beide aus kurzer Distanz vom Strahl eines Skunk Trucks getroffen worden. (Ich freundete mich später mit einem der Ärzte der Notaufnahme an. Wann immer er dort den Skunk-Gestank rieche, sagte er lachend, denke er: »O nein, das sind bestimmt Shireen und Nariman.« Und meistens war es auch so.) Als ich Ramallah erreichte, war Nariman auf dem Rückweg ins Dorf und Shireen zu Hause in ihrer Wohnung, geduscht und geschrubbt und benommen vom Morphium, das man ihr gegeben hatte.

---

* Israelische Soldaten hatten einen Mann am Grenzzaun erschossen, der den Gazastreifen umgibt. Fünf Tage darauf tötete ein palästinensischer Scharfschütze in einem mutmaßlichen Vergeltungsschlag einen Arbeiter, der von Israel unter Vertrag genommen worden war, um den Zaun instand zu halten, einen Beduinen, der seinen ersten Arbeitstag hatte. In Reaktion darauf führte Israel am 24. Dezember Luftschläge gegen verschiedene Ziele im ganzen Gazastreifen durch. Das Mädchen spielte im Hof ihres Zuhauses, als die Rakete einschlug. Sie hieß Hala Abu Sbeikha.

Shireen erzählte, sie sei für eine Weile nicht mehr nach Nabi Saleh gefahren. Sie war an Mustafas Seite gewesen, als er getötet wurde, und konnte es nicht ertragen, mit anzusehen, wie die Bewegung, für die er gestorben war, aufgrund scheinbar kleinlicher Streitigkeiten auseinanderfiel. Sie liebte Nariman und Bassem, aber sie war auch wütend auf sie gewesen, zornig, dass sie ihren Stolz nicht herunterschlucken und tun konnten, was immer nötig war, um die Bewegung zusammenzuhalten. Bahaa hatte ein paar Wochen zuvor angerufen und sie gebeten, zurückzukommen. Sie war für den Gedenkmarsch ins Dorf zurückgekehrt und seither jeden Freitag. Dieser Nachmittag sei wie früher gewesen, sagte sie. All die Jungs waren da.

Im Rahmen der Vereinbarung, der Netanjahu zugestimmt hatte, bevor die Gespräche aufgenommen wurden, sollte ein weiterer Schwung von 26 Gefangenen – der dritte Schwung von vieren – am folgenden Sonntag freigelassen werden. Said Tamimi stand auf der Liste. Seine Zeit war gekommen. Alle in Nabi Saleh, selbst die, die zu jung waren, um ihn zu kennen, waren außer sich vor Freude. Er war ihr Cousin, Bruder, Onkel, Neffe, Sohn. Für sie war er ein Kriegsgefangener, der ungerechterweise inhaftiert worden war, als er für sein Land kämpfte – Tausende israelischer Soldaten hatten schlimmere Gewalttaten verübt und waren zu Hause als Helden empfangen worden. Außerdem war Said mehr als ein Verwandter und ein entfernt in Erinnerung gebliebenes Gesicht. Er war ein Gefangener. Egal, an welcher Oberfläche man im Westjordanland kratzt, darunter lauert das Gefängnis. »Diejenigen, die in unserem Land ins Gefängnis kommen«, schrieb Emil Habibi 1974, »werden zu einem Schiffchen in den Händen eines Webers, fahren unablässig ein und kommen wieder heraus.« Gitterstäbe und Zellen liegen hinter aller sichtbaren Realität, und das nicht nur als potentielles Schicksal. Vierzig Prozent der palästinensischen Männer haben schon einmal in einem israelischen Gefängnis gesessen. Fast jeder hatte jemanden, der im Gefängnis saß. Die Abwesenheit der Gefangenen war ein unterschwelliger Schmerz, der fast jede Freude trübte. In Nabi Saleh stand Said, der zwanzig Jahre fort gewesen war, stellvertretend für all die anderen. Seine Freilassung würde keine gewöhnliche Heimkehr werden.

Aber die Soldaten, die in Halamisch stationiert waren, hatten dazu offenbar eine andere Meinung. Für sie war er kein feindlicher Soldat und damit in etwa gleichrangig, für sie war er ein Terrorist und Mörder. Um ihn willkommen zu heißen, tränkten sie das Haus seiner Familie in Skunk-Wasser. Der Strahl zerstörte die Scheiben und durchnässte die Teppiche und Möbel. Für die Bewohner von Nabi Saleh war dies eine Beleidigung zu viel, und sie ging zu tief. Saids Neffe sprang auf die vordere Stoßstange des Tankwagens, packte das Gitter, das die Windschutzscheibe bedeckte, und weigerte sich, loszulassen. Wutentbrannt tat Nariman das Gleiche. Auch Shireen – die sich gerade erst von einer OP wegen eines gebrochenen Halswirbels erholt hatte, nach der 30 Prozent ihres Körpers über Wochen gelähmt waren – schloss sich ihnen an und klammerte sich ans Gitter. Es funktionierte. Sie brachten den Wagen zum Anhalten. Die Jungs ließen Steine auf die Jeeps und die sie begleitenden Soldaten regnen. Frauen, die sonst nicht an den Demonstrationen teilnahmen, kamen aus ihren Häusern gerannt und warfen mit den jungen Männern zusammen Steine. Manal ging in Rage auf die Soldaten los, und Nariman neben ihr schleuderte ihnen entgegen: »Haut ab!« Aus einer Entfernung von weniger als zwei Metern schoss ein Soldat Manal in die Beine und traf sie mit vier gummiüberzogenen Geschossen. Es grenzte an ein Wunder, dass sich keines der Geschosse ins Fleisch bohrte oder ihr die Knochen brach.

Nebel hing über der Mukataa. Die Straßen glänzten vom Regen, der früher am Abend gefallen war, und der Nebel um den Amtssitz des Präsidenten wurde vom blitzenden Blaulicht der Polizeimotorräder gefärbt. Die Gefangenen kamen, lediglich einen Tag zu spät. Es war schon nach Mitternacht, und die Müdigkeit machte die Kinder schüchtern. Bassem war von der Aussicht, mit einem seiner ältesten Freunde wiedervereint zu werden, ganz beschwingt. Nariman behauptete, sich von den Verletzungen des vergangenen Freitags erholt zu haben, aber selbst wenn sie Schmerzen gehabt hätte, hätte sie es wohl kaum zugegeben. Abu Yazan war wortkarg wie immer, aber bald zerrte ihn Shireen über den Gehweg, und beide kreischten vor Lachen.

Eine Stunde verging, und der Hof füllte sich langsam. Fast ganz Nabi Saleh war gekommen. »Dies ist unser großer Tag«, sagte Mohammad zu mir, obwohl er zu jung war, um sich überhaupt an Said erinnern zu können. Said hatte schon im Gefängnis gesessen, bevor es die Palästinensische Autonomiebehörde gab, bevor die Mauer und die Kontrollpunkte eingerichtet wurden, bevor das Westjordanland abgetrennt und mit Tausenden Tonnen Beton und vielen Kilometern Stacheldraht umkränzt wurde. Auf der anderen Seite des Hofes, unter dem trostlosen, verputzten Gebäude mit den Metallfensterläden, in dem Arafat seine letzten beiden Lebensjahre verbracht hatte, war eine Bühne errichtet worden. Es war der einzige Teil des Geländes, der die Belagerung während der Zweiten Intifada überstanden hatte. Die hatte Said ebenfalls verpasst. Um zwei Uhr morgens verbreitete sich die Nachricht, dass die Gefangenen Ofer verlassen hätten. Die Jungs von Nabi Saleh stimmten ihre Sprechchöre an. Saids Schwester liefen die Tränen. Eine halbe Stunde verging. Leute pfiffen und rannten Richtung Bühne.

Aber es war nur falscher Alarm. Der erste von mehreren. Bassem zeigte auf das alte verputzte Gebäude – die neuen Gebäude auf dem Gelände waren mit Stein verkleidet. Es war dort, sagte er, dass er Said zum letzten Mal sah, kurz nachdem sie im Dorf verhaftet worden waren. Die Palästinensische Autonomiebehörde hatte die Arbeit noch nicht aufgenommen, und die Israelis nutzten die Mukataa noch als Gefängnis und Gericht. Beide Männer trugen Fußfesseln. Sie wurden in entgegengesetzter Richtung durch denselben Korridor abgeführt. Sie konnten nicht miteinander sprechen, also rempelte Bassem Said mit der Schulter an, als er vorbeiging. Das war zwanzig Jahre her. Eine weitere halbe Stunde verging. Manal, die das Gesicht verzog, gab zu, dass sie das Stehen schmerzte. Die Pfiffe hoben wieder an und wurden dann zu Schreien. Die Jungs riefen Saids Namen.

Es war drei Uhr morgens, als Bilal mit der Kamera in der Hand zur Bühne rannte. Abbas erschien in einem Mantel. Im Hof waren mehr als tausend Menschen aus mindestens einem Dutzend Städte und Dörfer im ganzen Westjordanland, aber keine Gruppe war so lebhaft wie die aus Nabi Saleh. »Von Ofer bis Megiddo reißen wir alle Gefängnisse ein«, brüllte Bahaa, und die Dorfbewohner brüllten zurück. Abu Yazan hüpfte auf und nieder. Der Sprechchor zerfiel in eine Kakofonie und formierte sich dann neu um Saids gerufenen Namen. So lief es ab, und so läuft es immer noch. Erwartung, Hochgefühl, Enttäuschung, Kummer und wieder Erwartung. Verzweiflung ist nichts Festes. Auch Freude nicht. Sie wechseln sich ab und enthalten einander. Es gibt keine Freude, die nicht auch von Leid berührt ist, keine Trauer, die nicht von der Erinnerung an Glück geschärft wird. Wenn sich die Dinge in einer Richtung vorwärtsbewegen und nicht in einer anderen, dann tun sie das, indem sie dorthin rollen, auf derselben engen Umlaufbahn, und mal hier Verzückung berühren und mal dort einen weiteren erschütternden Verlust.

Ein Gefangener schwebte auf den Schultern seiner Lieben vorbei, und dann noch einer und dann drei weitere. Manche wirkten trunken vor Freude, andere panisch und zerbrechlich. Was immer sie sein mochte, auf jeden Fall war die Freiheit ein Schock. Und da war er, Said Tamimi, die Arme ausgestreckt, das Gesicht erstarrt, als alle für eine Umarmung zu ihm eilten. Falls er sie nicht wiedererkannte, so ließ er sich nichts anmerken. Bald saß er wieder auf ihren Schultern, ein Palästinensertuch um seine dünne Trainingsjacke gelegt, mit dunklen Ringen unter den Augen. Seine Schwester fiel in Ohnmacht. Irgendwie schafften es alle aus der Mukataa heraus und fuhren in einer Karawane aus fast vierzig hupenden Autos zurück nach Nabi Saleh; den ganzen Weg schwenkten sie Fahnen und lehnten sich aus den Fenstern, bis sie endlich ausstiegen und Said, benommen in einer neuen Lederjacke, alle Männer mit Wangenküssen und die Frauen mit Umarmungen und noch mehr Küssen begrüßte, bis schließlich seine Mutter vor ihm stand, eine alte Frau, die nicht alt gewesen war, als er sie zum letzten Mal gesehen hatte. Er küsste sie auf eine Wange und dann auf die andere und dann auf die Brauen, während ihr Träne um Träne aus den Augen rann.

Mit seinem leichten Buckel, den tiefliegenden Augen und der markanten Nase wirkte Said ein bisschen wie eine Krähe, die sich auf meiner Sofakante niedergelassen hatte, eine Krähe, die Marlboros rauchte. Er klang allerdings wie ein Zeitreisender. »Alles ist anders«, sagte er verwundert. All die vertrauten Orte hatten sich während seiner Abwesenheit verändert und die Menschen auch. Bassem sei ein junger Mann gewesen, sagte er lachend und legte seinem alten Freund die Hand aufs Knie. Er hätte ihn sich nicht verheiratet vorstellen können und schon gar nicht als

Vater von vier Kindern. Das Dorf war kleiner gewesen und eine engere Gemeinschaft, als er es verlassen hatte, aber irgendwie hatte es sich in seiner Erinnerung auch ausgedehnt: Als er an seinem ersten Morgen im Dorf aufwachte, trat er vor die Tür und hatte das Gefühl, die Straße wäre näher an sein Haus herangerückt worden. Und so ging es ihm nicht nur in Nabi Saleh. Die gesamte Kultur fühlte sich verzerrt an. In dem Palästina, das er verlassen hatte, sagte er, »war niemand für sich. Alle haben zusammengearbeitet.«

Sicherlich verklärte er die Dinge im Rückblick etwas, aber vielleicht nicht allzu sehr. Sein Vater war von den Israelis getötet worden, und Said hatte den Großteil seiner Kindheit in einer Schule für Waisen in Jerusalems Altstadt verbracht. Die wenigen Erwachsenenjahre, die er in Freiheit verbracht hatte, waren mit der Ersten Intifada und den Jahren direkt danach zusammengefallen. 1990 wurde er zum ersten Mal verhaftet und kam für ein Jahr ins Gefängnis, »für die Dinge, für die damals alle verhaftet wurden, fürs Aktivsein und Steinewerfen«. Ein Jahr zu opfern war leicht. Er sei sich »zu hundert Prozent« sicher gewesen, sagte er, dass der Sieg nah war. »Wenn ich da draußen auf den Straßen war und wir den Soldaten gegenüberstanden, war ich mir sicher, dass wir die Besatzung überwinden würden.«

Neben ihm grinste Bassem: »Mit dem Wurf eines Steins.«

Nachdem er zwei Jahre später für die Tötung von Chaim Mizrahi verhaftet worden war, wurde die Lage ernst. Während seines Verhörs wurde Said geschlagen, wenn auch nicht so stark wie Bassem. Damit hatte er gerechnet. »Später war die Sache klar«, sagte er. »Sie übten Vergeltung an uns.« Er wurde zu lebenslanger Haft verurteilt und in eine fensterlose Zelle mehrere Etagen unter der Erde im Gefängnis von Ramla in Israel gebracht. Mehr als sieben Monate saß er in Einzelhaft, sagte er. »Jeden Tag durchsuchten sie die Zellen, und für jeden Verstoß warfen sie Tränengasgranaten hinein. Wenn sie glaubten, dass die Leute kurz vorm Krepieren waren, pumpten sie Sauerstoff hinein.« Selbst das sei noch erträglich gewesen, sagte er. Er hatte immer daran geglaubt, dass er freikommen würde, dass irgendetwas für ihn ausgehandelt werden würde, dass man ihn nicht vergaß. »Ich wusste, dass ich für eine gerechte Sache im Gefängnis saß, für die palästinensische Sache, dass ich stark bleiben musste.«

Was Mizrahi anging, zeigte Said keine Reue. »Ich kannte ihn nicht persönlich«, sagte er. »Das waren die Mittel, die wir einsetzten. Es war Teil des Widerstands und Teil des Kampfes. Ich galt als Kämpfer, als Soldat. Die Rolle des Soldaten ist es, zu töten oder getötet zu werden.«
Bassem unterbrach ihn: »Das war nichts Persönliches.«
Said nickte und stimmte ihm zu. »Es war nichts Persönliches«, wiederholte er. »Mein Vater wurde in der Schlacht getötet. Ich habe in der Schlacht getötet.«
Ich fragte ihn, wo es passiert war.
Bassem antwortete an seiner Stelle: »In der Nähe von Beit El.«
Ich fragte ihn, wie.
Wieder antwortete Bassem. »Mit einem Messer«, sagte er.
Durchs Fenster erklang der Ruf des Muezzins von der Moschee. Said drückte seine Zigarette aus, entschuldigte sich und kniete sich in die Ecke, um zu beten.
Ich schenkte Bassem eine weitere Tasse Kaffee ein. »Ben«, sagte er lachend, »fick dich. Warum stellst du all diese Fragen?«

Ein paar Wochen später fuhr ich mit dem Taxi von Ramallah nach Nablus. Die Fahrt verlief ereignislos. Die Landschaft im Norden des Westjordanlandes ist weiter und offener als im Süden, die Hügel sind weniger schroff, die Täler grüner und ausladender. Die Schnellstraße wand sich unterhalb der ersten von Gusch Emunim gegründeten Siedlungen entlang – Ofra, dann Schilo und Eli. Sie waren einmal auf die gleiche Art radikal gewesen, wie die Siedlungen in der Gegend von Hebron und von Nablus es heute sind: Einer der Gründer von Ofra hatte später die Zelle des Jüdischen Untergrunds geführt, die verantwortlich für die Bomben in Autos von palästinensischen Bürgermeistern war und die Sprengung der Al-Aksa-Moschee geplant hatte.[*] Jetzt waren es biedere, vorortartige Gemeinden, rot gedeckte »geschaffene Fakten«, die die politische Geografie der gesamten Region verändert hatten. In Ofra mussten sie nicht mehr radikal sein. Sie hatten ihre Schlacht gewonnen, und die tausend-

---

[*] »Es war mein Recht, mich daran zu beteiligen, einigen Mördern die Beine zu kürzen«, sagte er vor Gericht. »Ich bestehe darauf, dass dieser Akt gerechtfertigt war.« Er wurde zu sieben Jahren Gefängnis verurteilt, von denen er fünf absaß.

fache Anwesenheit der Siedler auf einem Hügel nach dem anderen – allein Eli zog sich über sechs Gipfel nebeneinander – war Denkmal dieses Sieges, eine demonstrative Deklaration, dass, egal wie Kerry seine Zeit zu verbringen gedachte, die Zweistaatenlösung schon seit Jahren tot war. Die Siedlerpopulation des Westjordanlandes hatte sich seit Beginn des Friedensprozesses 1993 mehr als verdreifacht. Es waren jetzt zu viele, über 350 000, und sie waren zu gut etabliert – nicht nur auf diesen Hügeln, sondern auch im Zentrum der israelischen Macht. Kein israelischer Politiker, dem seine Karriere etwas wert war, konnte auch nur davon träumen, sie zu vertreiben oder ihre Evakuierung als ernsthafte Möglichkeit ins Spiel zu bringen.

»Es zweifelt heute niemand mehr daran, dass sich die Anhänger der Gusch Emunim sehr weit von der Mitte des politischen Konsenses in Israel entfernt haben«, schrieb der Romancier David Grossman 1988. Selbst damals war Grossmans Behauptung schon eine Übertreibung. In der Praxis, wenn nicht sogar in der Rhetorik hatten sich die aufeinander folgenden israelischen Regierungen sowohl der Linken wie der Rechten manchmal zähneknirschend, aber dennoch mit überwältigender Konstanz mit ihrer institutionellen und militärischen Macht hinter das Siedlungsprojekt gestellt. Die extremistischsten Siedler funktionierten damals wie heute als Vorhut des Staates und als bequemer Sündenbock für dessen Bestrebungen. Grossmans Behauptung lässt sich problemlos umkehren. Der ehemalige Rand der Siedler war respektabel geworden. Sie waren im Zentrum angekommen. Die ideologischen Erben der Gusch Emunim kontrollierten die Knesset und die Medien, die Armee und die Ministerien. Auf der Straße nach Nablus, unterhalb von Ofra, Schilo, Eli, Jitzar und Itamar, wirkte die liberale zionistische Vision, für die Grossman so lange gestanden hatte, wie ein uriger und sentimentaler Anachronismus.

Am Kontrollpunkt Zaatara winkten zwei Grenzschutzoffiziere das Sammeltaxi, in dem ich saß, heraus. Sie befahlen dem jungen Mann auf dem Beifahrersitz, aus dem Minivan auszusteigen, und drückten ihn gegen die Wagentür. Er wusste, was er zu tun hatte. Er legte die Hände aufs Dach und stellte sich breitbeinig hin. Ein Offizier durchsuchte ihn grob, während der andere unsere Ausweise einsammelte. Auf der anderen Straßenseite sahen zwei Siedler-Teenager von einer Bushaltestelle aus zu und kicherten. Der Grenzschutz hielt uns weitere zehn Minuten auf, bevor wir unsere Dokumente wiederbekamen und sie dem jungen Mann mit einem Grunzen anzeigten, dass er zurück in den Wagen steigen durfte. Er und der Fahrer lachten darüber, als wir davonfuhren. Was hätten sie sonst tun sollen?

ZWISCHENSPIEL

KURIOSITÄTENKABINETT DER BESATZUNG

Ausstellungsstück vier:
Die Erniedrigungsmaschine

Kalandia

Zu Fuß passierte ich den Kontrollpunkt Kalandia zum ersten Mal im Frühling 2011. Ich übernachtete bei einem Freund aus Dschajus. Die Mauer hatte die dortige Wirtschaft lahmgelegt. Und nicht nur das. Es gab keine Arbeit, und der Horizont war wortwörtlich verbaut. Er und seine Brüder zogen nach Ramallah, wo sie sich eine Wohnung nicht weit vom al-Amari-Flüchtlingslager teilten. Ich schlief in ihrem Esszimmer auf einem schmalen Bett, das sonst an der Wand hochgestellt war.

Eines Morgens, ein paar Minuten bevor mein Wecker klingeln sollte, wurde ich von einer quietschenden Tür geweckt. Zwei nackte Beine huschten an mir vorbei zum Badezimmer. Ich hörte Wasser laufen und die Toilettenspülung. Als sich die Badezimmertür öffnete, kam eine hellhaarige Frau in ihren Zwanzigern heraus und verschwand in einem der Zimmer der Brüder. Ich stand auf, zog mir eine Hose an und machte Feuer im Herd, um Kaffeewasser aufzukochen. Die Frau kam aus dem Schlafzimmer. Ich murmelte Guten Morgen. Sie nickte unglücklich und machte eine kleine Show daraus, ihren Schlüssel für die Wohnung aus der Tasche zu angeln und auf dem Sofatisch zu platzieren.

»Der Schlussel«, sagte sie. Dann öffnete sie die Wohnungstür und verschwand.

Ich hatte sie noch nie gesehen, und wenn ich ihr später noch einmal begegnet sein sollte – was sehr wahrscheinlich ist, denn Ramallah ist ein überdimensioniertes Dorf –, erkannte ich sie nicht wieder, deshalb erfuhr ich nie, was passiert war. Aber ihr Blick und die verkrampften Schultern machten deutlich, dass ich unerwünschter Zeuge einer Trennung und eines sehr schlechten Starts in den Tag geworden war. Ich kippte eine Tasse Kaffee hinunter, schnappte mir meine Tasche, überprüfte meine Hosentaschen nach Portemonnaie und Pass und schloss die Tür hinter mir.

Ich hatte einen Termin in Bethlehem, was bedeutete, dass ich zwei Optionen hatte. Ich konnte mir ein Taxi ins Stadtzentrum von Ramallah heranwinken und vom Busbahnhof ein weiteres Sammeltaxi direkt nach Bethlehem nehmen. Oder nicht ganz direkt – Jerusalem lag zwischen den beiden Städten, was bedeutete, den langen, weiten Umweg durch den Container-Kontrollpunkt und das Wadi Nar fahren zu müssen. Was wiederum hieß, dass es vielleicht schneller gehen würde, in ein Taxi nach Kalandia zu springen, den Kontrollpunkt zu Fuß zu durchqueren, auf der Jerusalemer Seite einen Bus zum zentralen Busbahnhof an der Nablus-Straße in Ostjerusalem zu nehmen, wo ich in einen anderen Bus nach Bethlehem steigen könnte. Derlei Annehmlichkeiten standen natürlich nicht allen zur Verfügung.

So kam es, dass ich mich schließlich an den Autos vorbeiwand, die im Schatten der Mauer mit laufendem Motor warteten, sich Stück für Stück voranschoben und dann wieder warteten. Vielleicht lag es am Hof des Steinmetzes in ein paar Hundert Metern Entfernung oder an den Auspuffgasen all der wartenden Autos, Lkws und Busse oder an dem schwarzen Pulver, das brennende Reifen hinterlassen hatten – ich glaube jedenfalls nicht, dass es einen staubigeren Ort in Palästina gibt als Kalandia. Bis zum Jahr 2000 gab es hier überhaupt keinen Kontrollpunkt, nur eine Straße wie alle anderen, die von einer Stadt in eine andere führte. In jenem Jahr wurde das Monster geboren. Es begann als bescheidener Erdhaufen, auf dem israelische Soldaten gelegentlich Autos anhielten, um die Papiere der Fahrer zu überprüfen. 2001 tauchten Betonsperren auf. 2003 der Wachturm. Zwei Jahre später schleiften die Israelis einen Hügel und bauten die Mauer. Mautstellenartige Gebäude und ein riesiges und treffend benanntes »Terminal« wurden errichtet, das ein Gewirr von vergitterten Gängen, Drehkreuzen und Kontrollkabinen mit schusssicherem Glas barg. Es wuchs immer weiter, mutierte, die Sperren bewegten sich, die Routen und Regeln veränderten sich von Woche zu Woche und manchmal von Tag zu Tag. Ungewissheit war Teil des Plans, die ständige Bekräftigung der »radikalen Kontingenz im Herzen des täglichen Lebens«, um eine Wendung des Wissenschaftlers Nasser Abourahme aufzugreifen. Trotz seines sich stets wandelnden Anblicks sollte der Kontrollpunkt schließlich wie ein dauerhafter Bestandteil der Landschaft wirken.

Technisch gesehen lag Kalandia innerhalb der Stadtgrenzen von Jerusalem, aber als die Mauer gebaut wurde, wurde es zu einem Grenzübergang zwischen Israel und dem Westjordanland. Ein eigenes Ökosystem entwickelte sich, wie es an Grenzen der Fall ist. Man konnte Zigaretten kaufen, ohne aus dem Auto auszusteigen, oder SpongeBob-Tagesdecken oder Plastikkrüge mit eingelegten lila Auberginen. Männer mit Karren verkauften Kaffee und Kebabs. Frauen verkauften Obst und Gemüse oder bettelten mit Säuglingen in ihren Armen. Kinder verhökerten Kaugummi, Kleenextücher und raubkopierte CDs an die wartenden Wagen oder wischten Windschutzscheiben mit schmutzigen Lappen sauber. Draußen war Kalandia sein eigener Markt, seine eigene Welt.

Drinnen gehörte es zu Israel. An diesem Morgen ging ich an den Beton-Sprengschutzmauern vorbei und über den Parkplatz ins Terminal. Ich stand unter seinem hohen Wellblechdach und versuchte zu erraten, in welcher Schlange es am schnellsten voranging. Ich entschied mich für die kürzeste und stellte mich an, schob mich langsam vorwärts in eine Art länglichen Käfig, der etwa sechs Meter maß und gerade breit genug war, dass ein schlanker Erwachsener darin stehen konnte, ohne die Gitterstäbe an den Seiten zu berühren. Vor mir drängten sich die Leute, und hinter mir quetschten sich weitere hinein. Wir warteten, eingezwängt und nahezu reglos. Für mich war das damals neu, aber für alle anderen war es tägliche Routine. Die meisten gingen zur Arbeit. Kalandia zu passieren war eine Etappe ihres täglichen Arbeitsweges. Ich weiß nicht mehr genau, wie lange wir brauchten, bis wir das Drehkreuz am Ende des Käfigs erreichten – nicht lange genug für eine klaustrophobische Panikattacke, aber lange genug, dass ich sie in der Nähe lauern spüren konnte, eine greifbare Präsenz ein paar Zentimeter über und hinter meinem Schädel.

Nach dem Drehkreuz kam ein weiteres Drehkreuz. Wir wurden sortiert. Einige der Drehkreuze waren fast zwei Meter hoch und bestanden von oben bis unten aus Gitterstäben, eine Art Drehtür mit Käfig. Manche waren von der hüfthohen Art, wie man sie in U-Bahn-Stationen oder öffentlichen Bibliotheken passiert. Bis auf die Tatsache, dass Militäringenieure sie extra für Kontrollpunkte hatten anfertigen lassen und mit Bügeln versehen hatten, die über 25 Prozent kürzer waren als die, die sonst in Israel verwendet wurden. Der Vorwand war wie immer Sicherheit; es sollte sich niemand mit sperrigem Sprengstoff vorbeischleichen können. Aber die Drehkreuze erfüllten noch eine andere Funktion, eine wichtigere, und es war hier, als ich zwischen den Kreuzen in der feuchten, langgestreckten Zelle stand – an die Leute vor und hinter mir gepresst, wo ich den Rauch ihrer Zigaretten roch genau wie die Angst und Gereiztheit in ihrem Schweiß und ihrem Atem –, dass ich zum ersten Mal verstand, dass die Besatzung in ihrem alltäglichen Funktionieren nicht das Ziel hatte, Land zu nehmen oder Menschen aus ihrem Zuhause zu vertreiben. Das tat sie natürlich auch und sehr effektiv, aber mit ihren Kontrollpunkten, ihren Mauern, ihren Gefängnissen und ihren Genehmigungen funktionierte sie insgesamt als riesige Erniedrigungsmaschine, ein komplexer und raffinierter Mechanismus zur Herstellung von menschlicher Verzweiflung.

Das war die Schlacht. Das Land war für alle wichtig, aber trotz all der nationalistischen Hymnen und Slogans bestand der schwierigere Kampf darin, einfach aufrecht zu bleiben und sich nicht brechen zu lassen. Es war kein Zufall, dass sich Zusammenstöße häufig an Kontrollpunkten ereigneten, und es waren nicht nur Soldaten, auf die die Menschen Steine warfen. Sie galten der ganzen grausamen Maschine, die die Soldaten zugleich bewachten und repräsentierten, und ihrem zermürbenden Insistieren darauf, dass die Menschen ihre Niederlage akzeptierten.* Sie wussten – selbst die Kinder wussten es –, dass sie sie nicht zerstören oder auch nur zerbeulen konnten, und meistens trafen sie sie nicht einmal, aber indem sie kämpften, indem sie schnell genug tänzelten und auswichen, mit genügend Witz und Furor, konnten sie es vermeiden, in ihrem Getriebe

---

* »Was Kontrollpunkte bekräftigen«, schreibt die Kommunikationswissenschaftlerin Helga Tawil-Souri, »ist der Verlust von ordentlicher Raumzeit der Palästinenser, das fehlende Fundament ihrer Existenz, der verlorene Grund und Boden ihres Ursprungs, die zerbrochene Verbindung zwischen ihrem Land und ihrer Vergangenheit.«

gefangen zu werden. Zumindest für eine Weile konnten sie das, oder sie konnten es zumindest versuchen.

Nach dem zweiten Drehkreuz betraten wir ein etwas größeres Gehege. Die Wände vor uns und hinter uns bestanden aus Gitterstäben. Die an den Seiten waren von einem schmutzigen Weiß, geschwärzt von den Abdrücken Tausender Schuhsohlen. Über uns hingen eine lange Neonröhre mit einem Pelz aus Staub und eine Überwachungskamera, die mit Kaffeesatz bespritzt war. Der Boden war übersät mit Zigarettenstummeln und leeren Chipstüten. Wir waren zwanzig oder dreißig Leute, die sich dort drängten, unsere Schultern und Ellbogen berührten sich. Wir rückten nicht langsam auf, sondern wurden vielmehr von denen hinter uns nach vorn geschoben.* Ein Baby weinte. Alle paar Minuten drückte ein Soldat, der hinter einem kugelsicheren Paneel verborgen war, einen Knopf, und ein Summer erklang, ein Schloss klickte, und drei Leute durften durch das Drehkreuz am entfernten Ende des Geheges hindurchgehen.

So lief es ab. Jede Dreiergruppe, die in die Kontrollkabine marschierte, wurde von einer weiteren ersetzt. In der Regel blieb jemand im Drehkreuz hängen, wenn es wieder einrastete. Dieses Mal war es die Frau, die ich früher am Morgen die Wohnung hatte verlassen sehen. In ihrem Blick lag das Gegenteil von Geduld, sie schien von Wut so erschöpft, dass sie fast ruhig wirkte. Sie sah mich nicht. Ich rief nicht Hallo. Ich bezweifelte, dass sie an ihren Morgen erinnert werden wollte, der nur noch beschissener wurde. Endlich befreite sie der Summer. Sie schob sich aus dem Käfig in das nächste Gehege. Darin befanden sich ein Röntgengerät, ein Metalldetektor, wie die an Flughäfen, nur viel schmieriger, und eine mehrere Zentimeter dicke Plexiglasscheibe in einer Wand, hinter der ein Soldat vor einem Computerbildschirm saß.

Die Frau legte ihre Tasche auf das Transportband, nahm ihre Ohrringe und ihren Gürtel ab und trat durch den Metalldetektor. Eine Stimme bellte in verzerrtem Hebräisch etwas aus der Sprechanlage. Sie streifte die

---

* Damals wusste ich es noch nicht, so dass mir die Ironie entging, aber Kalandia stand einst vor allem fürs Fliegen. Hier befand sich Palästinas erster Flugplatz – und der einzige, bis der jetzige Ben-Gurion-Flughafen sechzehn Jahre später in einer damals noch kleinen palästinensischen Stadt namens Lydda eröffnet wurde, die der Schauplatz eines der berüchtigsten Massaker des Krieges von 1948 werden sollte.

Schuhe ab und versuchte erneut hindurchzugehen. Die Maschine schlug wieder an. Sie stellte sich vor das Fenster, offensichtlich bemüht, ihren Zorn im Zaum zu halten, breitete die Arme aus und öffnete die Hände, um zu zeigen, dass sie nichts bei sich trug oder anhatte, das aus Metall war. Aus dem Lautsprecher kam ein weiterer unnachgiebiger Befehl, und sie trat wieder durch den Metalldetektor. Dieses Mal blieb die Maschine stumm. Sie sammelte ihre Schuhe, ihre Ohrringe, ihren Gürtel und ihre Tasche ein und presste ihren Ausweis an die Scheibe. Der Soldat starrte darauf und studierte ihn eine Minute, dann winkte er sie durch. Sie war noch nicht fertig. Sie musste noch darauf warten, dass der Summer für das letzte Drehkreuz ging. Erst als die beiden Leute hinter ihr dieselbe Routine absolviert hatten und weitergehen durften, wurde der Ausgang endlich entsperrt. Sie schob sich ohne einen Blick zurück hindurch und strich sich energisch das Haar aus dem Gesicht.

8
POKER

*Jerusalem, Nabi Saleh, Schaar Binjamin,
Beitunia, Ramallah*

> Oh, die Wahrheit ist im Universum
> so viel seltener als irgendetwas sonst.
> *Samuel R. Delany*

Es war noch Frühling, aber dieser Sommer würde lang werden. Schlimmer als lang, desaströs. Im Rückblick fällt es schwer, die Zeichen, die Omen, die Hinweise darauf, was passieren würde, nicht zu sehen. Damals waren sie unsichtbar. Tage waren einfach Tage. Einmal mehr kamen die Dinge in Schwung. Aktivisten gründeten ein weiteres Protestcamp nach dem Vorbild von Bab al-Schams und al-Manatir. Dieses hieß Ain Hidschleh und wurde im Jordantal errichtet, als explizite Erwiderung auf Kerrys Vorschlag, dass das Tal weitere zehn Jahre in israelischer Hand bleiben solle. Das Camp hielt sich eine Woche. Ich war gerade in den USA und verpasste es, aber einige der Jungs der Youth Against Settlements aus Hebron waren eine Zeitlang da, ebenso wie eine Gruppe aus Nabi Saleh. Ahed feierte ihren Geburtstag am Feuer in Ain Hidschleh und blies die Kerzen auf einem Kuchen aus, der mit dem berühmten Foto von ihr dekoriert war, auf dem sie einem Soldaten die Faust zeigte. Ein paar Stunden danach traf die Armee ein. Die Soldaten schlugen Waed mit einem Gewehrkolben, stießen Shireen ins Feuer und schubsten und trieben 200 Aktivisten in Busse. Sie fuhren sie zur Allenby-Brücke, dem Grenzübergang nach Jordanien, und übergaben sie der palästinensischen Polizei, die sie in ihre eigenen Busse verfrachtete und in Jericho absetzte. Die Busse warteten schon an der Brücke: Die Räumung des Protestcamps war mit der Palästinensischen Autonomiebehörde abgestimmt worden.

Der Schwung ging wieder verloren. Der Widerstand verlief zyklisch, genau wie die Gewalt. Er erhob sich, erreichte einen Höhepunkt, verblasste und versiegte und raffte sich dann für den nächsten Anstieg auf. Es gab weitere Tötungen. Am 27. Februar kamen Soldaten in die Stadt Birzeit, die etwa auf halbem Weg zwischen Ramallah und Nabi Saleh liegt. Sie umstellten das Haus eines 24-jährigen Aktivisten der Volksfront zur Befreiung Palästinas namens Muataz Waschaha und befahlen den Bewohnern herauszukommen. Waschaha weigerte sich. Die Soldaten feuerten Antipanzerraketen ins Haus, rissen eine Außenwand mit einem Bulldozer ein und schossen mehrfach auf Waschaha. Sein Foto gesellte sich zu denen Ruschdis und Mustafas an der Wohnzimmerwand von Bassem und Nariman. Je länger ich es anstarrte – sein langes, dunkles Gesicht mit den schläfrigen Augen –, desto sicherer war ich, dass ich mich an ihn erinnern konnte. Er war zu ein paar Demonstrationen in Nabi Saleh gekommen und war an dem Tag zwei Jahre zuvor dabei gewesen, als die Demonstranten es zur Quelle geschafft hatten.

Anderthalb Wochen später wurden sechs Palästinenser an einem Tag getötet, drei bei einem Luftangriff auf den Gazastreifen und drei weitere im Westjordanland: Ein achtzehnjähriger Universitätsstudent namens Sadschi Darwisch wurde am Straßenrand in der Nähe von Birzeit erschossen; Raed Zeiter, ein Palästinenser mit jordanischer Staatsbürgerschaft, der als Richter am Stadtgericht von Amman arbeitete, wurde getötet, als er darauf wartete, die Grenze zum Westjordanland zu überqueren, um seine Familie zu besuchen; der 23-jährige Fida Madschadla starb, nachdem Soldaten an einem Kontrollpunkt in der Nähe der im Norden gelegenen Stadt Tulkarem das Feuer auf seinen Wagen eröffnet hatten. Darwisch habe, so behauptete die Armee, Steine auf israelische Autos geworfen. Die offizielle Armeeversion zu Zeiter lautete, dass er auf einen Soldaten zugestürmt sei, »*Allahu akbar*« gerufen und nach der Waffe des Soldaten gegriffen habe. Zeugen zufolge, die von Journalisten und der Menschenrechtsorganisation Al-Haq befragt worden waren, hatte Zeiter eine Zigarette vor dem Bus geraucht, der Palästinenser von einem Inspektionsposten zum nächsten schafft, als ihn ein Soldat, der verärgert war, dass Zeiter alles aufhielt, zu Boden gestoßen hatte. Zeiter war aufgestanden und hatte den Soldaten zurückgeschubst, woraufhin ihm drei

Soldaten in die Brust geschossen hatten. Für die Erschießung Madschadlas gab es keine offizielle Erklärung, und über seinen Tod wurde auch nicht in der israelischen Presse berichtet.

Neun Tage vergingen ohne weitere Tötungen, bis der vierzehnjährige Yusef al-Schawamreh und zwei Freunde, die eines Morgens früh unterwegs waren, um auf den Feldern Disteln zu pflücken, eine Abkürzung durch ein Loch in den Sperranlagen wählten, die ihr Dorf von seinen landwirtschaftlichen Flächen trennten. Soldaten, die in einem Hinterhalt warteten, eröffneten das Feuer. Al-Schawamreh starb, bevor der Notarztwagen das Krankenhaus erreichte. Drei Tage vergingen, und dann starben drei weitere Menschen bei einer Razzia der Israelischen Verteidigungsstreitkräfte im Flüchtlingslager von Dschenin. Gideon Levy berichtete in der *Haaretz*, dass die Soldaten gekommen waren, um den 22-jährigen Hamzi Abu al-Haija mitzunehmen, dessen Vater im Lager ein Führer der Hamas gewesen war. Sie seien schießend hereingekommen, schrieb Levy. Abu al-Haija erwiderte das Feuer und wurde getötet. Levys Quellen zufolge hatten Scharfschützen der israelischen Armee dann die beiden jungen Männer erschossen, die versuchten seinen Leichnam zu bergen – Mahmud Abu Zeina, 17, und Yazan Jabarin, 23. Neue Zahlen wurden bekannt: Im Jahr zuvor hatte sich der Bau von Siedlungen mehr als verdoppelt. 2014 würde er noch einmal um 40 Prozent in die Höhe schnellen. Wenn die Gewalt zyklisch war, dann nicht wie die Jahreszeiten. Sie hatte eine Richtung, ein Ziel. Sie war auf dem Weg zu etwas, und sie schien sich zu beschleunigen.

Ich kehrte nach Ramallah zurück und rief an einem Dienstag Bassem an. Die neue Einheit der Armee, die in Halamisch stationiert war, war besonders aggressiv. Sie hatten in der vergangenen Woche jede Nacht Razzien in Nabi Saleh durchgeführt. Jeden Tag hatte es Zusammenstöße gegeben, und die Soldaten hatten regen Gebrauch von scharfer Munition gemacht. Bassem klang erschöpft. Ich versprach, am Freitag ins Dorf zu kommen.

Es wurde eine eigentümlich intime Demonstration. Ein Dutzend Soldaten verteilten sich am Fuß des Hügels, auf der anderen Straßenseite von der Quelle aus gesehen. Die Aktivisten reihten sich nur wenige Meter entfernt auf, zu nah, als dass die Soldaten den Einsatz von Tränengas hätten riskieren können. Sie warfen vereinzelte Blendgranaten, und ein Splitter traf eine junge französische Aktivistin am Kopf und fügte ihr eine Schnittwunde bei. Sie verbrachte die nächste Stunde mit einer verbundenen Augenbraue und beleidigte die Soldaten. »Ich hoffe, dass ihr niemals heiratet«, schrie sie auf Englisch mit französischem Akzent. »Ihr kennt die Bedeutung von Liebe nicht.« Später fing sie an, sie Hitler zu nennen. Irgendwann wurde den Soldaten langweilig mit uns. Gegen zwanzig vor drei erklärte einer von ihnen durch ein Megafon, dass die Protestler fünf Minuten Zeit hätten, um die Demo aufzulösen. »Vier Minuten«, sagte er ungefähr zehn Sekunden später. Nariman war ganz vorn und brüllte die Soldaten an. Bassem, der heruntergekommen war, um nach ihr zu sehen, begriff, dass er nichts tun konnte und nur wieder verhaftet werden würde, also ging er. Die Soldaten rückten vor. Die meisten Leute flohen. Bilal nicht. Sie schnappten sich ihn. Aus dem Nichts, vom weit entfernten Ende des Feldes, kam sein Sohn Hamada, der zu diesem Zeitpunkt etwa vierzehn war, mit wilder Miene direkt auf die Soldaten zugestürmt und schrie: »Papiiiiiiii!« Die Soldaten vergaßen Bilal und wandten sich Hamada zu, der weiter auf sie zurannte, bis etwas bei ihm Klick machte, und wie dem Zeichentrickkojoten, der schon über den Abgrund hinausgerannt ist, wurde ihm plötzlich bewusst, was er tat, woraufhin er sich abrupt umdrehte und floh. Später kamen die Jungs mit Macht heraus und ließen so viele Steine auf einen Jeep einprasseln, dass es ihnen gelang, die Stoßstange abzuschlagen, obwohl sie von dem Abschussgerät auf seinem Dach mit Tränengas beschossen wurden.

Abir würde mich zurück nach Ramallah mitnehmen, und sie hatte es eilig, nach Hause zu kommen, also joggte ich nach oben zum Haus von Bassem, um meinen Rucksack zu holen. Bassem lag allein ihm Dunkeln und stand nicht auf. An der Tankstelle saß Mariam Barghouti bereits auf dem Beifahrersitz von Abirs Auto. Fast zwei Jahre zuvor waren es Mariam und Abir gewesen, die sich fest an die kleine Ahed und die kleine Marah geschmiegt hatten, als sie die Straße hinuntermarschiert waren und sich den Befehlen der Soldaten, auseinanderzugehen, widersetzt hatten. Mariam war mit zwanzig nicht viel älter als die beiden Tamimi-Mädchen, aber sie war so selbstsicher, dass ich immer schockiert war, wenn ich an ihr Alter erinnert wurde. Sie studierte an der Universität Birzeit, war idealistisch, wütend und klug und hatte den Großteil ihrer Kindheit in Georgia in den USA verbracht. Die Persönlichkeit, die sie der Öffentlichkeit zeigte, in ihrem Blog und auf Twitter, war von Zorn dominiert, mit all der unversöhnlichen Selbstgerechtigkeit der Jugend. Aber in persona war sie warmherziger, nachdenklich und auf selbstironische Art lustig. Abirs kleiner Ford war fast voll. Ich quetschte mich mit zwei anderen Journalisten auf die Rückbank, einem Amerikaner und einer Französin. Es war fast vier Uhr, als wir an der Tankstelle aufbrachen. Eine Gruppe Soldaten stand neben dem Tor am Dorfrand. Als wir näher kamen, machte ein großer Soldat einen Schritt zur Straße. Er hob die Hand und bedeutete uns, dass wir anhalten sollten. Er war lang und dünn, mit einem kleinen, verkniffenen Gesicht und den Schulterstreifen eines Unteroffiziers auf der Uniform. Abir hielt an. Nachlässig, ohne die Unterhaltung mit seinen Kameraden zu unterbrechen, winkte der Soldat und signalisierte, dass wir weiterfahren durften. Abir löste die Bremse. In dem Augenblick, als das Auto vorrollte, riss der Unteroffizier die Tür auf, schob Abir zur Seite und riss den Zündschlüssel heraus. Plötzlich umringten uns die Soldaten und schrien auf uns ein, dass wir aussteigen sollten. Sie fielen über das Auto her, durchsuchten es, warfen unsere Taschen auf einen Haufen im Staub.

Ich zählte die Soldaten. Es waren vierzehn. Sie schubsten uns an den Straßenrand neben einen großen Betonklotz und brüllten, wenn wir uns nur einen Fußbreit von ihm entfernten. Ich fragte, warum wir angehalten worden waren. Die Soldaten ignorierten mich. Einer von ihnen drückte den anderen amerikanischen Journalisten gegen den Betonklotz und bedeutete ihm, dass er sich darüberbeugen und die Ecken mit den Händen greifen sollte. Mein Handy klingelte. Es war Bassem, der wissen wollte, was los war. Bevor ich es ihm sagen konnte, brüllte ein Soldat: »Leg das scheiß Telefon weg«, und riss es mir aus der Hand. Ich war als Nächster an der Reihe. Der Soldat, der die Aufgabe hatte, uns zu filzen – ein pummeliger Bursche mit langsamen Augen –, forderte mich auf, die Schuhe auszuziehen. Ich hielt die Ecken des Betonklotzes fest, während er mich grob von den Handgelenken bis zu den Knöcheln betatschte. Ich fragte ihn, warum ich durchsucht würde. Ein anderer Soldat in der Nähe antwortete. »Weil wir es wollen«, erklärte er.

Abir näherte sich dem Soldaten, der das Kommando innezuhaben schien, dem Unteroffizier, der den Wagen angehalten hatte. Sobald sie anfing zu sprechen, eilte ein rotgesichtiger, blonder Gefreiter herbei und brüllte mit makellosem amerikanischem Akzent: »Halt dein VERDAMMTES Maul! Geh VERDAMMT noch mal zurück!« Ein Polizeitransporter traf ein. Wir hörten zu, als der große Unteroffizier mit dem verkniffenen Gesicht zwei Polizisten erklärte, dass Abir versucht habe zu flüchten und, ohne anzuhalten, direkt durch den Kontrollpunkt gefahren sei und dass Mariam Steine geworfen habe. Um uns herum begannen die Soldaten, sich die Helme aufzusetzen und ihre Schutzschilde hochzunehmen. Die Jungs waren auf dem Feld hinter ihnen aufgetaucht und fingen an, dem Wachturm über dem Tor Steine entgegenzuschleudern. Einer der Polizisten fragte uns, woher wir kämen und was wir hier täten. Ich erklärte, was passiert war. Er nickte dem Unteroffizier mit dem verkniffenen Gesicht zu. »Dieser Soldat sagt, dass vier Soldaten vor dem Auto gestanden hätten und Sie versucht hätten, durch sie hindurchzufahren.«

Der Unteroffizier, ein paar Meter weit entfernt, zeigte auf Abir und fügte hinzu: »Sie hat außerdem Steine geworfen.«

Ich war von Abir und Mariam während der gesamten Demonstration nur ein paar Meter entfernt gewesen. Keine der beiden hatte Steine geworfen. Sie warfen keine Steine. Sie waren nicht dagegen, aber es war nicht ihr Ding. Und keine Soldaten, weder vier noch drei noch einer, hatten vor dem Auto gestanden. Der Unteroffizier mit dem verkniffenen Gesicht stolzierte jetzt herum und wirkte ein paar Zentimeter größer als noch vor ein paar Minuten. Als der Polizist wegging, um sich mit seinem Kollegen zu beraten, kam der Unteroffizier zu Abir herüberspaziert und sagte ihr grinsend auf Hebräisch: »Ich werde dir dein Leben versauen.«

Und das tat er, einfach so.

Irgendwann, nach ungefähr einer Stunde, legte die Polizei Mariam und Abir Handschellen an und setzte sie in den Transporter. Ich fuhr die anderen Journalisten in Abirs Auto nach Ramallah zurück. Später am Abend gingen Irene und ich zur Polizeistation in dem eingezäunten Siedlereinkaufszentrum von Schaar Binjamin, neben dem Supermarkt, in dem Bassem vor über einem Jahr verhaftet worden war. Fast sofort nach unserer Ankunft ließen sie Abir gehen. Sie kam aus Nazareth in

Israel und hatte somit die israelische Staatsbürgerschaft, was bedeutete, dass sie nicht dem Militärrecht unterstand. Sie würde nicht angeklagt werden. Aber sie hatten Mariam dortbehalten, die einen Ausweis des Westjordanlandes hatte, und Abir weinte; sie versuchte zwar, sich zusammenzureißen, gab sich aber die Schuld an der Verhaftung ihrer jüngeren Freundin. Die Polizei hatte gesagt, dass sie sie vielleicht noch freilassen würden, also warteten wir in den grellen Lichtkegeln, die die Natriumdampflampen auf den Parkplatz vor der Polizeistation warfen. Wenige Meter vom Fenster des Verhörraums entfernt, in dem Mariam noch saß, befand sich die Tür einer Bäckerei. Es gab auch einen Naturkostladen und ein Fischgeschäft. Sie waren jetzt dunkel, aber am Sonntagmorgen würde sich der ganze Ort mit einkaufenden Menschen füllen, die nach dem Sabbat ihre Vorräte aufstockten. Wir warteten noch eine Stunde, bis die Polizei uns sagte, dass sie Mariam an diesem Abend nicht mehr entlassen würden. Im Auto weinte Abir den ganzen Weg nach Ramallah, und sie weinte dort weiter, bei einem Pfefferminztee am Küchentisch einer Freundin, bis spät in die Nacht.

Die Gespräche waren zu diesem Zeitpunkt schon gescheitert. Zwei Wochen zuvor, am 29. März, war der Termin für die Freilassung der letzten 26 Gefangenen verstrichen, ohne dass ein einziger Palästinenser freigelassen worden wäre. Es würde auch keine Vereinbarung über ihre Freilassung mehr geben, verkündete Netanjahu, »nicht ohne einen klaren Nutzen für Israel im Gegenzug«. Natürlich war am 28. Juli im Jahr zuvor schon eine Vereinbarung getroffen und der Nutzen abgewogen worden, als Netanjahus Kabinett der Freilassung von 104 Gefangenen in vier Schwüngen in einem Zeitraum von neun Monaten zugestimmt hatte. Jetzt lag sogar Kerrys »Rahmenwerk« Strategie in Scherben, aber zwei Tage nachdem der Termin für die Freilassung der Gefangenen verstrichen war, war der Außenminister angeblich kurz davor, eine Vereinbarung zu besiegeln, mit der der Prozess sich weiterschleppen konnte. Kerry hatte Obama überzeugt, der Freilassung des verurteilten israelischen Spions Jonathan Pollard zuzustimmen, der eine lebenslange Haftstrafe in einem US-amerikanischen Gefängnis verbüßte. Im Gegenzug würde Netanjahu die letzten 26 Gefangenen freilassen, und Abbas würde sich zu weiteren neun Monaten der Verhandlungen verpflichten. Kerry hatte offenkundig das Datum nicht bemerkt. Es war der 1. April. An diesem Nachmittag ging der Witz auf seine Kosten: Das israelische Ministerium für Bau- und Wohnungswesen veröffentlichte eine Ausschreibung für den Bau von 708 Wohneinheiten in der Siedlung Gilo in Ostjerusalem. Ein paar Stunden später unterzeichnete Abbas in einer offiziellen Zeremonie fünfzehn internationale Verträge, wie er es schon seit Jahren angedroht hatte. Nur Druck von Kerry und die Aussicht auf die Freilassung von Gefangenen hatten ihn davon abgehalten, sie schon im Sommer zuvor zu unterzeichnen. Aber angesichts von Netanjahu, der die Vereinbarung verwarf, die Abbas überhaupt an den Verhandlungstisch gebracht hatte, sowie der Gilo-Verkündung, die die Verachtung der Israelis für den gesamten Prozess offen zeigte, hatte Abbas kaum etwas zu verlieren. »Das ist unser Recht«, sagte der palästinensische Präsident. »Von den Israelis bekommen wir nichts als Gerede.« Kalt erwischt, sagte Kerry ein Treffen, das er mit Abbas verabredet hatte, ab und flog nach Brüssel. Erst drei Tage später, nachdem eine siebenstündige Notfallsitzung laut *Haaretz* »krachend gescheitert« war, fing der unverwüstliche Optimismus des Außenministers an zu bröckeln. Es sei, schlug er etwa neun Monate zu spät vor, Zeit für einen »Abgleich mit der Realität«.

Ehe die Woche vorbei war, diskutierten israelische Kommentatoren die Friedensgespräche schon in der Vergangenheitsform und mit nur wenig Nostalgie. Am 8. April, unter Verwendung eines höchst diplomatischen Passivs, legte Kerry nahe, dass Netanjahus Entscheidung, die Freilassung der Gefangenen abzusagen, etwas mit dem Scheitern der Gespräche zu tun gehabt haben könnte.* Es würde noch ein Monat vergehen, bevor ein freimütiger amerikanischer Bericht darüber, was sich in Jerusalem und Ramallah zugetragen hatte, in die Presse gelangte. Im Mai veröffentlichte Nahum Barnea von der israelischen Tageszeitung *Yedioth Ahronoth* ein Interview mit anonym bleibenden hohen US-Regierungsbeamten, die ihm zufolge eng an den Gesprächen beteiligt waren.

---

* »Bedauerlicherweise wurden die Gefangenen nicht an dem Samstag freigelassen, an dem sie hätten freigelassen werden sollen«, hatte Kerry gesagt. »Und dann, am Nachmittag, als sie vielleicht hätten eintreffen können, wurden 700 Siedlungswohneinheiten in Jerusalem angekündigt und puff ... sind wir da, wo wir jetzt sind.«

Die Geschichte, die aus dem hervorging, was Barnea zufolge »einer offiziellen amerikanischen Version der Geschehnisse am nächsten kommt«, handelte von israelischem Zynismus und einer fast verblüffenden amerikanischen Naivität. »Wir haben nicht verstanden«, sagte eine von Barneas Quellen, dass »Netanjahu die Verkündung von Ausschreibungen für den Siedlungsbau als Mittel einsetzte, um das Überleben seiner eigenen Regierung zu sichern. Wir haben nicht verstanden, dass die Fortführung des Siedlungsbaus es Ministern seiner Regierung erlaubte, sehr effektiv den Erfolg der Gespräche zu sabotieren.« Wenn das stimmt, ist das ein schockierendes Eingeständnis: Die Amerikaner mit all ihren enormen Kapazitäten zur Sammlung von Daten wussten nicht, was selbst der unaufmerksamste Leser israelischer Zeitungen seit Monaten als offensichtlich begriffen hatte.

Abbas ging aus den gescheiterten Verhandlungen nicht als der dämonische Anstifter hervor, als den ihn Netanjahu porträtiert hatte, sondern als etwas weniger Achtung Gebietendes. Er hatte sich fast jedem Wunsch der Amerikaner gebeugt und in Erwägung gezogen, fast alle historischen Forderungen des palästinensischen Kampfes entweder aufzugeben oder weitreichende Kompromisse einzugehen. Abbas war willens gewesen, die Rückkehr der Flüchtlinge von israelischer Zustimmung abhängig zu machen, Israel die Hoheit über die Teile Ostjerusalems zu geben, die schon von Siedlern übernommen worden waren, den Israelis auf Jahre eine militärische Präsenz im Jordantal zu erlauben, einen vollkommen demilitarisierten Staat zu akzeptieren und einem Grenzverlauf zuzustimmen, der Israel Gebiete des Westjordanlandes überlassen würde, in denen 80 Prozent der Siedler lebten. Trotz dieser Zugeständnisse, die weiter gingen als alle irgendeines früheren palästinensischen Führers und die mit ziemlicher Sicherheit für die palästinensische Öffentlichkeit nicht zu schlucken gewesen wären, verlangte die israelische Gruppe den Beamten zufolge »die vollständige Kontrolle über die [besetzten] Gebiete ... Israels Kontrolle des Westjordanlandes würde ewig weitergehen.«

Am Ende gaben die Beamten Israel und Netanjahus Beharren darauf, den Ausbau der Siedlungen während der Gespräche fortzuführen, die volle Schuld am Scheitern der Verhandlungen: »Die Palästinenser glauben nicht daran, dass Israel wirklich vorhat, ihnen die Gründung eines

Staates zu erlauben, wenn Israel gleichzeitig Siedlungen auf dem Territorium baut, das für diesen Staat gedacht ist. Wir reden über die Ankündigung von nicht weniger als 14 000 Wohneinheiten. Erst jetzt, nachdem die Gespräche geplatzt sind, haben wir erfahren, dass es dabei auch um die Aneignung von Land im großen Stil geht.« Als ich diesen Satz las, hätte ich mich fast verschluckt. »Erst jetzt«, hatte der namenlose Beamte gesagt.

Nach fast einem halben Jahrhundert eines gigantischen, vom Staat unterstützten Siedlungsprojekts, das auf Kosten Tausender Menschenleben die Palästinenser von ganzen 60 Prozent des Westjordanlandes verdrängt hatte?* Erst jetzt? Nach fast einem halben Jahrhundert der Räumungen, Abrisse, Beschlagnahmungen, Massenverhaftungen, gezielten Tötungen und der stetigen und methodischen Entmündigung, Enteignung und Erniedrigung eines ganzen Volkes? Erst jetzt begreifen sie, dass es dabei *auch* um die Aneignung von Land geht?

Sechs Wochen nach dem Scheitern der Gespräche, nach fast einem Jahr nahezu permanenter Täuschung, Beleidigung und Arglist auf Seiten der Regierung Netanjahus entsandte Obama seinen Verteidigungsminister, Chuck Hagel, um sich mit dessen israelischem Amtskollegen, Mosche »Bogie« Jaalon, zu treffen, der vielleicht mehr als alle anderen Mitglieder von Netanjahus Kabinett seine Verachtung für John Kerry persönlich und für die Friedensbemühungen, die Kerry so ernsthaft geführt hatte, gezeigt hatte. Falls die Besprechungen der beiden Männer von Spannungen getrübt waren, behielten sie es für sich. »Nichts spricht eine deutlichere Sprache«, sagte Hagel bei einer Pressekonferenz, »als Amerikas konkrete Unterstützung bei der Verteidigung Israels. Dazu gehören 3,1 Milliarden Dollar im Jahr an auswärtiger militärischer Finanzierung, was nicht nur mehr ist, als wir irgendeiner anderen Nation zur Verfügung stellen, sondern sogar die höchste Summe, die in der amerikanischen Geschichte jemals einer Nation gewährt wurde.« Was auch immer passie-

---

* 2010 berichteten Rechercheure von B'Tselem, dass laut ihren Berechnungen, die auf offiziellen Karten der Zivilverwaltung basierten, 42 Prozent der Landmasse des Westjordanlandes der Kontrolle von Siedlern unterstanden. Weitere 18 Prozent waren von den Israelischen Verteidigungsstreitkräften als »militärische Sperrzonen« für »Ausbildungszwecke« in Besitz genommen worden.

ren möge, beeilte sich Hagel zu versichern, »die militärische Kooperation zwischen den Vereinigten Staaten und Israel ist stärker denn je, und Minister Jaalon und ich empfinden es als unsere Pflicht, sicherzustellen, dass sie nicht nur so bleibt, sondern stärker wird. Amerikas Engagement für ein starkes und sicheres Israel war nie etwas anderes als umfassend und unerschütterlich, und so wird es auch bleiben.«

An der Wand im Raum für den Sicherheitscheck in Ofer hingen direkt über dem Röntgengerät vier gerahmte Drucke von Hunden, die Poker spielten. Man kennt die Bilder. Sie sind in fast jedem Trödelladen zu finden, verstaubte, ausgeblichene Drucke, ein Sammelsurium an Bulldoggen, Collies, Bernhardinern, die an einem Kartentisch sitzen. Ich weiß nicht, wie oft ich diesen Raum auf meinem Weg zu Narimans oder Mariams Anhörungen passierte.* Immer mit einer gewissen Beklommenheit. Es war dieser Raum, in dem man seinen Ausweis abgeben musste, und im nächsten Raum, einer winzigen, schrankartigen Kabine, war man allein mit einem Wärter und musste sich ohne weitere Zeugen einer Durchsuchung unterziehen, die, wenn der Wärter es so wollte, alles andere als angenehm sein konnte. Ich weiß nicht, wie viele Male wie viele Tausende auf dem Weg zu ihren eigenen Anhörungen oder jenen von Menschen, die ihnen nahestanden, diesen Raum passierten und dabei eine Beklommenheit empfanden, die sicher tiefer ging als meine, während die Hunde mit ihren Pokerfaces auf sie herabstarrten.

Wer hatte sie gekauft und gerahmt und Haken in die Wand geschlagen, um sie aufzuhängen? Mit welcher Absicht? Was wurde hier für ein Spiel gespielt? Wenn es ein Scherz war, war er billig, die Art, die schon vor dem Erzählen im Mund schal wird. Aber Ofer war schließlich nicht nur ein Gefängnis, sondern auch eine Arbeitsstätte und keine sehr schöne. Für die Wärter war die Zeit, die sie hier verbrachten, tote Zeit, fensterlose Stunden, die sie ertragen mussten, bevor sie nach dem Ende ihrer Schicht versuchen konnten, wieder zu leben: nach Hause fahren, sich aus der Uniform schälen, vielleicht etwas essen, was nicht nach dem Kummer

---

* Ein paar Wochen nach Mariams Verhaftung fragte ich Nariman, wie es mit ihrem Fall laufe. Sie zuckte gelangweilt die Achseln. Es gehe voran, aber langsam. »Es wird Jahre dauern«, sagte sie.

anderer Leute schmeckt. Was sagten die Hunde ihnen? Über all das zu lachen? Ihre Gefühle zu verbergen? Mussten sie wirklich daran erinnert werden? Oder war es eine Botschaft für alle – Wächter, Anwälte und Beobachter, ehemalige und zukünftige Gefangene, ihre Eltern, Geschwister und Ehegatten –, eine Erinnerung daran, dass wir alle lächerliche Tiere sind, die ein Spiel mit hohem Einsatz spielen, dessen Regeln wir niemals ganz begreifen werden? Natürlich haben manche Hunde einen Flush und andere kein Paar, und es gibt eigentlich keinen Grund für uns Köter, warum wir in diesen schlecht sitzenden Menschenkleidern auf diesen unbequemen Stühlen sitzen bleiben sollten, statt den Tisch umzuwerfen und all die Karten, die Chips und die Drinks zu verteilen und wegzurennen, zu jaulen und dafür zu kämpfen, ein neues Spiel zu erfinden, ein besseres Spiel, eines, das nicht so hässlich ist und nicht so nach Verzweiflung stinkt.

Wie auch immer, wir warteten den ganzen Tag. Im Hof, in der Sonne. Aber das ging schon in Ordnung. Es gab einen Trinkwasserbrunnen, und er war nicht ganz kaputt. Mariams Vater und Schwester waren da, außerdem Irene und Shireen und ein paar weitere Freunde von Mariam sowie ein höflicher junger Mann vom US-Konsulat. (Mariam hatte die amerikanische Staatsbürgerschaft.) Wir trafen um zehn Uhr ein und warteten bis vier Uhr nachmittags, als der Anwalt uns schließlich in einen der vollgestopften Container rief, die als Militärgericht dienten. Mariam stand mit Fußfesseln da, das Gesicht glänzend von Tränen. Später würde Shireen sich darüber empören, dass Mariam zugelassen hatte, dass sie sie weinen sahen.* Aber Mariam lächelte, als sie ihre Freunde erblickte; ihr zitterte das Kinn vor Emotionen. Ich hatte sie noch nie so jung wirken sehen. Die Anhörung dauerte fünf Minuten. Kurz bevor sie anfing, hatte der Staatsanwalt neue Beweise eingereicht, die Mariams Anwalt noch nicht überprüfen konnte, und somit hatte er keine andere Wahl, als um

---

* Mariam führte im HaScharon-Gefängnis Tagebuch. Später schickte sie mir Auszüge. In einem schrieb sie:»Ich habe Freunde und Familie bei Gericht gesehen und wünschte mir nichts sehnlicher, als in ihren Armen zu weinen. Ich fühlte mich schwach. Schwach und schuldig. Schuldig, weil ich öffentlich meine schwache Seite zeige. Man hat uns dieses Dogma eingetrichtert, dass wir immer stark sein sollen. Niemals schwach. Deshalb sind wir so verkorkst.«

Aufschub zu bitten. Wir konnten gehen. Mariam wurde in Ketten abgeführt.

Früher an diesem Nachmittag, als wir im Hof warteten, stand ich neben Mariams Anwalt und hörte mit, als er einen Anruf aus Hebron entgegennahm. Dutzende Siedler waren in ein palästinensisches Haus eingedrungen, und der Hausbesitzer hatte in Panik angeblich eine Propangasflasche hochgenommen, sein Feuerzeug daran gehalten und gedroht, die Flasche in die Luft zu jagen, wenn die Siedler nicht verschwanden. Der Mann wurde verhaftet. Die Siedler nicht. Ich fragte den Anwalt, wie der Mann hieß. Zidan Scharabati, sagte er.

Später rief ich Issa an. Zidan, mein stiller Gastgeber in Hebron, war auf Kaution freigelassen worden. Die Soldaten hätten auch seinen Bruder Mufid geschlagen, sagte Issa. Am Ende wurde keine Anklage erhoben.

Es war eine schlimme Woche gewesen. Am Morgen nach Mariams und Abirs Verhaftung hatten Soldaten das Tor am Fuß des Dorfes geschlossen und Nabi Saleh damit abgeriegelt; es konnte niemand mehr kommen oder gehen. Seitdem hatte es jeden Tag Zusammenstöße gegeben. Odai hatte den Samstag im Krankenhaus verbracht, wo ihm Geschossfragmente aus Gesicht und Brust entfernt wurden, und Soldaten am Tor hatten Bahaas Mutter vor ihrem dreijährigen Neffen geschlagen. Da sie mit Hausdurchsuchungen rechneten, hatte keiner der Jungs zu Hause geschlafen. Bassem hatte versucht, Waed davon zu überzeugen, dass er das Dorf verließ, bis die Dinge sich beruhigt hatten, aber er weigerte sich. Am Montag, als ich in Ofer war, marschierten die Dorfbewohner zum Tor. Die Soldaten schubsten sie, bedrohten sie, warfen Blendgranaten auf sie und verhafteten Menschen, aber die Leute weigerten sich, zurückzuweichen. Ich sah den großen Unteroffizier mit dem verkniffenen Gesicht später in Bilals Video, wie er hektisch in sein Funkgerät sprach. Den Dorfbewohnern – angeführt von Frauen und Mädchen – gelang es, das Tor aufzuziehen. Die Soldaten drückten es wieder zu. Die Dorfbewohner öffneten es wieder. Schließlich gaben die Soldaten auf. Das Tor blieb geöffnet.

Am Mittwoch hatte Mariam eine weitere Anhörung. Es sah nicht gut aus, sagte mir ihr Anwalt.»Es gibt drei Soldaten, die behaupten, sie habe aus fünf Metern Entfernung Steine geworfen und dass sie einen von ihnen am Fuß getroffen habe«, sagte er. Irgendwann könnte meine Aussage benötigt werden, sagte der Anwalt, aber sie würde angesichts der Erklärungen der Soldaten nicht viel zählen: »Wir haben jetzt eine Schuldvermutung.«

Mariam sah besser aus. Mit Blick auf Shireen formte sie mit den Lippen lautlos die Worte »Hab dich lieb«, und sie weinte nur ein bisschen. Der Anwalt gab sein Bestes. Er wies darauf hin, dass die Soldaten in ihren Erklärungen alle die Kleidung beschrieben hatten, die Mariam nach dem Protest getragen hatte, aber keiner hatte den leuchtend roten Schal erwähnt, den sie während der Demonstration selbst getragen hatte und der auf dem Video zu sehen war. Und hätte sie aus fünf Metern Entfernung wirklich nur einen Mann am Knöchel getroffen? (Sie *ist* ein Mädchen, witzelte der Richter.) Und wenn sie aus solcher Nähe Steine geworfen hatte, warum hatten sie sie nicht sofort verhaftet? Zur Überraschung aller war der Richter wohlwollend. Vielleicht hatte er die Journalisten und Konsulatsbeamten in den hinteren Reihen des Gerichtssaals bemerkt. Vielleicht hatte er eine Tochter in Mariams Alter. Auf jeden Fall entschied er, dass die Beweise nicht ausreichten, um sie bis zum Ende des Verfahrens im Gefängnis zu behalten, wie der Staatsanwalt gefordert hatte. Der Prozess würde weitergehen, aber Mariam konnte eine Kaution hinterlegen und zumindest vorläufig freikommen.

Ich fuhr mit Abir zurück nach Ramallah. Selbst außerhalb der Tore von Ofer sickerte das Gefängnis überallhin und fraß sich unmerklich unter die Haut. Abir zermürbte sich selbst mit Vorwürfen, sagte sich wieder und wieder, dass sie nicht so in Eile hätte sein dürfen, dass sie hätte warten sollen, bis sich die Soldaten in ihren Stützpunkt zurückgezogen hatten. Ich wies darauf hin, dass es die Soldaten gewesen waren, die Mariam verhaftet und vor Gericht gelogen hatten, nicht sie, und dass ein ganzes System errichtet worden war, das so etwas ermöglichte. Es half nichts. Sie wusste das alles und gab sich trotzdem die Schuld.

Es war noch hell, als wir von meiner Wohnung zum Parkplatz von Ofer fuhren, an der strahlenden, neuen Coca-Cola-Abfüllerei und den Weiden mit grasenden Schafen vorbei. Shireens Auto war schon da. Mariams

Schwester traf mit ihrem fünfjährigen Sohn, ihrer Mutter und einer Tante ein. Weitere Freunde und Verwandte parkten und versammelten sich auf dem staubigen Platz vor dem Gefängnis. Wir warteten. Das Sonnenlicht schwand, es war warm und eigentümlich klar. Irgendwo gerade außer Sichtweite kam es zu Zusammenstößen in Beitunia, und alle paar Minuten hallte ein Krachen von der anderen Seite des Hügels herüber. Ein gelber Minivan kam an und wartete im Leerlauf: ein Taxi, das auf Ofers täglichen Ausstoß an Gefangenen wartete. Endlich fuhr ein paar Minuten vor sechs ein weißer Bus auf der anderen Seite des Gefängnistores vor. Acht oder zehn Männer stiegen aus, wirkten benommen, aber glücklich, trugen ihre Habseligkeiten in versiegelten Plastiktüten bei sich. Ein paar mussten auf der Straße warten, bis ihre Verwandten eintrafen, aber niemand nahm das Taxi. Es fuhr wieder weg. Um Viertel nach sechs kam der Bus wieder, diesmal mit Frauen. Genau genommen mit nur einer Frau: Mariam. Alle jubelten, als sie sie sahen, und Mariam rannte, sprintete durch das gelbe Tor, raste geradezu in die Freiheit. Sie sprang ihrer Schwester in die Arme und klammerte sich fest an sie, ihr Gesicht nass von Tränen. Sie umarmte ihre Freunde und ihre Cousins und ganz fest ihren kleinen Neffen.

»Komm zum Auto zu deiner Mutter«, sagte einer der Cousins.

»Nein«, antwortete Mariam. »Ich will alle umarmen!«

Und das tat sie. Ihre Mutter wartete auf dem Beifahrersitz. Mariam umarmte sie dort, die ältere Frau weinte, und dann stieg sie ein, und ihre Schwester stieg ein und ihre Tante und ihr Neffe, und sie fuhren zusammen los, nach Hause.

Eine Woche später traf ich Bassem in Ramallah. Er hatte versprochen, mich einem seiner Freunde vorzustellen, der im Flüchtlingslager Dschalasun aufgewachsen war. Ich hatte einige der Jungs aus dem Lager kennengelernt, die mir erzählt hatten, dass israelische Scharfschützen Patronen vom Kaliber .22 verwendet (das Englische hatte die palästinensische Umgangssprache infiltriert: Die Patronen wurden hier *tutu* genannt, nach dem englischen Wort für »zwei«) und den jungen Männern und Jungen von Dschalasun in die Knie geschossen hatten. Vielen von ihnen. Radschai Abu Khalil, ein befreundeter Arzt, der in der Notaufnahme des

Krankenhauses von Ramallah arbeitete, bestätigte das. Er hatte Dutzende Fälle mit fast identischen Verletzungen gesehen, alle aus Dschalasun. Die Schüsse seien von fast chirurgischer Präzision, sagte er, und auf maximalen Schaden ausgerichtet. Ein paar Zentimeter höher oder tiefer und die Wunden würden recht leicht heilen, aber nicht im Knie: Eine Generation junger Männer wurde systematisch zum Humpeln gebracht.

Ich hatte den Tag zuvor mit Bassem und Nariman verbracht und Nabi Saleh am Abend verlassen. »Ich muss um vier aufstehen«, hatte Nariman gestöhnt. Waed hatte eine Prüfung, und sie musste aufstehen, um ihn zu wecken und sicherzustellen, dass er lernte. Aber dazu kam es nicht. Ein paar Stunden nachdem ich nach Ramallah aufgebrochen war, führten Soldaten eine Razzia im Dorf durch. Als wir uns auf dem Platz einen Block von meiner Wohnung entfernt trafen, trug Bassem dieselben Jeans und denselben Pulli mit V-Ausschnitt, den er am Abend zuvor getragen hatte. Er habe nicht geschlafen, sagte er. Ich fragte, was passiert sei, aber ihm war nicht nach Reden zumute. Erst später, nachdem wir gegessen hatten und in ein Taxi gesprungen waren, fing er an, sich zu öffnen. Er erzählte, dass die Soldaten gegen ein Uhr morgens im Dorfkern eingetroffen waren. Die Jungs gingen raus, um sie zu empfangen, und die Zusammenstöße dauerten bis vier Uhr morgens. Blendgranaten und Tränengas, aber auch scharfe Munition. Zwei Jungen waren verhaftet worden.

Ich fragte, ob Waed in Ordnung sei. Bassem schüttelte den Kopf. »Er wurde fast getötet«, sagte er. »Er kam mit einem Loch in der Jacke nach Hause, hier.« Er zog an der linken Schulter seines Pullis und verstummte. Ich fragte, ob Waed Angst habe. Bassem sagte ja. Ich fragte ihn, ob er glaube, dass er nun leichter davon zu überzeugen sei, das Dorf zu verlassen, bis sich die Dinge beruhigt hätten.

»Ich glaube nicht«, sagte Bassem. »Und wie soll ich ihn überzeugen, wenn er sieht, was ich mache?«

Am 23. April 2014, am Tag bevor Waed fast erschossen wurde, veröffentlichten Hamas und Fatah eine gemeinsame Erklärung, die ihre offizielle Versöhnung nach sieben Jahren Streit verkündete. Eine Einheitsregierung würde binnen fünf Wochen die Arbeit aufnehmen. Das sagten sie zumindest. Außerdem würden in sechs Monaten nationale Wahlen stattfinden, die schon fünf Jahre überfällig waren. »Das sind die guten Neuigkeiten, die wir den Menschen mitteilen müssen«, verkündete der Hamas-Führer Ismail Haniyeh bei einer Pressekonferenz in Gaza-Stadt. »Die Ära der Zwietracht ist vorbei.«

Niemand, mit dem ich sprach, war zuversichtlich, dass die Übereinkunft halten würde. Was immer die Führung auch sagte, der Hass zwischen den Gruppierungen saß zu tief. Für den israelischen Premierminister lieferte die Versöhnung allerdings das perfekte Alibi. Indem es die Verkündung als »großen Rückschlag für den Frieden« bezeichnete, ergriff Israel die Gelegenheit, sich von den Gesprächen zurückzuziehen, die im Grunde schon gescheitert waren und offiziell sechs Tage später auslaufen sollten. Aber jetzt konnte Netanjahu nachträglich Abbas die Schuld am Scheitern geben. Die Vereinigten Staaten, die die Hamas immer noch als Terrororganisation einstuften, hätten keine andere Wahl, als sich hinter ihn zu stellen. »Wer sich für die Hamas entscheidet, will keinen Frieden«, sagte Netanjahu. Es war ein Refrain, den er in den folgenden Monaten immer wieder wiederholen würde.

Am selben Tag, gleich nach Haniyes Verkündung, führte Israel einen Luftschlag gegen ein dicht besiedeltes Gebiet der im Norden des Gazastreifens gelegenen Stadt Beit Lahiya durch. Israelische Medien berichteten, dass die Raketen ihr Ziel verfehlt hätten, einen Kämpfer des Islamischen Dschihads auf einem Motorrad. Den Vereinten Nationen zufolge wurden dreizehn Menschen bei der Explosion verletzt, darunter fünf Kinder. Es war der zweite Luftschlag in dieser Woche.

Mariams letzte Anhörung erfolgte erst Anfang Juni. Der Staatsanwalt bot ihr einen Deal an: Wenn sie sich schuldig erklärte, an einer verbotenen Demonstration teilgenommen zu haben, würden alle anderen Anklagepunkte fallen gelassen werden und sie würde eine zweijährige Bewährungsstrafe erhalten. Keine Haft. Oder sie könnte es auf einen Prozess ankommen lassen. Aber sie kannte die Chancen: 99,74 Prozent aller Palästinenser, denen im Militärgerichtssystem der Prozess gemacht wurde, wurden verurteilt. Drei Soldaten hatten gegen sie ausgesagt. Es gab keinen Grund zu der Annahme, dass sie zu den glücklichen 0,26 Prozent gehören würde, und die Anklage wegen Steinewerfens konnte sie für zwei Jahre ins Gefängnis bringen. Als ich sie ein paar Abende vor ihrem Gerichtstermin sah, fühlte sie sich dennoch mutig. Sie hatte die ganze Woche hin- und herüberlegt, aber an diesem Abend zumindest war sie entschlossen, die Zusammenarbeit mit einem System zu verweigern, das bekanntermaßen ungerecht war. Wie sonst sollte es jemals überwunden werden?

Eine andere Anhörung war noch im Gang, als wir in den Gerichtssaal kamen. Fünf junge Männer in braunen Gefängnisoveralls standen mit Fußfesseln vor der Anklagebank. Der ganze Raum roch nach Schweiß und Angst. Der Wärter begleitete die jungen Männer nach draußen, die Ketten an ihren Knöcheln klirrten, als sie hinausschlurften. Mariam war als Nächste dran. Sie stand neben ihrem Anwalt, antwortete mit ja oder nein auf die eine oder andere Frage des Richters. Sie sah nicht mehr mutig aus, nicht einmal so stolz und ängstlich, wie sie ein paar Wochen zuvor ausgesehen hatte, als sie in Fußfesseln dort vorn gestanden hatte. Sie nahm den Deal an. Es hatte keinen Sinn, sagte sie mir später. Schon dadurch, dass sie gekommen war, spielte sie mit dem System mit, und am Ende würde sie so oder so verurteilt. Wenn sie dagegen ankämpfte, würde sie nur eine längere Strafe absitzen, und wofür? Ihren Stolz? Sie tat das Richtige, das Kluge. All ihre Freunde sagten ihr das. Trotzdem war es ein Schlag. Mariams Schuldeingeständnis war eine kleine, gewöhnliche Niederlage, wie sie sich in diesem und anderen Gerichtssälen Dutzende Male am Tag ereignete, aber als sie dort mit hängenden Schultern neben ihrem Anwalt stand, konnte ich sehen, dass sie für sie nicht klein war, dass etwas in ihr zerbrochen war. Sie erfuhr, dass sie nicht so stark oder tapfer war, wie sie es sich im Furor, in der Unschuld und Selbstgerechtigkeit der Jugend ausgemalt hatte. Und zumindest für eine Weile – bis sie lernte, etwas anderes daraus zu machen – würde dieses Wissen in ihrem Herzen sitzen wie ein scharfer kleiner Stein.

»Die eine Sache, die wehtut«, sagte sie, ein paar Minuten bevor die Anhörung begann, »ist, dass ich niemals mehr jemandem sagen kann, dass er nur härter kämpfen muss.«

ZWISCHENSPIEL

KURIOSITÄTENKABINETT DER BESATZUNG

Ausstellungsstück fünf:
Was man sieht

Rawabi

Ich war mit Bassem zusammen, als ich Rawabi zum ersten Mal sah. Wir standen neben dem alten überkuppelten Schrein am Dorfrand, und ich konnte im Osten in der Ferne so gerade eben verschwommene Türme und Kräne ausmachen. Ich fragte Bassem, was das sei. »Eine neue palästinensische Stadt«, antwortete er. »Wie eine Siedlung.« Später, als Irene und ich eines Tages auf dem Weg von Nabi Saleh nach Ramallah waren, bogen wir aus einer Laune heraus auf die makellos glatte Straße ab, die zu der neuen Stadt führte. Halbfertige Hochhäuser tauchten aus dem Nebel auf, Betonstahl ragte noch aus den obersten Stockwerken der Rohbauten. Im Showroom stießen wir auf ein maßstabsgetreues Modell des geplanten Bauprojekts. Es war groß genug, um hindurchzulaufen. 5000 neue Wohnungen wurden hochgezogen. Der ganze Hügel würde mit Türmen mit weißer Steinfassade überzogen sein, die man in 23 Viertel mit eigenen Einkaufszentren, Büros, Schulen, Schwimmbädern, Sporthallen, einer Moschee und einer Kirche unterteilen würde. Der Entwurf der Gemeinde war angeblich von den Altstädten in Jerusalem und Nablus inspiriert, aber er wirkte wie ein Gegenentwurf zu dem verschlungenen, bröckelnden Chaos dieser historischen Stadtkerne. Rawabi war durch und durch monochrome Ordnung, glatte Linien, Licht. Wenn es überhaupt etwas ähnlich sah, dann der am Reißbrett entworfenen israelischen Stadt Modi'in ein paar Kilometer weiter westlich, einer Vorortfantasie urbanen Lebens, dem man alle anstößige Heterogenität, alles beglückend Überraschende, allen Schmutz ausgetrieben hatte.

Ein Vertriebsmitarbeiter winkte uns in einen Vorführraum, der wie eine Miniaturausgabe eines römischen Amphitheaters gestaltet war. Ein anderer Angestellter reichte uns 3-D-Brillen aus einem Weidenkorb. Ein Dritter versprühte Eau de Cologne im Raum. Das Video begann mit einer Familie, die auf einem malerischen Hügel im Westjordanland picknickte. Plötzlich sprossen Gebäude aus der Erde; Dächer und Fenster fielen von oben an die richtigen Stellen. Wie Athene aus Zeus' Haupt kam Rawabi vollkommen fertig zur Welt und war schon von schlanken, stilvollen Bewohnern in europäischer Kleidung bevölkert. Frauen shoppten und saßen in Cafés im Freien. Männer schüttelten einander die Hand und gingen zur Arbeit. Alle lächelten. Die Straßen, Parks und Höfe waren hell und nicht überfüllt, die Innenräume spärlich möbliert und glatt.

Ein Mann, der sich als Jack vorstellte, erzählte uns später, dass die Wohnungen zwischen 75 000 und 140 000 Dollar kosteten, was angemessen klingt, bis einem wieder einfällt, dass der Durchschnittslohn im Westjordanland kaum mehr als 25 Dollar am Tag beträgt. Für die wenigen Glücklichen, die in Frage kamen – Palästinenser aus der Diaspora oder Angehörige der kleinen, aber hungrigen Berufselite Ramallahs –, war in Rawabi alles für »One-Stop-Shopping« bereitet, wie Jack es formulierte. In der Mitte des Showrooms, unter hohen Fenstern, die auf die Baustelle hinausgingen, waren iPads auf Ständern arrangiert – man musste nur einen Grundriss auswählen und sich auf dem Weg nach draußen mit einem Hypothekengeber zusammensetzen. Die Cairo Amman Bank, die Arab Bank und die Bank of Palestine waren mit glänzenden Glaskabinen an der linken Wand vertreten.

In den folgenden Jahren wuchsen die Türme in die Höhe. Werbung für die neue Stadt hing an jedem Laternenpfahl zwischen Ramallah und Birzeit – Bilder von elegant minimalistischen Bade- und Schlafzimmern, jedes mit dem Logo Rawabis und einem einzigen, verführerischen Adjektiv versehen: »exklusiv«, »stylish«, »mondän«. Dazwischen priesen Plakatwände Hypothekendarlehen und Kredite für technische Geräte an: Fernseher, Waschmaschinen, Computer. Die Menschen redeten über Rawabi. Jeder hatte eine Meinung dazu. Mir begegneten ein paar Leute, die sich darüber freuten, die das Projekt als Modell für eine andere Art von Palästina sahen, ein Palästina, das mit jedem anderen Land auf der

Welt mithalten konnte. Den meisten Leuten in meinem Umfeld kam der Name allerdings nur mit einem Stöhnen über die Lippen. Die beauftragten Firmen seien alle israelisch, sagten sie. Viele waren es tatsächlich. Bis zum Sommer 2013 hatte das Bauunternehmen hinter Rawabi einen direkten Beitrag zwischen 80 und 100 Millionen Dollar zur israelischen Wirtschaft geleistet. Auch der Architekt sei Israeli, sagten die Leute, es sei derselbe Typ, der Modi'in Illit entworfen hatte – eine Siedlung! Das stimmte nicht, aber der Bauunternehmer des Projekts, Baschar al-Masri, hatte sich mit dem Architekten hinter Modi'in beraten, der Stadt, die neben der Siedlung Modi'in Illit lag, aber auf der israelischen Seite der Mauer. Das Geld stamme aus dem Ausland, sagten die Leute, vom Golf. Al-Masri hatte sich eine riesige Investition von Qatari Diar gesichert, dem Immobilienarm des Staatsfonds Qatar Investment Authority. Rawabi sei auf geraubtem Land gebaut, sagten sie – genau wie eine Siedlung. 2009 hatte Abbas auf Bitten al-Masris die Beschlagnahme von über 160 Hektar Land angeordnet, das den Dörfern Adschul, Atara und Abwein gehörte. Es sei alles legal, sagte ein Sprecher der Palästinensischen Autonomiebehörde, denn der Bau Rawabis »dient dem Allgemeinwohl und fällt in den Strukturplan für wirtschaftliche Entwicklung«.

Das war das Zauberwort: Entwicklung. Es hatte die gleiche Macht wie das der Seelenrettung in einer anderen Ära des Handels mit dem Heiligen Land, und es brachte al-Masris Projekt fast uneingeschränktes Lob in den westlichen Medien ein. Die Schlagzeilenschreiber verlegten sich auf Transzendenz. Die Zeitschrift *Time* nannte Rawabi eine »strahlende Stadt auf dem Hügel«. Und die *Financial Times* entschied sich für »Stadt der Hoffnung«. Es passte alles bestens in die Sprache des Fajadismus,*

---

* Als ökonomische Strategie ging der Fajadismus Fajads sechsjähriger Amtszeit zugleich voraus und überdauerte sie. Tom Friedman von der *New York Times*, Fajads größter Förderer, hatte den Begriff 2009 geprägt und den Fajadismus folgendermaßen definiert: »Die einfache, aber viel zu seltene Idee, dass die Legitimität eines arabischen Führers sich nicht auf Slogans oder eine Haltung der Ablehnung oder Persönlichkeitskulte oder Geheimdienste gründen sollte, sondern darauf, für eine transparente, verantwortliche Verwaltung und entsprechende Dienste zu sorgen«. Der Journalist Ali Abunimah, dessen Berichterstattung dieses Zwischenspiel eine Menge verdankt, hat darauf hingewiesen, dass »Friedman nicht sagen konnte und auch nicht sagte, dass sich diese Legitimität auf Wahlsiege gründen sollte«. Fajad war im Juni 2007 durch Er-

die Vision des damaligen Premierministers Salam Fajad von einem strahlenden, technokratischen Palästina, in dem Modebegriffe wie »Aufbau von Institutionen«, »wirtschaftliche Reformen« und »gute Regierungsführung« die Grundlage für einen Staat bilden würden, ohne dass Israel Zugeständnisse machte – und, das versteht sich von selbst, ohne dass das Volk Widerstand gegen die Herrschaft des Militärs leistete, weder bewaffnet noch unbewaffnet. Netanjahu schien Rawabi auch zu gefallen. »Es ist von entscheidender Bedeutung, den Friedensprozess mit konkreten ökonomischen Schritten zu untermauern«, sagte sein Sprecher 2013 CNN, »und Rawabi ist eindeutig ein konkreter Schritt, den wir unterstützen.«*
Einmütigkeit macht mich skeptisch. Da gibt es fast immer eine Leiche im Keller. Ich fing an zu suchen. Rawabi gelangte erstmals im Herbst 2009 in die Schlagzeilen, kurz nachdem die Palästinensische Autonomiebehörde angefangen hatte, Land von Dorfbewohnern zu konfiszieren, die nicht an al-Masri verkaufen wollten. Aber nichts davon war möglich gewesen bis zum April des Vorjahres, als Abbas die Schaffung der Affordable Mortgage and Loan Corporation verkündete, deren Akronym AMAL auf Arabisch »Hoffnung« bedeutete. AMAL würde so ähnlich wie Fannie Mae in den USA funktionieren und Kredite für die Privatwirtschaft absichern – in einer Region, in der politische und ökonomische Unsicherheit und ein traditionelles kulturelles Unbehagen an der Aufnahme von Krediten langfristige Hypothekendarlehen unmöglich gemacht hatten. Wer konnte im Westjordanland schon dreißig Tage vorausplanen, geschweige denn dreißig Jahre? Ohne die Verfügbarkeit von Hypothekendarlehen hatten Projekte wie Rawabi keine Chance. Dasselbe galt für »Entwicklung« in Palästina. Aber wenn AMAL Kredite absicherte, könnte sich in Palästina ein Markt für Hypothekendarlehen entwickeln und damit ein Markt für Immobilien. Die Hälfte des Geldes würde von der US-amerikanischen Overseas Private Investment Corporation bereitgestellt werden, der von der amerikanischen Regierung gegründeten quasi-staatlichen Gesellschaft zur Entwicklungsfinanzierung, die ihrer Website zufolge

nennung zum Premierminister geworden, achtzehn Monate nach einer Parlamentswahl, bei der seine Partei 2 Prozent der Stimmen bekam.

* Diese Unterstützung hatte ihre Grenzen: Rawabis offizielle Eröffnung verzögerte sich um ein Jahr, weil Israel die Erschließung der Wasserversorgung verweigerte.

»privates Kapital mobilisiert, um entscheidende Entwicklungsaufgaben lösen zu helfen und damit die US-Außenpolitik zu befördern«.

1990 veröffentlichte der Anthropologe James Ferguson sein Buch *The Anti-Politics Machine*, in dem er argumentiert, dass »Entwicklung«, die größte Gabe des Westens an die armen Länder der Welt, nur selten zu einer Reduzierung der Armut führe, die ihr eigentliches Ziel sei, aber dennoch kontinuierlich Nebenwirkungen mit sich bringe, die sich für manche als vorteilhaft erweisen. »So, wie das alles funktioniert«, schrieb Ferguson, »liegt die Analogie zu der wundersamen Maschine nahe, die durch Science-Fiction-Geschichten berühmt wurde – die ›Antigravitationsmaschine‹, die durch das Umlegen eines Schalters die Wirkungen der Schwerkraft aussetzt. [...] Der ›Entwicklungs‹-Apparat scheint manchmal zu einem ähnlich guten Trick in der Lage: die Aussetzung der Politik selbst bei heikelsten politischen Operationen.« So war es auch mit Rawabi und ganz allgemein mit den ökonomischen Strategien der Palästinensischen Autonomiebehörde unter Salam Fajad. Die wirtschaftlichen Bedingungen der Besatzung zu akzeptieren, jede substantielle Konfrontation mit dem Besatzer zu vermeiden und die Mehrung privater Profite innerhalb jenes höchst ausbeuterischen Rahmens anzustreben wurde – durch die magische Rede von Entwicklung – eine Strategie, die irgendwie über Politik hinausging und sogar »Hoffnung« auf eine neue und weniger erbitterte Form der Auseinandersetzung zwischen den beiden Seiten machte.

AMAL würde einen neuen Markt nicht nur für Grundbesitz und Immobilien erschließen, sondern auch für Schulden, für Kredite, die in Teile aufgespalten und mit anderen Finanzinstrumenten zusammengeschnürt werden konnten, um für noch mehr Profit verkauft und gekauft zu werden. Just in dem Moment, als die Einführung von AMAL verkündet wurde, richtete solcherlei »Finanzialisierung« verheerende Schäden im amerikanischen Bankensystem an. Der Investment-Riese Bear Stearns war einen Monat zuvor untergegangen, und dennoch war die Idee für einen amerikanisch abgesicherten palästinensischen Darlehensmarkt aus den USA hervorgegangen. Genau genommen stammte sie von einer Gruppe namens Middle East Investment Initiative, einer Nichtregierungsorganisation mit Sitz in Washington, die auf vertrautem Fuß mit den höchsten Rängen politischer und wirtschaftlicher Macht stand. Ihr Präsident, der Vorstandsvorsitzende und mehrere Vorstandsmitglieder unterhielten enge Beziehungen zu dem elitären gemäßigten Thinktank Aspen Institute und zu DLA Piper, einer der größten Wirtschaftskanzleien der Welt. Die ehemalige Außenministerin Madeleine Albright war Vorstandsmitglied der Organisation, genau wie der ehemalige US-Botschafter in Israel – und später bei den Vereinten Nationen – Thomas Pickering und die ehemalige Arbeitsministerin der Reagan-Regierung Ann McLaughlin Korologos, deren Ehemann Tom als Lobbyist so einflussreich war, dass er den Spitznamen »der hunderste Senator« bekommen hatte. Warum sollte es solchen Leuten in den Sinn kommen, das finanzielle Fundament für ein Wohnungsbauprojekt vor den Toren Ramallahs zu legen – selbst wenn es ein großes war?

Weniger als ein Jahr vor der Einführung von AMAL hatte die Hamas die Fatah erfolgreich aus dem Gazastreifen verdrängt. Die islamistische Partei hatte 2006 die Wahlen des Palästinensischen Legislativrats gewonnen und kämpfte seitdem gegen brutale und von den USA unterstützte Anstrengungen der Fatah, sie der Macht zu entheben.* Verdeckte militärische Mittel hatten versagt, aber die USA wollten sicherstellen, dass der Sieg der Hamas begrenzt bleiben würde. Der Präsident der Overseas Private Investment Corporation, Robert Mosbacher, sprach von Anfang an offen über den Zweck von AMAL. »Unsere Rolle besteht darin, privates Kapital als weiches Machtinstrument einzusetzen«, sagte er 2008 der *New York Times*. Korologos, Albright und der Direktor der Middle East Investment Initiative, Jim Pickup – der auch Partner von DLA Piper war und als Justitiar des Aspen Institute fungierte –, hofften der *Washington Post* zufolge, dass die Verfügbarkeit von Hypothekendarlehen und Krediten für Kleinunternehmen dabei helfen würde, »eine palästinensische Mittelschicht aufzubauen, die direkten finanziellen Anteil am wirtschaftlichen und politischen Erfolg eines zukünftigen Staates haben wird«. Mit

---

* In einem Artikel in *Vanity Fair* 2008 dokumentierte David Rose den Versuch der Bush-Regierung, einen Bürgerkrieg auszulösen und die demokratisch gewählte Hamas-Regierung zu stürzen. Streitkräfte unter der Führung von Mohammad Dahlan, dem einstigen Chef des berüchtigten Präventiven Palästinensischen Sicherheitsdienstes, wurden im Geheimen finanziert und – mit israelischer Unterstützung – bewaffnet.

anderen Worten: Menschen, die Grund hatten, politische Unsicherheit zu fürchten, würden sich an der Wahlurne vermutlich eher für den Status quo entscheiden.

Am Ende des Sommers 2013 wurde außerhalb von Ramallah eine Plakatwand errichtet, auf der ein riesiger Schlüssel zu sehen war – die alte Buntbartvariante, die seit 65 Jahren das vorrangige Symbol des palästinensischen Nationalismus war, das Symbol der Rückkehr in die Häuser, aus denen die Palästinenser 1948 vertrieben worden waren. Das Plakat war nicht politisch, jedenfalls nicht im landläufigen Sinn. Es war Reklame für Hypothekendarlehen, und der dargestellte Schlüssel war kein Symbol für die lang erträumte Erlösung der Rückkehr, sondern für individuelles Wohneigentum. Das war das Kunststück, das AMAL zu bewerkstelligen hoffte; kollektive politische Ideale sollten durch eine Antipolitik ersetzt werden, die in den Wünschen individueller Konsumenten gründete. Zwischen 2008 und 2014 würde sich die Zahl an Verbraucherkrediten im Westjordanland um das Dreizehnfache erhöhen, von 70 Millionen Dollar auf 922 Millionen Dollar.

Ich suchte weiter, zeichnete Kontakte, Verbindungen, Netzwerke nach. Sowohl Tom Korologos als auch das Vorstandsmitglied der Middle East Investment Initiative, George Salem, waren mit DLA Piper übereingekommen, auf den Kongress im Sinne von Al Jazeera einzuwirken, jener Mediengesellschaft, die der Herrscherfamilie von Katar gehört, welche wiederum zu den – ausschließlich staatlichen – Unterstützern der Hamas zählt. DLA Piper übernahm auch die Lobbyarbeit für den amerikanischen Rüstungskonzern Raytheon, der das »Iron Dome«-Raketenabwehrsystem entwickelte, mit dem Israel die Kurzstreckenraketen der Hamas abschoss. Und die Qatar Investment Authority hielt einen großen Anteil an der britischen Barclay's Bank, die wiederum ein ordentliches Stück an dem israelischen Konzern für Verteidigungssysteme, Elbit Systems, hielt, der die Drohnen herstellte, die die Israelischen Verteidigungsstreitkräfte bei ihren Raketenangriffen auf den Gazastreifen einsetzten. Die Qatar Investment Company war außerdem der Mutterkonzern von Qatari Diar, Rawabis wichtigstem auswärtigem Investor. Dieselben Leute, die den Vertrieb von Hypothekendarlehen im Westjordanland anstießen, um die Hamas in Schach zu halten, betreiben also Lobbyarbeit für

das Medienkonglomerat, das dem größten Unterstützer der Hamas gehörte, der wiederum von der Produktion und dem Verkauf von Waffen zu profitieren hoffte, die gegen die Hamas – und gegen Palästinenser im Allgemeinen – im Gazastreifen zum Einsatz kamen.*
Bitte folgen Sie mir weiter. Es wird ein bisschen verwirrend werden.

Da ist auch noch die Tatsache, dass Baschar al-Masri, der Bauunternehmer von Rawabi, einen früheren Berater von Ariel Scharon namens Dov Weisglass angeheuert hatte, der ihn im rechtlichen Umgang mit der israelischen Regierung beriet. Weisglass, der schon seit den späten 1990er Jahren mit al-Masri Geschäfte machte, war berühmt dafür, die israelische Blockade des Gazastreifens folgendermaßen erklärt zu haben: »Die Idee ist, die Palästinenser auf Diät zu setzen, aber sie nicht verhungern zu lassen.« Al-Masri, der solchen Gefahren selbst nicht ausgesetzt war, hatte auch mit der Israelisch-Palästinensischen Handelskammer zusammengearbeitet, die ihrem Namen zum Trotz eine gänzlich israelische Nichtregierungsorganisation war und das Ziel hatte, Investitionsmöglichkeiten für israelische Firmen auf der palästinensischen Seite der Grünen Linie zu schaffen. Im Vorstand saß ein Mann namens Gadi Zohar, ein ehemaliger Kommandeur des israelischen Militärnachrichtendienstes und ehemaliger Kopf der Zivilverwaltung im Westjordanland, der nach seinem Ausscheiden aus dem Staatsdienst eine Beratungsfirma für Sicherheitsfragen namens Netacs mitgegründet hatte. Zu Netacs' Klienten gehörte PADICO, eine Holdinggesellschaft unter der Aufsicht von Baschar al-Masris Onkel Munib al-Masri, Berichten zufolge der reichste Mann im Westjordanland. Die Gesellschaft PADICO, die einen Monat nach der Unterzeichnung der Oslo-Abkommen in Liberia gegründet und registriert wurde, besaß 68 Prozent der palästinensischen Börse und kontrollierte 75 Prozent ihrer Marktkapitalisierung durch riesige und manchmal monopolistische Beteiligungen an fast jedem Sektor der lokalen Wirtschaft: Telekommunikation, Bankwesen, Stromversorgung, Tourismus, Immobilien. Nabil Sarraf, der Vorstandsvorsitzende von PADICOs Im-

---

* Qatari Diar hatte auch einen Anteil an dem französischen Mischkonzern Veolia Environnement erworben, der zum Ziel einer internationalen Boykottkampagne wurde, weil er am Betrieb der Straßenbahn beteiligt ist, die Westjerusalem mit Siedlungen in Ostjerusalem verbindet.

mobilientochter, saß auch im Vorstand des Palestine Investment Fund, der bei der Gründung von AMAL behilflich war und damit von Rawabi. Und PADICOs CEO, Samir Hulileh, fungierte zusätzlich als Geschäftsführer des in Ramallah ansässigen Büros des Portland Trust, einer britischen Nichtregierungsorganisation, die sich der Förderung von »Frieden und Stabilität zwischen Israelis und Palästinensern durch wirtschaftliche Entwicklung« verschrieben hatte und die geholfen hatte, die Finanzierungsstrategie für Rawabi zu entwerfen. Bis 2011 war der CEO des Portland Trust ein pensionierter israelischer General namens Eival Gilady gewesen, der während der Zweiten Intifada die Strategische Planungsabteilung der Israelischen Verteidigungsstreitkräfte geleitet hatte und der auch Ehrenpräsident der Israelisch-Palästinensischen Handelskammer war, mit der Baschar al-Masri ab und an zusammenarbeitete und die vorher von einem pensionierten israelischen Oberstleutnant namens Avi Nudelman geleitet worden war, der nun verantwortlich für die Geschäftsentwicklung von Netacs war, deren Kunde Munib al-Masris PADICO war. Ein anderer Mitgründer von Netacs war der ehemalige israelische Generalmajor Danny Rothschild, der nach einer langen Karriere im militärischen Nachrichtendienst in der zweiten Hälfte der Ersten Intifada die Leitung der Zivilverwaltung übertragen bekommen hatte. 2011 war Rothschild gezwungen gewesen, aus England zu flüchten, nachdem ihn die israelische Botschaft gewarnt hatte, dass ihm eine Verhaftung wegen Kriegsverbrechen drohe. Jetzt bezahlten einige der mächtigsten Männer Palästinas dafür, dass er sie beschützte.

Manche dieser Verbindungen sind schwach. Andere sind ziemlich direkt. Aber wenn man anfängt, in den verschiedenen Institutionen herumzustochern, die mit Rawabi oder irgendeinem anderen großen Entwicklungsprojekt im Westjordanland zusammenhängen, dann stößt man immer wieder auf dieselben Gruppen und Personen, denselben faszinierenden Nebel aus Verbindungen zwischen vermeintlichen Feinden. Ich versuche hier nicht, eine Verschwörung aufzuzeigen, sondern will nur die Dimensionen dieser Wolke deutlich machen, eine, die von der Erdoberfläche und ihren niedrigen Gebirgsausläufern schwer auszumachen ist: die Wolke aus Geld und Macht, die über Palästina und darum herum schwebt, die über allem schwebt.

»Was man sieht, ist nicht das, was tatsächlich passiert, und was passiert, ist nicht das, was man sieht«, erzählte Gadi Zohar dem Autor Peter Lagerquist 2003. Auf der Kruste des Planeten kämpfen und sterben Menschen; sie werden wegen ihrer Überzeugungen, ihres Landes oder ihrer Würde zerstört. Ihre Führer verneigen sich, um sie zu rühmen, und schwören, dass ihre Opfer nicht in Vergessenheit geraten werden. Ganze Nationen gründen sich auf solche Schwüre. Aber darüber und darum herum bewegt sich das Geld, das keine Loyalitäten und keine Erinnerung kennt und nur danach strebt, sich zu mehren. Die, die es verehren, spielen ein doppeltes Spiel. Egal, welche Uniformen sie tragen und welche Eide sie schwören mögen, ihre Nationalität liegt bei der sich ewig wandelnden Wolke, die, an keinem Fels verankert, sich formt und auflöst und eine neue Gestalt annimmt und sich wieder verflüchtigt. Es war keine Frage von Verrat – dass palästinensische Unternehmer und hohe Beamte mit dem Feind Geschäfte machten und Israelis ebenso. Es war nur so, dass man, wenn man nur hoch genug schwebte, diese Grenzen und Unterscheidungen nicht länger sehen konnte.

Als ich das begriff, konnte ich Rawabi nicht mehr als ermutigende Entwicklung ansehen, als innovative Lösung der Privatwirtschaft für Dilemmata, die Regierungen nicht zu lösen vermochten. Ich sah es als Absonderung aus Stein und Glas, die die Wolke ausgeschieden hatte, unbewohnbares Exkrement, von Kapital hinterlassen, das unterwegs zu einem Ziel war, welches beinahe alle ausschloss. Die Statistik war trostlos: Die Gehälter in der Privatwirtschaft fielen im Westjordanland seit Jahren, die Arbeitslosenquote hing bei 20 Prozent fest und war für die Jungen noch viel höher; Armut und Ernährungsunsicherheit betrafen einen ähnlich hohen Prozentsatz der Bevölkerung und waren in Zone C noch beträchtlich verbreiteter, in jenen 60 Prozent des Westjordanlandes, die der direkten Kontrolle des israelischen Militärs unterstanden.* In Ramallah

---

* Allen fajadistischen Fantasien zum Trotz konnten Entwicklungsmaßnahmen im Rahmen der Besatzung keine Wunder vollbringen. Wie es ein Bericht der Vereinten Nationen im Sommer 2014 formulierte: »Wenn die israelischen Beschränkungen der palästinensischen Wirtschaft und des palästinensischen Handels nicht umfassend gelockert werden und ein breiterer Zugang zu wirtschaftlichen und natürlichen Ressourcen ermöglicht wird, wird die palästinensische Privatwirtschaft unfähig bleiben,

konnte man diese Realitäten leicht vergessen: Die Wolke hinterließ ihre Haufen überall, Mini-Rawabis überall auf den Hügeln und in den Tälern, in allen Richtungen, die nicht von der Mauer blockiert waren. Da war al-Rechan, eine am Reißbrett entworfene Siedlung mit 2000 Wohneinheiten, deren Bauträger die Amaar Real Estate Group war, die dem Palestine Investment Fund der Palästinensischen Autonomiebehörde gehörte, deren Vorstandsvorsitzender Abbas' wirtschaftlicher Berater und der stellvertretende Premierminister Mohammad Mustafa war, einer von AMALs frühen Förderern. Amaar baute auch das Ersal Center, einen riesigen Shopping-, Büro- und Hotelkomplex, der mitten im Zentrum Ramallahs hochgezogen wurde, neben der großen Zentrale der Palästinensischen Währungsbehörde.* Es gab unendlich viele neue Restaurants und Cafés, glatte Hervorbringungen vom Reißbrett wie Zamn, wo Ramallahs Elite sich bei Cappuccinos versammelte, die ein Sechstel des durchschnittlichen Tageslohns kosteten. Der Eigentümer von Zamn, Ahmad Aweidah, war auch CEO des Palestine Securities Exchange, die, wie eigentlich fast alles, PADICO und der al-Masri-Familie gehörte. Salam Fajad, Tom Friedmans liebster palästinensischer Technokrat, zählte – wie Aweidah gegenüber der *Globe and Mail* aus Toronto prahlte – ebenfalls zu Zamns Stammkunden.

Überall in der Stadt schossen neue Wohntürme in die Höhe – im Stadtzentrum, in den neuen und wohlhabenden Vierteln al-Masyoun und al-Tireh und in den steilen, felsigen Tälern, die sich von Ain Musbah nach Norden zogen. Eigentümlich war allerdings, wie viele dieser Türme unvollendet blieben. Überall ragten leere Betonhüllen auf. Nachts starrten die Fensteröffnungen wie Augen. Vom Wintergarten der letzten Wohnung, die ich im Stadtzentrum mietete, blickte ich auf das nackte Rohbauskelett eines sechsstöckigen Gebäudes ohne Fenster, Wände oder

Arbeitsplätze zu schaffen, und die schwere Krise der Arbeitslosigkeit wird sich noch verschärfen [...]. Eine langfristige und nachhaltige Entwicklung kann nicht erreicht werden, wenn nicht die grundlegenden Schwächen und strukturellen Verwerfungen angegangen werden, die Jahrzehnte der Besatzung angefacht haben.«
 * Warum, mögen Sie sich fragen, braucht ein Quasi-Staat ohne eigene Währung eine Währungsbehörde? Was man sieht, ist nicht das, was passiert, und was passiert, ist nicht das, was man sieht.

Dach. »Goodluck Houses« hieß das Projekt. Egal, wie viele Gebäude leer blieben, es wurden entgegen aller wirtschaftlichen Logik immer neue Häuser hochgezogen. Ich erkundigte mich überall danach. Ich bekam viele Theorien zu hören. Den Leuten gehe das Geld aus, sagte man mir – sie fingen an und konnten es sich dann nicht mehr leisten fertigzubauen. Aber so viele Leute? Es liege an der Bürokratie, hörte ich. Palästinenser, die im Ausland ein Vermögen gemacht hätten, wollten in etwas Greifbares investieren, aber da sie vor Ort keine Verbindungen zur Palästinensischen Autonomiebehörde hätten und mit denen konkurrierten, die sie besaßen, würden ihnen die Genehmigungen verweigert und die Projekte blieben unfertig. Aber wieder – so viele? Ich hörte, es sei auch Geldwäsche im Spiel. Die vielen Formen der Trennung, die von Israel auferlegt waren, schufen demnach fast unendliche Möglichkeiten für Schmuggel, was bedeutete, dass sehr viel Geld im Umlauf war, das gewaschen werden musste, also wurden Projekte geschaffen und wieder aufgegeben, sobald das Geld hindurchgelaufen war, wie ein Filter, den man nach einmaligem Gebrauch wegwarf. All das stimmte wahrscheinlich, aber nichts davon schien die schiere Menge an leeren Gebäuden ausreichend zu erklären.

Die interessanteste Erklärung hörte ich von einem Mann, den ein Freund mir als einen der erfolgreichsten Bauunternehmer Ramallahs vorstellte. Alle wollten in seinen Gebäuden wohnen, sagte man mir. Wenn irgendjemand die verblüffende Logik von Ramallahs Boom entwirren konnte, dann wohl er, dachte ich. Wir trafen uns ganz zwanglos, saßen draußen in einem Restaurant in al-Masyoun und guckten die Fußballweltmeisterschaft auf mehreren Flachbildschirmen. Er war höflich und sprach mit leiser Stimme. Zwischen den Spielen stellte ich ihm meine Frage. »Ich fürchte, ich bin anderer Meinung«, antwortete er. »Vielleicht gab es solche Gebäude in der Vergangenheit«, räumte er ein, oder vielleicht hätte ich eine andere und viel ärmere Stadt im Sinn, aber nein, solche leeren Gebäude gebe es in Ramallah nicht, jedenfalls nicht mehr als ein oder zwei. Hier, versicherte er mir, sei alles gut.

9
SO LEICHT, SO SCHWER

Umm al-Khair

… mag das vielleicht nur ein Traum gewesen sein!
Fjodor Dostojewskij

Am 30. April, am Morgen, als die Friedensgespräche offiziell ausliefen, wachte ich auf und hörte Vogelgezwitscher. Eigentlich eher Vogelgeschrei, so viele Vögel waren es. Ich befand mich im Dorf Umm al-Khair, in den Wüstenhügeln südlich von Hebron, vor dem winzigen Zweizimmerhaus, das der Familie von Tariq Salim al-Hathalin gehörte. Ich hatte wieder draußen unter dem Sternenhimmel geschlafen, auf einer Betonzisterne ein paar Meter vom Zaun der Siedlung entfernt. Irgendwo schrie laut ein Esel, und die Tauben im Schlag waren aufgewacht und fingen alle auf einmal an zu gurren, und die Morgendämmerung war noch ein schmaler roter Streifen am östlichen Himmel jenseits des Toten Meers, und auf Tariqs Handy, das er unter seinem Kissen auf der anderen Seite der Zisterne vergraben hatte, klingelte der Wecker, dem es irgendwie, obwohl er nur Zentimeter von seinem Ohr entfernt war und schon seit zehn Minuten schrillte, nicht gelang, ihn zu wecken. Als es sieben Uhr wurde, zerteilten F-16-Kampfflugzeuge mit fast ständigem Grollen den Himmel, und ich konnte irgendwo in der Siedlung nebenan einen kleinen Bagger hören. Sie hatten Häuser zu bauen, da drüben. Tariq wachte erst nach acht Uhr auf, als es schon heiß wurde und sein älterer Bruder und sein Cousin ihn gnadenlos aufzogen. »Sag's ihnen, Ben!«, bekniete er mich. »Sag's ihnen – ich bin nicht faul. Ich schlafe nur so fest!«

Es stimmte. Der zwanzigjährige Tariq verschlief jeden Morgen – trotz des Weckers und trotz meiner Versuche, ihn wachzurütteln. Jede Nacht bereiteten wir uns unsere Betten auf gegenüberliegenden Seiten der Zisterne, einem hohlen Betonwürfel etwa 1,50 Meter über dem Boden, und dann lagen wir da und sahen, wie die Sterne ihre Bahnen zogen und die Sternschnuppen Streifen auf den Himmel malten und das blaue Licht des Wachschutzwagens auf seiner langsamen Runde am Siedlungszaun entlang blinkte. Die gelben Lichter der Siedlung waren fast hell genug zum Lesen, und Tariq konnte die WLAN-Verbindung der Siedler auf seinem Handy empfangen. Ist das Diebstahl?, fragte er mich. Nein, versicherte ich ihm, das ging in Ordnung. Er lag wach und schrieb sich WhatsApp-Nachrichten mit einem Freund in Großbritannien und hörte sich türkische Liebeslieder an, bis der winzige Lautsprecher seines Telefons von einem Apache-Hubschrauber übertönt wurde, der mit einem anschwellenden, ziellosen Dröhnen unsichtbar in der Dunkelheit vorbeiflog. Der Mond war nicht zu sehen, der Mars schimmerte rötlich über uns, und ich sagte etwas zu Tariq darüber, wie wunderschön der Himmel sei, und er sagte ja, »aber es wären noch mehr Sterne da, wenn wir weiter von den Lichtern weg wären, in der Finsternis«.

Später am Tag sagte ich ihm, wie schön ich Umm al-Khair fände. Er stimmte zu, dass es schön sei – dieses Durcheinander aus staubigen, klapprigen Zelten, Hütten und den verbogenen Überresten vergangener Räumungsaktionen. »Ja«, sagte er nüchtern, »aber es könnte sich jeden Augenblick ändern. Das wissen wir.«

Ein paar Wochen zuvor in Jerusalem hatte ich einer israelischen Aktivistin, die oft in den Hügeln südlich von Hebron arbeitete, erzählt, dass ich plante, nach Umm al-Khair zu fahren und eine Weile dort zu bleiben. Sie rümpfte die Nase. »Wieso Umm al-Khair?«, fragte sie. »Da passiert doch überhaupt nichts. Warum nicht Susiya oder al-Tuwani?« Die Siedler in der Umgebung dieser Dörfer, die nur ein paar Kilometer weiter die Straße hinunter lagen, waren aggressiver als die in Karmel, Umm al-Khairs Nachbar. Da war in der Tat mehr los, aber das »Nichts«, das sich in Umm al-Khair ereignete – und immer wieder ereignete, Tag für Tag –, war für mich viel interessanter geworden als die mittlerweile vertrauten Dramen um von Gott besessene Siedler, die alte Männer schlugen, Schafe töteten und Steine auf internationale Linke warfen. Das Nichts war nicht wirklich nichts. Brennpunkte extremistischer Siedlergewalt wie Hebron oder Burin – oder Susiya und al-Tuwani – standen für den einen Pol.

Umm al-Khair war der andere, mit wenig Dramen, aber der ständigen Beschneidung von Möglichkeiten, der sukzessiven Amputation jeder Voraussetzung einer ganzen Lebensform, dem unablässigen, heftigen Stoßen in ein tieferes Nichts, das mit jedem Monat, der verging, umfassender und unwiderruflicher wurde.

Und dann war da Aid, Tariqs Cousin. Ich kam nach Umm al-Khair, weil Aid da war. Als ich 2011 zum ersten Mal herkam, hatte mich Ezra Nawi mitgebracht. Als irakischer Jude, der in Jerusalem lebte, sich aber die meiste Zeit in den Hügeln südlich von Hebron aufhielt, hatte er einen Monat im Gefängnis verbracht, weil er sich geweigert hatte, ein Haus in Umm al-Khair zu verlassen, das ein israelischer Bulldozer abreißen wollte. Er stellte mich Aid Suleiman al-Hathalin vor. Aid, erzählte er mir, sei eine solch sanfte und reine Seele, dass er nicht in diese Welt hätte hineingeboren werden sollen. Womit er sich nicht nur auf die besonders harsche und brutale Landschaft der Hügel südlich von Hebron bezog, sondern auf den ganzen, gnadenlosen Planeten. Aid sei Künstler, ein Bildhauer und Veganer, erzählte mir Ezra. Stell dir das mal vor, sagte er, ein beduinischer Veganer!*

Ezra hatte recht mit Aid. Er hatte wache, glühende Augen und ein offenes, fröhliches Gesicht, wie man es bei Erwachsenen selten findet. Sein Haar war raspelkurz geschoren und seine Stirn ungewöhnlich groß, der Schädel rund und etwas knollenförmig, was seine außerirdische Anmutung nur verstärkte. Damals blieben wir nicht lang. Vielleicht eine Stunde. Eine schwarze Ziege folgte mir wie ein Hündchen durchs Dorf und knabberte an meinen Schnürsenkeln. Eine andere Ziege, vier Tag alt und mit missgebildeten Beinen geboren, blökte elendig und unaufhörlich und zog ihre verkrüppelten Vorderbeine durch den Staub. Aid zeigte mir zwei seiner Skulpturen: eine perfekte Miniaturversion eines Black-Hawk-Hubschraubers und die eines gelben Bulldozers. Er hatte sie aus alten Plastikresten gebaut, die er in Streifen geschnitten und mit Draht vernäht hatte. Er hatte einen Motor aus einem Kinderspielzeug zweckentfremdet, so dass sich die Rotorblätter des Hubschraubers tatsächlich bewegten.

---

* Genau genommen war Aid nur Vegetarier. »Manchmal bin ich Veganer«, sagte er mir. »Meistens bin ich ein vegetarischer Mann, der spinnt.«

Im Sommer 2013 kehrte ich zurück. In den zwei Jahren, die vergangen waren, hatte Aid sich verändert. Er war genauso erwartungsfreudig und liebenswürdig wie damals, aber er wirkte auch zittrig und abgelenkt, ungeduldig. Nicht mit mir oder anderen Menschen, sondern mit den kleiner werdenden Handlungsspielräumen seines Lebens. Ich fuhr immer wieder hin. Von Ramallah aus war Umm al-Khair schwer zu erreichen. Die Hügel südlich von Hebron waren wie ein weiterer Planet im Sonnensystem von Großpalästina oder vielleicht wie ein ferner Mond, trockener und ärmer als alle anderen. Fast noch mehr als in den Dörfern um Nablus herum herrschte eine Wildwestmentalität. Die Siedler taten, was sie wollten, und kaum jemand schenkte dem Beachtung. Umm al-Khair war klein und selbst für die örtlichen Taxis mit ihren festen Routen zu abgelegen, also fuhr ich frühmorgens von Jerusalem mit der israelischen Aktivistengruppe Ta'ayush mit, wenn sie in ihrem Bus noch einen Platz frei hatten, und verbrachte den Samstag mit Aid, seinen Brüdern und Cousins. Jedes Mal, wenn ich hinkam, hatte sich die Lage verschlechtert. Nicht dramatisch, aber stark genug, dass alle dort spürten, wie sich die Schlinge enger zog.

Als ich im August zu Besuch kam, verbrachte ich ein paar Stunden mit Aids Bruder Khaire, der mit seinen 23 Jahren etwa sechs Jahre jünger war als Aid. Khaire war drahtig, jungenhaft schlank, und in seinem Blick lag verspielter Trotz. In ihrer Familie, erzählte er mir, gebe es lauter Ingenieure. Die meisten arbeiteten als Hirten und konnten nur Geld verdienen, wenn sie sich illegal nach Israel durchschlugen und dort auf den Feldern und Baustellen arbeiteten, aber alle Männer hatten die Universität besucht und einen Abschluss gemacht. »Wir sind eine kluge Familie«, meinte Khaire, aber »in jeder Familie gibt es einen, dessen Kopf nicht so gut ist. Der bin ich.« Er lachte, aber er schien es ernst zu meinen. Dabei stimmte es nicht. Khaire war so schnell und witzig, wie es nur ging. Er hatte ein Lehramtsstudium angefangen, aber nicht abgeschlossen und verbrachte nun wie die meisten seiner Brüder und Cousins einen Teil des Jahres in Israel. »Die Arbeit ist hart, und die Menschen sind keine guten Menschen«, sagte er, aber er konnte in drei Monaten verdienen, was er in einem Jahr im Westjordanland verdienen würde, wenn er denn einen Job fände, was nicht möglich war. Auf diese Weise hatte er genug angespart, um sich ein Haus zu bauen und zu heiraten. Die Hochzeit sollte drei Tage später stattfinden. Khaire erklärte mir, dass Beduinenfrauen nur Beduinenmänner heiraten könnten, und auch wenn diese Regel vielleicht unsinnig sei, habe sie nun einmal Tradition und könne nicht gebrochen werden.* Ich tat mein Bestes, um nicht aufzublicken, als eine hübsche junge Frau mit strahlenden Augen ins Zelt kam und uns Tee einschenkte.

Wir gingen zum Dorfrand. Das dauerte nicht lang. Aid erwartete uns dort. Er wirkte angespannt. Khaire zeigte auf die Reihe fast fensterloser Häuser mit gelbem Putz auf der anderen Seite des Sicherheitszaunes in Karmel. Sie lagen kaum einen Steinwurf entfernt. Der ältere Teil der Siedlung, der Anfang der 1980er Jahre gebaut worden war, befand sich nördlich davon. Mit dem Bau der Häuser, die uns am nächsten waren, war 2005 begonnen worden. Seitdem war es den Hirten aus dem Dorf untersagt, unterhalb der Häuser entlangzugehen, und sie mussten einen langen Umweg machen, um Land zu erreichen, auf dem ihre Ziegen und Schafe grasen konnten. Im März, fünf Monate zuvor, hatten die Siedler ein Zelt am entfernten Ende einer Kammlinie aufgestellt, etwa 200 Meter südlich von uns. Sie nutzten es als Synagoge und gingen jeden Samstagmorgen mit ihren Gewehren zu einem Felssporn, der von der Siedlung in die offene Wüste ragte. Den Hirten war es seither verboten, den Kamm zu queren oder sich ihm auch nur zu nähern, und der Bogen, den sie mit ihren Herden machen mussten, hatte sich dramatisch ausgeweitet.

In den Jahren, seit Karmels neues Viertel gebaut wurde, hatten mehrere Familien von Umm al-Khair aufgegeben und ihr Vieh verkauft, so dass sie jetzt gänzlich von Arbeit in Israel oder gelegentlicher Arbeit im Westjordanland abhingen. Für Beduinen war das keine Kleinigkeit – es bedeutete, alles aufzugeben, was ihnen von einer ganzen Lebensform und der Verbindung mit der Vergangenheit noch geblieben war.

»Unser Leben wird sich in Zukunft verändern«, sagte Khaire. »Vielleicht zum Schlechteren.«

---

* Als ich im April zurückkehrte, wiederholte er den Hinweis und führte aus, dass ich sehr willkommen sei, dass es aber, wenn ein Außenseiter komme und zu viel Zeit damit verbringe, die Frauen aus dem Dorf anzusehen, Probleme geben würde. Sie verstehen deshalb hoffentlich, dass ich mich in Umm al-Khair fast ausschließlich mit Männern unterhielt.

Als ich im Januar wiederkam, hatte ein Schneesturm das Zelt zerstört, das die Siedler als Synagoge genutzt hatten. Sie hatten sich nicht die Mühe gemacht, es wieder aufzubauen, aber die Kammlinie und das Land darunter waren für die Palästinenser weiterhin tabu.

Aid, seine Brüder und Cousins und alle anderen der gut 100 Einwohner dieses Teils von Umm al-Khair gehörten zum Hathalin-Klan. Es gab noch einen zweiten Dorfteil, mit weiteren gut 100 Einwohnern, der zu Fuß etwa zehn Minuten entfernt lag, näher an der Schnellstraße. Die Bewohner waren ebenfalls Hathalins, aber aus Gründen, über die niemand ein Wort verlor, gingen die beiden Dorfteile einander aus dem Weg. Menschen finden immer einen Weg, nicht einer Meinung zu sein. Das Weideland der Hathalins hatte sich einmal von der jetzt israelischen Stadt Arad in der Wüste Negev zwischen Beerscheba und dem Toten Meer bis hin zu diesen trockenen Hügeln am südlichsten Rand des Westjordanlandes erstreckt. Nach dem Krieg von 1948 begaben sich Zehntausende Negev-Beduinen auf die Flucht oder wurden gewaltsam aus dem neuen Staat Israel vertrieben.* Aids Großvater, der Anfang der 2000er Jahre starb, brachte seine Familie und seine Herden zu der felsigen Hügelkuppe namens Umm al-Khair, was sich grob als »Mutter der Güte« übersetzen lässt. Er kaufte das Land zum Preis von 100 Kamelen von Bauern, die in Yatta lebten, der nächsten nennenswerten Stadt. Als die Israelis 1967 jedoch das Westjordanland besetzten, fingen sie an, ausgewählte jordanische Gesetze anzuwenden, die auf dem osmanischen Landrecht von 1858 basierten, welches besagte, dass Ackerland, das drei Jahre hintereinander nicht bewirtschaftet worden war – Hügelkuppen wurden selten bewirtschaftet –, an den Staat zurückfiel, der es privaten Eigentümern überschreiben konnte. Soll heißen: Siedlern. Auf diese Weise hatte Israel bis Anfang der 1990er Jahre fast 40 Prozent der Landmasse des Westjordanlandes beschlagnahmt.

* Mitte der 1940er Jahre lebten zwischen 65 000 und 90 000 Beduinen in der Wüste Negev, die jetzt zum südlichen Israel gehört. Ein Jahrzehnt darauf waren es nur noch 10 000. »Mehr als irgendeine andere Gruppe«, schrieb der Historiker Sabri Jiryis, »litten die Negev-Beduinen unter der vollen und ungebremsten Härte der Militärherrschaft.«

»Jordanische Gesetze«, schnaubte Khaire. »Leben wir etwa in Jordanien?«
»Sie stammen von den Osmanen«, stellte Aid richtig. »Der Sultan kann machen, was er will.«
»Scheiß auf den Sultan«, sagte Khaire und lachte.
Das Ergebnis war allerdings alles andere als lustig: Das ganze Dorf konnte als Staatsland eingestuft werden. Damit hatten die israelischen Behörden unter dem Deckmantel der Gesetze bereits einen Großteil des Grundstücks, das Suleimans Vater – Aids Großvater – gekauft hatte, konfisziert und das Land an Karmel weitergegeben. Aids jüngerer Bruder Moatassim nahm ein Bündel gefalteter Blätter aus der Gesäßtasche seiner Jeans. Er zeigte mir eine Farbkopie von Karmels Entwicklungsplan, den die Siedler unlängst bei der Zivilverwaltung eingereicht hatten. »Das ist die Situation heute«, sagte Moatassim, »und das ist die Zukunft.« Die Karte zeigte die bestehende Siedlung in Gelb und Beige, ein einzelner Stiel aus Häusern in der Form eines Ypsilons. Zwei geplante Erweiterungen in Gelb und Pink ragten nach Süden und Westen heraus, an der Kammlinie entlang, wo das Zelt gestanden hatte. Um sie herum erstreckte sich ein riesiger grünlicher Fleck, der um ein Vielfaches größer war als die bisherige Siedlung: Dieses Land, die Hügel und Täler, würde unerschlossen bleiben, aber de facto dennoch Teil von Karmel werden. Umm al-Khair würde das wenige Weideland, das dem Dorf noch geblieben war, auch noch verlieren, und die Hirten wären gezwungen, mit ihren Herden so weit um die erweiterte Siedlung herumzuziehen, dass ihre Schafe und Ziegen auf dem Marsch hin und zurück mehr Kalorien verbrauchen würden, als sie im dornigen und spärlichen Grün der Hügel aufnehmen konnten. In der Legende der Karte war davon nichts zu lesen, aber das Dokument war ein Todesurteil. Umm al-Khair tauchte dort nur noch als Abwesenheit auf.

Die israelische Bürokratie war langsam. Es könnte zwei Jahre dauern, sagte Aid, bis die Zivilverwaltung alles genehmigt hätte. Die Dorfbewohner würden den Plan der Siedler vor Gericht anfechten, was den Bau vielleicht noch einmal um ein, zwei Jahre verzögern könnte. »Das ist nicht viel Zeit«, sagte Aid. »Alle von uns leben hier einfach und warten.« Aber die eventuelle Ausweitung der Siedlungsgrenzen war nicht das einzige oder das drängendste Problem von Umm al-Khair. Das Dorf lag komplett in Zone C, was bedeutete, dass das israelische Militär die alleinige Befehlsgewalt hatte. Anders als den Siedlern war es den Palästinensern verboten zu bauen. Als Aid eine Toilette in seinem Haus installieren und ein Loch für die Klärgrube graben wollte, fand er keinen Bauunternehmer, der die Beschlagnahmung seiner Ausrüstung riskieren mochte, also grub Aid im Schutze der Dunkelheit mit Hilfe von Handwerkszeug und einem kleinen Generator. Er brauchte zwölf Nächte. Jedes Gebäude im Dorf, das schon errichtet worden war, wurde als illegal erachtet. Für 80 Prozent waren schon Abrissverfügungen erlassen worden, sagte Aid – nicht nur für die winzigen Zwei- oder Dreizimmer-Holzhäuser, sondern auch für die zerfetzten Zelte und die Altmetall-Unterstände für die Tiere, die Betonzisterne, auf der Tariq und ich schliefen, und den Gemeinschaftsofen, in dem die Frauen jeden Morgen und jeden Nachmittag Brot buken.

»Wir nennen ihn den Tschernobyl-Ofen«, scherzte Aid. Moatassim blätterte zu einem anderen Blatt um, das auf Hebräisch bedruckt war. Es war eine Beschwerde, die zwei Bewohner Karmels bei einem israelischen Gericht eingereicht hatten, ein Paar namens Yaakov und Bareket Goldstein, die 100 000 Schekel (fast 30 000 Dollar) Schadensersatz forderten und die sofortige Zerstörung des Ofens, weil der Rauch ihnen zufolge ihrer eigenen Gesundheit und der ihrer Kinder schade. Wir gingen zum Bauwerk des Anstoßes hinüber. Aid und seine Brüder schienen die Absurdität des Ganzen zu genießen. Viele wichtige Leute hatten diesen Ofen schon besichtigt, erzählte mir Aid. Hochrangige Militärs und Beamte des Distrikt-Koordinationsbüros waren gekommen, genau wie ausländische Diplomaten, Leiter von Nichtregierungsorganisationen, Journalisten. Er machte nicht viel her: ein flacher Kreis aus schweren Steinen, der mit auseinandergerissenen Stofffetzen bedeckt war. Moatassim zog eine Plane zurück, die einen Haufen pulveriger Asche freigab, unter der eine Lage schwelenden Dungs den eigentlichen Tonofen umgab. Ein einfacherer und billigerer Ofen war kaum vorstellbar. Jedes Mal wenn sie buken, erklärte Moatassim, schichteten die Frauen eine frische Lage Ziegenmist auf und bedeckten sie mit Asche. Der Brennstoff war kostenlos, und das Brot, das er ermöglichte – ein grobes und zähes Fladenbrot mit Kohleflecken –, war ein Grundnahrungsmittel der Dorfbewohner. Die meisten

Mahlzeiten bestanden aus Brot, etwas Ziegenmilch oder getrocknetem und gehärtetem Joghurt, vielleicht einem Spiegelei und einer gesalzenen Tomate. Aid sagte, für die Dorfbewohner sei das Ganze keine politische Frage: »Die Menschen brauchen Brot.« Das Distrikt-Koordinationsbüro war 2010 mit einer Abrissverfügung vorbeigekommen, aber der Anwalt der Dorfbewohner hatte bis zum Obersten Gericht geklagt, das ihnen eine Aussetzung gewährte. »Der Fall ist zu lustig«, sagte Aid. »Es ist noch nicht mal ein Gebäude.« Trotz des Gerichtsbeschlusses kamen die Siedler weiterhin nachts und gossen Wasser über den Ofen, fluteten ihn einfach. Wenn der Morgen anbrach, entfernten die Dorfbewohner die matschige Asche und zündeten den Ofen wieder an.

Ich bezweifle nicht, dass die Goldsteins, die ihrer Beschwerde zufolge 2008 nach Karmel gezogen waren, in ihrem Hass auf den Ofen aufrichtig waren, aber in Wahrheit produzierte er nur sehr wenig Rauch. Ich befand mich fast immer näher am Ofen als das nahezu fensterlose Haus der Goldsteins, und nur ab und an, wenn der Wind richtig stand, bemerkte ich den scharfen und leicht bitteren Geruch des Rauchs. Er dürfte kaum giftig gewesen sein und nicht schädlicher als der Kamin eines Nachbarn ein paar Türen weiter, aber ich konnte mir vorstellen, wie er bestimmte Siedler in den Wahnsinn trieb, wie er sich in ihren Nasen festsetzte und nie verflüchtigte, ein Gestank nicht nur von Rauch, sondern von Armut und Sturheit, von einer Beziehung zu diesem Land, die ihnen vorausging, einer Lebensform, die die brüchige, angsterfüllte Reinlichkeit der vorstädtischen Ordnung in Frage stellte, welche Israel diesen rauen Hügeln aufzuzwingen suchte. Vor allem roch der Rauch des Ofens nach anderen Menschen, nach Menschen, die die Siedler nicht verstehen konnten und wollten und die sich weigerten – konsequent und mit einer Halsstarrigkeit, die sicher wütend machte –, einfach zu sterben oder fortzugehen.

Wir redeten über alles Mögliche. Es fiel immer Arbeit an Feldfrüchte, die geerntet werden mussten, Schafe, die zur Weide gebracht oder gewaschen oder geschoren werden mussten, Dinge, die gebaut, gewartet oder repariert werden mussten. Aber die Leute redeten, während sie arbeiteten oder sich zwischen zwei Aufgaben ausruhten, und in diesen Intervallen erfuhr ich, dass Khaire Nicolas-Cage-Fan war, dass Tariq Bollywood mochte und dass Aid Western liebte. Er wollte wissen, ob es noch Cowboys in Amerika gab. Meistens redeten wir über gewichtigere Themen. Es gab immer Meinungsverschiedenheiten, meistens mit Aid, der konsequent eine Minderheit von einem Einzelnen bildete.

Da war zum Beispiel die Frage, ob Menschen Einlass in den Himmel gewährt wurde, die nicht so beteten, wie der Koran es verlangte. Moatissim glaubte das nicht und machte sich Sorgen, dass Ezra Nawi, der israelische Aktivist, der mich als Erstes mit nach Umm al-Khair genommen hatte, in der Hölle landen würde, obwohl er ein guter Mann war. Aber Aid insistierte, dass Gott gnädig sei und wir nicht alles sehen könnten, was Gott sah. Das stimmte Moatissim milder, und er erzählte einen Hadith über eine Prostituierte, die einem verdurstenden Hund Wasser gab und für diesen einen Akt der Güte trotz all ihrer vorherigen Sünden ins Paradies eintreten durfte. »Genau«, sagte Aid. »Das ist es.« Dennoch, sagte Moatissim, wäre es besser, wenn ich Muslim würde.

Und dann war da die Frage nach der Polygamie, die häufig aufkam. Der Islam erlaubte es einem Mann, bis zu vier Frauen zu heiraten, und in Beduinengemeinden war diese Praxis nicht unüblich. Suleiman hatte zwei Frauen – obwohl sie Brüder waren, hatten Aid und Moatissim eine andere Mutter als Khaire, und Khaire, der gerade erst geheiratet hatte, dachte schon darüber nach, sich eine zweite Frau zu nehmen. Genau wie Moatissim und Tariqs älterer Bruder Bilal. Sie seien verrückt, sagte Aid zu ihnen. (Ich sollte hinzufügen, dass seine Frau Na'oma die einzige Frau aus Umm al-Khair war, die außerhalb des Dorfes arbeitete. Sie war Lehrerin.) Zwischen einem Mann und einer Frau konnte es vielleicht manchmal Frieden geben, sagte Aid, aber nur, wenn sie sehr viel Glück hatten. Wenn ein Mann sich eine zweite Frau nahm, würde die erste eifersüchtig werden und sich ganz darauf verlegen, den Neuankömmling zu quälen, und der Konflikt zwischen ihnen würde ihrem Ehemann jede Chance auf Ruhe rauben. Wenn er ein weiteres Mal heiratete, sagte Aid, würden sich die erste und die zweite Frau gegen die dritte verbünden, und der Unfriede würde nur noch größer. Dasselbe würde passieren, wenn er sich eine vierte Frau nähme: Die ersten drei würden sich zusammentun, um die vierte so unglücklich zu machen, wie sie nur konnten, bis sie schließlich, wenn sie alle alt und des Kampfes untereinander müde wurden, ihre letzten Jahre dazu nutzten, sicherzustellen, dass ihr Mann niemals zur Ruhe kam. »Er wird einen Herzinfarkt bekommen«, meinte Aid, »und das war's.«

Bilal wandte ein, dass sein Vater vier Frauen hatte.

»Und sie haben ihn umgebracht!«, sagte Aid.

Bilal wirkte gründlich verärgert.

»Ja«, sagte Aid. »Sie haben ihn umgebracht – sie haben ihm alle Energie geraubt, und dann ist er gestorben!«

Als ich Aid das erste Mal zu seinem Vegetarismus befragte, wechselte er das Thema. »Ich liebe Tiere, aber das ist es nicht.« Fleisch, sagte er, sei »sehr schwer«. Er legte sich eine Hand auf den Magen und verzog das Gesicht. Später wurde er mitteilsamer. Wir standen plaudernd am Rande des Dorfes herum. Tariqs Mutter kniete vor dem Ofen und buk Brot, und sein Bruder Bilal häufte schwere Steine an, um ein Stück den Hügel hinauf eine Mauer zu errichten. Im Winter würde sie die Tiere vor dem Wind schützen. Bilal lachte. »Die Israelis werden sagen, sie ist ein Haus, und Abrisspapiere ausstellen«, prophezeite er.

Aid hatte davon gesprochen, wie die Palästinensische Autonomiebehörde eine Mitschuld daran trug, dass sich das Leid seines Volkes verschlimmerte. »Manchmal liegt das Problem in uns, nicht bei den Israelis«, sagte er. »Wir haben unsere eigenen Krankheiten. Ich habe keine Angst, das vor der Welt zu sagen. Sie werden sagen, dass Aid ein Verräter ist, dass er nicht religiös ist, dass er Kommunist ist, was auch immer. Ich bin tatsächlich Muslim. Ich bete. Aber das ist die Wahrheit.«

In Umm al-Khair führte ein Thema zum nächsten, so wie die Täler in der Ferne an die Hügel grenzten und die Hügel zu anderen Tälern führten und zu anderen Hügeln. »Wisst ihr, der Buddhismus ist eine sehr gute Religion«, sagte Aid. »Ich weiß nicht, ob die Jungs mir zustimmen.«

Das taten sie nicht, und er wusste es.

»Wisst ihr, warum?«, fragte Aid. »Kein Töten.« Er sagte es noch einmal. »Kein Töten! Das ist unglaublich.«

»Alle haben ein Bedürfnis nach Religion«, gestand sein jüngerer Bruder Moatissim zu, in dem Bemühen, Aid auf halbem Weg entgegenzukommen. »Alle müssen an etwas glauben.«

Aber Aid war voller Ehrfurcht: »Kein Töten! Keine Gewalt! Der Dalai-Lama: Ich glaube, er ist vollkommen.« Mir kam der Gedanke, dass Aid mit seinem glückseligen Blick und dem runden, kahl geschorenen Kopf leicht als Mönch durchgehen könnte.

Moatissim wollte davon nichts wissen. In diesem Fall sei der Koran eindeutig. »Gott hat den Menschen als perfektes Tier geschaffen«, entgegnete Moatissim. »Die anderen Tiere sind hier, um dem Menschen zu dienen.«

Es wirkte wie eine Diskussion, die sie schon viele Male geführt hatten. Tariq schaltete sich ein und fragte Aid, warum es in Ordnung war, Pflanzen zu töten.

»Wenn man nichts Lebendiges isst, wird man verhungern«, sagte Moatissim. »Alle Dinge auf der Welt sind für die Menschen, und man muss sie mit seinen Brüdern teilen.« Er grinste. Aid, das wusste er, legte gerade erst los.

Aid erzählte eine Geschichte. Er war einmal während des Ramadans nach Yatta gegangen und hatte »starke Kerle, sehr dick, mit riesigen Messern« gesehen, die eine Kuh vor einem Lastwagen voller Vieh getötet hatten. Die anderen Tiere sahen zu, während die Kuh kämpfte und ihr Blut gegen die Wände des Gebäudes daneben spritzte. Sie bekamen Panik und versuchten vom Lastwagen zu springen. »Ich wollte etwas tun«, sagte Aid, »aber diese großen Männer hatten Messer. Was hätte ich tun können?«

Manche Menschen schlügen Esel, fuhr Aid fort, und ließen sie Lasten ziehen, die zu schwer für sie seien. »Vielleicht hast du so was in Hebron gesehen«, sagte er. Die anderen ließen ihn weitererzählen. Sie waren in fast allem, was er sagte, anderer Meinung, aber sie liebten ihn. »Vielleicht ist der Esel schwach«, erklärte Aid, »und sie haben ihn nicht gefüttert, und sie schlagen ihn. Was zum Teufel macht ihr da? Warum zieht ihr den Karren nicht selbst?« Bauern schlugen ihre Tiere, während sie die Felder pflügten. Leute traten ständig Hunde. »Das Tier fühlt auch«, sagte Aid. »Es ist Blut in ihm und Geist und ein Herz.« Dann war da der Jagdsport. Er verstand ihn nicht. Und Menschen, die einander folterten, zum Vergnügen oder aus Rache. »Aber Tiere sind unschuldig«, meinte Aid. Sie töteten aus Hunger und Notwendigkeit. Menschen töteten, weil es ihnen gefiel, »weil sie hassten«.

Aid verstummte für einen Augenblick.
»Die Menschen sind verrückt«, schloss er. »Das kotzt mich wirklich an.«

Suleiman ließ keine Anzeichen erkennen, dass seine Energie nachließ. Er war nur etwas über 1,50 Meter groß, aber Umm al-Khairs Patriarch wirkte oft wie ein Riese. Er hatte einen wilden, grauen Bart und Haut, die von der Sonne kupferrot gebrannt war. Lange graue Locken ringelten sich aus dem weißen Tuch, das er um den Kopf gewickelt hatte, und selbst wenn er stillstand, schien er sich in wilder Bewegung zu befinden. Wenn er sprach, durchschnitten und zerlegten seine Hände die Luft, und seine Stimme erklang als raues, bellendes Brüllen. Er war mir voraus und warf mit Steinen, um seine Herde zusammenzuhalten, und schrie die Tiere in einer besonderen hustenden, niesenden Sprache an, die für Schafe und Ziegen reserviert war, lauter kehlige Ikhs und Akhs: »*Ikh ikh!*«, rief Suleiman. »*Akh akh akah! Tuiie tuiie ikh!*« Die Tiere schienen diese Äußerungen zu verstehen und liefen überwiegend in die richtige Richtung.

Es war früh, als wir das Dorf verließen. Suleiman trug nur ein kleines Transistorradio und eine Wasserflasche bei sich, in einer Tasche, die aus dem amputierten Hosenbein einer Jeans genäht war. Er hatte 120 oder 130 Tiere, sagte er mir, staubfarbene Schafe und samtohrige Ziegen mit langer, seidiger Wolle in Weiß und Braun oder einem Schwarz, das fast blau war. Sein Neffe Hassan – sechzehn, ernst und schüchtern – folgte uns mit einer Herde von 80 oder mehr Tieren. Das schienen viele Tiere zu sein, aber bevor die Siedler anfingen, das Land zu rauben, hatte sein Großvater eine Herde von 1500 Tieren besessen, wie mir Tariq erzählt hatte. Der Erdboden war gleichmäßig braun und scharfkantig, der Himmel nahtlos blau. Es gab nur wenig Gras und nichts Grünes. Wir waren noch keine hundert Meter gelaufen, als ich schon bedauerte, meine Stiefel in Ramallah gelassen zu haben. Hassan trug nur Sandalen. Er humpelte ein bisschen und versuchte, es nicht zu zeigen. Am Vortag war er in einen Dorn getreten, sagte er. Wir gingen in einem weiten Kreis um die Kammlinie herum, auf der die Siedler ihre Freiluftsynagoge errichtet hatten. Suleiman zeigte auf die neuen Häuser, die auf der anderen Seite des Siedlungszauns hochgezogen wurden. »Sie wollen das alles«, sagte er und beschrieb mit seinem Arm einen weiten Bogen durch die Luft. »Den ganzen Berg.«

Hassan holte uns ein. Erst als ich ihn fragte, wie es seinem Fuß gehe, verriet sein Gesicht seine Jugend. Er schüttelte seine Hand in der Luft, mit der Handfläche nach unten, um zu signalisieren, dass es ihm nicht so toll ging. Mit anderen Worten: Der Fuß tat sehr weh. Als wir weitergingen, war der Siedlungszaun auf dem Hügel zu unserer Rechten fast nicht mehr zu sehen, und auf mich wirkte das Land um uns herum offen und frei, als wenn jede Route möglich wäre. Aber Hassan und Suleiman gaben sich große Mühe, die Tiere zusammenzuhalten und sie auf einen eng begrenzten Pfad zu beschränken. Hassans Hirtenjargon war weicher und zischender als Suleimans, lauter *sssss* und *schhhhh*. »Das ganze Land dort drüben«, erzählte er mir und zeigte auf den Hügel und die Siedlung über uns, »ist verboten. Und da drüben und da und da.« Er hatte in alle Richtungen gezeigt, außer auf das dünne Band Erde direkt vor und direkt hinter uns. Die Täler unterhalb von uns gehörten Bauern aus Yatta. Wir konnten sie in der Ferne sehen, gebeugt auf ihren Feldern.

Ein paar der Schafe verließen den Pfad und wanderten in den hohen Weizen. »*Akh! Ekh!*«, rief Suleiman. Widerwillig gehorchten ihm die Tiere, aber die Versuchung musste unerträglich gewesen sein. Um uns herum waren nichts als Disteln. Die Ziegenohren schleiften im Staub. Ein F-16-Kampfflieger zerteilte den Himmel über uns, und Hassan verbarg ein Lächeln, als ich mir Sonnencreme auf die Nase schmierte. Es war noch nicht einmal neun und schon glühend heiß. Wir erreichten die Schnellstraße. Ein grüner israelischer Bus schlingerte um die Kurve, gefolgt von zwei Siedlern in einem japanischen Kompaktwagen. Aus ihren Fenstern musste die Schnellstraße wie ein schmaler Asphaltstreifen Israel gewirkt haben, und die Hirten und ihre Herden in diesen glühenden Hügeln waren bloß ein Teil der Landschaft. Hassan trieb die Tiere über die Schnellstraße. »*Schhhh*«, sagte er. »*Sssss schhhhh ssss.*«

»*Akkh*«, drängte sein Onkel. »*Ikh tuiie akh!*«

Mit einem Stock zeichnete Suleiman einen Kreis in die Erde, der die Strecke darstellte, die wir gerade marschiert waren. Er zog eine gerade Linie quer darüber, um den viel kürzeren Weg aufzuzeigen, den wir hätten nehmen können, jenen, den er jahrelang benutzt hatte, bevor die Siedlung sich ausbreitete. »Wohin sollen wir gehen?«, fragte er. Er zeigte auf die Sonne und den Himmel, als wenn er dort Weideland finden oder als wenn Gott eine Antwort haben könnte. Wir gingen auf einem schmalen Staubstreifen zwischen zwei Weizenfeldern weiter. Oben auf dem Hügel zu unserer Linken verteilten sich fünf mit Aluminium verkleidete Ställe, umgeben von Stacheldraht – eine Meierei, die Siedlern gehörte. Wenn wir zu nah herankämen, sagte Hassan, würden sie runterkommen oder die Polizei schicken. Also gingen wir im Zickzack weiter über das trockene, harte Land und wichen hier und da einem Hindernis aus. Die Ziegen niesten Staub. Hassan zeigte auf einen gelben Schmetterling und nannte seinen arabischen Namen. (Weder er noch Suleiman sprachen ein Wort Englisch.) »*Farascha*«, sagte er und zeigte auf zwei weitere weiße, die vorbeihuschten. Er joggte voran und winkte mich vom nächsten Hügel zu sich. Er hielt etwas in den Händen. Einen Schmetterling, vorsichtig zwischen Zeigefinger und Daumen gefasst. Er gab ihn mir. Ich ließ ihn fortfliegen.

»*Farascha*«, sagte ich.

Hassan grinste. »*Farascha*«, stimmte er zu.

Auf dem nächsten Hügel, als wir Suleiman wieder eingeholt hatten, hörte ich, wie Hassan seinem Onkel gegenüber prahlte, dass er mir das Wort für Schmetterling beigebracht habe.

»Gut«, sagte Suleiman. »Er lernt Arabisch.«

Hassan rannte voraus, fing noch einen und brachte ihn mir. Wieder ließ ich ihn frei.

»Ah!«, sagte er und lachte zum ersten Mal an diesem Morgen, als das Insekt davonflatterte.

Im Juni zuvor waren Beamte der Zivilverwaltung in Begleitung von mehr als einem halben Dutzend Soldaten ins Dorf hinuntergekommen, um ein Dixi-Klo zu konfiszieren. Mit ihren M16-Gewehren über den Schultern hatten die Soldaten die Toilette von ihrer Basis abgenommen und sie unter den Verwünschungen der Dorffrauen seitlich auf den Anhänger eines SUVs der Zivilverwaltung gelegt, der keine Zeit verstreichen ließ und davonbrauste. Eine ältere Frau war in der ganzen Aufregung zusammengebrochen.

Die Toilette war für Tariqs älteren Bruder Mohammad aufgestellt worden. Er war ein großer Mann mit einem kleinen Bauch, der Kopf fast kahl geschoren. Ich sah ihn häufig irgendwo, aber er blickte immer weg, wenn ich näher kam, und reagierte auf meine Begrüßungen mit einem abwesenden Winken. Er habe Angst vor mir, sagte Tariq, weil ich ein Fremder sei. Mohammad verbrachte den Großteil des Tages damit, still in der Nähe des berühmten Ofens oder des Taubenschlags, den sein Bruder Bilal gebaut hatte, zu sitzen oder zu stehen. Der Taubenschlag war ein bemerkenswertes Stück Architektur, ein klappriger zweistöckiger Apartmentkomplex für Tauben, der mehr als drei Meter über dem Boden auf Metallpfählen und schiefen Betonpfeilern thronte. Auf zwei hohen Brettern aus umfunktionierten Bohlen hatte Bilal Plastikeimer mit hineingeschnittenen Löchern und alte, tote Fernseher, deren Eingeweide und Bildschirme entfernt waren, aufgestapelt, so dass sich die Vögel in ihren Bäuchen einnisten konnten. Ich konnte verstehen, warum es Mohammad hier gefiel.

Tariq erzählte, dass ein Siedler aus Karmel Mohammad 2004 verprügelt und ihm den Gewehrkolben in den Kopf gerammt hatte. Bilal zufolge hatten die Soldaten die Dorfbewohner zurückgehalten, während der Siedler ihn schlug. Sie sagten mir, dass Mohammad 80 Prozent seiner Hirnfunktion eingebüßt habe, und vielleicht hatten sie recht, aber hinter den Augen ihres Bruders ging zweifellos eine Menge vor sich. Mohammad geisterte im Ort herum. Er entfernte sich nie weit von Bilals Haus und lungerte meistens an dem einen oder anderen schattigen Platz herum. Manchmal beugte er sich vor und inspizierte einen Stein oder einen Müllfetzen, nahm ihn hoch, legte ihn wieder hin, ging weg und kehrte zurück, um ihn erneut zu inspizieren. Oder er schritt plötzlich und entschieden aus, ein schwerfälliger Riese, bis ihm irgendein Phantomzweifel kam und er abrupt anhielt, kehrtmachte und den Weg wieder zurückging. Sein Blick war fast immer zu Boden gerichtet, als wenn er etwas Wichtiges verloren hätte und nicht mehr wusste, was.

»Sie warten«, schrieb Mahmud Darwisch, »und Warten ist Standhaftigkeit und Widerstand.« Aber um in Umm al-Khair zu bleiben und diesen Widerstand zu leisten, sich fest an den winzigen und schrumpfenden Flecken Land zu klammern, der ihnen noch blieb, mussten sie weggehen. Nicht dauerhaft, aber für ein paar Monate im Jahr. Niemand in Umm al-Khair konnte allein von den Herden leben. Tariq und Bilals Bruder Adl hatten einen Job bei der Polizei der Palästinensischen Autonomiebehörde in Bethlehem – sie gaben ihm nicht mal eine Waffe, sagte Bilal lachend –, aber meistens sahen sie sich als Beduinen mit Diskriminierungen konfrontiert und hatten keinen Zugang zum System der Vetternwirtschaft der Palästinensischen Autonomiebehörde, weshalb ihnen eine Beschäftigung im öffentlichen Dienst versperrt war. »Wenn sie zwei Staaten bilden«, sagte Khaire, »wird es immer noch keinen Platz für uns geben.«

Aid war vom HALO Trust angeheuert worden, einer schottisch-amerikanischen Nichtregierungsorganisation, die sich der Aufgabe verschrieben hatte, nicht explodierte Sprengmittel und Minen aus ehemaligen Krisengebieten zu räumen. Er verbrachte seine Tage damit, die zerklüftete Hügellandschaft der Umgebung zu durchkämmen und Hirten und Bauern, die ihm begegneten, zu fragen, ob sie Granaten oder seltsame Metallobjekte bemerkt hätten. (In diesem Teil des Westjordanlandes war die Munition keine Hinterlassenschaft eines israelischen Krieges, sondern Abfall endloser militärischer Übungen.) Wann immer er etwas fand – was phasenweise täglich der Fall war –, rief Aid seine Kontakte bei den Israelischen Verteidigungsstreitkräften an, und Soldaten rückten an, um den Fund zu zerstören. Die Arbeit war schwierig, aber sie gefiel Aid, und ihm gefiel das Gefühl, etwas Gutes zu tun, etwas, was Kinder, Bauern, sogar Tiere vor Schaden bewahren würde. Die Gefahren bei der Arbeit mit Sprengstoff machten ihm weniger Angst als die Tatsache, dass die Leute ihn für einen Spion halten könnten, weil sie ihn mit der Armee reden sahen. Aber Aid, der Gute, dachte an Individuen und nicht an Nationen oder Selten. Über die Soldaten, mit denen er arbeitete, sagte er: »Es sind gute Jungs. Sie geben mir die Hand. Ich schäme mich nicht dafür.«

Für die meisten anderen Männer im Dorf waren wiederkehrende Arbeitsverhältnisse auf der anderen Seite der Grünen Linie die einzige Überlebensmöglichkeit. »Unser Leben ist wie das von den Leuten im Fernsehen, den Mexikanern, die nach Amerika gehen«, sagte Khaire. »Sie träumen von Amerika. Wir träumen von Israel.« Er fand das sehr lustig und lachte ausgiebig. Arbeit zu finden war leicht. Er bekam einen Anruf von einem Mittelsmann, einem Palästinenser in Israel, der ihn wissen ließ, wenn es Arbeit gab. Im größten Teil der Wüste gab es keine Mauern oder Zäune, nur offene Hügel und Täler, die die örtlichen Schmuggler besser kannten als die israelische Polizei. Man musste nur einen bezahlen, der einen über die Grenze fuhr: etwa 40 Dollar nach Beerscheba, mehr, wenn es weiter nach Israel hineinging. Wenn die Polizei einen schnappte, wurde man einfach zurückgeschickt. Wenigstens die ersten zwei Male. Danach kam man ins Gefängnis. »Da gibt es ein paar Schläge«, sagte Khaire. »Keine große Sache.«

»Wenn ich gehen könnte, würde ich gehen«, sagte Aid zu mir, als ich im April kam. »Ich will abhauen.« Wir waren allein, und er erzählte es mir wie ein Geheimnis, ein Eingeständnis von Schwäche oder irgendeiner inneren Sündhaftigkeit, von der er wusste, dass andere ihn dafür verurteilen würden. Aber er war schon jenseits von Scham und gab nichts darauf. Diese Welt schloss sich schnell und erstickte ihn. Und es war nicht nur der Kummer, seinen Geburtsort schrumpfen und sterben zu sehen, der ihn lähmte. Es war die ganze Region mitsamt ihrer endlosen, dummen Gewalt, der Unmöglichkeit, etwas anderes zu sein als ein Mitglied eines bestimmten Stammes, ob nun Jude oder Araber oder Beduine. Es machte ihn verrückt. »Sie sagen, es sei das Heilige Land«, sagte er. »Aber das ist es nicht. Es ist dasselbe Land wie Jordanien. Es ist dasselbe Land wie Amerika. Es ist *Land*.« Das war natürlich ketzerisch, aber die anderen tolerierten das wie all seine Verschrobenheiten. Aid war etwas Besonderes, und alle wussten es. Und er kannte die Welt besser als die anderen. Er war zweimal in Saudi-Arabien gewesen und nach Mekka gepilgert. Es hatte ihm nicht gefallen. Die Saudis fuhren zu schnell und zu aggressiv. »Sie glauben, die Menschen seien wie Ziegen«, sagte er. Er war auch in London gewesen, und was er gesehen hatte, hatte ihn verstört. Keiner sprach mit dem anderen, sagte er, weder in der U-Bahn noch auf der Straße noch in Geschäften. »Kein Sprechen. Es ist still. Es ist industriell. Es ist so traurig. O Gott, was ist da passiert?« Er wusste, dass es nicht nur in London so war: Das gleiche erdrückende »industrielle Leben«, wie er es nannte, hatte Ramallah und Hebron und jeden anderen Ort erreicht, der vor allem von Geld regiert wurde. Die Menschen wurden »wie Roboter, eigentlich wie Maschinen«, sagte Aid. »Man kann zwei Wochen verbringen, ohne seinen Nachbarn zu sehen, weil man arbeitet.« Selbst Umm al-Khair wandelte sich. Wenn ein Mann mit der Arbeit fertig ist, sagte Aid, geht er gleich nach Hause. »Er hat Kopfschmerzen, er steht unter Druck. Er sagt zu seiner Frau: ›Ich habe keine Zeit.‹ Er wird sich umbringen!«

Dennoch, sagte Aid, würde er nach Amerika gehen, wenn er könnte. »Ich sage dir«, meinte er, »das ist mein Traum.« Und das, obwohl er wusste, dass die USA der Erfinder und Hauptexporteur des »industriellen Lebens« waren, das ihn mit solchem Schrecken erfüllte. Und obwohl ihm klar war, dass man es als Immigrant und als Muslim dort schwer hatte. »Wenn ich die Chance bekomme«, so Aid, »dann will ich schnell ganz weit weg vom Nahen Osten.«

Vielleicht war es das, was sich an Aid verändert hatte, die Abgelenktheit, die ich im Sommer zuvor zum ersten Mal bemerkt hatte. Es waren nicht nur die Furcht und die Traurigkeit, die alle empfanden, die fast völlige Gewissheit, dass sie verlieren würden, was sie hatten. Etwas in Aid strebte nach einem anderen Leben. Er war schon weit weg. Seine Brüder und seine Cousins sahen es. Ich bin mir sicher, dass es sie verletzte. Einmal verkündete Tariq aus heiterem Himmel: »Ich werde Aid sehr vermissen. Aber ich werde klarkommen. Dies ist mein Leben. Ich glaube, ich werde es vollenden. Ich glaube, ich werde hier nie weggehen.«

Aid betrachtete seinen jungen Cousin liebevoll. »Ich glaube, du liebst dein Umm al-Khair sehr«, sagte er.

Tariq tat beleidigt. »Du weißt nicht, was in meinem Herzen ist!«, sagte er, aber er konnte sich ein Lächeln nicht verkneifen.

Eines Nachmittags besuchte ich Aid in seinem Haus, das den Hügel hinunter und abseits von den anderen lag. Ich hatte einen Schatten entdeckt: einen stillen kleinen Jungen mit kurz geschorenem Haar und einer Rotznase. Er hieß Ahmad Abdullah. Sein Vater arbeitete in Israel. Er wartete direkt vor der offenen Tür, während Aid im Schneidersitz auf dem Boden seines kleinen Wohnzimmers saß und seine schlafende jüngste Tochter – die er Pinguin nannte – im Schoß hielt. Seine schimmernden und makellosen Skulpturen füllten fünf Metallborde neben der Tür. Es gab zwei Bulldozer – einen mit Rädern und einen mit Ketten –, einen Kipplaster und einen Löffelbagger, alle von Caterpillar und in einem tiefen, glänzenden Gelb bemalt. Außerdem gab es den alten Black Hawk, den ich schon gesehen hatte, einen weißen Volvo-420-Sattelzug und einen grünen John-Deer-Traktor mit Anhänger. Jedes Stück war etwa 60 Zentimeter lang und mit erstaunlichem Perfektionismus maßstabsgetreu gebaut. Ahmad Abdullah starrte sehnsüchtig auf die Skulpturen.

Aid legte das Baby in die Wiege und nahm den Bagger vom Regal. Seine Miene erhellte sich, als er ihn in die Hand nahm. Er zeigte mir, wie sich der Aufbau von den Ketten abnehmen ließ und das Führerhäuschen vom Aufbau. Das Führerhaus war kaum größer als seine Faust. »Ich habe keine Details vergessen«, sagte er, »nicht mal die Leiter hier, die der Führer benutzen kann.« Der Bagger hatte auch perfekte kleine Seitenspiegel und eine Antenne, und die Tür schwang an einer winzigen Angel, und drinnen gab es einen Sitz für den Führer, eine Gangschaltung im Boden, ein winziges Bedienfeld mit winzigen Tasten. Aid hatte den Sitz aus einer Shampoo-Flasche geschnitzt und die Fenster aus Plastik-Softdrinkflaschen. Die Spiegel und Lampen waren aus CDs und der reflektierende Streifen hinten auf der Maschine stammte von einem weggeworfenen Nummernschild. Das ganze Ding war voll funktionstüchtig – der Bagger drehte sich auf seinen Ketten, und sein Arm streckte und beugte sich an drei Gelenken. Aid strahlte, als er ihn mir zeigte, er hob und senkte den Löffel, kratzte auf dem Teppich damit, als würde er in einem Steinbruch graben. Ohne dass wir es bemerkt hatten, war der kleine Ahmad ins Zimmer gekrochen. Er saß da und starrte auf die Skulpturen wie eine hungrige Katze.

Als ich Aid drei Jahre zuvor zum ersten Mal begegnet war, hatte ich nur den Bulldozer und den Black Hawk gesehen, und basierend auf dieser kleinen Auswahl hatte ich seine Arbeit als Reaktion auf die Besatzung verstanden, als hintersinnige Miniaturisierung und Umwidmung der Kriegsinstrumente der Armee. Ich hatte mich geirrt. Hier war gar keine Kritik am Werk. Er bewunderte einfach große Maschinen. Viele Leute, sagte er mir, unterstellten seinen Arbeiten einen politischen Kommentar. Aber den gab es nicht. Seine Frau habe sich zunächst beschwert, dass seine Skulpturen sie an die echten Maschinen erinnerten, die sie die Häuser von anderen hatte zerstören sehen. Sie sähen aus wie Skorpione, sagte sie. »Ich sage ihr, dass es ganz anders ist«, sagte Aid. »Ich sehe diese Maschinen auf den Feldern arbeiten. Ich liebe diese Sachen.«

Zwei Monate zuvor hatte Aid seine Arbeiten in einer Galerie in Ramallah ausgestellt. Er konnte nur vier Stücke mitbringen, sagte er – das war alles, was ins Auto passte. Ich war in den USA gewesen und hatte die Ausstellung verpasst, aber viele Leute seien gekommen, sagte er, und seien begeistert von seiner Arbeit gewesen. Dennoch schien er enttäuscht. Vielleicht hatte er zu viel erwartet.»Am Anfang kamen die Leute alle und sagten: ›Oh, schön, sehr gut‹, aber später haben sie es vergessen. Sie kehrten schnell zu ihrer Routine zurück und vergaßen es.« Was Aid sich wirklich wünschte, sagte er, war, dass eines seiner Stücke in die ständige Sammlung des Caterpillar-Museums in der Firmenzentrale in Peoria, Illinois, aufgenommen würde. Er hatte das Logo der Firma liebevoll auf jede Skulptur gemalt. Er wusste, dass Aktivisten einen Boykott von Caterpillar forderten, weil die Firma die Israelischen Verteidigungsstreitkräfte mit gepanzerten Bulldozern belieferte, die bei Abrissaktionen zum Einsatz kamen. Es war ein Caterpillar-Bulldozer gewesen, der Rachel Corrie zerdrückt hatte, die amerikanische Solidaritätsaktivistin, die 2003 im Gazastreifen getötet worden war. Als er von ihrem Tod erfahren habe, sei er furchtbar traurig gewesen, sagte Aid, aber er gab nicht den Maschinen oder ihrem Hersteller die Schuld. Und selbst wenn die Armee manchmal Caterpillar-Maschinen verwendet habe, um Häuser in Umm al-Khair dem Erdboden gleichzumachen, nutze sie doch überwiegend Maschinen von Volvo.

Wir waren bei der Geburtstagsfeier für Aids Tochter Lin, als sein Telefon klingelte. Es war ein Bauer namens Ibrahim, der ganz in der Nähe des Dorfes mit seinem Sohn Weizen erntete. Etwas sei von einem F-16-Kampfflugzeug heruntergefallen und auf ihrem Feld gelandet. Es war nur ein kurzer Fußmarsch. Die Bauern, die aus Yatta gekommen waren, um das Land zu bearbeiten, legten ihre Sensen nieder und zeigten Aid, was sie gefunden hatten, ein schweres, rechteckiges Objekt, das in glänzende Folie eingewickelt und an einem Ende zerbeult war. Ein Aufkleber auf Hebräisch hatte den Sturz überstanden.»Feuergefährlicher Stoff« stand da. Aid glaubte nicht, dass es etwas Gefährliches war. Er fotografierte es dennoch und gab den Fundort in ein gelbes GPS-Gerät ein. Die Bauern gingen wieder an ihre Arbeit, und Aid und ich setzten uns auf eine

Steinmauer. Das Gespräch kam auf Tiere, ihre Genialität und ihre Stärke, unsere Blindheit gegenüber der Macht ihrer Sinne. »Wusstest du, dass ein Kamel ein Auto zerdrücken kann«, sagte Aid. »Wenn du es wütend machst, o Gott – dann bringt es dich um.« Und dann gab es natürlich Giraffen. »Was für ein Wunder von einem Tier«, sagte Aid. »Ihre Beine sind so lang!«

»Ja, mein Freund.« Er seufzte. »So ist es: So leicht, so schwer.«

Das war etwas, was er häufig sagte, ein Refrain, den er wiederholte, fast ein Tick. Ich dachte später darüber nach, als ich auf der Zisterne wachlag und zum Sternengewirr und zum rot glühenden Mars hinaufstarrte. Ich erinnerte mich an eine Erzählung von Dostojewskij mit dem Titel »Der Traum eines lächerlichen Menschen«. Als er an einem düsteren Abend nach Hause geht, sieht Dostojewskijs Protagonist einen hellen Stern zwischen den Wolken und beschließt, noch an diesem Abend sein Leben zu beenden. Aber er schläft ein, den Revolver neben sich auf dem Tisch, und träumt, dass er sich erschossen hat und im Tod zu dem Stern reist, den er gesehen hat, und dort einen Planeten vorfindet, der wie die Erde ist, nur nicht »durch den Sündenfall verdorben«. Die Menschen dort kennen weder Grausamkeit noch Habgier, nur »eine bis zur Verzückung, zur ruhigen, vollen und geklärten Begeisterung gesteigerte Liebe«. Und der Protagonist, befreit von seiner Verzweiflung, sieht, wie schön das Leben sein kann, wie einfach es ist zu lieben. Aber natürlich funktioniert es nicht. Schließlich handelte es sich hier um eine Erzählung von Dostojewskij. Ungewollt bringt der Protagonist Verderbnis mit sich. Aus Spaß oder aus Koketterie erzählt er eine kleine Lüge, und bald greifen die Lügen um sich und bringen Grausamkeit hervor, Blutvergießen und Scham. »Es begann ein Kampf um Sonderung und Trennung, um Persönliches, um Mein und Dein.« Sobald die Menschen sich gegeneinander gewendet hatten, »begannen sie von Brüderlichkeit und Menschlichkeit zu sprechen«, und sobald sie das Verbrechen kennengelernt hatten, »erfanden sie die Gerechtigkeit und schrieben sich ganze Gesetzbücher vor«. Der Protagonist erwacht aus seinem Traum und beschließt, sein Leben dem Predigen zu widmen, um allen von der Wahrheit zu erzählen, deren Zeuge er geworden war. Seine Botschaft unterschied sich nicht allzu sehr von Aids: »dass die Menschen, ohne die Fähigkeit hier auf Erden zu leben verloren zu haben, schön und glücklich sein können«, dass sie nur lieben müssen – »dies ist die Hauptsache, und es ist auch alles«. So leicht, mein Freund, und so schwer!

Und das war, wie ich jetzt begriff, der Grund, warum die anderen Aid mit solch freundlicher Bewunderung betrachteten, egal wie ketzerisch oder unsinnig sie seine Ansichten fanden. Es war nicht nur seine Kunst oder seine Intelligenz, die ihn besonders machte. Es war etwas, was in ihm am Leben geblieben war und was beim Rest von uns abgestorben oder eingeschlafen war, etwas Zartes und vielleicht sogar Heiliges, und obwohl wir es nicht mehr jederzeit in uns selbst finden konnten, erkannten wir es in Aid, sahen seine Schönheit und seine Wahrheit und auch den Schmerz, den es ihm bereitete. Hinter uns, auf der entfernten Seite des Zauns, lungerten drei Soldaten vor ihrer Unterkunft herum. Einer von ihnen ging auf Patrouille und machte sich nicht die Mühe, seinen Helm aufzusetzen, und Aid sprach über Folter in den Gefängnissen der arabischen Welt und die Angst, die ihn davon abhielt, in der Al-Aksa-Moschee zu beten, und die Möglichkeit des Jüngsten Gerichts. »Ich glaube daran«, sagte er, obwohl er nicht glaubte, dass es kurz bevorstand. Wir redeten über den Klimawandel und den Krieg in der Ukraine. »Schlimme Welt«, sagte Aid. »Alles wird zum Problem.« Wir redeten über seinen ersten Flug und die Stadt Cambridge, die ihm so gut gefallen hatte, und die fanatischen Siedler von Jitzar. »So viele verrückte Dinge auf dieser Welt«, bemerkte Aid. »Wo es schlechte Dinge gibt, wird man tatsächlich auch gute Dinge finden.«

Da gab es zum Beispiel einen Siedler, der in Karmel lebte, der Sohn eines Holocaust-Überlebenden. Er hieß Roan. Er hatte Aid angerufen, um sich zu entschuldigen, als die Armee zuletzt Häuser im Dorf abgerissen hatte. »Er ist wirklich ein sehr guter Mann«, sagte Aid. Er sprach nicht oft mit ihm, weil die anderen Siedler ihm Schwierigkeiten bereiten würden, wenn sie sahen, dass er sich mit Arabern verbrüderte, aber »in meinem Kopf«, sagte Aid, »ist er ein Freund von mir. Mir geht es nicht um die Geografie, ob es eine illegale Siedlung ist oder nicht. Mir geht es darum, gute Männer zu finden.« Selbst die schlechten Männer – und Aid erkannte an, dass es ein paar von denen gab – wollte er nicht verletzt sehen. Es schmerze ihn, sagte er, wann immer er davon höre, dass ein Siedler erschossen wurde.* Die Familie des Mannes würde leiden, genauso wie derjenige, der ihn erschossen hatte, ob er nun gefasst wurde oder nicht. Das Rad der Vergeltung würde sich weiterdrehen und alle mitreißen. »Ich glaube, dieses Land ist sehr groß«, sagte Aid. »Es kann alle von uns problemlos aufnehmen. Aber weil wir Menschen sind, sind wir dumm und sehen die Wahrheit nicht. Wir wollen nicht mit unseren Nachbarn sprechen, und es gibt Missverständnisse zwischen uns.«

Ich wollte gerade antworten, dass er es zu einfach klingen ließ, dass überall auf der Welt gute Menschen üble Dinge taten und dass es nur selten eine Frage von Einzelnen und ihren Entscheidungen oder Gefühlen war, sondern eine von Systemen, von Maschinen, die größer waren als wir. Aber Aid kam mir zuvor und sagte wieder seinen Refrain: Es ist so leicht und so schwer. Er redete über andere Freunde, israelische Freunde, die er früher getroffen hatte, aber heute nicht mehr: Eyal aus Beerscheba, mit dem er Tai-Chi gemacht hatte, und ein anderer Freund – »wirklich ein sehr guter Mann« –, der in Sderot gelebt hatte, direkt am Gazastreifen, und der nicht nur mit den niedergehenden Raketen klarkommen musste, sondern auch mit dem Zorn seiner Nachbarn, denen es nicht gefiel, dass er palästinensische Freunde hatte, bis er schließlich seine Familie nach Amerika brachte, weil er nicht wollte, dass seine Kinder umgeben von solchem Hass aufwuchsen, und eine weitere Freundin, »eine sehr gute Freundin«, die in die USA gezogen war, damit ihr Sohn niemals Soldat werden musste. Ja, sagte Aid, sie sind alle weggezogen, und es machte ihn immer traurig, wenn sie es taten. Aber natürlich zogen sie um, sagte er, alle wollen weg. Ich erwähnte nicht, dass die meisten Menschen im Dorf einfach nur bleiben wollten.

Dieser Abend war mein letzter in Umm al-Khair. Der Abschied würde mir schwerfallen. Hassan saß neben mir auf dem Rand der Zisterne; wir ließen die Beine baumeln und blickten über den Zaun nach Karmel. Die Sonne ging langsam unter, aber die Straßenlaternen in der Siedlung waren noch nicht angegangen. Es war eine andere Welt dort drüben, or-

---

* Zwei Wochen zuvor war ein israelischer Polizist der Nachrichtenabteilung namens Baruch Mizrahi auf der Straße getötet worden, als er für das Pessachfest nach Hebron fuhr. Seine Frau und eines seiner Kinder wurden bei der Schießerei verletzt.

dentlich und sauber, lauter rechte Winkel und glatte Oberflächen. Alle halbe Stunde kamen zwei Soldaten auf Patrouille vorbei, die beim Gehen locker plauderten. Oder ein junges Paar spazierte Händchen haltend vorbei, folgte einer geraden Linie auf einer geraden Straße. Daneben wirkte Umm al-Khair wie Felsen über Felsen über Felsen mit seinen wenigen unverputzten Betongebäuden und Hütten aus abgerissenem Blech, alles andere bloß Zelte mit Dächern aus Planen und aus Schrott zusammengeschusterte schiefe Unterstände, hier und dort ein verkümmerter Feigenbaum oder Kaktus, barfüßige Kinder und Ziegen, die umhertapsten, Katzen und Hunde, die sich wo immer möglich ausruhten, Vögel, die von Zelt zu Hütte und zurück flogen und von den Dächern und bröckelnden Steinmauern ihr Lied sangen.

Hassan und ich sprachen über die Sterne, als sie anfingen, sich am Himmel über dem Dorf und der Siedlung zu zeigen, und er fragte mich nach Amerika und wie groß es sei. Sehr groß, sagte ich ihm. »Größer als Jordanien?«, wollte er wissen. Wir sahen einen Hund unter unseren Füßen herumschnüffeln und eine Minute später auf der anderen Seite des Zauns wieder auftauchen. Der Hund wirkte heiter und gelassen und ahnte nichts von seiner Grenzüberschreitung. Ich fragte Hassan, ob er das Tier wiedererkenne und ob es aus Umm al-Khair oder aus Karmel sei. Er kommt von hier, sagte er, und um es zu beweisen, machte er leise *tssssk*. Drüben in Karmel hielt der Hund inne. Er sah zu uns herüber und wedelte mit dem Schwanz. Hassan grinste, und der Hund trottete weiter, ganz in Ruhe, wohin auch immer er wollte.

TEIL VIER

EIN TIEFES, DUNKLES BLAU

PROLOG: WENN NUR

Ramallah, Beitunia

Kurz darauf passierte alles auf einmal.
David Grossman

Und dann fiel alles in sich zusammen. Wenn die Historiker die Ereignisse des Sommers 2014 in der Region, die zurzeit als Israel und die Palästinensischen Autonomiegebiete bekannt ist, dokumentieren, dann werden sie vermutlich mit dem 12. Juni beginnen, als drei israelische Jungen am Kreisverkehr von Gusch Etzion verschwanden, wenn nicht mit dem 23. April, als die Hamas und die Fatah ihre Einheitsvereinbarung verkündeten, oder sogar mit dem 1. April, als die Friedensgespräche ihr Leben aushauchten. Wenn ich einen Tag wählen müsste, dann wäre es der 15. Mai. Es war eine Art Feiertag, aber das ist nicht der Grund, weshalb ich ihn wählen würde. Es war der Tag der Nakba, das Gegenstück zu Israels Unabhängigkeitstag, der sich zum 66. Mal jährte und an dem der Vertreibung von über 700 000 Palästinensern aus dem entstehenden Staat Israel gedacht wurde. In Ramallah hingen schwarze Fahnen von den Laternenmasten, aber ansonsten waren die Gehwege so voll wie immer. Die Geschäfte gingen nicht schleppender. Warum auch? Nakba-Tag war jedes Jahr.

Ich ging mit Irene die Rukab-Straße hinunter, als sie stehen blieb, um einen Bekannten zu begrüßen.

»Hast du schon gehört?«, fragte er.

Auf diese Worte folgen selten gute Neuigkeiten.

Jemand war getötet worden, sagte er. In Ofer.

Wir eilten zum Krankenhaus. Eine Menge hatte sich in der Auffahrt versammelt. Direkt davor traf ich zufällig auf einen Sanitäter namens

Ahmad Nasser, den ich aus Nabi Saleh kannte. Er hatte sich die Hände gewaschen, aber seine Hose und sein Hemd waren noch blutgetränkt. Ahmad lebte in Beitunia, nicht weit von Ofer, und arbeitete in einem Lebensmittelladen ein paar Blocks von meiner Wohnung entfernt. Freitags war er entweder in Nabi Saleh oder in Ofer, wo sich Teenager und junge Männer aus der Gegend und aus den Dörfern um Ramallah auf der langen geraden Straße vor dem Gefängniskomplex versammelten und Steine gegen das Tor, die Mauern und das Gefängnis dahinter warfen. Oder zumindest in ihre Richtung. Es waren Zusammenstöße wie die in Bab al-Zawiya in Hebron, nur gefährlicher, weil die Straße nach Ofer so gerade war und es kaum Stellen gab, an denen man Deckung fand. An diesem Tag, sagte Ahmad, habe er einen israelischen Offizier gesehen, der durch ein Fernglas gespäht und Ziele für Scharfschützen angezeigt hatte. Neun Menschen seien getroffen worden, sagte er, alle von scharfer Munition. Zwei waren gestorben. Ahmad hatte den Ersten behandelt, oder es zumindest versucht. Dem Jungen war durchs Herz geschossen worden. Er war siebzehn. Sein Name war Nadeem Nawara.

Dem anderen Jungen, der getötet worden war, war in den Rücken geschossen worden. Die Kugel hatte ebenfalls sein Herz durchbohrt. Er hieß Mohammad Abu Daher. Er war sechzehn. In der Menge vor dem Krankenhaus fand ich Mohannad Darabee, den ich aus Nabi Saleh kannte. Er war ein guter Freund von Mariam Barghouti und arbeitete wie Ahmad als ehrenamtlicher Sanitäter bei Protesten. Er war gerade aus Ofer gekommen. Abu Daher war in seinen Armen gestorben. »Er hat geschrien, und dann hat er nicht mehr viel gesagt«, berichtete mir Mohannad, aber viel mehr konnte er nicht erzählen. Ein wenig später stand er allein neben mir, als er plötzlich zu zittern begann – er weinte nicht, sondern zuckte krampfhaft, als das Trauma von Abu Dahers Tod physisch in seinen Körper einsickerte, ein Geist, der ihn so bald nicht wieder verlassen würde. Die Klassenkameraden der beiden Jungen, viele noch in ihren Schuluniformen, gingen tränenüberströmt vorbei. Zweimal sah ich, wie eine Gruppe von ihnen einen Jungen, der vor Trauer um sich schlug, in die Notaufnahme brachte. Eine Menge versammelte sich vor einem flachen Gebäude mit schmutzigem Verputz in einer Gasse des Krankenhausgeländes. Die Leichenhalle. Nadeem Nawaras Vater war dort. Er war

Mitte vierzig, sein gelocktes Haar frühzeitig ergraut. Kameras umringten ihn, als er darauf wartete, seinen Sohn sehen zu können. Er rief Gott an. Und seinen Sohn. »O mein Schatz«, schluchzte er wieder und wieder. »Wenn nur, wenn nur«, sagte er weinend, aber er führte den Gedanken nicht zu Ende.

Noch vor Ende des Tages wiederholten israelische und amerikanische Medien die Behauptung der Israelischen Verteidigungsstreitkräfte, wonach die Soldaten in Ofer nur gummiüberzogene Geschosse und andere »gewaltlose Mittel« zur Kontrolle von Menschenmengen verwendet hätten. Bevor ich das Krankenhaus verließ, sprach ich mit Dr. Radschai, meinem Freund aus der Notaufnahme. Er hatte keinen Zweifel daran, dass die Jungen mit scharfer Munition erschossen worden waren. »Es gab Austrittswunden«, sagte er. Selbst aus kurzer Distanz könnten gummiüberzogene Geschosse keinen menschlichen Rumpf durchdringen. Als sie die Brust von Nadeem Nawara geöffnet hatten, sagte er, »war sein Herz einfach zerstört«.

Am nächsten Tag ging ich zur Beerdigung. Es waren zu viele Menschen da, als dass alle in die Moschee gepasst hätten, deshalb wurden die Gebete auf einem Feld direkt unterhalb des Campus der Universität von Birzeit abgehalten. Riesige blaue und schwarze Planen waren auf den Boden gelegt worden, damit die Trauernden sich beim Beten nicht schmutzig machten, aber die Planen waren nicht groß genug für alle. Einige Männer knieten auf Zeitungen oder auf ihren Palästinensertüchern, auf gelben Fatah-Fahnen oder grünen Hamas-Fahnen. In der Mitte der Menge lagen die beiden Toten auf Bahren, eine gelbe Fahne auf Nadeem Nawaras Brust und eine grüne auf der von Mohammad Abu Daher.

Nach dem Gebet, als alle wieder aufgestanden und die politischen Reden vorbei waren, nahmen die Totenträger Nawaras Leichnam auf ihre Schultern und gingen die gewundene Straße ins Tal hinunter, zum Dorf seiner Eltern, Mazraa al-Qabilia. Frauen sahen von Balkonen aus zu und weinten. Trommler in Pfadfinderuniform führten den Trauermarsch durch die engen Straßen des Dorfes. Hinter ihnen wippte Nawara auf seiner Bahre, die Augen geschlossen, die Wangen glatt und leicht gelblich, die Lippen gerade weit genug geöffnet, dass die Zähne zu sehen waren. Plakate mit seinem Porträt hingen an fast jeder Tür und jeder Wand im Dorf: ein kurzhaariger Junge in T-Shirt und Kapuzenjacke, der in die Kamera blickt, Kiefer und Mund leicht verzogen, als würde er gleich zu lächeln anfangen. Bald hingen die Plakate auch überall in Ramallah.

Zwei Tage später fuhr ich mit Mohannad Darabee und einem Fotojournalisten namens Samer Nazzal, der nur wenige Meter von Nawara entfernt war, als er erschossen wurde, nach Beitunia. »Es war genau hier«, sagte Nazzal. Wir standen mitten auf der Straße. Die Gefängnistore waren überhaupt nicht zu erkennen. An jenem Nachmittag seien etwa sechzig Leute dort gewesen, meinte er, zehn oder zwölf hätten Steine geworfen, der Rest habe sich weiter weg im Hintergrund gehalten. Nazzal zufolge war es ein »normaler« Zusammenstoß, sogar ein ruhiger. Zwanzig oder dreißig Soldaten hätten sich hinter einer Beton-Sprengschutzmauer am Rande des Gefängnisparkplatzes versammelt, 200 Meter die Straße hinunter. Eine kleinere Gruppe des israelischen Grenzschutzes habe auf einem Hügel etwa 50 Meter entfernt gestanden. Beide Gruppen seien zu weit entfernt gewesen, um Gefahr zu laufen, von Steinen getroffen zu werden, aber die Soldaten hätten seit seiner Ankunft mit scharfer Munition geschossen, sagte Nazzal. »Es war immer nur ein Schuss auf einmal«, sagte er. »Wie bei einem Scharfschützen.« Als Nawara getroffen wurde, »stand er einfach auf der Straße«, so Nazzal. »Sie waren auf der Jagd.«

Mohannad war, etwa fünfzehn Minuten nachdem der Krankenwagen Nawara weggebracht hatte, eingetroffen. Noch wusste niemand, dass er tödlich verwundet war. Abu Daher hatte Monnahad zufolge gerade einen Stein in Richtung des Grenzschutzes auf dem Hügel geworfen und kam auf der Suche nach Deckung zurückgerannt, als ihm durch den Rücken geschossen wurde. Mohannad erinnerte sich noch, wie er seine Hand auf die Austrittswunde in der Brust des Jungen gelegt hatte, um die Blutung zu stoppen. »Er legte seine Hand auf meine Hand«, sagte Nazzal, und dann bewegte er sich nicht mehr.

Die Beitunia-Tötungen verschwanden nicht einfach. Diesmal existierte ein Video. Die Überwachungskameras des Gebäudes, vor dem die beiden Jungen fielen, hatten die Erschießungen aufgezeichnet. Der Eigentümer des Gebäudes, ein Mann namens Fakher Zayed, händigte die Aufnahmen einer lokalen Nichtregierungsorganisation aus, die sie im Internet veröffentlichte. Es war genau so, wie Nazzal gesagt hatte. Die Straße war fast leer gewesen. Niemand warf Steine. Nawara stand auf der Straße und fiel plötzlich nach vorne. Abu Daher ging einfach – er rannte nicht, wie Mohannad zu erinnern meinte, sondern er ging ruhig und langsam von den Soldaten weg, als ihn eine Kugel im Rücken traf. Es sah schlimm aus. Nicht nach der Kontrolle von Menschenmengen, sondern nach Mord. Das US-Außenministerium verkündete, dass es von Israel eine »gründliche und transparente Untersuchung« erwarte. Die Vereinten Nationen forderten eine unabhängige Untersuchung. Der Konflikt verlagerte sich ins Internet, in die Zeitungen und die Rundfunk- und Fernsehanstalten. Die Armee blieb bei ihrer Version: Es sei keine scharfe Munition eingesetzt worden. Was das Video anging, so war es einem Armeesprecher zufolge in »parteiischer und tendenziöser Weise« geschnitten worden, die »den gewalttätigen Charakter der Unruhen« nicht wiedergebe. B'Tselem veröffentlichte das ganze, ungeschnittene Video, das keinerlei Verzerrung erkennen ließ. Ein Experte des israelischen Senders Arutz 2 ging noch einen Schritt weiter und behauptete, dass die Aufnahmen inszeniert gewesen seien. Den Israelischen Verteidigungsstreitkräften gefiel die Idee und sie griffen sie auf: Es handele sich, erklärte ein ungenannter hochrangiger Beamter gegenüber der *Haaretz*, »mit hoher Wahrscheinlichkeit um eine Fälschung«.

Weiteres Filmmaterial tauchte auf: ein Video, das ein CNN-Team von einem Grenzschutzbeamten gemacht hatte, der exakt in dem Moment zielt und schießt, als Nawara getötet wird. Das ließ sich schon schwerer abtun. Sollte man meinen. Michael Oren, der ehemalige israelische Botschafter in den Vereinigten Staaten, der bei CNN als »Nahostexperte« unter Vertrag war, erschien in Wolf Blitzers Sendung bei ebenjenem Sender, der die belastenden Aufnahmen gemacht hatte. Es sei möglich, erzählte er Blitzer, dass die beiden jungen Männer überhaupt nicht getötet worden seien. »Wir wissen es nicht mit Sicherheit«, sagte Oren. »Es gibt viele, viele Ungereimtheiten. [...] Das wirft einige sehr ernste Fragen auf.«

Blitzer antwortete mit der ihm eigenen Härte. »Okay«, sagte er. »Ich habe viel Erfahrung in diesen Dingen«, versicherte ihm Oren.

Das genügte Blitzer. »Okay«, sagte er wieder. »Botschafter Oren, vielen Dank, dass Sie bei uns waren.«

Waed machte seinen Schulabschluss und wählte als sein neues Profilbild bei Facebook eine Aufnahme von sich auf der Straße nach Ofer, auf der Nadeem Nawara und Mohammad Abu Daher getötet worden waren. Hinter ihm stieg schwarzer Rauch von brennenden Reifen auf. Sein Gesicht war teilweise von einem T-Shirt verhüllt, und er hatte die Hände voller Steine. Bassem besuchte mich. Ich fragte ihn, wie es ihm gehe.

»Halb schlecht, halb ganz schlecht«, sagte er. Er versuchte zu lachen. Ich fragte ihn nach der ganz schlechten Hälfte.

Er seufzte. »Früher war ich motivierter. Du hast mich ja gesehen.«

Alles wurde schlechter. Er sehe keine Hoffnung, sagte er, und keinen Ausweg. Er kannte fast jeden. Er redete mit den Leuten. Zumindest in Fatah-Kreisen wusste er, was vor sich ging und was nicht. Und nichts ging vor sich. Die Leute planten vielleicht hier und da vereinzelte Aktionen, aber niemand hatte eine Strategie. Die auswärtigen Nichtregierungsorganisationen machten die Dinge sogar noch schwieriger – sie boten Hilfe an, aber immer zu ihren eigenen Bedingungen, immer an Auflagen gebunden, und die waren meistens beleidigend. »Die Mentalität der Nichtregierungsorganisationen«, sagte er, »ist kolonialistisch.« Und mit ihnen oder ohne sie war das meiste, was passierte, nur mit Blick auf die Medien geplant, gab es keine Ziele über die nächste Schlagzeile hinaus. Er habe versucht, die anderen Führer des Volkswiderstands zu einer konfrontativeren Strategie zu drängen, eine, die die Kameras für eine Weile außer Acht ließe und eine unmittelbare Störung der Besatzungsnormalität anstrebte. »Die Siedler«, sagte er, »gehen in Tel Aviv zur Arbeit und fahren nach Hause zu ihren Swimmingpools – sie haben noch nicht mal Unannehmlichkeiten.« Aber niemand war bereit gewesen, sich seinen Ideen anzuschließen. Niemand wollte das Risiko eingehen.

Und doch kämpfst du weiter, sagte ich.

»Ich habe keine Wahl«, antwortete er. »Ich kann nicht aufhören, aber ich kann auch nicht weitermachen.«

Doch das konnte er.

Ende April waren über 100 palästinensische Gefangene, die im Rahmen von Israels »Verwaltungshaft«-Prinzip ohne Gerichtsverfahren festgehalten wurden, in den Hungerstreik getreten. Bis Ende Mai hatten sich ihnen weitere 140 Gefangene angeschlossen und jeglicher Nahrung außer Wasser und Salz abgeschworen; sie forderten ihre Freilassung und dass Israel die Praxis der Verwaltungshaft ganz beilege. Nach vierzig Tagen waren bereits siebzig Gefangene im Krankenhaus. Die Worte »Salz und Wasser« tauchten auf Mauern überall in der Stadt auf. Sie waren auch auf das Gebäude von Fakher Zayed an der Straße nach Ofer gemalt. Überall im Westjordanland fanden Solidaritätsdemonstrationen statt. Sie waren klein, aber Netanjahu war beunruhigt genug, dass er anfing, ein Gesetz voranzutreiben, das die Zwangsernährung von Gefangenen legalisieren sollte.* (Er führte Guantánamo als Vorbild an.) Wenn die ersten Gefangenen stürben, würde es Ärger geben; das war allen klar. Die Spannungen hatten sich so lange aufgebaut. Sie mussten sich entladen. Aber wann? Und wie?

Meine Freunde und ich sprachen viel darüber. Sie waren hauptsächlich Journalisten und Aktivisten, sowohl Palästinenser als auch Ausländer, Menschen, die infolge ihrer Tätigkeit meistens überall auftauchten. Bei jedem Zusammenstoß und jeder Beerdigung. *Es* würde kommen, das wussten wir alle. Es gab zu viel Wut, zu viel Verzweiflung und zu viel Trauer. Dachten wir jedenfalls. Alle Türen schienen versperrt. Es gab keinen offensichtlichen Ausweg, keine Alternative zu einem Flächenbrand. Wir dachten nicht viel darüber nach, was danach kommen würde, ob überhaupt etwas käme. Nicht aus mangelnder Neugier, sondern eher aus Furcht. Wir warteten einfach bang und gespannt, dass *es* passierte.

In der Zwischenzeit exerzierten die Fatah und die Hamas ihr Programm durch. Am 1. Juni, mit nur einer halben Woche Verspätung, wurde die neue Einheitsregierung in der Mukataa vereidigt. Es war alles andere als klar, was an ihr neu oder einheitstiftend war. Obwohl sie streng genommen nicht mit einer der beiden Parteien assoziiert waren, waren die Hälfte der Minister Überbleibsel aus der vorherigen Regierung. Die Schlüsselpositionen wurden mit Abbas-Getreuen besetzt. Die Ha-

---

* Das Gesetz wurde im Sommer 2015 verabschiedet.

mas hatte allerdings auch aus einer stark geschwächten Position heraus verhandelt. Als die Muslimbruderschaft im Juli zuvor von der Macht in Ägypten verdrängt wurde, verlor die Hamas ihren wichtigsten Verbündeten in der Region. Schlimmer noch: Die neue Militärregierung in Kairo schloss die Schmugglertunnel, die es den Einwohnern des Gazastreifens erlaubt hatten, den israelischen Boykott zu umgehen. Der Fluss von Treibstoff und den meisten Gütern des täglichen Bedarfs versiegte und damit auch die wichtigste Einnahmequelle der Hamas. Die Hamas war in all den Jahren der Spaltung nicht so verwundbar gewesen. Für Abbas hatte eine Versöhnung zuvor nie besonders attraktiv gewirkt, aber jetzt hatte er eine Chance gewittert. Wenn die Hamas überhaupt überleben sollte, dann würde ihre Führung seine Bedingungen akzeptieren müssen. Deshalb war »Versöhnung« wahrscheinlich nicht der richtige Begriff. »Einheit« war es ganz sicher nicht. Im Westjordanland fuhr die Palästinensische Autonomiebehörde damit fort, Hamas-Mitglieder zu verhaften, wie sie es seit Jahren gemacht hatte. Und beim ersten Anzeichen von Spannungen schien sich der Deal aufzulösen. Als Anfang des Monats die Gehälter fällig wurden, bezahlte die Palästinensische Autonomiebehörde ihre eigenen Leute, weigerte sich aber, Schecks für die Hamas-assoziierten Angestellten im öffentlichen Dienst des Gazastreifens auszustellen, obwohl sie genau genommen jetzt alle Angestellte derselben Regierung waren. Vor den Banken in Gaza-Stadt kam es zu Zusammenstößen, als Sicherheitskräfte der Hamas versuchten, Fatah-treue Angestellte der Palästinensischen Autonomiebehörde davon abzuhalten, ihre Gehälter abzuheben. Die Polizei der Hamas zerstörte Geldautomaten. Die Banken blieben die ganze Woche geschlossen.

Wenn er eine andere Art von Politiker wäre, hätte Netanjahu das Ganze einfach aussitzen können. Die Chefs des Schabak und des israelischen Militärnachrichtendienstes informierten angeblich beide Netanjahus Sicherheitskabinett, dass die Chancen »extrem gering« seien, dass eine Einheitsregierung lang genug überlebte, um Neuwahlen abzuhalten – was die beiden Parteien binnen fünf Monaten zu tun gelobt hatten. Sein Problem, wenn es denn überhaupt eines war, würde sich mit ziemlicher Sicherheit von allein lösen. Aber welchen Vorteil könnte er dann daraus ziehen? »Abu Mazen hat heute ja zum Terrorismus und nein zum Frieden gesagt«, verkündete der Premierminister am Tag, als die Einheitsregierung vereidigt wurde. Eine Variation davon würde er noch Dutzende, wenn nicht Hunderte Male wiederholen, bevor der Sommer zu Ende ging. Aber im Mai und Anfang Juni saß er immer noch etwas in der Klemme. Die USA hatten die Einheitsregierung ohne großen Enthusiasmus anerkannt. Genau wie der Rest der Welt. Egal, wie Netanjahu es zu drehen versuchte, Israel stand nach den Verhandlungen schlecht da. Deshalb verließ er sich – und würde damit auch nicht aufhören – auf das eine Werkzeug, das ihn noch nie im Stich gelassen hatte: Angst. Für den Augenblick funktionierte es nicht. Er konnte die Gleichung Hamas = Terror so oft verkünden, wie er wollte, es schien ihm niemand zuzuhören.

Er versuchte es auch mit anderen Werkzeugen. Wie zum Beispiel Bestrafung. Um der palästinensischen Wirtschaft einen Schlag zu versetzen, verkündete Israel, dass seine Zentralbank überschüssige Zahlungsmittel palästinensischer Banken nicht mehr akzeptieren würde. Dem palästinensisch-amerikanischen Wirtschaftsexperten Sam Bahour zufolge war das »ein Akt, den es in der Bankenwelt noch nie gegeben hat. Israel weigert sich, seine eigene Währung zu bedienen.« Es funktionierte nicht. Die beiden Wirtschaften waren zu eng miteinander verflochten – israelische Firmen beschwerten sich, und die Zentralbank musste zurückrudern. Die Israel Electric Corporation versuchte es auch – der Versorger verkündete im Mai, dass er, da die Palästinensische Autonomiebehörde ausstehende Forderungen angehäuft habe, den Strom für das Westjordanland und Ostjerusalem rationieren würde. Aber auch das funktionierte nicht: Generalmajor Yoav Mordechai, der die Zivilverwaltung leitete, schrieb Israels nationalem Sicherheitsberater einen Brief, in dem er davor warnte, einer ganzen Bevölkerung das Licht auszuschalten, weil Israel für eine solche Kollektivstrafe eine Anklage wegen Kriegsverbrechen drohen könnte und es außerdem »die Stabilität der Sicherheits[si-tuation] untergraben [...] und den palästinensischen Sicherheitskräften Schwierigkeiten bereiten könnte, die Situation unter Kontrolle zu halten«. Einmal mehr konnte Israel die Palästinensische Autonomiebehörde nicht bestrafen, ohne sich selbst zu schaden. Die Kürzungen wurden abgeblasen. Die Zivilverwaltung versuchte es ebenfalls. Der *Haaretz* zufolge kamen Beamte der Israelischen Verteidigungsstreitkräfte und des

Distrikt-Koordinationsbüros am 5. Juni zu einer »Brainstorming-Runde« zusammen, bei der Vorschläge gemacht werden sollten, »wie den Palästinensern Schaden zugefügt werden könnte«. Ihre Vorschläge sollten Netanjahu unterbreitet werden. Die Beamten, das muss man ihnen zugutehalten, kooperierten nicht.

In derselben Woche verlor das US-Außenministerium kurzzeitig die Geduld mit den Einschüchterungsversuchen der Regierung Netanjahus. Es war durchgesickert, dass die Mitglieder des Sicherheitskabinetts übereingekommen waren, dass die amerikanische Reaktion auf den Einheitsdeal »unzureichend, schwach und bloße Show gewesen sei und nicht genügend Ausrufezeichen gesetzt habe«. Ein hochrangiger US-Beamter, der nicht genannt werden wollte, erinnerte in der *Haaretz* daran, dass, egal wie hitzig die Rhetorik von Abu-Mazen-hat-ja-zum-Terrorismusgesagt geworden sei, die israelischen Sicherheitskräfte sich in ständiger Zusammenarbeit mit ihren palästinensischen Pendants befanden. Israel brauchte die Palästinensische Autonomiebehörde, und die Palästinensische Autonomiebehörde brauchte Israel. Just an dem Tag, als die Einheitsregierung ihre Arbeit aufnahm, hatte Israel eine Terminüberweisung von 500 Millionen Schekel Steuereinnahmen veranlasst, die sie für die Palästinensische Autonomiebehörde eingetrieben hatte. Diese Tat, sagte der amerikanische Beamte, »spiegele das eindeutige Interesse des israelischen Establishments wider, eine funktionierende und stabile Palästinensische Autonomiebehörde zu erhalten, die die palästinensischen Gebiete effektiv verwalten kann«. Trotz der Drohungen Netanjahus, fuhr der Beamte fort, »läuft es unseren Interessen – und auch denen Israels – zuwider, die Verbindungen zu einer solchen palästinensischen Regierung und ihre Unterstützung zu kappen. Eine funktionierende, stabile Palästinensische Autonomiebehörde dient unseren Interessen, den palästinensischen Interessen und den israelischen Interessen.«

Abu Mazen schien dem zuzustimmen. Eine Woche zuvor hatte der palästinensische Präsident einem Publikum von israelischen Besuchern der Mukataa erzählt, dass er die Strategie seiner eigenen Sicherheitskräfte, mit dem israelischen Militär zu kooperieren, als »heilig« erachte. Unter seinen Landsleuten gab es vermutlich keine einzige Strategie, die so verhasst war wie diese fortwährende Kollaboration der Palästinensischen

Autonomiebehörde mit der Besatzungsarmee. Die Hamas und die Volksfront zur Befreiung Palästinas hatten ihn beide gedrängt, sie zu beenden, und die Letztere hatte gefordert, die Palästinensische Autonomiebehörde solle agieren »wie ein Staat, in dem die Sicherheitsdienste eingreifen, um Palästinenser zu schützen und nicht die Besatzer«. Abbas hatte jedoch keine Hemmungen. Er erklärte: »Ich sage es auf Sendung. Die Koordination in Sicherheitsfragen ist heilig, heilig. Und wir werden sie beibehalten, ob wir nun unterschiedlicher Meinung sind oder nicht.«* Falls jemand Zweifel daran gehabt haben sollte: Als am 9. Juni Hamas-Anhänger in Ramallah demonstrierten, um ihre Solidarität mit den Gefangenen im Hungerstreik zu bekunden, lösten die Sicherheitskräfte der Palästinensischen Autonomiebehörde die Proteste gewaltsam auf und verprügelten Demonstranten wie Journalisten, die über die Veranstaltung berichteten. Zwei Tage später demonstrierten diese wieder und wurden wieder von der Polizei verprügelt. Das war am 11. Juni.

Was ich von diesem langen Sommer in Erinnerung behalten werde, hat nichts mit der Fatah oder der Hamas oder der Einheitsregierung oder dem echten und wirklichen Ende des Friedensprozesses und der Zweistaatenlösung zu tun. Ich werde ihn als Sommer der sterbenden Kinder in Erinnerung behalten. Mit einem anderen Journalisten, einem Texaner, besuchte ich Nadeem Nawaras Vater. Nadeem war in Mazraa al-Qabilia begraben worden, von wo der Vater stammte, aber die Familie wohnte in Ramallah, in einem Apartmenthaus, das nur eine kurze Autofahrt von meinem entfernt lag. Der Vater, Siam Nawara, hatte unten im Haus einen Frisör- und Schönheitssalon. Er war sehr erfolgreich, machte Haare und

---

* Als sieben Monate später, im Dezember, ein Minister der Palästinensischen Autonomiebehörde, Ziad Abu Ein, starb, nachdem er während eines Protestes im Dorf Turmusayya von israelischen Soldaten verprügelt worden war, verkündeten hochrangige Beamte der Palästinensischen Autonomiebehörde, dass die Koordination in Sicherheitsfragen gestoppt oder beschränkt werden würde. Aber das wurde sie nicht. Im März darauf stimmten die 110 Mitglieder des Zentralrates der PLO dafür, jegliche Sicherheitskooperation mit Israel auszusetzen. Die Beschlüsse dieses Organs sind nicht bindend für die Palästinensische Autonomiebehörde, stehen aber dennoch für den Willen des palästinensischen politischen Establishments. Abbas entschied sich dafür, den Beschluss nicht umzusetzen.

Make-up für Hochzeiten. Alles, sagte er, Haarverlängerungen, Augenbrauen, Hochsteckfrisuren. Nadeem Salon hieß sein Laden. Er hatte ihn nach seinem ältesten Sohn benannt. Wir redeten eine Weile über die Behauptungen in den israelischen Nachrichten – dass die Videos Fälschungen seien, dass Nadeem nicht getötet worden sei. »Mein Sohn ist echt«, sagte er. »Er ist tot.« Er habe Fotos, die die Wunde zeigten, die Stelle, wo die Kugel in Nadeems Körper eingetreten und wieder ausgetreten sei. Ob wir sie sehen wollten?

Was hätten wir sagen sollen?

Er führte uns in ein kleines Zimmer mit zwei unbezogenen Betten, einem kleinen Wandbord mit Schulbüchern und einem Tisch mit einem Computer. Es war Nadeems Zimmer. Siam Nawara schob eine CD-ROM in den Computer und klickte sich durch Bilder vom Leichnam seines Sohnes, der in ein blassblaues Tuch gehüllt war. Da war die Eintrittswunde, mitten auf der Brust. Ein weiter Bogen aus Fleisch, den die Chirurgen aufgeschnitten hatten, war grob vernäht worden. Und da war die Austrittswunde, ein dunkles Loch im Rücken, aus dem Blut sickerte. »Das ist mein Sohn«, sagte Nawara. Er klickte auf die CNN-Aufnahmen von der Erschießung und zeigte auf einen Soldaten auf dem Hügel in der grauschwarzen Uniform des Grenzschutzes. »Hundertprozentig«, sagte er, »ist das der, der Nadeem erschossen hat.«[*]

Das war noch nicht alles. »Seht mal, das ist Nadeem«, sagte er. Ein

---

[*] Sieben Grenzschutzoffiziere und ein israelischer Soldat, der einer Kommunikationseinheit angehörte, hatten sich in einer Auffahrt auf dem Hügel über der Straße versammelt. Das Interesse der Medien hatte sich zunächst auf einen Soldaten konzentriert, der, wie auf dem CNN-Video genau zu sehen war, sich hinhockte und sein Gewehr auf einer niedrigen Mauer abstützte, bevor er schoss. Bis Nawaras Vater darauf hinwies, hatte ich nicht bemerkt, dass ein Grenzschutzbeamter, der zum Teil von Laub verdeckt war, Sekunden vor dem grün uniformierten Soldaten feuerte. Im November sollte der Grenzschutzbeamte, der Ben Deri hieß, schließlich verhaftet und wegen Totschlags angeklagt werden. Das war ungewöhnlich: Der israelischen Menschenrechtsgruppe Yesh Din zufolge hatten zwischen 2010 und 2013 nur 1,4 Prozent der Beschwerden über Fehlverhalten von Soldaten gegenüber Palästinensern zu Anklagen geführt. In den Monaten nach Deris Verhaftung wurde das Gerichtsverfahren immer wieder vertagt. Im Dezember 2015, über ein Jahr nach seiner Anklage und drei Monate nachdem die Beweisaufnahme beginnen sollte, wurde das Verfahren erneut verschoben, diesmal um weitere sechs Monate.

schummriges, verwackeltes Handy-Video erschien auf dem Bildschirm. Darauf kasperte Nadeem herum, während seine Mutter versuchte zu kochen. Sie wollte ihn mit einer Kelle verscheuchen, aber er packte die Kelle und küsste seine Mutter dreimal auf die Wangen. Sie lachte. Neben mir lachte sein Vater auch. Er hatte diese Clips so oft gesehen, dass er jeden Satz seines Sohnes aufsagen konnte, bevor er ihm über die Lippen kam.

Es gab weitere Filme: Nadeem, der im vergangenen Dezember einen Rückwärtssalto in eine tiefe Schneewehe macht; Nadeem, der mit zwei Freunden lacht und kreischt, als sie im Regen durch die Straßen rennen; Nadeem in einem Auto voller Teenager, wo die Musik dröhnt und die Jungen in ihren Sitzen grooven; Nadeem und ein Freund, die im Klassenzimmer Quatsch machen, während der Lehrer im Hintergrund vor sich hin redet; Nadeem, der in Mazraa al-Qabilia auf einem Pferd reitet, nur eine Woche vor seinem Tod. Das Video hatte er selbst aufgenommen, die Zügel in der einen Hand, das Telefon in der anderen. Es war schon spät. Die Schatten waren lang, der Himmel von einem dunklen, tiefen Blau.

10

MEINES BRUDERS HÜTER

*Ramallah, Hebron, Balata,
Nablus, Nabi Saleh*

Die Nacht ist stets ein Riese,
doch diese war besonders schrecklich.

Vladimir Nabokov

Am 12. Juni 2014 verschwanden drei israelische Teenager – Gilad Schaar und Naftali Fraenkel, beide sechzehn, und Ejal Dschifrah, der neunzehn war –, als sie im südlichen Westjordanland trampten. Es war ein Donnerstagabend, und sie waren auf dem Weg nach Hause für das Wochenende. Alle drei waren Schüler an Jeschiwot im Westjordanland, Schaar und Fraenkel in Gusch Etzion, Dschifrah in der Schuhada-Straße in Hebron. Einer der Jungen, sagte der israelische Polizeisprecher Micky Rosenfeld der *New York Times*, konnte einen Notruf bei der Polizei absetzen. Er habe nicht gesprochen, sagte Rosenfeld, »aber die Hintergrundgeräusche ließen vermuten, dass er in irgendwelchen Schwierigkeiten steckte«. Das war, wie sich herausstellen sollte, nicht ganz richtig und bei weitem nicht vollständig. Aber die israelische Regierung war und blieb interessierter daran, die Wahrheit zu verbergen, als sie ans Licht zu bringen. Schnell wurde eine Nachrichtensperre über den Fall verhängt; die Presse durfte weder über Details der Ermittlung berichten noch über die bloße Existenz einer Ermittlung noch über die Existenz einer Nachrichtensperre. Das machte die Sache leichter für Netanjahu, der, schon bevor die Namen der Jungen überhaupt veröffentlicht worden waren, erklärt hatte, zu der Entführung sei es gekommen, weil »eine terroristische Vereinigung an der Regierung beteiligt worden« sei. Er führte diesen Zusammenhang nicht genauer aus, und es forderte ihn auch niemand dazu auf.

An jenem Abend wurde ein ausgebrannter Hyundai mit israelischem Kennzeichen auf einem Feld vor der Stadt Dura gefunden, westlich von Hebron. Fast sofort begannen Razzien auf der Suche nach Verdächtigen. Rund um Hebron wurden Kontrollposten eingerichtet, und Tausende zusätzliche Truppen wurden im Westjordanland stationiert. Netanjahu wartete ab, bis der Sabbat vorbei war, und äußerte dann seine feste Überzeugung, dass die Entführer »Mitglieder der Hamas waren, derselben Hamas, mit der Abu Mazen eine Einheitsregierung gebildet hat«. Er lieferte keine Beweise. Weder die israelischen noch die amerikanischen Medien verlangten welche. Später an diesem Tag sagte er wieder: »Terroristen der Hamas sind für die Entführung von drei israelischen Teenagern am Donnerstag verantwortlich. Das wissen wir mit Sicherheit.« Er identifizierte die »Terroristen« nicht und ließ auch nicht erkennen, woher er wusste, dass sie von der Hamas seien. Er sagte überhaupt nichts, was man als Fakt werten konnte, aber er sagte wieder und wieder das Gleiche und würde in all den Wochen, die folgten, dabei bleiben, so dass die Wiederholung die Beweise ersetzte. Die Entführung lieferte Netanjahu eine einfache Lösung für ein Problem, das ihm schon seit Wochen zusetzte, einen Knüppel, mit dem er die Hamas zerschmettern und Abbas disziplinieren konnte. Es spielte keine Rolle, dass die Hamas die Vorwürfe zurückwies und dass diese so haltlos waren: Politische Entführungen waren sinnlos, wenn die Entführer sich nicht zu der Tat bekannten. In der Vergangenheit hatte die Hamas damit geprahlt, wenn es ihr gelang, einen Israeli gefangen zu nehmen. Beim Schalit-Deal hatte ein einziger Soldat der Hamas 1027 palästinensische Gefangene eingebracht. Wenn sie drei israelische Teenager in ihrer Gewalt hätten, warum sollten sie es dann abstreiten? Sogar tot wären die Teenager noch zu etwas gut gewesen. Ein Sprecher der Hamas tat Netanjahus Behauptungen als »dumm« ab. Dumm oder nicht, am Ende dieses Tages waren 150 Palästinenser – die meisten Unterstutzer der Hamas – verhaftet worden. Unter Ihnen waren der gewählte Sprecher des Palästinensischen Legislativrates und fünf weitere Parlamentarier der Hamas. Alle 700 000 Einwohner des Gouvernements Hebron waren vom Rest des Westjordanlandes abgeriegelt worden. Hebroniten durften den Container-Kontrollpunkt nicht mehr passieren. Selbst wenn sie Genehmigungen hatten, konnten sie nicht nach

Israel einreisen oder Palästina Richtung Jordanien verlassen. Und so war es nicht nur in Hebron: Israelische Truppen fingen an, Razzien in allen größeren Städten des Westjordanlandes durchzuführen. Fast überall folgten darauf Zusammenstöße. Im Flüchtlingslager Dschalasun töteten Soldaten den zwanzigjährigen Ahmad Sabarin. Als die jungen Männer des Lagers zum Kontrollpunkt Kalandia marschierten, schossen die Soldaten auf sie und verletzten sechs von ihnen.

Zu diesem Zeitpunkt hatte der Einsatz schon einen Namen: Operation Meines Bruders Hüter. Niemand schien zu bemerken, dass der Vers, auf den die Operation sich bezog, trotz all seines biblischen Gewichts und seiner scheinbar guten Gefühle nicht von brüderlicher Zuwendung, sondern von Verleugnung, Brudermord und Betrug handelte.* Als es Montagabend wurde, war deutlich geworden, dass Netanjahu etwas Gewaltiges entfesselt hatte. Mehr Truppen hatten das Westjordanland geflutet, als zu irgendeinem Zeitpunkt seit der Zweiten Intifada dort gewesen waren. Jeder Tag brachte weitere vierzig, fünfzig oder sechzig Verhaftungen, und das nicht nur in und um Hebron, sondern auch in Nablus, Dschenin, Tulkarem, Ramallah. Nahezu jeder mit einer bekannten Verbindung zur Hamas wurde des Nachts aus dem Bett geholt. Die *Haaretz* zitierte einen »hochrangigen Offizier der Armee«, der zugab, dass die Regierung nicht wisse, »ob die Entführung von einer lokalen Zelle oder von einem Außenstehenden durchgeführt wurde«. Mit anderen Worten: Die Obrigkeit wusste so gut wie nichts, und wir mussten ihr einfach glauben, dass die Hamas verantwortlich war – nicht nur einzelne Mitglieder, sondern die gesamte Organisation. Mangels zwingender Beweise – die die Presse dank der Nachrichtensperre auch nicht hätte veröffentlichen dürfen – peitschten die Medien die israelische Öffentlichkeit in einen Rausch der Angst und Rage. Die Israelischen Verteidigungsstreitkräfte taten ihr Übriges, indem sie vierzig Offiziere für eine Social-Media-Redaktion abstellten, die dafür sorgten, dass der Hashtag #BringBackOurBoys viral blieb. Über Nacht tauchten diese Worte in riesigen Lettern auf den öffentlichen Bussen in Jerusalem auf – auf Englisch, nicht auf Hebräisch,

---

* Ein neidischer Kain hat gerade seinen Bruder Abel erschlagen. »Da sprach der HERR zu Kain: Wo ist dein Bruder Abel? Er sprach: Ich weiß nicht; soll ich meines Bruders Hüter sein?«

nur eine israelische Flagge und der Imperativ »Bring Back Our Boys« in blauer und weißer Blockschrift. Eine Facebook-Seite, die die Bürger dazu aufrief, stündlich einen Palästinenser zu »eliminieren«, bis die Teenager gefunden würden, erhielt in den ersten drei Tagen, in denen sie online war, über 17 000 Likes. Vertreter der Israelischen Verteidigungsstreitkräfte sprachen offen und sogar ausgelassen von einer Kollektivstrafe. »Ich glaube, der Ramadan wird ihnen verdorben«, versprach einer – der Fastenmonat war da noch zwei Wochen entfernt. Die Armee »mistet die Ställe aus«, sagte er. »Wenn es heute vierzig Minuten dauert, um von Nablus nach Dschenin zu kommen, könnte es nächste Woche schon sieben Stunden dauern.« Der Verteidigungsminister versprach: »Wir werden schon wissen, wie wir den Führern der Hamas einen sehr hohen Preis abverlangen können, wo und wann immer wir es für angemessen halten«, was für die heimische Presse – ohne erkennbare Bedenken – zu implizieren schien, dass man zur Strategie der offenen Tötungen zurückkehren würde. Generalmajor Nitzan Alon, der Chef des Zentralkommandos der Armee, sagte voraus, dass die Operation, die er nicht als Suche, sondern als »Kampagne gegen die Hamas« bezeichnete, »kompliziert und langwierig« werden würde. Die Hamas, sagte er, werde »aus der Schlacht [...] in operativer und strategischer Hinsicht geschwächt hervorgehen«.

Die Razzien und Verhaftungen gingen weiter – in Nablus und den Dörfern und Flüchtlingslagern darum herum, in Salfit, Dschenin, Hebron und im gesamten Süden. Mehr als drei Viertel der 65 Menschen, die Dienstagnacht verhaftet wurden, waren beim Gilad-Schalit-Gefangenenaustausch freigelassen worden. Israel holte sie wieder zurück. Wie, fragte die *Jerusalem Post*, würde das überladene Militärgerichtssystem mit dem Massenzustrom an Verhafteten fertigwerden? Gar nicht: Keine zusätzlichen Staatsanwälte oder Richter würden eingesetzt werden. Sie stellten niemanden unter Anklage. Sie nahmen die Leute einfach nur fest. In Ramallah kam es zu Zusammenstößen mit den Israelischen Verteidigungsstreitkräften auf der Irsal-Straße, nur ein paar Blocks von der Mukataa entfernt. Abbas war in Saudi-Arabien und bekam nichts davon mit. Aus sicherer Entfernung verteidigte er die weiterbestehende Sicherheitskoordination der Palästinensischen Autonomiebehörde mit dem israelischen Militär als »in unserem Interesse und zu unserem Schutz« und fuhr dann fort, sein Volk vor den Gefahren des Widerstands zu warnen. »Wir wollen nicht zu Chaos und Zerstörung zurückkehren«, sagte der palästinensische Präsident. »Ich sage es frank und frei: Wir werden nicht zu einem Aufstand zurückkehren, der uns zerstören wird.« Abbas hatte allerdings auch kein Problem mit den Verhaftungen. Versöhnung hin oder her, die Schwäche der Hamas war seine Stärke. Als die Truppen ihre Stützpunkte verließen, brannten all die Schleier weg, die Oslo über die Besatzung drapiert hatte. Die wahre Einheitsregierung trat plötzlich hervor, und sie stand nicht an der Seite der Hamas. Abbas, der aufgeschwemmte Regent, wurde unsanft an seine Stellung erinnert. Er war dazu da, für Ruhe zu sorgen und seine Vasallen bei Laune und im Futter zu halten. Welche Streitereien auch immer sie trennen mochten und welche Meinungsverschiedenheiten auch immer die Palästinensische Autonomiebehörde und die Israelis der Welt auftischten, letzten Endes regierte nur eine Regierung über das Westjordanland, ob nun in Zone A, B oder C, und sie tat, was sie wollte.

Die Blase der Sicherheit und des Komforts, für die Ramallah berühmt war, schien endlich zu platzen. Zumindest nachts. Tagsüber waren die Märkte voll, die Geschäfte und Cafés gut besucht, aber alle hatten Geschichten zu erzählen. Die meisten Durchsuchungen fanden in den Lagern und in Mittelschichts- und Arbeitervierteln wie al-Bireh und Umm al-Scharayit statt, aber sie ereigneten sich auch in al-Tireh, wo die Vermögenden lebten. Eine Freundin war in der Wohnung ihrer Mutter gewesen, als sie an der Wand winzige, tanzende, rote Punkte bemerkt hatte – die Armee durchsuchte das Gebäude, und die Soldaten draußen zielten mit den Laservisieren ihrer Waffen durch die Fenster. Mein Arabischlehrer, dessen Haus in al-Bireh zu Fuß etwa zwanzig Minuten von meiner Wohnung in der Innenstadt entfernt lag, wachte nachts auf, als etwa ein Dutzend Armeejeeps vor dem Haus eines Nachbarn parkten. Zwei der Söhne der Familie, beide Hamas-Kämpfer, waren während der Zweiten Intifada getötet worden. Niemand wurde verhaftet, sagte er, aber die Soldaten verwüsteten alles. Die Armee stattete auch Fakher Zayed in Beitunia einen Besuch ab. Am Tag, als das CNN-Video von der Erschießung Nadeem Nawaras veröffentlicht wurde, waren Soldaten gekommen und hatten seinen Computer und die Aufnahmegeräte seiner Überwachungskameras beschlagnahmt. Nach der Entführung besuchten sie seine Nachbarn und taten das Gleiche, beschlagnahmten die Festplattenrekorder von jedem Geschäft, vor dem sich Kameras befanden. Ein paar Tage später, erzählte Zayed Human Rights Watch, seien vier Jeeps voll mit Soldaten bei ihm vorgefahren. Sie brachten ihn nach Ofer und bedrohten ihn, sagten ihm, das Video, das er aufgenommen hatte, lasse die Armee schlecht aussehen. Ein Offizier sagte zu ihm: »Wir werden dich zerstören, wie es das Gesetz verlangt.« Sie gaben ihm 24 Stunden Zeit, um die nun nutzlosen Kameras abzubauen.

Nur die jungen Männer in den Flüchtlingslagern wehrten sich. Nachts waren die Straßen leer, aber kleine Gruppen der Jungs übernahmen Schichten neben brennenden Müllcontainern an der Straße nach Jerusalem – vor dem Kalandia-Lager, vor dem al-Amari-Lager und an der Abzweigung nach al-Bireh. Wenn sie Soldaten entdeckten oder einen Anruf bekamen, dass die Armee anrückte, blockierten sie die Straße, überzogen die Jeeps mit einem Steinregen und alarmierten ihre Verbündeten weiter die Straße hinunter. Manchmal hatten sie Erfolg und verhinderten eine Razzia, dann jagten sie die Soldaten bis zu deren nächstem Ziel, irgendwo anders in der Stadt. Eines Mittwochnachts begannen die Tweets und Anrufe und SMS kurz nach Mitternacht einzutrudeln. Truppen befanden sich in Yatta und Bani Naim, außerhalb von Hebron. Es waren auch welche in Dschalasun und in al-Ram, kurz hinter Kalandia. In der Nähe des Ortseingangs von Ramallah wurden Truppen zusammengezogen. Dutzende Soldaten hatten die Universität von Birzeit gestürmt. Auch auf dem zentralen Platz von Nablus waren Truppen. Sie hatten sich schon bis zum Stadtrand ausgebreitet. Sie waren in al-Tireh, und es fielen Schüsse in al-Birch. In Birzcit hatten sie dreißig Studenten festgenommen und die Studentenvereinigung durchsucht; nun schafften sie eine Lkw-Ladung an grünen Hamas-Flaggen fort. (Die *Haaretz* würde das am folgenden Tag als »Beschlagnahmung von Ausrüstung« bezeichnen.) Die Studenten kamen irgendwie davon. Es gab Zusammenstöße am Rande des Campus und südlich davon, in Surda. Es war schon spät, nach zwei, als ich nach Hause kam. Als ich den Schlüssel im Tor vor meinem Gebäude drehte, hörte ich ein Krachen. Es war nah, nur ein paar Blocks entfernt. Ich ging nach oben und legte mich ins Bett. Überall in der Stadt bellten die Hunde. Ich lag noch eine Stunde lang wach und lauschte ihrem Geheul. In dieser Woche und in den Wochen, die folgten, schlief ich nicht viel. In den Stunden vor dem Gebetsruf zur Morgendämmerung lag ich oft wach und lauschte dem Bellen der Hunde, fragte mich, welche dringenden Gerüchte sie gerade austauschten, was sie wussten, was noch nicht auf Twitter herumging. Tagsüber blieben sie still und isoliert voneinander, waren in Höfen eingesperrt oder auf Dächern angekettet. Ein Inselmeer aus Hunden. Normalerweise waren sie auch nachts ruhig, oder vielleicht verschlief ich normalerweise nur alles, aber in diesen Wochen hatten sie sich viel zu sagen. Ein Netz hündischer Äußerungen überzog die Stadt, eine andere Art von Stadtplan. Sie kläfften und jaulten von Hof zu Hof und von Dach zu Dach, riefen einander etwas zu, vielleicht Sticheleien oder Geständnisse ihrer Sehnsüchte und Einsamkeiten, vielleicht vermeldeten sie auch konkretere Phänomene, unerklärliche Geräusche und Gerüche, eine feindselige Präsenz in der Stadt, ein Unbehagen, das sie nicht ruhen ließ.

Am nächsten Morgen besuchte Netanjahu das Westjordanland. Er besuchte den Stützpunkt der Israelischen Verteidigungsstreitkräfte in Beit El, direkt vor den Toren Ramallahs, um die Truppen zu motivieren. Seine Erklärung verdient es, in voller Länge wiedergegeben zu werden: »Wir werden alles in unserer Macht Stehende tun, um unsere drei entführten Teenager zurückzubringen. Sie wurden von der Hamas entführt. Daran hatten wir nie einen Zweifel. Es ist absolut sicher. Die Hamas hat wiederholt zur Entführung und Ermordung israelischer Bürger aufgerufen. Sie ist eine Organisation, die von vielen Ländern als Terrororganisation eingestuft wird, und sie ist eine Terrororganisation, die sich der Zerstörung Israels verschrieben hat. Ich erwarte von Präsident Abbas, dass er die Einheit mit dieser mörderischen terroristischen Vereinigung auflöst. Ich glaube, das ist wichtig für unsere gemeinsame Zukunft. Vielen Dank.«

Er wusste, dass die Teenager tot waren. Er hatte es von Anfang an gewusst. Die Aufnahme sickerte erst später durch, aber bei dem Notruf, der von Gilad Schaars Handy an die Polizei abgesetzt worden war, hatte einer der Teenager gesprochen. Schaars Eltern bestätigten, dass die Stimme ihres Sohnes zu hören war. »Sie haben mich entführt«, sagte er. Dann war eine Stimme zu hören, die auf Hebräisch mit arabischem Akzent schrie: »Köpfe runter!« Dann konnte man eine lange Maschinengewehrsalve hören. Dann eine Stimme auf Arabisch: »Nehmt ihm das Telefon ab.« Dann Stille. In dem ausgebrannten Hyundai waren acht Einschusslöcher und Blutflecken. DNS-Proben aus dem Auto passten zu den Eltern der Teenager. Die Politiker wussten das alles. Die höheren Ränge des Militärs, der Polizei und des Schabak wussten es. Einige Journalisten wussten es, aber sie hielten sich an die Nachrichtensperre und sagten kein Wort. Dennoch hatte Verteidigungsminister Jaalon der Presse zwei Tage nach der Entführung gesagt: »Unsere Arbeitshypothese ist, dass die vermissten Jungen am Leben sind.« Niemand hinterfragte das. Die massiven Propagandabemühungen – im Fernsehen und in den Zeitungen, im Internet, auf Bussen – waren fortgesetzt worden. »Bringt unsere Jungen zurück«, sagten sie alle. Das Westjordanland war abgeriegelt – israelische Truppen hatten den Container-Kontrollpunkt und zwei zentrale Kontrollpunkte südlich von Nablus geschlossen und das Westjordanland in drei separate und isolierte Stümpfe gespalten. Die »Suche« würde weitergehen.

Die Operation, wie sie genannt wurde, konzentrierte sich immer noch auf Hebron, also fuhr ich zusammen mit einem Freund hin. Händler im Stadtzentrum erzählten uns, dass israelische Soldaten da gewesen seien und die Festplattenrekorder von allen Geschäften mit Überwachungskameras konfisziert hätten. Anscheinend hatten sie ihre Lektion in Beitunia gelernt. Wir gingen nach Tel Rumeida und stiegen den Hügel zum Zentrum hinauf. Dschawad war da. H2 sei der sicherste Ort in Hebron geworden, sagte er lachend. Überall sonst durchsuchten die Soldaten ein Haus nach dem anderen, fast jedes Haus in jedem Viertel. Wie üblich schien es bei den Durchsuchungen mehr um Erniedrigung zu gehen als um so etwas wie die Aufklärung eines Verbrechens. Die Truppen zerstörten Möbel und verschütteten die Vorräte aus den Speisekammern der Menschen. So viele Soldaten hatten die Stadt überschwemmt, dass sie nicht mehr in ihre Stützpunkte hineinpassten, deshalb vertrieben sie Familien aus ihren Häusern, quartierten sich für ein, zwei oder drei Nächte dort ein und hinterließen ihre Unterkünfte dann gründlich verwüstet.

Wir nehmen ein Taxi zum Haus von Akram Qawasmeh im Viertel Ain Deir Bahaa. Als die Armee zum ersten Mal zum Haus kam, so erzählte mir Qawasmeh, hatten die Soldaten Sprengstoff verwendet, um die Tür zu öffnen. Wenn die Soldaten geklopft hätten, hätte er aufgemacht, sagte Qawasmeh, aber das hatten sie nicht. Sein achtjähriger Sohn Mohammad wurde von Splittern getroffen. Er war im Krankenhaus in Jerusalem, wo er sich von einer Operation erholte, bei der »vom Nabel bis zum Hals« die Splitter der Tür entfernt worden waren. Die Soldaten sperrten die Familie im Haus eines Nachbarn ein, nahmen allen die Mobiltelefone ab und verwüsteten das Haus. »Sie haben sogar das Fleisch aus dem Kühlschrank genommen«, sagte Qawasmeh, und seien darauf herumgetrampelt. Sie hatten seinen Neffen Zayd verhaftet und waren seitdem dreimal wiedergekommen, zuletzt um die Mittagszeit dieses Tages. Jedes Mal brachten sie Vorladungen für andere Familienmitglieder mit, die vom Schabak befragt werden sollten. Die Soldaten hatten nicht gesagt, warum sie Zayd mitnahmen oder wohin sie ihn brachten, und die Familie hatte seither nichts von ihm gehört. Sie konnten auch den kleinen Mohammad nicht besuchen – niemand hatte die Genehmigung, nach Jerusalem einzureisen. Die Mutter des Jungen sei bei ihm, sagte Qawasmeh, und das seit sechs Tagen. Sie durfte das Krankenhaus nicht verlassen.

Kurz nach ein Uhr am Morgen des 22. Juni suchten die Israelischen Verteidigungsstreitkräfte Ramallah heim. Sie kamen zuerst nach al-Bireh und durchsuchten eine Schule, die von einer der Hamas nahestehenden Stiftung geleitet wurde. Die jungen Männer des Viertels kamen nach draußen, um die Soldaten zu empfangen. Als Nächstes schlugen die Soldaten in Umm al-Scharayit auf, aber die Jungs, die sie dort verhaften wollten, hatten schon gehört, dass sie kamen, und waren entwischt. Die Soldaten fuhren zum al-Manara-Platz weiter, blockierten den Platz mit ihren Jeeps und eilten in die Polizeistation, wo sie Scharfschützen auf dem Dach postierten. Sie durchsuchten ein Gebäude in der Nähe, das die Büros mehrerer Medienredaktionen beherbergte, und beschlagnahmten Akten und Computer von Al Jazeera und Russia Today. Zu diesem Zeitpunkt hatte sich ihre Ankunft herumgesprochen. Hunderte junger Männer strömten in die Straßen rund um die Polizeistation. Sie verteilten sich in kleinen Gruppen auf den Straßen und auf den Dächern, von wo aus sie Flaschen und Steine auf die Soldaten niederregnen ließen. Ich war in dieser Nacht nicht in Ramallah, aber mehrere meiner Freunde waren es, und die Nachricht von der Schlacht verbreitete sich schnell in den sozialen Medien – Berichte über Verletzungen sowohl durch scharfe Munition als auch durch gummiüberzogene Geschosse, verschwommene Handyfotos von brennenden Autoreifen auf den Straßen. Gegen drei Uhr zogen die Israelis ab. Die Menge brach über die Polizeistation herein, attackierte sie mit Steinen und Betonbrocken, brüllte »Verräter!« und skandierte: »Die PA ist eine Hure!« Die palästinensische Polizei kam mit Kalaschnikows nach draußen und feuerte über der Menge in die Luft. Bald kehrten die Israelis zurück – alle, mit denen ich sprach und die dort gewesen waren, waren überzeugt, dass die Palästinensische Autonomiebehörde sie zurückgerufen hatte. Die Soldaten fingen an, aus einer Entfernung von ein paar Blocks Tränengas, scharfe Munition und gummiüberzogene Geschosse abzufeuern, während die palästinensische Polizei gegen die Menge um die Station herum ankämpfte. Die Straßen waren von Rauch und Tränengas erfüllt, aber ein paar Minuten lang, bevor die Jeeps wieder davonrasten, war alles klar und deutlich zu sehen. Die Israelis schossen aus der einen Richtung und die Palästinensische Autonomiebehörde aus der anderen; die beiden Sicherheitsdienste kämpften gemeinsam gegen denselben Gegner – die jungen Männer, die herausgekommen waren, um ihre Stadt zu verteidigen. Die Dinge beruhigten sich erst im Morgengrauen. Der al-Manara-Platz und der Uhrenplatz und die Rukab-Straße – das gesamte innerstädtische Geschäftsviertel von Ramallah – waren mit Steinen, Scherben und Tränengaskartuschen übersät, die Feuer in den Straßen verloschen allmählich flackernd. Stunden später wurde der Leichnam von Mahmud Ismail Atallah Tarifi auf einem Dach gefunden. Man hatte ihm in den Kopf geschossen. Soweit ich weiß, wurde nie abschließend geklärt, ob die Kugel, die ihn tötete, von den Israelischen Verteidigungsstreitkräften oder der Palästinensischen Autonomiebehörde abgefeuert worden war.*

---

* Ein weiterer Palästinenser wurde an diesem Tag in Nablus getötet, ein Mann namens Ahmad Said Soud Khaled. Er war auf dem Weg zur Moschee für das Morgengebet; auf ihn wurde mehrfach geschossen, weil er den Befehl eines Soldaten, stehen zu bleiben, ignoriert hatte.

Als ich am späten Vormittag in die Stadt zurückkam, waren die Straßen und Plätze gründlich gereinigt worden. Die Steine, die Scherben und die geschwärzten Drahtstränge, die von brennenden Reifen zurückblieben, waren fort. Ein paar Fenster auf der Rukab-Straße waren verrammelt, aber ansonsten gab es keine sichtbaren Spuren der Schlacht von Ramallah. Alles war wieder einmal ganz normal. Die Geschäfte hatten geöffnet und waren voll wie immer. Nur wussten alle, was passiert war. Eigentlich war es ein brillantes Manöver. Es ist nur schwer vorstellbar, dass die nächtlichen Durchsuchungen der Medienbüros* außer einem milden diplomatischen Affront irgendeine entscheidende Funktion für die Sicherheit erfüllt hatten oder dass die Soldaten keinen anderen vorläufigen Posten hatten finden können als die Polizeistation. Das war die Erniedrigungsmaschine im Hochleistungsmodus, die in Abbas' Vorgarten mit einem beeindruckenden Grad an semiotischer Raffinesse zu Werke ging. Indem sie eine Polizeistation im Herzen Ramallahs übernahm, hatte die Armee zwei Botschaften gleichzeitig ausgesandt. Erstens an die Palästinensische Autonomiebehörde: Ihr gehört uns, und alle wissen es, ihr könnt nicht einmal so tun, als würdet ihr Widerstand leisten. Und zweitens an das palästinensische Volk, an diejenigen auf den Straßen und diejenigen, die erst später davon erfuhren: Eure Führer erhalten ihre Befehle von uns. Selbst ihre Hunde gehören uns. Ihr habt nichts und niemanden und keinerlei Optionen.

Die »Suche« ging weiter. Irene und ich fuhren zum Balata-Flüchtlingslager außerhalb von Nablus, einem Labyrinth aus Straßen mit pockennarbigen Einschusslöchern und Gassen, die so eng waren, dass wir einige nur seitwärts passieren konnten; fast 30 000 Menschen waren hier auf einem Quadratkilometer Land zusammengepfercht. Balata war der Ort, an dem die Erste Intifada im Westjordanland ankam. Auch während der Zweiten Intifada war der Name des Lagers gleichbedeutend mit erbittertem Widerstand. Die Eingänge waren verbarrikadiert gewesen, die Straßen mit selbstgebastelten Sprengmitteln vermint und die Treppenhäuser

---

* Ein Armeesprecher sagte Russia Today, dass das Ziel der Durchsuchung der Sender Al-Aksa-TV gewesen sei, der Verbindungen zur Hamas hatte, aber die Al-Aksa-Büros befanden sich in einem völlig anderen Gebäude.

mit Sprengfallen versehen. Als die Israelischen Verteidigungsstreitkräfte Balata 2002 besetzten, mieden die Soldaten die Gassen und bewegten sich von Gebäude zu Gebäude, indem sie sich den Weg durch die Mauern freisprengten. Das hatten sie anscheinend nicht vergessen. Wir besuchten das Haus der Familie Abu Arab. Die metallenen Türrahmen waren neu festzementiert. Vier Tage zuvor hatten Soldaten um 1.30 Uhr beide Türen aufgesprengt. Sie stürmten von Zimmer zu Zimmer, warfen Möbel um und machten sie kaputt, bis sie in den zweiten Stock kamen, der gerade erst fertiggestellt worden war. Raed Abu Arab hatte sich eine Wohnung auf seinem Elternhaus gebaut – wenn man in Balata bauen will, geht es nur in die Höhe – und war gerade mit seiner Braut dort eingezogen. Als er den Soldaten die Tür öffnete, boxten sie ihm seinem Cousin Khaled zufolge ins Gesicht und zerrten ihn die Treppen hinunter. »Sagt den Kindern, sie sollen sich die Ohren zuhalten«, sagte einer der Soldaten. Etwas explodierte. Erst später erfuhren sie, dass was immer da detoniert war alle vier Wände aus dem Eckzimmer gerissen hatte und einen Krater im gefliesten Fußboden, Löcher in der Betondecke und in den Fenstergittern der Nachbarn sowie ein Loch in dem neuen Flachbildschirm an der Wand im Nebenzimmer hinterlassen hatte. Sie verhafteten Raed und seinen Cousin Mohammad. Der Rest der Familie – zwanzig Menschen, vor allem Kinder – wurde über vier Stunden in einem kleinen Zimmer im Erdgeschoss eingesperrt, bis die Soldaten mit ihrer Durchsuchung fertig waren. Niemand erklärte ihnen je, warum Raed und Mohammad mitgenommen wurden oder warum ihr Zuhause zerstört wurde.

Seit jener Nacht hatte die Familie Abu Arab aufgeräumt und alles, was noch zu retten war, in der Küche gestapelt – eine Stereoanlage, Geschirr, Kleidung, die in Müllsäcke gestopft war. Sie hatten die ruinierten Möbel und Teppiche in den ersten Stock hinuntergebracht und aus dem Eckzimmer die Reste des zerstörten Betons herausgeschlagen, die den Raum noch vom Freien trennten; wo die Außenwände einmal Schutz und ein illusorisches Gefühl der Sicherheit geboten hatten, klaffte nun zu den Gassen ein Abgrund von fünfzehn Metern Höhe. »Es ist nicht mehr wie früher«, sagte Khaled. Die Soldaten hatten ihre Jeeps vor dem Lager geparkt und waren zu Fuß hereingekommen. »Niemand hat einen einzigen Stein geworfen«, sagte er. »Nicht ein Schuss, gar nichts.«

Der Hungerstreik ging zu Ende. Die Entführung hatte ihn aus den Schlagzeilen verdrängt. Ohne öffentliche Aufmerksamkeit und den politischen Druck, der daraus resultierte, wären die Gefangenen einfach in aller Stille verhungert. Die Details des Deals mit dem israelischen Gefängnisdienst wurden nicht öffentlich bekannt, aber bei einer Pressekonferenz in Ramallah warnte ein Sprecher der Gefangenen: »Man kann dies nicht als Sieg bezeichnen.« Das war eine massive Untertreibung. Israel hatte sich nicht nur geweigert, den Forderungen der Gefangenen in irgendeiner Weise zu entsprechen, sondern die Armee hatte auch zwei Tage zuvor erklärt, dass sie neue Verwaltungshaftbeschlüsse für die Hälfte der über 400 Menschen zu erlassen gedachte, die sie seit der Entführung der Teenager festgenommen hatte, was die Zahl der Palästinenser, die ohne Gerichtsverfahren festgehalten wurden, verdoppelte. Der Widerstand in den Gefängnissen war erfolgreich gebrochen. Auf den Straßen sah es nicht viel besser aus. Die Volkswiderstandsbewegung – all die Aktivisten in all den Dörfern, die seit Jahren wöchentliche Demonstrationen abgehalten hatten, diejenigen, die Bab al-Schams, al-Manatir und Ain Hidschleh organisiert hatten – war untätig geblieben. Die immer gleichen freitäglichen Protestrituale schleppten sich dahin. So gerade eben noch. Darüber hinaus gab es nicht einen Protestmarsch, nicht eine Sitzblockade, nicht eine Nachtwache. Keine Straßen oder Kontrollpunkte wurden blockiert. Es gab nicht einmal eine Pressekonferenz, nur Schweigen. Der einzige organisierte Widerstand – der einzige Widerstand überhaupt – ging von den jungen Männern in den Dörfern und den Flüchtlingslagern aus sowie von den Jungs auf den Straßen, die Routen mit brennenden Reifen blockierten und Steine auf gepanzerte Jeeps warfen. Sie waren die Einzigen, die für die Werte kämpften – und verletzt und getötet wurden –, an die angeblich alle glaubten.

Am Nachmittag, als der Hungerstreik abgeblasen wurde, war ich in der Innenstadt und machte ein paar Erledigungen, bevor ich mich mit Bassem und Nariman treffen wollte, die in Ramallah waren, um Kleidung für die Kinder zu kaufen. Als ich den Markt verließ, um zur Bank zu gehen, war der al-Manara-Platz zur Hälfte mit der Polizei der Palästinensischen Autonomiebehörde gefüllt: einer Spezialeinheit in blauen Uniformen, weißen Helmen und Schutzanzügen. Dazu noch die grün uniformierten Nationalen Sicherheitskräfte mit ihren Kalaschnikows und Bambus-Schlagstöcken. Ein paar Tage zuvor hatte ich gesehen, wie dieselben Polizisten eine Demonstration für die Hungerstreikenden auf dem Weg nach Beit El gestoppt hatten. Jetzt hatten Dutzende von ihnen eine Reihe vor der Bank of Palestine gebildet. Einer der jungen Männer aus Kalandia, der in der Woche zuvor angeschossen worden war, war nach fünf Tagen lebenserhaltender Maßnahmen in einem Jerusalemer Krankenhaus gestorben. Er hieß Mustafa Aslan. Er war 22, der Sohn eines Taxifahrers und hatte selbst ein vier Monate altes Kind. Die Polizei war da, um die Jungs aus dem Lager davon abzuhalten, die Läden zu schließen. Die Palästinensische Autonomiebehörde bezog endlich Stellung – zugunsten des Handels.

Etwa die Hälfte der Geschäfte hatte schon die Rollläden heruntergelassen. Einige hatten komplett zugemacht. Andere hatten einen Spalt offen gelassen und machten diskret im Verborgenen Geschäfte. Der Platz war immer noch voll, mit *muchabarat* genau wie mit uniformierten Polizisten und den üblichen Straßenhändlern – den Geldwechslern vor der Arab Bank mit ihren faustgroßen Bargeldrollen, den Jungs in Pluderhosen und Fez, die Kaffee aus riesigen Hammerschlag-Karaffen verkauften, und anderen, die gekochte dicke Bohnen feilboten oder Plastikpistolen, die in glitzernden, schmierigen Strahlen Seifenblasen verspritzten. Ich sah zwei jungen Frauen zu, die mit ihren Handys Schnappschüsse von den Einsatztruppen machten, und hörte, wie ein Offizier seinen Männern den Befehl erteilte, sie loszuwerden. Drei Polizisten kamen herüber, und die Mädchen eilten fort. Irgendwann trafen die Jungs aus Kalandia ein. Es waren nicht viele. Vielleicht dreißig. Ich erkannte unter ihnen ein oder zwei Gesichter aus Nabi Saleh wieder, als sie den Händlern zuriefen, zu schließen, und die Polizei sich durch die Menge einen Weg zu ihnen bahnte. Die Jungs bogen in die Nablus-Straße ein und stießen von da zum Markt zurück. Die Polizisten rannten jetzt und schrien. Es gab eine kurze Konfrontation, einen Wortwechsel, ein Offizier legte seinen schweren Arm um die Schulter eines Jugendlichen aus dem Lager. Hunderte sahen zu. Der Polizist ließ ihn gehen. Die Geschäfte blieben geöffnet.

Die Operation Meines Bruders Hüter schien langsam auszulaufen. Am Dienstag wurden nur noch siebzehn Menschen verhaftet und am Mittwoch nur zehn. Die Abriegelung wurde gelockert, die extra eingerichteten Kontrollpunkte abgebaut. »Ein großer Teil der Operation gegen die Hamas ist ausgeschöpft«, verkündete Jaalon. »Die meisten Hamas-Aktivisten auf den Listen, die die Israelischen Verteidigungsstreitkräfte und der Schin-Bet-Sicherheitsdienst vorbereitet haben, konnten bereits festgenommen werden«, berichtete die *Haaretz*. Und die Suche nach den Jungen? Auch die schien an ihr Ende zu kommen. Der Schabak hatte zwei Verdächtige benannt, Marwan Qawasmeh und Amer Abu Aischa, beide aus Hebron.* Im August würde die Armee die Häuser ihrer Familien abreißen. Im September würden Soldaten die beiden töten. Beweise gegen die beiden Männer wurden zu keinem Zeitpunkt bekannt gegeben.** Aber es war immer noch Juni, und der Generalleutnant Benny Gantz, der Generalstabschef der Israelischen Verteidigungsstreitkräfte, schien die Öffentlichkeit auf schlechte Neuigkeiten vorzubereiten. Die Armee, sagte er, arbeite immer noch mit der Hypothese, dass die drei Teenager am Leben seien, »aber je mehr Zeit vergeht, desto größer werden die Befürchtungen«.

Auch das war eine Lüge. Es spielte keine Rolle. Für Netanjahu war alles bestens gelaufen. Wenn das Scheitern der Friedensgespräche bei ihm das Gefühl hinterlassen hatte, nicht zu genügen, so wirkte er jetzt wieder stark. Der Hungerstreik war sang- und klanglos eingeschlafen. Abbas war in seine Schranken gewiesen worden. Die geringe Infrastruktur, über die

---

* Die Qawasmehs und die Abu Aischas waren beide große hebronitische Familien. Akram Qawasmeh und seine Brüder, die ich in Ain Daar Bahaa interviewt hatte, waren mit Marwan verwandt, aber nur sehr entfernt; Amer Abu Aischa war ebenfalls nur entfernt verwandt mit Jawad Abu Aischa von der Youth Against Settlements.

** Ein dritter Verdächtiger, Hussam Qawasmeh, gestand später, die Entführung geplant zu haben, und erhielt eine Strafe von dreimal lebenslänglich. Sein Anwalt gab an, dass das Geständnis unter »schwerer Folter« erzwungen wurde. Das war fast unmöglich zu beweisen, aber Mitte Juni hatte der israelische Generalstaatsanwalt Berichten zufolge die Anwendung »moderater physischer Gewalt« bei den Ermittlungen des Schabak genehmigt. Das umfasste Praktiken wie Schütteln, wodurch Bassem einst fast getötet worden war, und schwer zu ertragende Körperhaltungen wie jene, die Mufid Scharabati verkrüppelt hatte.

die Hamas im Westjordanland verfügt hatte, war stark geschwächt worden, und die Palästinenser waren an ihre Machtlosigkeit erinnert worden. Man hatte sie mit der Nase darauf gestoßen. Ein paar der stureren militanten Gruppen im Gazastreifen hatten Raketen auf Israel abgefeuert, aber niemand war ernsthaft verletzt worden, und die Israelischen Verteidigungsstreitkräfte kümmerten sich darum. Sie bombardierten den Streifen jede Nacht.

11

DER TEUFEL HAT NIE GETRÄUMT

Ramallah, Jerusalem, Sderot, Nabi Saleh

Der Wahnsinn gleicht einem Orkan,
und seine Bewegung ist kreisförmig.
Etel Adnan

Sie fanden die Leichname am 30. Juni. Sie waren nicht einmal begraben worden, nur mit Steinen beschwert auf einem Feld in der Nähe von Halhul, nördlich von Hebron, in einem Gebiet, das Tausende Soldaten schon zweieinhalb Wochen lang durchsucht hatten. Die Nachrichtensperre wurde aufgehoben. Die Einzelheiten des Notrufs kamen heraus. Aber es folgte keine Empörung – jedenfalls nicht über die Obrigkeit, die ein ganzes Land mittels dreier ermordeter Teenager fortlaufend manipuliert hatte. Ein weiteres Mal witterte Netanjahu eine Chance. Er veröffentlichte eine Erklärung, die das Ziel hatte, Israels Traurigkeit in Wut umschlagen zu lassen.* Die Teenager, sagte er, »wurden kaltblütig von menschlichen Tieren entführt und ermordet«. Er zitierte den Dichter Chaim Bialik: »Nicht kann selbst die Hölle so grausig Verbrechen / Nicht Kindesblut rächen.«** Der Premierminister ließ sich nicht von der Einfallslosigkeit des Teufels stoppen. »Die Hamas ist verantwortlich«, sagte er – mittlerweile war es wie eine Beschwörung –, »und die Hamas wird dafür büßen.«

---

* Noch einmal Elias Khoury: »Blutbäder geraten nämlich durch noch größere Blutbäder in Vergessenheit.«

** Netanjahu erwähnte nicht, dass die Quelle dieser Zeilen, Bialiks Gedicht »Das Schlachten«, eine Klage über die Sinnlosigkeit irdischer Rache war. Nach den Pogromen von 1903 verfasst, schloss das Gedicht wie folgt: »Und es dringe Blut in den Grund! / Und es dring in den dunkelsten Abgrund und welke, / Zerfresse im Finstern und tilge / Der Erde vermorschtes Gebälke.«

Ein Politiker nach dem anderen schloss sich ihm an; sie wollten Blut sehen, forderten einen »Vernichtungskrieg«, wie es ein Mitglied der Knesset formulierte. Die Beerdigung von Gilad Schaar, Naftali Fraenkel und Ejal Dschifrah fand in der Siedlung Talmon im Westjordanland statt und wurde als riesiges nationalistisches Spektakel inszeniert. Natürlich wurde es im Fernsehen übertragen. Die *New York Times* twitterte live von dem Ereignis. Deren Reporterin Isabel Kershner bemerkte, dass die Beerdigung die Israelis »mit einem seltenen Gefühl von Gemeinsamkeit aufgerichtet« habe und dass der Tod der Teenager »den höheren Zweck erfüllt hat, ein streitsüchtiges Volk zusammenzubringen«. Das hatte er tatsächlich. Ich fuhr an diesem Abend nach Jerusalem. Auf den Straßen um die Altstadt herum, auf denen sich normalerweise die Menschen mischten, waren keine Palästinenser zu sehen. Mobs hatten sich in der Innenstadt zusammengerottet, mit Schildern, die das Wort »Rache« zierte. Gangs aus Jugendlichen in hautengen Jeans und mit weißen Kippas marschierten in israelische Fahnen gehüllt durch die Straßen, skandierten »Tod den Arabern« und hielten Ausschau nach Palästinensern, die sie verprügeln konnten. Im Westjordanland erfüllten die Soldaten eine vergleichbare Aufgabe. Die Razzien wurden wieder aufgenommen – in dieser Nacht gab es Verhaftungen in Nablus, Salfit, Kalkilia, Ramallah und Hebron, welches abermals abgeriegelt war.

Am Morgen folgten weitere schlechte Neuigkeiten. Ein palästinensischer Teenager namens Mohammad Abu Khdeir war im Ostjerusalemer Viertel Schufat entführt worden, als er vor der Moschee auf der anderen Straßenseite seines Zuhauses auf den Beginn des Frühgebets wartete. Er war sechzehn, ein kleiner, schmaler Junge mit großen, leicht verschmitzten Augen. Vor Ablauf des Vormittags hatte die Polizei seinen Leichnam in einem Wald außerhalb von Jerusalem entdeckt. Sein Körper war stark verbrannt. Für Abu Kheidr würde es kein Staatsbegräbnis geben. Als die israelischen Behörden zwei Tage später seinen Leichnam für die Familie freigaben, war Schufat – normalerweise ein ruhiges, sogar wohlhabendes Viertel – verwüstet; die Straßen waren mit Steinen, Scherben und Tränengaskartuschen übersät, hier und da lagen geschmolzene Ampeln oder die verbrannten und zertrümmerten Überreste eines Fahrkartenautomaten der Straßenbahn. Hunderte waren verletzt worden. Der Ramadan hatte begonnen, die Sonne brannte, und über Tausend Menschen warteten vor der Moschee auf der anderen Straßenseite von Abu Khdeirs Elternhaus. Als das Gebet begann, wurde es still, vom Brummen des Polizeihubschraubers darüber einmal abgesehen. Der Leichnam des Jungen, der zu entstellt war, um ihn offen zu zeigen, lag in einem Sarg, nicht auf einer Bahre. Auf den Schultern seiner Verwandten wirkte er seltsam leicht. Sie schafften es kaum einen Block in Richtung Friedhof, bevor die Polizei zu schießen begann. Als ich ging, war es schon Abend. Immer noch hallten Schüsse durch die brennenden Straßen.

Es kam noch schlimmer. Der Bericht der Autopsie sickerte an die Presse durch. Die Gerichtsmediziner hatten Ruß in Abu Khdeirs Lungen, Bronchien und Hals gefunden – er hatte geatmet, als seine Entführer ihn anzündeten. Sie hatten ihn bei lebendigem Leib verbrannt.* Am nächsten Tag wurden sechs Verdächtige verhaftet – israelische Jugendliche aus einem Jerusalemer Vorort und aus der Siedlung Adam. Drei wurden wieder freigelassen. Am Abend breiteten sich die Zusammenstöße auf fast jedes Viertel in Ostjerusalem aus. Auch innerhalb Israels, überall im arabischen Norden – in Tira, Tayyibeh, Sachnin, Umm al-Fahm, Nazareth und sogar in Haifa – kämpften junge Palästinenser auf den Straßen gegen die Polizei. Und von Jerusalem über Tel Aviv bis in den Norden Israels attackierten israelische Zivilisten Palästinenser in Bussen, Geschäften und auf der Straße. Netanjahu hatte etwas entfesselt, was er nicht kontrollieren konnte. Die Angst und die Wut, die er und der Großteil der politischen Klasse Israels über Jahre genährt und manipuliert hatten, entglitten ihm nun. Und so wird Geschichte geschrieben – nicht durch sorgsam

---

* Aus Netanjahus Trauerrede für die drei israelischen Teenager: »Ein tiefer, breiter moralischer Abgrund trennt uns von unseren Feinden. Sie heiligen den Tod, während wir das Leben heiligen. Sie heiligen Grausamkeit, während wir Mitgefühl heiligen. Das ist das Geheimnis unserer Stärke; es ist das Fundament unserer Einheit.« Dreizehn Monate später würde ein weiteres palästinensisches Kind verbrannt werden, diesmal ein achtzehn Monate altes Kleinkind namens Ali Saad Dawabscha. Siedler warfen eine Brandbombe durch das Fenster seines Zuhauses im Dorf Duma im Westjordanland, während die Familie schlief. Der Vater des Kindes, Saad Dawabscha, starb bald darauf an seinen Verbrennungen. Die Mutter, Riham Dawabscha, starb einen Monat später.

durchdachte Strategien oder Entscheidungen, sondern durch Chaos und Improvisation. Etwas Übles ergoss sich überallhin.

Es kam noch viel schlimmer. In der zweiten Junihälfte, als die Israelischen Verteidigungsstreitkräfte das Westjordanland mit Truppen überschwemmten, waren Raketen aus Gaza in Israel gelandet. Es waren etwas mehr als gewöhnlich, aber ansonsten war das relativ normal. Seit dem Ende des letzten kurzen Krieges im November 2012 hatten die kleineren bewaffneten Gruppen im Gazastreifen, hauptsächlich der Islamische Dschihad und das Volkswiderstandskomitee*, gelegentlich Raketen ins südliche Israel abgefeuert. Die Hamas hatte versucht, das zu verhindern, aber drei bis vier Raketen im Monat drangen meistens durch, manchmal auch ein Dutzend oder mehr. In der Regel folgten darauf Luftschläge der israelischen Armee, aber wenig Aufhebens. 2013 waren weniger Raketen abgefeuert worden als in jedem der zehn Jahre davor. Die Raketen waren außerdem ziemlich primitiv und selten tödlich. Dem Online-Archiv »Terror Data« des Schabak zufolge hatten sie bei den vielen Dutzend Abschüssen seit 2012 keinen einzigen israelischen Zivilisten verletzt oder gar getötet. Im März 2014 waren mehr Raketen abgeschossen worden als im Juni, aber im März war die Bevölkerung noch nicht in einen rachsüchtigen Rausch getrieben worden, und die israelische Reaktion – Luftschläge, die fünf Kämpfer des Islamischen Dschihads töteten – fiel relativ zurückhaltend aus. Niemand redete davon, dass die Raketen existenzbedrohend waren oder dass Israel keine andere Wahl hatte, als in den Krieg zu ziehen.

Am 29. Juni tötete ein Luftschlag der israelischen Armee auf Chan Junis im südlichen Gazastreifen einen Hamas-Kämpfer und verletzte drei weitere. Bis dahin hatte die Hamas keine Raketen abgefeuert, und Israel hatte die Hamas nicht ins Visier genommen. An diesem Tag hatte die Gruppe zum ersten Mal seit 2012 wieder eine Rakete abgeschossen. Ende der Woche verkündete die Hamas, dass sie nicht mehr versuchen würde, Raketenangriffe anderer bewaffneter Gruppen zu verhindern. Die Palästinensische Autonomiebehörde und die Hamas rangen immer noch über Gehälter, und die Hamas war empört über Abbas' Beteiligung an

---

* Nicht zu verwechseln mit der unbewaffneten Volkswiderstandsbewegung im Westjordanland; das Volkswiderstandskomitee war ein Zusammenschluss bewaffneter Gruppen, die hauptsächlich aus ehemaligen Fatah-Kämpfern bestanden.

der israelischen Kampagne gegen ihre Mitgliedschaft und Infrastruktur im Westjordanland. »Die Hamas regiert den Gazastreifen nicht«, sagte Ahmad Yousef, ein hochrangiger Hamas-Berater – der dabei vermutlich feixte –, »deshalb liegt es nicht in ihrer Verantwortung, die Grenzen zu sichern.« Zwei Tage darauf bombardierten die Israelis einen Tunnel in der im Süden des Gazastreifens gelegenen Stadt Rafah und töteten sieben Hamas-Kämpfer. Ein Hamas-Sprecher nannte den Luftschlag »eine gefährliche Eskalation, für die der Feind büßen wird«. Vor Tagesende hatten 85 Raketen den Gazastreifen verlassen, so viele, wie in den drei Monaten zuvor abgefeuert worden waren. Zwei Israelis wurden »leicht verletzt«. Am Ende der folgenden Nacht hatte Israel 400 Tonnen Sprengstoff abgeworfen, wodurch über sechzig Palästinenser getötet wurden, darunter sechzehn Kinder.

Und so fing *es* an. Israel befand sich im Krieg. Die Rhetorik veränderte sich. Die Einheitsvereinbarung war vergessen, die entführten Jungen eine ferne Erinnerung. Später würden die Tunnel, die die Hamas unter dem Grenzzaun hindurch gegraben hatte, als Bedrohung gelten, aber für den Augenblick kämpfte Israel gegen Raketen. »Kein Land würde eine solche Bedrohung akzeptieren«, sagte Netanjahu und sagte es immer wieder. Die Kampagne hatte einen Namen oder vielmehr eine Marke, wie ein Rasiergel oder gerippte Kondome: Operation Starker Fels. Selbst der offizielle Diskurs war offen völkermörderisch geworden. »Wir werden mehr tun, als im Gazastreifen den Rasen zu mähen. Wir werden ihn abfackeln«, versprach ein Offizier der Israelischen Verteidigungsstreitkräfte bei einer Unterrichtung von Reportern. Dieser Krieg, so postete die Knesset-Abgeordnete Ajelet Schaked auf Facebook, »ist kein Krieg gegen den Terror und kein Krieg gegen Extremisten und noch nicht einmal ein Krieg gegen die Palästinensische Autonomiebehörde [...]. Wer ist der Feind? Das palästinensische Volk.« Selbst »die Mütter der Märtyrer«, fuhr der Post fort, »sollten ihren Söhnen folgen.« Ihre Häuser sollten zerstört werden: »Sonst werden dort noch mehr kleine Schlangen großgezogen.«[*]

---

[*] Schaked wandte ein, dass die Worte nicht ihre eigenen seien: Sie habe einfach einen unveröffentlichten Artikel des Siedlerführers und früheren Netanjahu-Beraters Uri Elitzur geteilt. Nach den Wahlen acht Monate später bildete Netanjahu eine neue Regierungskoalition und ernannte Schaked zur israelischen Justizministerin.

Ein paar Worte zu den Raketen. Sie waren hocheffektive Waffen, aber nur für das Verbreiten von Panik. Ich war an dem Abend in Jerusalem, als zum ersten Mal die Sirenen heulten. Es war kein angenehmes Gefühl. Ich fuhr nach Sderot im Süden, an der Grenze zum Gazastreifen, und ein paarmal stündlich hörte ich die Sirenen und die Explosionen. Aus den offenen Türen der öffentlichen Luftschutzbunker – es gab einen an jeder Bushaltestelle – konnte man den Hals recken und den Himmel nach Kondensstreifen absuchen: Nicht nur die der Raketen, die aus Gaza abgefeuert wurden, sondern auch die der Missiles, die aus Israel abgeschossen wurden, um Erstere aus der Luft zu holen. Wenn die beiden aufeinanderprallten, endeten die weißen Spuren der Raketen in zarten Rauchwölkchen. Einen Moment später hörte man die Explosion: keinen lauten Schlag, sondern ein leises, dumpfes Platzen.

Die Raketen waren zermürbend, aber sie waren nicht viel gefährlicher als große Steine. Ich sage das nicht unbedacht. Der geringe Schaden, den sie anrichten konnten, wurde hauptsächlich durch die Wucht des Einschlags verursacht. Hinter der Polizeistation in Sderot standen Metallregale, auf denen sich die Raketen stapelten, die die Behörden auf den Straßen und Feldern der Stadt eingesammelt hatten. Man wünschte sich sicher nicht, dass man von ihnen getroffen wurde oder dass sie in ein paar Metern Entfernung landeten, aber sie wirkten eher wie etwas, was man in der Schule im Werkunterricht zu bauen gelernt hatte, als wie Artillerie des 21. Jahrhunderts: dicke Metallrohre von etwa einem Meter Länge mit angeschweißten Flossen, einem Triebwerk am Sockel und Platz für ein paar Pfund Sprengstoff im Kopf. Die meisten waren nach der Explosion verbeult oder aufgerissen, aber im Grunde genommen intakt. In den dreizehn Jahren zwischen 2001, als die Hamas diese Taktik erstmals einsetzte, und dem Spätsommer 2014 – ein Zeitraum, der einen Gutteil der Zweiten Intifada und drei Kriege gegen den Gazastreifen umfasst – wurden insgesamt dreißig israelische Zivilisten von Raketen und Mörsern aus dem Gazastreifen getötet, genauso viele wie jeden Monat bei Autounfällen sterben. Israels vielgerühmtes »Iron Dome«-Raketenabwehrsystem hatte daran wenig Anteil – das System kam erst ab 2011 zum Einsatz.

Zwei Bilder sollten genügen, um das Ganze zu veranschaulichen. Erstens: Ich besuchte einen Kibbuz auf der anderen Seite des Grenzzauns zum Gazastreifen. Kurz vor meiner Ankunft war dort eine Rakete gelandet. Sie hatte eine kleine Töpferei im Zentrum des Kibbuz getroffen. Das Dach der Töpferei hatte ein Loch, es lagen Betonbrocken herum, aber es hatte keine Explosion gegeben, und es war nichts verkohlt oder verbrannt. Die Fenster auf der anderen Seite des Raums waren noch heil. Genau wie die Tongefäße auf den Regalen entlang der Wände.

Zweitens: Am 8. Juli, dem ersten offiziellen Kriegstag, hielt die *Haaretz* eine »Friedenskonferenz« in Tel Aviv ab. Die Ironie war nicht beabsichtigt – die Veranstaltung war Monate im Voraus geplant worden. Die Teilnehmer gehörten hauptsächlich zu Israels liberalen Intellektuellen, aber Naftali Bennett, der Anführer der ganz rechts angesiedelten Partei »Das jüdische Heim«, war einer der Sprecher, genau wie der Siedlerführer Dani Dajan. Die Zeitung zeigte später ein Bild von einem fast leeren Auditorium. Während der Konferenz hatten die Sirenen geheult. Raketen waren im Anflug auf Tel Aviv gewesen, und man hatte das Publikum zur Evakuierung angehalten. Auf dem Foto war nur ein Mann zurückgeblieben, der in aller Ruhe dasaß und auf sein Smartphone blickte, während die letzten Nachzügler zu den Ausgängen eilten. Es war Juval Diskin, der seit sechs Jahren den Schabak leitete und vermutlich ein paar Dinge wusste, die die meisten Menschen nicht wussten. Zum Beispiel, dass es keinen Grund gab, seinen Platz zu verlassen, ob nun Raketen im Anflug waren oder nicht.

Ramallah war wie immer eine andere Welt. Es gab tägliche Zusammenstöße in den Lagern und am Stadtrand, an den wenigen direkten Schnittstellen mit der Besatzung: in Kalandia und Beitunia, im Gebiet von al-Bireh direkt unterhalb der Psagot-Siedlung und auf der Straße, die zum Stützpunkt der Israelischen Verteidigungsstreitkräfte in Beit El führte. Kalandia inmitten eines Zusammenstoßes zu passieren war zu einer neuen Routine geworden; man lauschte den Schüssen weiter vorn, während man im Verkehr festsaß und ihnen nur langsam entgegenkroch und die Fenster so lange wie möglich geöffnet hielt, bis man sie wegen des Tränengases doch schließen musste. Alle waren gereizt, hupten und rasten durch jede kleine Lücke, die sich zwischen den Autos auftat, bis man schließlich die letzte Kurve genommen hatte und mittendrin war; die Soldaten zielten in ein paar Metern Entfernung, die Jungs dirigierten den Verkehr mit Steinen in den Händen und rauchten und lachten, bevor sie sich wieder ins Getümmel stürzten.

Die Durchsuchungen waren wieder aufgenommen worden, spätnachts gab es wieder Explosionen, und die Hunde bellten sich wieder von Block zu Block verschlüsselte Botschaften zu. Die Zahl der Verhaftungen im Westjordanland war seit der Entführung im Juni auf 1000 gestiegen. Es fühlte sich an, als wären Jahre vergangen. Tagsüber wirkte Ramallah nicht nur unerschüttert, sondern regelrecht überschwänglich. Es war Ramadan, und die Rhythmen der Stadt hatten sich dem angepasst. Morgens waren die Straßen ruhig, fast tot; sie füllten sich erst gegen Nachmittag allmählich mit Verkehr und Einkaufenden, und die Seitenstraßen wurden von Karren verstopft, auf denen sich billige Schuhe und Sneakers, Unterwäsche und BHs türmten; auf den Straßen vor dem Markt waren es Litschis, Feigen, Mangos, Pfirsiche, Weintrauben und Pflaumen. Die Händler riefen: »Süße rote Wassermelonen!«, oder sangen von Tomaten, zwei Kilo für zehn Schekel. Die Läden, die normalerweise Kebab und Falafel verkauften, waren mit langen Tischen zugestellt, voller Plastikeimer mit eingelegten Gurken und Blumenkohl, Baby-Auberginen, die mit Knoblauch gefüllt waren, grünen und schwarzen Oliven, gefüllt oder scharf, in Öl oder Salzlake haltbar gemacht. Alle Bäckereien machten Awamat, kleine frittierte Teigbällchen, die in Zuckersirup getränkt werden, und Pfannkuchen für Knafeh. Fast jeder trug schwere Einkaufstüten in beiden Händen, bis etwa eine halbe Stunde vor Sonnenuntergang, wenn das Fasten gebrochen werden konnte und sich die Straßen leerten. Gegen neun Uhr füllten sich die Gehwege allmählich wieder, und die Geschäfte öffneten erneut. Die Fußballweltmeisterschaft lief, und die Cafés waren voll mit Fans.

Im Gazastreifen stieg die Zahl der Todesopfer auf 100, dann auf 200. Jeden Morgen schnellte die Zahl um ein paar Dutzend in die Höhe, und alle paar Tage hörte ich von Freunden in Israel eine neue Geschichte über Israelis, die Palästinenser auf der Straße oder in Geschäften angegriffen hatten. Fast nichts davon tauchte in den Nachrichten auf. Die Zusammenstöße in Kalandia wuchsen sich aus. Die Jungs stapelten Reifen vor dem Scharfschützenturm aufeinander und entzündeten sie mit Molotowcocktails. Das Feuer wurde so heiß, dass der Beton Risse bekam. Auf der Mauer daneben war das Wandbild von Arafat unter der Ascheschicht kaum noch zu erkennen, und Marwan Barghoutis Gesicht verschwand langsam in Schwärze. Zusammenstöße gab es weiterhin auch in Jerusalem und im Norden Israels sowie in den Beduinen-Gemeinden und Kleinstädten des Südens. Linke, die in Tel Aviv gegen den Krieg demonstrierten, wurden von rechten Gangs verprügelt, wenn die Sirenen heulten und die Polizei in die Schutzräume flüchtete. In Ramallah gab es ein paar Proteste, aber sie waren klein, und die Polizei der Palästinensischen Autonomiebehörde blockierte sie, sobald sie versuchten, nach Beit El zu marschieren. »Irgendetwas wirklich Übles wird passieren«, sagte Irene eines Abends zu mir, was bedeutete, dass das Übel, das sich im Monat zuvor ereignet hatte, erst der Anfang war. Sie behielt recht. Der Krieg entfaltete seine eigene Wucht und brachte jeden Tag neues Grauen: ganze Familien, die ausgelöscht wurden, Kinder und noch mehr Kinder, Moscheen und Krankenhäuser, die zur Zielscheibe wurden, Flüchtlinge, die aus den Ruinen ihrer Häuser in die Schutzräume der Vereinten Nationen rannten, welche die Israelis dann ebenfalls bombardierten. Die Hamas bot Israel eine zehnjährige Waffenruhe für ein Ende der Belagerung des Gazastreifens, für einen Seehafen und einen Flughafen unter Aufsicht der Vereinten Nationen sowie ein paar weitere recht annehmbare Forderungen. Aber Netanjahu biss sich fest, und das nicht nur im Gazastreifen: »Ich glaube, die Bevölkerung Israels versteht jetzt, dass es keine Situation im Rahmen irgendeines Abkommens geben wird, in der wir die Kontrolle über die Sicherheit im Gebiet westlich des Jordans abgeben werden.« Mit anderen Worten: Die Palästinenser würden keinen Staat bekommen. Niemals. Die Besatzung würde nicht enden.

Ich war am 16. Juli zu Hause in Ramallah, als ich die Nachrichten las. Praktisch alle Journalisten im Gazastreifen twitterten gleichzeitig. Israel hatte den Strand neben dem Hafen von Gaza-Stadt bombardiert. Fünf Tage zuvor hatten sie die Mole getroffen und einen Gutteil der kleinen und ramponierten Fischereiflotte von Gaza in Brand gesetzt. Diesmal beschossen sie eine Fischerhütte mit Granaten. Vier kleine Jungen fingen schreiend an, den Strand hinaufzulaufen. Die meisten Journalisten im

Gazastreifen wohnten in den Hotels und Wohnungen direkt am Strand, und die meisten von ihnen sahen von ihren Fenstern und den Terrassen ihrer Hotels aus zu, brüllten den Kindern zu, dass sie abhauen sollten, als eine zweite Granate die Jungen vor ihren Augen in Stücke riss. Sie hießen Ismail, Ahed, Zakaria und Mohammad Bakr. Sie waren zwischen sieben und elf Jahre alt. Zwei andere Jungen aus der Familie, Hamad und Moatassim Bakr, und ein Erwachsener, Mohammad Abu Watfah, wurden schwer verletzt. Außer ihnen war niemand am Strand gewesen. »Das Ziel dieses Luftschlags waren terroristische Agenten der Hamas«, sagte ein Sprecher der Israelischen Verteidigungsstreitkräfte. Ein befreundeter Fotograf mailte mir Bilder, die er an diesem Nachmittag am Strand gemacht hatte. Er bat um Hilfe, um sie veröffentlichen zu können. Kein Redakteur traute sich an sie heran. Das verstörendste von seinen Bildern war keines von den blutigen. Es war einfach nur verwirrend: Trümmer, Betonstahl, Beton und oben im Bild das Meer. Darunter lag etwas, was aussah wie eine Puppe oder wie Teile einer Puppe, sich aber bei genauerem Hinsehen als der Arm und der Rumpf eines Kindes erwies, die halb im Sand vergraben waren.

Ich begriff an diesem Abend, als ich darauf wartete, Kalandia zu passieren, dass ich mich geirrt hatte. Ich saß dort bei laufendem Motor im Verkehr, ich weiß nicht, wie lange, hörte die Erschütterungen von Schüssen und Blendgranaten in weniger als anderthalb Kilometer Entfernung in al-Ram, atmete Staub und Auspuffgase ein, zwischen den Kindern, die mit ihren schmierigen Lappen die Autofenster putzten, die Augen tot vom Schnüffeln oder von Schmerzmitteln, und mir kam der Gedanke, dass die Besatzung vielleicht nicht die clevere und höchst raffinierte Maschine war, für die ich sie gehalten hatte, dass sie vielleicht überhaupt keine Maschine war. Keine mechanistische Erklärung konnte erfassen, was passierte. Es war nicht kühle Berechnung, die uns an diesen Punkt gebracht hatte. Wohlüberlegte und pragmatische Entscheidungen waren sicher die ganze Zeit auf zahlreichen Ebenen von Israels Politik- und Sicherheitsapparat getroffen worden. Aber welche Kraft auch immer diese bürokratischen Prozesse vorantrieb, sie war überhaupt nicht rational. Sie war bloß mörderisch, wurzelte in einer Angst und einer Wut, die unterirdisch in verborgenen Kanälen flossen, geheime und unausprechliche Ströme, die die ganze Zeit dort gewesen waren und erst jetzt hervorbrachen.

Der Bodenkrieg begann. Israel machte sich keine Sorgen mehr über Raketen. Die »Terror-Tunnel« der Hamas waren die neueste Bedrohung, und es würde eine ausgewachsene Invasion brauchen, um sie zu zerstören. Nach zwei Nächten drangen Truppen und Panzer nach Schudschaija vor, ein dicht besiedeltes Viertel mit etwa 100 000 Einwohnern in Gaza-Stadt. Die Hamas kämpfte erbittert dagegen an. Die Israelischen Verteidigungsstreitkräfte verloren dreizehn Soldaten, feuerten 7000 Granaten in das Viertel und machten breite Streifen dem Erdboden gleich. Von Freunden im Gazastreifen hörte ich, dass die Krankenhäuser voll waren und sich die Toten auf den Fußböden der Leichenhallen stapelten.* Der Tag darauf war wieder einer, an dem die Zeit sich zu krümmen und auszudehnen, an dem sie versteckte Taschen in sich selbst zu finden schien und sich dort verbarg. Ramallahs Straßen und Märkte waren so belebt wie immer, aber die Mienen der Menschen waren düster, es wurde weniger gelacht, gescherzt, sich gefreut. Alle wussten, dass es ein Massaker gegeben hatte. Fotos und Videos von Schudschaija zirkulierten überall im Internet – Menschen, die panisch durch die Straßen rannten, um den Granaten zu entkommen, die an den Leichen von Kindern vorbeieilten, die staubig im Rinnstein lagen. Die Geschäfte schlossen am Nachmittag. Abbas hatte drei offizielle Trauertage angekündigt. (Es würde so gerade eben einer werden – am Tag darauf machte alles wieder auf.) Die Palästinensische Autonomiebehörde genehmigte einen winzigen Hamas-Marsch, der vom Uhrenplatz startete, und eine größere Gruppe von vielleicht 200 Islamisten demonstrierte auf dem al-Manara-Platz. Tausende protestierten gegen Israels Massaker in New York, London, Paris, Athen, Seoul, Johannesburg – überall auf der Welt –, aber im Westjordanland

---

* Ein Freund, der italienische Journalist Michele Monni, kehrte ein paar Tage danach nach Ramallah zurück. Er hatte Schudschaija am Morgen nach dem ersten Angriff besucht. Es war ein schönes Viertel gewesen, sagte er, die Straßen waren von Bäumen gesäumt. Er erinnerte sich an einen Baum, der noch stand, aber völlig entlaubt war. Die Blätter lagen grün unter ihm auf dem Boden, er hatte sie alle auf einmal abgeworfen.

hatte keine der Demonstrationen gegen den Krieg mehr als ein paar Hundert Menschen angezogen.

Kurz vor elf Uhr am Abend hörte ich Hupen auf den Straßen. Es klang, als würden alle Fahrer in Ramallah auf einmal hupen. Gruppen junger Männer fuhren herum, lehnten sich aus den Fenstern und Schiebedächern und schrien. Der militärische Arm der Hamas, die Al-Kassem-Brigaden, hatte verkündet, einen israelischen Soldaten gefangen genommen zu haben. Fotos seines Ausweises wurden auf Twitter veröffentlicht. Feuerwerk explodierte über der Stadt. Endlich hatten die Bewohner von Gaza etwas zum Verhandeln, etwas anderes als ihr eigenes Leben. Die Menschen strömten durch die Straßen zum al-Manara-Platz. Sie skandierten »Kassem!«. Auf dem Platz verlas jemand die Verkündung der Al-Kassem-Brigaden über ein Lautsprechersystem und erhielt donnernden Applaus, und jemand anders ließ Feuerwerksraketen vom Brunnen aus starten, jede Rakete explodierte in einer anderen Farbe, bis derjenige, der sie entzündete, die Kontrolle verlor und die Raketen in die Menge flogen; Rauch waberte über den steinernen Löwen des Brunnens auf, und alle stürzten in der panischen, kopflosen Art davon, wie es Menschenmengen eben tun. Nach ein, zwei Minuten hatte sich alles wieder beruhigt, und die Menschen lachten erleichtert, aber trotz der Aufregung, des Feuerwerks, des Hupens, des Schreiens und der Nachricht vom gefangenen Soldaten wirkte niemand wirklich froh. Die meisten standen schweigend da und beobachteten einander, als wenn sie auf etwas warteten, darauf, dass jemand etwas tat. Denn irgendetwas musste passieren. Die Anspannung war durchbrochen, die erstickende Traurigkeit des Tages hatte etwas nachgelassen, aber wer konnte schon sagen, dass das Ganze nicht in eine neue Katastrophe führen würde?

Ein Freund erhielt die Nachricht, dass eine größere Gruppe, die den Platz verlassen hatte, um nach Beit El zu marschieren, von der Palästinensischen Autonomiebehörde gestoppt worden war, dass Polizisten sie schlugen und Tränengas abfeuerten. Mehrere von uns quetschten sich in ein Auto und fuhren ihnen nach. In einer schwach erleuchteten Seitenstraße bot sich uns ein seltsamer Anblick – die Silhouetten von zwanzig oder dreißig Männern, die in einer Reihe auf uns zumarschierten. Sie trugen Schutzanzüge und Schlagstöcke, das gelbe Laternenlicht schimmerte auf ihren Schutzschilden. Es war die Polizei. Die Männer gingen zurück nach Hause, zurück zur Mukataa. Sie hatten versucht, die Demonstranten aufzuhalten – auf brutale Weise, wie ich später erfuhr, mit Prügeln und Tränengaskartuschen, die direkt auf sie abgefeuert wurden –, aber sie hatten plötzlich aufgehört. Vielleicht waren sie einfach überwältigt gewesen und hatten sich gesagt, scheiß drauf. Wahrscheinlicher war, dass man ihnen befohlen hatte, sich zurückzuziehen. Jemand hatte entschieden, dass die Palästinensische Autonomiebehörde es sich nicht länger leisten konnte, Israels Geheiß so offen zu folgen.

Wir bogen auf die Hauptstraße Richtung Beit El ab. Es sah aus wie in Schufat ein paar Wochen zuvor, in den Tagen nach der Entführung von Mohammad Abu Khdeir – die Gehwege waren mit Steinen übersät und mit brennenden Müllcontainern blockiert. Ein endloser Strom junger Männer ergoss sich zum Armee-Stützpunkt, Hunderte von ihnen, die sich in Dreier- oder Vierergruppen über die lange, breite Straße verteilten. Es waren nicht nur die üblichen Kids aus den Lagern. Einige waren gut gekleidet, hatten weiche Wangen und ängstliche Augen, Mittelschichtsjungen, für die die Zusammenstöße noch keine Routine waren. Manche hatten schon ihre Gesichter verhüllt. Einige trugen Stöcke, und einige traten Reifen vor sich her. Die meisten wirkten glücklich oder zumindest aufgeregt und erleichtert, wie Menschen, die gierig nach vergifteter Luft schnappen. Wir stellten das Auto ab, und drei Jungs eilten an uns vorbei. Einer umklammerte einen schweren Benzinkanister. Die anderen beiden trugen Tabletts mit Dutzenden Glasflaschen, in deren Hälsen weiße Stofffetzen steckten. Am Kreisverkehr, der Beit El am nächsten lag, hatten die Jungs den Verkehr mit riesigen Feuern aus Autoreifen blockiert. Ich ging im flackernden, orangefarbenen Licht auf den Stützpunkt zu und kam an Gruppen von Jugendlichen vorbei, die hinter Mauern Schutz suchten. »Wo sind die Soldaten?«, fragte ich sie. »Da oben«, sagten sie, »auf der anderen Seite«, aber niemand schien es genau zu wissen. Wir hörten den einen oder anderen Schuss, und alle gingen in Deckung. Aber öfter noch hörten wir nichts – die Soldaten verwendeten Schalldämpfer. Kugeln prallten vom Asphalt ab, und alle sprangen zur Seite, während die Krankenwagen vorbeiheulten. Dutzende Verletzte füllten an diesem Abend die Notaufnahme. Das Hupen versiegte erst nach drei Uhr nachts.

Die Feier, wenn man es so nennen kann, war nur von kurzer Dauer. Der gefangene Soldat, er hieß Oron Schaul, war schon tot – oder jedenfalls so gut wie tot –, als die Al-Kassem-Kämpfer ihn aus dem Wrack eines gepanzerten Truppentransporters zogen, in dem sechs weitere Israelis den Tod gefunden hatten. Die Hamas würde ihn nicht für Gefangene austauschen können oder wenigstens für eine Gefechtspause. Fünf Tage später informierte der oberste Rabbiner der Israelischen Verteidigungsstreitkräfte Schauls Eltern, dass sie beginnen könnten, für ihren Sohn Schiwa zu sitzen. Da war ich bereits auf der Rückreise in die USA. Ich hatte meine Reise schon zweimal verschoben und wusste nicht, wie lange der Krieg dauern würde, ob er in einer Woche vorbei wäre oder niemals aufhörte. Ich hätte bleiben sollen. Am Tag meiner Abreise aus Ramallah war zu einem Marsch nach Kalandia aufgerufen worden, diesmal mit dem Segen der Palästinensischen Autonomiebehörde. Die Imame verkündeten es über die Lautsprecher ihrer Moscheen. Das war seit der letzten Intifada nicht passiert. Vielleicht war dies der Anfang von etwas Neuem.

Ich saß am Flughafen von Amman, als der Marsch anfing. Tausende liefen zum Kontrollpunkt. Die Zahlen variierten, aber keine Schätzung sprach von weniger als zehntausend. Es waren nicht nur die üblichen jungen Männer, sondern Frauen, Kinder, Familien. Die Jungs warfen Steine und Molotowcocktails. Die Soldaten schossen erst mit gummiüberzogenen Geschossen, dann mit scharfer Munition und Schalldämpfern. Irgendwann fing eine kleine Gruppe an, mit Kalaschnikows zurückzuschießen. Später bekannten sich die Al-Aksa-Brigaden dazu. Das Krankenhaus wurde von der Zahl der Verwundeten überwältigt. Patienten wurden auf dem Fußboden behandelt, weil es nicht genug Betten gab. Einer Frau, die ich kannte, wurde in den Fuß geschossen. Zwei Männer, Mohammad al-Aradsch und Madschd Sufyan, wurden getötet. In den folgenden 24 Stunden starben sechs weitere Menschen bei Zusammenstößen in der Nähe von Hebron, Nablus, Bethlehem und Dschenin.

Nachdem ich in den Vereinigten Staaten gelandet und mit dem Taxi zum Haus meiner Schwester gefahren war, geschlafen, geduscht und meine Nichten begrüßt hatte, war die Zahl der Opfer im Gazastreifen auf über 1000 angestiegen. Im Westjordanland beruhigten sich die Dinge bald wieder. Der Marsch nach Kalandia war nicht der Anfang von etwas gewesen, sondern das Ende, ein von der Mukataa genehmigtes Ablassventil, mehr nicht. Die Koordination in Sicherheitsfragen würde nicht aufhören. Der Krieg würde noch einen Monat weitergehen. Als er endete, waren 2200 Palästinenser gestorben, darunter 551 Kinder, zwei Drittel der Toten Zivilisten. Über 11 000 Menschen waren verwundet worden und eine halbe Million Menschen – mehr als ein Viertel der Bevölkerung – flohen aus ihren Häusern. Die Infrastruktur für Wasser und Abwasser im Gazastreifen war weitgehend zerstört. Das einzige Elektrizitätswerk war zerstört. Die Hälfte der Krankenhäuser wurde bei den Bombardements beschädigt, und sechs mussten schließen; 148 Schulen wurden teilweise oder vollständig dem Erdboden gleichgemacht, genau wie 278 Moscheen, darunter eine, die 1365 Jahre überdauert hatte. Im Westjordanland wurden weitere 25 Menschen zwischen dem Anfang der Invasion im Juni und dem Kriegsende Ende August getötet. Im Sommer 2014 tötete Israel mehr Palästinenser als in irgendeinem anderen Konflikt seit 1967. In der israelischen Öffentlichkeit blieb der Krieg überaus populär. Einer Umfrage zufolge, die Ende Juli veröffentlicht wurde, empfanden 95 Prozent der jüdischen Israelis den Angriff als gerechtfertigt; weniger als 4 Prozent waren der Meinung, dass übertriebene Feuerkraft eingesetzt worden war. Letztendlich wurden sechs Zivilisten durch palästinensischen Raketenbeschuss getötet, und 66 Soldaten verloren ihr Leben. Wie ich schon sagte, irgendein Stecker war gezogen worden. Dies war keine rationale Maschine.

Eine Woche vor meiner Abreise fuhr ich nach Nabi Saleh. Es war Freitag. Als ich ankam, war die Straße schon mit Steinen übersät. Die Jungs waren früh aufgestanden, um den *sahur* einzunehmen, die letzte Mahlzeit vor Sonnenaufgang und vor dem Fastenbeginn. Sie waren um 6.30 Uhr zum Turm hinuntergegangen, und die Zusammenstöße hatten bis 8 Uhr gedauert. Die meisten von ihnen schliefen jetzt noch. Die Demo war winzig. Nach nicht einmal einer Stunde war sie vorbei. Ich ging zum Ausruhen mit zu Bilal. Wir sahen eine Zeitlang die Nachrichten: wieder und wieder dieselben Bilder von Angestellten der Leichenhalle im Gazastreifen, die sich mühten, einen Leichnam in die einzige leere Kühlkammer zu heben, und die dann eine andere Kammer öffneten, damit weinende

Angehörige ihr totes Kind sehen konnten. Bilals Tochter Rand saß auf dem Fußboden und starrte zum Fernseher hinauf. Ihr Gesicht war ausdruckslos. Bilal schaltete ein anderes Programm ein. Der Hamas-assoziierte Sender brachte ein Propagandavideo, das Al-Kassem-Soldaten zeigte, die heldenhaft kämpften, während die israelischen Soldaten erschöpft und ängstlich wirkten. Vier Särge, die in israelische Flaggen gehüllt waren, erschienen auf dem Bildschirm, und die kleine Rand klatschte in die Hände. »Sie haben auch Tote!«, rief sie begeistert.

Bilal schlief ein, und Rand und ihr kleiner Bruder Samer schalteten einen anderen Sender ein. Es lief *Tom und Jerry*. Ich rief ein paar Freunde im Gazastreifen an, die ich den ganzen Tag nicht hatte erreichen können. Ich hatte automatisch auch gefastet und auch nicht viel Schlaf bekommen. Ich dämmerte weg und wachte wieder auf, checkte Twitter und las die jüngsten schlechten Nachrichten auf meinem Telefon, döste wieder ein und wachte auf, als sich ein krakenartiger außerirdischer Tom an einen strahlenden Astronauten-Jerry heranpirschte. Etwa eine Stunde vor der Abenddämmerung wachte Bilal auf. Vielleicht hatte Samer ihn auch geweckt. Wir wanderten den Hügel auf der anderen Straßenseite hinauf und kletterten über die alten Steinmauern in die Obstgärten. Die Sonne stand schon tief, und die Schatten der Bäume und der Kinder, die vor uns herliefen, waren lang. Bilal hatte eine Plastiktüte mitgebracht, und er und ich fingen an, sie mit reifen Feigen zu füllen, während die Kinder mit klebrigen Händen durchs Geäst turnten und mehr Früchte aßen als einsammelten. Samer war acht, aber winzig, ein zappeliger, ständig kichernder Junge. Rand war vielleicht drei Jahre älter, mit langem, braunem Haar und einem schiefen Lächeln. Sie und Samer lachten sich in den höchsten Ästen eines niedrigen Baumes schlapp. »Er ist verrückt«, sagte sie über ihren Bruder und verwendete dabei das englische Adjektiv und das arabische Pronomen.

»Die ganze Welt ist verrückt«, antwortete ich.

»Du bist verrückt!«, sagte sie und freute sich über die Wendung, die unser Gespräch nahm.

»Natürlich«, pflichtete ich ihr bei.

Der Obstgarten nahm kein Ende. Bilal erzählte von seiner Kindheit, als jedes Haus Feigenbäume hatte und man nicht so weit laufen musste, um sie zu pflücken. Wir waren jetzt irgendwo hinter Bassems Haus, weit genug von der Straße entfernt, dass zwischen den Steinen zu unseren Füßen keine Tränengaskartuschen mehr herumlagen. Auf diesen Hügeln und in diesen Obstgärten hatte ich, wie mir nun bewusst wurde, immer nur Schutz vor den Soldaten oder dem Tränengas gesucht, ich war nie hier gewesen, weil sie so schön waren oder die Bäume voller Früchte. Im Westen leuchtete der Himmel nun kräftig pink. Ich hatte Bilal ein paar Tage zuvor in Jerusalem getroffen. Bassem hatte mich gebeten, ein paar Kids aus dem Dorf zum französischen Konsulat zu begleiten, um Visa für eine Reise nach Frankreich zu beantragen, und es war Bilal gewesen, auf den wir dort trafen. In der Altstadt herumzulaufen habe ihn sehr traurig gemacht, sagte er. Als er zuletzt dort gewesen war, vor vielen Jahren, sei es immer voll gewesen, aber jetzt seien die Straßen und Gassen leer, und vor den wenigen geöffneten Verkaufsständen schliefen die Händler. Um die Welt scheine es mit jedem Tag schlechter bestellt, sagte ich.

»Ich glaube, das war immer schon so«, sagte Bilal. »Es ist immer schwer, zu bewahren, was man hat.«

Die Kinder hatten angefangen, abgebrochene Äste zu schwingen; sie spielten Schwertkampf und umklammerten das Holz mit schwarzen Feigenfingern, kreischten vor Freude, als sie sich zwischen den Bäumen wegduckten. »Sie werden sich noch hauen«, sagte Bilal, aber er machte keine Anstalten, sie aufzuhalten. Doch sie schlugen sich nicht. Sie machten weiter, knallten Stock gegen Stock, heulten und kicherten, bis sie zu müde waren, um die Stöcke noch weiter zu schwingen. Ich weiß nicht mehr, ob Rand sich auf Samer stürzte oder Samer sich auf Rand, aber bald lagen sie erschöpft auf dem steinigen Boden, die Arme umeinandergeschlungen, japsten und grinsten und vergaßen zu kämpfen.

EPILOG

*Ramallah, Nabi Saleh,
Wadi Fukin, Los Angeles*

Was bleibt denn sonst für irgendeinen
von uns außer Mut?

Doris Lessing

Ich kehrte im September 2014 zurück. Kalandia sah schlimmer aus denn je; die Mauer und der Scharfschützenturm waren immer noch geschwärzt, und eine neue Reihe von Sprengschutzmauern war hochgezogen worden. Ich konnte mir keine menschlichere Landschaft vorstellen als diese. Ramallah war wie immer. Ich fand es wunderschön, seine Gerüche, seine trotzige Betonhässlichkeit und all die unsicheren Freuden, die die Menschen dieser festen kleinen Insel relativen Friedens abtrotzten. Der Bau der Goodluck Houses war wieder aufgenommen worden, des lange aufgegebenen Gebäudes, auf das der Wintergarten meiner letzten Wohnung hinausging, das Betonskelett, auf das ich an so vielen Abenden gestarrt hatte, wenn ich vor dem Schlafengehen noch eine Zigarette rauchte und den heulenden Hunden lauschte, während der Nebel heranschwebte. Die Palästinensische Autonomiebehörde hatte Plakatwände aufgestellt, die die Leichen von Kindern zeigten, die in Gaza getötet worden waren. »Wir sind alle Gaza«, stand darauf. Die Läden am Uhrenplatz verkauften T-Shirts mit der gleichen Botschaft. Sie traf nicht zu. Zamn, der glatte Coffeeshop in al-Tireh, hatte sein WLAN-Passwort in »freegaza« verändert. Das zählte schon als Solidarität.

Ich besuchte Bassem und Nariman in Nabi Saleh. Waed schlief auf dem Sofa, Abu Yazan sah eine ägyptische Seifenoper im Fernsehen. Salam kam später herein, schritt aus wie ein stolzer Miniaturmann. Nariman zwang ihn, seine Hausaufgaben zu machen, und setzte sich neben ihn; ihr Blick hing traurig und gedankenverloren über dem Couchtisch. Sie war zwei Tage zuvor ins Krankenhaus gekommen, nachdem sie zu viel Tränengas eingeatmet hatte. Sie sagte, es gehe ihr gut, aber das war schwer zu glauben. Wir sprachen über den Gazakrieg. Er habe alles verändert, sagte Bassem. »Wie kann ich noch von friedlichem Widerstand reden?«, fragte er. »Man würde mich auslachen.«

Zwei Monate später wurden Nariman und zwei andere bei einer Freitagsdemonstration mit scharfer Munition beschossen. Sie wurde am linken Oberschenkel getroffen. Die Kugel brach ihr den Knochen. Der Marsch in jener Woche war dem Gedenken an ihren Bruder Ruschdi gewidmet, der fast auf den Tag genau zwei Jahre zuvor gestorben war.

Am 9. Dezember, drei Wochen nachdem Nariman angeschossen worden war, versicherte Brigadegeneral Tamir Yadai, der Kommandeur aller israelischen Truppen im Westjordanland, einer Siedlergruppe in Halamisch, dass seine Soldaten »eine etwas tougheres Haltung gegenüber den Leuten hier« eingenommen hätten. Während sie zuvor Tränengas und gummiüberzogene Geschosse abgefeuert hatten, würden sie nun mit scharfer Munition schießen. »Wenn ich die Zahlen richtig in Erinnerung habe«, prahlte er, »kommen wir auf etwa 25 Leute, die hier in den letzten drei Wochen getroffen wurden. Das ist auf jeden Fall eine recht hohe Zahl.« Fast ein Jahr später würde Nariman immer noch nicht in der Lage sein, ohne Gehstock zu laufen.

Bilal und Manal schien es gut zu gehen. »Es gibt nichts Neues«, sagte Bilal und lachte. Manal hatte eine Stelle in Ramallah gefunden und schien froh darüber zu sein, Zeit außerhalb des Dorfes verbringen zu können. Sie hatte den Masterstudiengang, für den sie sich eingeschrieben hatte, fast abgeschlossen und dachte über eine Promotion nach. Fünf Monate später würde auch sie von einem israelischen Scharfschützen angeschossen werden – auch an einem Freitag, auch im Bein, auch mit scharfer Munition.

Auf dem Weg zu ihrem Haus traf ich Bahaas Mutter, die mich auf einen Kaffee nach drinnen einlud. Vielleicht erwischte ich ihn an einem schlechten Tag, aber Bahaa ging es nicht gut. Er hatte geschlafen, und sein ungegeltes Haar hing ihm weich und blond und lang über das kleine, schmale Gesicht, so dass er mehr denn je wie ein kleiner Junge wirkte. Er hatte wieder einmal die Nase voll von der Situation im Dorf. Der Widerstand habe sich einst in eine Richtung bewegt, sagte er, mit allen zusammen, aber »sie« hätten einen anderen Weg gewählt. Wir wussten beide, wen er meinte. Er wollte damit nichts mehr zu tun haben, sagte er. Er war außerdem arbeitslos, und seine Verlobung war auch geplatzt. Ich bekundete mein Bedauern. Bahaa schüttelte den Kopf. Er sei diesen Ort leid, erklärte er. Er sei zu abgeschottet – nicht nur Nabi Saleh, sondern auch Ramallah und ganz Palästina. »Die einzigen Wörter hier sind *verboten*, *schändlich*, *sündhaft*«, sagte er. »Was anderes wissen die Leute nicht zu sagen.« Er wollte das Land verlassen und irgendwohin gehen, wo es Arbeit gab, wo es offener war – vielleicht nach Kanada oder in die Türkei. Er wolle am Meer leben, meinte er, und ein anderes Leben führen.

Der Winter in den Hügeln südlich von Hebron ist so kalt, wie der Sommer heiß ist, und am 27. Oktober 2014 hatte das Wetter gerade umgeschlagen, als Bulldozer der Israelischen Verteidigungsstreitkräfte in Umm al-Khair eintrafen. Sie zerstörten sechs Gebäude, die insgesamt 28 Menschen Obdach geboten hatten. Darunter waren die Häuser von Bilal, Khaire und Tariqs Mutter. Sie rissen auch den Ofen ein. Das alles geschah in nur zwei Stunden. Ich war zu diesem Zeitpunkt schon wieder in den USA, in Los Angeles. »Es war wie ein Traum«, erzählte mir Aid am Telefon. »Er kam ganz schnell und dann war er schon wieder vorbei.«

Im April kehrten Soldaten und Beamte der Zivilverwaltung nach Umm al-Khair zurück, um Abrissbeschlüsse für die Zelte und provisorischen Gebäude zu erlassen, in denen die Dorfbewohner, deren Häuser zerstört worden waren, den Winter verbracht hatten. Wie der Premierminister sagte: »Sicherheit geht über alles. Sicherheit ist das Fundament für alles.«

In Hebron war alles normal. Der kleine Ahmad wurde im November verhaftet und des Steinewerfens beschuldigt. Mufid, der schließlich nach Jordanien gereist war, um sich am Rücken operieren zu lassen, kam Ende März ein weiteres Mal ins Krankenhaus. Die Youth Against Settlements hatten eine Baumpflanzaktion neben der Cordoba-Schule organisiert, und Mufid war von Soldaten so herumgestoßen worden, dass er das Bewusstsein verlor und mit einem Krankenwagen abtransportiert werden musste. Eine junge Deutsche, die den Vorfall gefilmt hatte, wurde verhaftet, nachdem Anat Cohen behauptet hatte, sie habe sie angegriffen.

Das Rad drehte sich weiter. Was sich wie das Ende angefühlt hatte, entpuppte sich als nichts weiter als eine Episode, ein Halt auf dem Weg zu etwas anderem. Am frühen Morgen des 31. Juli 2015 verbrannte das achtzehn Monate alte Kleinkind Ali Saad Dawabscha, nachdem jemand eine Brandbombe durch ein Fenster seines Elternhauses im Dorf Duma, südöstlich von Nablus, geworfen hatte. Die Worte »Rache«* und »Lang lebe der Messias« waren auf Hebräisch an die Hauswände gemalt worden. Binnen Wochen starben die Eltern des Kindes infolge von Verbrennungen, die sie bei dem Angriff erlitten hatten. Aber die Aufmerksamkeit hatte sich schon nach Jerusalem verlagert, wo israelische Beschränkungen für das Beten in der Al-Aksa-Moschee Zusammenstöße in der Altstadt ausgelöst hatten. Gegen Ende September gab es fast täglich Zusammenstöße, nicht nur um die heilige Stätte herum, sondern wieder in fast jedem Viertel von Ostjerusalem.

Die Zusammenstöße breiteten sich ins Westjordanland aus, nach Hebron, Bethlehem und in die Außenbezirke von Ramallah. Am 22. September wurde die achtzehnjährige Hadeel al-Haschlamoun von einem israelischen Soldaten getötet, als sie darauf wartete, den Kontrollpunkt 56 zur Schuhada-Straße in Hebron zu passieren. Ihr wurde ins Bein geschossen, woraufhin sie einem Zeugen zufolge, der von Amnesty International befragt worden war, ein Messer fallen ließ, das sie unter ihrer Kleidung versteckt hatte. Danach wurde weitere neun Mal auf sie geschossen. Amnesty International verurteilte die Erschießung als »extralegale Hinrichtung«, ein Ausdruck, der in den folgenden Monaten einen noch größeren Nachhall finden sollte. Der 1. Oktober brachte die Tode zweier Siedler, Eitam und Na'ama Henkin, die in ihrem Auto erschossen

---

* Amiram Ben-Uliel, der 21-jährige Siedler, der später für den Mord an den Dawabschas angeklagt wurde, sagte den Ermittlern, dass er den Tod von Malachi Mosche Rosenfeld habe rächen wollen, der im Juni 2015 in der Nähe der Siedlung Schilo im zentralen Westjordanland erschossen worden war.

wurden, als sie zurück nach Hause in die Siedlung Neria fuhren. Ihre vier Kinder auf dem Rücksitz überlebten.

Im Oktober töteten israelische Sicherheitskräfte und Zivilisten mehr als zwei Palästinenser täglich, eine Todesrate, die es außerhalb des Gazastreifens seit der Zweiten Intifada nicht mehr gegeben hatte. Viele starben bei Demonstrationen, aber mehr als die Hälfte der 69 Palästinenser, die in diesem ersten Monat ihr Leben verloren, wurden erschossen, als sie israelische Soldaten oder Zivilisten angriffen, meistens mit Messern. Dabei starben zehn Israelis und weitere achtzig wurden verletzt. Oder vorgeblich angriffen: In mehreren Fällen enthüllten Videobeweise und Zeugenaussagen, dass die Palästinenser, die von den Sicherheitskräften getötet wurden, zum Zeitpunkt ihres Todes unbewaffnet waren. Panik war weit verbreitet: In der Nähe von Haifa tötete ein Israeli einen dunkelhäutigen jüdischen Supermarktangestellten, weil er ihn für einen Palästinenser hielt; in Jerusalem tötete die Polizei einen russischen Juden, als dieser aggressiv wurde, nachdem man ihn nach seinem Ausweis gefragt hatte, und schrie: »Ich bin der IS«; in Beerscheba wurde ein eritreischer Immigrant von einem Wachmann des Busbahnhofs angeschossen und dann von einem Mob zu Tode geprügelt.

Etwas Neues ereignete sich. Die Hälfte der angeblichen Angreifer, die im Oktober getötet wurden, war unter zwanzig Jahre alt. Alle bis auf einen waren unter dreißig. Manche der Attacken mögen herbeifantasiert oder fingiert gewesen sein, aber viele waren es nicht. Obwohl sie wussten, dass es den fast sicheren Tod bedeutete, schritten junge Palästinenser allein oder paarweise zur Tat und schlugen mit den begrenzten Mitteln, die ihnen zur Verfügung standen, gegen israelische Soldaten, Polizisten und Zivilisten los: Küchenmesser, Scheren, Schraubenzieher. Manchmal versuchten sie, sie mit ihren Autos zu rammen. Die Angriffe waren kaum strategisch, aber sie waren nicht irrational. Es gab keine Bewegung, der sie sich hätten anschließen können, weder bewaffnet noch unbewaffnet, keine tragfähige kollektive Reaktion auf eine Situation, die sie nicht länger ertragen konnten. Die 24-jährige Rascha Mohammad Oweisi, die an einem Kontrollpunkt in der Nähe von Kalkilia getötet wurde, nachdem Soldaten ein Messer in ihrer Hand entdeckt hatten, hinterließ in ihrer Tasche einen Brief, in dem sie sich bei ihrer Familie entschuldigte und betonte: »Ich tue dies bei klarem Verstand. Ich kann nicht ertragen, was ich sehe, und ich kann nicht mehr leiden.«

Dies war der Aufstand der Oslo-Generation, die in die Erniedrigungsmaschine hineingeboren wurde und die entschlossen war, sich zu ihren eigenen Bedingungen von ihr abzustoßen. Die meisten von ihnen waren während der Zweiten Intifada noch Kinder gewesen und erst danach groß geworden. Sie hatten keine Erinnerung an die vorangegangene Revolte und hatten keinen geeinten Widerstand erlebt oder überhaupt einen Widerstand, der sich nicht sofort selbst verraten hatte oder von ihren Führern unterdrückt worden war.* Netanjahu rief »Aufwiegelung«, aber selbst die israelischen Geheimdienste gaben zu, dass die Angriffe spontan und unkoordiniert waren und dass die traditionellen Parteien, Gruppierungen und bewaffneten Zellen nicht beteiligt waren. Kurz bevor er in einen Bus in Jerusalem stieg und an einem Angriff teilnahm, bei dem zwei Israelis sterben würden, postete der 22-jährige Bahaa Allyan auf Facebook: »Ich fordere die politischen Parteien auf, nicht die Verantwortung für meinen Angriff zu übernehmen. Ich sterbe für meine Nation und nicht für euch.«

Anfang 2016 kehrte ich ins Westjordanland zurück. Als ich nach Nabi Saleh aufbrach, hatte es in Ramallah gerade angefangen zu schneien, dicke, schwere Flocken, die sofort schmolzen, wenn sie auf die Straße trafen, aber über dem Dorf war der Himmel klar. Bassem begrüßte mich mit einer Umarmung an der Tür. Der Garten war wieder einmal verwandelt, diesmal war er terrassiert und mit ordentlichen Steinwegen unterteilt. Bassem schritt mit mir das Grundstück ab, um die Arbeiten vorzuzeigen. Sie waren noch nicht abgeschlossen. Die Erde musste noch planiert werden, und er plante, weitere Bäume zu pflanzen – Apfel, sagte er, und Aprikose und Zitrone. Nariman ging ohne Krücken – sie lehnten in einer Ecke des Wohnzimmers an der Wand –, aber es schien ihr nicht gut zu gehen. Sie war blass und war am Morgen wegen Magenschmerzen im Krankenhaus gewesen. Salam war enorm gewachsen. Genau wie

* Anfang Januar würde die *Haaretz* berichten, dass die Koordination in Sicherheitsfragen zwischen Israel und der Palästinensischen Autonomiebehörde »außergewöhnlich gut« sei.

Abu Yazan, der im August zuvor seinen eigenen kurzen Berühmtheitsmoment erlebt hatte, als ein maskierter israelischer Soldat versucht hatte, ihn zu verhaften, und dabei fotografiert worden war, wie er Abu Yazan im Schwitzkasten hielt, während der Lauf seines Gewehrs neben Abu Yazans rotem, schreiendem Gesicht lag. Innerhalb von drei Tagen waren Videoaufnahmen des Vorfalls 2,4 Millionen Mal angesehen worden. Ahed, in einem pinkfarbenen Tweety-T-Shirt, hatte dem Soldaten in die Hand gebissen, während Nariman und Nawal, Jannas Mutter, Abu Yazan freigekämpft hatten. Jetzt saß Ahed mit einem riesigen Lockenkopf, den sie wie ein ungehorsames Haustier von Schulter zu Schulter schob, neben ihren Brüdern und war genauso vertieft in das Videospiel auf ihrem Smartphone wie sie.

Das Telefon klingelte, ein paar Minuten nachdem ich mich gesetzt hatte. Es war Waed. Er war in Ofer, sollte aber bald in ein anderes Gefängnis in der Wüste Negev verlegt werden und wusste nicht, wann er wieder würde anrufen können. Er war am 19. Oktober verhaftet worden. Zweiundzwanzig der Jungs – darunter Odai und Loai, Nadschi und Buschras Sohn Anan sowie die gesamte Fußballmannschaft von Nabi Saleh – waren im Herbst verhaftet worden. Siebzehn von ihnen saßen immer noch im Gefängnis. Vernehmer hatten einen Jungen so unter Druck gesetzt, dass er gegen die anderen aussagte, welche daraufhin angeklagt wurden, Steine oder Molotowcocktails oder beides geworfen zu haben. Waed war zu acht Monaten verurteilt worden, Anan zu sieben. Nadschi und Buschra und ihre Töchter kamen vorbei, und wir aßen alle zusammen im Wohnzimmer, dicht am Holzofen für mehr Wärme. Ich fragte Nadschi, wie Anan sich hielt. »Ganz okay«, sagte er. »Er ist dort sicherer.« Bassem hatte ein paar Wochen zuvor das Gleiche zu mir gesagt, als ich ihn angerufen hatte, um mich nach Waed zu erkundigen.[*]

Ich traf Dschawad in Bab al-Zawiya, direkt vor dem Kontrollpunkt 56. Seit ich zum letzten Mal dort gewesen war, hatte sich der Kontrollpunkt von einem einzigen, schmutzigen Schiffscontainer in ein Baby-Kalandia

---

[*] Seit Anfang Oktober waren 151 Palästinenser getötet worden, fast ein Drittel davon bei Demonstrationen. Im gleichen Zeitraum waren 25 Israelis getötet worden.

verwandelt, mit hohen Drehkreuzen, einem käfigartigen, vergitterten Durchgang, einem Wachturm und kugelsicheren Fenstern für die Soldaten. Ich versuchte gar nicht erst, ihn zu passieren. Am 30. Oktober hatten Soldaten die Anwohner informiert, dass die Zone H2, zu der Tel Rumeida und der kurze Abschnitt der Schuhada-Straße gehörten, der für Palästinenser noch zugänglich war, militärisches Sperrgebiet werden würde. Die Anwohner mussten sich von der Armee registrieren lassen, bekamen Nummern zugewiesen und wurden informiert, dass sie die Nummern auszurufen hätten, wann immer sie den Kontrollpunkt passieren wollten. Ohne Nummer konnte niemand passieren. Dschawad zeigte mir seine, eine handgeschriebene 84, die auf der grünen Plastikhülle seines Ausweises klebte.

Ich folgte Dschawad in den ersten Stock eines Gebäudes, das vielleicht 100 Meter vom Kontrollpunkt entfernt lag. Er öffnete eine Tür, schaltete einen kleinen Radiator ein und setzte sich vorgebeugt neben ihn, um die Hände zu wärmen. Am 7. November hatten Soldaten das Zentrum der Youth Against Settlements in Tel Rumeida durchsucht. Sie hatten Issa und einen italienischen Aktivisten über Nacht in einen kleinen Raum eingesperrt, das Büro in der oberen Etage auseinandergenommen und den Computer und die Kameraausrüstung der Gruppe beschlagnahmt. Zwei Wochen später kehrten sie zurück und verhafteten den jungen Ahmad Azza,* und kurz darauf kamen sie mit der Verfügung zum militärischen Sperrgebiet wieder, die das Zentrum betraf. Nur Issa, auf den der Mietvertrag lief, würde das Gebäude betreten dürfen. Vorläufig hatte die Youth Against Settlements diese Wohnung gemietet und auf der Straße ein Protestzelt aufgestellt, nicht weit von der Stelle entfernt, an der Hadeel al-Haschlamoun gestorben war.

Seit ihrem Tod war Hebron das Herz der neuen Intifada, wenn es denn eine war. Mehr Palästinenser waren in Hebron und darum herum getö-

---

* Später legte die Polizei ein Messer vor und behauptete, es habe Ahmad gehört. Issa und die anderen kontaktierten jeden, den sie kannten, der vielleicht Druck auf die Behörden ausüben konnte: Diplomaten, israelische und ausländische Aktivisten und Mitarbeiter von Nichtregierungsorganisationen. Schließlich willigte das Gericht ein, das Messer auf DNS-Spuren untersuchen zu lassen. Ahmad wurde entlastet und freigelassen.

tet worden als irgendwo anders in Palästina. Selbst für das kleine Dreieck, das Bab al-Zawiya, Tel Rumeida und die Ibrahim-Moschee bildeten, hatte Dschawad nicht mehr den Überblick. Nach al-Haschlamoun kam Fadil al-Qawasmeh, das wusste er noch. Qawasmeh war achtzehn, als er von einem Siedler erschossen wurde, ein kurzes Stück die Straße hinunter vom Beit Hadassah. Mufids Tochter sah die Tötung von ihrem Dach aus, und Zidan hatte ein Video aufgenommen, das seiner Aussage zufolge einen Soldaten zeigte, der ein Messer neben dem Leichnam von al-Qawasmeh fallen ließ. (Es war zu verschwommen, um ganz sicher zu sein.) Am selben Tag, sagte Dschawad, habe ein Teenager aus der Natscha-Familie versucht, einen Soldaten gleich hier am Kontrollpunkt 56 zu erstechen. »Sie haben ihn erschossen«, so Dschawad.* »Später«, fuhr er fort, am Kontrollpunkt oben auf dem Hügel in Tel Rumeida, »erschossen sie jemanden aus der Said-Familie und jemanden aus der Ebeido-Familie.«** Dann waren da die beiden aus der al-Fanoun-Familie. Das war im Dezember. Sie waren Cousins, Mustafa und Taher, 18 und 22 Jahre alt. »Sie haben sie beide erschossen«, sagte Dschawad. Er konnte sich nicht mehr an all die anderen erinnern. Unter anderem ließ er den neunzehnjährigen Farouq Abd al-Qadr Sedr aus, der am 29. Oktober am Fuß der Treppe neben dem Haus der Scharabatis erschossen wurde, und den 23-jährigen Mahdi Mohammad Ramadan al-Muhtasib, dessen Tod am gleichen Tag auf Video festgehalten wurde: Er lag verwundet und sich windend am Boden, als sich ein Soldat näherte, ihn umkreiste und aus einem oder zwei Metern Entfernung in seinen Körper schoss.

Als ich in Umm al-Khair eintraf, kam Moatassim nach draußen, um mich zu begrüßen. Wir fanden Bilal, der in der Nähe des Fundaments seines ehemaligen Hauses arbeitete. Die Trümmer waren beseitigt, und er war mit seiner Frau und seinen Kindern in eine neue weiße Blechhütte gezogen, die etwa zweimal so groß war wie die Schuppen, die man in amerikanischen Gärten findet. Es gab ein paar weitere hier und dort im

---

* Er hieß Tariq Ziad al-Natscha. Er war sechzehn.
** Houmam Adnan Said war 23, genau wie Islam Rafiq Ebeido. Sie starben am 27. und 28. Oktober. Zeugen beider Erschießungen sagten aus, dass die jungen Männer unbewaffnet gewesen seien.

Dorf, um die Häuser zu ersetzen, die die Bulldozer zerstört hatten. Die neuen Bleiben waren im Winter kalt und im Sommer heiß, erzählte mir Moatassim, und die Armee hatte schon für alle Abrissverfügungen ausgestellt. Khaire, der sich einen langen Bart hatte wachsen lassen, kam herüber, und er und Bilal zogen mich auf, weil ich immer noch nicht verheiratet war, und dann entschuldigten sich die drei und knieten sich zum Gebet auf den Betonboden des alten Hauses, mit Blick auf die Berge, die sich in der Wüste im Südosten erhoben.

Später kam Aid dazu. Die anderen wirkten angespannt und deprimiert, aber Aid war heiterer als bei unserer letzten Begegnung. Er war in den USA gewesen, in New York und Washington, um Politiker zu treffen, und es drängte ihn, zu erzählen, was er gesehen hatte. Eine Galerie in Tel Aviv hatte seine Arbeiten ausgestellt. Jemand hatte einen seiner Bulldozer gekauft, und jemand hatte Interesse daran bekundet, seine Arbeiten in Deutschland zu zeigen, und vielleicht auch in Kalifornien. Wir gingen zum Dorfrand hinüber, um uns anzusehen, was vom Ofen noch übrig war. Er war im vergangenen Jahr dreimal planiert und wieder aufgebaut worden. Sie buken das Brot jetzt auf der abgelegenen Seite des Dorfes, in der Hoffnung, der Aufmerksamkeit der Armee zu entgehen. Suleiman kam mit seiner Herde wieder und eilte weiter, um die Schafe zu melken. Zu dieser Jahreszeit, sagte Aid, produzierten die Schafe und Ziegen die meiste und die süßeste Milch, weil die Hügel und Täler vom Winterregen grün waren. Als wir weitergingen, sagte er etwas darüber, wie wichtig es sei, nicht die Hoffnung zu verlieren. Ich fragte ihn, wie man das mache. »Wir haben nur dieses eine Leben«, sagte Aid. »Und es ist heilig.« Er sagte es mehr als einmal, nicht predigend, sondern staunend, als wenn er etwas entdeckt hätte und zögerte, es mitzuteilen, aus Angst, missverstanden zu werden. »Es ist heilig«, sagte er wieder. »Wir dürfen es nicht vergeuden.«

Wenig mehr als ein Jahr zuvor, Ende September 2014, kurz bevor ich meine Wohnung in Ramallah aufgab und in die USA zurückkehrte, hatte ich ein Sammeltaxi durch das Wadi Nar und den Container-Kontrollpunkt nach Bethlehem genommen, wo ich ein weiteres Taxi zum al-Aida-Flüchtlingslager anhielt und von dort mit ein paar Aktivisten in ein Dorf namens Wadi Fukin mitfuhr. Es war ein klarer, windiger Freitag, und das

Dorf war hübsch, direkt an der Grünen Linie gelegen, mit einer Moschee mit goldener Kuppel und üppigen Feldern mit Winterweizen und Kohl. Auf der Spitze des steilen Hügels im Südosten des Dorfes, wie eine Burg auf einem Felsen, lag die orthodoxe Siedlung Beitar Illit, eine zinnenartige Wand aus siebenstöckigen weißen Steingebäuden mit Wohnungen. Schon über 45 000 Israelis lebten dort, und der Ort wuchs schnell, wie das bei Siedlungen so ist. Am letzten Augusttag waren Soldaten nach Wadi Fukin gekommen und hatten überall auf den Hügeln und Feldern leuchtend gelbe Schilder aufgestellt. »Betreten verboten«, stand auf Hebräisch darauf und »Staatsland«. Der Krieg im Gazastreifen war gerade zu Ende gegangen, und Netanjahu beging diesen Anlass damit, dass er die größte Enteignung von palästinensischem Land seit Jahrzehnten verkündete – gut 400 Hektar, die sich zwischen dem Siedlungsblock von Gusch Etzion und der Grünen Linie erstreckten. Mehr als ein Drittel davon gehörte zu Wadi Fukin, was etwa die Hälfte des Dorflandes ausmachte, wie mir der Gemeindevorsteher sagte, wobei die mehreren Tausend Dunam nicht mitgerechnet waren, die schon verloren waren. Anders als Nabi Saleh und die meisten Dörfer an der Strecke der Mauer hatte Wadi Fukin keine Geschichte des Widerstands. Sogar während der Zweiten Intifada war es hier ruhig geblieben. Aber jetzt ging es ums Überleben, und an den drei vorangegangenen Freitagen hatten die Menschen von Wadi Fukin gegen die Landnahme demonstriert. Soldaten waren gekommen und hatten sich verhalten, wie Soldaten es tun.

Als ich ankam, versammelte sich schon eine Menge in einer Kurve der Straße im Ortszentrum. Eine Frau kam herüber und schrie ihren Sohn an, er solle nach Hause gehen. Er ignorierte sie. Ich entdeckte Jonathan und seine Freundin Ifat und einen anderen der israelischen Aktivisten, den ich aus Nabi Saleh kannte. Das Mittagsgebet ging zu Ende, und wir marschierten zusammen eine schmale Straße durch Oliven- und Feigenhaine entlang, die Kinder in identischen T-Shirts und Fahnen schwingend. Soldaten warteten am Ende der Straße, und ich konnte sehen, wie sich Siedler versammelten, um sich das Spektakel von ihren Balkonen hoch über dem Dorf anzusehen. Das Ganze lief ab wie immer, aber das wusste hier noch niemand. Es war alles noch neu. Wie nach Drehbuch verkündete ein Soldat, dass das Gebiet zu militärischem Sperrgebiet erklärt worden sei, und der Grenzschutz formierte sich in einer Reihe, um den Demonstranten den Weg zu versperren. Für eine Weile herrschte Stillstand, dann kamen Blendgranaten und Stöße, dann Tränengas, und schon bald nahmen alle Reißaus. Zehn oder fünfzehn der jungen Männer aus dem Dorf kamen heraus und warfen ein paar Steine. Sie waren vorbereitet, wenn nicht sogar erfahren: Ein paar von ihnen trugen Handschuhe an der rechten Hand, um Tränengaskartuschen aufheben und sie zu den Soldaten zurückschleudern zu können, ohne sich zu verbrennen. Sie versuchten eine zu vergraben und schoben mit den Füßen Erde darauf, während das Gas ausströmte. Aber es funktionierte nicht. Die Granate qualmte weiter, egal wie viel Erde sie darüberschichteten.

Schließlich zogen sich alle zurück bis auf zwei Mädchen im Teenageralter. Sieben Soldaten standen oben auf einer Hügelkuppe. Die Mädchen standen allein am Fuß des Hügels. Die Soldaten hatten freie Sicht und Schussbahn, während die Mädchen zu weit weg waren, um sie zu treffen, aber dennoch griffen sie nach unten, hoben Steine auf und schleuderten sie ihnen, so fest sie konnten, entgegen. Jedes Mal, wenn ihre Steine ihr Ziel nicht erreichten, griffen sie wieder nach unten und schnappten sich zwei neue.

DANKSAGUNG

Ich hätte dieses Buch nicht schreiben können ohne die umfassende Hilfe, Großzügigkeit, Gastfreundschaft, Freundlichkeit, Heiterkeit, Ermutigung, Einsicht und weise Beratung von Bassem Tamimi, Nariman Tamimi, Bilal Tamimi, Manal Tamimi, Asya, Zidan Scharabati, Dschawad Abu Aischa, Issa Amro, Abed al-Salaima, Muhannad Qafescha, Badia Dweik, Ghassan Nadschar, Basil Nadschar, Aid Suleiman al-Hathalin, Tariq Salim al-Hathalin, Ezra Nawi, Abir Kopty, Jonathan Pollak, Joseph Dana, Jesse Rosenfeld, Hugh Naylor, Dalia Hatuqa, Charles Fromm, Allison Deger, Mariam Barghouti, Lema Nazeeh, Diana Alzeer, Razi Nabulsi, Ashira Ramadan, Lazar Simeonov, Dylan Collins, Michele Monni, Peter Lagerquist, Emilio Dabed, Nithya Nagarajan, Gaia Squarci, Riad Nasser, Jen Hofer, Mike Murashige, Tom Lutz, Greg Veis, Ilena Silverman, Ted Ross, Gloria Loomis, des Mesa Refuge, des Blue Mountain Center, der Hofer-Ray'schen astralen Zuflucht für verlorene und eigensinnige Künstler und Barbara Ehrenreich. Vielen Dank an Peter van Agtmael für seine unermüdliche gute Gesellschaft. Scott Moyers half mir, dieses Buch viel besser zu machen, als es ohne ihn gewesen wäre. Ohne das Lachen und die Liebe meiner Nichten – Anna und Clara Brooks und Olivia und Pearl Cuevas – wäre ich ganz sicher verloren gewesen. Ohne Irene Nasser hätte ich nicht eine Seite schreiben können.

ANMERKUNGEN

7 »*Es wird Morgen …*«: Viktor Shklovsky, *A Hunt for Optimism*, Champaign, IL, 2012, S. 113.

Einleitung

23 »*Ich habe Angst vor einer Historie …*«: Elias Khoury, *Das Tor zur Sonne*, Stuttgart 2004, S. 412.

24 »*Keine Zuschauer am Tor zum Abgrund …*«: Mahmoud Darwish, »I Have a Seat in the Abandoned Theater«, in *The Butterfly's Burden*, Port Townsend, Washington 2007.

24 *Objektivität ist, wie Frantz Fanon …*: Frantz Fanon, *Die Verdammten dieser Erde*, Frankfurt am Main 1981, S. 65.

TEIL EINS: NABI SALEH

Prolog

31 »*Und die Straßen der Nationen …*«: Mahmoud Darwish, »The Hoopoe«, in *If I Were Another*, New York 2009, S. 46.

31 *In Tunis beschloss ein Obsthändler …*: Marc Fisher, »In Tunisia, Act of One Fruit Vendor Sparks Wave of Revolution Through Arab World«, *Washington Post*, 26. März 2011, https://www.washingtonpost.com/world/in-tunisia-act-of-one-fruit-vendor-sparks-wave-of-revolution-through-arab-world/2011/03/16/AFjfsueB_story.html.

32 *Die Friedensgespräche zwischen Israel und der Palästinensischen …*: Chris McGreal und Harriet Sherwood, »US Middle East Peace Plan Flounders«, *Guardian*, 8. Dezember 2010, http://www.theguardian.com/world/2010/dec/08/us-middle-east-peace-talks.

32 *Die Zahl israelischer Siedler im Westjordanland …*: Batsheva Sobelman, »Israel's Settlement Building up Sharply in 2013, Report Says«, *Los Angeles Times*,

17. Oktober 2013, http://articles.latimes.com/2013/oct/17/world/la-fg-wn-israel-settlements-20131017.

33 *Die Hamas hatte damals gewonnen ...*: David Rose, »The Gaza Bombshell«, *Vanity Fair*, April 2008, http://www.vanityfair.com/news/2008/04/gaza200804.

33 *Hunderte starben bei Kämpfen der beiden Parteien ...*: »Over 600 Palestinians Killed in Internal Clashes Since 2006«, *Ynet News*, 6. Juni 2007, http://www.ynetnews.com/articles/0,7340,L-3409548,00.html.

33 *Jede Gruppe verfolgte und inhaftierte die Anhänger ...*: Fred Abrahams, *Internal Fight. Palestinian Abuses in Gaza and the West Bank*, New York, 2008, https://www.hrw.org/report/2008/07/29/internal-fight/palestinian-abuses-gaza-and-west-bank#8a38d4.

33 f. *Die Antwort im Gazastreifen war direkt ...*: Fares Akram, »Hamas Forces Break Up Pro-Unity Protests in Gaza«, *New York Times*, 15. März 2011, http://www.nytimes.com/2011/03/16/world/middleeast/16gaza.html.

35 *Sie hatten mit dem Haus von Bassems Cousin Naji Tamimi angefangen ...*: Joseph Dana, »Nabi Saleh Popular Committee Leader Arrested in a Night Raid«, +972, 6. März 2011, http://972mag.com/nabi-saleh-popular-committee-leader-arrested-in-a-night-raid/11573/.

36 »*Ich fühlte mich, als würde mein Gehirn ...*«: James Ron und Eric Goldstein, *Torture and Ill-Treatment. Israel's Interrogation of Palestinians from the Occupied Territories*, New York, Juni 1994, http://www.hrw.org/reports/1994/06/01/torture-and-ill-treatment.

36 (Fußnote) *Mizrahi wurde entführt, als er auf dem Weg ...*: »Rampage Over West Bank Death«, *New York Times*, 30. Oktober 1993, http://www.nytimes.com/1993/10/31/world/rampage-over-west-bank-death.html; Michael Parks, »Prominent West Bank Palestinian Is Murdered as Violence Escalates«, *Los Angeles Times*, 31. Oktober 1993, http://articles.latimes.com/1993-10-31/news/mn-51807_1_west-bank; »List of Palestinian Terrorists Set to Be Freed by Israel«, *Jerusalem Post*, 29. Dezember 2013, http://www.jpost.com/Diplomacy-and-Politics/List-of-Palestinian-terrorists-set-to-be-freed-by-Israel-336440.

36 (Fußnote) *Im Juni 1994, acht Monate nach Bassems Verhaftung ...*: James Ron und Eric Goldstein, ebd.

37 *Bewohner von Nabi Saleh und dem Nachbardorf Deir Nidham zogen ...*: Hagar Shezaf, Yesh Din: Volunteers for Human Rights, E-Mail an den Autor, 24. August 2014.

37 *Im Jahr darauf nahm der Staat gut 60 Hektar ...*: »How Dispossession Happens. The Humanitarian Impact of the Takeover of Palestinian Water Springs by Israeli Settlers«, United Nations Office for the Coordination of Humanitarian Affairs, März 2012, http://reliefweb.int/sites/reliefweb.int/files/resources/Full%20Report_655.pdf.

37 *Heute leben dort etwa 1200 Menschen ...*: »Statistics on Settlements and Settler Population«, B'Tselem, 11. Mai 2015, http://www.btselem.org/settlements/statistics.

37 (Fußnote) *In der kurzen Periode vor der Gründung des Staates Israel ...*: Lisa

Hajjar, *Courting Conflict. The Israeli Military Court System in the West Bank and Gaza,* Berkeley 2005, S. 59–60; Sabri Jiryis, *The Arabs in Israel,* New York 1976, S. 11.

38 (Fußnote) *Im März 2007 berichtete …*: Dror Etkes und Hagit Ofran, »Guilty! Construction of Settlements Upon Private Land«, Peace Now, März 2007, http://peacenow.org.il/eng/sites/default/files/Breaking_The_Law_formal%20data_March07Eng.pdf.

38 (Fußnote) *Jahre später bemühten sich die Siedler …*: »Dismantling of Illegal Construction on Nabi Salah Spring Begins«, Yesh Din, 3. Januar 2013, http://www.yesh-din.org/postview.asp?catid=237.

42 (Fußnote) *Die Konsequenzen für Israelis und Palästinenser …*: Für detailliertere Informationen über das Militärgerichtssystem im Westjordanland siehe Lisa Hajjar, *Courting Conflict. The Israeli Military Court System in the West Bank and Gaza,* Berkeley 2005.

42 f. (Fußnote) *»Aber trotz all seiner Verhaftungen war er nur einmal …«*: Yigai Sarna, »Back in Action«, *Ynet News,* 11. März 2011, http://www.ynetnews.com/articles/0,7340,L-4035484,00.html.

44 *Bassem wurde schließlich wegen »Anstiftung« …*: »West Bank Protest Organizer, Bassem Tamimi, to Judge: ›Your Military Laws Are Non-Legit. Our Peaceful Protest is Just‹«, Popular Struggle Coordination Committee, 6. Juni 2011, http://popularstruggle.org/content/west-bank-protest-organizer-bassem-tamimi-judge-%E2%80%9Cyour-military-laws-are-non-legit-our-peacef.

44 *Der Großteil der Beweise gegen ihn war dem Geständnis …*: Isabel Kershner, »Palestinian's Trial Shines Light on Military Justice«, *New York Times,* 28. Februar 2012, http://www.nytimes.com/2012/02/19/world/middleeast/palestinians-trial-shines-light-on-justice-system.html; »Israel: Palestinian's Conviction Violates Freedom of Assembly«, Human Rights Watch, 30. Mai 2012, http://www.hrw.org/news/2012/05/30/israel-palestinian-s-conviction-violates-freedom-assembly.

44 *Er las eine vorbereitete Stellungnahme vor …*: Popular Struggle Coordination Committee, 6. Juni 2011, http://popularstruggle.org/content/west-bank-protest-organizer-bassem-tamimi-judge-%E2%80%9Cyour-military-laws-are-non-legit-our-peacef#statement.

44 (Fußnote) *Die israelische Militärverordnung 101 …*: »Order No. 101 Regarding Prohibition of Incitement and Hostile Propaganda Actions«, Israel Defense Forces, 27. August 1967, http://www.btselem.org/download/19670827_order_regarding_prohibition_of_incitement_and_hostile_propaganda.pdf.

44 (Fußnote) *Das Zusatzprotokoll I zu den Genfer Abkommen von 1977 …*: »Protocol Additional to the Geneva Conventions of 12 August 1949, and relating to the Protection of Victims of International Armed Conflicts (Protocol I)«, 8. Juni 1977, https://www.icrc.org/ihl/INTRO/470.

45 *2010, das letzte Jahr …*: Chaim Levinson, »Nearly 100 % of all Military Court Cases in West Bank End in Conviction, Haaretz Learns«, *Haaretz,* 29. November 2011, http://www.haaretz.com/print-edition/news/nearly-100-of-all-military-court-cases-in-west-bank-end-in-conviction-haaretz-learns-1398369.

45 *Bassem wurde zweier Anklagepunkte für schuldig befunden ...*: Amira Hass, »Israel's Military Court Sentences Palestinian Protest Leader to 13 Months in Jail«, *Haaretz*, 29. Mai 2012, http://www.haaretz.com/news/diplomacy-defense/israel-s-military-court-sentences-palestinian-protest-leader-to-13-months-in-jail-1433191.

1 Das Leben ist schön

47 *»Man erfreut sich so an einer Quelle!«*: zitiert in Raja Shehadeh, *A Rift in Time*, London 2010, S. 189.

47 *Am 9. Dezember 2011 wurde Mustafa Tamimi ...*: Haggai Mattar, »Mustafa Tamimi. A Murder Captured on Camera«, +972, 11. Dezember 2011, http://972mag.com/mustafa-tamimi-a-murder-captured-on-camera/29459/.

56 (Fußnote) *Ein Sprecher der Armee wandte in einer E-Mail ein ...*: Eytan Buchman, E-Mail an den Autor, 19. Juli 2012.

58 *Da die Region damals »von solchen Völkern bewohnt [wurde] ...«*: The Covenant of the League of Nations, Boston 1920, S. ix.

59 *»Im Falle Palästinas«, schrieb der britische Außenminister ...*: Gudrun Krämer, *Geschichte Palästinas. Von der osmanischen Eroberung bis zur Gründung des Staates Israel*, München 2015, S. 167.

59 *Um die Dinge noch zu verkomplizieren, war Balfour ...*: »Palestine for the Jews«, *The Times*, 9. November 1917, S. 1.

59 *Mitte der 1930er Jahre hatte die britische Politik ...*: Ilan Pappe, *A History of Modern Palestine. One Land, Two Peoples*, Cambridge 2004, S. 98–102.

59 *Frauen führten Proteste in Gaza, Jaffa, Haifa ...*: Gudrun Krämer, ebd., S. 318.

59 *Die Briten reagierten auf diesen frühen Ausbruch ...*: Gudrun Krämer, ebd., S. 318.

59 (Fußnote) *Zu diesem Zeitpunkt gab es etwa 60 000 Juden ...*: Baylis Thomas, *How Israel Was Won. A Concise History of the Arab-Israeli Conflict*, Boston 1999, S. 27.

59 (Fußnote) *Zwischen 1922 und 1931 wuchs ...*: Gudrun Krämer, *Geschichte Palästinas. Von der osmanischen Eroberung bis zur Gründung des Staates Israel*, München 2015, S. 216.

60 *Im Jahr darauf führten die Briten ein Militärgerichtssystem ein*: Anglo-American Committee of Inquiry, *Report to the United States Government and His Majesty's Government in the United Kingdom*, Washington, D. C., 1946, http://avalon.law.yale.edu/20th_century/angap04.asp.

60 *waren mehr als tausend Palästinenser getötet worden ...*: The Peel Commission Report. *Report of the Palestine Royal Commission Presented by the Secretary of State for the Colonies to the United Kingdom Parliament by Command of His Brittanic Majesty*, London 1937, S. 105.

60 *Anfang 1939, als der Aufstand endgültig niedergeschlagen war ...*: Rashid Khalidi, »The Palestinians and 1948«, in *The War for Palestine. Rewriting the History of 1948*, Cambridge 2001, S. 27.

60 *Während des arabischen Aufstands …*: Gudrun Krämer, *Geschichte Palästinas. Von der osmanischen Eroberung bis zur Gründung des Staates Israel*, München 2015, S. 291.

60 *Im Februar 1947 verkündete Großbritannien …*: Winston Churchill, Rede vor dem House of Commons, 6. März 1947, United Kingdom, Parliamentary Debates, Commons, 5. Serie, Band 434, S. 675.

60 *führte dazu, dass 750 000 Palästinenser aus dem Gebiet vertrieben wurden …*: United Nations Conciliation Commission for Palestine, »Final Report of the United Nations Economic Survey Mission for the Middle East«, Jerusalem, 28. Dezember 1949.

60 *Die Irgun wurde in die neue israelische Armee integriert …*: Uri Ben Eliezer, *The Making of Israeli Militarism*, Indiana 1998, S. 184.

61 *wobei der siebzehnjährige Hatem al-Sisi getötet …*: Neve Gordon, *Israel's Occupation*, Berkeley 2008, S. 147.

61 *die »Kinder der Steine«, die in der Lyrik Nizar Qabbanis gefeiert werden …*: Nizar Qabbani, »Trilogy of the Children of the Stones«, in Tariq Ali, *The Clash of Civilizations. Crusade, Jihads and Modernity*, London 2002, S. 141.

61 *Nach einem Monat rein lokaler Koordination …*: Penny Johnson, Lee O'Brien und Joost Hilterman, »The West Bank Rises Up«, in Zachary Lockman und Joel Beinin, *Intifada. The Palestinian Uprising Against Israeli Occupation*, Boston 1989, S. 30. Der Großteil der Kommuniqués sind im Anhang von *Intifada* abgedruckt, S. 327–394.

62 *Im ersten Jahr der Intifada wurden 390 Palästinenser getötet …*: Zachary Lockman und Joel Beinin, *Intifada. The Palestinian Uprising Against Israeli Occupation*, Boston 1989, S. 317–325.

62 *und kein einziger israelischer Soldat…*: Mary Elizabeth King, *A Quiet Revolution. The First Palestinian Intifada and Nonviolent Resistance*, New York 2007, S. 9.

62 *Die Fatah und die drei wichtigsten linken palästinensischen Parteien …*: Joost R. Hiltermann, *Behind the Intifada. Labor and Women's Movements in the Occupied Territories*, Princeton 1991, S. 45, 51, 65, 173–176.

63 *Das Ergebnis war revolutionär …*: zum Thema soziale Veränderungen in den frühen Jahren der Intifada siehe Edward Said, «Intifada and Independence«, in Zachary Lockman und Loel Beinin, *Intifada. The Palestinian Uprising Against Israeli Occupation*, Boston 1989, S. 20.

63 *Nach 1990 verlagerte sich die Macht …*: Mary Elizabeth King, *A Quiet Revolution. The First Palestinian Intifada and Nonviolent Resistance*, New York 2007, S. 287.

63 (Fußnote) *Im Februar 1988 schloss Israel …*: Mary Elizabeth King, *A Quiet Revolution. The First Palestinian Intifada and Nonviolent Resistance*, New York 2007, S. 221.

63 (Fußnote) *Aus Qabbanis Trilogie der Kinder der Steine: »Das Wichtigste / an ihnen ist …«* Nizar Qabbani, »Trilogy of the Children of the Stones«, in Tariq Ali, *The Clash of Civilizations. Crusade, Jihads and Modernity*, S. 141.

64 *Am Ende des darauffolgenden Tages waren sieben Palästinenser …*: Menachem

Klein, *The Jerusalem Problem. The Struggle for Permanent Status*, Gainesville 2003, S. 97–98.

64 *In den ersten fünf Tagen wurden fast 50 Palästinenser getötet* ...: Menachem Klein, ebd., S. 97.

64 *Das erste Selbstmordattentat der Intifada* ...: Mary Elizabeth King, *A Quiet Revolution. The First Palestinian Intifada and Nonviolent Resistance*, New York 2007, S. 330.

64 *Im Jahr darauf folgten zwei Dutzend weitere* ...: »Suicide and Other Bombing Attacks in Israel Since the Declaration of Principles (Sept 1993)«, Israelisches Ministerium für auswärtige Angelegenheiten, http://www.mfa.gov.il/mfa/foreignpolicy/terrorism/palestinian/pages/suicide%20and%20other%20bombing%20attacks%20in%20israel%20since.aspx.

64 *Am Anfang waren es nur die islamistischen Gruppierungen* ...: »Erased In A Moment. Suicide Bombing Attacks Against Israeli Civilians«, Human Rights Watch, Oktober 2002, http://www.hrw.org/reports/2002/isrl-pa/index.htm#TopOfPage.

64 *Bis zum Jahr 2002 hatten die Al-Aksa-Märtyrer-Brigaden der Fatah* ...: »Without Distinction. Attacks on Civilians by Palestinian Armed Groups«, Amnesty International, 10. Juli 2002, S. 11, 15, https://www.amnesty.org/en/documents/MDE02/003/2002/en/.

64 *Mehr als die Hälfte der fast 700 israelischen Zivilisten* ...: »Israeli-Palestinian Fatalities Since 2000 – Key Trends«, United Nations Office for the Coordination of Humanitarian Affairs, August 2007, http://unispal.un.org/UNISPAL.NSF/0/BE07C80CDA4579468525734800500272.

64 *Bei einem frühen Bombenattentat im August 2001* ...: Frimet Roth, »Remembering the Sbarro Bombing Five Years On«, *Haaretz*, 11. August 2006, http://www.haaretz.com/print-edition/features/remembering-the-sbarro-bombing-five-years-on-1194921.

65 *Ahlam wurde zu sechzehn Mal lebenslänglich verurteilt* ...: Nida Tuma, »Sbarro bomber's family hopes she will lead quiet life«, *Jerusalem Post*, 17. Oktober 2011,
http://www.jpost.com/National-News/Sbarro-bombers-family-hopes-she-will-lead-quiet-life.

65 *als Israel 1027 palästinensische Gefangene* ...: Ben Quinn, »Gilad Shalit Freed in Exchange for Palestinian Prisoners«, *Guardian*, 28. Oktober 2011, http://www.theguardian.com/world/2011/oct/18/gilad-shalit-palestine-prisoners-freed.

65 *Scharon, der bald zum Premierminister gewählt werden würde* ...: Eyal Weizman, *Hollow Land. Israel's Architecture of Occupation*, London 2007, S. 196.

65 *Hunderte Straßensperren und Kontrollpunkte* ...: »Fragmented Lives: Humanitarian Overview 2012«, United Nations Office for the Coordination of Humanitarian Affairs (Ostjerusalem, Mai 2013), S. 38, http://www.ochaopt.org/documents/ocha_opt_fragmented_lives_annual_report_2013_english_web.pdf.

65 *Eine Barriere aus einer acht Meter hohen Betonmauer* ...: Ray Dolphin, *The West Bank Wall. Unmaking Palestine*, London 2006, S. 38–39.

65 *2002 erhielten die Bewohner des Dorfes Jayyous* ...: Sharif Omar, »Israel's Wall

Hems in Livelihoods – and Dreams«, *USA Today*, 17. August 2003, http://usatoday30. usatoday.com/news/opinion/editorials/2003-08-17-omar_x.htm; Ray Dolphin, *The West Bank Wall. Unmaking Palestine*, London 2006, 88–94; siehe auch Nida Sinnokrots Dokumentarfilm *Palestine Blues* aus dem Jahr 2006 über die Volkswiderstandsbewegung in Jayyous.

65 f. *Platz zu schaffen für die Ausdehnung der israelischen Siedlung Zufin*: Yehezkel Lein und Alon Cohen-Lifshitz, *Under the Guise of Security. Routing the Separation Barrier to Enable the Expansion of Israeli Settlements in the West Bank*, B'Tselem, Dezember 2005, S. 5–6, https://www.btselem.org/download/200512_under_the_guise_of_security_eng.pdf.

65 (Fußnote) *Wenn wir davon ausgehen, dass die Zweite Intifada im Februar 2005 …*: »Palestinians killed by Israeli security forces in the Occupied Territories, before Operation ›Cast Lead‹«, B'Tselem, http://www.btselem.org/statistics/fatalities/before-cast-lead/by-date-of-event/wb-gaza/palestinians-killed-by-israeli-security-forces/by-month.

66 *Die Barriere, so die israelische Historikerin Idith Zertal …*: Idith Zertal und Akiva Eldar, *Lords of the Land. The War Over Israel's Settlements in the Occupied Territories, 1967–2007*, New York 2007, S. 424.

66 *In Biddu, kurz westlich von Ramallah …*: »List of Demonstrators Killed During Protests Against the Wall«, International Solidarity Movement, Dezember 2010, http://palsolidarity.org/2010/12/list-of-demonstrators-killed-during-protests-against-the-wall/.

66 *Die Mauer wurde hochgezogen …*: »Restricted Access to Land. Biddu Enclave«, United Nations Relief and Works Agency, Oktober 2014, http://reliefweb.int/sites/reliefweb.int/files/resources/biddu_enclave_infographic.pdf.

66 *In Beit Liqya erschossen Soldaten an einem Tag zwei Cousins …*: Arnon Regular, »Security Guard Shoots Palestinian Teen in Family Vineyard«, *Haaretz*, 7. Oktober 2005, http://www.haaretz.com/print-edition/news/security-guard-shoots-palestinian-teen-in-family-vineyard-1163435.

66 *Auch in Beit Ijza verloren sie …*: »Beit Ijza Village Profile«, Applied Research Institute, Jerusalem 2012, S. 16–17, http://vprofile.arij.org/jerusalem/pdfs/vprofile/Beit%20Ijza_EN.pdf.

66 *In Budrus allerdings …*: Ray Dolphin, *The West Bank Wall. Unmaking Palestine*, London 2006, S. 190–191; Interview mit Ayed Morrar, Juli 2012; siehe auch Juliet Bachas Dokumentarfilm *Budrus*, 2010.

66 *2006 nach al-Ma'sara bei Bethlehem …*: »Five Shot as Israeli Forces Disperse Protests Across West Bank«, *Palestine Chronicle*, 18. Januar 2014, http://www.palestinechronicle.com/five-shot-as-israeli-forces-disperse-protests-across-west-bank/.

67 *2011 veröffentlichte Wikileaks eine vertrauliche Nachricht …*: »IDF Plans Harsher Methods with West Bank Demonstrations«, United States Embassy, Tel Aviv, 16. Februar 2010, https://cablegatesearch.wikileaks.org/cable.php?id=10TELAVIV344.

70 *und Mohammad bestand, der die Facebook-Seite pflegte* …: »Tamimi Press«, Facebook, https://www.facebook.com/Tamimipresspage?fref=nf,

71 f. (Fußnote) *Als er 1857 Palästina besuchte* …: Herman Melville, *Ein Leben. Briefe und Tagebücher*, München 2004, S. 421–122.

72 (Fußnote) *Die Amerikaner unterstützen Israel* …: Jeremy M. Sharp, »U. S. Foreign Aid to Israel«, Congressional Research Service, 10. Juni 2015, http://www.fas.org/sgp/crs/mideast/RL33222.pdf.

72 (Fußnote) *Das Tränengas, das in Nabi Saleh zum Einsatz* …: Ryan Rodrick Beiler, »This Tear Gas Brought to You by the U. S. A.«, +972, 3. Dezember 2013, http://972mag.com/photos-this-tear-gas-brought-to-you-by-the-u-s-a/82650/.

73 (Fußnote) *Der Sprecher der Israelischen Verteidigungsstreitkräfte* …: Büro des Sprechers der Israelischen Verteidigungsstreitkräfte, North America Desk, E-Mail an den Autor, 5. November 2014.

78 *Bilal bannte das Ganze auf Film* …: https://www.youtube.com/watch?v=gW5Ce2CqToI.

79 *Ma'an, die offizielle palästinensische Nachrichtenagentur* …: »Witnesses: Settlers, Forces Expand Halamish Settlement«, Ma'an News Agency, 22. Januar 2013, http://www.maannews.com/Content.aspx?id=558288.

80 *»Die Erinnerung«, schrieb der libanesische Romancier Elias Khoury* …: Elias Khoury, *Das Tor zur Sonne*, Stuttgart 2004, S. 228.

ZWISCHENSPIEL: Der Staat von Hani Amer

84 *das berüchtigte Massaker von Kafr Qassem* …: Für eine detailliertere Beschreibung dieses Vorfalls siehe Kapitel 6 in Sabri Jiryis' *The Arabs in Israel*, New York 1976, S. 140–153.

84 *Yshishkar Shadmi, der Offizier* …: Sabri Jiryis, *The Arabs in Israel*, New York 1976, S. 153.

84 *Unter ihnen befand sich ein junger Offizier namens Schaul Mofas* …: Mati Tuchfeld, »When Shaul Mofaz Was a Settler«, *Israel Hayom*, 12. April 2012, http://www.israelhayom.com/site/newsletter_article.php?id=3927; Akiva Eldar, »The ›Road Map‹ Has Been Folded Up«, *Haaretz*, 14. November 2002, http://www.remembershaden.org/articles/the_road_map_has_been_folded_up.htm.

2 Der Frieden der Tapferen

89 *»Hier haben wir gesehen, wie sich die großen Freuden der Revolution* …: Mariano Azuela, *Die Rechtlosen. Roman aus der mexikanischen Revolution*, Frankfurt am Main 1992, S. 128.

91 *Die meisten Palästinenser sind Exilanten ...*: »FAQs about Palestinian Refugees«, Al-Awda, http://al-awda.org/learn-more/faqs-about-palestinian-refugees/.

93 *Die Oslo-Abkommen hatten Israel die volle Kontrolle ...*: »Discriminatory Water Supply«, B'Tselem, 10. März 2014, http://www.btselem.org/water/discrimination_in_water_supply.

93 (Fußnote) *Den Palästinensern wurden nur 20 Prozent des Wassers ...*: »Discriminatory Water Supply«, B'Tselem, ebd.

93 (Fußnote) *Während der Gespräche, die zu dem Abkommen führten ...*: Uri Savir, *The Process. 1,100 Days that Changed the Middle East*, New York 2010, S. 213.

93f. (Fußnote) *In Gebieten, die ans Wasserversorgungsnetz ...*: »Discriminatory Water Supply«, B'Tselem, 10. März 2014, http://www.btselem.org/water/discrimination_in_water_supply.

94 (Fußnote) *Einige Siedlungen im Westjordanland ...*: »Limited Availability of Water in the West Bank«, United Nations Office for the Coordination of Humanitarian Affairs, http://www.ochaopt.org/annual/c7/3.html.

95 *Ein paar Tage zuvor hatte sich herumgesprochen ...*: »Hundreds Protest Negotiations in Ramallah«, Ma'an News Agency, 3. Juli 2012, http://www.maannews.com/Content.aspx?id=501119.

95 *Im März 2002 hatten Streitkräfte ...*: Mary Curtius, »Israel Invades Ramallah in Show of Might«, *Los Angeles Times*, 13. März 2002, http://articles.latimes.com/2002/mar/13/news/mn-32564.

95 *Jassir Arafat blieb praktisch bis kurz vor seinem Tod ...*: John Kifner, »Israel Surrounds Arafat Compound in a Predawn Raid«, *New York Times*, 10. Juni 2002, http://www.nytimes.com/2002/06/10/international/middleeast/10ISRA.html; »Inside Arafat's Compound of Rubble«, BBC, 22. September 2002, http://news.bbc.co.uk/2/hi/middle_east/1902566.stm; Linda Tabar, »The Muqata. Facade of a Palestinian State«, *al-Akhbar English*, 26. Dezember 2011, http://english.al-akhbar.com/node/2821.

96 (Fußnote) *Später in diesem Jahr musste Mofas ...*: Justin Juggler, »General Linked to Jenin Atrocities Named Defense Chief«, *Independent*, 1. November 2002, http://www.independent.co.uk/news/world/middle-east/general-linked-to-jenin-atrocities-named-defence-chief-133069.html.

96 *Polizisten der Palästinensischen Autonomiebehörde ...*: Linah Alsaafin, »First Hand. Ramallah Protests Against Mofaz Meeting Attacked by PA Police, Thugs«, *Electronic Intifada*, 3. Juli 2012, https://electronicintifada.net/blogs/linah-alsaafin/first-hand-ramallah-protests-against-mofaz-meeting-attacked-pa-police-thugs.

96 *Im September 1993, nach Monaten geheimer Verhandlungen ...*: Uri Savir, *The Process. 1,100 Days that Changed the Middle East*, New York 2010; Edward Said, »The Morning After«, *London Review of Books*, 20. Oktober 1993, http://www.lrb.co.uk/v15/n20/edward-said/the-morning-after.

96 »*Ein Frieden der Tapferen ist in Reichweite ...*«: »Statements by Leaders at the Signing of the Middle East Pact«, *New York Times*, 14. September 1993, http://www.

nytimes.com/1993/09/14/world/mideast-accord-statements-by-leaders-at-the-signing-of-the-middle-east-pact.html.

97 »... *die wahrhaft erstaunlichen Ausmaße* ...«: Edward W. Said, *Der Morgen danach*, in *Frieden in Nahost? Essays über Israel und Palästina*, Heidelberg 1997, S. 45.

97 *Oslo zerschnitt das Westjordanland* ...: Adam Hanieh, *Lineages of Revolt. Issues of Contemporary Capitalism in the Middle East*, Chicago 2013, S. 439–444; Heinrich Böll Stiftung, *Perspectives*, 5. Dezember 2013, S. 6.

97 (Fußnote) *Die Grenzen haben sich seitdem verschoben* ...: Amira Hass, »UN report: 300,000 Palestinians live in Area C of West Bank«, *Haaretz*, 5. März 2014, http://www.haaretz.com/news/diplomacy-defense/.premium-1577997; Heinrich Böll Stiftung, *Perspectives*, 5. Dezember 2013, S. 6.

98 *in den Worten des Wissenschaftlers Adam Hanieh* ...: Adam Hanieh, *Lineages of Revolt. Issues of Contemporary Capitalism in the Middle East*, Chicago 2013, S. 439.

98 *Zwischen 2000 und 2012* ...: Noga Kadman, »Acting the Landlord. Israel's Policy in Area C, West Bank«, B'Tselem, Juni 2013, S. 19–20.

98 »*Fakt ist [...], dass Israel* ...: Edward W. Said, *Der Morgen danach*, in *Frieden in Nahost? Essays über Israel und Palästina*, Heidelberg 1997, S. 46–47.

98 *In den Worten des israelischen Politologen Neve Gordon* ...: Neve Gordon, *Israel's Occupation*, Berkeley 2008, S. 169.

99 *jene, die in den Zonen A und B lebten* ...: Adam Hanieh, *Lineages of Revolt. Issues of Contemporary Capitalism in the Middle East*, Chicago 2013, S. 405–406; Nasser Abourahme, »The Bantustan Sublime. Reframing the Colonial in Ramallah«, *City*, Band 12, Nr. 3, Dezember 2008; Rashid Khalidi, *The Iron Cage. The Story of the Palestinian Struggle for Statehood*, Boston 2006, S. 199.

99 *Die Pariser Protokolle erlaubten es Israel* ...: Adam Hanieh, *Lineages of Revolt. Issues of Contemporary Capitalism in the Middle East*, Chicago 2013, S. 449–453.

99 *ein Drittel des Budgets der Palästinensischen Autonomiebehörde* ...: Neve Gordon, *Israel's Occupation*, Berkeley 2008, S. 186.

100 *Vor Beginn der Intifada* ...: Joost R. Hiltermann, *Behind the Intifada. Labor and Women's Movements in the Occupied Territories*, Princeton 1991, S. 32; Adam Hanieh, *Lineages of Revolt. Issues of Contemporary Capitalism in the Middle East*, Chicago 2013, S. 444–446.

100 *Etwa 150 000 Palästinenser fanden Arbeit* ...: Neve Gordon, *Israel's Occupation*, Berkeley 2008, S. 186.

100 *Eine weitere große Gruppe an Palästinensern* ...: Adam Hanieh, *Lineages of Revolt. Issues of Contemporary Capitalism in the Middle East*, Chicago 2013, S. 1033.

101 »*Es ist gefährlich*«, *schrieb der Dichter Mahmud Darwisch* ...: Mahmoud Darwisch, *Tagebuch der alltäglichen Traurigkeit. Prosa aus Palästina*, Berlin 1978, S. 80.

101 *dieselbe Klage, die Victor Serge 1946 im Exil* ...: Victor Serge, *Unforgiving Years*, New York 2008, S. 326.

101 *Er hatte den Rückhalt der Golfstaaten verloren* ...: Rashid Khalidi, *The Iron Cage. The Story of the Palestinian Struggle for Statehood*, Boston 2006, S. 157.

102 *Die Gespräche fielen Anfang 2001 in sich zusammen ...*: Rashid Khalidi, ebd., S. 158.

102 *»Unser Volk wird seinen friedlichen Widerstand gegen ...«*: »Full Transcript of Abbas Speech at UN General Assembly«, *Haaretz*, 23. September 2011, http://www.haaretz.com/news/diplomacy-defense/full-transcript-of-abbas-speech-at-un-general-assembly-1386385.

104 *Der Mofas-Besuch wurde letztendlich abgesagt*: »Official. Abbas-Mofaz Meeting Postponed Indefinitely«, Ma'an News Agency, 30. Juni 2012, http://www.maannews.com/Content.aspx?id=499870; »Hundreds Protest Against Abbas in Ramallah«, *Al-Akhbar English*, 3. Juli 2102, http://english.al-akhbar.com/node/9207.

105 (Fußnote) *Anfang jener Woche ...*: Chaim Levinson, »Israel's Immigration Police Granted Power to Deport Foreign Activists from West Bank«, *Haaretz*, 13. Juli 2012, http://www.haaretz.com/news/diplomacy-defense/israel-s-immigration-police-granted-power-to-deport-foreign-activists-from-west-bank-1450794.

ZWISCHENSPIEL: Jeder Anfang ist anders

113 *Der israelische Architekt und Theoretiker Eyal Weizman ...*: Eyal Weizman, *Sperrzonen. Israels Architektur der Besatzung*, Hamburg 2008, S. 194.

114 *eine Straße, die der Journalist Gershom Gorenberg ...*: Gershom Gorenberg, »Road 443. More Evidence of a Long Deception«, *The Daily Beast*, 7. Oktober 2013, http://www.thedailybeast.com/articles/2013/10/07/road-443-more-evidence-of-a-long-deception.html.

114 *In Biddu waren fünf Männer getötet worden ...*: »List of Demonstrators Killed During Protests Against the Wall«, International Solidarity Movement, Dezember 2010, http://palsolidarity.org/2010/12/list-of-demonstrators-killed-during-protests-against-the-wall/.

114 *Biddu und die sieben Dörfer im Umkreis ...*: »Restricted Access to Land. Biddu Enclave«, United Nations Relief and Works Agency, Oktober 2014, http://reliefweb.int/sites/reliefweb.int/files/resources/biddu_enclave_infographic.pdf.

117 *»Der Mensch ist ein Wesen, das sich an alles gewöhnt«*: Fjodor Dostojewskij, *Aufzeichnungen aus einem Totenhaus*, Berlin und Weimar 1983, S. 14.

117 (Fußnote) *»In den besetzten Gebieten«, bemerkte der französische Schriftsteller ...*: Christian Salmon, »The Bulldozer War«, *Le Monde Diplomatique*, Mai 2002, https://mondediplo.com/2002/05/08bulldozer.

3 Über dem Johannisbrotbaum

119 *»Und wenn die Toten durch Vertreibung und die Toten ...«*: Mourid Barghouti, *I Saw Ramallah*, New York 2003, S. 161.

120 *Mitte Oktober blockierten die Aktivisten ...*: »Palestinians Block Road to Protest Settler Attacks«, *Al-Akhbar English*, 16. Oktober 2012, http://english.al-akhbar.com/node/12980.

120 *Zwölf Tage später veranstalteten sie einen Protest ...*: Tovah Lazaroff, »Palestinian Activists Raise Their Flags in Rami Levy«, *Jerusalem Post*, 24. Oktober 2012, http://www.jpost.com/Features/In-Thespotlight/Palestinian-activists-raise-their-flags-in-Rami-Levy.

120 *Sie blockierten weitere Straßen ...*: »Palestinians Protest Occupation, Block Roads Throughout West Bank«, +972, 14. November 2012, http://972mag.com/photos-palestinians-protest-occupation-block-roads-throughout-west-bank/59795/.

120 *errichteten Aktivisten ein »Dorf« ...*: Patrick Strickland, »Israel, E1, and the Meaning of Bab al-Shams«, *Middle East Monitor*, 15. Januar 2013, https://www.middleeastmonitor.com/articles/middle-east/4999-israel-e1-and-the-meaning-of-bab-al-shams.

120 *Anderthalb Monate zuvor hatten die Vereinten Nationen ...*: Barak Ravid, »In Response to UN Vote, Israel to Build 3,000 New Homes in Settlements«, *Haaretz*, 30. November 2012, http://www.haaretz.com/news/diplomacy-defense/in-response-to-un-vote-israel-to-build-3-000-new-homes-in-settlements.premium-1481695.

120 *»Wir, das Volk«, begann die Pressemeldung ...*: »Palestinians Establish a new Village, Bab Alshams, in Area E1«, Popular Struggle Coordination Committee, 11. Januar 2013, http://popularstruggle.org/content/palestinians-establish-new-village-bab-alshams-area-e1.

120 *In Khourys Worten war es ...*: Elias Khoury, *Das Tor zur Sonne*, Stuttgart 2004, S. 719.

121 *Netanjahu gab persönlich den Befehl ...*: Karl Vick, »When Palestinians Use Settler Tactics. A Beleaguered Netanyahu Responds«, *Time*, 14. Januar 2013, http://world.time.com/2013/01/14/when-palestinians-use-settler-tactics-a-beleaguered-netanyahu-responds/.

121 *sprangen zwei Nachahmer-Protestdörfer aus dem Boden ...*: »Clashes Break out at New Protest Village in Jenin«, Ma'an News Agency, 26. Januar 2013, http://www.maannews.com/Content.aspx?id=559390; »Israeli Army Removes Activists from Bab al-Karameh«, *WAFA*, 21. Januar 2013, http://english.wafa.ps/index.php?action=detail&id=21531.

121 f. *Als das Amt für die Koordinierung humanitärer Angelegenheiten ...*: »Palestinian Villages Affected by Violence from Yitzhar Settlement and Outposts«, United Nations Office for the Coordination of Humanitarian Affairs, Februar 2012, http://unispal.un.org/unispal.nsf/634ea0efe460133c852570c0006d53f2/b058917b40f82bed85257dff00616387?OpenDocument.

122 *Ein anderes Büro der Vereinten Nationen ...*: »Olive Harvest. Continued Settler Attacks Against Refugee Livelihoods«, United Nations Relief and Works Agency, Oktober 2013, http://www.unrwa.org/sites/default/files/olive_harvest_continued_settler_attacks_against_refugee_livelihoods.pdf.

124 (Fußnote) *Die Richtlinien der Israelischen Verteidigungsstreitkräfte ...*: Sarit Michaeli, *Crowd Control. Israel's Use of Crowd Control Weapons in the West Bank*, B'Tselem, Januar 2013, S. 21, http://www.btselem.org/download/201212_crowd_control_eng.pdf.

127 *des sechzehnjährigen Samir Awad ...*: Harriet Sherwood, »Israeli Forces Shot Youth in the Back As He Ran Away, Say Palestinians«, *Guardian*, 15. Januar 2013, http://www.theguardian.com/world/2013/jan/15/israeli-shot-youth-in-back-palestinians; »B'Tselem Inquiry: No Justification for Shooting and Killing Samir 'Awad, 16«, B'Tselem, 21. Februar 2013, http://www.btselem.org/firearm/20130221_killing_of_samir_awad_budrus.

127 *Sie schlugen ihn ziemlich heftig ...*: »Palestinians beaten after protesting at settlement supermarket«, *Al-Akhbar English*, 24. Oktober 2012, http://english.al-akhbar.com/node/13095.

127 *Ich hatte ein Video des Protestes gesehen ...*: »Palestinian Activists Protest at Rami Levi Settlement's Supermarket«, YouTube, https://www.youtube.com/watch?v=wt4x1WIzcYw.

128 *Das ganze Video war unerträglich ...*: »Ahed Tamimi, a Brave Palestinian Girl«, YouTube, https://www.youtube.com/watch?v=u3783A3HOkw.

128 *Der türkische Präsident Recep Erdoğan ...*: »Turkish PM eats breakfast with Palestinian girl who challenged Israeli troops«, *Hurriyet Daily News*, 30. Dezember 2012, http://www.hurriyetdailynews.com/turkish-pm-eats-breakfast-with-palestinian-girl-who-challenged-israeli-troops.aspx?pageID=238&nID=37955&NewsCatID=338.

129 *Sechs Israelis und 167 Palästinenser ...*: »Harm to Civilians Significantly Higher in Second Half of Operation Pillar of Defense«, B'Tselem, 8. Mai 2013, http://www.btselem.org/press_releases/20130509_pillar_of_defense_report.

130 *Zwei Wochen zuvor hatte eine Untersuchung ...*: Chaim Levinson und Jack Khoury, »IDF Probe. 80 Bullets Fired Without Justification in Death of West Bank Palestinian«, *Haaretz*, 16. Januar 2013, http://www.haaretz.com/news/diplomacy-defense/idf-probe-80-bullets-fired-without-justification-in-death-of-west-bank-palestinian.premium-1494352.

ZWISCHENSPIEL: Bühnenkunst

141 *Sie wurden von den Vereinigten Staaten ausgerüstet ...*: Jim Zanotti, »U.S. Foreign Aid to the Palestinians«; Jim Zanotti, »U.S. Security Assistance to the Palestinian Authority«, Congressional Research Service, 8. Januar 2010, https://www.fas.org/sgp/crs/mideast/R40664.pdf.

141 *die USA mit Zustimmung des israelischen Inlandsgeheimdienstes ...*: Steven Erlanger, »U.S. Urging Bigger Force for Abbas«, *New York Times*, 4. Oktober 2006, http://www.nytimes.com/2006/10/04/world/middleeast/05mideastcnd.html?pagewanted=print&_r=0; »US Embassy Cables: Israel Discusses Gaza and West Bank with US«, *Guardian*, 23. Januar 2011, http://www.theguardian.com/world/us-embassy-cables-documents/81613.

141 *»Eine Autorität, eine Waffe ...«*: »Meeting Summary: Saeb Erekat and Keith Dayton«, The Palestine Papers, 24. Juni 2009, http://transparency.aljazeera.net/en/projects/thepalestinepapers/201218205912859354.html.

142 *von einem protestantischen irischen Polizeibeamten ...*: Kevin Connolly, »Charles Tegart and the Forts that Tower over Israel«, BBC News, 10. September 2012, http://www.bbc.com/news/magazine-19019949; Seth J. Frantzman, »Tegart's Shadow«, *Jerusalem Post Magazine*, 21. Oktober 2011, http://www.jpost.com/Magazine/Features/Tegarts-shadow; Matthew Hughes, »From Law and Order to Pacification. Britain's Suppression of the Arab Revolt in Palestine, 1936–39«, *Journal of Palestine Studies*, Band 39, Nr. 2, S. 6–22, http://www.palestine-studies.org/sites/default/files/jps-articles/From%20Law%20and%20Order%20to%20Pacification-%20Britain's%20Suppression%20of%20the%20Arab%20Revolt%20in%20Palestine.pdf.

142 *Eine wurde zu einem Geheimgefängnis und Verhörzentrum ...*: Chris McGreal, »Facility 1391. Israel's Secret Prison«, *Guardian*, 13. November 2003, http://www.theguardian.com/world/2003/nov/14/israel2; Aviv Lavie, »Inside Israel's Secret Prison«, *Haaretz*, 20. August 2003, http://www.haaretz.com/inside-israel-s-secret-prison-1.97813; »Secrets of Unit 1391«, *Newsweek*, 27. Juni 2004, http://www.newsweek.com/secrets-unit-1391-128665.

143 *Tegart, der die Methode des Waterboarding ...*: Matthew Hughes, »From Law and Order to Pacification. Britain's Suppression of the Arab Revolt in Palestine, 1936–39«, *Journal of Palestine Studies*, Band 39, Nr. 2, S. 6–22, http://www.palestine-studies.org/sites/default/files/jps-articles/From%20Law%20and%20Order%20to%20Pacification-%20Britain's%20Suppression%20of%20the%20Arab%20Revolt%20in%20Palestine.pdf.

143 *Die Festungen, die sich im Westjordanland befanden ...*: Eyal Weizman, »Short Cuts«, *London Review of Books*, 9. Januar 2014, http://www.lrb.co.uk/v36/n01/eyal-weizman/short-cuts.

143 *»Damals herrschten eine solche Begeisterung und ein solcher Stolz ...«*: Raja Shehadeh, *Occupation Diaries*, New York 2012, S. 135–136.

143 *Bei einem späteren Besuch der Mukataa ...*: Raja Shehadeh, *When the Birds Stopped Singing: Life in Ramallah Under Sieg*, Hannover 2013, S. 130.

143 (Fußnote) *Gefangene der Anlage, deren Existenz Israel abstreitet ...*: Chris McGreal, »Facility 1391 Israel's Secret Prison«, *Guardian*, 13. November 2003, http://www.theguardian.com/world/2003/nov/14/israel2«; Aviv Lavie, »Inside Israel's Secret Prison«, *Haaretz*, 20. August 2003, http://www.haaretz.com/inside-israel-s-secret-prison-1.97813.

144 *Nach Arafats Tod 2004 ...*: Linda Tabar, »The Muqata. Facade of a Palestinian State«, *Al-Akhbar English*, 26. Dezember 2011, http://english.al-akhbar.com/node/2821.

144 *Passenderweise wurde die runderneuerte Mukataa ...*: »Japan to Finance Renovation of PA's Muqata Headquarters in Ramallah«, *Haaretz*, 25. Oktober 2005, http://www.haaretz.com/news/japan-to-finance-renovation-of-pa-s-muqata-headquarters-in-ramallah-1172482.

144 (Fußnote) *Ich hätte an dieser Stelle auch Elias Khoury zitieren können ...*: Elias Khoury, *Das Tor zur Sonne*, Stuttgart 2004, S. 204.

4 Die Ameise und die Süßigkeit

145 »*Es gibt einen Punkt, an dem die Methoden verschwinden*«: Frantz Fanon, *Schwarze Haut, weiße Masken*, Wien 2013, S. 12.

145 *Angeblich hatte Assaf zwei Tage gebraucht ...*: Leona Vicario, »Mohammad Assaf ›Cheers Up‹ Palestine«, *Palestine Monitor*, 20. Juni 2013, http://www.palestinemonitor.org/details.php?id=vish8va4427ytobkh3pui.

155 *Mehr als zehn Millionen Menschen ...*: Shaimaa Fayed und Yasmine Saleh, »Millions Flood Egypt's Streets to Demand Mursi Quit«, *Reuters*, 30. Juni 2013, http://www.reuters.com/article/2013/06/30/cnews-us-egypt-protests-idCABRE95Q0NO20130630.

155 *Das ägyptische Militär enthob Mursi seines Amtes ...*: »President Morsi Overthrown in Egypt«, *Al Jazeera*, 4. Juli 2013, http://www.aljazeera.com/news/middleeast/2013/07/20137319828176718.html.

155 *Fünf Tage später mähten Soldaten ...*: Kim Sengupta und Alistair Beach, »Cairo Massacre Eyewitness Report«, *Independent*, 9. Juli 2013, http://www.independent.co.uk/news/world/africa/cairo-massacre-eyewitness-report-at-least-51-dead-and-more-than-440-injured-as-army-hits-back-at-muslim-brotherhood-supporters-8694/85.html.

155 *Ende des Monats schlachteten sie ...*: Patrick Kingsley, »At Least 120 Morsi Supporters Reported Killed in Egypt Clashes«, *Guardian*, 27. Juli 2013, http://www.theguardian.com/world/2013/jul/27/morsi-supporters-killed-egypt-cairo.

155 *und zwei Wochen später über 800 ...*: Omar Shakir, *All According to Plan. The Rab'a Massacre and Mass Killings of Protesters in Egypt*, Human Rights Watch, 12. August 2014, http://www.hrw.org/node/127942.

155 *In der Zwischenzeit war die Zahl ...*: »Syrian civil war death toll rises to more than 191,300, according to UN«, *Guardian*, 22. August 2014, http://www.theguardian.com/world/2014/aug/22/syria-civil-war-death-toll-191300-un.

155 *Die Redaktionsleitung der* Washington Post ...: »John Kerry Pursues a Narrow Peace«, *Washington Post*, 7. Juli 2013, https://www.washingtonpost.com/opinions/john-kerry-pursues-a-narrow-peace/2013/07/07/66934ef8-e405-11e2-a11e-c2ea876a8f30_story.html.

155 *Netanjahus stellvertretender Verteidigungsminister ...*: Raphael Ahren, »Deputy Defense Minister: This Government Will Block Any Two-State Deal«, *Times of Israel*, 6. Juni 2013, http://www.timesofisrael.com/deputy-defense-minister-this-government-will-block-any-peace-deal/.

156 *Sarit Michaeli, eine Rechercheurin ...*: Sarit Michaeli, *Crowd Control. Israel's Use of Crowd Control Weapons in the West Bank*, B'Tselem, Januar 2013, S. 21, http://www.btselem.org/download/201212_crowd_control_eng.pdf.

157 *Netanjahu hatte zugestimmt ...*: William Booth, »Mideast peace talks set to begin after Israel agrees to free 104 Palestinian prisoners«, *Washington Post*, 28. Juli 2013, https://www.washingtonpost.com/world/middle_east/israel-to-free-104-palestinian-prisoners/2013/07/28/390ad8d2-f7a3-11e2-a954-358d90d5d72d_story.html.

159 *Die Gefangenen sollten in mehreren Schüben ...*: Ben Birnbaum und Amir Tibon, »The Explosive, Inside Story of How John Kerry Built an Israel-Palestine Peace Plan – and Watched It Crumble«, *New Republic*, 20. Juli 2014, http://www.newrepublic.com/article/118751/how-israel-palestine-peace-deal-died.

159 *Am 30. Juli eröffneten Saeb Erekat und Tzipi Livni ...*: »After ›Productive‹ Start, Second Day of Mideast Talks«, Agence France Press, 30. Juli 2013.

159 *zusammen mit Kerry und Martin Indyk ...*: Grace Halsell, »Clinton's Indyk Appointment One of Many From Pro-Israel Think Tank«, *Washington Report on Middle East Affairs*, März 1993, S. 9, http://www.wrmea.org/1993-march/clinton-s-indyk-appointment-one-of-many-from-pro-israel-think-tank.html.

160 *In den Worten Kerrys ...*: Arshad Mohammed und Lesley Wroughton, »Israeli-Palestinian Talks Begin amid Deep Divisions«, Reuters, 30. Juli 2013, http://www.reuters.com/article/2013/07/30/us-palestinians-israel-idUSBRE96S0SY20130730.

160 *Aber es war Ramadan, und jeden Freitag ...*: »Police: 75,000 Perform Ramadan Prayers at Al-Aqsa«, Ma'an News Agency, 12. Juli 2013, http://www.maannews.com/Content.aspx?id=613361.

160 (Fußnote) *Zwei Nächte zuvor hatte die linke Volksfront ...*: «Palestinian Authority Police Beat Protesters«, Human Rights Watch, 30. Juli 2013, https://www.hrw.org/news/2013/07/30/palestine-palestinian-authority-police-beat-protesters.

161 (Fußnote) *1946 waren nur 50 der 13 560 Einwohner Akkons ...*: Mustafa Abbasi, »The Fall of Acre in the 1948 Palestine War«, *Journal of Palestine Studies*, Band 39, Nr. 4, S. 6–27.

TEIL ZWEI: HEBRON

Prolog

167 »*Und im Großen und Ganzen war nichts klar*«: Viktor Shklovsky, *A Hunt for Optimism,* Champaign, IL, 2012, S. 23.

169 *Wir passierten den Gusch-Etzion-Kreisverkehr ...*: Peter Beaumont und Orlando Crowcroft, »Bodies of Three Missing Israeli Teenagers Found in West Bank«, *Guardian,* 30. Juni 2014, http://www.theguardian.com/world/2014/jun/30/bodies-missing-israeli-teenagers-found-west-bank.

169 *wo sieben Monate zuvor einer 21-Jährigen ...*: Harriet Sherwood, »Palestinian Deaths Raise Concern over Israeli Army Use of Live Fire«, *Guardian,* 27. Januar 2013, http://www.theguardian.com/world/2013/jan/28/palestinian-deaths-israel-army-live-fire.

170 f. *Tel Rumeida, dem ältesten Viertel...*: »Old Town of Hebron al-Khalil & Its Environs«, United Nations Educational, Scientific, and Cultural Organization, http://whc.unesco.org/en/tentativelists/5705/; Jeffrey R. Chadwick, »Discovering Hebron«, *Biblical Archaeology Review,* Band 31, Nr. 5, September/Oktober 2005.

171 *Sie schlugen ihn so heftig auf den Rücken ...*: »UN Experts Urge Israel to Stop Harassment of Human Rights Activist Issa Amro«, UN News Centre, August 2013, http://www.un.org/apps/news/story.asp?NewsID=45615#.Veiyvbx3m2w.

5 Eine Frage der Hoffnung

176 »*Normalität ist essentiell. Sie ist unsere Geheimwaffe*«: zitiert im Dokumentarfilm *Inside God's Bunker,* 1994, Regie: Micha Peled.

177 *Im Frühjahr zuvor waren Soldaten gekommen ...*: »UPDATE: Woman Arrested in Hebron Is Accused of Stone Throwing by a Settler«, International Solidarity Movement, 19. Mai 2013, http://palsolidarity.org/2013/05/update-woman-arrested-in-hebron-is-accused-of-stone-throwing-by-a-settler/.

180 *Ein weiterer Sci-Fi-Autor, Philip K. Dick ...*: Philip K. Dick, »Die Wiedergeburt des Timothy Archer«, in *Die Valis-Trilogie,* München 2002, S. 706.

180 (Fußnote) »*Natürlich waren wir [als Kinder] immer auf der Hut ...*«: China Miéville, *Die Stadt und die Stadt,* Köln 2010, S. 108.

181 *H1 = der Teil der Stadt ...*: »The Humanitarian Impact of Israeli Settlements in Hebron City«, United Nations Office for the Coordination of Humanitarian Affairs, 29. November 2013, http://unispal.un.org/unispal.nsf/47d4e277b48d9d3685256ddc00612265/3f1282254b7d083a85257c320056b46e?OpenDocument; »Hebron Settlements«, Temporary International Presence in Hebron, http://www.tiph.org/en/About_Hebron/Hebron_today/Settlements/.

181 *Das israelische Militär bezeichnet solche ...*: Soldiers' Testimonies from Hebron

2008–2010, Breaking the Silence, S. 40, http://www.breakingthesilence.org.il/wp-content/uploads/2011/09/Soldiers_Testimonies_from_Hebron_2008_2010_Eng.pdf.

181 (Fußnote) *Etwa 500 Juden leben dauerhaft in Hebron* …: Patrick Muller, »Occupation in Hebron«, Alternative Information Center, 30. Juni 2004, http://www.ochaopt.org/documents/opt_prot_aic_hebron_dec_2004.pdf.

182 *Kirjat Arba, das mit einer Bevölkerung von über 7000* …: »Localities, Their Population and Additional Information«, Israel Central Bureau of Statistics, http://www.cbs.gov.il/reader/?MIval=%2Fpop_in_locs%2Fpop_in_locs_e.html&Name_e=QIRYAT+ARBA.

183 *Noam Federman, der 2002 verhaftet worden war* …: John Kifner, »Israel Arrests Settlers it Says Tried to Bomb Palestinians«, *New York Times*, 19. Mai 2002, http://www.nytimes.com/2002/05/19/world/israel-arrests-settlers-it-says-tried-to-bomb-palestinians.html.

183 *Der Vorfall war gefilmt worden* …: https://www.youtube.com/watch?v=PQSQg99r55A&feature=youtu.be.

184 *am Tag des jüdischen Laubhüttenfestes* …: Adiv Sterman, »Soldier Killed by Sniper's Bullet in Hebron«, *Times of Israel*, 22. September 2013, http://www.timesofisrael.com/israeli-seriously-wounded-in-hebron-sniper-shooting/.

184 *Im selben Zeitraum waren in der Stadt* …: »Fatalities Before Operation ›Cast Lead‹«, B'Tselem, http://www.btselem.org/statistics/fatalities/before-cast-lead/by-date-of-event; »Israeli Security Force Personnel Killed by Palestinians in the West Bank, After Operation Cast Lead«, B'Tselem, http://www.btselem.org/statistics/fatalities/after-cast-lead/by-date-of-event/westbank/israeli-security-force-personnel-killed-by-palestinians.

187 *Ein Jude namens Jacob Ezra* …: Michelle Campos, »Remembering Jewish-Arab Contact and Conflict«, in *Reapproaching Borders. New Perspectives on the Study of Israel-Palestine*, Plymouth 2007, S. 56–57.

187 *die nach dem Massaker von 1929 in Hebron blieben* …: Idith Zertal und Akiva Eldar, *Lords of the Land. The War over Israel's Settlements in the Occupied Territories, 1967–2007*, New York 2007, S. 246.

187 (Fußnote) *Die Unruhen, die die Region in jenem August erschütterten* …: Tom Segev, *One Palestine, Complete. Jews and Arabs Under the British Mandate*, New York 2000, S. 327.

187 f. *hielt der Rabbi Zwi Jehuda Kook* …: Ian S. Lustick, *For the Land and the Lord. Jewish Fundamentalism in Israel*, New York 1988, S. 36, 91.

187 (Fußnote) *Der Plan, der von der arabischen Führung* …: Phillip Mattar, *Encyclopedia of the Palestinians*, New York 2005, S. 387–389.

188 *informierte eine Gruppe ehemaliger Studenten Kooks* …: Ian S. Lustick, ebd., S. 34; Idith Zertal und Akiva Eldar, *Lords of the Land. The War over Israel's Settlements in the Occupied Territories, 1967–2007*, New York 2007, S. 17–21.

188 *Die allgemein akzeptierte israelische Version des Vorfalls* …: Ian S. Lustick, *For the Land and the Lord. Jewish Fundamentalism in Israel*, New York 1988, S. 42.

188 *Die Historikerin Idith Zertal und der Journalist Akiva Eldar ...*: Idith Zertal und Akiva Eldar, *Lords of the Land. The War Over Israel's Settlements in the Occupied Territories, 1967–2007*, New York 2007, S. 17–26.

188 *Bei einer Anhörung in der Knesset ...*: Idith Zertal und Akiva Eldar, ebd., S. 280, 485.

188 *Bald darauf konfiszierte die israelische Regierung ...*: Idith Zertal und Akiva Eldar, ebd., S. 25.

189 *Aber eines späten Abends im Frühjahr 1979 ...*: Lara Friedman, »Hebron – Settlements in Focus«, Peace Now, Oktober 2005, http://peacenow.org.il/eng/content/hebron-settlements-focus; Khalid Amayreh, »Shuhada Street«, *The Link*, Americans for Middle East Understanding, September 2010, http://www.ameu.org/getattachment/b8f6b14b-2be7-4b80-ab93-b643f22cfc82/Shuhada-Street.aspx.

189 *im Januar 1980, nachdem auf einem Markt ...*: Idith Zertal und Akiva Eldar, *Lords of the Land. The War Over Israel's Settlements in the Occupied Territories, 1967–2007*, New York 2007, S. 262–266.

189 *Jahre später fasste der Sprecher des Siedlerrates ...*: Idith Zertal und Akiva Eldar, ebd., S. 260.

189 *Im Mai 1980 übten bewaffnete Palästinenser Vergeltung ...*: Idith Zertal und Akiva Eldar, *Lords of the Land. The War Over Israel's Settlements in the Occupied Territories, 1967–2007*, New York 2007, S. 264–265.

189 (Fußnote) *Als Levinger 1988 ...*: Sabra Chartrand, »A Rabbi, a Slain Arab and an Inquiry«, *New York Times*, 22. Januar 1989, http://www.nytimes.com/1989/01/22/world/a-rabbi-a-slain-arab-and-an-inquiry.html; »Rabbi Settler Jailed in Arab's Killing Freed«, *Los Angeles Times*, 14. August 1990, http://articles.latimes.com/1990-08-14/news/mn-857_1_rabbi-moshe-levinger.

189 (Fußnote) *Stunden nach der Erschießung von Gal Kobi ...*: »In Wake of Soldier's Killing, PM Orders Resettlement of Hebron House«, *Times of Israel*, 23. September 2013, http://www.timesofisrael.com/in-wake-of-soldiers-killing-pm-orders-resettlement-of-hebron-house/.

190 *Baruch Goldstein, ein weiterer Ex-Brooklyner ...*: Idith Zertal und Akiva Eldar, ebd., S. 119–120.

190 *überlegte Premierminister Jitzchak Rabin ...*: Idith Zertal und Akiva Eldar, ebd., S. 123–126.

191 *und sechzig Geschäfte mussten schließen*: »Ghost Town, Israel's Separation Policy and Forced Evacuation of Palestinians from the Center of Hebron«, B'Tselem, Mai 2007, S. 34, https://www.btselem.org/download/200705_hebron_eng.pdf.

192 *der Einsatz von Folter im Russischen Viertel ...*: »Israel and Torture«, *Journal of Palestine Studies*, Band 6, Nr. 4, S. 191–219; Serge Schemann, »In Israel, Coercing Prisoners Is Becoming Law of the Land«, *New York Times*, 8. Mai 1997, http://www.nytimes.com/1997/05/08/world/in-israel-coercing-prisoners-is-becoming-law-of-the-land.html; Stanley Cohen und Daphna Golan, *The Interrogation of Palestinians During the Intifada: Ill-treatment, ›Moderate Physical Pressure‹ or Torture?*, Jerusalem 1991, www.btselem.org/download/199103_torture_eng.doc; *Torture and*

Ill-Treatment. Israel's Interrogation of Palestinians from the Occupied Territories, Human Rights Watch, Juni 1994, http://www.hrw.org/reports/1994/06/01/torture-and-ill-treatment; »Ticking Bombs. Testimonies of Torture Victims in Israel«, Public Committee against Torture in Israel, Mai 2007, http://www.stoptorture.org.il/files/pcat%20new%20web%20file%20eng%20light.pdf; »Shackling as a Form of Torture and Abuse«, Public Committee against Torture in Israel, Juni 2009, http://www.stoptorture.org.il/files/eng_report.pdf.

192 *Andere Gefangene haben über eine ähnliche Behandlung ...*: Stanley Cohen und Daphna Golan, *The Interrogation of Palestinians During the Intifada. Ill-treatment, ›Moderate Physical Pressure‹ or Torture?*, Jerusalem 1991, S. 29, 31, 36, www.btselem.org/download/199103_torture_eng.doc.

192 *Die Haltung, die Mufid beschrieb ...*: Joseph Lelyveld, »Interrogating Ourselves«, *New York Times Magazine*, 12. Juni 2005, http://www.nytimes.com/2005/06/12/magazine/interrogating-ourselves.html; »Torture & Abuse Under Interrogation«, B'Tselem, 1. Januar 2011, http://www.btselem.org/torture/special_interrogation_methods.

192 *Alle diese Praktiken ...*: Stanley Cohen und Daphna Golan, *The Interrogation of Palestinians During the Intifada. Ill-treatment, ›Moderate Physical Pressure‹ or Torture?*, Jerusalem 1991, S. 20–22, www.btselem.org/download/199103_torture_eng.doc; Amany Dayif, Katie Hesketh und Jane Rice, *On Torture*, Haifa 2012, S. 41–53, http://www.adalah.org/uploads/oldfiles/Public/files/English/Publications/On%20Torture%20(English).pdf.

192 *Über 1800 Geschäfte schlossen*: »Ghost Town. Israel's Separation Policy and Forced Evacuation of Palestinians from the Center of Hebron«, B'Tselem, Mai 2007, S. 14, 33, https://www.btselem.org/download/200705_hebron_eng.pdf.

192 *Bis Ende des Jahres 2006 ...*: »Ghost Town. Israel's Separation Policy and Forced Evacuation of Palestinians from the Center of Hebron«, B'Tselem, ebd., S. 14.

192 (Fußnote) *Ein Urteil des Obersten Gerichts aus dem Jahr 1999 ...*: Irit Ballas, »Regimes of Impunity«, in *On Torture*, Haifa 2012, S. 42.

195 f. *dass sie die endgültigen Baugenehmigungen ...*: Barak Ravid, »Israel Advancing Plan for Some 5,000 New Homes in West Bank and East Jerusalem«, *Haaretz*, 30. Oktober 2013, http://www.haaretz.com/news/diplomacy-defense/.premium-1555373.

195 (Fußnote) *Die Fähigkeit der lokalen Militärkommandanten ...*: Sabri Jiryis, *The Arabs in Israel*, New York 1976, S. 17–18, 23–26, 53, 110.

196 *Siedlungsbau im Westjordanland um 70 Prozent beschleunigt*: »Israel to Build 1,500 New Settlement Homes in East Jerusalem«, *Al Jazeera America*, 30. Oktober 2013, http://america.aljazeera.com/articles/2013/10/30/israel-to-build-1500newsettlementhomesineastjerusalem.html.

196 *Saeb Erekat und Mohammad Schtayyeh ...*: »PLO Negotiators Present Resignation to Abbas, Meeting to Follow«, Ma'an News Agency, 31. Oktober 2013, http://www.maannews.com/Content.aspx?id=643258.

196 *Am nächsten Tag stritt Erekat ab* ...: Elior Levy, »PA's Erekat: I didn't Resign«, *Ynet News*, 1. November 2013, http://www.ynetnews.com/articles/0,7340,L-4448182,00.html.

197 (Fußnote) *Die offizielle Arbeitslosenquote in der Stadt* ...: »The Labour Force Survey Results Fourth Quarter«, Palestine Central Bureau of Statistics, 2. Dezember 2015, http://www.pcbs.gov.ps/site/512/default.aspx?tabID=512&lang=en&IteemID=1022&mid=3171&wversion=Staging.

198 »*Wie kann man aus dieser täglichen Schizophrenie* ...: Juan Goytisolo, *Landscapes of War. From Sarajevo to Chechnya*, San Francisco 2000, S. 142.

200 *In den ersten drei Jahren der Intifada* ...: »Ghost Town. Israel's Separation Policy and Forced Evacuation of Palestinians from the Center of Hebron«, B'Tselem, Mai 2007, S. 18, https://www.btselem.org/download/200705_hebron_eng.pdf.

201 *Nach dem Goldstein-Massaker* ...: Amy Wilentz, »Battling Over Abraham«, *New Yorker*, 16. September 1996, http://www.newyorker.com/magazine/1996/09/16/battling-over-abraham.

202 *Link zu einem Video* ...: »Video: Settler Tries to Take Down Palestinian Flag from Roof of Hebron Man«, B'Tselem, 12. März 2014, http://www.btselem.org/press_releases/20140312_soldiers_demand_removal_of_flag_in_hebron.

204 *1983 beschlagnahmten die Israelischen Verteidigungsstreitkräfte* ...: Dan Izenberg, »Peace Now Petitions Against Civilians in Hebron Army Base«, *Jerusalem Post*, 30. Juli 2008, http://www.jpost.com/Israel/Peace-Now-petitions-against-civilians-at-Hebron-army-base.

204 *keinen archäologischen Beweis* ...: Israel Finkelstein und Neil Asher Silberman, *Keine Posaunen vor Jericho. Die archäologische Wahrheit über die Bibel*, München 2003, S. 39–43.

204 (Fußnote) *Die Verkehrsverbindungen zu den Siedlungen* ...: Anna Lekas Miller, »West Bank Buses Only The Latest In Israel's Segregated Public Transport«, *Daily Beast*, 4. März 2013, http://www.thedailybeast.com/articles/2013/03/04/buses-only-the-latest-in-israel-s-segretated-public-transport.html.

207 *eingerichtet für den Gefangenenzustrom* ...: Charles Levinson, »Israel Allows Journalists to Tour Ofer Prison«, *Wall Street Journal*, 16. April 2013, http://blogs.wsj.com/middleeast/2013/04/16/israel-allows-journalists-to-tour-ofer-prison/.

208 *Der leitende Militärstaatsanwalt* ...: Amira Hass, »The Unbearable Burden of Checking Data«, *Haaretz*, 23. Dezember 2013, http://www.haaretz.com/news/features/.premium-1564880.

209 *Rabbi Schlomo Schapira* ...: James Bennet, »A Holiday in Hebron, Just for Jews, but Death Attends«, *New York Times*, 28. September 2002, http://www.nytimes.com/2002/09/28/world/a-holiday-in-hebron-just-for-jews-but-death-attends.html.

209 (Fußnote) *Während der Zweiten Intifada* ...: »Ghost Town. Israel's Separation Policy and Forced Evacuation of Palestinians from the Center of Hebron«, B'Tselem, Mai 2007, S. 11, https://www.btselem.org/download/200705_hebron_eng.pdf.

211 *Im Januar 2003 schloss die Armee* ...: Joel Greenberg, »Two Hebron Colleges

Closed«, *Chicago Tribune*, 16. Januar 2003, http://articles.chicagotribune.com/2003-01-16/news/0301160428_1_hebron-university-israeli-soldiers-shot-west-bank.

213 *Im September zuvor hatte die Palästinensische Autonomiebehörde* ...: »Anti-Fayyad Protests Spread Across West Bank«, *Al-Akhbar English*, 11. September 2012, http://english.al-akhbar.com/node/11975.

213 *feierte ihn Thomas Friedman* ...: Thomas L. Friedman, »Goodbye to All That«, *The New York Times*, 23. April 2013, http://www.nytimes.com/2013/04/24/opinion/friedman-goodbye-to-all-that.html.

214 *Am 6. September verbrannten Demonstranten* ...: »Fayyad ›Ready to Resign‹«, *Ma'an News Agency*, 6. September 2012, http://www.maannews.com/Content.aspx?id=517945.

214 *Der Marsch endete damit, dass Protester* ...: »Anti-Fayyad Protests Spread Across West Bank«, *Al-Akhbar English*, 11. September 2012, http://english.al-akhbar.com/node/11975.

214 *Er nahm die Preiserhöhung zurück*: Harriet Sherwood, »Protests Force Palestinian PM to Declare Emergency Economic Package«, *Guardian*, 11. September 2012, http://www.theguardian.com/world/2012/sep/11/west-bank-protests-escalate-violence.

216 *Denkmal für die neun israelischen Soldaten* ...: Christine Spolar, »Gunmen Targeted Troops, Not Settlers«, *Chicago Tribune*, 17. November 2002, http://articles.chicagotribune.com/2002-11-17/news/0211170293_1_israeli-soldiers-and-police-settlers-kiryat-arba; Amos Harel, »Analysis: The Attack in Hebron Was Not a ›Massacre‹«, *Haaretz*, 17. November 2002, http://www.haaretz.com/news/analysis-the-attack-in-hebron-was-not-a-massacre-1.28114.

216 *Direkt nach dem Scharmützel* ...: Christine Spolar, »Gunmen Targeted Troops, Not Settlers«, *Chicago Tribune*, 17. November 2002, http://articles.chicagotribune.com/2002-11-17/news/0211170293_1_israeli-soldiers-and-police-settlers-kiryat-arba; Amos Harel, »Analysis: The Attack in Hebron Was Not a ›Massacre‹«, *Haaretz*, 17. November 2002, http://www.haaretz.com/news/analysis-the-attack-in-hebron-was-not-a-massacre-1.28114; »Ghost Town. Israel's Separation Policy and Forced Evacuation of Palestinians from the Center of Hebron«, B'Tselem, Mai 2007, S. 18, https://www.btselem.org/download/200705_hebron_eng.pdf.

216 *und verkündete den Plan, 22 Häuser abzureißen* ...: Esther Zandberg, »Pernicious Promenade«, *Haaretz*, 12. Dezember 2002, http://www.haaretz.com/life/arts-leisure/pernicious-promenade-1.25658.

217 *und sprachen mit einem Mann namens Dschamal Abu Seifan* ...: Abu Seifans Bericht der Geschehnisse dieses Tages wurde auch von der Menschenrechtsorganisation Al-Haq aufgenommen und in folgendem Bericht veröffentlicht: »Israel's Implementation of the International Covenant on Civil and Political Rights in Occupied Palestinian Territory«, Al-Haq, 9. August 2009, S. 40–43, http://www.alhaq.org/attachments/article/251/Al-HaqAlternative-11-8-09.pdf.

217 (Fußnote) *Das israelische Oberste Gericht genehmigte* ...: Yuval Yoaz, »High

Court Gives IDF Go-Ahead to Demolish Two Hebron Houses«, *Haaretz*, 5. März 2004, http://www.haaretz.com/print-edition/news/high-court-gives-idf-go-ahead-to-demolish-two-hebron-houses-1115905.

217 (Fußnote) *Letztlich wurden drei Häuser dem Erdboden gleichgemacht* ...: »Progress Report on the Protection of the Palestinian Cultural and Natural Heritage«, UNESCO World Heritage Committee, Durban, South Africa, Juli 2005, S. 5, http://whc.unesco.org/archive/2005/whc05-29com-11De.pdf.

218 *Spät am Abend zuvor war ein junger Mann* ...: »Israeli Forces Kill 2nd Palestinian«, Ma'an News Agency, 8. November 2013, http://www.maannews.com/Content.aspx?id=645388.

218 (Fußnote) *Die israelischen Behörden stellten zunächst fest* ...: Tovah Lazaroff, »HJC Authenticates Jewish Purchase of Beit HaShalom in Hebron«, *Jerusalem Post*, 11. März 2014, http://www.jpost.com/National-News/HJC-authenticates-Jewish-purchase-of-Beit-HaShalom-in-Hebron-345049; Chaim Levinson, »Settlers Return to Disputed Hebron Building«, *Haaretz*, 13. April 2014, http://www.haaretz.com/news/diplomacy-defense/.premium-1585446.

219 *ein anderer junger Mann namens Baschir Sami Habanin* ...: Michael Schaeffer Omer-Man, »2013 Was a Deadly Year in Israel-Palestine«, +972, 31. Dezember 2013, http://972mag.com/2013-was-a-deadly-year-in-israel-palestine/84728/.

219 *Er war auf dem Heimweg von Tulkarem* ...: Jessica Purkiss, »Israel Steps Up Its Assassination Policy in West Bank«, *Middle East Monitor Memo*, 19. Dezember 2013, https://www.middleeastmonitor.com/articles/middle-east/8901-israel-steps-up-its-assassination-policy-in-west-bank.

219 (Fußnote) *Haaretz, die Zeitung der liberalen israelischen Linken* ...: Chaim Levinson und Gili Cohen, »Palestinian Firebomb Attack Wounds Israeli Mother, Daughter«, *Haaretz*, 8. November 2013, http://www.haaretz.com/news/diplomacy-defense/.premium-1556996.

219 (Fußnote) *Vertreter der Abteilung des israelischen Militärgeneralanwalts* ...: »Follow-up. Military Police and MAG Corps Investigations of Civilian Palestinian Fatalities in West Bank Since New Policy Imposed«, B'Tselem, 26. Mai 2014, http://www.btselem.org/accountability/military_police_investigations_followup.

6 Von einem Land ganz zu schweigen

222 »*Trotzdem, das war nur die Stadt, keine Allegorie*«: China Miéville, *Die Stadt und die Stadt*, Köln 2010, S. 27.

227 *Am nächsten Morgen hatten die israelischen Zeitungen* ...: Yaakov Lappin, »Border Police shoot dead Palestinian who attempted knife attack«, *Jerusalem Post*, 8. November 2013, http://www.jpost.com/Defense/Border-Police-shoot-kill-knife-brandishing-Palestinian-at-checkpoint-near-Jerusalem-330979.

228 *Kook wurde der erste aschkenasische Großrabbiner* ...: Ian S. Lustick, *For the Land and the Lord. Jewish Fundamentalism in Israel*, New York 1988, S. 25–37; Idith

Zertal und Akiva Eldar, *Lords of the Land. The War Over Israel's Settlements in the Occupied Territories, 1967–2007*, New York 2007, S. 190–202.

228 (Fußnote) *Schon 1920 stellte er sich Israel als* ...: Idith Zertal und Akiva Eldar, ebd., S. 193.

228 f. *als »Verkörperung der Vision der Erlösung weihte ...«*: Idith Zertal und Akiva Eldar, ebd., S. 200.

229 *Er wurde sechs Jahre später getötet* ...: »Tensions in Hebron Escalate After Murder of Settler Rabbi«, Jewish Telegraphic Agency, 24. August 1998, http://www.jta.org/1998/08/24/life-religion/features/tensions-in-hebron-escalate-after-murder-of-settler-rabbi.

229 *den alten Gemüsemarkt an der Schuhada-Straße* ...: Rebecca Stoil, »Hebron Eviction Orders Spur Unrest«, *Jerusalem Post*, 3. Januar 2006, http://www.jpost.com/Israel/Hebron-eviction-orders-spur-unrest.

229 *Die Polizei zerrte sie mit dem jüngsten Kind* ...: Rebecca Stoil, »In the Schlissels' Living Room«, *Jerusalem Post*, 4. Januar 2006, http://www.jpost.com/Israel/In-the-Schlissels-living-room.

229 *Die Räumung, sagte sie damals der Haaretz* ...: Nadav Shragai, »In Hebron, a Decision Made for the Greater Good«, *Haaretz*, 31. Januar 2006, http://www.haaretz.com/print-edition/news/in-hebron-a-decision-made-for-the-greater-good-1178872.

229 *ein Haus ein paar Blocks weiter* ...: Yaakov Katz und Tovah Lazaroff, »Only Token Resistance Offered as Police Evict Beit Shapira Families«, *Jerusalem Post*, 7. Mai 2006, http://www.jpost.com/Israel/Only-token-resistance-offered-as-police-evict-Beit-Shapira-families.

229 *Der Staat urteilte, dass die eingereichten Dokumente* ...: Dan Izenberg, »Hearing on Hebron's Disputed ›Beit Hashalom‹ to Take Place in Court Today«, *Jerusalem Post*, 29. Oktober 2008, http://www.jpost.com/Israel/Hearing-on-Hebrons-disputed-Beit-Hashalom-to-take-place-in-court-today; Amos Harel, »Company That Bought Hebron House Already in Fraud Probe«, *Haaretz*, 17. April 2008, http://www.haaretz.com/print-edition/news/company-that-bought-hebron-house-already-in-fraud-probe-1218282.

229 *im Mai jenes Jahres wurde Schlissel* ...: Efrat Weiss, »Forces Clear Hebron Home«, *Ynet News*, 7. Mai 2006, http://www.ynetnews.com/articles/0,7340,L-3247788,00.html.

229 *Jugendliche Siedler warfen während der Räumung Steine* ...: Yaakov Katz und Tovah Lazaroff, »Only Token Resistance Offered as Police Evict Beit Shapira Families«, *Jerusalem Post*, 7. Mai 2006, http://www.jpost.com/Israel/Only-token-resistance-offered-as-police-evict-Beit-Shapira-families.

230 *»... nicht Vergangenheit, sondern omnipräsente Gegenwart* ...: Idith Zertal und Akiva Eldar, *Die Herren des Landes. Israel und die Siedlerbewegung seit 1967*, München 2007, S. 284.

230 *Juden und Araber hatten in osmanischer Zeit* ...: Avigdor Levy, *Jews, Turks, Ottomans. A Shared History, Fifteenth Through the Twentieth Century*, Syracuse, NY,

2002; Michelle Campos, *Ottoman Brothers. Muslims, Christians, and Jews in Early-Twentieth Century Palestine*, Palo Alto 2011.

230 *In seinem offiziellen Bericht für das britische Parlament* ...: Sir Walter Shaw, *Report of the Commission on the Palestine Disturbances of August, 1929*, London 1930, S. 150–151.

231 *Derlei empirische Feinheiten hatten keinen Platz* ...: Idith Zertal und Akiva Eldar, *Lords of the Land. The War Over Israel's Settlements in the Occupied Territories, 1967–2007*, New York 2007, S. 249.

231 *»geliebten und auch verschmähten, schrecklichen* ...«: Idith Zertal und Akiva Eldar, *Lords of the Land. The War Over Israel's Settlements in the Occupied Territories, 1967–2007*, New York 2007, S. 248.

231 (Fußnote) *die meisten Juden, die das Massaker von 1929 überlebten* ...: David T. Zabecki, »Hebron Massacre«, in *Encyclopedia of the Arab-Israeli Conflict. A Political, Social, and Military History*, Santa Barbara 2008, S. 437; Tom Segev, *One Palestine, Complete. Jews and Arabs Under the British Mandate*, New York 2000, S. 325–326.

232 *bei Ausgrabungen in den 1980er und späten 1990er Jahren* ...: Yonathan Mizrachi, »Tel Rumeida: Hebron's Archaeological Park«, Emek Shaveh, November 2014, http://alt-arch.org/en/wp-content/uploads/2014/11/12-Tel-Rumeida-Eng-Web.pdf.

232 f. (Fußnote) *Die Artefakte sind auf das 8. Jahrhundert v. Chr.* ...: Israel Finkelstein und Neil Asher Silberman, *David and Solomon. In Search of the Bible's Sacred Kings and the Roots of the Western Tradition*, New York 2006, S. 58, 94–98, 267–274.

234 *Der Sechstagekrieg von 1967 zwang* ...: Jeffrey R. Chadwick, »Discovering Hebron«, *Biblical Archaeology Review*, Bd. 31, Nr. 5, September/Oktober 2005.

235 (Fußnote) *Ich denke dabei an Aimé Césaires Überlegung* ...: Aimé Césaire, *Reden über den Kolonialismus und andere Texte*, Berlin 2010, S. 79.

236 *Marzel, der in Israel recht bekannt war* ...: »Cabinet Communique«, Israelisches Ministerium für auswärtige Angelegenheiten, 13. März 1994, http://mfa.gov.il/MFA/AboutIsrael/State/Law/Pages/Cabinet%20Communique%20-%20March%2013-%201994.aspx; »Israel: Article Profiles Kakh Activist, Knesset Election Candidate Barukh Marzel«, Foreign Broadcast Information Service Report, American Consulate, Jerusalem, 6. März 2003, http://dc.indymedia.org/media/all/display/31322/index.php?limit_start=81.

236 *Einmal brachte er drei Esel mit zu einer Gay-Pride-Parade* ...: Hezki Ezra und Gil Ronen, »Hareidi Protest Against ›Gay‹ Parade«, *Arutz Sheva*, 2. August 2012, http://www.israelnationalnews.com/News/News.aspx/158544#.Ves84Lx3m2w.

236 *ein haufiger, lautstarker Gast bei Demonstrationen* ...: Shira Rubin, »Residents, Right-Wing Activists, Protest Tel Aviv Presence of Migrant Workers«, *Haaretz*, 23. Mai 2012, http://www.haaretz.com/news/israel/residents-right-wing-activists-protest-tel-aviv-presence-of-migrant-workers.premium-1432015; »Marzel Declares ›Holy War‹ Against Gay Parade«, *Ynet News*, 18. September 2006, http://www.ynetnews.com/articles/0,7340,L-3305417,00.html.

236 (Fußnote) *2011 wurde Marzel dabei gesichtet, wie er* ...: Brendan Work,

»Israeli Settlers Harass Released Prisoners, Threaten Them With Death«, *Electronic Intifada*, 1. Dezember 2011, https://electronicintifada.net/content/israeli-settlers-harass-released-prisoners-threaten-them-death/10645.

241 (Fußnote) *Während des arabischen Aufstands ...*: Tom Segev, *Es war einmal in Palästina. Juden und Araber vor der Staatsgründung Israels*, München 2005, S. 461.

246 *Das Internet quillt über vor Berichten ...*: »Anat Cohen Attacks ISM Volunteers«, YouTube, 30. März 2012, https://www.youtube.com/watch?v=FF3WC663LpE; »Israeli Settler Anat Cohen Attacks Human Rights Observer in Hebron«, YouTube, 13. September 2013, https://www.youtube.com/watch?v=XidoQ6H1OFY; »Woman Settler Attacks Two Female International Activists in Hebron«, Alternative Information Center, 30. März 2013; »Settlers Attack Internationals Accompanying School Children on Shuhada Street«, International Solidary Movement, 28. März 2012, http://palsolidarity.org/2012/03/settlers-attack-internationals-accompanying-school-children-on-shuhada-street/; »Caught on Tape: Drunk Settlers in Al Khalil Assault Two International Women«, International Solidarity Movement, 11. März 2012, http://palsolidarity.org/2012/03/caught-on-tape-drunk-settlers-in-al-khalil-assault-two-international-women-israeli-military-admits-special-relationship-with-violent-settlers/.

247 *Ihr Vater, Mosche Zar, war ein alter Freund ...*: Samantha M. Shapiro, »The Unsettlers«, *New York Times Magazine*, 16. Februar 2003, http://www.nytimes.com/2003/02/16/magazine/the-unsettlers.html.

247 *Zar war auch Mitglied des Jüdischen Untergrunds ...*: Idith Zertal und Akiva Eldar, *Lords of the Land. The War Over Israel's Settlements in the Occupied Territories, 1967–2007*, New York 2007, S. 76–95.

247 *Er wurde dafür verurteilt, an der Platzierung einer Bombe ...*: Nadav Shragai und Amnon Barzilai, »Three Killed. Settlers Demand Revenge«, *Haaretz*, 30. Mai 2001.

247 *Zar kam lediglich für vier Monate ins Gefängnis*: »Three Jewish Terrorists Get Life, 12 Others Receive Light Terms«, *Los Angeles Times*, 22. Juli 1985, http://articles.latimes.com/1985-07-22/news/mn-6076_1_life-sentences.

247 *Mosche Zars Sohn Gilad, Anat Cohens Bruder ...*: Nadav Shragai und Amnon Barzilai, »Three Killed. Settlers Demand Revenge«, *Haaretz*, 30. Mai 2001.

247 (Fußnote) *Zar sagte sich 2005 nach der erzwungenen Evakuierung ...*: Nadav Shragai, »Ramat Gilad Residents Prefer Their Mobile Homes to Luxury Homes«, *Haaretz*, 6. Juli 2006, http://www.haaretz.com/print-edition/news/ramat-gilad-residents-prefer-their-mobile-homes-to-luxury-homes-1189612.

247 (Fußnote) *Einer jagte ihm eine Axt in den Schädel ...*: Nadav Shragai, »Zar Patriach Has Had Brushes with Death«, *Haaretz*, 21. Oktober 2002, http://www.haaretz.com/print-edition/news/zar-patriach-has-had-brushes-with-death-1.30821.

247 (Fußnote) *»Fast alle« der 26 Männer, die für ihre Beteiligung ...*: »Report of the Special Committee to Investigate Israeli Practices Affecting the Human Rights of the Population of the Occupied Territories«, United Nations, 17. Juli 1985, http://unispal.un.org/UNISPAL.NSF/0/B7A72309FFEA6F1485256A68004F0024.

248 *Drei Jahre später, als der amerikanische Journalist Jeffrey Goldberg ...*: Jeffrey Goldberg, »Among the Settlers«, New Yorker, 31. Mai 2004, http://www.newyorker.com/magazine/2004/05/31/among-the-settlers.

255 *hatte David Wilder in der* Jerusalem Post *protestiert ...*: Tovah Lazaroff, »Police to Three Hebron Families: Leave Newly Bought Building«, Jerusalem Post, 1. Mai 2006, http://www.jpost.com/Israel/Police-to-3-Hebron-families-Leave-newly-bought-building.

255 *Sie hätten einen Kaufbrief ...*: David Wilder, »The Eternal Flame of Hebron«, The Hebron Blog, 8. August 2007, http://davidwilder.blogspot.com/2007/08/eternal-flame-of-hebron.html.

256 *Die Bajayos waren eine der ältesten und angesehensten ...*: Haya Gavish, Unwitting Zionists. The Jewish Community of Zakho in Iraqi Kurdistan, Detroit 2010, S. 98.

257 *»Wo ist das Heimatland«, schrieb er einmal ...*: Edward Platt, City of Abraham. History, Myth and Memory. A Journey Through Hebron, New York 2012.

257 *»Dieser Hass ist kein schicksalhaftes Dekret ...«*: Matzpen, Regie: Eran Torbiner, Tel Aviv 2003.

260 *»Die Genehmigung ist aus Sicherheitsgründen zurückgezogen worden«*: Guy Inbar, Coordination of Government Activities in the Territories spokesman, E-Mail an den Autor, 20. November 2013.

262 *Zweimal im darauffolgenden Jahr ...*: Khaled Abu Toameh and Tovah Lazaroff, »Palestinians Throw Molotov Cocktail at IDF Checkpoint in Hebron«, Jerusalem Post, 22. August 2014, http://www.jpost.com/Defense/Palestinians-thrown-Molotov-cocktail-lands-on-Hebron-checkpoint-371970; »Israeli Military Post in Central Hebron Attacked, Destroyed«, Ma'an News Agency, 21. November 2014, http://www.maannews.com/Content.aspx?id=741641.

TEIL DREI: TIEFE WOLKEN

7 Schnee

265 *»Doch um mich herum war Freude«*: Jean Genet, Ein verliebter Gefangener, Palästinensische Erinnerungen, München 1990, S. 297.

267 *Im Jahr 2006, nachdem Polizisten ...*: Silvia Pasquetti, »The Reconfiguration of the Palestinian National Question«, in Political Power and Social Theory, Band 23, Bingley 2012, S. 119.

269 *von hinten erschossen von einem israelischen Scharfschützen ...*: »Teen Killed by Israeli Sniper Posed ›No Threat‹ to Soldiers«, Ma'an News Agency, 6. Januar 2014, http://www.maannews.com/Content.aspx?id=662990.

270 *Die Umstände der Erschießung ...*: »Israel: No Evidence That Boy Killed by

Soldiers Posed Any Threat«, Human Rights Watch, 5. Januar 2014, https://www.hrw.org/news/2014/01/04/israel-no-evidence-boy-killed-soldiers-posed-any-threat; »Israeli soldiers kill Palestinian boy from Jalazoun refugee camp«, Defense for Children International, 12. Dezember 2013, http://www.dci-palestine.org/israeli_soldiers_kill_palestinian_boy_from_jalazoun_refugee_camp.

270 *Die Freunde des Jungen sagten ...*: Amira Hass, »Accounts of Palestinian Teen's Death Differ«, *Haaretz*, 8. Dezember 2013, http://www.haaretz.com/news/israel/.premium-1562422.

270 *Der Soldat habe ihn niedergeschossen ...*: Jack Khoury und Gili Cohen, »Palestinians Say Teen Killed by Israeli Army in West Bank«, *Haaretz*, 7. Dezember 2013, http://www.haaretz.com/news/diplomacy-defense/.premium-1562258.

270 *Ein anderer Zeuge behauptete ...*: Amira Hass, »Accounts of Palestinian Teen's Death Differ«, *Haaretz*, 8. Dezember 2013, http://www.haaretz.com/news/israel/.premium-1562422.

273 *Kerry hielt eine Rede vor dem Saban-Forum ...*: »Remarks at the Saban Forum«, U. S. Department of State, 7. Dezember 2013, http://www.state.gov/secretary/remarks/2013/12/218506.htm.

274 *Bei derselben Konferenz sprach Avigdor Lieberman ...*: »Liberman: Kerry Won't Achieve Deal in Current Peace Talks, Must Temper Expectations«, *Jerusalem Post*, 7. Dezember 2013, http://www.jpost.com/Diplomacy-and-Politics/Liberman-Kerry-wont-achieve-deal-in-current-peace-talks-must-temper-expectations-334245.

274 *Er würde es noch ein paar Wochen lang nicht zugeben ...*: Ben Birnbaum und Amir Tibon, »The Explosive, Inside Story of How John Kerry Built an Israel-Palestine Peace Plan – and Watched It Crumble«, *New Republic*, 20. Juli 2014, http://www.newrepublic.com/article/118751/how-israel-palestine-peace-deal-died; Michael R. Gordon und Jodi Rudoren, »Kerry to Press for ›Framework‹ Accord to Keep Mideast Peace Effort Moving«, *New York Times*, 31. Dezember 2013.

274 *Im Verlauf der folgenden Wochen machte Netanjahu ...*: Michal Shmulovich, »Netanyahu Won't Back Down on Demand that IDF Stay in Jordan Valley«, *Times of Israel*, 8. Februar 2014, http://www.timesofisrael.com/netanyahu-wont-back-down-on-demand-that-idf-stay-in-jordan-valley/; Barak Ravid, »Netanyahu: Israel Will Not Evacuate Hebron, Beit El as Part of Peace Deal«, *Haaretz*, 6. Januar 2014, http://www.haaretz.com/news/diplomacy-defense/.premium-1567343; Barak Ravid, »Netanyahu Rejects Inclusion of Jerusalem in Kerry's Framework Deal«, *Haaretz*, 10. Januar 2014, http://www.haaretz.com/news/diplomacy-defense/.premium-1567877.

274 *Kerry hatte General John Allen verpflichtet ...*: Ben Birnbaum und Amir Tibon, »The Explosive, Inside Story of How John Kerry Built an Israel-Palestine Peace Plan – and Watched It Crumble«, *New Republic*, 20. Juli 2014, http://www.newrepublic.com/article/118751/how-israel-palestine-peace-deal-died; Barak Ravid, »U. S. Security Proposal Includes Israeli Military Presence in Jordan Valley«, *Haaretz*, 7. Dezember 2013, http://www.haaretz.com/news/diplomacy-defense/.premium-1562242.

274 *Abbas kochte angeblich vor Wut ...*: Barak Ravid und Jack Khoury, »Abbas

Raises Concerns to Obama on Kerry's Security Proposal«, *Haaretz,* 18. Dezember 2013, http://www.haaretz.com/news/diplomacy-defense/.premium-1564290.

275 *Wie die Journalistin Allison Deger bemerkte* ...: Allison Deger, »Obama and Kerry Drop Talk of Palestinian State for ›State Institutions‹ and ›Transition‹«, *Mondoweiss,* 9. Dezember 2013, http://mondoweiss.net/2013/12/palestinian-institutions-transition.

275 *beschwerte sich der Verteidigungsminister Mosche Jaalon* ...: Simon Shiffer, »Ya'alon: Kerry Should Win His Nobel and Leave Us Alone«, *Ynet News,* 14. Januar 2014, http://www.ynetnews.com/articles/0,7340,L-4476582,00.html; Ben Birnbaum und Amir Tibon, »The Explosive, Inside Story of How John Kerry Built an Israel-Palestine Peace Plan – and Watched It Crumble«, *New Republic,* 20. Juli 2014, http://www.newrepublic.com/article/118751/how-israel-palestine-peace-deal-died.

275 f. *drang eine Eliteeinheit israelischer Fallschirmjäger* ...: »Israeli Soldiers Raid Qalqiliya, Kill Palestinian ›in Cold Blood‹«, Ma'an News Agency, 19. Dezember 2013, http://www.maannews.com/Content.aspx?id=658296; »Palestinians Killed in Israeli Arrest Raids«, *Al-Jazeera,* 19. Dezember 2013, http://www.aljazeera.com/news/middleeast/2013/12/palestinians-killed-israeli-arrest-raids-201312196149950434.html; Gili Cohen und Jack Khoury, »Israeli Force Kills Palestinian During Military Operation in West Bank«, *Haaretz,* 19. Dezember 2013, http://www.haaretz.com/news/diplomacy-defense/.premium-1564334.

276 *Zwei Monate zuvor hatte die Armee* ...: »Israeli Forces Kill Palestinian Bomb Suspect in West Bank Shoot-Out«, *Al-Jazeera,* 22. Oktober 2013, http://america.aljazeera.com/articles/2013/10/22/israeli-forces-killpalestinianmanaftershootout.html; Yoav Zitun und Elior Levy, »IDF Says Terrorist Killed in Cave ›Threatened Forces for Months‹«, *Ynet News,* 22. Oktober 2013, http://www.ynetnews.com/articles/0,7340,L-4444100,00.html.

276 *Im Monat darauf töteten israelische Eliteeinheiten* ...: Tzvi Ben-Gedaluyahu, »IDF Kills Three Salafist Terrorists in Heart of Judea and Samaria«, *Jewish Press,* 26. November 2013, http://www.jewishpress.com/news/idf-kills-two-pa-salafist-terrorists-in-heart-of-judea-and-samaria/2013/11/26/.

276 *Palästinensischen Zeugen zufolge hatten die Soldaten* ...: »In 2 Crimes of Extra-Judicial Execution and Excessive Use of Force, Israeli Forces Kill 3 Palestinian Civilians in Yatta, South of Hebron«, Palestinian Centre for Human Rights, 28. November 2013, http://www.pchrgaza.org/portal/en/index.php?option=com content&id=9955:in-2-crimes-of-extra-judicial-execution-and-excessive-use-of-force-israeli-forces-kill-3-palestinian-civilians-in-yatta-south-of-hebron; »Five Palestinians Killed in the West Bank in Three Days«, *Palestine Monitor,* 30. November 2013, http://www.palestinemonitor.org/details.php?id=x2lvh5a5714y2umb9r8t6.

277 *Gezielte Tötungen – durch Raketen* ...: »Palestinians Who Were the Object of a Targeted Killing in The Gaza Strip, After Operation Cast Lead«, B'Tselem, http://www.btselem.org/statistics/fatalities/after-cast-lead/by-date-of-event/gaza/palestinians-who-were-the-object-of-a-targeted-killing; »Palestinians Killed During the Course of a Targeted Killing in the West Bank, During Operation Cast Lead«,

B'Tselem, http://www.btselem.org/statistics/fatalities/during-cast-lead/by-date-of-event/westbank/palestinians-killed-during-the-course-of-a-targeted-killing.

277 *Während der Zweiten Intifada hatten israelische Eliteeinheiten ...*: »Palestinians Killed During the Course of a Targeted Killing in the West Bank, During Operation Cast Lead«, B'Tselem, ebd.; Mustafa Barghouti, »Targeted Killing Won't Bring Peace«, *New York Times*, 8. Juni 2007, http://www.nytimes.com/2007/06/08/opinion/08iht-edbarghouti.16056658.html?_r=0.

277 *Der Hummus-Laden, der der Wohnung ...*: Sam Bahour, »Another Assassination in Ramallah's City Center«, *Electronic Intifada*, 29. Mai 2007, https://electronicintifada.net/content/another-assassination-ramallahs-city-center/6963.

278 *Anfang Januar enthüllte Netanjahu ...*: »Cabinet Communique«, Israelisches Ministerium für auswärtige Angelegenheiten, 5. Januar 2014, http://mfa.gov.il/MFA/PressRoom/2014/Pages/Cabinet-communique-5-Jan-2014.aspx.

278 *Für dieses Thema trommelte er schon seit Monaten ...*: Tovah Lazaroff, »Netanyahu to Kerry: Palestinian Incitement Undermines Peace«, *Jerusalem Post*, 10. August 2013, http://www.jpost.com/Diplomacy-and-Politics/Netanyahu-tells-Kerry-Palestinians-incitement-undermines-peace-322647; Stuart Winer, »Israel Blames Terror Surge on Palestinian Incitement«, *Times of Israel*, 25. Dezember 2013, http://www.timesofisrael.com/israel-blames-violence-on-palestinian-incitement/.

278 *Als Netanjahus Büro mit Powerpoint ...*: »Israelis Document Incitement by the Palestinian Authority«, *New York Times*, 6. Januar 2014.

278 *veröffentlichte die New York Times das Dokument online ...*: Jodi Rudoren, »Israeli Official Points to ›Incitement‹ by Palestinians«, *New York Times*, 6. Januar 2014, http://www.nytimes.com/interactive/2014/01/06/world/middleeast/07israel-doc.html.

279 (Fußnote) *»In seinem schattigen Keilstück ...«*: China Miéville, »Exit Strategy«, *Guernica*, 1. November 2013, https://www.guernicamag.com/features/exit-strategy/.

280 *an jenem Tag hatten israelische Kampfflugzeuge ...*: »Israel Airstrikes in Gaza Kill Toddler amid Escalating Violence«, *al-Jazeera*, 24. Dezember 2013, http://america.aljazeera.com/articles/2013/12/24/israel-launchesassaultongazafollowingdeathofisraelinearborder.html.

280 *Außerdem waren Bulldozer der Israelischen Verteidigungsstreitkräfte ...*: »UNRWA Condemns Christmas Eve Demolitions in the West Bank and Calls on Israel to Respect International Law«, Official Statement, United Nations Relief and Works Agency, 26. Dezember 2013, http://www.unrwa.org/newsroom/official-statements/unrwa-condemns-christmas-eve-demolitions-west-bank-and-calls-israel; »Christmas Eve Demolitions Leave More than 60 Homeless«, *Palestine Monitor*, 31. Dezember 2013, http://palestinemonitor.org/details.php?id=s69zwca6013y2n105q008.

280 (Fußnote) *Fünf Tage darauf tötete ein palästinensischer Scharfschütze ...*: Shirly Seidler, »Family of Slain Defense Minstry Employee. Israel Doesn't Care about a Bedouin Boy«, *Haaretz*, 24. Dezember 2014, http://www.haaretz.com/news/israel/.premium-1565236.

280 (Fußnote) *Das Mädchen spielte im Hof ihres Zuhauses ...*: »Gaza Lays to Rest 3-Year-Old Palestinian Girl Killed by Israeli Strike«, Ma'an News Agency, 25. Dezember 2013, http://www.maannews.com/Content.aspx?id=660172.

281 »*Diejenigen, die in unserem Land ins Gefängnis kommen ...*«: Emile Habiby, The Secret Life of Saeed the Pessoptimist, Northampton 2003, S. 134.

281 *Vierzig Prozent der palästinensischen Männer ...*: »General Briefing: Palestinian Political Prisoners in Israeli Prisons«, Addameer Prisoner Support and Human Rights Association, Januar 2014, S. 4, http://www.addameer.org/userfiles/file/Palestinian%20Political%20Prisoners%20in%20Israeli%20Prisons%20(General%20Briefing%20January%202014).pdf.

286 *Einer der Gründer von Ofra ...*: Idith Zertal und Akiva Eldar Lords of the Land. The War over Israel's Settlements in the Occupied Territories, 1967–2007, New York 2007, S. 33, 81–87.

286 (Fußnote) »*Es war mein Recht, mich daran zu beteiligen ...*«: Idith Zertal und Akiva Eldar, ebd., S. 82.

286 (Fußnote) *Er wurde zu sieben Jahren Gefängnis verurteilt ...*: Chaim Levinson, »Building a Palestinian-Free Kingdom«, Haaretz, 28. September 2011, http://www.haaretz.com/weekend/week-s-end/building-a-palestinian-free-kingdom-1387179.

287 *allein Eli zog sich über sechs Gipfel nebeneinander ...*: Jodi Rudoren und Jeremy Ashkenas, »Netanyahu and the Settlements, New York Times, 12. März 2015, http://www.nytimes.com/interactive/2015/03/12/world/middleeast/netanyahu-west-bank-settlements-israel-election.html.

287 »*Es zweifelt heute niemand mehr daran, dass ...*«: David Grossman, Der gelbe Wind. Die israelisch-palästinensische Tragödie, München 1990, S. 47.

ZWISCHENSPIEL: Die Erniedrigungsmaschine

292 *Bis zum Jahr 2000 gab es hier überhaupt keinen Kontrollpunkt ...*: Helga Tawil-Souri, »Qalandia Checkpoint: The Historical Geography of a Non-Place«, Jerusalem Quarterly, Nr. 42, Sommer 2010, S. 30.

293 *Bekräftigung der »radikalen Kontingenz im Herzen ...*«: »Spatial Collisions and Discordant Temporalities. Everyday Life between Camp and Checkpoint«, International Journal of Urban and Regional Research, Nr. 35.2, März 2011, S. 453–461.

294 *Bis auf die Tatsache, dass Militäringenieure ...*: Eyal Weizman, Hollow Land. Israel's Architecture of Occupation, London 2007, S. 151.

294 (Fußnote) »*Was Kontrollpunkte bekräftigen« ...*: Helga Tawil-Souri, «Qalandia Checkpoint. The Historical Geography of a Non-Place«, Jerusalem Quarterly, Nr. 42, Sommer 2010, S. 41.

295 (Fußnote) *Kalandia stand einst vor allem fürs Fliegen*: Helga Tawil-Souri, ebd., S. 26.

295 (Fußnote) *der Schauplatz eines der berüchtigsten Massaker* ...: Ilan Pappe, *The Ethnic Cleansing of Palestine*, Oxford 2006, S. 166–169.

8 Poker

297 »*Oh, die Wahrheit ist im Universum* ...«: Samuel R. Delaney, *Dhalgren*, Middletown 1996, S. 470.

297 *Dieses hieß* »*Ain Hidschleh*« ...: Jessica Purkiss, »Ein Hijleh: A Symbol of Resistance and Hope«, *Middle East Monitor*, 11. Februar 2014, https://www.middle eastmonitor.com/articles/middle-east/9693-ein-hiljeh-a-symbol-of-resistance-and-hope.

298 *Sie umstellten das Haus eines 24-jährigen Aktivisten* ...: Amira Hass, »Israeli Soldier's Needless Killing of Palestinian Activist«, *Haaretz*, 3. März 2014, http://www.haaretz.com/news/diplomacy-defense/.premium-1577477; Adam Wolf, »Autopsy of a State Crime«, *Free Arabs*, 1. März 2014, http://www.freearabs.com/index.php/politics/69-stories/1153-jb-span-israel-jb-span-autopsy-of-a-state-crime.

298 *Anderthalb Wochen später wurden sechs Palästinenser*...: Allison Deger, »Six Palestinians Killed in 24 Hours by Israeli Forces«, *Mondoweiss*, 11. März 2014, http://mondoweiss.net/2014/03/palestinians-israeli-forces.

298 *Ein achtzehnjähriger Universitätsstudent namens Sadschi Darwisch* ...: Jessica Purkiss, »A Whole System of Deception«, *Middle East Monitor*, 1. April 2014, https://www.middleeastmonitor.com/articles/middle-east/10647-a-whole-system-of-deception; Yaakov Lappin, »IDF Soldier Shoots Dead Palestinian Rock Thrower«, *Jerusalem Post*, 10. März 2014, http://www.jpost.com/Diplomacy-and-Politics/IDF-soldier-shoots-dead-Palestinian-rock-thrower-344943.

298 *Raed Zeiter, ein Palästinenser mit jordanischer Staatsbürgerschaft* ...: Gili Cohen und Jack Khoury, »Jordanian Judge Ran Toward Soldier Screaming ›Allah Hu Akbar‹, Israeli Probe Reveals«, *Haaretz*, 11. März 2014, http://www.haaretz.com/news/diplomacy-defense/.premium-1579084; Omar Obeidat, »Eyewitness Says Israeli Army Lying, Judge Did Not Try to Seize Soldier's Gun«, *The Jordan Times*, 11. März 2014, http://www.jordantimes.com/news/local/eyewitness-says-israeli-army-lying-judge-did-not-try-seize-soldier%E2%80%99s-gun; »Al-Haq Announces Investigation Results regarding the Killing of Judge Zuaiter«, Al-Haq, 10. April 2014, http://www.alhaq.org/advocacy/topics/right-to-life-and-body-integrity/795-al-haq-announces-investigation-results-regarding-the-killing-of-judge-zuaiter.

299 *Für die Erschießung Madschadlas gab es keine offizielle Erklärung* ...: Jessica Purkiss, »A Whole System of Deception«, *Middle East Monitor*, 1. April 2014, https://www.middleeastmonitor.com/articles/middle-east/10647-a-whole-system-of-deception; Saed Bannoura, »Palestinian Killed by Army Fire Near Tulkarem«, International Middle East Media Center, 11. März 2014, http://www.imemc.org/article/67220.

299 *bis der vierzehnjährige Yusef al-Schawamreh ...*: Amira Hass, »Otherwise Occupied. An Open Letter to Soldier X, Who Shot and Killed a 14-year-old«, *Haaretz*, 23. März 2014, http://www.haaretz.com/opinion/.premium-1581532; Gideon Levy und Alex Levac, »›It Was Nothing Personal‹, Bereaved Palestinian Father Told«, *Haaretz*, 4. April 2014, http://www.haaretz.com/weekend/twilight-zone/.premium-1583667; »Update: Israeli Forces Kill Palestinian Teen in Southern West Bank«, Defense for Children International Palestine, 11. Juli 2014, http://www.dci-palestine.org/update_israeli_forces_kill_palestinian_teen_in_southern_west_bank.

299 *dann starben drei weitere Menschen bei einer Razzia ...*: »Israeli Forces Shoot Dead 3 Palestinians in Jenin Refugee Camp«, Ma'an News Agency, 22. März 2014, http://www.maannews.com/Content.aspx?id=683555; Gideon Levy, »The Story Behind the Wanted Hamas Man in Jenin«, *Haaretz*, 23. März 2014, http://www.haaretz.com/news/diplomacy-defense/1581425.

299 *Im Jahr zuvor hatte sich der Bau von Siedlungen ...*: »Israel Doubles West Bank Outpost Construction«, *Al Jazeera*, 3. März 2014, http://www.aljazeera.com/news/middleeast/2014/03/israel-doubles-west-bank-outpost-construction-201433143850913282.html.

299 *2014 würde er noch einmal um 40 Prozent ...*: »40 Percent Rise in New West Bank Settlement Homes in 2014«, Ma'an News Agency, 24. Februar 2015, http://www.maannews.com/Content.aspx?id=759583.

303 *Zwei Wochen zuvor, am 29. März ...*: »Netanyahu: No Deal to Release Prisoners without Clear Benefit for Israel«, *Jerusalem Post*, 30. März 2014, http://www.jpost.com/Diplomacy-and-Politics/Netanyahu-No-deal-to-release-prisoners-without-clear-benefit-for-Israel-346906.

303 *Natürlich war am 28. Juli im Jahr zuvor ...*: Herb Keinon, »Palestinian Prisoner Release Passes Cabinet by Wide 13–7 Margin«, *Jerusalem Post*, 28. Juli 2013, http://www.jpost.com/Diplomacy-and-Politics/Palestinian-prisoner-release-passes-cabinet-by-wide-13-7-margin-321296.

303 *zwei Tage nachdem der Termin für die Freilassung ...*: Ben Birnbaum und Amir Tibon, »The Explosive, Inside Story of How John Kerry Built an Israel-Palestine Peace Plan – and Watched It Crumble«, *New Republic*, 20. Juli 2014, http://www.newrepublic.com/article/118751/how-israel-palestine-peace-deal-died; Nir Hasson und Barak Ravid, »While Kerry Tries to Clinch Deal, Israel Issues 700 Tenders Beyond Green Line«, *Haaretz*, 1. April 2014, http://www.haaretz.com/news/diplomacy-defense/1583200.

304 *Kalt erwischt, sagte Kerry ein Treffen ...*: »Kerry Cancels Trip to Ramallah«, Agence France-Presse, 1. April 2014, http://www.dailystar.com.lb/News/Middle-East/2014/Apr-01/251975-kerry-no-longer-travelling-to-ramallah-wednesday-us-official.ashx.

304 *Erst drei Tage später, nachdem eine siebenstündige Notfallsitzung ...*: Barak Ravid, »Critical Israeli-Palestinian Meeting Ends in Stormy Failure, Sources Say«, *Haaretz*, 3. April 2014, http://www.haaretz.com/news/diplomacy-defense/1583595.

304 *Es sei, schlug er etwa neun Monate zu spät vor ...*: Paul Richter, »Kerry: Mid-

east Talks May Be Scaled Back«, *Los Angeles Times*, 4. April 2014, http://articles.latimes.com/2014/apr/04/world/la-fg-wn-john-kerry-mideast-talks-20140404.

304 *Ehe die Woche vorbei war ...*: Moshe Arens, »Kerry Finally Got It. Peace Process Was a Farce«, *Haaretz*, 7. April 2014, http://www.haaretz.com/opinion/.premium-1584021.

304 *Im Mai veröffentlichte Nahum Barnea ...*: Nahum Barnea, »Inside the Talks' Failure. US Officials Open Up«, *Ynet News*, 2. Mai 2014, http://www.ynetnews.com/articles/0,7340,L-4515821,00.html.

304 (Fußnote) »*Bedauerlicherweise wurden die Gefangenen ...*«: Barak Ravid, »Kerry Places Blame on Israel for Crisis in Peace Talks«, *Haaretz*, 4. April 2014, http://www.haaretz.com/misc/iphone-article/.premium-1584518; John B. Judis, »John Kerry Could Revive Peace Talks, but Don't Count on It«, *New Republic*, 9. April 2014, http://www.newrepublic.com/article/117316/john-kerry-could-revive-peace-process-supporting-un.

306 »*Nichts spricht eine deutlichere Sprache*«: »Joint Press Conference with Secretary Hagel and Israeli Minister of Defense Moshe Ya'alon«, U. S. Department of Defense, 15. Mai 2014, http://archive.defense.gov/transcripts/transcript.aspx?transcriptid=5433.

306 (Fußnote) *2010 berichteten Rechercheure von B'Tselem ...*: Eyal Hareuveni, »By Hook and by Crook. Israeli Settlement Policy in the West Bank«, B'Tselem, Juli 2010, S. 11, https://www.btselem.org/download/201007_by_hook_and_by_crook_eng.pdf; Amira Hass, »IDF Uses Live-Fire Zones to Expel Palestinians from Areas of West Bank, Officer Admits«, *Haaretz*, 21. Mai 2014, http://www.haaretz.com/news/diplomacy-defense/.premium-1591881.

308 (Fußnote) *In einem schrieb sie*: »*Ich habe Freunde ...*«: Mariam Barghouti, E-Mail an den Autor, 22. Mai 2014.

312 *Am 23. April 2014, am Tag bevor Waed ...*: Kareem Khader und Jason Hanna, »Hamas, Fatah Announce Talks to Form Palestinian Unity Government«, CNN, 23. April 2014, http://www.cnn.com/2014/04/23/world/meast/gaza-west-bank-palestinian-reconciliation/.

313 »*Das sind die guten Neuigkeiten ...*«: Nidal al-Mughrabi und Noah Browning, »Hamas, Abbas's PLO Announce Reconciliation Agreement«, Reuters, 23. April 2014, http://mobile.reuters.com/article/idUSBREA3M14420140423?irpc=932.

313 *Indem es die Verkündung als* »*großen Rückschlag für den Frieden*«*...*: Ian Black, Peter Beaumont und Dan Roberts, »Israel Suspends Peace Talks with Palestinians after Fatah-Hamas Deal«, *Guardian*, 24. April 2014, http://www.theguardian.com/world/2014/apr/24/middle-east-israel-halts-peace-talks-palestinians.

313 »*Wer sich für die Hamas entscheidet, will keinen Frieden*«: Nidal al-Mughrabi und Noah Browning, »Hamas, Abbas's PLO Announce Reconciliation Agreement«, Reuters, 23. April 2014, http://mobile.reuters.com/article/idUSBREA3M14420140423?irpc=932.

313 *Am selben Tag, gleich nach Haniyes Verkündung ...*: »Israeli Jets Hit Gaza During Unity Deal Celebrations«, *Times of Israel*, 23. April 2014, http://www.timesof

israel.com/israeli-jets-hit-gaza-during-unity-deal-celebrations/; »Protection of Civilians, Weekly Report 15–28 April 2014«, United Nations Office for the Coordination of Humanitarian Affairs, 28. April 2014, http://unispal.un.org/UNISPAL.NSF/0/ 764C77EC470C62A385257CCB00534AF1.

313 *99,74 Prozent aller Palästinenser, denen im Militärgerichtssystem* ...: Chaim Levinson, »Nearly 100 % of all Military Court Cases in West Bank End in Conviction, Haaretz Learns«, *Haaretz*, 29. November 2011, http://www.haaretz.com/print-edition/news/nearly-100-of-all-military-court-cases-in-west-bank-end-in-conviction-haaretz-learns-1.398369.

ZWISCHENSPIEL: Was man sieht

318 *dass der Durchschnittslohn im Westjordanland* ...: 2014 Investment Climate Statement – West Bank and Gaza«, U. S. Department of State, Juni 2014, http://www.state.gov/e/eb/rls/othr/ics/2014/229097.htm; »UNSCO Socio-Economic Report. Overview of the Palestinian Economy in Q2/2013«, Office of the United Nations Special Coordinator for the Middle East Peace Process, September 2013, http://www.unsco.org/Documents/Special/UNSCO%20Socio-Economic%20Report%20-%20Q2%202013.pdf.

319 *Bis zum Sommer 2013 hatte das Bauunternehmen* ...: Isabel Kershner, »Birth of a Palestinian City Is Punctuated by Struggles«, *New York Times*, 10. August 2013, http://www.nytimes.com/2013/08/11/world/middleeast/birth-of-a-palestinian-city-is-punctuated-by-struggles.html?_r=0.

319 *der Bauunternehmer des Projekts* ...: Elhanan Miller, »In Rawabi, the Brand-New Palestinian City, Both Sides Win«, *Times of Israel*, 19. Februar 2014, http://www.timesofisrael.com/in-rawabi-the-brand-new-palestinian-city-both-sides-win/.

319 *Al-Masri hatte sich eine riesige Investition von Qatari Diar* ...: Armin Rosen, »A Middle-Class Paradise in Palestine?«, *Atlantic*, 11. Februar 2013, http://www.theatlantic.com/international/archive/2013/02/a-middle-class-paradise-in-palestine/273004/.

319 *2009 hatte Abbas auf Bitten al-Masris* ...: Ali Abunimah, *The Battle for Justice in Palestine*, Chicago 2014, S. 88–91.

319 *Es sei alles legal, sagte ein Sprecher* ...: ebd., S. 90.

319 *Die Zeitschrift* Time *nannte Rawabi* ...: »A Shining City on a Hill«, *Time*, 21. März 2011, http://content.time.com/time/specials/packages/article/0,28804,2026474_2055581_2062499,00.html.

319 *die* Financial Times *entschied sich für »Stadt der Hoffnung«* ...: John Reed, »City of Hope for Palestinians«, *Financial Times*, 8. April 2013, http://www.ft.com/cms/s/0/9fdc4c7a-9c55-11e2-9a4b-00144feabdc0.html.

319 (Fußnote) *Tom Friedman von der New York Times* ...: Thomas L. Friedman,

»Green Shoots in Palestine«, *New York Times*, 4. August 2009, http://www.nytimes.com/2009/08/05/opinion/05friedman.html.

319 (Fußnote) *Der Journalist Ali Abunimah ...*: Ali Abunimah, *The Battle for Justice in Palestine*, Chicago 2014, S. 75.

320 *»Es ist von entscheidender Bedeutung ...«*: Daisy Carrington, »New City Offers Vision of Better Life in West Bank«, CNN, 5. Juli 2013, http://www.cnn.com/2013/07/04/world/meast/rawabi-palestinian-project/.

320 *Aber nichts davon war möglich gewesen ...*: Ethan Bronner, »New Home-Buying Plan May Bolster Abbas«, *New York Times*, 15. April 2008, http://www.nytimes.com/2008/04/15/world/middleeast/15mideast.html; Howard Schneider, »Palestinians Looking to American-Style Housing Developments, Financing«, *Washington Post*, 23. November 2009, http://www.washingtonpost.com/wp-dyn/content/article/2009/11/22/AR2009112202106.html.

320 *von der amerikanischen Regierung gegründeten ...*: www.opic.gov.

320 (Fußnote) *Rawabis offizielle Eröffnung verzögerte sich ...*: Tovah Lazaroff, »Rawabi, The First New Palestinian City, Can Finally Open Its Doors«, *Jerusalem Post*, 27. Februar 2015, http://www.jpost.com/Middle-East/Rawabi-the-first-new-Palestinian-city-can-finally-open-its-doors-392402.

321 *1990 veröffentlichte der Anthropologe James Ferguson ...*: James Ferguson, *The Anti-Politics Machine. Development, Depoliticization, and Bureaucratic Power in Lesotho*, Minneapolis 1994, S. 256.

321 *Der Investment-Riese Bear Stearns war einen Monat zuvor ...*: Bryan Burrough, »Bringing Down Bear Stearns«, *Vanity Fair*, August 2008, http://www.vanityfair.com/news/2008/08/bear_stearns200808-2.

321 *stammte sie von einer Gruppe namens Middle East Investment Initiative ...*: Howard Schneider, »Palestinians Looking to American-Style Housing Developments, Financing«, *Washington Post*, 23. November 2009, http://www.washingtonpost.com/wp-dyn/content/article/2009/11/22/AR2009112202106.html.

321 f. *Ihr Präsident, der Vorstandsvorsitzende ...*: »Board of Directors«, Middle East Investment Initiative, http://www.meiinitiative.org/index.php?TemplateId=staff&catId=1&MenuId=7&Lang=1.

322 *DLA Piper, einer der größten Wirtschaftskanzleien der Welt ...*: Ashby Jones, »DLA Piper: Soon to be the Largest Law Firm in the World«, *Wall Street Journal*, 27. Januar 2011, http://blogs.wsj.com/law/2011/01/27/dla-piper-soon-to-be-the-largest-law-firm-in-the-world/.

322 *Die ehemalige Außenministerin Madeleine Albright ...*: »Board of Directors«, Middle East Investment Initiative, http://www.meiinitiative.org/index.php?TemplateId=staff&catId=1&MenuId=7&Lang=1.

322 *die ehemalige Arbeitsministerin der Reagan-Regierung Ann McLaughlin ...*: Sheryl Gay Stolberg, »Washington Talk«, *New York Times*, 22. Oktober 2003, http://www.nytimes.com/2003/10/22/us/washington-talk-some-wholly-new-work-for-old-washington-hand.html.

322 *Die islamistische Partei hatte 2006 die Wahlen ...*: Ali Abunimah, *The Battle*

for Justice in Palestine, Chicago 2014, S. 79–83; David Rose, »The Gaza Bombshell«, *Vanity Fair*, April 2008, http://www.vanityfair.com/news/2008/04/gaza200804.

322 *Der Präsident der Overseas Private Investment Corporation ...*: Ethan Bronner, »New Home-Buying Plan May Bolster Abbas«, *New York Times*, 15. April 2008, http://www.nytimes.com/2008/04/15/world/middleeast/15mideast.html.

322 *Korologos, Albright und der Direktor ...*: »Board of Directors«, Middle East Investment Initiative http://www.meiinitiative.org/index.php?TemplateId= staff&catId=1&MenuId=7&Lang=1; Howard Schneider, »Palestinians Looking to American-Style Housing Developments, Financing«, *Washington Post*, 23. November 2009, http://www.washingtonpost.com/wp-dyn/content/article/2009/11/22/ AR2009112202106.html.

323 *Zwischen 2008 und 2014 würde sich die Zahl an Verbraucherkrediten ...*: Ali Abunimah, *The Battle for Justice in Palestine*, Chicago 2014, S. 85; »Table 23: Distribution of Credit Facilities by Economic Sector«, Palestinian Monetary Fund, http:// www.pma.ps/Portals/1/Users/002/02/2/Monthly%20Statistical%20Bulletin/ Banking%20Data/table_23_facilities_by_economic_sectors.xls.

323 *Sowohl Tom Korologos als auch das Vorstandsmitglied ...*: Dave Levinthal, »Al Jazeera Adds More Lobbying Heft«, Center for Public Integrity, 25. Februar 2013, http://www.publicintegrity.org/2013/02/25/12234/al-jazeera-adds-more-lobbying-heft.

323 *Katar gehört, welche wiederum ...*: Asher Schechter, »A Finger in Every Pie. How Qatar Became an International Power«, *Haaretz*, 9. August 2014, http://www.haaretz.com/news/features/.premium-1609667.

323 *DLA Piper übernahm auch die Lobbyarbeit ...*: »Raytheon Co«, OpenSecrets.org, https://www.opensecrets.org/lobby/clientsum.php?id=D000000175.

323 *Raytheon, der das ›Iron Dome‹-Raketenabwehrsystem ...*: Bryan Bender, »Raytheon a Key in Israeli Defense Plan«, *The Boston Globe*, 17. Juli 2014, https://www.bostonglobe.com/news/nation/2014/07/17/under-rocket-fire-israel-looks-raytheon-build-more-anti-missile-systems/KziQB3E7zhRqkd6ZqWoR6N/story.html.

323 *Und die Qatar Investment Authority hielt einen großen Anteil ...*: Caroline Binham, »Stakes Are High for Barclays and SFO over Qatar Investors Probe«, *Financial Times*, 24. September 2014, http://www.ft.com/intl/cms/s/0/a94cdea4-4407-11e4-8abd-00144feabdc0.html#axzz3lABKaYyZ.

323 *ein ordentliches Stück an dem israelischen Konzern für Verteidigungssysteme ...*: Marcus Dysch, »Barclays Bank Branch Forced to Shut by Anti Israel Protesters«, *The Jewish Chronicle*, 1. Dezember 2014, http://www.thejc.com/news/uk-news/126252/barclays-bank-branch-forced-shut-anti-israel-protesters.

323 *der die Drohnen herstellte, die die Israelischen Verteidigungsstreitkräfte ...*: Barbara Opall-Rome, »Israeli Forces Praise Elbit UAVs in Gaza Op«, *Defense News*, 12. August 2014, http://archive.defensenews.com/article/20140812/DEFREG04/ 308120026/Israeli-Forces-Praise-Elbit-UAVs-Gaza-Op.

324 *Baschar al-Masri, der Bauunternehmer von Rawabi ...*: Elhanan Miller, »In Rawabi, the Brand-New Palestinian City, Both Sides Win«, *Times of Israel*, 19. Feb-

ruar 2014, http://www.timesofisrael.com/in-rawabi-the-brand-new-palestinian-city-both-sides-win/.

324 *Weisglass, der schon seit den späten 1990er Jahren ...*: Danny Rubinstein, »It's Not Politics, It's Just Business«, *Ynet News*, 6. Januar 2011, http://www.ynetnews.com/articles/0,7340,L-4010020,00.html; Conal Urquhart, »Gaza on Brink of Implosion as Aid Cut-Off Starts to Bite«, *Guardian*, 15. April 2006, http://www.theguardian.com/world/2006/apr/16/israel.

324 *Al-Masri, der solchen Gefahren selbst nicht ausgesetzt war ...*: Avi Nudelman, »Israeli-Palestinian Chamber of Commerce and Industry December 2010 Newsletter«, Israeli-Palestinian Chamber of Commerce and Industry, Dezember 2010, http://www.ipcc.org.il/webfiles/fck/files/newsletter_dec2010_eng.pdf; Ali Abunimah, »Rawabi Developer Masri Helps Deepen Israel's Grip on West Bank«, *Electronic Intifada*, 6. Januar 2011, https://electronicintifada.net/content/rawabi-developer-masri-helps-deepen-israels-grip-west-bank/9170; Phillip Weiss, »Palestinian Real Estate Developer Participates in Conference Promoting Israel as ›High-Tech Haven‹«, *Mondoweiss*, 11. September 2012, http://mondoweiss.net/2012/09/palestinian-real-estate-developer-participates-in-conference-promoting-israel-as-high-tech-haven.

324 *mit der Israelisch-Palästinensischen Handelskammer zusammengearbeitet ...*: Israeli-Palestinian Chamber of Commerce, http://www.ipcc.org.il/.

324 *Im Vorstand saß ein Mann namens Gadi Zohar ...*: »Mr. Gadi Zohar«, Israeli-Palestinian Chamber of Commerce, http://www.ipcc.org.il/gadi_zohar; Peter Lagerquist, »Privatizing the Occupation. The Political Economy of an Oslo Development Project«, *Journal of Palestine Studies*, Band 32, Nr. 2, Winter 2003, S. 14.

324 *Zu Netacs' Klienten gehörte PADICO ...*: Ali Abunimah, »Palestinian Firms Listed as Clients of Israeli General Who Fled War Crimes Arrest«, *Electronic Intifada*, 10. September 2013, https://electronicintifada.net/blogs/ali-abunimah/palestinian-firms-listed-clients-israeli-general-who-fled-war-crimes-arrest.

324 *Die Gesellschaft PADICO, die einen Monat nach der Unterzeichnung ...*: »Articles of Incorporation of Palestine Development & Investment Inc.«, 14. Oktober 1993, http://www.padico.com/library/635247558312107150.pdf; Omar Shaban, »Palestinian Stock Exchange Lacks Public Regulation«, *Al Monitor*, 28. Mai 2013, http://www.al-monitor.com/pulse/originals/2013/05/palestinian-stock-exchange.html; »Investments: Financial & Services«, PADICO, http://www.padico.com/public/English.aspx?Lang=2&Page_Id=2713&PMID=30&Menu_ID=50&Site_ID=1.

324 f. *Nabil Sarraf, der Vorstandsvorsitzende von PADICOs Immobilientochter ...*: »Eng. Nabil al-Sarraf«, Palestine Investment Fund, http://www.pif.ps/index.php?lang=en&page=124990472092.

324 (Fußnote) *Qatari Diar hatte auch einen Anteil ...*: Tara Patel, «Qatari Diar Acquires 5% Stake in Veolia, Gets Seat on Board«, Bloomberg, 16. April 2010, http://www.bloomberg.com/apps/news?pid=newsarchive&sid=aoiOhu_RWSuI; »Veolia«, WeDivest.org, https://wedivest.org/c/56/veolia#.VR8ykLq4m2w.

325 *Und PADICOs CEO, Samir Hulileh ...*: »Samir Hulileh«, Portland Trust, http://www.portlandtrust.org/management/samir-hulileh.

325 *Portland Trust, einer britischen Nichtregierungsorganisation ...*: Portland Trust, http://www.portlandtrust.org/.

325 *die geholfen hatte, die Finanzierungsstrategie für Rawabi ...*: »Affordable Housing Programme«, Portland Trust, http://www.portlandtrust.org/projects/economic-infrastructure/affordable-housing-programme.

325 *Bis 2011 war der CEO des Portland Trust ...*: »About Us«, Portland Trust, http://www.portlandtrust.org/about-us; »Eival Gilady«, Israeli-Palestinian Chamber of Commerce, http://www.ipcc.org.il/eival-gilady.

325 *von einem pensionierten israelischen Oberstleutnant namens Avi Nudelman ...*: Jason Gewirtz, »Head of Israeli-Palestinian Business Group to Leave Role«, CNBC, 10. März 2010, http://www.cnbc.com/id/35798559.

325 *Ein anderer Mitgründer von Netacs ...*: »Owners and Management«, Netacs, http://netacs.biz/founders/; Danna Harman, »Arrest Warning Prompts Retired Israeli General to Cut Short London Visit«, *Haaretz*, 6. Juli 2011, http://www.haaretz.com/news/diplomacy-defense/arrest-warning-prompts-retired-israeli-general-to-cut-short-london-visit-1371814.

326 *»Was man sieht, ist nicht das, was tatsächlich passiert ...«*: Peter Lagerquist, »Privatizing the Occupation: The Political Economy of an Oslo Development Project«, *Journal of Palestine Studies*, Band 32, Nr2, Winter 2003, S. 15.

326 *Die Gehälter in der Privatwirtschaft fielen im Westjordanland seit Jahren ...*: Udo Kock, »Between a Rock and a Hard Place – Recent Developments in the Palestinian Economy«, International Monetary Fund, 19. Februar 2014, http://www.imf.org/external/country/WBG/RR/2014/021914.pdf; »West Bank and Gaza: Labor Market Trends, Growth and Unemployment«, International Monetary Fund, https://www.imf.org/external/country/WBG/RR/2012/121312.pdf; »Labour Force Participation, Employment, Unemployment and Average Daily Wage in NIS for Wage Employees in the Palestinian Territory by Governorate, January – March, 2012«, Palestine Central Bureau of Statistics, http://www.pcbs.gov.ps/Portals/_Rainbow/Documents/Labor%20Force%20Annual.htm.

326 *Armut und Ernährungsunsicherheit betrafen einen ähnlich hohen ...*: »Emergency Appeal – 2013«, United Nations Relief Works Agency, S. 14, 23, http://www.unrwa.org/userfiles/2013012971846.pdf; »Human Deprivation Under Occupation. Arab Development Challenges Report Background Paper 2011/12«, United Nations Development Programme, S. 2–3, http://www.undp.org/content/dam/rbas/doc/poverty/BG_12_Human%20Deprivation%20Under%20Occupation.pdf.

326 f. (Fußnote) *Wie es ein Bericht der Vereinten Nationen im Sommer 2014 ...*: »Report on UNCTAD Assistance to the Palestinian People. Developments in the Economy of the Occupied Palestinian Territory«, United Nations Conference on Trade and Development, 7. Juli 2014, http://unctad.org/meetings/en/Sessional Documents/tdb61d3_en.pdf.

327 *Da war al-Rechan, eine am Reißbrett entworfene Siedlung ...*: »al-Reehan. Palestine's Landmark Neighborhood«, Palestine Investment Fund, http://www.pif.ps/resources/file/booklets/ENAlReehanDraft006.pdf; »Amaar Real Estate Group«,

Palestine Investment Fund, http://www.pif.ps/index.php?lang=en&page=1245234449365; »Mohammad Mustafa«, World Economic Forum, www.weforum.org/contributors/mohammad-mustafa.

327 *Der Eigentümer von Zamn, Ahmad Aweidah ...*: Patrick Martin, »The Ramallah Miracle. Is Palestine Ready for Independence?«, *The Globe and Mail*, 15. April 2011, http://www.theglobeandmail.com/news/world/the-ramallah-miracle-is-palestine-ready-for-independence/article576709/?page=all.

9 So leicht, so schwer

329 »*... mag das vielleicht nur ein Traum gewesen sein!*«: Fjodor Dostojewskij, *Der Traum eines lächerlichen Menschen*, Wien 1922, S. 20.

334 *Nach dem Krieg von 1948 begaben sich ...*: Isma'el Abu-Sa'ad, »Forced Sedentarisation, Land Rights and Indigenous Resistance. The Palestinian Bedouin in the Negev«, in *Catastrophe Remembered. Palestine, Israel and the Internal Refugees*, London 2005, S. 115–120.

334 *... fingen sie an, ausgewählte jordanische Gesetze anzuwenden ...*: Neve Gordon, *Israel's Occupation*, S. 129; Eyal Weizman, *Hollow Land. Israel's Architecture of Occupation*. London 2007, S. 116–118.

334 (Fußnote) *Mitte der 1940er Jahre lebten zwischen 65 000 und 90 000 ...*: Sabri Jiryis, *The Arabs in Israel*, New York 1976, S. 19; Emanuel Marx, *Bedouin of the Negev*, Manchester 1967, S. 11–12.

334 (Fußnote) »*Mehr als irgendeine andere Gruppe*« ...: Sabri Jiryis, ebd., S. 122.

337 *Das Distrikt-Koordinationsbüro war 2010 ...*: Amira Hass, »Settlers Sue Bedouin Over Outdoor Oven Fueled by Livestock Manure«, *Haaretz*, 20. Januar 2014, http://www.haaretz.com/news/israel/.premium-1569453.

343 *Im Juni zuvor waren Beamte der Zivilverwaltung ...*: Chaim Levinson, »Israel Seizes Bedouin Man's Toilet in West Bank After Deeming It Illegal«, *Haaretz*, 23. Juni 2013, http://www.haaretz.com/news/diplomacy-defense/.premium-1531502; »Toilet for Handicapped person in Umm El Hair? Occupation say NO!«, YouTube, https://www.youtube.com/watch?v=1VQLHpLOq_U.

344 »*Sie warten*«, schrieb Mahmud Darwisch ...: Mahmoud Darwish, *Journal of an Ordinary Grief*, New York 2010, S. 47, 172.

349 *... dass Aktivisten einen Boykott von Caterpillar forderten ...*: »Global Movement to Boycott Caterpillar Gathers Momentum«, Palestinian Grassroots Anti-Apartheid Wall Campaign, 19. April 2005, http://stopthewall.org/2005/04/19/global-movement-boycott-caterpillar-gathers-momentum.

349 *Es war ein Caterpillar-Bulldozer gewesen ...*: Harriet Sherwood, »Rachel Corrie Ruling ›Deeply Troubling‹, Says Her Family«, *Haaretz*, 28. August 2012, http://www.theguardian.com/world/2012/aug/28/rachel-corrie-ruling-deeply-troubling.

350 »*... durch den Sündenfall verdorben*«: Fjodor Dostojewskij, *Der Traum eines lächerlichen Menschen*, Wien 1922, S. 20.

350 »*eine bis zur Verzückung, zur ruhigen, vollen* …«: Fjodor Dostojewskij, ebd., S. 22.

350 »*Es begann ein Kampf um Sonderung und Trennung* …«: Fjodor Dostojewskij, ebd., S. 25.

350 »*begannen sie von Brüderlichkeit und Menschlichkeit* …«: Fjodor Dostojewskij, ebd., S. 26.

350 »*erfanden sie die Gerechtigkeit und schrieben* …«: Fjodor Dostojewskij, ebd., S. 26.

350 f. »*… dass die Menschen, ohne die Fähigkeit hier auf Erden* …«: Fjodor Dostojewskij, ebd., S. 30.

351 »*… dies ist die Hauptsache, und es ist auch alles*«: Fjodor Dostojewskij, ebd., S. 31.

352 (Fußnote) *Zwei Wochen zuvor war ein israelischer Polizist* …: Yifa Yaakov, »West Bank Shooting Victim Named as Baruch Mizrahi, 47«, *Times of Israel*, 15. April 2014, http://www.timesofisrael.com/west-bank-shooting-victim-named-as-baruch-mizrahi/; Ilene Prusher, »Where One Man's Incitement Is Another Man's Fact«, *Haaretz*, 2. Mai 2014, http://www.haaretz.com/blogs/jerusalem-vivendi/.premium-1588660.

TEIL VIER: EIN TIEFES, DUNKLES BLAU

Prolog: Wenn nur

357 »*Kurz darauf passierte alles auf einmal*«: David Grossman, *Der gelbe Wind. Die israelisch-palästinensische Tragödie*, München 1990, S. 219.

359 *Noch vor Ende des Tages* …: »2 Palestinian Teens Killed in Nakba Day Clashes«, *Times of Israel*, 15. Mai 2014, http://www.timesofisrael.com/2-palestinian-teens-said-killed-in-nakba-day-clashes/; Jodi Rudoren, »Two Palestinians Killed in Clashes With Israeli Forces«, *New York Times*, 15. Mai 2014, http://www.nytimes.com/2014/05/16/world/middleeast/two-palestinians-killed-in-clashes-with-israeli-forces.html.

360 *Der Eigentümer des Gebäudes* …: »Israeli Forces Shoot and Kill Two Palestinian Teens Near Ramallah«, Defense for Children International, Palestine, 17. Mai 2014, http://www.dci-palestine.org/documents/israeli-forces-shoot-and-kill-two-palestinian-teens-near-ramallah.

361 *Das US-Außenministerium verkündete* …: Yitzhak Benhorin, »US to Israel: Investigate Killing of Palestinian Teens«, *Ynet News*, 21. Mai 2014, http://www.ynetnews.com/articles/0,7340,L-4521979,00.html.

361 *Die Vereinten Nationen forderten eine unabhängige Untersuchung* …: »UN Calls for Probe into Shooting of Palestinian Youths«, *Haaretz*, 20. Mai 2014, http://www.haaretz.com/news/diplomacy-defense/1591855.

361 *Es sei keine scharfe Munition eingesetzt worden ...*: Peter Beaumont, »Video Footage Indicates Killed Palestinian Youths Posed No Threat«, *Guardian*, 20. Mai 2014, http://www.theguardian.com/world/2014/may/20/video-indicates-killed-palestinian-youths-no-threat-israeli-forces.

361 *B'Tselem veröffentlichte das ganze, ungeschnittene Video ...*: »The Killing of the Two Teens in Bitunya. Uncut Footage«, B' Tselem, 26. Mai 2014, http://www.btselem.org/firearms/20140526_bitunya_killings_full_video_documentation.

361 *Ein Experte des israelischen Senders Arutz 2 ...*: »Ya'alon Says Troops in Nakba Day Killings Were in Danger, Acted As Needed«, *Times of Israel*, 20. Mai 2014, http://www.timesofisrael.com/yaalon-says-troops-in-nakba-day-killings-were-in-danger-acted-as-needed/.

361 *Den Israelischen Verteidigungsstreitkräften gefiel die Idee ...*: Jack Khoury und Chaim Levinson, »IDF Says Forgery Likely in Video Showing Palestinian Teens' Deaths«, *Haaretz*, 22. Mai 2014, http://www.haaretz.com/news/diplomacy-defense/.premium-1592000.

361 *Michael Oren, der ehemalige israelische Botschafter ...*: Raphael Ahren, »Michael Oren Says He Left CNN of His Own Accord«, *Times of Israel*, 12. August 2014, http://www.timesofisrael.com/michael-oren-says-he-left-cnn-of-his-own-accord/; Transcript, CNN, 22. Mai 2014, http://transcripts.cnn.com/TRANSCRIPTS/1405/22/wolf.02.html.

363 *Ende April waren über 100 palästinensische Gefangene ...*: »Four More Palestinian Prisoners in Israeli Jail on Hunger Strike«, Ma'an News Agency, 27. April 2014, http://www.maannews.com/Content.aspx?id=693169.

363 *Bis Ende Mai hatten sich ihnen weitere 140 Gefangene angeschlossen ...*: Ido Efrati, »Israeli Hospitals Bracing for Wave of Hunger-Striking Palestinian Prisoners«, *Haaretz*, 29. Mai 2014, http://www.haaretz.com/news/diplomacy-defense/.premium-1595974; Batsheva Sobelman, »Palestinian Prisoners on Hunger Strike; Israel Debates Force-feeding«, *Los Angeles Times*, 28. Mai 2014, http://www.latimes.com/world/middleeast/la-fg-palestinian-prisoners-hunger-strike-20140528-story.html.

363 *Nach vierzig Tagen waren bereits siebzig Gefangene im Krankenhaus*: Barak Ravid, Ido Efrati und Jack Khoury, »PM Pushes to Force-feed Palestinian Hungerstrikers«, *Haaretz*, 3. Juni 2014, http://www.haaretz.com/news/israel/.premium-1596901.

363 *Am 1. Juni, nur eine halbe Woche zu spät ...*: Peter Beaumont, »Palestinian Unity Government of Fatah and Hamas Sworn In«, *Guardian*, 2. Juni 2014, http://www.theguardian.com/world/2014/jun/02/palestinian-unity-government-sworn-in-fatah-hamas.

363 *Obwohl sie streng genommen nicht mit einer der beiden Parteien ...*: Jodi Rudoren und Isabel Kershner, »With Hope for Unity, Abbas Swears In a New Palestinian Government«, *New York Times*, 2. Juni 2014, http://www.nytimes.com/2014/06/03/world/middleeast/abbas-swears-in-a-new-palestinian-government.html; »New Members of Unity Govt Named«, Ma'an News Agency, 1. Juni 2014, http://www.maannews.com/Content.aspx?id=701510.

363 (Fußnote) *Das Gesetz wurde im Sommer 2015 verabschiedet*: Judah Ari Gross, »Knesset Passes Controversial ›Force-Feeding‹ Bill for Prisoners«, *Times of Israel*, 30. Juli 2015, http://www.timesofisrael.com/knesset-passes-controversial-force-feeding-bill-for-prisoners/.

364 *Im Westjordanland fuhr die Palästinensische Autonomiebehörde damit fort …*: »Political Arrests Continue in the West Bank, Despite Unity Agreement«, Ma'an News Agency, 19. Mai 2014, http://www.maannews.com/Content.aspx?id=698105; »PA forces detain 16 Hamas supporters in West Bank«, Ma'an News Agency, 8. Juni 2014, http://www.maannews.com/Content.aspx?id=703128.

364 *Als Anfang des Monats die Gehälter fällig wurden …*: »Clashes In Gaza as PA Employees Try to Withdraw Wages«, Ma'an News Agency, 5. Juni 2014, http://www.maannews.com/Content.aspx?id=702462.

364 *Die Banken blieben die ganze Woche geschlossen …*: »Gaza Banks Still Closed as Unity Govt Financial Dispute Deepens«, Ma'an News Agency, 8. Juni 2014, http://www.maannews.com/Content.aspx?id=703013; »Fatah Official Plays Down Unity Disputes«, Ma'an News Agency, 11. Juni 2014, http://www.maannews.com/Content.aspx?id=703914.

364 *Die Chefs des Schabak und des israelischen Militärnachrichtendienstes …*: Barak Ravid, »Israel Slams ›Weak‹ U. S. Response to Fatah-Hamas Unity Deal«, *Haaretz*, 24. April 2014, http://www.haaretz.com/news/diplomacy-defense/.premium-1587291.

364 *»Abu Mazen hat heute ja …«*: Jodi Rudoren und Isabel Kershner, »With Hope for Unity, Abbas Swears In a New Palestinian Government«, *New York Times*, 2. Juni 2014, http://www.nytimes.com/2014/06/03/world/middleeast/abbas-swears-in-a-new-palestinian-government.html; »New Members of Unity Govt Named«, Ma'an News Agency, 1. Juni 2014, http://www.maannews.com/Content.aspx?id=701510.

365 *verkündete Israel, dass seine Zentralbank überschüssige Zahlungsmittel …*: Sam Bahour, »Israel Declares War on Palestinian Banks«, *Talking Points Memo*, 24. Mai 2014, http://talkingpointsmemo.com/cafe/israel-declares-war-on-palestinian-banks.

365 *Die Israel Electric Corporation versuchte es auch …*: Barak Ravid, »Israel's Top General in West Bank Warns. Power Blackouts Will Lead to Violence«, *Haaretz*, 26. Mai 2014, http://www.haaretz.com/news/diplomacy-defense/.premium-1592778.

365 f. *Der Haaretz zufolge kamen Beamte …*: Chaim Levinson, »Civil Administration Officials Refuse to Punish Palestinians for Unity Government«, *Haaretz*, 8. Juni 2014, http://www.haaretz.com/news/middle-east/.premium-1597452.

366 *Es war durchgesickert, dass …*: Barak Ravid, »Israel Slams ›Weak‹ U. S. Response to Fatah-Hamas Unity Deal«, *Haaretz*, 24. April 2014, http://www.haaretz.com/news/diplomacy-defense/.premium-1587291.

366 *Ein hochrangiger US-Beamter, der nicht genannt werden wollte …*: Chemi Shalev, »White House: Israel's ›Hard Line Public Position‹ on New PA Cabinet Belies

Its Own Actions«, *Haaretz*, 5. Juni 2014, http://www.haaretz.com/news/diplomacy-defense/.premium-1597078.

366 *Eine Woche zuvor hatte der palästinensische Präsident* ...: Ali Abunimah, »Mahmoud Abbas: Collaboration with Israeli Army, Secret Police Is ›Sacred‹«, *Electronic Intifada*, 30. Mai 2014, https://electronicintifada.net/blogs/ali-abunimah/mahmoud-abbas-collaboration-israeli-army-secret-police-sacred.

367 *Als am 9. Juni Hamas-Anhänger in Ramallah* ...: »Hamas. PA Forces Assault Protesters in Ramallah«, Ma'an News Agency, 10. Juni 2014, http://www.maannews.com/Content.aspx?id=703651; »Security Forces Assault Journalists During Hamas March«, Ma'an News Agency, 11. Juni 2014, https://www.maannews.com/Content.aspx?id=704102.

367 (Fußnote) *Als sieben Monate später* ...: »PA to ›Halt Security Coordination‹ in Response to Abu Ein's death«, Ma'an News Agency, 10. Dezember 2014, http://www.maannews.com/Content.aspx?id=746278; Ahmad Melhem, »PA all talk, no action on Abu Ein's death«, *Al-Monitor*, 16. Dezember 2014, http://www.al-monitor.com/pulse/originals/2014/12/palestinian-authority-silence-abu-ein.html#ixzz3lGd27nsw.

367 (Fußnote) *Im März darauf stimmten die 110 Mitglieder* ...: Peter Beaumont, »PLO Leadership Votes to Suspend Security Cooperation with Israel«, *Guardian*, 5. März 2015, http://www.theguardian.com/world/2015/mar/05/plo-leadership-votes-to-suspend-security-cooperation-with-israel; »PLO Calls for End to Security Coordination with Israel«, *Al-Jazeera*, 6. März 2015, http://www.aljazeera.com/news/middleeast/2015/03/plo-security-coordination-israel-150305201025380.html.

368 (Fußnote) *Das Interesse der Medien hatte sich* ...: »Soldier Suspended for Nakba Day Shooting«, *Times of Israel*, 28. Mai 2014, http://www.timesofisrael.com/soldier-suspended-for-nakba-day-shooting/.

368 (Fußnote) *ein Grenzschutzbeamter, der zum Teil* ...: »Report: Nakba Day Killings«, Forensic Architecture, http://beitunia.forensic-architecture.org/; Robert Mackey, »Video Analysis of Fatal West Bank Shooting Said to Implicate Israeli Officer«, *New York Times*, 24. November 2014, http://www.nytimes.com/2014/11/25/world/middleeast/video-analysis-of-fatal-west-bank-shooting-said-to-implicate-israeli-officer.html.

368 (Fußnote) *Im November sollte der Grenzschutzbeamte, der Ben Deri hieß* ...: Stuart Winer, »Border Cop Charged in Palestinian Teen's Killing«, *Times of Israel*, 23. November 2014, http://www.timesofisrael.com/border-policeman-charged-with-manslaughter-in-may-shooting/.

10 Meines Bruders Hüter

370 *»Die Nacht ist stets ein Riese ...«*: Vladimir Nabokov, »Durchsichtige Dinge« in *Gesammelte Werke Band XII.*, Reinbek bei Hamburg 2002, S. 20.

370 *Am 12. Juni 2014 verschwanden drei israelische Teenager* ...: Itamar Sharon, »Officials Release Identities of Teens Who Disappeared Near Hebron«, *Times of*

Israel, 15. Juni 2014, http://www.timesofisrael.com/yaalon-our-working-assumption-is-boys-still-alive/.

370 *Dschifrah in der Schuhada-Straße in Hebron*: Mitch Ginsburg, »Pain and Brotherhood at Kidnap Victim's Hebron Yeshiva, *Times of Israel*, 19. Juni 2014, http://www.timesofisrael.com/yeshiva-of-missing-teen-eyal-yifrach-opens-its-doors/.

370 *Einer der Jungen, sagte der israelische Polizeisprecher ...*: Isabel Kershner, »Israeli Teenagers Said to Be Kidnapped in West Bank«, *New York Times*, 13. Juni 2014, http://www.nytimes.com/2014/06/14/world/middleeast/3-israeli-teenagers-said-to-be-kidnapped-in-west-bank.html.

370 *Schnell wurde eine Nachrichtensperre über den Fall verhängt ...*: Mitch Ginsburg, »Gagged! Are the Police and Courts Untenably Handcuffing the Media?«, *Times of Israel*, 11. Juli 2014, http://www.timesofisrael.com/gagged-are-the-police-and-courts-untenably-handcuffing-the-media/; Adam Horowitz, Scott Ross und Phillip Weiss, »Israel Maintains Gag Order in Missing Teens' Case, Leading to Charge of Media ›Manipulation‹«, *Mondoweiss*, 23. Juni 2014, http://mondoweiss.net/2014/06/maintains-missing-manipulation.

370 *Netanjahu, der, schon bevor die Namen der Jungen ...*: Isabel Kershner, »Israeli Teenagers Said to Be Kidnapped in West Bank«, *New York Times*, 13. Juni 2014, http://www.nytimes.com/2014/06/14/world/middleeast/3-israeli-teenagers-said-to-be-kidnapped-in-west-bank.html.

371 *An jenem Abend wurde ein ausgebrannter Hyundai ...*: Yoav Zitun, »Israel Fears Kidnappers Fled Hebron After Teens' Bodies Found«, *Ynet News*, 1. Juli 2014, http://www.ynetnews.com/articles/0,7340,L-4536636,00.html.

371 *Razzien auf der Suche nach Verdächtigen ...*: »Israel Deploys Heavily Near Hebron After Disappearance of Settlers«, Ma'an News Agency, 13. Juni 2014, http://www.maannews.com/Content.aspx?id=704478.

371 *Netanjahu wartete ab, bis der Sabbat vorbei war ...*: Peter Beaumont, »Israeli Forces Tighten Grip on West Bank in Search for Three Abducted Teenagers«, *Guardian*, 16. Juni 2014, http://www.theguardian.com/world/2014/jun/15/israeli-forces-west-bank-abducted-teenagers; Jodi Rudoren, »Netanyahu Says Three Were Taken by Hamas«, *New York Times*, 15. Juni 2014, http://www.nytimes.com/2014/06/16/world/middleeast/netanyahu-blames-hamas-in-kidnapping-of-israeli-youths.html.

371 *In der Vergangenheit hatte die Hamas damit geprahlt ...*: Shlomi Eldar, »Hamas Military Wing Boasts About Israeli Kidnapped Soldiers«, *Al Monitor*, 30. Juni 2013, http://www.al-monitor.com/pulse/originals/2013/06/hamas-kidnapped-army-branch.html.

371 *am Ende dieses Tages waren 150 Palästinenser ...*: Peter Beaumont, »Palestinian Parliamentary Speaker Arrested in Search for Kidnapped Teens«, *Guardian*, 16. Juni 2014, http://www.theguardian.com/world/2014/jun/16/palestinian-parliamentary-speaker-arrested-kidnapped-teenagers-aziz-dweik.

371 *Alle 700 000 Einwohner des Gouvernements Hebron ...*: »Localities in Hebron Governorate by Type of Locality and Population Estimates, 2007–2016«, Palestine

Central Bureau of Statistics, http://www.pcbs.gov.ps/Portals/_Rainbow/ Documents/hebrn.htm; Peter Beaumont, »Israeli Forces Tighten Grip on West Bank in Search for Three Abducted Teenagers«, *Guardian*, 16. Juni 2014, http:// www.theguardian.com/world/2014/jun/15/israeli-forces-west-bank-abducted-teenagers; »Hebron District and Its 680,000 Residents Under Third Day of Closure. Increasing Reports of Property Damage in Arrest Raids«, B' Tselem, 17. Juni 2014, http://www.btselem.org/press_releases/20140617_collective_punishment_in_ hebron_district; »Israel Imposes Indefinite Closure of Checkpoints in Southern West Bank«, Ma'an News Agency, 15. Juni 2014, http://www.maannews.com/ Content.aspx?id=704791.

372 *Im Flüchtlingslager Dschalasun töteten Soldaten ...*: »Israeli Forces Kill Palestinian During Arrest Raid«, Ma'an News Agency, 16. Juni 2014, https://www.maannews.com/Content.aspx?id=766667; »Palestinian Critically Injured in Clashes Near Ramallah«, Ma'an News Agency, 16. Juni 2014, http://www.maannews.com/Content.aspx?id=705326.

372 *Mehr Truppen hatten das Westjordanland geflutet ...*: Alice Speri, »Search for Missing Teens Leads to Largest Israeli Military Escalation Since the Second Intifada«, *Vice News*, 18. Juni 2014, https://news.vice.com/article/search-for-missing-teens-leads-to-largest-israeli-military-escalation-since-the-second-intifada.

372 *Jeder Tag brachte weitere vierzig, fünfzig ...*: »Israel Detains Over 40 Hamas Members Across West Bank«, Ma'an News Agency, 16. Juni 2014, http://www.maannews.com/Content.aspx?id=705083; Gili Cohen, »Israeli Army Arrests 41 Palestinians in Overnight West Bank Raids«, *Haaretz*, 17. Juni 2014, http://www.haaretz.com/news/diplomacy-defense/1599264; »LIVE UPDATES: Israel Searches for Teens Kidnapped in West Bank, Day 5«, *Haaretz*, 17. Juni 2014, http://www.haaretz.com/news/diplomacy-defense/1599302; »Israeli Forces Detain 300, Raid Over 750 Homes in Last Week«, Ma'an News Agency, 18. Juni 2014, http://www.maannews.com/Content.aspx?id=705981; »Ongoing Arrest Campaign Brings Total Palestinians in Jail to 5,700«, Ma'an News Agency, 21. Juni 2014.

372 *Die* Haaretz *zitierte einen »hochrangigen Offizier der Armee« ...*: »LIVE UPDATES: Israel Searches for Teens Kidnapped in West Bank, Day 5«, *Haaretz*, 17. Juni 2014, http://www.haaretz.com/news/diplomacy-defense/1599302.

372 *Die Israelischen Verteidigungsstreitkräfte taten ihr Übriges ...*: Daniel Estrin, »Bring Back Our Boys, Whoever They Are«, Public Radio International, 20. Juni 2014, http://www.pri.org/stories/2014-06-20/bring-back-our-boys-whoever-they-are.

372 (Fußnote) *»Da sprach der HERR zu Kain ...«*: »Genesis 4:9« in *Die Bibel*, Martin Luther, 1545, http://gutenberg.spiegel.de/buch/die-bibel-5560/1.

373 *Eine Facebook-Seite, die die Bürger dazu aufrief ...*: Lizzie Dearden, »Facebook Campaign Calls on Israelis to Kill a Palestinian ›Terrorist‹ Every Hour Until Missing Teenagers Found«, *The Independent*, 16. Juni 2014, http://www.independent.co.uk/news/world/middle-east/online-campaign-calling-on-israelis-to-kill-a-palestinian-terrorist-every-hour-until-missing-teenagers-found-9540604.html.

373 »*Ich glaube, der Ramadan wird ihnen verdorben*«: »LIVE UPDATES: Israel Searches for Teens Kidnapped in West Bank, Day 5«, *Haaretz*, 17. Juni 2014, http://www.haaretz.com/news/diplomacy-defense/1599302.

373 *Der Verteidigungsminister versprach* ...: Mitch Ginsburg, »Israel Could Kill Hamas Leaders, Defense Minister Hints«, *Times of Israel*, 15. Juni 2014, http://www.timesofisrael.com/israel-could-kill-hamas-leaders-defense-minister-hints/.

373 *Generalmajor Nitzan Alon* ...: »LIVE UPDATES: Israel Searches for Teens Kidnapped in West Bank, Day 5«, *Haaretz*, 17. Juni 2014, http://www.haaretz.com/news/diplomacy-defense/1599302.

373 *Die Razzien und Verhaftungen gingen weiter* ...: »Israel Arrests Over 50 Palestinians Released in Shalit Deal«, Ma'an News Agency, 18. Juni 2014, http://www.maannews.com/Content.aspx?id=705707.

373 *Wie, fragte die* Jerusalem Post ...: Yonah Jeremy Bob, »How Will IDF Prosecutors Deal with 240 Palestinians Arrested All at Once?«, *Jerusalem Post*, 19. Juni 2014, http://www.jpost.com/Operation-Brothers-Keeper/How-will-IDF-prosecutors-deal-with-240-Palestinians-arrested-all-at-once-359835; »Update on Hunger Strikes, Force Feeding & Arrest Campaign – June 2014«, Addameer: Prisoner Support and Human Rights Association, Juni 2014, http://www.addameer.org/etemplate.php?id=701.

373 *Abbas war in Saudi-Arabien* ...: Isabel Kershner, »Palestinian Leader Pledges to Hold Abductors of Israeli Teenagers to Account«, *New York Times*, 18. Juni 2014, http://www.nytimes.com/2014/06/19/world/middleeast/palestinian-leader-condemns-kidnapping-of-israeli-teenagers.html?_r=0.

373 f. *Aus sicherer Entfernung verteidigte er* ...: »Palestinian Leader Defends Cooperation with Israel«, *New York Times*, 19. Juni 2014, http://www.nytimes.com/aponline/2014/06/18/world/middleeast/ap-ml-israel-palestinians.html.

374 *Die Armee stattete auch Fakher Zayed in Beitunia einen Besuch ab* ...: »Israel: Stop Threatening Witness to Killings«, Human Rights Watch, 19. Juni 2014, http://www.hrw.org/news/2014/06/19/israel-stop-threatening-witness-killings.

375 *Die* Haaretz *würde das am folgenden Tag* ...: »LIVE UPDATES: Israel Searches for Teens Kidnapped in West Bank, Day 7«, *Haaretz*, 19. Juni 2014, http://www.haaretz.com/news/diplomacy-defense/1599757.

376 *Am nächsten Morgen besuchte Netanjahu das Westjordanland* ...: »PM Netanyahu Visits IDF Judea Brigade HQ«, Government Press Office, E-Mail an den Autor, 19. Juni 2014.

376 *Die Aufnahme sickerte erst später durch* ...: Ben Hartmann, »Recording of Kidnapped Teen's Distress Call to Police Released«, *Jerusalem Post*, 1. Juli 2014, http://www.jpost.com/Operation-Brothers-Keeper/Recording-of-distress-call-to-police-by-kidnapped-teen-released-361169; Lazar Berman, »Recording of Teen's Emergency Call Released: ›They've Kidnapped Me‹«, *Times of Israel*, 1. Juli 2014, http://www.timesofisrael.com/recording-of-teens-emergency-call-released-theyve-kidnapped-me/.

377 *In dem ausgebrannten Hyundai ...*: J. J. Goldberg, »How Politics and Lies Triggered an Unintended War in Gaza«, *Forward*, 10. Juli 2014, http://forward.com/opinion/israel/201764/how-politics-and-lies-triggered-an-unintended-war/#ixzz3lMjiXbEa; Jodi Rudoren und Said Ghazali, »A Trail of Clues Leading to Victims and Heartbreak«, *New York Times*, 1. Juli 2014, http://www.nytimes.com/2014/07/02/world/middleeast/details-emerge-in-deaths-of-israeli-teenagers.html; Danya Cohen, »Netanyahu Provoked an Unintended War – Public Deception of the Kidnapped Boys Murder Led To a War of Revenge«, *Times of Israel*, 13. Juli 2014, http://blogs.timesofisrael.com/netanyahu-provoked-an-unintended-war-public-deception-of-the-kidnapped-boys-murder-led-to-a-war-of-revenge/.

377 *Einige Journalisten wussten es ...*: Shlomi Eldar, »Was Israeli Public Misled on Abductions?«, *Al-Monitor*, 3. Juli 2014, http://www.al-monitor.com/pulse/originals/2014/07/misleading-kidnapping-almoz-hamas-vengeance-hatred.html#.

377 *Dennoch hatte Verteidigungsminister Jaalon ...*: Yoav Zitun, »Police Name Teens Missing in West Bank Since Thursday«, *Ynet News*, 13. Juni 2014, http://www.ynetnews.com/articles/0,7340,L-4530177,00.html.

379 *Stunden später wurde der Leichnam von Mahmud Ismail Atallah Tarifi ...*: »Two Palestinians Killed in Overnight Raids in Ramallah and Nablus«, Ma'an News Agency, 22. Juni 2014, http://www.maannews.com/Content.aspx?id=706668.

379 (Fußnote) *Ein weiterer Palästinenser wurde an diesem Tag ...*: »Two Palestinians Killed in Overnight Raids in Ramallah and Nablus«, Ma'an News Agency, ebd.

380 *fast 30 000 Menschen waren hier auf einem Quadratkilometer ...*: »A New Type of Settlement«, *Economist*, 12. Oktober 2013, http://www.economist.com/news/middle-east-and-africa/21587846-some-palestinians-want-their-people-abandon-refugee-camps-without-demanding.

380 *Balata war der Ort, an dem die Erste Intifada ...*: Zachary Lockman und Joel Beinin, *Intifada. The Palestinian Uprising Against Israeli Occupation*, Boston 1989, S. 70.

380 f. *Die Eingänge waren verbarrikadiert gewesen ...*: Eyal Weizman, *Hollow Land. Israel's Architecture of Occupation*. London 2007, S. 193–194.

380 (Fußnote) *Ein Armeesprecher sagte* Russia Today ...: *Russia Today*, 22. Juni 2014, http://www.rt.com/news/167628-israel-raid-rt-office/.

382 *Der Hungerstreik ging zu Ende ...*: Jack Khoury, »Palestinian official: Deal to End Prisoners' Hunger Strike Not a Victory«, *Haaretz*, 25. Juni 2014, http://www.haaretz.com/news/diplomacy-defense/.premium-1601079.

382 *die Armee hatte auch zwei Tage zuvor erklärt ...*: Chaim Levinson, »Israel Set to Double Number of Palestinian Administrative Detainees«, *Haaretz*, 23. Juni 2014, http://www.haaretz.com/news/diplomacy-defense/.premium-1600480.

383 *Einer der jungen Männer aus Kalandia ...*: Ma'an News Agency, 25. Juni 2014, http://www.maannews.com/Content.aspx?id=707843; Ashira Husari, »Qalandia Bids Its Champion Farewell«, *Oximity*, 26. Juni 2014, https://www.oximity.com/article/Qalandia-bids-its-champion-farewell-1.

384 Am Dienstag wurden nur noch siebzehn Menschen verhaftet ...: »Israeli Forces Detain Palestinian Lawmakers, Hamas Leaders Overnight«, Ma'an News Agency, 25. Juni 2014, http://www.maannews.com/Content.aspx?id=707640; »IDF Arrests 10 Palestinians in West Bank Crackdown«, Times of Israel, 26. Juni 2014, http://www.timesofisrael.com/idf-arrests-10-palestinians-in-west-bank/.

384 »Ein großer Teil der Operation gegen die Hamas ...«: Gili Cohen und Amos Harel, »IDF Scales Back West Bank Operation Against Hamas, Shifts Focus to Intelligence«, Haaretz, 24. Juni 2014, http://www.haaretz.com/news/diplomacy-defense/.premium-1600940.

384 Der Schabak hatte zwei Verdächtige benannt ...: Gili Cohen, »Shin Bet Names Two Hamas Militants As West Bank Kidnappers«, Haaretz, 27. Juni 2014, http://www.haaretz.com/news/diplomacy-defense/.premium-1601560.

384 Im August würde die Armee die Häuser ihrer Familien abreißen: Gili Cohen, »Israeli Army Demolishes Homes of West Bank Kidnapping Suspects«, Haaretz, 18. August 2014, http://www.haaretz.com/news/diplomacy-defense/.premium-1611046.

384 Im September würden Soldaten die beiden töten: Gili Cohen, »Suspects in Kidnap of West Bank Teens Killed in IDF Firefight«, Haaretz, 23. September 2014, http://www.haaretz.com/news/diplomacy-defense/.premium-1617319.

384 der Generalleutnant Benny Gantz, der Generalstabschef ...: »Army Chief on Kidnapped Teens: As Time Passes, the Fear Grows«, Times of Israel, 24. Juni 2014, http://www.timesofisrael.com/army-chief-on-kidnapped-teens-as-time-passes-the-fear-grows/.

384 (Fußnote) Ein dritter Verdächtiger, Hussam Qawasmeh ...: Gili Cohen, »Israel Indicts Mastermind Behind West Bank Kidnapping«, Haaretz, 4. September 2014, http://www.haaretz.com/news/diplomacy-defense/.premium-1614064; Chaim Levinson, »Palestinian Behind Kidnap, Murder of Three Israeli Teens Gets Three Life Sentences«, Haaretz, 6. Januar 2015, http://www.haaretz.com/news/diplomacy-defense/.premium-1635625.

384 (Fußnote) Sein Anwalt gab an, dass das Geständnis ...: Sheera Frenkel, »Israel Releases Details of Hamas Cell Accused of Kidnapping and Killing Three Israeli Teens«, BuzzFeed, 6. August 2014, http://www.buzzfeed.com/sheerafrenkel/israel-releases-details-of-hamas-cell-accused-of-kidnapping.

384 (Fußnote) Juni hatte der israelische Generalstaatsanwalt ...: Yonah Jeremy Bob, »Shin Bet, NGO Trade Barbs Over Enhanced Interrogation During Kidnapping Crisis«, Jerusalem Post, 20. Juni 2014, http://www.jpost.com/Operation-Brothers-Keeper/Shin-Bet-NGO-trade-barbs-over-enhanced-interrogation-during-kidnapping-crisis-359995.

384 (Fußnote) Das umfasste Praktiken wie Schütteln ...: »Public Committee Against Torture in Israel v. the State of Israel and the General Security Service«, Oberster Gerichtshof, 6. September 1999, http://www.law.yale.edu/documents/pdf/Public_Committee_Against_Torture.pdf; Glenn Frankel, »Prison Tactics a Longtime Dilemma for Israel«, Washington Post, 14. Juni 2004, http://www.washingtonpost.

com/wp-dyn/articles/A44664-2004Jun15.html; »Torture and Ill-treatment in Interrogations«, B'Tselem, 1. Januar 2011, http://www.btselem.org/torture.

385 *Ein paar der stureren militanten Gruppen* ...: Isabel Kershner und Fares Akram, »Tensions Continue to Simmer as Attacks in Gaza Escalate«, *New York Times*, 27. Juni 2014, http://www.nytimes.com/2014/06/28/world/middleeast/tensions-continue-to-simmer-as-attacks-in-gaza-escalate.html; »Rocket Fired from Gaza Sets Israeli Factory Aflame«, i24 News, 29. Juni 2014, http://www.i24news.tv/en/news/israel/diplomacy-defense/35744-140628-rocket-fired-from-gaza-sets-sderot-factory-aflame; »Hamas Warns It Will Retaliate Against Any Offensive on Gaza«, Ma'an News Agency, 25. Juni 2014, http://www.maannews.com/Content.aspx?id=707872.

11 Der Teufel hat nie geträumt

386 »*Der Wahnsinn gleicht einem Orkan* ...«: Etel Adnan, *Sitt Marie-Rose. Eine libanesische Geschichte*, Frankfurt am Main 1988, S. 89.

386 *Sie fanden die Leichname am 30. Juni* ...: Jodi Rudoren und Isabel Kershner, »Israel's Search for Three Teenagers Ends in Grief«, *New York Times*, 30. Juni 2014, http://www.nytimes.com/2014/07/01/world/middleeast/Israel-missing-teenagers.html?_r=0.

386 *Die Teenager, sagte er, »wurden kaltblütig* ...«: »PM Netanyahu's Remarks at the Start of the Security Cabinet Meeting«, Büro des Premierministers, 30. Juni 2014, http://www.pmo.gov.il/English/MediaCenter/Spokesman/Pages/spoke cabinet300614.aspx.

386 (Fußnote) *Noch einmal Elias Khoury: »Blutbäder* ...«: Elias Khoury, *Das Tor zur Sonne*, Stuttgart 2004, S. 390.

386 (Fußnote) *1903 verfasst, schloss das Gedicht* ...: Chaim Nachman Bialik, *Gedichte*, Berlin 1920, http://sammlungen.ub.uni-frankfurt.de/freimann/content/titleinfo/416548.

387 *Ein Politiker nach dem anderen* ...: Ali Abunimah, »Israelis Demand Blood After Youth's Bodies Found«, *Electronic Intifada*, 1. Juli 2014, https://electronicintifa da.net/blogs/ali-abunimah/israelis-demand-blood-after-youths-bodies-found.

387 *Die* New York Times *twitterte* ...: Jodi Rudoren, Twitter, https://twitter.com/search?q=funeral%20from%3Arudoren%20since%3A2014-06-30%20un til%3A2014-07-02&src=typd&lang=en.

387 *Deren Reporterin Isabel Kershner bemerkte* ...: Isabel Kershner, »Deeply Divided Israel Unites in Grief and Sees a Larger Purpose«, *New York Times*, 1. Juli 2014, http://www.nytimes.com/2014/07/02/world/middleeast/deeply-divided-israel-unites-in-grief-and-sees-a-larger-purpose.html.

387 *Die Razzien wurden wieder aufgenommen* ...: »42 Palestinians Arrested Across West Bank As Campaign Continues«, Ma'an News Agency, 2. Juli 2014, http://www.maannews.com/Content.aspx?id=709303; Yoav Zitun, »Israel Fears Kid-

nappers Fled Hebron After Teens' Bodies Found«, *Ynet News*, 1. Juli, 2014, http://www.ynetnews.com/articles/0,7340,L-4536636,00.html.

387 *Ein palästinensischer Teenager namens Mohammad Abu Khdeir ...*: Orlando Crowcroft, »Palestinian Family Mourns Their ›Baby‹ amid Revenge Attack Claims«, *The National*, 2. Juli 2014, http://www.thenational.ae/world/middle-east/palestinian-family-mourns-their-baby-amid-revenge-attack-claims.

388 *Hunderte waren verletzt worden ...*: »170 Palestinians Injured in East Jerusalem Clashes«, Ma'an News Agency, 2. Juli 2014, http://www.maannews.com/Content.aspx?id=709498.

388 *Der Bericht der Autopsie sickerte an die Presse durch ...*: Peter Beaumont, »Palestinian Boy Mohammed Abu Khdeir Was Burned Alive, Says Official«, *Guardian*, 5. Juli 2014, http://www.theguardian.com/world/2014/jul/05/palestinian-boy-mohammed-abu-khdeir-burned-alive.

388 *Am nächsten Tag wurden sechs Verdächtige verhaftet ...*: Peter Beaumont, »Israeli Police Arrest Six over Mohamed Abu Khdeir Killing«, *Guardian*, 6. Juli 2014, http://www.theguardian.com/world/2014/jul/06/israel-arrests-abu-khdeir-killing.

388 *Drei wurden wieder freigelassen ...*: Nir Hasson, »Court Orders Release of Three Suspects in Palestinian Teen's Murder«, *Haaretz*, 10. Juli 2014, http://www.haaretz.com/news/diplomacy-defense/.premium-1604141.

388 *Am Abend breiteten sich die Zusammenstöße ...*: Nir Hasson und Jack Khoury, »Tense Quiet in Jerusalem and Israel's North after Friday Rioting«, *Haaretz*, 5. Juli 2014, http://www.haaretz.com/news/diplomacy-defense/.premium-1603163; »Live Updates, July 5: Riots Grip E. Jerusalem, Arab Towns«, *Haaretz*, 5. Juli 2014, http://www.haaretz.com/news/diplomacy-defense/1603150.

388 *Und von Jerusalem über Tel Aviv bis in den Norden Israels ...*: »Israelis Attack 2 Palestinians in Jerusalem Area«, Ma'an News Agency, 1. Juli 2014, http://www.maannews.com/Content.aspx?id=709149; Lisa Goldman, »Israeli Jews Attack Palestinian on Public Bus«, +972, 4. Juli 2014, http://972mag.com/watch-israeli-jews-attack-palestinian-on-public-bus/93003/; Patrick Strickland, »›I Saw Blood All Over Me‹: Gangs of Israeli Vigilantes Roam Streets Attacking Palestinian«, Alternet, 4. Juli 2014, http://www.alternet.org/world/i-saw-blood-all-over-me-gangs-israeli-vigilantes-roam-streets-attacking-palestinians.

388 (Fußnote) *Aus Netanjahus Trauerrede für die drei ...*: »Eulogy by PM Netanyahu for Eyal Yifrah, Gilad Sha'er and Naftali Frenkel«, Israelisches Ministerium für auswärtige Angelegenheiten, 1. Juli 2014, http://mfa.gov.il/MFA/PressRoom/2014/Pages/Eulogy-by-PM-Netanyahu-for-Eyal-Yifrah-Gilad-Shaer-Naftali-Frenkel-1-July-2014.aspx.

388 (Fußnote) *Dreizehn Monate später würde ein weiteres palästinensisches Kind ...*: Kate Shuttleworth und Mairav Zonszein, »Palestinian Child Dead in Suspected Jewish Extremist Arson Attack on Home«, *Guardian*, 31. Juli 2015, http://www.theguardian.com/world/2015/jul/31/child-dies-after-suspected-jewish-extremist-attack-on-palestinian-home.

388 (Fußnote) *Der Vater des Kindes, Saad Dawabscha ...*: »West Bank Arson.

Dead Palestinian Child's Father Dies of Wounds«, BBC, 8. August 2015, http://www.bbc.com/news/world-middle-east-33833400.

388 (Fußnote) *Die Mutter, Riham Dawabscha, starb ...*: Diaa Hadid, »Palestinians Pay Homage to a 3rd Firebomb Victim«, *New York Times*, 7. September 2015, http://www.nytimes.com/2015/09/08/world/middleeast/palestinians-pay-homage-to-a-3rd-firebomb-victim.html.

389 *In der zweiten Junihälfte ...*: Ben Hartman und Yaakov Lappin, »Gaza Rocket Ignites Sderot Plastics Factory«, *Jerusalem Post*, 28. Juni 2014, http://www.jpost.com/Defense/Gaza-rocket-strikes-factory-in-Sderot-360859; »Israel Bombs Gaza after Rocket Attacks, Hamas Gunman Killed«, Reuters, 29. Juni 2014, http://uk.reuters.com/article/2014/06/29/uk-israel-palestinians-idUKKBN0F40F220140629; Yonah Jeremy Bob, »At Least 15 Rockets Explode in Southern Israel as Tensions Escalate«, *Jerusalem Post*, 30. Juni 2014, http://www.jpost.com/Defense/In-sign-of-rising-tensions-8-more-rockets-explode-in-southern-Israel-360988.

389 *bewaffneten Gruppen im Gazastreifen ...*: »The Next Round in Gaza«, International Crisis Group, 25. März 2014, http://www.crisisgroup.org/~/media/Files/Middle%20East%20North%20Africa/Israel%20Palestine/149-the-next-round-in-gaza.pdf.

389 *drei bis vier Raketen im Monat ...*: »Rocket Fire from Gaza and Palestinian Ceasefire Violations After Operation Cast Lead (Jan 2009)«, Israelisches Ministerium für auswärtige Angelegenheiten, 19. August 2015, http://mfa.gov.il/MFA/ForeignPolicy/Terrorism/Pages/Palestinian_ceasefire_violations_since_end_Operation_Cast_Lead.aspx; »Reports«, Israel Security Agency, http://www.shabak.gov.il/English/EnTerrorData/Reports/Pages/default.aspx.

389 *2013 waren weniger Raketen abgefeuert worden ...*: Nathan Thrall, »Hamas's Chances«, *London Review of Books*, 21. August 2014, http://www.lrb.co.uk/v36/n16/nathan-thrall/hamass-chances.

389 *Dem Online-Archiv »Terror Data« des Schabak ...*: Phan Nguyen, »How Many People Have Died from Gaza Rockets into Israel?«, *Mondoweiss*, 14. Juli 2014; http://mondoweiss.net/2014/07/rocket-deaths-israel; »Reports«, Israel Security Agency, http://www.shabak.gov.il/English/EnTerrorData/Reports/Pages/default.aspx.

389 *Im März 2014 waren mehr Raketen abgeschossen worden ...*: »Monthly Summary – March 2014«, Israel Security Agency, http://www.shabak.gov.il/SiteCollectionDocuments/Monthly%20summary-%20March%202014.pdf; »Monthly Summary – June 2014«, Israel Security Agency, http://www.shabak.gov.il/SiteCollectionDocuments/Monthly%20summary%20%E2%80%93%20June%202014.pdf.

389 *die israelische Reaktion – Luftschläge ...*: Gili Cohen und Shirley Seidler, »Gaza Rockets Strike Israel Despite Talk of Cease-Fire«, *Haaretz*, 14. März 2014, http://www.haaretz.com/news/diplomacy-defense/1579573.

389 *Am 29. Juni tötete ein Luftschlag der israelischen Armee ...*: Avi Issacharoff, »Hamas Fires Rockets for First Time Since 2012, Israeli Officials Say«, *Times of Israel*, 30. Juni 2014, http://www.timesofisrael.com/hamas-fired-rockets-for-first-time-since-2012-israeli-officials-say/.

389 *Ende der Woche verkündete die Hamas ...*: »Hamas ›Considering Alternatives‹ to Unity Govt in Gaza«, Ma'an News Agency, 5. Juli 2014, http://www.maannews.com/Content.aspx?id=710117.

390 *Zwei Tage darauf bombardierten die Israelis einen Tunnel ...*: »IDF Strikes Hamas Tunnel While Terrorists Plan Attack«, Israel Defense Forces, 7. Juli 2014, http://www.idfblog.com/blog/2014/07/07/idf-strikes-hamas-tunnel-terrorists-plan-attack/; Yaakov Lappin, »IAF Strikes Gaza Underground Rocket Launchers, Terror Tunnel amid Heavy Rocket Fire«, *Jerusalem Post*, 7. Juli 2014, http://www.jpost.com/Defense/IAF-strikes-Gaza-in-response-to-continuous-rocket-fire-361586; »›Nine Palestinians Killed‹ in Israeli Airstrikes on Gaza«, Ma'an News Agency, 7. Juli 2014, http://www.maannews.com/Content.aspx?id=710533.

390 *Vor Tagesende hatten 85 Raketen ...*: »Israel on High Alert after More Than 85 Rockets Fired in 24 Hours«, *Haaretz*, 7. Juli 2014, http://www.haaretz.com/news/diplomacy-defense/.premium-1603653.

390 *Am Ende der folgenden Nacht hatte Israel ...*: »Death Toll Climbs as Hamas, Israel Trade Blows«, NBC News, 9. Juli 2014, http://www.nbcnews.com/news/world/death-toll-climbs-hamas-israel-trade-blows-n151836; »LIVE UPDATES: Operation Protective Edge, Day 2«, *Haaretz*, 9. Juli 2014, http://www.haaretz.com/news/diplomacy-defense/1603913; »In Two Days, Israeli Bombing in Gaza Exceeds All 2012 Assault«, *Times of Israel*, 10. Juli 2014, http://www.timesofisrael.com/in-two-days-israeli-bombing-in-gaza-exceeds-all-2012-assault/; »The Victims of Gaza: A List of Palestinians Killed in Israel's Ongoing Assault«, *Al-Akhbar English*, 6. Oktober 2014.

390 *»Kein Land würde eine solche Bedrohung akzeptieren ...«*: »Statement by PM Netanyahu«, Israel Ministry of Foreign Affairs, 8. Juli 2014, http://mfa.gov.il/MFA/PressRoom/2014/Pages/Statement-by-PM-Netanyahu-8-July-2014.aspx.

390 *»Wir werden mehr tun, als im Gazastreifen den Rasen zu mähen ...«*: Sheera Frenkel, »Thousands of Israeli Soldiers Called to Border to Begin Long Wait for War«, *Buzzfeed*, 8. Juli 2014, http://www.buzzfeed.com/sheerafrenkel/thousands-of-israeli-soldiers-called-to-border-to-begin-long.

390 *Dieser Krieg, so postete die Knesset-Abgeordnete Ajelet Schaked ...*: Gideon Resnick, »Israeli Politician Declares ›War‹ on ›the Palestinian People‹«, *The Daily Beast*, 7. Juli 2014, http://www.thedailybeast.com/articles/2014/07/07/israeli-politician-declares-war-on-the-palestinian-people.html.

390 (Fußnote) *Schaked wandte ein, dass die Worte ...*: Gideon Resnick, »Knesset Member Walks Back on Facebook Post Calling Palestinian Kids ›Little Snakes‹«, *Daily Beast*, 10. Juli 2014, www.thedailybeast.com/articles/2014/07/10/knesset-member-walks-back-on-facebook-post-calling-palestinian-kids-little-snakes.html.

390 (Fußnote) *Nach den Wahlen acht Monate später ...*: Ishaan Tharoor, »Israel's New Justice Minister Considers All Palestinians to Be ›The Enemy‹«, *Washington Post*, 7. Mai 2015, www.washingtonpost.com/news/worldviews/wp/2015/05/07/israels-new-justice-minister-considers-all-palestinians-to-be-the-enemy/.

391 *In den dreizehn Jahren zwischen 2001 ...*: Phan Nguyen, »How Many People Have Died from Gaza Rockets into Israel?«, *Mondoweiss*, 14. Juli 2014; http://

mondoweiss.net/2014/07/rocket-deaths-israel; »Rocket Fire from Gaza and Palestinian Ceasefire Violations After Operation Cast Lead (Jan 2009)«, Israelisches Ministerium für auswärtige Angelegenheiten, 19. August 2015, http://mfa.gov.il/MFA/ForeignPolicy/Terrorism/Pages/Palestinian_ceasefire_violations_since_end_Operation_Cast_Lead.aspx; »Road Accidents with Casualties-2013«, Israel Central Bureau of Statistics, 20. Juli 2014, S. 45, http://www.cbs.gov.il/publications14/acci13_1572/pdf/t_d.pdf.

391 *Israels vielgerühmtes »Iron Dome« ...*: »Israel Deploys ›Iron Dome‹ Rocket Shield«, *Al-Jazeera*, 27. März 2011, http://www.aljazeera.com/news/middleeast/2011/03/201132718224159699.html.

392 Am 8. Juli, dem ersten offiziellen Kriegstag, ...: Rabbi Gideon D. Sylvester, »Sorry to Interrupt This Peace Conference, but a Rocket Siren's Sounding«, *Haaretz*, 11. Juli 2014, http://www.haaretz.com/jewish-world/rabbis-round-table/.premium-1604510.

392 *Es gab tägliche Zusammenstöße in den Lagern ...*: Saeed Bannoura, »Dozens Injured In Clashes With Soldiers Invading Hebron«, International Middle East Media Center, 8. Juli 2014, http://www.imemc.org/article/68379; »Palestinians Throw Firebombs at Military Camp near Ramallah«, Ma'an News Agency, 8. Juli 2014, http://www.maannews.com/Content.aspx?id=710825; »Clashes Break Out In Ramallah-Area Village«, Ma'an News Agency, 8. Juli 2014, http://www.maannews.com/Content.aspx?id=711116; »Palestinians, Israeli Troops Clash Near Qalandia Checkpoint«, Ma'an News Agency, 9. Juli 2014, http://www.maannews.com/Content.aspx?id=711234; »11 Palestinians Hurt in Clashes with Israeli Troops Near Ramallah«, Ma'an News Agency, 10. Juli 2014, http://www.maannews.com/Content.aspx?id=711202; »14 Injured in Clashes in Ramallah, El-Bireh Villages«, Ma'an News Agency, 11. Juli 2014, http://www.maannews.com/Content.aspx?id=712002; »Palestinians Clash with Israeli Forces Across West Bank«, Ma'an News Agency, 12. Juli 2014, http://www.maannews.com/Content.aspx?id=712228.

393 *Die Zahl der Verhaftungen im Westjordanland ...*: Amira Hass, »Why the West Bank Isn't Erupting Against Israel«, *Haaretz*, 18. Juli 2014, http://www.haaretz.com/news/diplomacy-defense/.premium-1605866.

393 *Im Gazastreifen stieg die Zahl der Todesopfer auf 100 ...*: »The Victims of Gaza: A List of Palestinians Killed in Israel's Ongoing Assault«, *Al-Akhbar English*, 6. Oktober 2014.

394 *Zusammenstöße gab es weiterhin auch in Jerusalem ...*: »Live Updates, 7. Juli 2014: Rockets Bombard South, Hamas Claims Responsibility«, *Haaretz*, 7. Juli 2014, http://www.haaretz.com/news/diplomacy-defense/1603472.

394 *Linke, die in Tel Aviv gegen den Krieg demonstrierten ...*: Ben Hartman, »Following Assaults on Anti-War Protesters in Tel Aviv, Parties on Left Demand Answers«, *Jerusalem Post*, 13. Juli 2014, http://www.jpost.com/Operation-Protective-Edge/Following-assaults-on-anti-war-protesters-in-Tel-Aviv-parties-on-Left-demand-answers-362602.

394 *ganze Familien, die ausgelöscht wurden ...*: Jack Khoury, »89 Families Killed

in Gaza Since Hostilities Began, Palestinians Say«, *Haaretz*, 24. August 2014, http://www.haaretz.com/news/diplomacy-defense/1612255; »Israel Bombed 161 Mosques in Gaza«, *Middle East Monitor*, 4. August 2014, https://www.middleeastmonitor.com/news/middle-east/13229-israel-bombed-161-mosques-in-gaza; »Israel Shells Hospital in Gaza«, *Middle East Monitor*, 16. Juli 2014, https://www.middleeastmonitor.com/news/middle-east/12830-israel-shells-hospital-in-gaza; »Israel: In-Depth Look at Gaza School Attacks«, Human Rights Watch, 11. September 2014, http://www.hrw.org/news/2014/09/11/israel-depth-look-gaza-school-attacks.

394 *Die Hamas bot Israel eine zehnjährige Waffenruhe ...*: Ira Glunts, »Hamas Offers Israel 10 Conditions for a 10 Year Truce«, *Mondoweiss*, 16. Juli 2014; http://mondoweiss.net/2014/07/report-israel-conditions.

394 *»Ich glaube, die Bevölkerung Israels versteht jetzt ...«*: David Horovitz, »Netanyahu Finally Speaks His Mind«, *Times of Israel*, 13. Juli 2014, http://www.timesofisrael.com/netanyahu-finally-speaks-his-mind/.

395 *Sie hießen Ismail, Ahed, Zakaria ...*: Sheera Frenkel, »Four Children Killed in Attack on Gaza Beach Witnessed by Dozens of Journalists«, *Buzzfeed*, 16. Juli 2014, http://www.buzzfeed.com/sheerafrenkel/four-children-killed-in-attack-on-gaza-beach-witnessed-by-do; Peter Beaumont, »Witness to a Shelling: First-Hand Account of Deadly Strike on Gaza Port«, *Guardian*, 16. Juli 2014, http://www.theguardian.com/world/2014/jul/16/witness-gaza-shelling-first-hand-account.

396 *Nach zwei Nächten drangen Truppen und Panzer ...*: Peter Beaumont and Harriet Sherwood, »›Death and horror‹ in Gaza as Thousands Flee Israeli Bombardment«, *Guardian*, 20. Juli 2014, http://www.theguardian.com/world/2014/jul/20/gaza-thousands-flee-israeli-bombardment; »Report: Shuja'iya Primary School for Girls«, Gisha Legal Center for Freedom of Movement, http://gisha.org/gazzamap/401.

396 *Die Israelischen Verteidigungsstreitkräfte verloren dreizehn Soldaten ...*: Mark Perry, »Why Israel's Bombardment of Gaza Neighborhood Left US Officers ›Stunned‹«, *Al-Jazeera America*, 27. August 2014, http://america.aljazeera.com/articles/2014/8/26/israel-bombing-stunsusofficers.html; Mitch Ginsburg, »13 Soldiers Killed Overnight in Fierce Gaza Fighting«, *Times of Israel*, 20. Juli 2014, http://www.timesofisrael.com/soldiers-killed-in-gaza/; Sharif Abdel Kaddous, »Massacre in Shejaiya«, *Nation*, 20. Juli 2014, http://www.thenation.com/article/massacre-shejaiya/; Sara Hussein, »Gaza's Shejaiya. A Moonscape Strewn with Bodies«, Agence-France Presse, 20. Juli 2014, http://news.yahoo.com/gazas-shejaiya-moonscape-strewn-bodies-145951100.html.

396 *Tausende protestierten gegen Israels Massaker ...*: Kim Sengupta, »Israel-Gaza Conflict. Gaza Death Toll Rises as the World Protests«, *The Independent*, 20. Juli 2014, http://www.independent.co.uk/news/world/middle-east/israelgaza-conflict-gaza-death-toll-rises-as-the-world-protests-9617003.html; »In Pictures: Global Gaza Solidarity Protests«, *Al-Jazeera*, 19. Juli 2014, http://www.aljazeera.com/indepth/inpictures/2014/07/pictures-pro-palestinian-protes-201471811179953166.html.

397 *Der militärische Arm der Hamas ...*: »Qassam Brigades Says They Have Cap-

tured an Israeli Soldier«, *Middle East Monitor*, 20. Juli 2014, https://www.middle eastmonitor.com/news/middle-east/12937-qassam-brigades-says-held-israeli-soldier-hostage.

399 *Der gefangene Soldat, er hieß Oron Schaul* …: Yoav Zitun und Elior Levy, »Missing Soldier Declared Dead, Another Killed in Gaza on Friday«, *Ynet News*, 25. Juli 2014, http://www.ynetnews.com/articles/0,7340,L-4549927,00.html; Danny Brenner, »Parents of Soldier Initially Thought Missing Agree to Mourn His Death«, *Israel Hayom*, 28. Juli 2014, http://www.israelhayom.com/site/newsletter_article.php?id=19075.

399 *Tausende liefen zum Kontrollpunkt* …: »One Killed, Another ›Clinically Dead‹ from Israeli Fire on Ramallah Demo«, Ma'an News Agency, 24. Juli 2014, http://www.maannews.com/Content.aspx?id=716030; »Two Palestinians Killed During Clashes with Israeli Occupation Forces in West Bank«, *Middle East Monitor*, 25. Juli 2014, https://www.middleeastmonitor.com/news/middle-east/13042-two-palestinians-killed-during-clashes-with-israeli-occupation-forces-in-west-bank; »Six Palestinians Killed in West Bank amid Protests against Gaza Assault«, Ma'an News Agency, 25. Juli 2014, http://www.maannews.com/Content.aspx?id=716148.

399 *Später bekannten sich die Al-Aksa-Brigaden dazu* …: »Al-Aqsa Brigades Opens Fire on Qalandia, Injuring Israeli Soldiers«, Ma'an News Agency, 24. Juli 2014, http://www.maannews.com/Content.aspx?id=716264.

399 *war die Zahl der Opfer im Gazastreifen auf über 1000 angestiegen* …: Karen Yourish und Josh Keller, »The Toll in Gaza and Israel, Day by Day«, *New York Times*, 8. August 2014, http://www.nytimes.com/interactive/2014/07/15/world/middleeast/toll-israel-gaza-conflict.html.

400 *Als er endete, waren 2200 Palästinenser gestorben* …: »Fragmented Lives: Humanitarian Overview, 2014«, United Nations Office for the Coordination of Humanitarian Affairs, März 2015, S. 4, 8, http://reliefweb.int/sites/reliefweb.int/files/resources/annual_humanitarian_overview_2014_english_final.pdf.

400 *Die Infrastruktur für Wasser* …: »Gaza: Initial Rapid Assessment«, United Nations Office for the Coordination of Humanitarian Affairs, 27. August 2014, S. 2, 4, 10, 17–19, http://www.ochaopt.org/documents/gaza_mira_report_9september.pdf.

400 *Das einzige Elektrizitätswerk war zerstört* …: Harriet Sherwood, »Gaza's only power plant destroyed in Israel's most intense air strike yet«, *Guardian*, 29. Juli 2014, http://www.theguardian.com/world/2014/jul/29/gaza-power-plant-destroyed-israeli-airstrike-100-palestinians-dead.

400 *Die Hälfte der Krankenhäuser wurde bei den Bombardements* …: »Gaza: Initial Rapid Assessment«, United Nations Office for the Coordination of Humanitarian Affairs, S. 3, 4, 15, http://www.ochaopt.org/documents/gaza_mira_report_9september.pdf.

400 *genau wie 278 Moscheen* …: »One Third of Gaza's Mosques Destroyed by Israeli Strikes«, *Middle East Monitor*, 29. August 2014, https://www.middleeastmonitor.com/news/middle-east/13813-one-third-of-gazas-mosques-destroyed-by-israeli-strikes.

400 *Im Westjordanland wurden weitere 25 Menschen ...*: »Palestinians Killed After Operation Cast Lead«, B'Tselem, http://www.btselem.org/statistics/fatalities/after-cast-lead/by-date-of-event.

400 *Im Sommer 2014 tötete Israel mehr Palästinenser ...*: Mairav Zonszein, »Israel Killed More Palestinians in 2014 Than in Any Other Year Since 1967«, *Guardian*, 27. März 2015, http://www.theguardian.com/world/2015/mar/27/israel-kills-more-palestinians-2014-than-any-other-year-since-1967.

400 *Einer Umfrage zufolge, die Ende Juli veröffentlicht wurde ...*: »July 2014 Peace Index«, Israel Democracy Institute, 29. Juli 2014, http://en.idi.org.il/about-idi/news-and-updates/july-2014-peace-index/.

400 *Letztendlich wurden sechs Zivilisten ...*: »Unlawful and Deadly Rocket and Mortar Attacks by Palestinian Armed Groups During the 2014 Gaza/Israel Conflict«, Amnesty International, März 2015, S. 3, 14, 19–35, https://www.amnesty.org/en/documents/mde21/1178/2015/en/; »Israel's Fallen in Operation Protective Edge«, *Times of Israel*, 29. August 2014, http://www.timesofisrael.com/fallen-idf-soldiers-in-operation-protective-edge/.

Epilog

403 *»Was bleibt denn sonst für irgendeinen ...«*: Doris Lessing, *Shikasta. betr.: kolonisierter Planet 5; persönliche, psychologische und historische Dokumente zum Besuch von JOHOR (George Sherban), Abgesandter (Grad 9), 87. Periode der letzten Tage*, Frankfurt am Main 1987, S. 503.

404 *Zwei Monate später wurden Nariman und zwei andere ...*: Natasha Roth, »Under Fire in the West Bank«, *London Review of Books*, 28. Januar 2015, http://www.lrb.co.uk/blog/2015/01/28/natasha-roth-under-fire-in-the-west-bank/.

404 *versicherte Brigadegeneral Tamir Yadai ...*: »Press Release: Military Steps Up Use of Live 0.22 Inch Bullets Against Palestinian Stone-Throwers«, B'Tselem, 18. Januar 2015, http://www.btselem.org/press_releases/20150118_use_of_live_ammunition_in_wb.

404 *Fünf Monate später würde auch sie ...*: Anne Paq, »Soldiers Fire Live Ammo, Wound Two in Nabi Saleh Protest«, +972, 5. April 2015, http://972mag.com/photos-soldiers-fire-live-ammo-wound-two-in-nabi-saleh-protest/105277/.

405 *Sie zerstörten sechs Gebäude ...*: Ahmad Jaradat, »Demolitions in South Hebron Hills«, *Alternative Information Center*, 29. Oktober 2014, http://www.alternativenews.org/english/index.php/news/15-hebron/117-see-demolitions in south-hebron-hills.

406 *Am frühen Morgen des 31. Juli 2015 ...*: Jack Khoury, Chaim Levinson und Gili Cohen, »Palestinian Infant Burned to Death in West Bank Arson Attack; IDF Blames ›Jewish Terror‹«, *Haaretz*, 31. Juli 2015, www.haaretz.com/israel-news/1668871; Amira Hass, »Relative of Arson Attack Victims: I Saw Two Masked Men Standing by as They Burned«, *Haaretz*, 31. Juli 2015, www.haaretz.com/israel-news/.premi

um-1668947; »Palestinian Mother Wounded in Duma Firebombing Dies«, *Times of Israel*, 7. September 2015, www.timesofisrael.com/riham-dawabsha-26-mother-of-ali-has-died/.

406 *Beschränkungen für das Beten in der Al-Aksa-Moschee ...*: »Israeli Restrictions on Al-Aqsa Entry Continue for 3rd Week«, Ma'an News Agency, 6. September 2015, www.maannews.com/Content.aspx?id=767463; »Palestinians Clash with Israeli Forces in Jerusalem«, *Guardian*, 18. September 2015, www.theguardian.com/world/2015/sep/18/palestinians-clash-with-israeli-forces-in-jerusalem; Renee Lewis, »Dozens Wounded in Clashes over Jerusalem's Al-Aqsa Entry Restrictions«, *Al Jazeera America*, 22. September 2015, http://america.aljazeera.com/articles/2015/9/18/dozens-wounded-in-clashes-over-jerusalems-al-aqsa.html; »Israeli Police, Palestinians Clash at al-Aqsa Compound«, *Al Jazeera*, 27. September 2015, www.aljazeera.com/news/2015/09/israeli-police-palestinians-clash-al-aqsa-compound-150927132041035.html; »11 Detained, Several Injured in East Jerusalem's Al-Aqsa Clashes«, Ma'an News Agency, 19. September 2015, www.maannews.com/Content.aspx?id=767705.

406 *Die Zusammenstöße breiteten sich ins Westjordanland ...*: Patrick Strickland, »Al-Aqsa Tensions Trigger Clashes Across West Bank«, *Al Jazeera*, 29. September 2015, www.aljazeera.com/news/2015/09/al-aqsa-tensions-trigger-clashes-west-bank-150929130038368.html.

406 *Am 22. September wurde die achtzehnjährige ...*: Amira Hass, »The Execution of Hadeel al-Hashlamoun«, *Haaretz*, 3. November 2015, www.haaretz.com/opinion/.premium-1684048; »Evidence Indicates West Bank Killing Was Extrajudicial Execution«, Amnesty International, 25. September 2015, www.amnesty.org/en/documents/mde15/2529/2015/en/.

406 f. *Der 1. Oktober brachte die Tode ...*: Chaim Levinson und Barak Ravid, »Israeli Couple Shot Dead in West Bank, Four Kids Unhurt«, *Haaretz*, 1. Oktober 2015, www.haaretz.com/israel-news /1678511.

406 (Fußnote) *Amiram Ben-Uliel, der 21-jährige Siedler...*: »Jewish Man Charged with July Murders of Palestinian Family in Duma«, *Times of Israel*, 3. Januar 2016, http://www.timesofisrael.com/two-suspected-jewish-extremists-indicted-for-duma-murders/; Roi Yanovsky, »Israeli Hurt in Drive-by Shooting Succumbs to Wounds«, *Ynet News*, 30 Juni 2015, http:// www.ynetnews.com/articles/0,7340, L-4674683,00.html.

407 *Im Oktober töteten israelische ...*: »Red Crescent. Over 2,600 Shot with Live, Rubber Bullets in October«, Ma'an News Agency, 1. November 2015, www.maannews.com/Content.aspx?id=768603; »Wave of Terror 2015/16«, Israelisches Ministerium für auswärtige Angelegenheiten, 17. Februar 2016, http://mfa.gov.il/MFA/ForeignPolicy/Terrorism/Palestinian/Pages/Wave-of-terror-October-2015.aspx.

407 *In mehreren Fällen enthüllten Videobeweise ...*: »Unjustified Use of Lethal Force and Execution of Palestinians Who Stabbed or Were Suspected of Attempted Stabbings«, B'Tselem, 16. Dezember 2015, www.btselem.org/gunfire/20151216_cases_of_unjustified_gunfire_and_executions; Mel Frykberg, »The Controversial Kil-

ling of Fadi Alloun«, *Al Jazeera*, 5. Oktober 2015, www.aljazeera.com/news/2015/10/controversial-killing-fadi-alloun-151005081834933.html; John Brown, »New Video Shows Accused Stabber Posed No Threat When Shot«, +972, 10. Oktober 2015, http://972mag.com/new-video-shows-accused-stabber-posed-no-threat-when-shot/112593/; »Israel Clears Palestinian Woman of Stabbing Charges«, *Middle East Eye*, 29. Oktober 2015, www.middleeasteye.net/news/israel-clears-palestinian-woman-stabbing-charges-1415394768#sthash.OzBLn1Aq.dpuf; »Palestinian Shot, Killed in East Jerusalem After Alleged Stab Attack«, Ma'an News Agency, 12. Oktober 2015, www.maannews.com/Content.aspx?id=768185; »From Death to Burial. Israel's Failure to Respect International Law, the Cases of Mustafa Al-Khatib and Fadi 'Alloun«, *Al Haq*, 20. Januar 2016, www.alhaq.org/advocacy/ topics/right-to-life-and-body-integrity/1009-from-death-to-burial-israels-failure-to-respect-international-law-the-cases-of-mustafa-al-khatib-and-fadi-alloun; »Video Footage Raises Questions over Hebron ›Attack‹«, Ma'an News Agency, 17. Oktober 2015, www.maannews.com/Content.aspx?id=768305.

407 *Panik war weit verbreitet ...*: »Watch: When Israeli Man Stabbed Jew He Mistook for an Arab«, *Times of Israel*, 2. November 2015, http://www.timesofisrael.com/watch-when-israeli-man-stabbed-jew-he-mistook-for-an-arab/; Tia Goldenberg, »Israeli Man Shot Dead After Being Mistaken for Attacker«, *Associated Press*, 22. Oktober 2015, http://bigstory.ap.org/article/2ebf9b761823497aaaaa64ecec6e0cf1/police-say-2-arab-attackers-stab-israeli-and-are-shot; Alexandra Sims, »Eritrean Man Shot and Beaten to Death After Being Mistaken for ›Terrorist‹ in Israeli Bus Station Attack«, *Independent*, 19. Oktober 2015, http://www.independent.co.uk/news/world/middle-east/israel-bus-station-attack-innocent-bystander-beaten-to-death-in-beersheba-after-being-mistaken-for-a6699341.html.

407 *Die Hälfte der angeblichen Angreifer ...*: »Palestinians in the OPT Killed in the OPT and Israel Since 1 October«, *Al Haq*, www.alhaq.org/publications/list.of.palestinians.killed.pdf.

407 *Küchenmesser, Scheren ...*: William Booth und Ruth Eglash, »Israel Calls Palestinian Knife Attacks ›a New Kind of Terrorism‹«, *Independent*, 2. Dezember 2015, www.independent.co.uk/news/world/middle-east/israel-calls-palestinian-knife-attacks-a-new-kind-of-terrorism-a6787036.html; »Palestinian Teens Armed with Scissors Shot in Jerusalem«, *Al Jazeera*, 23. November 2015, www.aljazeera.com/news/2015/11/israeli-palestinian-violence-151123101833511.html; »Cops Nab Palestinian Woman on Way to Carry Out Jerusalem Stabbing«, *Times of Israel*, 15. Dezember 2015, www.timesofisrael.com/palestinian-woman-nabbed-before-jerusalem-stabbing/.

407f. *Die 24-jährige Rasha ...*: »Palestinian Woman Killed After Alleged Attack at Qalqiliya Checkpoint«, Ma'an News Agency, 9. November 2015, www.maannews.com/ Content.aspx?id=768724.

408 *Netanjahu rief »Aufwiegelung« ...*: Gili Cohen, »Shin Bet: Feelings of Discrimination Driving Palestinian Youth Toward Terror«, *Haaretz*, 11. November 2015,

www.haaretz.com/israel-news/.premium-1685485; Barak Ravid, »IDF Intelligence Chief. Palestinian Despair, Frustration Are Among Reasons for Terror Wave«, *Haaretz*, 3. November 2015, www.haaretz.com/israel-news/.premium-1683860.

408 *Kurz bevor er in einen Bus in Jerusalem* …: Peter Beaumont, »What's Driving the Young Lone Wolves Who Are Stalking the Streets of Israel?«, *Guardian*, 18. Oktober 2015, http://www.theguardian.com/world/2015/oct/18/knife-intifada-palestinian-israel-west-bank.

408 (Fußnote) *Anfang Januar würde die* Haaretz …: Amos Harel, »Israeli Security Officials. Abbas Cracking Down on Violence, Gestures to PA Are Urgent«, *Haaretz*, 7. Januar 2016, www.haaretz.com/israel-news/.premium-1695934.

409 *Innerhalb von drei Tagen waren Videoaufnahmen* …: Robert Mackey, »Rashomon on the West Bank. Israelis and Palestinians Debate Images of Soldier and Child«, *New York Times*, 1. September 2015, www.nytimes.com/2015/09/02/world/middleeast/rashomon-on-the-west-bank-israelis-and-palestinians-debate-images-of-soldier-and-child.html.

409 (Fußnote) *Seit Anfang Oktober waren 151* …: »Palestinians in the OPT Killed in the OPT and Israel Since 1 October«, *Al Haq*, www.alhaq.org/publications/list.of.palestinians.killed.pdf; »Wave of Terror 2015/16«, Israelisches Ministerium für auswärtige Angelegenheiten, 17. Februar 2016, http://mfa.gov.il/MFA/ForeignPolicy/Terrorism/Palestinian/Pages/Wave-of-terror-October-2015.aspx.

410 *Am 30. Oktober hatten Soldaten* …: Alison Deger, »In Hebron ›Even the Kids Have Numbers‹«, *Al Jazeera*, 16. Dezember 2015, www.aljazeera.com/news/2015/12/hebron-kids-numbers-151203091934395.html; »Rights Groups Urge Israel to End Hebron ›Closed Military Zones‹«, Ma'an News Agency, 13. Januar 2016, www.maannews.com/Content.aspx?id=769785.

410 *Am 7. November hatten Soldaten* …: Alison Deger, »Israeli Army Makes Post in Hebron Activist House«, *Mondoweiss*, 9. November 2015, http://mondoweiss.net/2015/11/israeli-hebron-activist/.

410 *Zwei Wochen später kehrten sie zurück* …: »Israeli Settlers Storm Palestinian Activist Center in Hebron«, Ma'an News Agency, 18. November 2015, https://www.maannews.com/Content.aspx?id=769073; Michael Salisbury-Corech, »Under Cover of Shabbat, Settlers Invade Palestinian Property in Hebron«, +972, 29. November 2015, 972mag.com/under-cover-of-shabbat-settlers-invade-palestinian-property-in-hebron/114290/.

410 f. *Mehr Palästinenser waren in Hebron* …: »Palestinians in the OPT Killed in the OPT and Israel Since 1 October«, *Al Haq*, www.alhaq.org/publications/list.of.palestinians.killed.pdf.

411 *Nach al-Hashlamoun kam Fadil al-Qawasmeh* …: »Israeli Authorities Must Protect Palestinian Civilians in Wake of Settler Attacks in Hebron«, Amnesty International, 30. Oktober 2015, www.amnesty.org/en/press-releases/2015/10/israel-opt-israeli-authorities-must-protect-palestinian-civilians-in-wake-of-settler-attacks-in-hebron/; »Israeli Settler Shoots Dead Palestinian in Hebron, Two Others Killed in Attempted Stabbings«, *Middle East Eye*, 17. Oktober 2015, www.middleeasteye.net/

news/israeli-settler-shoots-dead-palestinian-teen-hebron-another-killed-jerusalem-768211142#sthash.JbrWLP8L.dpuf.

411 *Sie waren Cousins, Mustafa und Taher* …: »Two Palestinian Teenagers Killed by IOF, Friday Dawn«, Palestine News Network, 4. Dezember 2015, http://english.pnn.ps/2015/12/04/two-palestinian-teenagers-killed-by-iof-friday-dawn/.

411 *Unter anderem ließ er den neunzehnjährigen* …: »2nd Palestinian Killed in Hebron After Alleged Stabbing Attempt«, Ma'an News Agency, 29. Oktober 2015, www.maannews.com/Content.aspx?id=768545; Charlotte Silver und Ali Abunimah, »Israelis Execute Injured Palestinian – Video and Eyewitness«, *Electronic Intifada*, 30. Oktober 2015, https://electronicintifada.net/content/israelis-execute-injured-palestinian-video-and-eyewitness/14966.

411 (Fußnote) *Er hieß Tariq Ziad al-Natsha* …: »Protest Called in Hebron as Israel Withholds 11 Palestinians' Bodies«, Ma'an News Agency, 27. Oktober 2015, https://www.maannews.com/Content.aspx?ID=768500.

411 (Fußnote) *Houmam Adnan Sa'id war 23* …: »Israeli Forces Erasing Palestinian Lives as If They Never Existed«, International Solidarity Movement, 28. Oktober 2015, http://palsolidarity.org/2015/10/israeli-forces-erasing-palestinian-lives-as-if-they-never-existed-23-year-old-gunned-down-in-hebron/; »Young Unarmed Man Murdered in Cold Blood in Hebron«, International Solidarity Movement, 28. Oktober 2015, http://palsolidarity.org/2015/10/young-unarmed-man-murdered-in-cold-blood-in-hebron/.

413 *Am letzten Augusttag waren Soldaten* …: Isabel Kershner, »Israel Claims Nearly 1,000 Acres of West Bank Land Near Bethlehem«, *New York Times*, 31. August 2014, http://www.nytimes.com/2014/09/01/world/middleeast/israel-claims-nearly-1000-acres-of-west-bank-land-near-bethlehem.html?_r=0; Isabel Kershner, »New Emblem of an Elemental Conflict: Seized West Bank Land«, *New York Times*, 9. September 2014, http://www.nytimes.com/2014/09/10/world/middleeast/after-land-seizure-west-bank-villages-symbolize-an-elemental-conflict.html; »Unprecedented Land Confiscation of 4,000 Dunams Near Bethlehem«, Peace Now, 31. August 2014, http://www.peacenow.org.il/eng/GvaotDecleration.